磨镜台文库

慧思大师研究（二）下

南岳佛教协会 编

中国社会科学出版社

慧思大师入住南岳年月考 …………………… 袁宗光（1033）
慧思禅师论禅修的历程 ……………………… 张云江（1042）
论自传文的一种全新写作范式
　　——以慧思的《立誓愿文》为中心 ……… 陈　洁（1059）
巨赞法师抗战期间在南岳爱国护教的活动和
　思想 ………………………………………… 释传元（1068）
南岳默庵法师与大善寺中兴 ………………… 广　初（1084）
以南岳怀让为中心的传法谱系的建立 ……… 黄守愚（1097）
藉教悟宗：慧思和菩提达摩
　　——共同开创了隋唐佛学和宋明理学的
　　先河 ……………………………………… 李尚全（1120）
慧思造金字《般若经》的经典依据研究 ……… 马宗洁（1135）
智诜与净众保唐禅派对慧思禅法的继承发展 … 秦彦士（1147）
慧思大师诞辰1500周年纪念活动综述 ……… 一　道（1162）
慧思大师诞辰1500周年学术研讨会综述 …… 杨　杰（1165）

慧思大师佛学思想研究（上册）

禅门中的慧思禅师形象 ……………………… 董　群（ 1 ）
回小向大，诸法无诤
　　——慧思大师《诸法无诤三昧法门》研究 … 陈　坚（ 12 ）
此禅非彼禅
　　——慧思禅与慧能禅有何差别？ ………… 刘立夫（ 33 ）
南岳慧思大师思想概谈 ……………………… 释诚信（ 46 ）
"内丹"之名出自慧思说再考 ………… 盖　菲　盖建民（ 60 ）
南岳慧思《南岳思大禅师立誓愿文》中的道教影响及论天台
　智𫖮《摩诃止观》对儒、道二家之态度 …… 赵东明（ 76 ）
南岳慧思的法华思想诠释 …………………… 黄国清（ 90 ）
慧思处理宗教三种关系之初探 ……………… 旷顺年（ 105 ）

试论《大乘止观法门》之体用逻辑 ……………	胡　勇（114）
慧思大师伦理思想研究 …………………………	周谨平（131）
略论慧思大师的传道实践 ………………………	雷　良（139）
慧思：惟其超越故成佛 …………………………	曾一明（152）
三世诸佛，被我一口吞尽 ………… 张　景	张松辉（172）
慧思大师四安乐行之生命教育论析 ……………	尤惠贞（191）
论慧思大师的和合识 ……………………………	陈力祥（205）
《法华经安乐行义》中的理趣与功夫 …………	胡不群（218）
慧思《无诤行门》中的"心识"浅说 …………	陈俣霖（233）
论慧思大师大乘止观思想之二谛观 ……………	丁建华（243）
论慧思大师的禅定修习理念 ……………………	郭延成（258）
慧思大师佛性思想探析	
——以《大乘止观法门》为例 …………	黄德昌（277）
南岳慧思大师的教育思想 ………………………	黄文树（289）
从南岳慧思传略生平考述其佛学思想 …………	蒋家华（314）
略论慧思"一心三观"及其对天台"三谛圆融"	
思想之影响 ……………………………	赖功欧（327）
慧思大师《立誓愿文》对末法时代弘法自救的	
启示 ……………………………………	雷树德（338）
慧思大师禅思想探析 ……………………………	李　玲（347）
慧思大师性具净染思想研究 ……………………	李万进（357）
慧思圆顿思想对禅宗顿悟的影响	
——以水牯牛自喻为例 …………………	刘　胜（376）
慧思大师对佛教末法思想的阐扬和推动 ………	牛延锋（398）
如是实相如是禅	
——管窥南岳师说"十如"之旨趣 ……	释登名（416）
慧思大师之法华"有相行"思想研究 …………	释慧闻（431）
论慧思大师"一心具足万行"的般若圆意 ……	释隆裕（449）
对慧思大师《立誓愿文》之思考 ………………	释任贤（466）

千古忧教第一僧
　　——慧思大师末法思想的当下解析 ………… 宋　雷（476）
慧思大师对《大智度论》禅观之阐发与诠释 … 王晴薇（485）
《立誓愿文》
　　——佛教中国化的宣言书 ………………… 王照权（496）
慧思大师的凡圣观探析 ……………………… 习细平（509）
慧思大师《大乘止观法门》心论 …………… 徐仪明（520）
浅论慧思大师与禅宗的渊源 ………………… 演　明（533）
《大乘止观法门》与《大乘起信论》
　　——以圣严《〈大乘止观法门〉之研究》
　　　为视角 ……………………………… 姚彬彬（548）

慧思、智𫖮与天台宗的创立

杨维中

(南京大学哲学系教授)

摘 要：近百年来，学者已经习惯了以佛教宗派来叙述评价隋唐佛教。然而，近年来，这一研究和叙述范式，受到学界的质疑。质疑大致在四个方面：一是在事实层面质疑隋唐宗派早期祖师传承的历史真实性；二是竭力证明，所谓的隋唐祖师并没有"宗派意识"，因而不会存在所谓"创立宗派"的行为和事实；三是认为"学派"和"宗派"的界限和标准难以确定；四是认为现今以佛教宗派来叙述隋唐时期的佛教发展是夸大了宗派在这一时期佛教中的重要性。本文不打算全面讨论这些质疑意见，而以天台宗的创立对上述问题作些基本回应。

关键词：慧思 智者 天台宗 佛教宗派 隋唐佛教

近百年来，学者已经习惯了以佛教宗派来叙述评价隋唐佛教。然而，近年来，这一研究和叙述范式，受到学界的质疑，大有摇摇欲坠之虞。学界的质疑大致在四个方向上：一是在事实层面质疑隋唐宗派早期祖师传承的历史真实性；二是竭力证明，所谓的隋唐祖师并没有"宗派意识"，因而不会存在所谓"创立宗派"的行为和事实；三是认为"学派"和"宗派"的界限和标准难于确定；四是认为现今以佛教宗派来叙述隋唐时期的佛教发展是夸大了宗派在这一时期佛教中的重要性。本文不打算全面讨论这些质疑意见,而以天台宗的创立对上述问题作些基本回应。

天台宗自己标榜的传法世系是以印度中观学的实际创始人龙树为初祖,下启二祖慧文、三祖慧思、四祖智𫖮等。毋庸置疑,天台宗的奠基者是慧文、慧思。天台宗"道统"是由智𫖮和灌顶共同建立的。而严格意义上的创宗者是智者大师智𫖮。

灌顶在《摩诃止观》的"缘起"部分说:

> 此之止观,天台智者说己心中所行法门。……智者师事南岳,南岳德行不可思议,十年专诵,七载方等,九旬常坐,一时圆证,大小法门朗然洞发。南岳事慧文禅师,当齐高之世独步河淮,法门非世所知。履地戴天,莫知高厚,文师用心,一依《释论》。《论》是龙树所说,付法藏中第十三师。智者《观心论》云"归命龙树师",验知龙树是高祖师也。①

尽管智𫖮在其著述中对于其师承有所叙说,但灌顶对于天台法统谱系的建立倒也花费了不少心思。灌顶首先直接使用了《付法藏因缘传》的说法,将智𫖮的思想上溯到龙树。这一叙说,不但确立了天台的中土传承,而且将其与天竺,甚至于与佛陀也可联系起来。现在的问题是,灌顶所叙述的"慧文—慧思—智𫖮"的传承是否具有客观事实作为根据。有不少学者提出,慧文在天台宗的创立中没有什么作用,是灌顶将其扯进天台宗道统中的。② 这一说法,也有若干依据。但说慧文与天台法系一点关系没有,似乎也有不周之处。本文姑且采取传统

---

① (隋)智𫖮:《摩诃止观》卷一上,《大正藏》第46册,第1页中。
② 参见徐文明《慧文与天台法统》,《佛学研究》2007年总第16期。

立场。

慧文（生卒年月不详），北齐僧人，俗姓高，年寿不详。活动时间约在东魏孝静帝天平二年（535）至北齐文宣帝天保八年（557）间，是这一时期学风严谨、道行颇高的禅师。相传慧文是无师自悟的。他读《大智度论》体会到"三智实在一心中得"①，又读《中论·观四谛品》中的偈颂："众因缘生法，我说即是空，亦为是假名，亦是中道义。"② 于是，慧文将二者联系构成了"一心三观"和所观的"一境三谛"的禅法。其后慧思传承了这一法门并将其传给智𫖮。到了智𫖮，其内容更加充实，从修观上更开展为"一念三千"的"三谛圆融"观。可见，慧文确实是天台观法的奠基者。不管慧文是否慧思唯一的传法者，都不影响慧文为天台中土初祖的地位。因为道宣言之凿凿地说："时禅师慧文，聚徒数百，众法清肃，道俗高尚，乃往归依，从受正法。"③ 只要慧思确实曾经受教于慧文，这是事实，后世台宗的认定都是不可轻易动摇的。

慧思（515—577），俗姓李，武津人。慧思于年十五"出家修道。诵《法华经》及诸大乘，精进苦行"④。"及禀具足，道志弥隆。迥栖幽静，常坐综业，日惟一食，不受别供。周旋迎送，都皆杜绝。诵《法华》等经三十余卷，数年之间，千遍便

---

① 《大智度论》中类似的语句很多，如卷二十七：问曰："一心中得一切智、一切种智，断一切烦恼习，今云何言'以一切智具足一切种智，以一切种智断烦恼习'？"答曰："实一切智一时得，此中为令人信般若波罗蜜故，次第差别说。欲令众生得清净心，是故如是说。复次，虽一心中得，亦有初、中、后次第，如一心有三相，生因缘住，住因缘灭。又如心、心数法，不相应诸行，及身业、口业，以道智具足一切智，以一切智具足一切种智，以一切种智断烦恼习，亦如是。"（《大正藏》第25册，第260页中。）
② （后秦）鸠摩罗什译：《中论》卷四，《大正藏》第30册，第33页中。
③ （唐）释道宣：《续高僧传》卷十七，《大正藏》第50册，第562页下。
④ （陈）释慧思：《南岳思大禅师立誓愿文》，《大正藏》第46册，第787页上。

满。"① 此后，"便尔发心，修寻定友"②。慧思自述："从年二十至三十八，恒在河南习学大乘。亲觐供养诸大禅师，游行诸州，非一处住。"③ 慧思未曾在《誓愿文》中提及其师的法号，但根据道宣的记载，有三位老师对于慧思的影响较大。

依据道宣《续高僧传》卷十七《慧思传》的记载，慧思首先参拜的是慧文禅师。关于慧思在慧文座下的情形，道宣叙述说：

> 时禅师慧文，聚徒数百，众法清肃，道俗高尚，乃往归依从受正法。性乐苦节，营僧为业；冬夏供养，不惮劳苦；昼夜摄心，理事筹度。讫此两时，未有所证。又于来夏，束身长坐，系念在前。始三七日，发少静观。见一生来善恶业相，因此惊嗟，倍复勇猛。遂动八触，发本初禅。自此禅障忽起，四肢缓弱，不胜行步，身不随心。即自观察："我今病者，皆从业生，业由心起，本无外境。反见心源，业非可得。身如云影，相有体空。"如是观已，颠倒想灭，心性清净，所苦消除。又发空定，心境廓然。夏竟受岁，慨无所获，自伤昏沉，生为空过，深怀惭愧，放身倚壁，背未至间，霍尔开悟。法华三昧，大乘法门，一念明达；十六特胜，背舍阴入，便自通彻，不由他悟。④

上引文字集中描述了慧思在慧文门下修习禅观的经过。初至慧文门下当年开始禅修，"讫此两时，未有所证"。第二年，禅修三个七日，"发少静观"，后"动八触，发本初禅"，其次

---

① （唐）释道宣：《续高僧传》卷十七，《大正藏》第50册，第562页下。
② 同上。
③ （陈）释慧思：《南岳思大禅师立誓愿文》，《大正藏》第46册，第787页上。
④ （唐）释道宣：《续高僧传》卷十七，《大正藏》第50册，第562页下—563页上。

"发空定,心境廓然"。在夏安居禅修结束"受岁"日,出定之后反思,慧思仍然感到"慨无所获",此后,"放身倚壁",豁然开悟,法华三昧等"便自通彻"。这一禅修路径,是发之以小乘禅观而成功于大乘空观,最终证悟法华三昧。——依照这一记载推算,慧思在慧文门下修禅至少三年,起于535年(或后一年)至538年(或539)。

现存文献重点记载了慧思的三位老师,除慧文之外就是"鉴""最"师。道宣记载说:

> 后往鉴、最等师,述己所证,皆蒙随喜。①

文中明确说,慧思在这两位师父处,主要是验证自己的修证。对于慧思的老师,道宣《续高僧传》卷十七《智𫖮传》记载:"思又从道于就师,就又受法于最师。"② 现今有学者竭力证明这两位师父对于慧思的影响要超过慧文,推测的成分要大于实际的可能性。"慧思本人虽无意于确定师承系统,但这并不表明可以否认慧文对他的重要影响,其中包括学说上的传承和法统上的联系。"③

慧思自述:"年三十四,时在河南、兖州界论义。故遭值诸恶比丘以恶毒药令慧思食,举身烂坏,五脏亦烂。垂死之间,而更得活。"④ 548年,慧思在兖州⑤附近与其僧辩论,遭受恶比丘毒害。慧思"初意欲渡河遍历诸禅师,中路值此恶毒困药,

---

① (唐)释道宣:《续高僧传》卷十七,《大正藏》第50册,第563页上。
② 同上书,第564页中。
③ 潘桂明、吴忠伟:《中国天台宗通史》,凤凰出版社2008年版,第62页。
④ (陈)释慧思:《南岳思大禅师立誓愿文》,《大正藏》第46册,第787页上。
⑤ 当时有兖州(瑕丘)、西兖州(滑台)、南兖州(谯城)为三兖州。东魏时设兖州于瑕丘,改置南兖州于陈留,西兖州于济阳(今山东曹县西北)。慧思文中所说似乎应该是指兖州,即今河南省兖州(瑕丘)。

厌此言说，知其妨道，即持余命，还归信州，不复渡河"①。慧思文中的意思是，本来打算要到今天山东境内拜访诸师，遭此事变，他决定回头至信州（治所项城）。"心心专念，入深山中。欲去之间，是时信州刺史共诸守令苦苦留停，建立禅斋，说摩诃衍义。频经三年，未曾休息。"② 三年之后，大致在552年，时为北齐代替东魏，"梁州、许昌而复来请，又信州刺史复欲送启，将归邺郡。慧思意决，不欲向北。心欲南行，即便舍众，渡，向淮南山中停住"③。此时，信州刺史离任将赴邺都，从梁州（治大梁城）、许昌又有人来邀请。然而，慧思决定不再北上。"是时，国敕唤国内一切禅师入台供养。慧思自量，愚无道德，不肯随敕，方便舍避，渡淮南入山。"④ 于是，慧思渡河南下至郢州山中。

北齐天保四年（553），"淮南郢州刺史刘怀宝共游郢州山中，唤出，讲摩诃衍义。是时为义相答，故有诸法师起大嗔怒。有五人恶论师以生金药置饮食中，令慧思食。所有余残三人噉之，一日即死。慧思于时身怀极困，得停七日，气命垂尽。临死之际，一心合掌向十方佛忏悔。念般若波罗蜜，作如是言：'不得他心智不应说法。'如是念时，生金毒药即得消除，还更得差"⑤。郢州（治所平阳县，即今信阳市浉河区）刺史邀请慧思讲大乘教义，遭恶僧置毒，九死一生。

可以确定，从北齐天保五年（554）始，慧思至光州（治所今光山县），不分远近，为众演说，长达14年之久。天保五年，慧思在光州开岳寺受"巴子立五百家共光州刺史"所"请，讲《摩诃衍般若波罗蜜经》一遍"⑥。天保六年，慧思"在光州境

---

① （陈）释慧思：《南岳思大禅师立誓愿文》，《大正藏》第46册，第787页上。
② 同上。
③ 同上书，第787页上—中。
④ 同上书，第787页中。
⑤ 同上书，第787页。
⑥ 同上。

大苏山,讲摩诃衍义一遍"。天保七年,慧思"在光州城西观邑寺上,又讲摩诃衍义一遍。是时多有众恶论师竞来恼乱,生嫉妒心。咸欲杀害,毁坏般若波罗蜜义"①。慧思发誓"造金字《摩诃般若》及诸大乘瑠璃宝函奉盛经卷"②。其后,第二年,慧思应南定州刺史邀请在南定州(今湖北麻城)请讲摩诃衍义一遍。天保九年,慧思还于大苏山。从这一年的正月十五日募化,直到十一月十一日,在南光州光城郡光城县(今河南省光山县)齐光寺,制作完成金字《摩诃般若波罗蜜经》(鸠摩罗什翻译)一部,并造瑠璃宝函盛之。——这是《誓愿文》的记载。道宣的记述是:"又以道俗福施,造金字《般若》二十七卷、金字《法华》,琉璃宝函,庄严炫曜;功德杰异,大发众心。又请讲二经,即而叙构,随文造尽,莫非幽赜。"③慧思为大众宣讲《般若经》和《法华经》。慧思禅师于此时,再发大誓愿:"愿此金字《摩诃般若波罗蜜经》及七宝函,以大愿故,一切众魔诸恶灾难不能沮坏,愿于当来弥勒世尊出兴于世,普为一切无量众生说是《般若波罗蜜经》。"④由此,慧思撰写了《誓愿文》,留存至今。

慧思在大苏山,"弊于烽警,山侣栖遑,不安其地。又将四十余僧径趣南岳,即陈光大二年六月二十二日也"⑤。光大二年(568),慧思带领四十余位僧人离开大苏山,到达南岳。

　　自陈世,心学莫不归宗。大乘经论,镇长讲悟。故使山门告集,日积高名。致有异道,怀嫉密告陈主,诬思北僧,受齐国募,掘破南岳。敕使至山,见两虎咆愤,惊骇

---

① (陈)释慧思:《南岳思大禅师立誓愿文》,《大正藏》第46册,第787页。
② 同上。
③ (唐)释道宣:《续高僧传》卷十七,《大正藏》第50册,第563页上—中。
④ (陈)释慧思:《南岳思大禅师立誓愿文》,《大正藏》第46册,第787页下。
⑤ (唐)释道宣:《续高僧传》卷十七,《大正藏》第50册,第563页中。

而退。数日更进，乃有小蜂来螫思额，寻有大蜂吃杀小者，衔首思前，飞扬而去。陈主具闻，不以诚意。不久谋罔，一人暴死，二为猁狗啮死。蜂相所征，于是验矣。敕承灵应，乃迎下都，止栖玄寺。①

慧思在京师颇显神通，大得朝廷上下礼敬，"故贵贱皂素，不敢延留。人船供给，送别江渚"②。慧思重回南岳。"及还山舍，每年陈主三信参劳，供填众积，荣盛莫加。说法倍常，神异难测。或现形小大，或寂尔藏身。或异香奇色，祥瑞乱举。"③颇有神秘禅僧的气象。

陈太建九年（577）六月二十二日，慧思圆寂于南岳。

智颉（538—597），俗姓陈。智颉祖籍颍川（今河南许昌），永嘉南渡时，举家南迁寓居荆州华容（今湖北监利西北）。年十八，投果愿寺法绪出家。未久，随慧旷学律藏，兼通方等，后入太贤山，诵《法华》《无量义》《普贤观》诸经，二旬通达其义。陈天嘉元年（560），智颉入光州大苏山，参谒慧思，慧思为其示普贤道场，讲说四安乐行，师遂居止之。一日，智颉诵《法华经·药王品》，豁然开悟。

关于智颉在慧思门下的情形，《续高僧传》卷十七《慧思传》叙述说：

后命学士江陵智颉，代讲金经。至"一心具万行"处，颉有疑焉。思为释曰："汝向所疑，此乃《大品》次第意耳。未是《法华》圆顿旨也。吾昔夏中苦节思此，后夜一念顿发诸法。吾既身证，不劳致疑。"颉即咨受法华行法，

---

① （唐）释道宣：《续高僧传》卷十七，《大正藏》第 50 册，第 563 页中—下。

② 同上书，第 563 页下。

③ 同上。

> 三七境界，难卒载叙。又咨："师位即是十地。"思曰："非也。吾是十信铁轮位耳。"时以事验。解行高明，根识清净。相同初依，能知密藏。又如仁王十善发心，长别苦海。①

如此可知，智顗在慧思门下不久就代慧思开讲筵，宣讲《大品般若经》。

陈光大元年（567），慧思正式付法于智顗。《隋天台智者大师别传》记载了慧思给智顗的叮嘱：

> 吾久羡南衡，恨法无所委。汝粗得其门，甚适我愿。吾解不谢汝，缘当相揖。今以付属汝。汝可秉法逗缘，传灯化物，莫作最后断种人也！②

关于智顗离开慧思独立弘法之事，《续高僧传》卷十七《智顗传》记载：

> 及学成往辞。思曰："汝于陈国有缘，往必利益。"思既游南岳，顗便诣金陵。与法喜等三十余人在瓦官寺，创弘禅法。③

此文说，慧思到南岳后，智顗奉慧思之命来到金陵，开始了其一生的弘法活动。

智顗到金陵后，以新颖的理论和极好的辩才，博得了当时官僚和僧徒们的信仰。当时他所讲的是《法华经》《大智度论》以及"次第禅法"。他在金陵接触了三论师、成实师以及南方涅

---

① （唐）释道宣：《续高僧传》卷十七，《大正藏》第50册，第563页中。
② （隋）释灌顶：《隋天台智者大师别传》，《大正藏》第50册，第192页中。
③ （唐）释道宣：《续高僧传》卷十七，《大正藏》第50册，第564页中。

槃师等的说法，扩大了眼界，吸收了各方面的精义，使他可以将从慧文、慧思处学得的思想，日渐充实丰富，逐渐具备了可以构成一个宗派的规模。

陈宣帝太建七年（575），智𫖮与慧辨等二十余人入天台山隐居实修止观。智𫖮在天台山的九年实修，是他弘法生涯中的重要时期。由于陈宣帝的支持，使他确立起最初的独立的寺院经济；长期定居于天台山，使天台山成为他及弟子们弘传佛法的中心；而随着徒众的迅速增加，宗派的规范制度也开始形成。如此种种，初步形成了天台宗的基本规模，为该宗的发展和繁荣奠定了坚实的基础。陈后主至德三年（585），智𫖮离开天台山，再度来到金陵，开始了他全面弘传天台佛法的时期。祯明元年（587），智𫖮在金陵光宅寺详细讲述《法华经》，其弟子灌顶将其语记录下来，后来整理成书，即为天台三大部之一的《法华文句》。隋朝吞并江南后，智𫖮一路颠沛来到庐山。隋开皇十一年（591），智𫖮在"三辞不免"的情形下，勉强至扬州为晋王杨广授菩萨戒。开皇十三年（593），智𫖮在其家乡当阳玉泉山建立寺院，后改名为玉泉寺。此后两年，智𫖮在玉泉寺完成《法华玄义》《摩诃止观》的讲述。至此，天台三大部宣告完成，天台宗的佛教思想体系得以完善。开皇十五年（595），智𫖮又应晋王杨广之请，东返金陵，撰《净名义疏》。开皇十七年（597），智𫖮坐化于山中大石像前，世寿六十，戒腊四十。

智𫖮创立独立宗派的一个重要途径就是判教活动。从南北朝开始的判教理论，至隋唐时期已经成熟，各宗都有自己特色的判教体系。而智𫖮的判教体系具有承前启后的作用。从源头上说，是对于智𫖮之前的各种判教理论的总结和综合，而智𫖮的判教直接启发了此后华严宗等其他宗派的判教理论。

智𫖮在《法华玄义》中纵提出自己的"五时八教"的判教

体系①。天台智者的判教,即有名的五时八教说,简称四教说。五时是依《涅槃经》里佛说开展如牛乳五味(乳、酪、生酥、熟酥、醍醐)的比喻而建立的。五时即佛一代说法的五个阶段:其一,《华严》时。其二,鹿苑时。其三,方等时(说《大集经》《宝积经》《思益经》《净名经》等经)。其四,《般若》时。其五,《法华》《涅槃》时。此外,又由说法的形式和内容来区别,各分四种,形式方面称为"化仪四教",内容方面称为"化法四教",合成八教。

"化仪四教"首先是顿教,大乘圆满教理直下全提;其次是渐教,由小而大次第宣扬;再次是秘密教,受教的同听异闻,或顿或渐都以为对自己所说;最后是不定教,也是一齐听法而领会不同,或于顿中得渐义,或于渐中得顿义,但都知道佛是普遍而说。如果用这四教和五时配合,那么最初华严时即为顿教,鹿苑、方等、《般若》三时为渐教,随着三乘根基逐渐从小入大,在此顿、渐二教中间,又都含有秘密不定,只有第五《法华》《涅槃》时,才超然于顿渐秘密不定之外。

"化法四教"即先所述的藏、通、别、圆。这四教亦可以与五时相配合。最初,《华严》时为圆教而说意兼别。第二,鹿苑时但是藏教。第三,方等时因为说法通于三乘所以并不属于哪一教。第四,《般若》时,除藏教外兼明后三时。第五,《法华》《涅槃》时,专门开辟圆顿义理,唯属圆教。《法华经》本已究竟,但还有不能得益的,故又重之以《涅槃经》。

陈隋之际,率先形成的天台宗,与智顗及其后继者艰苦经营所形成的"国清寺"经济实体所具有的雄厚的经济实力密切相关。陈太建九年(577),陈宣帝下诏曰:"智顗禅师,佛法雄杰,时匠所宗,训兼道俗,国之望也。宜割始丰县调以充众费,

---

① 天台宗的判教体系的形成有一个过程,有学者认为,完整的"四时八教"说是后世完善的。参见潘桂明、吴忠伟《中国天台宗通史》第四章第四节,凤凰出版社2008年版。

蠲两户民，用供薪水，主者施行。"① 入隋之后，智𫗱利用晋王杨广一再拉拢的机会，一再请求杨广为其弘法提供经济基础。开皇十七年（597），智𫗱在著名的"石城遗书"中，请求晋王杨广"愿为玉泉作檀越主。今天台顶寺，茅庵稍整。山下一处非常之好，又更仰为，立一伽蓝。始剪木位基，命弟子营立。不见寺成，冥目为恨。天台未有公额，愿乞一名移荆州玉泉寺，贯十僧住天台寺。乞废寺田，为天台基业"②。在智𫗱圆寂后，晋王一一答应了智𫗱的请求："今遣司马王弘创建伽蓝，一遵指画，寺须公额并立嘉名，亦不违旨。佛陇头陀并各仍旧使移荆州玉泉。十僧守天台者，今山内现前之众，多是渚宫之人，已皆约勒，不使张散，岂直十僧而已？所求废寺水田以充基业，亦勒王弘施肥田良地。"③ 隋文帝开皇十八年，寺域建成，初名"天台山寺"。炀帝大业元年（605），炀帝颁赐"国清寺"匾额。这一祖庭一直延续至今。同时，由于晋王杨广答应作玉泉寺的"檀越"，玉泉寺在智𫗱圆寂之后也得到扩大。进入唐朝，国清寺、玉泉寺的寺院经济仍然在不断壮大。譬如《宋高僧传·文举传》记载，太和中（827—835），主事僧清蕴与文举谋，为国清寺"置寺庄田十二顷"④。智𫗱所建立的当阳玉泉寺膳僧田庄，历经隋唐、五代、北宋，至南宋绍兴二十一年（1151）尚存，承袭达六百余年。

对于佛教宗派来说，"法统"的排他性本身如果没有坚实的内容作支撑，其"法统"是没有意义的。因此，宗派成立的第二、第三个条件——具有独特内容的教义体系、具有独特内涵的修行方法及其仪轨制度，才是佛教宗派成立的最关键的因素。

应该说，在智𫗱生前天台宗已经卓然而立了。其标志便是

---

① （隋）释灌顶编：《国清百录》卷一，《大正藏》第46册，第799页上。
② （隋）释灌顶编：《国清百录》卷三，《大正藏》第46册，第810页中。
③ 同上书，第811页上。
④ （宋）释赞宁：《宋高僧传》卷十六，《大正藏》第50册，第808页中。

天台三大部的完成和判教体系的形成。这样，由慧文、慧思再到智𫖮，天台宗作为一个具有独特的佛学体系、观修法门、判教体系和传承系统以及独立的僧团、寺院经济体系的佛教宗派最终诞生了。

综合近来主张放弃"隋唐宗派"叙述范式的学者的论述，笔者以为，他们在两大层面上需要反思自己的证据和学术立场：其一，作为历史书写的佛教宗派与实际存在的佛教宗派的区分。前者属于历史叙述的范畴甚至根植于当代历史叙述和书写范畴，而后者属于历史真实的范畴。现在的问题是，大多数谈论佛教宗派的学者有意混淆二者。尤其是，其二，宗派的标准问题。现在的焦点在于，反对隋唐存在佛教宗派的学者往往以西方宗教学的概念，乃至日本佛教宗派模式为标准来厘定隋唐佛教。将上述两大层面混淆在一起，质疑者的惯常逻辑是，作为被立为宗派的创立者的高僧们，他们知道自己在创立宗派吗？如果他们不知道，并且没有日本佛教宗派所具有的所谓关键性元素，那么，就不能说，这些祖师创立了佛教宗派。

诚然，在隋唐时期的文献中确实存在学者质疑的若干情况，但这些所谓的"缺失"并不能使我们有足够的理由放弃"隋唐佛教宗派"的叙述方式。本文的分析也是试图表明，在中国佛教史上，确实存在这样一个佛教发展的线索：起先出现的是，以直接接触的方式存在的师徒间的小规模的、限定在一定范围的"僧尼小团体"。其次出现的是，以影响巨大类似于佛教领袖的高僧为核心形成数百人甚至上千人、传承至少两三代以上的"僧尼团体"（可以简称为"僧团"）。这两个阶段的分水岭应该以佛图澄僧团的出现为标志。此后，道安僧团、鸠摩罗什僧团、庐山慧远僧团等是其典型的代表。[①] 随后，在道安、鸠摩罗什以

---

① 当然，在大的僧团存在的同时，原先的这些"僧尼小团体"仍然存在和发展。

及庐山慧远所倡导的研习某些经论的导向指引下，逐渐在佛教界形成了专门以弘扬某些特定经典为特长的高僧，当此之时，以向这些学有所长的高僧拜师学习的参学风气逐渐成为佛教发展的推动力。这就是佛教史籍中某某"师"、某某"宗"的来由，当代史家称之为"佛教学派"。

天台宗应该是从研习《法华经》和《大智度论》的"师"和"宗"中孕育出来的。上述分析表明，智𫖮大师的所学、所传以及他所确定的以自己为领袖的"僧团"的发展目标已经大大超出了所谓佛教学派的范围。如果不以宗派视之，这些在学派中不存在的新元素就无法获得恰切的说明。笔者之所以坚决维护隋唐佛教宗派成立的传统看法，一言以蔽之，是因为如果排除了"宗派"概念，如何描述隋唐佛教的新元素，便立即成了问题。对于一提起隋唐佛教似乎只有宗派可言的惯性思维作适当的反思和调整，笔者是赞成的。

智觉延寿禅师与《法华经》及法华宗天台教的殊胜因缘

黄公元

（杭州师范大学教授）

摘　要：永明智觉延寿大师虽是禅门法眼宗的著名禅师，但他融会教、净、律、密诸宗各派，著述恢宏，是天台智者大师之后中国佛学的第二位集大成者。他与《法华经》及法华宗天台教有着极为殊胜的因缘，本文第一、第二部分以丰富的史料（主要是延寿的传记资料）为依据，梳理其非凡一生中与天台宗基本经典《法华经》之间及其与法华宗天台教之间的种种因缘；第三部分则以其大量著述为依据，梳理其丰硕著述（以百卷巨著《宗镜录》为主）对《法华经》及天台宗祖师诸多著述（如慧思大师法语、智者大师著作、灌顶著述、湛然著述等）大量引录广泛运用的基本状况，进一步说明他与《法华经》及天台教的殊胜因缘，此乃其圆融会通禅宗与天台教思想的有力证据。

关键词：智觉延寿　《法华经》　天台教　禅台圆融　殊胜因缘

永明智觉延寿大师（904—976），虽出生于宗门，是法眼宗著名禅师，有"法眼宗三世第一人"之誉，但他没有宗派门户之见，并不排斥教、净、律、密诸宗，而力倡禅教一致、禅净不二，"举一心为宗，照万法如镜"，融会诸宗各派，是天台智者大师之后，中国佛学的第二位集大成者①，对入宋以后中国佛教的发展演变有着巨大而深远的影响。

宗说兼通的延寿大师，在禅教关系上，主张禅教一致，这里的教，囊括教下诸家，其在教理上虽主要是依华严圆教，但对天台法华的思想也十分重视，以智觉延寿圆融无碍的法眼观之，《华严》与《法华》，贤教与台教或曰华严宗与法华宗，虽各有特色，皆是佛说之究竟了义之教，根本宗旨无有二致。智觉延寿禅师与《法华经》及法华宗天台教有着极为殊胜的不解之缘，无论其出家前与出家后，其思想及行持，均与《法华经》及法华宗天台教有着非常密切的关系。

一 智觉禅师与《法华经》的胜缘

智觉延寿禅师与《妙法莲华经》的殊胜因缘，几乎贯串于他非凡的一生。无论出家前还是出家后，开悟前还是开悟后，悟后保任阶段还是广开法化时期，均与《法华经》有不可思议的胜妙因缘。这里择其要者，简述如下。

---

① 陈兵教授：《中国佛学的第二位集大成者——永明延寿》开篇即曰："在'中国化佛教'的形成和兴盛期（大略从南北朝到五代），前后出过二位集大成的大师：第一位是陈隋间的智者大师，他以三谛三观、三种止观等总摄和整合从佛教初入东土迄于他那个时代的全部汉语佛法，建立起精深博大的天台宗学，赢得'小释迦'之称，在佛教思想史上矗立起一块高大的里程碑。第二位应该说是五代末的永明延寿禅师，他立足法眼宗，以'一心'总摄和整合中国佛教最辉煌期——隋唐五代的全部佛学，其思想开此后乃至直到今日中国佛教的基本路径，其多闻、见地、文才，千余年以来无人企及，深通禅宗的清雍正帝高推他为'六祖以后古今第一大善知识'、'超出历代诸古德之上'，称赞其编集的《宗镜录》一书为'震旦宗师著述中第一妙典'，实非过誉。"陈兵：《佛法真实论》，宗教文化出版社 2007 年版，第 192 页。

1. 早年虔诵《法华经》及其殊妙感应

现在能见到的延寿大师的传记资料，是曾与延寿一起督造杭州六和塔的吴越僧统赞宁律师编撰的《宋高僧传》，其中即述及延寿出家之前已经"诵彻《法华经》"且"声不辍响"，还说延寿一生"诵《法华》计一万三千许部"。[①]

略迟一些，延寿同门师弟道原禅师编撰的《景德传灯录》中，亦述及延寿出家之前"持《法华经》，七行俱下，才六旬悉能诵之，感群羊跪听"[②]。这里增加了"七行俱下，才六旬悉能诵之"及"感群羊跪听"的细节，即使赞宁所说的"诵彻"与"声不辍响"更加具体形象，还彰显了延寿诵持《法华经》的殊妙感应，这也为延寿后来制作《法华灵瑞赋》提供了宗教体验方面的依据。

再晚一些，北宋著名禅僧与诗僧惠洪的《禅林僧宝传》中，亦提及此事："及冠，日一食。诵《法华经》，五行俱下，诵六十日而毕，有羊群跪而听。"[③]虽文字略有不同，但基本情节是一致的。

近年新发现的北宋著名律师灵芝元照重修的《永明智觉禅师方丈实录》（以下简称《方丈实录》），亦有类似的记录："诵《莲经》，感羝羊伏听。"[④]《莲经》，即《妙法莲华经》的简称。

上述北宋时的几种延寿传记资料，可以相互印证、相互补充，皆说明延寿在出家之前即与《法华经》有着十分殊胜的法缘，而且在诵持《法华经》时，因精诚所至而有不可思议的灵瑞感应。后来出现的延寿传记基本上都有类似的记录，皆源于

---

① （宋）赞宁：《宋高僧传》卷二十八，《大正藏》第50册，第887页上—中。
② （宋）道原：《景德传灯录》卷二十六，《大正藏》第51册，第421页下。
③ （宋）惠洪：《禅林僧宝传》卷九，《卍续藏》第137册，第510页上。
④ （宋）元照：《永明智觉禅师方丈实录》，宋绍兴年间杭州妙行寺僧行拱募刻本，现藏国家图书馆善本部。

上述文献，此不赘述。

智觉延寿禅师早年以居士身虔诵《法华经》的修持经历和神妙体验，也为他此后放生罹罪而传奇般地出家播下了菩提种因，延寿心地慈悲、赎命放生的大善行，应该与《法华经》中众生平等、慈悯有情思想的深刻影响不无关系。

2. 出家后随处常诵《法华经》、常修法华忏、曾造国内殊绝的法华台

智觉延寿禅师出家以后，与《法华经》的胜缘更加增进，他不仅一如既往随处常诵《法华经》，还随处皆建法华忏堂，常修法华忏，而且印造流通《法华经》，还曾建造殊妙庄严的法华台，供奉礼敬法华会上诸佛菩萨。这方面的事迹散见于延寿的多种传记资料。

现在能见到的最早的相关记录，除上面提到的赞宁《宋高僧传》中所谓延寿一生"诵《法华》计一万三千许部"之外，最翔实的乃既是延寿剃度弟子、又是延寿同门法弟开化行明禅师据延寿自述整理的《智觉禅师自行录》（以下简称《自行录》）[1]，该录所记延寿常行的百八佛事中，至少有六件佛事直接与《法华经》或法华堂、法华忏有关，敬录于下：

第一、一生随处常建法华堂，庄严净土。

第二、常昼夜六时，普为一切法界众生，代修法华忏。

第六、每日常念《妙法莲华经》一部七卷逐品。上报四重深恩，下为一切法界二十五有含识，愿证二十五种三昧，垂形十界，同化有情。

第十五、晨朝，礼《妙法莲华经》真净妙法，普愿一切法界众生，同证法华三昧，咸生弥陀净方。

---

[1]《智觉禅师自行录》，《卍续藏》有收录，一般均标"永平道者山大云峰禅寺嗣祖居幻沙门文冲重校编集"，其实《自行录》的真正作者是延寿自己，是其剃度弟子行明随闻随记整理而成的，这在《自行录》前言里讲得很清楚。

第八十四、普为一切法界众生,昼夜六时,别置香花,供养《妙法莲华经》,同悟究竟一乘,咸证法华三昧。

第九十九、常印施天下《弥陀佛塔》《般若》《宝幢》《楞严》《法华》等经及诸神咒,劝十种受持,三业供养。

与此可以互相印证、补充的,则有灵芝元照重修的《方丈实录》,其中相关内容有如下五处:

——印《楞严》《法华》《弥陀》《观音》等经,《佛顶》《大悲》等咒,普劝受持。

——师随处诵《法华经》,皆建法华忏堂,长时代为法界众生修法华忏,每行忏时,皆愿毕命道场,代众生死。

——师一生好严佛像,所有施利尽营佛事。乃造法华台,广备七珍,国内殊绝,宣德侍中制文立石以记之。台内常集三七僧,读诵《莲经》,每日清旦,集徒百人,普为法界含生,礼《大佛名经》三十六卷一万五千佛,及礼阿育王塔、梁武忏、《法华经》。

——作法华堂,昼夜集众讽诵《莲经》;或诵通一部者,各施衣物以奖进修,将近百人全部通利。

——国清寺入法华忏,深夜行道,见一神人持戟而入,师呵云:忏堂之内神鬼何得擅入?对曰:久积净业,方到于此。中夜旋绕,次见普贤像前供养莲花忽然在手。因思夙有二愿,一愿终身常诵《莲经》;二愿毕生广利群品。忆此二愿,复乐禅寂,莫能自决,遂上智者禅院罗汉堂,作二纸阄……

上述五处中的前二处及最后一处提及的诵《法华经》、印《法华经》、建法华堂(即法华忏堂)等内容,与《自行录》中的相关内容基本一致,只是详略有所不同而已。总的来说,《自行录》所记更为详备,也相对更具体些,每日六时中行佛事的时分也较为明确;由于《自行录》与《方丈实录》的题材体例有别,《自行录》是记录延寿大开法化时期(主要是在杭州永明院期间)所常行之佛事,此前的行迹基本不涉及,而《方丈实录》则是延寿一生的传记，自然会有延寿开法之前事迹的记载，故记录了延寿在天台山潜修期间拈阄抉择此后行持方向的事迹，此即常为后来的延寿传记资料多有引述、津津乐道的拈阄抉择之前的愿心与想法，可以起到补充《自行录》的作用；延寿在天台山的那次拈阄，结果七番皆得诵经万善阄，可谓基本如愿，因此他不仅在出山开法弘化之前常诵《莲经》（《法华经》），而且出山之后大开法化的辉煌历程中，常诵《莲经》也成为他广利群品、普度众生的重要佛事方式。所以，《自行录》与《方丈实录》所记的无论是诵《法华经》、建法华堂、修法华忏、印《法华经》等佛事，延寿皆是普为法界一切众生离苦得乐，成就无上佛道，而且他把证法华三昧，与生弥陀净土、悟究竟一乘，予以圆融会通，明显反映出他禅教一致、禅净不二思想行持的特色；延寿言行一致、解行并重，既以"一心为宗，万善同归"化他度众，自行也是"一心为宗，万善同归"的楷模。而《方丈实录》中间二处的记载，更具体补充了延寿在杭州永明院（今净慈寺）期间与《法华经》有关的二项佛事，一是与延寿一生喜好佛教造像的特点相联系的，他将广大信众（包括吴越国的王臣）施舍的善资净财，广备七珍，营造辉煌庄严、"国内殊绝"的法华台①；法华台除供奉佛像外，常集僧徒读诵、礼敬《法华经》并行礼敬诸佛等佛事。二是在永明院法华堂②，昼夜集众讽诵《法华经》，凡通诵一部者，各施衣物以作奖掖，这种善巧方便的激励措施，收到了近百人全部通利《法华经》的明显成效。这二项佛事，是其他延寿传记资料中所未曾见过的，使延寿在永明院广开法化的高僧形象更加丰满，也从一个侧面

---

① 法华台与法华堂有别，法华堂即法华忏堂，主要功能是行法华忏；法华台的主要功能，则是以供奉法华会上佛菩萨造像为主，因此造像与建筑的要求甚为讲究，"广备七珍"，以现庄严。《方丈实录》还记载了延寿在永明院营造华严台，主要供奉华严会上佛菩萨造像，也很庄严，但与"国内殊绝"的法华台相比较，似略逊一筹。

② 《方丈实录》还具体载明永明院的法华堂位于寺内罗汉法堂东侧。

旁证赞宁《宋高僧传》将延寿列入"兴福篇"是有一定道理的（尽管赞宁未具体记录这二件佛事）。由此可见，延寿禅师对《法华经》的推崇与重视实在是非同一般。

另外，北宋著名净土行者王古编撰的《新修净土往生传》，在延寿传记中述及其"在天台山修法华忏七年"①，也是这方面事迹的一个补充。

3. 宣讲《法华经》，制作《法华灵瑞赋》

宗说兼通的一代巨匠和大著作家延寿禅师，对《法华经》的高度重视，自然不会仅是讽诵、供奉、礼敬《法华经》和修行法华忏，不可能不宣讲敷演这部大经，并依《法华经》编撰著述，《宗镜录》等延寿著作对《法华经》的引录运用，本文第三部分再作介绍，这里仅述有关他宣讲《法华经》和撰著《法华灵瑞赋》的有关记录。

元照重修的《方丈实录》对于延寿讲经说法的记载，仅简单的一句话："讲《法华》《维摩》《光明》《起信》，天台、贤首等诸宗经论。"说明延寿勤于讲经演法，讲过不少经论，而把《法华经》列在最前面，既说明延寿对《法华经》的重视程度非同一般，也表明元照很看重延寿与《法华经》的关系。

延寿富有文才，雅好诗赋，尤精骈文，不仅其等身著述中有大量义理透彻且对仗工整的优美文字，而且制有五道赋文②，其中就有一道《法华灵瑞赋》（又名《法华瑞应赋》）。赋文不长，照录于下：

一心妙法，巧喻莲华。诵持而感通灵瑞，校量而福比

---

① （宋）王古：《新修净土往生传》卷下，《卍续藏》第135册，第85页。
② 这五道赋是《华严感通赋》《法华灵瑞赋》（又名《法华瑞应赋》）、《金刚证验赋》《观音灵验赋》（又名《观音应现赋》《观音证验赋》《观音现神赋》）、《神栖安养赋》，若再加上著名的《心赋》，则共有六道。

河沙。善神拥护,真圣咨嗟。知命如见,证果非赊。兵仗潜空,密卫而皆居福地;异香满室,坐化而尽驾牛车。尔乃然臂归向,焚身供养。紫气腾空而演瑞,白光入火而标状。烧时而列宿飞下,迹处而金园立相。形消骨尽,舍珍宝而难可比方;火灭烟飞,唯心舌而铿然红亮。书写经卷,功德无边。感佳梦而正误,送金精而入缘。白雀呈瑞,隐士书诠。四众清泪,哀闻大千。宝殿遥分而梦处,神僧送药而病瘥。妙字才成,逝者而已闻生处;真文既缮,殁丧而忽尔增年。帝释迎前,天童侍侧。普贤摩顶以慰喻,庙神请讲而取则。口放异光而何假银灯,舌生甘露而岂须玉食?投崖不损,乏气增力。或施戒而行悲,或谤消而难息。说法闻于金口,得定超于真域。能令凡质毛孔,孕紫檀之香;任坏肉身舌表,现红莲之色。甘雨洒地,天花坠空。红烛然于眼里,白莲生于掌中。神游佛国,迹现天宫。水满金瓶,自冬温而夏冷;斋陈玉馔,遂应供而身通。猴侍虎随,除魔去病。异花生于讲座,甘泽霂于谈柄。冥司随喜,灵神请命。扶危忏罪,驾苦海之慈航;拔死超生,悬幽途之明镜。当圆寂之时,灵通可知。或山崩而地动,或花雨而乐随。金殿房中而焕赫,宝盖梦里而葳蕤。驾乘潜来,见身忽生于他国;空声密报,栖神俄托于莲池。食感舍利,空中弹指。讲闻异钟,锡扣池水。或救旱而使龙,或持咒而降鬼。可谓独妙独尊,尽善尽美。任千圣以赞扬,难穷妙旨。[1]

此赋以大量事例盛赞《法华经》之灵瑞感应,正如延寿在《感通赋序》中所言:"《法华灵瑞赋》者,诸佛降灵之体,群

---

[1] (五代)延寿:《法华瑞应赋》,刘泽亮点校整理《永明延寿禅师全书》下册,宗教文化出版社2008年版,第1949—1950页;个别文字参校《全唐文》《全宋文》所录,略有改动。

生得道之源。"要旨则在赋之首句"一心妙法，巧喻莲华"，不离作者"一心为宗，万善同归"之核心思想。

此赋对后人颇有影响，南宋时天台宗僧石芝宗晓编著《法华经显应录》，其自序中开首即明言受延寿著《法华灵瑞》等五赋的启发；卷下还收录有杭州智觉禅师的显应事迹。[①]

二 智觉禅师与法华宗天台教的因缘

教下最早形成的中国化教派就是天台宗，因天台宗以《法华经》为立宗基本经典依据，亦称法华宗，延寿与《法华经》的胜缘，自然会延伸到其与法华宗的关系之中。延寿与天台宗的因缘，主要体现于他在法华宗的主要基地天台山的经历、他与天台宗僧的缘分、他对天台教的重视与运用等方面。

1. 天台山潜修期间与法华宗的因缘

智觉延寿禅师出家于吴越国首府杭州凤凰山麓的千春龙册寺，依永明禅师翠岩令参披剃。在杭苦行数年后，赴天台山苦修头陀行，在华顶云深处禅居多年，行遍天台山多处胜迹。他虽在白沙于法眼宗二世天台德韶禅师座下接法成为宗门嫡嗣，但从清凉文益开始，禅教一致就是法眼宗的主要特色之一，德韶禅师与天台教也有很深的缘分。早年即与《法华经》有胜缘，出家后在杭期间即已行持法华忏的延寿，选择天台山作为潜修处，显然有敬仰智者大师、认同台教止观法门的因素在。故在

[①] 宋宗晓《法华经显应录·序》开首曰："昔永明智觉禅师以大辩才，著赋五首，谓《华严感通》《金刚证验》《法华灵瑞》《观音现神》《神栖安养》。其所以黼黻圣教，鼓舞群机，可谓有大功于像运矣。然赋所由作，特以歌咏赞扬为事，至于事迹始末非传记不能周知。"此即其编撰传记形式的《法华经显应录》的原委；延寿的显应事迹，载于《法华经显应录》下卷。宗晓：《法华经显应录》，《卍续藏》第78册，第23页下。

天台山潜修期间，他参礼台宗胜地，自在情理之中，诸如智者岩、国清寺、石桥（石梁）等处，皆留下了他的足迹。而且如上所述，延寿在天台山不仅精进禅修，而且虔行法华忏多年，并获得诸多瑞应灵感，其拈阄抉择这样的大事，即在国清寺（一说在智者岩）。

而他在天台山虔行多年的法华忏（全称法华三昧忏），正是天台智者大师博采《法华经》及诸大乘经义亲撰的。虽然后来流行的是经北宋初台宗高僧慈云忏主遵式整理过的，但延寿之行化早于遵式，他所行的法华忏，当是更为接近智者大师原来的法本。此可谓他在天台山潜修期间与法华宗因缘殊胜最为重要的事例，这对延寿此后的成就也具有非常深刻的影响。

雅好诗赋的延寿，还作有《石桥罗汉一十会祥瑞诗》一卷，这也是他与天台山殊胜因缘的一个见证。其中部分内容流传至今，题曰"武肃王有旨，石桥设斋会，进一诗"。内有"南有天台事可尊，孕灵含秀独超群"，"仙源佛窟有天台，今古嘉名遍九垓"，"何必更寻兜率去，重重灵应事昭然"等句，① 表明他早就神往法华宗创宗之地天台山，并对石桥罗汉与天台胜迹及种种灵应颇为熟悉。其著名的《山居诗》，更有好多反映他在天台山潜修时修行生活与修证体悟的诗篇。

延寿晚年还应邀到天台山传授菩萨戒，受戒者甚众。其与天台宗寺院及僧人当有所交往，可惜《方丈实录》最后，在提到延寿到天台山事迹的末后部分文字缺失，这方面的具体信息无法知晓。②

---

① （五代）延寿：《石桥罗汉一十会祥瑞诗》，刘泽亮点校整理《永明延寿禅师全书》下册，宗教文化出版社 2008 年版，第 1978 页。

② 现存南宋初刻印的《方丈实录》最后不完整的一句是："师之法嗣天台大寂禅师见师所撰《心镜录》，莫不降叹，常自看阅，举以示众，寻请国家于天台般若寺后造大觉普"，其后文字缺失，诚为可惜。

2. 剃度弟子行绍、行靖为天台宗名僧

延寿与天台宗僧的缘分很深，他的两位剃度弟子行绍、行靖，就嗣法天台宗，是台教的著名高僧。

延寿出山开法之后，各地佛子闻风纷纷前来追随，是以僧俗弟子甚众，其中现僧相者既有剃度的弟子，也有嗣法的法子。剃度弟子皆为"行"字辈，其中最为知名者有行明、行绍和行靖。延寿善察弟子因缘，也甚为开明，故此三位虽均未成为他自己的法嗣，但后来皆化导一方，颇有成就。

行明（？—1001）前文已经述及，他是延寿在四明雪窦山时的剃度弟子，后来在德韶禅师座下嗣法，与延寿同为法眼宗三世，他在永明院襄助延寿多年，并整理延寿自述编成《智觉禅师自行录》行世，延寿圆寂后才奉召开法于钱塘江畔的六和塔院开化寺，《景德传灯录》有他的传记及语录。

行绍（954—1033）、行靖（生卒年不详），也是杭州人，俗姓沈，既是亲弟兄又是法兄弟，但不是法眼宗的法裔，而是天台宗的法裔。行绍12岁即到永明院求为延寿之徒，后其兄行靖亦依延寿剃度，两兄弟皆得戒且通练律部。是时延寿之师德韶在天台山大振其道，延寿令两兄弟往依德韶，国师器之，对机点化，使随天台宗螺溪羲寂学天台止观，学成嗣法后回杭，先后在离钱塘江不远的石壁山保胜寺（俗称石壁寺）弘扬天台教，颇有成就。明教契嵩曾造访石壁寺，撰有《杭州石壁山保胜寺故绍大德塔表》，对行绍、行靖两法师的道行操守大加赞颂，并对两法师与延寿、德韶、羲寂三位大善知识"皆遇而亲炙之"的殊胜善缘大为赞叹。

行绍、行靖的成长轨迹，形象地体现了智觉禅师及德韶国师不固守门户之见的开阔胸怀与开放态度，以及因材施教、应机化导的智慧法眼，这是延寿、德韶对北宋及此后的佛教突破宗派藩篱、禅教净融合发展趋势产生深刻影响的一个典型案例。

3. 邀集台宗知法比丘参与永明院的法义探讨和《宗镜录》编集

延寿与天台宗僧的缘分之深,除体现于他与行绍、行靖两法师的特殊关系外,还在于有不少与之相熟相知的台宗僧人。延寿巨著百卷《宗镜录》,是中国佛学的一座丰碑,而《宗镜录》的编集过程中,就有天台宗僧的积极参与。北宋惠洪觉范《禅林僧宝传》的永明智觉禅师传中如是言:

> 智觉以一代时教流传此土,不见大全,而天台、贤首、慈恩性相三宗,又互相矛盾,乃为重阁馆三宗知法比丘,更相设难,至波险处,以心宗旨要折中之。因集方等秘经六十部,西天此土圣贤之语三百家,以佐三宗之义,为一百卷,号《宗镜录》。天下学者传诵焉。①

惠洪在《林间录》卷下,亦有类似说法,并述及此说之来源,是他游访东吴时,寓于西湖净慈寺(即永明院)寝堂,听寺内老衲亲口对他所言;他还见到延寿邀集三宗精法义者博阅义海、更相质难的馆阁——寝堂东西庑所建的两座重阁,依然甚为崇丽。②

若套用今天的表述方法,延寿《宗镜录》之编集,乃是当年一项宏大的佛教文化工程,延寿既是这项文化事业的思想导师和精神领袖,也是这一文化工程的组织者和主持者,其渊博的学问、精进的修持和高深的证境所铸就的崇高威望,使他能延揽台、贤、相三宗精于法要的义学僧汇集于永明院,相互设难辩论,究明佛法精义,集思广益,博采众长,并以一心为宗

---

① (宋)惠洪:《禅林僧宝传》卷九,《卍续藏》第79册,第510页下。
② 见(宋)惠洪《林间录》卷下,《卍续藏》第87册,第275页中。

融会贯通之。所以,《宗镜录》的辉煌成就中也凝聚着包括法华宗在内的精于法义的义学僧们的智慧和心血。

三 智觉禅师著述中对《法华经》及天台教祖师思想的引录运用

智觉延寿禅师与《法华经》和法华宗的殊胜因缘,还大量体现于他的著述之中。无论是百卷巨著《宗镜录》及《万善同归集》《注心赋》等专著,还是短小精悍、文约义丰的诗、赋、诀、赞等文字,均或多或少与《法华经》和法华宗有着一定的联系。前面已述及其《法华瑞应赋》和《自行录》等著述,这里再以《宗镜录》为例,以延寿对《法华经》和法华宗祖师思想的大量引用和高度评价,显示这种联系。至于《法华经》义理与《宗镜录》思想的关系,限于篇幅这里不予展开,当另文探析。

1. 对《法华经》的大量引录与运用

延寿在出家前即已对《法华经》娴熟于心,以后又常诵《法华经》,深得法华三昧,所以他在著述中援引《法华经》的经文与义理自然是得心应手,从《宗镜录》中引录和运用佛教诸经的情况看,最多者为《华严经》,此是其教依华严的体现;其次即是《法华经》,可见其对《法华经》的重视程度,高于《华严经》之外的其他所有经典。

由于他在引录运用《法华经》时,有时直接标明"《法华经》云",有时并不直接标明,而是笼统地采用"经云"等表述方式,所以要确切统计其对《法华经》的引用次数,并不很容易。这里参考借鉴由刘泽亮主持点校整理的辑于《永明延寿禅师全书》的《宗镜录》中对引文的一些注释,若把直接标明的与未直接标明引自《法华经》的内容,作个不完全的统计,至少有80处以上，有些还是长篇大段的引录；至于灵活运用《法华经》义理的内容则更多，也不便作简单的统计。

《宗镜录》引录运用《法华经》所依据的译本，基本上是姚秦鸠摩罗什所译之《妙法莲华经》，但也有个别地方依据其他异译本，如《宗镜录》卷二所引录的《法华经》偈，① 出于隋阇那崛多共笈多所译的《添品妙法莲华经》；《宗镜录》卷九十六所引录的"第一大道，无有两正"，则引自西晋竺法护所译的《正法华经》，且明确标明"《正法华经》云"，接着还有一段分析论述："释曰：志当归一，万法所宗。如国无二王，家无二主。若离此别有所求，则成两道。"② 由此可知，延寿熟悉《法华经》的多种译本，《法华经》的义理是其《宗镜录》的重要经典依据，也是其整个思想体系的基本经典依据之一。

2. 对天台教与法华宗祖师著述的大量引录与运用

《宗镜录》对天台教与法华宗祖师著述的引录运用，数量更为可观。引述的方式大体有如下几类：一是直接标明祖师的名号及著述的名称。二是只标祖师名号而不标著述名称，或只标著述名称而不标祖师名号。著述名称，既有用全称的，也有用简称的，如《摩诃止观》，简称《止观》；《妙法莲华经玄义》，简称《法华玄义》；有时也用异名，如《维摩诘经玄疏》，有时称《净名疏》。还有一类是既不标祖师名号，也不标著述名称，而笼统地以"台教云""天台云"或"据台教"等方式表述，这种方式一般是指智者大师的思想，但也有一些出于台宗其他

---

① "《法华经》偈云：'譬如优昙华，一切皆爱乐。天人所希有，时时乃一出。闻法欢喜赞，乃至发一言。则为已供养，一切三世佛。是人甚希有，过于优昙华。'"见刘泽亮点校整理《永明延寿禅师全书》上册，宗教文化出版社2008年版，第42页；该偈语见阇那崛多共笈多译《添品妙法莲华经》卷第一《序品》，《大正藏》第9册，第143页上。

② 《宗镜录》卷九十六，见刘泽亮点校整理《永明延寿禅师全书》下册，宗教文化出版社2008年版，第1469页。

祖师著述的内容。所以要完全弄清《宗镜录》对天台教与法华宗祖师著述的引录运用情况，绝非易事。好在刘泽亮点校整理的《宗镜录》中相关的有些内容，对出处作了注释，提供了不少方便；虽然遗漏也在所难免。

（一）对南岳慧思大师语录的引述

《宗镜录》卷九十七、九十八，是延寿在引证佛教经典之后引证祖意的极为重要的两卷，卷九十七开头延寿写道：

> 夫佛教已明，须陈祖意。达佛乘者，皆与了义相应。如《法华经》云："是人有所思惟筹量言说，皆是佛法，无不真实。"亦是先佛经中所说。①

然后陈述诸佛与历代祖师之意，从毗婆尸到释迦牟尼七佛的偈语开始，继而是禅宗西天二十八祖与此土六祖的偈语，再以下是南岳怀让、马祖道一、吉州行思等诸祖师的语录，绝大多数是宗门祖师，教下祖师并不多，而其中就有南岳慧思的语录，足见延寿对慧思大师的重视，将其与禅宗诸祖等量齐观。有关引文如下：

> 南岳思大和尚云：若言学者，先须通心。心若得通，一切法一时尽通。闻说净，不生净念，即是本自净。闻说空，不取空，譬如鸟飞于空，若住于空，必有堕落之患。无住是本自性体寂，而生其心是照用。即寂是自性定，即照是自性慧。即定是慧体，即慧是定用。离定无别慧，离慧无别定。即定之时即是慧，即慧之时即是定。即定之时无有定，即慧之时无有慧。何以故？性自如故。如灯光虽

---

① 《宗镜录》卷九十七，见刘泽亮点校整理《永明延寿禅师全书》下册，宗教文化出版社2008年版，第1472页。

有二名，其体不别，即灯是光，即光是灯，离灯无别光，离光无别灯。即灯是光体，即光是灯用。即定慧双修，不相去离。①

由此可知，在"举一心为宗，照万法如镜"的延寿大师看来，慧思大师的根本思想与禅宗诸祖的根本思想无有二致，本来如是，这正体现了他禅台圆融会通的思想。

延寿另一名著《万善同归集》的第25道答问中，在阐述忏悔的功德时，除引述《最胜王经》《弥勒所问本愿经》《大集经》《婆娑论》等经论的教言外，不止一次提到南岳慧思大师。一是："思大禅师行方等忏，梦梵僧四十九人，命重受戒，倍加精苦，了见三生。"二是思大禅师呵学穷三藏的高僧慧成曰："君一生学问，与我炙手，犹未得暖，虚丧工夫。"示入观音道场，证解众生语言三昧。三是引述慧思有关语录，南岳大师云："修六根忏，名有相安乐行；直观法空，名无相安乐行。妙证之时，二行俱舍。"②足见延寿对慧思忏法思想的重视及修忏功夫的赞赏，延寿常行忏法，显然受到慧思的深刻影响。

（二）对天台智者大师著作的大量引述

《宗镜录》对天台教与法华宗祖师著述，引录运用最多的当数天台智者大师的著述，涉及的智者著述有《妙法莲华经玄义》《妙法莲华经文句》《维摩诘经玄疏》《维摩诘经文疏》《维摩诘经略疏》（智顗说、湛然略）《维摩诘经三观玄义》《金光明文句》（智顗说、灌顶录）《金光明经玄义》《观无量寿佛经疏》《观音玄义》《观音义疏》《摩诃止观》《观心论》《释禅波罗蜜次第法门》《四教义》《四念处》《小止观》等近二十种，不仅

---

① 《宗镜录》卷九十七，见刘泽亮点校整理《永明延寿禅师全书》下册，宗教文化出版社2008年版，第1484页。

② 《万善同归集》卷上，见刘泽亮点校整理《永明延寿禅师全书》下册，宗教文化出版社2008年版，第1572—1573页。

包括后世常说的天台三大部和五小部,还有一些不常提及的著述。其中引录运用较多(至少10处以上)的,依次是《摩诃止观》《法华玄义》《法华文句》《维摩诘经略疏》《维摩诘经玄疏》《金光明文句》。

这里天台三大部明显居前,《宗镜录》对《摩诃止观》引述最多,至少有43处之多;其次是《法华玄义》,至少有34处之多;《法华文句》居第三位,至少有19处之多。这突出表明智者大师这三部著述,得到延寿大师的特别关注,延寿的思想深受天台三大部的影响。

而被称为《维摩诘》疏释双璧之《维摩诘经义疏》与《维摩诘经玄疏》,《宗镜录》也引述较多。直接引自《维摩诘经义疏》的至少有6处,数量似乎不是很多,但结合湛然对《维摩诘经义疏》(二十八卷)的节略本《维摩诘经略疏》(十卷)至少19处的引述,源由《维摩诘经义疏》的引述至少共有25处之多;再加出自《维摩诘经玄疏》的至少17处引述,还有出自《维摩诘经三观玄义》的至少3处引述,说明延寿大师对智者大师《维摩诘经》的疏释,也是高度重视的。

对天台五小部,《宗镜录》也多有引述,其中出自《金光明文句》的至少10处,出自《金光明经玄义》《观无量寿佛经疏》的至少各有3处,出自《观音玄义》《观音义疏》的至少各有1处。

此外,引自《四念处》的至少有5处,引自《观心论》的至少有4处,引自《释禅波罗蜜次第法门》《四教义》的至少各有1处(对《四教义》的引用篇幅很长),还引述了智者大师与陈宣帝书。

(三)对台宗其他大德著述的引录运用

智者大师著述外,《宗镜录》对其他台宗祖师大德著述的引录运用,涉及灌顶、湛然、最澄、真观等诸多大德的著述。

天台宗五祖章安灌顶是智者大师多部著述的记录整理者,

《宗镜录》中有时称其为天台顶尊者。《宗镜录》引述的灌顶著述有：《涅槃经疏》（灌顶撰、湛然治），至少9处；《涅槃玄义》至少4处；《观心论疏》至少3处。

《宗镜录》引录运用天台宗九祖荆溪湛然著述的文字也比较多，尤其是《止观辅行传弘诀》（简称《辅行记》）至少有35处；另外，《法华玄义释签》至少有6处，《止观义例》至少有3处，《法华文句记》《止观大意》至少各有1处。

此外，颇受智者大师尊重的陈真观法师的《因缘无性论》、入唐求法的日本台宗高僧最澄的《天台宗未决·附释疑》、唐栖复集《法华经玄赞要集》等著述，《宗镜录》也有所引录。其中引录《天台宗未决·附释疑》的至少有3处，其内容还涉及台宗高僧圆澄、道邃等的问答。顺便提及，《宗镜录》还引录了古逸部《天台分门图》的一些内容，以及陈文帝《法华忏》中的一些文字，由此可以推知延寿常行的《法华忏》，除依据智者大师所制的《法华忏》外，同陈文帝的《法华忏》也有一定关系。

还有不少既不标明作者、也不标明著作，笼统地以"台教云""台教释云""台教问云""天台云""天台明""台教约""台教释""据台教"等表述方式，引述法华宗天台教著述的内容，也不在少数。

所有上述《宗镜录》中对法华宗天台教著述的引录运用，篇幅长短不一，短的仅有一句话甚至几个字，长的则有数百上千字以至更多；内容的涉及面甚广，几乎与佛教的方方面面均有或多或少、或深或浅、这样那样的联系。《宗镜录》之外，延寿其他著作对法华宗天台教著述的引录运用也有不少。这些本文只能点到为止，容后再作进一步探赜研究。

慧思大师年谱南岳事迹补考

张京华

(湖南科技学院国学研究所所长)

摘　要：慧思是南北朝时期梁陈之际的著名高僧，世称"南岳尊者"，被誉为南岳佛教的开山祖师。南岳佛教协会新编《慧思大师文集》附录《慧思大师年谱》一篇，其中关于南岳衡山事迹仅四条，即：568年五十四岁、569年五十五岁、574年六十岁、577六十三岁，并且第三条与慧思无关，实际只有三条。谱文纪事简单，四条仅650字。揆诸史传，或有遗漏。本文特加增补。

关键词：慧思大师　南岳　事迹补考

慧思（515—577）是南北朝时期梁陈之际的著名高僧。生于北魏孝明帝延昌四年（515），为北魏南豫州武津人（今河南上蔡）。陈光大二年（568），慧思带领僧徒四十余人，自光州（今河南潢川）来到南岳衡山，居止十年，讲经弘法，建寺传教，世称"南岳尊者"，被誉为佛教在南岳的奠基人、南岳佛教的开山祖师。

南岳佛教协会新编《慧思大师文集》（岳麓书社2011年出版）附录《慧思大师年谱》一篇，其中关于南岳衡山事迹仅四条，即：568年五十四岁、569年五十五岁、574年六十岁、577六十三岁，并且第三条与慧思无关，实际只有三条。谱文纪事简单,四条计共仅650字。揆诸史传,或有遗漏。本文特加增补。

《慧思大师年谱》南岳事迹原文

原文如下:

568 年(陈废帝光大二年),五十四岁

即北齐后主天统四年。光州当陈、齐为边境,烽火数兴,众不遑处。六月二十二日,率僧照、大善等四十余僧,径趋南岳。于衡山掷钵峰下创建大般若禅林。因慧思擅长于《般若经》,故以名之般若寺(今南岳福严寺)。

从此,陈世心学莫不归宗,大乘经论镇长讲悟,故使山门告集,日积高名。

569 年(陈宣帝太建元年),五十五岁

即北齐后主天统五年。建般若寺后,讲经说法,法徒云集。慧思想选择一更幽僻之地,潜研佛学,故在衡山祥光峰下建小般若禅林(今南岳藏经殿)。

慧思来南岳后率众建寺立庙,讲经说法,受到当时占据南岳衡山主导地位的道教信徒的嫉妒与排挤。南岳九仙观道士欧阳正则假造证据,密告陈主,诬陷慧思为北齐密探,预谋造反。慧思去金陵辩诬,面见陈主,敕寓栖玄寺。查明真相后,慧思为道士求情免罪,受到陈宣帝赞许。将行,宣帝饯以殊礼,称为大禅师。及返归南岳衡山,说法倍常,神异难测。每年陈主三信参劳,供填众积,荣盛莫加。

574 年(陈宣帝太建六年),六十岁

即北齐后主武平五年。五月,北周武帝宇文邕下诏"断佛、道二教,经像悉毁,罢沙门、道士,并令还俗"。

一时间，北周境内"融佛焚经，驱僧破塔"。这是中国佛教史上第二次灭佛事件。

577年（陈宣帝太建九年），六十三岁

即北齐幼主承光元年。临将终时，从山顶下半山道场，大集门学，连日说法。苦切诃责，闻者寒心。六月二十二日，摄心谛坐至尽，世寿六十三，僧腊四十九。

士寂后，弟子们为其建墓塔于南岳掷钵峰前，即今三生塔。

在南岳，悟三生行道之迹，讲筵益盛，居止十年，世称"南岳尊者"。

《慧思大师年谱》南岳事迹增补

1. 慧思居止南岳衡山之前，衡山已有佛僧传法

先是，有梁朝高僧海禅师居之，一见如旧识，即以是山俾师行道。（见志磐《佛祖统纪》卷六，又见李元度《南岳志》节录《佛祖统纪》。）

先是，梁僧慧海居衡岳寺，及见师，欣如旧识，以寺请师止之，海迁他所。（见士衡《天台九祖传》。）

日本相传，慧思示寂后，转身为圣德太子。此前，圣德太子已几度托生衡山，出家为僧。圣德太子并且说，达摩在北魏时已经游历衡山，结草庵行道。记载虽非史实可证，亦可资为参考。

圣德太子：圣德太子者用明帝第一子也。……《太子古传》曰：太子四十七岁，冬，语妃曰："昔我在南岳修道，名曰慧思。有婆罗门僧达磨者，后魏文帝大和八年丁

未十月入支那，游历衡山，于是达磨结草庵，六时行道。……"《古传》又曰：太子曰："我昔生支那，为贱人。闻比丘说《法华》，遁家事比丘，为沙弥。修法华三十年，终衡山，当东晋之季也。又为韩氏子，出家修道，居衡山五十年，宋文帝世舍命。又为刘氏子，出家修道四十余年，终于衡山。又为高氏子，修于衡山六十年，终焉。又生梁相家出家，上衡山修练，经七十年。从陈国生此土，流通佛法。此等奇迹，子盍备载。"……（见日本济北沙门师炼撰、黑板胜美校订《元亨释书》卷十五《方应八》。）

2. 战火只是慧思居止南岳衡山的近因，实际上北朝不久就兼并了南朝。慧思居止南岳衡山的远因是预感到了北朝的灭佛举动

后在大苏，弊于烽警，山侣栖遑，不安其地，将四十余僧，径趣南岳。时陈光大二年岁次戊子夏六月二十二日也。（见士衡《天台九祖传》。）

尝谓众曰："衡山之阳，吾往矣！"因自大苏山来。梁元祚短，南土纷纭。数载之间，至山周览已遍。（见陈田夫《南岳总胜集》卷上。）

昔在周室，预知佛法当祸，故背北游南，意期衡岳，以希栖遁，权止光州大苏山。（见释灌顶《隋天台智者大师别传》。）

3. 慧思居止南岳衡山，由于曾得神佛指示

众杂精粗，是非由起，怨嫉鸩毒，毒所不伤，异道兴谋，谋不为害。乃顾徒属曰："大圣在世，不免流言，况吾无德，岂逃此责？责是宿作，时来须受，此私事也。然我佛法不久应灭，当往何方以避此难？"时冥空有声曰："若欲修定，可往武当、南岳，是入道山也。"以齐武平之初，背此嵩阳，领徒南游，高骛前贤，以希栖隐。初至光州，值梁孝元倾覆国乱，前路梗塞，权止大苏山。"（见道宣《续高僧传》卷十七。）

师名行远闻，学徒日盛，众杂精粗，是非数起。乃顾徒属曰："大圣在世，不免流言。况吾无德，岂逃此债？债是宿作，时来须受，此私事也。齐祚将倾，佛法暂晦。（齐后为周所灭，周武废释、道二教。）当往何方，以避此难？"忽闻空声曰："若欲修定，当往武当、南岳。"师徘徊光州，时往邻郡，为众讲说，凡十四年。（天保五年至光州，陈光大二年入南岳，始终十四年。）（见志磐《佛祖统纪》卷六，及李元度《南岳志》节录。）

众杂精粗，是非由起。怨嫉鸩毒，毒所不伤。异道兴谋，谋不为害。乃顾徒属曰："大圣在世，不免流言。况吾无德，岂逃此责？责是宿作，时至须受，此私事也。然我佛法不久应灭，当往何方以避此难？"时空声曰："若欲修定，可往武当、南岳，是入道山也。"以齐武平之初，背此嵩阳，领徒南逝。初至光州，值梁孝元倾覆，国乱，前路梗塞，权止大苏山。（见士衡《天台九祖传》。）

4. 慧思在南岳衡山的"三生"验证，史传于此记载最为详尽

思知齐历告终，乃托身陈国。即入衡岳花盖峰下，立寺行道。初见一捕鸟人，掘地施擉，乃往告云："浅掘浅掘，伤我髑髅。"入地未深，遂得白骨一具。捕人怪异，请问殷勤，思乃答云："我已二生居此峰下，诵《法花经》，舍身于此。前身骸骨，并已消亡，今生见者，乃是第二身

耳。"(见惠详《弘赞法华传》卷四《修观》。)

师指岩下曰:"吾一生曾此坐禅,为贼断首。"寻获枯骨一聚。(今福严一生岩。)至西南隅,指大石曰:"吾二生亦曾居此。"即拾髑髅起塔,以报宿修之恩。(今二生塔。)又至蒙密处曰:"此古寺也,吾三生尝托居此地。"因指人掘之,果有僧用器皿及堂宇之基,即筑台,为众说《般若经》。(今三生藏。)(见志磐《佛祖统纪》卷六,又见李元度《南岳志》节录《佛祖统纪》。)

又曰:"吾前世时曾履此处。"巡至衡阳,值一佳所,林泉竦净,见者悦心。思曰:"此古寺也,吾昔曾住。"依言掘之,果获房殿基墌,僧用器皿。又往岩下:"吾此坐禅,贼斩吾首,由此命终,有全身也。"佥共寻觅,乃得枯体一聚。又下细寻,便获髅骨。思得而顶之,为起胜塔,报昔恩也。故其往往传事,验如合契,其类非一。(见道宣《续高僧传》卷十七。)

师复徙众方广,灵迹懋异,具如别记。尝曰:"吾前世曾履此处。"因游岳顶,迟立林泉,其处竦净,若有所忆。寻指岩丛曰:"吾前身于此入定,贼斩吾首。"众共掘之,获聚骨,果无首,今名一生岩者是也。复指盘石曰:"此下亦吾前世骸骨。"众举石验,果得红白骨,联若钩锁,即其地累石瘗骨,危其巅,为二生塔。徘徊东上,见石门窅陕,曰:"此灵岩幽户,过者必增道力,乃古寺也。吾先亦尝栖托。"因斧蒙密处,果得僧用器皿,堂宇层甍之基。其地爽垲,适大岳心。于是筑台,为众说般若,因号三生藏。(见士衡《天台九祖传》。)

"吾前身曾履此处。"巡至衡阳,值一处林泉胜异。师曰:"此古寺也,吾昔曾居。"俾掘之基址犹存。又指岩下曰:"吾此坐禅,贼斩吾首。寻得枯骸一聚。"自此化道弥盛。(见道原《景德传灯录》卷二七。)

后复至梧桐，坡上有石冈若台，谓其徒曰："吾昔于此修习，今三生矣。"约地深浅，皆获骨焉，至今有石为识。（见陈田夫《南岳总胜集》卷上。）

师曰："吾前生曾居此处。"领徒陟岭，见一所，林泉胜异，曰："古寺也，吾昔居之。"掘地，果得僧用器皿，殿宇基址。又指两石下，得遗骸，乃建塔，今三生塔是也。（见朱棣《神僧传》卷四。）

"吾前身曾履此处。"巡至衡阳，值一处，林泉胜异，师曰："古寺也，吾昔曾居。"俾掘之，基址犹存。又指岩下曰："吾此坐禅，贼斩吾首。"寻得枯骸一具。自此化道弥盛。（见瞿汝稷《指月录》。）

一日，师指岩下曰："吾前一生曾此坐禅，为贼断首。"寻获枯骨一聚。至西南隅，指大石曰："吾二生亦曾居此。"拾髑髅，起塔焉。又至蒙密处曰："此古寺也，吾三生尝托居此地。"因指人掘之，果有僧用器皿，及殿宇基址。指两石下，得遗骸，乃建塔，今三生塔是也。（见清康熙《衡州府志》卷二十三下《外志下》。）

一日，对众指岩下曰："吾前一生曾于此坐禅，为贼断首。"使人寻之，果获枯骨一聚。指西南隅大石下曰："吾前二生居此。"亦拾髑髅于石下。至丛密处曰："此古寺也，吾前三生居此。"掘之，果有僧用器皿，及古寺基址。又指两石下，得遗骸，悉聚而瘗之，塔其上，而以"三生"名焉。（见光绪《衡山县志》卷三十六《仙释》。）

5. 慧思向岳神求地

师一日登祝融峰，岳神会棋。神揖师曰："师何来此？"

师曰:"求檀越一坐具地。"神曰:"诺。"师即飞锡以定其处。(今福严寺是。)神曰:"师已占福地,弟子当何所居?"师即转一石鼓,下逢平地而止。(今岳君塑像犹坐石鼓上。)岳神乞戒,师乃为说法要。(见志磐《佛祖统纪》卷六。)

慧思禅师,俗姓李氏。常登祝融峰,与岳神会棋。神揖师曰:"师何来此?"师曰:"求檀越一坐具地。"神曰:"诺。"师即飞锡以定其处,今福严寺是也。神曰:"师已占福地,弟子当何居?"师即转一石鼓,下逢平地而止。(见康熙《衡州府志》卷二十三下《外志下》。)

6. 慧思预言居止南岳衡山十年之期

既至,告曰:"寄此山,正当十载。过此已后,必事远游。"……思云:"寄于南岳止十年耳,年满当移,不识其旨。"(见道宣《续高僧传》卷十七。)

乃以陈光大二年入居南岳。谓其徒曰:"吾寄此山,正当十载。过此以后,必事远游。"(师入南岳,至大建九年,果十年而终。)(见志磐《佛祖统纪》卷六。)

陈光大六年六月二十三日,自大苏山将四十余僧径趣南岳。乃曰:

吾寄此山,止期十载,已后必事远游。(见道原《景德传灯录》卷二七。)

至即告曰:"吾止此,满十年耳。"……师曰:"寄迹南岳,止十年耳,期满当移。"时众不识其旨。(见士衡《天台九祖传》。)

曰："吾寄此当十年。"因建般若台居之。……因一日谓门人曰："十年之期到矣。以法付，吾逝焉。"陈建泰九年六月二十二日，俨神而尽。（见陈田夫《南岳总胜集》卷上。）

既至，谓徒曰："吾寄此山，期十载。以后必事远游。"（见朱棣《神僧传》卷四。）

乃曰："吾寄此山，止期十载，已后必事远游。"（见瞿汝稷《指月录》。）

7. 慧思预言南岳佛教及南岳衡山的危难

一日，师谓岳神曰："它日吾有难，檀越亦当有难。"……述曰：南岳至此七百年矣，而杰师果应私誓。师与岳神果符先记，异哉！然杰师虽因恶誓，终能归释，由毁为缘，适足以彰南岳摄物之功也。（见志磐《佛祖统纪》卷六，又见李元度《南岳志》节录《佛祖统纪》。）

8. 慧思在衡山掘卓锡泉、虎跑泉二泉

众患无水，师以杖卓崖，虎因跑地，泉乃涌出。（今虎跑泉是也。）（见志磐《佛祖统纪》卷六。）

阙水，师振锡投崖，泉为涌。其徒益广，复不能给，感二虎，穴石飞流，厥运若神。（见陈田夫《南岳总胜集》卷上。）

陈有大士曰慧思，得佛法要，始倡而南。乃舍岣嵝之墟，图揆厥居，黑白其徒，襄裳景从。山阿土厚，汲以勤苦，师曰："吾当食此，神必我相。"引杖刺地，灵液仰流，浡潏渗漉，更□竞注。憔烦热恼，荡为清凉。久之，大比邱众阴计曰："有生濯浣，庸可以已？"俄有猛兽，导师踰

岭，攫崖哮阚，槛泉随之。由是华清交蟠，内周外给，禅利便安，道风流行。乃宇为大兰若。师已寂灭，其徒神之，因名二泉曰"卓锡"，曰"虎跑"，所以震显冥符，收摄信源者。惟卓锡距堂下，深之十扶，其广八之五，淳而不流，凡瀹者、烹者、饪者、茗者取焉，香以甘故也。虎跑直寺西，广之五咫，其深四之三，浚而为沱，刳木函湄，行二千尺，股分脉散，环象馆，历斋房，经厨轩，并中园缭浴，庑逗庑舍，然后淙而出之，注乎下田，凡湔者、漱者、浸者取焉，寒以洁故也。若乃溯阳弗泮，值阴弗涸，旱焉益深，潦焉益澄，十缶缩之不加余，千罍挹之不加耗，翕沦澹淡，盖源而不委者耶！……时庆历纪元之初年月日记。（见宋祁《衡山福严禅院二泉记》，又题《卓锡泉虎跑泉记略》。）

又于东畔灵岩之傍建台，为众讲般若法，正当大岳之心，今般若寺是也。南北学徒，来者云集。师患无水，忽见岩下润，以锡杖卓之，果得一泉。犹未周续，有二虎引师登岭，跑地哮吼，泉水流迸，今虎跑泉是也。（见朱棣《神僧传》卷四。）

9. 南岳佛教与道教之争

自陈世心学，莫不归宗。大乘经论，镇长讲悟，故使山门告集，日积高名。致有异道怀嫉，密告陈主，诬思北僧，受齐国募，掘破南岳。敕使至山，见两虎咆愤，惊骇而退。数日更进，乃有小蜂来螫思额，寻有大蜂啮杀小者，衔首思前，飞扬而去。陈主具问，不以介意。不久谋罔，一人暴死，二为猘狗啮死，蜂相所征，于是验矣。（见道宣《续高僧传》卷十七。）

大建元年，九仙观道士欧阳正则，睹山有胜气，谋于众曰:"此气主褐衣法王,彼盛则吾法衰矣。"乃凿断岳心,钉石为巫蛊事,(注见《诵塞志》三卷注。)埋兵器于山上。因诡奏曰:"北僧受齐募而为之。"宣帝遣使考验,初度石桥,有两虎号吼,使者惊退,次日复进。

师曰:"檀越前行,贫道当续至。"越七日,度使者尚未至,始飞锡而往金陵,四门皆见师入。使者既至,遂同进谒。帝坐便殿,见师乘空而下,梵相异常,惊悟其神,一无所问。以道士诬告闻上,令案治之,罪当弃市。师请曰:"害人之命非贫道意,乞放还山,给侍僧众亦足小惩。"帝可之。敕有司冶铁为十四券,识道士十四名,周回其上,封以敕印,令随师还山。将行,饯以殊礼,称为"大禅师"。"思大"之名盖得于此。

师既复归山中,说法如故。道众以老病告,愿奉田数顷充香积,用赎老身。师曰:"欲留田,当从汝愿。"因名"留田庄"。(俗呼"道士赎身庄"。)所赐铁券,悉收藏之,勒石记其事,名曰《陈朝皇帝赐南岳思大禅师降伏道士铁券记》。时道众私誓曰:"今世神通、官势皆所不如,后五百年当生汝法中,坏灭汝教。"师亦预记曰:"此诸道士害我无因,异日着我袈裟,入我伽蓝,坏遗体矣。"(皇宋太宗时,有大臣出镇湖南,经临此山,历览遗踪,谓主僧曰:"异日道士得志,必有报复。当埋碑石,易庄名,俾无踪迹可寻。"因改名"天竺庄",而以碑、券埋于三生藏院。大观间,道士林灵素荧惑天听,果移文物色此事,以无迹可考遂止。乾道初,有杰止庵来主此山,谓众曰:"二生塔堕荒榛,瞻礼非便,当迁合于三生塔。"盖杰拟私其地,为己塔也。即与执事者十四人,备斧镢开石龛,见灵骨如黄金色,有石屏刻欧阳正则等名,转报为今主首,知事行仆比今名不少差,众大惊骇。是夕,岳庙一爇而尽。州县闻之,逮捕甚急,杰辈皆逃散,寺众复掩藏其骨。杰后住它山,每升座，必对众自悔责，求免后报。）（见志磐《佛祖统纪》卷六。）

　　时有异道，怀嫉密告陈主，诬师北僧，阴受齐券，掘断岳心。敕使至山，见两虎咆愤，惊骇而退。数日复进，召师，师谓使曰："尊使先行，贫道续来。"师飞锡而往至京，四门俱见师入。监使同时共奏，帝惊异引见，敕承灵应，乃迎下都，止栖玄寺，一无所问。先有小蜂，飞螫师额，寻有大蜂，咬杀小者，衔首师前，飞扬而去。不久谋罔，一人暴死，二为猘狗啮死。蜂相所征，于是验矣。（见士衡《天台九祖传》。）

　　俄有道士生妒害心，密告陈主，诬师乃北僧，受齐国券，斸断岳心，钉石兴妖。帝遂遣使追师，使至石桥，见二虎跑愤，大蛇当路，使惊，乃誓曰："我见思禅师，当如佛想，若起恶心，任汝所伤。"虎、蛇力退。使见师，再拜，以事白。未至之前，师见一小蜂来螫其面，即为大蜂咬杀，御至师前。师入定观之，知是宿冤，欲相娆害。师谓使曰："使者先去，贫道续来。"七日后，飞锡而往，四门关吏齐奏师入，帝已惊异。及师朝见，帝遂下迎。复问左右："卿等见此僧何如人？"对云："常僧。"帝曰："朕见其踏宝花乘空而至。"乃迎师入殿供养。其道士罪以欺罔，欲尽诛之，师恳帝曰："此宿冤，愿陛下赦之。"乃可其奏，敕彼道士给师役使。师奏辞还山，帝饯以殊礼。未几，道士诬师者一人暴死，一人为犬所啮而毙，应蜂兆矣。（见朱棣《神僧传》卷四。）

10. 慧思自南岳赴金陵的活动

慧思早在居止南岳衡山之前，已经嘱咐智𫖮前往金陵发展。

　　慧思禅师诫天台智者曰："既奉严训，不得扈从衡岳。

素闻金陵仁义渊薮,试往观之。若法弘其地,则不辜付嘱。"乃共法喜等二十七人,同至陈都。(见明《永乐大典》《天台别传》"仁义渊薮"条。《天台别传》当即《隋天台智者大师别传》。)

敕承灵应,乃迎下都,止栖玄寺。尝往瓦官,遇雨不湿,履泥不污。僧正慧暠与诸学徒相逢于路,曰:"此神异人,如何至此!"举朝瞩目,道俗倾仰。大都督吴明彻,敬重之至,奉以犀枕。别将夏侯孝威,往寺礼觐,在道念言:"吴仪同所奉枕者,如何可见?"比至思所,将行致敬,便语威曰:"欲见犀枕,可往视之。"又于一日,忽有声告:"洒扫庭宇,圣人寻至。"即如其语。须臾,思到。威怀仰之,言于道俗,故贵贱皂素,不敢延留,人船供给,送别江渚。及还山舍,每年陈主三信参劳,供填众积,荣盛莫加。说法倍常,神异难测。或现形小大,或寂尔藏身,或异香奇色,祥瑞乱举。(见道宣《续高僧传》卷十七。)

每年陈主三信参劳,供填众积,荣盛莫加。说法倍常,神异难测。或现形小大,或寂尔藏身,或异香奇色,祥瑞乱举。(见惠详《弘赞法华传》卷四《修观》。)

初,敕寓栖玄寺。尝往瓦官精舍,遇雨不湿,履泥不污。僧正慧皓遇诸涂,叹曰:"此神异人,何以至此!"自是举朝道俗倾心归仰。大都督吴明彻,每亲道论,欲奉以犀枕,未敢言。师曰:"欲与枕便可。"明彻益大惊异。(见志磐《佛祖统纪》卷六。)

师往瓦官,遇雨不湿,履泥不污。僧正慧皓与诸学徒相逢于路,曰:"此神异人,如何至此!"举朝瞩目,道俗倾仰。大都督吴明彻,敬重之至,奉以犀枕。别将夏侯孝威,往寺礼觐,在道默念吴仪同所奉枕,欲得一见。比至师所,将行致敬,师便语威:"欲见犀枕,可往视之。"又于一日,忽有声告:"洒扫庭宇,圣人寻至。"即如其语,须臾师到。咸怀仰之,言于道俗,故贵贱皂素,悉归向之。趣归南岳,不敢延留。帝伐以殊礼,目为"大禅师"。人舡供给,送到江渚。及还山,每岁陈主三信参劳,供施众积,荣盛莫加。说法倍常,神异难测。或现形大小,或寂示藏身,或异香奇色,祥瑞乱举。(见士衡《天台九祖传》。)

自是,每年陈主三信参劳,荣盛莫加。而神异难测,遇雨不湿,履泥不污。或现大小,或寂尔藏身。(见朱棣《神僧传》卷四。)

11. 慧思在南岳衡山示寂

临将终时,从山顶下半山道场,大集门学,连日说法,苦切诃责,闻者寒心。告众人曰:"若有十人,不惜身命,常修法华、般舟,念佛三昧,方等忏悔,常坐苦行者,随有所须,吾自供给,必有利益。如无此人,吾当远去。"苦行事难,竟无答者。因屏众敛念,泯然命尽。小僧灵辩,见气乃绝,号吼大叫。思便开目曰:"汝是恶魔。我将欲去,众圣戛然相迎极多,论受生处。何意惊动,妨乱吾耶?痴人出去!"因更摄心谛坐至尽。咸闻异香满于室内,顶煖身煖,颜色如常。即陈太建九年六月二十二日也。取验十年,宛同符矣。春秋六十有四。(见道宣《续高僧传》卷十七。)

临将终时,从山顶下半山道场,大集门学,连日说法,苦切诃责,闻者寒心。告众人曰:"若有十人,不惜身命,常修法花三昧,方等忏悔,常坐常行者,随有所须,吾自供给必须利益。如无此人,吾当远去,苦行事难。"竟无答者。因屏众敛念,俄然命尽。咸闻异香满于室内,顶烟身轻,颜色如常。即陈太建九年六月二十二日也。春秋六十有四。(见惠详《弘赞法华传》卷四《修观》。)

慧思大师年谱南岳事迹补考 609

师将顺世,大集门学,连日说法,苦切诃责,闻者寒心。乃曰:"若有十人,不惜身命,常修《法华》,念佛三昧,方等忏悔,常坐苦行者,随有所须吾自供给。如无此人,吾当远去。"竟无答者。即屏众敛念,将入寂。弟子灵辩不觉号哭,师诃之曰:"恶魔出去!众圣相迎,方论受生处,何惊吾耶?"即端坐,唱佛来迎,合掌而逝。颜色如生,异香满室。时大建九年六月二十二日。寿六十三,夏四十九。(见志磐《佛祖统纪》卷六。)

将欲顺世,谓门人曰:"若有十人不惜身命。常修法华般舟念佛三昧方等忏悔。期于见证者。随有所须,吾自供给。如无此人,吾即远去矣。"时众以苦行事难,无有答者。师乃屏众泯然而逝。小师云辩号叫。师开目曰:"汝是恶魔,吾将行矣。何惊动妨乱吾耶。痴人出去。"言讫长往。时异香满室。顶暖身软,颜色如常。即太建九年六月二十二日也。寿六十有四。(见道原《景德传灯录》卷二七。)

临将终时,从山顶下半山道场,大集门学,连日说法,苦切诃责,闻者寒心。告众曰:"若有十人,不惜身命,常修《法华》《般舟》,念佛三昧,方等忏悔。行是行者,随有所须,吾自供给,必相利益。如无,吾当远离。"苦行事难,竟无答者。因屏众敛念,泯然命尽。小僧灵辩见师气绝,号吼大叫,师便开目曰:"汝是恶魔!我将欲去,众圣相迎,论受生处,何意惊动,妨乱吾耶?痴人出去!"因更摄心,谛坐至尽。咸闻异香满室,顶暖身软,色如生。春秋六十有四,即陈太建九年岁次丁酉六月二十二日也。取验十年,宛然符合。(见士衡《天台九祖传》。)

陈建泰九年六月二十二日,俨神而尽。弟子灵辩扣心感绝,师忽谓曰:"何必是乎为追我也!"再为说法,言讫复灭。春秋六十四。始光泰元年丙戌,至是丙申殁,果十年矣。(见陈田夫《南岳总胜集》卷上。)

是年六月，临将终时，连日说法，苦切诃责，闻者寒心。至二十二日，屏众泯然而逝。小师灵辨号恸，乃开目曰："何惊动吾耶？痴人出去。"言讫长往。(见朱棣《神僧传》卷四。)

将顺世，谓门人曰："若有十人，不惜身命，常修《法华》《般舟》，念佛三昧，方等忏悔，期于见证者，随有所须，吾自供给。如无此人，吾即远去矣！"时众以苦行事难，无有答者。师乃屏众泯然而逝。小师云辩号叫，师开目曰："汝是恶魔！吾将行矣，何惊动妨乱吾耶？痴人出去！"言讫长往。时异香满室，顶煖身软，颜色如常。即太建九年六月二十二也。(见瞿汝稷《指月录》。)

大建九年，师将欲顺世，大集门人，连日说法，苦加诃责，闻者寒心。乃谓门人曰："无常迅速，汝等宜各勉之。若有十人，不惜身命，常修《法华》《般舟》，念佛三昧，及方等忏法，常坐苦行者，随有所须，吾自供给。如无此人，吾当远去。"竟无答者。即屏众敛念，将入寂。弟子灵辩不觉号哭，师诃之曰："恶魔出去！众圣相迎，方论受生处，何惊吾耶？"即端坐，唱佛来迎，合掌泊然而逝。异香满室，颜色如生。时年八十三。(见唐时《如来香》卷五。"年八十三"误，当作"年六十三"。)

12. 后人对慧思居止南岳衡山的评价

自江东佛法，弘重义门，至于禅法，盖蔑如也。而思慨斯南服，定慧双开，昼谈理义，夜便思择，故所发言，无非致远。便验因定发慧，此旨不虚。南北禅宗，罕不承绪。然而身相挺特，能自胜持，不倚不斜，牛象行视。顶有肉髻，异相庄严，见者回心，不觉倾伏。又善识人心，鉴照冥伏。讷于言过，方便诲引。行大慈悲，奉菩萨戒。至如缯纩皮革，多由损生，故其徒属服章，率加以布，寒则艾纳，用犯风霜。自佛法东流，几六百载，惟斯南岳，慈行可归。（见道宣《续高僧传》卷十七。）

于是内求之侣，重茧云集，以所证法传授学人。并托静山林，宴居岩薮，练微入寂，弘益巨多。昔江左佛法，盛学义门，自思南度，定慧双举。乃著兹观法，以通大化，皆口授成章，不加润色，而理玄旨奥，盖千载之徽猷焉。（见道宣《大唐内典录》卷五上。）

自佛法东流，几六百载，惟斯南岳，慈行可归。（见惠详《弘赞法华传》卷四《修观》。）

南山律师赞曰：自江东佛法，弘重义门，至于禅法，盖蔑如也。而南岳尊者慨思南服，定慧双开，昼谈义理，夜便思择。故所发言，无非致远。因定发慧，此旨不虚，南北禅宗罕不承绪。然而身相挺特，能自胜持，见者回心，不觉倾伏。善识人心，鉴照冥机。讷于言过，方便诲引。行大慈悲，奉菩萨戒。至如缯纩皮革，多由损生，故其徒服章，率皆以布，寒则艾衲，用犯风霜。自佛法东流，几六百载，唯斯南岳，慈行可归。余尝参传译，屡睹梵经，讨问所被法衣，至今都无蚕服。纵加受法，不云得成，若乞若得。蚕绵作衣，准律结科，斩舍定矣。约情贪附，何由纵之！唯南岳独断，高遵圣检者也。（见士衡《天台九祖传》。）

江左佛学，盛学义门，自思南度，定慧双举，道风既盛，名称普闻。（见朱棣《神僧传》卷四。）

余　论

南岳衡山佛教与道教之争，志磐《佛祖统纪》记载最详。

《慧思大师年谱》认为，慧思"受到当时占据南岳衡山主导地位的道教信徒的嫉妒与排挤"，实际并非如此简单。

佛教与道教之争，首先是教派学理高下之争，其次是教徒修道的精神与毅力之争，最后是传教方法之争。在南岳衡山佛教与道教之争上，道教徒主要是在修道毅力与传教方法方面，较之佛教逊色一筹，所以出现了佛教在南岳衡山的拓展与深入，在此，道教门徒应当反省自愧。

但是，在学理方面，南岳为上古四岳之一，四岳既是山名，又是官名。作为官名，南岳有羲叔（羲和四叔之一）、重黎、祝融等名称，负责观测天文，执掌历法，"历象日月星辰，敬授民时"，古称"天官""南正""火正"。而天文即是天道，因此，南岳是后世道家与道教的主要发源地之一。志磐《佛祖统纪·慧思传》中所说的"岳神"，即南岳的山神，而依照上古王官制度的规定，羲叔、重黎、祝融任职于此，祭祀南岳时则充任南岳山神的陪祀，实则即与南岳山神近似为一体。实际上，衡山之所以别称"南岳"，本身即包含了道家道教的意味。只是这样一种古制与远古渊源，由于道家道教的不振，恐怕就连他们自己也早已淡漠无传、遗忘殆尽了。

刍议慧思大师弥勒信仰对智者大师的影响

释心悟

（杭州佛学院教师）

摘　要：在学术界，对于智者大师的净土信仰有很多种说法。有的学者认为智者大师是单一的西方净土信仰，有的学者认为智者大师是多元的净土信仰。本文以历史为脉络，考察智者大师的净土信仰。在方法的运用上，以时间为线索，详细地解读《智者大师别传》中遗留的问题，从天台整体教义出发，详细地剖析整体教义与弥勒、弥陀信仰的交涉情况，再考察其亲传弟子临命终时的净土信仰、后世弟子对智者大师净土信仰所保持的态度。以此来说明智者大师的净土信仰，虽有弥陀信仰的成分，但主要以弥勒信仰为主。

关键词：慧思　智者　弥勒　弥陀

一　问题的提出

在教界和学界，对于慧思大师的研究，主要集中在生平、著作、思想、止观与禅学的研究[①]，对其净土信仰的研究关注较

---

① 关于慧思大师的研究，详见南岳佛教协会编《慧思大师研究》，岳麓书社2012年版。

少。对于智者大师的净土信仰，有多种不同的说法。归纳起来有两种，一种认为智者大师是一位虔诚的西方净土信仰者。持这种观点的人，一般都是传统的宗教人士，如《释门正统》中云：

> 杨公五赞：世尊三昧安详起，师悟药王精进时；灵鹫山中人未散，不因南岳有谁知？五时八教举纲宗，一念三千空假中；大部炳然垂日月，几人金地识重瞳。法门何止富楼那，除障徒闻优笈多（《别传》善巧说法，即富楼那。破魔除障，即优婆笈多。）；指导众生归净土，慈悲真是古弥陀；华顶峰头魔界慴，石城岩下寂光圆；位居等妙犹难测，五品方知是大权；出现由来为大缘，空中开示游泥莲；妙宗若悟如如旨，犀拂金炉当处传。李咏史云："昔同南岳睹毫光，一诵莲经悟药王；论释十疑垂万代，唱经况复示西方。"①

此中引用杨公和李咏的赞美之词，二者均认为智者大师是一位虔诚的弥陀信仰者。《法音》杂志社的王小明②，对智者大师的《五方便念佛门》《阿弥陀经义记》《净土十疑论》进行详细的解读，认为智者大师是一位虔诚的弥陀信仰者。日本学者安腾俊雄博士③，也认为智者大师是一位虔诚的弥陀信仰者。

另一种观点认为智者大师的净土信仰比较复杂，比较有代表性的是潘桂明先生。潘先生在《中国天台宗通史》中，以《续高僧传》《国清百录》《天台智者大师别传》等比较可靠的文献，研究智者大师的净土信仰，并最终认为："智颢晚年的佛

---

① （宋）宗鉴：《释门正统》卷一，《卍续藏》第75册，第268页中。
② 王小明的研究，详见《法音》2000年第3期到第10期。
③ 安腾俊雄的研究，详见网络资源，http://www.docin.com/p—197581513.html。

教思想中，既有阿弥陀佛净土信仰，也有弥勒信仰，以及观音、势至菩萨的信仰；他的净土信仰中既有唯心念佛和观想念佛的内容，又有称名念佛往生西方的意愿，但主要倾向的是观想念佛，而非持名念佛。"① 此处说明智者大师的净土信仰比较复杂，有观音、弥勒与弥陀等信仰。

本文认为，从慧思大师开始，一直到湛然大师早期的天台祖普传承中，并未见弥陀信仰的痕迹，皆以弥勒信仰为最终归宿，下面笔者将对这一观点，做一具体的论证。

二 慧思大师的弥勒信仰

根据史料记载，智者大师亲承慧思大师八年，最终证得法华三昧，于说法人中最为第一。慧思大师的思想对于智者大师的影响非常深远，这一点只要详细地阅读师徒二人的著作，便可以了知。考察慧思大师的净土信仰，首先要了解慧思大师的修道历程。慧思大师早期修道中，以弥陀与弥勒信仰为主。根据《续高僧传》的记载，慧思大师初出家时，修行与律背驰，因宿有善根，故被神僧呵斥：

> 数感神僧训令斋戒，奉持守素，梵行清慎。及禀具足，道志弥隆。迥栖幽静，常坐综业。日惟一食，不受别供。周旋迎送，都皆杜绝。诵《法华》等经三十余卷，数年之间千遍便满。②

此中说明慧思大师被神僧呵斥后，秉受具戒，梵行清净，日中一食，杜绝诸缘，安心定慧。因此苦行，感得梵僧三十二

---

① 潘桂明、吴忠伟：《中国天台宗通史》，凤凰出版社2008年版，第201页。
② （唐）道宣：《续高僧传》卷十七，《大正藏》第50册，第562页下。

人，梦中如法羯磨受戒，此后更加刻苦修行，能见三生善恶之相，并感得弥陀与弥勒二位世尊梦中亲为说法，如《续高僧》中云："又梦弥勒、弥陀说法开悟，故造二像并同供养。"[1] 因修行刻苦，感弥陀与弥勒世尊说法，使其开悟。为报答二位世尊的恩德，造像供养，以表虔诚。由此可见，慧思大师这个时期的信仰，以弥陀与弥勒二位世尊为主。此中的梦授，是一种定境的瑞相所表，并非凡夫臆想所得。慧思大师在此基础上，更加努力精进，又独感弥勒世尊于梦中领其畅游龙华会，如《续高僧传》云：

> 又梦随从弥勒与诸眷属同会龙华，心自惟曰："我于释迦末法受持《法华》，今值慈尊，感伤悲泣，豁然觉悟。"转复精进，灵瑞重沓。瓶水常满，供事严备，若有天童侍卫之者。[2]

此中说明慧思大师修行刻苦，亲感弥勒世尊于梦中领其畅游龙华会，并感伤悲泣。因读《妙定胜经》，赞叹禅定功德殊胜，故发心修行禅定，后从慧文大师授业，开始后续修行。从这里可以看出，慧思大师早期由弥陀与弥勒世尊信仰，转化为单一的弥勒信仰。

章安大师在《摩诃止观》中，对慧思大师的修道历程有概要性的描述，如其所云："南岳德行不可思议，十年专诵，七载方等，九旬常坐，一时圆证，大小法门朗然洞发。"[3] 此中说明慧思大师通过诵《法华经》，修《方等忏》与常坐三昧，顿悟大小乘佛法。又考察慧思大师著作，如《随自意三昧》《法华经安乐行义》《诸法无诤三昧法门》《大乘止观法门》等中的修行

---

[1] （唐）道宣：《续高僧传》卷十七，《大正藏》第50册，第562页下。
[2] 同上。
[3] （隋）智者说，章安记：《摩诃止观》，《大正藏》第46册，第1页中。

方法，找不出任何求生净土的劝导与修法，其修行方法，基本上是以《法华》为宗骨，《大品》为观法，《大智度论》为指南。又通过文字的检索，在慧思大师的著作中，除了释迦牟尼佛以及弥勒佛名号外，未发现其他诸佛世尊的名字，自身更没有往生其他国土的倾向。若是按照难行道与易行道的修行方式区分，慧思大师的悟道方式属于难行道自力解脱，与传统意义上，修易行道他力解脱法门有着本质的区别。又按照天台六即修证位次考察，慧思大师所证是圆教相似即，相似即的修证功德，如《教观纲宗》中云：

> 相似即佛者，十信内凡位也（名与别十信同，而义大异。）。初信任运先断见惑，证位不退，与别初住通见地藏初果齐。二心至七心，任运断思惑尽，与别七住通已办藏四果齐，而复大胜。故永嘉云："同除四住，此处为齐。若伏无明，三藏则劣也。"八心至十心，任运断界内外尘沙，行四百由旬，证行不退，与别十向齐。①

此中从教义层面上解读慧思大师的内在修证，慧思大师圆证圆教相似即十信位，断见思惑与尘沙惑，稍加用功即可破无明证无功用道位，任运到达一切智海。由此我们可以基本断定，慧思大师是依般若智慧断除惑业，圆证于三不退修证，其修行方式完全依靠自力，与净土宗所言的修行方式与方法有本质差别。

慧思大师的净土信仰与自身的环境有密切关系。弥勒是娑婆世界的未来佛，担负着教化释迦佛末法中遗留众生的重任，同时也是此世界佛法延续的象征。慧思大师对弥勒世尊的情感，不仅是悲心与愿力的直接体现，还是菩萨道修行的最大特色所

---

① （明）蕅益：《教观纲宗》，《大正藏》第46册，第939页上。

在，这一点从《立誓愿文》可以看出。慧思大师一生，不仅有严重的末法情节，还有弘扬佛法的悲心愿力，面对着苦难的娑婆芸芸众生，其发誓持佛法不灭，教化众生至弥勒佛出世，如其所云：

> 我今誓愿持令不灭，教化众生至弥勒佛出。佛从癸酉年入涅槃后，至未来贤劫初弥勒成佛时，有五十六亿万岁。我从末法初始，立大誓愿，修习苦行，如是过五十六亿万岁，必愿具足佛道功德，见弥勒佛。①

此中说明慧思大师誓持佛法至弥勒佛出世，使不断绝。并利用弥勒佛未出世的时间，勇猛精进修习苦行，具足佛道功德见弥勒佛。慧思大师在河南弘法，因声名远播，法门普被，遭人嫉妒，四次遭遇陷害，生命危在旦夕，面对弘法进程中的重重阻碍，并未畏惧艰难，而生起悲悯心，发大誓愿，以黄金为字，琉璃七宝为函，弥勒为见证，书写供养《大品般若经》，愿冤亲俱得超脱，如其所云：

> 愿此金字《摩诃般若波罗蜜经》及七宝函，以大愿故，一切众魔诸恶灾难，不能沮坏，愿于当来弥勒世尊出兴于世，普为一切无量众生，说是《般若波罗蜜经》。②

此中慧思大师仿效《法华经》中多宝世尊，发愿造金字《般若经》，以七宝为函供养。并于弥勒成佛时，在龙华会中以己鄙陋身形为大众讲解《大品般若经》，以此来证明经文的不可

---

① （陈）慧思：《南岳思大禅师立誓愿文》，《大正藏》第46册，第786页下。
② 同上书，第787页下。

思议。慧思大师还在《立誓愿文》中发下十九大愿,于第二愿中,希望自己在弥勒会中入无垢位,于授记人中最为第一,如其所云:

> 我从发心所有福业,尽施众生,至于当来弥勒世尊出世之时,具足十地入无垢位,于授记人中最为第一。[①]

此中说明慧思大师发心后所修的福德,皆回向无上菩提道,希望于弥勒世尊的龙华三会中入十地位得授记人中最为第一。

通过上述的文献梳理,我们可以得出如下结论。第一,从修道历程言,慧思大师早期由弥陀与弥勒信仰,转化为单一的弥勒信仰。第二,慧思大师走自力解脱路线,其修行方法,以《法华》为宗骨,《大品》为观法,《大智度论》为指南。第三,梳理慧思大师的著作,除释迦牟尼佛与弥勒佛外,未见到其他诸佛世尊的名号,亦未见劝导往生他方世界的净土思想。第四,慧思大师圆证圆教相似即十信位,破见思惑与尘沙惑,稍加用功加行即可入无功用道,自然到达萨婆若海。第五,慧思大师对弥勒世尊的情感,是一种护法心、愿心、菩提心的表达方式,并非靠弥勒加持而成就。故我们可以认为,在慧思大师眼中,法法平等,无有高下,净土无非是心内的净土,世尊无非是自性的显现。之所以偏向弥勒世尊,因弥勒世尊是未来佛,在娑婆世界成就,度化释迦佛末法中遗留众生。慧思大师在释迦牟尼佛末法中入道,在此娑婆世界修道,娑婆世界的众生是其修道的增上缘,故面见弥勒世尊,与其一起往返娑婆世界,度化娑婆的有缘众生,不仅是菩提心的体现,更是悲心宏愿具体落实与展开。

[①] (陈)慧思:《南岳思大禅师立誓愿文》,《大正藏》第46册,第789页下。

三 《智者大师别传》遗留的问题

智者大师的净土信仰，体现在记录其临终的典籍中，主要有《天台智者大师别传》《续高僧传》《国清百录》等诸多典籍。在这些典籍中，最为详细和真实者，当属《智者大师别传》。

对于智者大师将要临终，还未临终时的情况描写，如《智者大师别传》云：

> 有疾谓智越云："大王欲使吾来，吾不负言而来也。吾知命在此，故不须进前也。"石城是天台西门，天佛是当来灵像处所。既好宜最后用心，衣钵道具分满两分，一分奉弥勒，一分充羯磨。语已右胁，西向而卧，专称弥陀、般若、观音。①

此中交代了智者大师圆寂的地点，临终的羯磨与所称念的佛号。智者大师圆寂的地点，是新昌大佛寺天然石像弥勒前。临终时将自己的遗物，分为两份，一份供养弥勒佛，一份作羯磨法供养僧众。临终时，称念的佛号是阿弥陀佛、观世音菩萨以及《般若》经名。此一系列的过程中，我们能够如实地看到如下几点。第一，智者大师在临命终时，心中所忆念的主尊是弥勒佛，最后的衣服供养，即是最好的证明。第二，智者大师专称阿弥陀佛、观世音菩萨以及《般若》经题，不能确认其是虔诚的西方净土信仰者。对比前后文，从天台的整体教义出发，智者大师此段话有"为自说""为他说""为自他说"等成分，从为自说的角度言，智者大师未出家时，就与观世音菩萨有殊

---

① （隋）章安：《智者大师别传》，《大正藏》第50册，第196页上。

胜的缘分，出家后一直到圆寂，观世音对其影响也最大，故临终称念观世音菩萨名号也是情理中事。从自他说的角度言，智者大师在慧思大师的启迪下，以《法华》为核心，以《大品般若》为观法证得法华三昧，临终称赞经题，不仅是内心感恩之情的流露，同时也是告诫后世弟子，般若在修行中的重要性。从为他说的角度言，修行以解脱生死为目的，在末法时代，依靠自力很难解脱，必须借助他力，扶持自力解脱，故称赞弥陀，重视其在修行中的殊胜与方便。

对于其将要临终的进一步记载，如《智者大师别传》中云：

> 对竟，索三衣钵命净扫洒，唱二部经为最后闻思，听《法华》竟。赞云："法门父母，慧解由生。本迹旷大，微妙难测。四十余年蕴之，知谁可与唯独明了？"余人所不见，辍斤绝弦于今日矣。听《无量寿》竟，赞曰："四十八愿，庄严净土。华池宝树，易往无人。火车相现，能改悔者，尚复往生，况戒慧熏修？行道力故，实不唐捐。梵音声相，实不诳人。"①

智者大师在交代了自己与晋王的事情后，进一步为徒众做最后教导。此中同样存在为自说与为他说两种成分。从为自说的角度言，智者大师依《法华经》开悟，更依此经为根本建立了完整的教观体系，毕生以落实会三归一为宗旨，故临终称赞《法华》奥义，感慨余人不解《法华》妙旨，辍斤绝弦于今日。从为他说的角度言，忧虑后世弟子善根浅薄，根机愚钝，无法遵循其创建的修行宗旨，为后人指出净土修行的殊胜与方便，故赞叹西方净土修行的简易。

智者大师称赞完两部经后，所显示的瑞相，如《智者大师

---

① （隋）章安：《智者大师别传》，《大正藏》第50册，第196页上。

别传》云：

> 当唱经时，吴州侍官张达等伴五人自见大佛，倍大石尊，光明满山，直入房内。诸僧或得瑞梦，或见奇相，虽复异处而同是。①

此中说明伴随着唱经而显示的瑞相，瑞相以两种方式呈现。第一种是现实视觉的呈现，石佛光明遍照满山，有缘者皆见。第二种以梦境来呈现，虽不在同一处所，但有缘者皆能梦中见弥勒石像放光。此中似乎在进一步地表明，智者大师与弥勒佛的某种特别关系。反过头来联系慧思大师的净土信仰，其对智者大师的影响以及智者大师的修道历程，我们就可以理解智者大师对弥勒的情感。智者大师圆证五品弟子位，圆伏见思，定力深厚，可自由往返十方世界，之所以独爱兜率天弥勒净土，亦与其师一样，不舍娑婆有情。若智者大师是一位虔诚的弥陀信仰者，按照通俗的惯例，应在阿弥陀佛像前示寂，应由西方三圣放光接引。再联系三辈与九品，考察智者大师的弥陀信仰，似乎找不出任何符合点。故可以认为，从师承的角度及自身修证历程言，智者大师应与其师一样，是虔诚的弥勒信仰者。圆寂地点的选择，弥勒石像的放光，似乎都与弥勒接引相符，如此种种叠加，直接或间接地证明了其弥勒信仰。

对于智者大师临命终时的最后说明，如《智者大师别传》云：

> 智朗请云：伏愿慈留，赐释余疑，不审何位殁此？何生？谁可宗仰？今更报汝，吾不领众必净六根。为他损己，只是五品位耳。汝问何生者？吾诸师友侍从观音，皆来迎

---

① （隋）章安：《智者大师别传》，《大正藏》第50册，第196页中。

我。问谁可宗仰？岂不曾闻波罗提木叉是汝之师？吾常说四种三昧是汝明导，教汝舍重担，教汝降三毒，教汝治四大，教汝解业缚，教汝破魔军，教汝调禅味，教汝折慢幢，教汝远邪济，教汝出无为坑，教汝离大悲难。唯此大师，能作依止。我与汝等，因法相遇，以法为亲，传习佛灯，是为眷属。若不能者，传习魔灯，非吾徒也……言讫，加趺唱三宝名，如入三昧。以大隋开皇十七年，岁次丁巳十一月二十四日，未时入灭，春秋六十，僧夏四十。[1]

此中是对于智者大师临命终时的最后描述，徒众问智者大师三个问题，第一，证得什么样的果位？第二，将到那里去？第三，灭后以何为师？回答第一个问题时，智者大师明确说明，若不领众修行，必证六根清净位。六根清净位的功德，相当于圆教的相似即，和《法华经·法师功德品》的功德一样。回答第二个问题时，智者大师未明确说明自己往生到何处，只是说明师长与观音菩萨一起来迎接他。正是第二个问题，很多人误以为智者大师是西方净土信仰者。其实未然，智者大师与观音菩萨的缘分甚深，更是不废余力地推广观音法门，教理上有《请观音疏》《观音玄义》，仪轨上有《请观音忏》，并将《请观音忏》放入非行非坐三昧内，由此可见观音信仰在其心中的崇高地位。故观音信仰，从智者大师幼年开始，一直到其临终，始终相伴左右，故不可将观音信仰看成是衡量智者大师西方信仰的唯一标准。又观音菩萨本是古佛再来，迹示弥陀侍使，可导人任运往生十方国土，故不可局限观世音菩萨的功能。慧思大师往生兜率天，可以说观音菩萨亦会随喜智者大师往生兜率天见弥勒菩萨，与其师随弥勒菩萨一起到娑婆世界教化众生，如此才与智者大师的菩提愿力吻合。回答第三个问题时，智者

---

[1] （隋）章安：《智者大师别传》，《大正藏》第50册，第196页中。

大师明确说明要依十乘观法为师，此中的十乘观法是天台修证体系中最为核心的部分，也是智者大师一生推广的重要法门。

综上所述，我们将《智者大师别传》中对智者大师临命终时的过程进行了详细的解读，从中我们可以发现如下问题，第一，智者大师非常钟情于弥勒净土，这一点从供养遗物以及石佛放光便可看出分晓。第二，虽称念阿弥陀佛以及称赞《无量寿经》，但不可视为智者大师就一定往生到西方净土。因智者大师临终开示的法语中，有为自说、为他说、为自他说等不同成分，称念弥陀名号与《无量寿经》经题，大多从为他说的角度出发，针对善根薄弱、根机愚钝之人，开示净土修行的殊胜与方便，为后世弟子的修行，指引一条光明大路。第三，智者大师一生所修行的法门，未逃离慧思大师所传的框架，其修行方式深受慧思大师影响，师徒二人皆依般若断惑，走自力解脱路线。第四，师徒二人均有强烈的末法意识，皆有持法不令断灭的悲心与愿力，对此世界的众生有深切爱护之心，故面见弥勒世尊，与其同入娑婆度化众生，是悲心愿力的直接体现。第五，智者大师临终蒙观音菩萨以及师长接引，但并未说明其去处。观音信仰从智者大师幼年，一直到其临终，始终相伴左右，故临终蒙观音接引也是情理中事。慧思大师是虔诚的弥勒信仰者，观音菩萨是古佛再来，迹示为极乐世界补处菩萨，不应局限菩萨的导引功能，慧思大师与观音菩萨接引智者大师往生到兜率天见弥勒菩萨也可以说得通。综合前面五点，我们可以断定智者大师与其师一样，皆是虔诚的信仰者，往生到兜率天见弥勒菩萨，不仅是报答释迦牟尼佛的教化恩德，更是对娑婆世界苦难众生慈悲不舍的菩萨精神的直接体现。

四　天台整体教义对弥勒、弥陀净土的涉及

从《智者大师别传》以及《续高僧传》来看，智者大师的

净土信仰是复杂的,但主要是以两种为主,分别为弥勒与弥陀信仰。对此两种信仰的交涉情况,本文将从如下方面进行考察。

1. 从天台修证体系考察

对于智者大师净土信仰的讨论,应将其放入整体天台学说框架内考察。智者大师的主要学说,体现在《法华玄义》《摩诃止观》《法华文句》内。在天台三大部中,《法华玄义》是正说教相门旁及观心门,《摩诃止观》是正说观心门旁及教相门。二者之中,《摩诃止观》是智者大师晚年的著作,可以说是其一生思想的精髓。《摩诃止观》,又被称为圆顿止观,是智者大师晚年在湖北荆州玉泉寺安居时所讲,章安大师评价其是"说心中所行法门",故可将其看作最为成熟且体系严整的圆顿止观修行实践系统。圆顿止观的修证,以四种三昧为外在修行方式。内在修行次第的构建上,以二十五法为外方便,十种境界与十乘观法为内方便。构建内外方便的目的,是让行者更好地修行和证得圆顿止观。在圆顿止观修行体系内,常行三昧最能代表智者大师的净土观。常行三昧,以阿弥陀佛为修行主尊,方法运用上以身、口、意三业虔诚观想阿弥陀佛为主。在行法的规定上,分为身论开遮、口论说默、意论止观。[①] 在这三者之中,最能代表其思想的是意论止观,如其所云:

> 念西方阿弥陀佛,去此十万亿佛刹,在宝地、宝池、宝树、宝堂,众菩萨中央坐说经。三月常念佛,云何念?念三十二相,从足下千辐轮相,一一逆缘念诸相乃至无见顶,亦应从顶相顺缘,乃至千辐轮,令我亦逮是相。[②]

[①] 常行三昧的具体内容,详见心悟《圆顿止观行法述略》,湖北人民出版社2015年版,第107—111页。

[②] (隋)智者:《摩诃止观》卷二上,《大正藏》第46册,第12页中。

此中说明念佛的内容，以观察三十二相与极乐世界的依正庄严为主。从佛陀足下千辐轮相顺着观，一直到佛顶无见顶相。或观察极乐世界宝树、天雨、宝华、饭食经行与阿弥陀佛的自在说法之相。此中的三昧，是智者大师根据经论阐释的修行方法，按照自身观修理论的构建，将其纳入四种三昧内，充实天台的修行实践系统，从而使天台的摄法更加周全，普被众机，蒙受法益。考察《摩诃止观》中常行三昧的修行方法，以三十二相为所观境，修空、假、中三观，藉空假二观方便，修中道第一义谛观。智者大师虽有弥陀本尊的创立，但本意是修三观，破三惑，成三智，证三德，并非是往生到极乐世界。又在常行三昧行法内，乃至整本《摩诃止观》内，未见到智者大师劝导往生他方世界的净土思想。故智者大师的净土观，与《阿弥陀经》《无量寿经》《观无量寿经》所提倡的往生修行方法，还有诸多的不同。故不可以从常行三昧中提倡以弥陀为本尊的观修方法，定性地认为智者大师是虔诚的西方净土信仰者，如此结论还有商榷的必要，应从整体思想作为界定。

2. 从《净土十疑论》中对于两种净土的描述考察

传统教内人士，皆认为《净土十疑论》是智者大师的著作。然通过文本所引经文的内容，与经文原文对比，我们很难坚信《净土十疑论》为智者大师所著，这一点学术界已有定论。在《净土十疑论》中，对弥勒净土与极乐净土有一番对比说明，如其所云：

> 问：弥勒菩萨，一生补处，即得成佛。上品十善，得生彼处见弥勒菩萨，随从下生，三会之中，自然而得圣果，何须求生西方净土耶？答：求生兜率，亦曰闻道见佛，势欲相似。若细比较，大有优劣，且论二种：一者，纵持十

善,恐不得生,何以得知?《弥勒上生经》云:"行众三昧,深入正定",方始得生。更无方便接引之义,不如阿弥陀佛本愿力、光明力,但有念佛众生,摄取不舍。又释迦佛说九品教门,方便接引,殷勤发遣,生彼净土。但众生能念弥陀佛者,机感相应,必得生也。如世间慕人,能受慕者机会相投,必成其事。

二者,兜率天宫是欲界,退位者多,无有水鸟树林,风声乐响,众生闻者,悉念佛发菩提心,伏灭烦恼。又有女人,皆长诸天爱著五欲之心。又天女微妙,诸天耽玩,不能自勉。不如弥陀净土,水鸟树林,风声乐响,众生闻者,皆生念佛发菩提心,伏灭烦恼。又无女人、二乘之心,纯一大乘清净良伴。为此烦恼恶业毕竟不起,遂至无生之位。如此比较,优劣显然,何须致疑也。如释迦佛在世之时,大有众生见佛不得圣果者如恒沙。弥勒出世亦尔,大有不得圣果者。未如弥陀净土,但生彼国已,悉得无生法忍。未有一人退落三界,为生死业缚也。①

此中认为弥陀净土与弥勒净土相比,更加殊胜与方便。具体的原因有两点,第一,即使行使十善,亦未必往生,因弥勒净土无方便接引。第二,兜率天宫是欲界,容易退转,且多有女人。

但细读原文,此中诸多矛盾之处,且举一例,如《净土十疑论》中说:

二者、兜率天宫是欲界,退位者多,无有水鸟树林,风声乐响,众生闻者悉念佛,发菩提心,伏灭烦恼。②

---

① (隋)智者:《净土十疑论》,《大正藏》第47册,第79页中—下。
② 同上书,第79页下。

此处论文与《弥勒上生经》完全不相符,如《上生经》云:

> 是诸宝冠化作五百万亿宝宫,一一宝宫有七重垣,一一垣七宝所成,一一宝出五百亿光明,一一光明中有五百亿莲华,一一莲华化作五百亿七宝行树,一一树叶有五百亿宝色,一一宝色有五百亿阎浮檀金光,一一阎浮檀金光中出五百亿诸天宝女,一一宝女住立树下执百亿宝无数璎珞出妙音乐,时乐音中演说不退转地法轮之行。其树生果如颇黎色,一切众色入颇梨色中,是诸光明右旋婉转流出众音,众音演说大慈大悲法。①

此中说明兜率天中依报亦可演说妙法,与西方极乐世界无有差别。由此可以看出,《净土十疑论》中所引经文,明显偏离经文旨意,故此书不是智者大师所作。智者大师熟读三藏,证五品观行位,在其眼中法法平等,因机有异,抬高弥陀信仰,贬低弥勒信仰,误读经文这种常识性的错误不可能发生,故《净土十疑论》必是后代净土学人托名假作。考察智者大师的净土思想,《净土十疑论》不可算作在内,因此无法确定智者大师是虔诚的西方信仰者。

五 智者大师亲传弟子的净土倾向

智者大师是天台法门的创始人,对于后世弟子的影响非常深远。若智者大师是一位虔诚的西方净土实践者,则思想必然会影响到其受法的弟子。从《续高僧传》的记载而言,智者大师的受法弟子有智越、智晞、章安、智璪、普明等人,无有一

---

① (刘宋)沮渠京声译:《佛说观弥勒菩萨上生兜率天经》,《大正藏》第14册,第418页下。

人有弥陀信仰的倾向。下面将对这些亲传弟子的临终情况,作具体的考察,详见下文。

(一)对于智越大师临终的记载,如《续高僧传》云:

> 大业十二年十一月二十三日,寝疾经旬,右胁而卧,卒于国清旧房,春秋七十有四。临终之时,山崩地动。境内道俗,咸所见闻。①

此中只是简单地说明智越大师是自在往生,并没有说明智越大师往生的去处。

(二)对于智晞大师临终的记载,如《续高僧传》云:

> 未终数日,语弟子云:"吾命无几,可作香汤。"洗浴适竟……又云:"吾习禅已来,至于今日,四十九年,背不着床。吾不负信施,不负香火。汝等欲得,将吾相见。可自勤策行道,力不负人。"弟子因咨启,未审和尚当生何所?答云:"如吾见梦,报在兜率。宫殿青色,居天西北。见智者大师,左右有诸天人皆坐宝座。唯一座独空,吾问所以。答云:灌顶却后六年,当来升此说法。"②

此中明确说明,智晞大师往生到兜率天弥勒净土,智者大师已往生兜率净土,章安大师不久亦当往生兜率净土说法。

(三)对章安大师临终受生情况的记载,如《续高僧传》云:

> 以贞观六年八月七日,终于国清寺房,春秋七十有二。

---

① (唐)道宣:《续高僧传》卷十七,《大正藏》第50册,第570页下。
② 同上书,第582页下。

初薄示轻疾，无论药疗，而室有异香。临终命弟子曰："《弥勒经》说佛入灭日，香烟若云。汝多烧香，吾将去矣。"因申遗诫，词理妙切。门人众侣，瞻仰涕零。忽自起合掌，如有所敬，发口三称阿弥陀佛，低身就卧，累手当心，色貌欢愉，奄然而逝。举体柔软，顶暖经日。常有同学智晞，清亮有名，先以贞观元年卒，临终云："吾生兜率矣，见先师智者。宝座行列，座皆有人，唯一座独空。云却后六年，灌顶法师升此说法。"焚香验旨，即慈尊降迎。计岁论期，审晞不谬矣。①

此处虽说明章安大师是口念弥陀圣号而逝，但并未具体说明其往生处所。章安大师圆寂的时间，与知晞的预言相符，故道宣律师言："焚香验旨，即慈尊降迎。计岁论期，审晞不谬矣。"故章安大师往生到兜率天弥勒内院，已是不争的事实。

（四）对智璪大师的临终记载，如《续高僧传》云：

以贞观十二年卒于寺，春秋八十三矣。②

此中只是简单地说明智璪大师是无疾而终，并没有说明其净土信仰。

（五）对普明大师临终的记载，如《续高僧传》云：

大渐时至，清旦呼诸弟子，夫人寿命不可常保，汝等宜知。便自脱新净之衣，着故破者。换衣才竟，奄然就灭，春秋八十有六。③

---

① （唐）道宣：《续高僧传》卷十九，《大正藏》第50册，第585页上。
② 同上书，第586页上。
③ 同上书，第586页中。

此中说明普明大师无疾而终，并没有说明其净土信仰。

综上所述，我们将智者大师亲传弟子临终时的情况进行了考察，从上面的资料中我们可以得出如下结论。第一，智者大师的门人，深受其言传身教影响，皆走禅定解脱路线，靠自力了生脱死。第二，在其亲传的弟子中，未有弥陀信仰的体现。第三，其亲传弟子中章安大师与智晞大师均是虔诚的弥勒信仰者，弟子中皆认为智者大师往生到兜率天弥勒处。又章安大师亲随智者大师几十年，深受智者大师思想的洗礼，若智者大师是虔诚的弥陀信仰者，则章安大师必定往生西方。由此可知，考察智者大师亲传弟子的临终受生情况，基本上未出现弥陀信仰的痕迹，皆以弥勒信仰为主。慧思大师是虔诚的弥勒信仰者，弟子中亦多以兜率天为最终归宿，智者大师定然也是弥勒信仰者，否则这一现象无法解释。弟子们往生到兜率天见弥勒世尊，亲聆其教诲修菩萨道，不仅是怀念智者大师报答其恩德，更是不舍娑婆有情菩萨道精神的直接体现。

六　后世弟子对智者大师净土信仰的态度

智者大师的净土信仰，有弥陀信仰的成分，也有弥勒信仰的成分。智者大师到底往生到何处，后世的弟子同样也存在疑惑。湛然大师在《摩诃止观辅行传弘诀》中云：

> 然大师生存，常愿生兜率天。临终乃云："观音来迎"当知轨物随机，顺缘设化，不可一准。[①]

此中湛然大师明确地说明，智者大师在世之时，常愿生兜

---

① （唐）湛然：《摩诃止观辅行传宏诀》卷一，三秦出版社1995年版，第18页。

率天。临终蒙观音迎接,是随缘教化众生的一种手段,不可以定性地执着为智者大师往生的处所。湛然大师的话,反映出从隋代到唐代,对智者大师净土信仰的普遍态度。又从湛然大师的师承而言,其师玄郎尊者,亦是一位虔诚的弥勒信仰者,如《释门正统》中云:

> 每翘跪祈,圆通大士,愿生兜率内苑,观近弥勒,焚香敛念,咸降舍利(天宝中建塔藏之,会昌毁废。有僧缄秘,历授来云,开宝六年,建塔巽隅安奉焉)。①

又云:

> 一日顾门人曰,吾六即道圆,万行无得,戒为心本,汝等师之。天宝十三载九月十九日示寂,寿八十二,腊六十一。有梦其居宝阁第四重者,寤告其邻,邻梦亦恊,盖表欲界第四天慈氏内院也。②

通过这段文字的描写可以看出,玄郎尊者是一位虔诚的弥勒信仰者。由此可见,从智者大师一直到湛然大师这里,天台宗的净土信仰,均以弥勒净土为主。对于智者大师往生到何处,唐代沙门僧祥在《法华传记》中云:

> 又颂自以身血,书写经而讲,收国清寺真身堂,四邻草木向堂而低垂。后于石城寺弥勒像,发愿而终属灭后,灌顶梦师在兜率内院矣(出别记)。③

---

① (宋)宗鉴:《释门正统》卷二,《卍续藏》第75册,第273页上。
② 同上。
③ (唐)僧祥:《法华传记》卷二,《大正藏》第51册,第57页上。

此中僧详也认为智者大师往生到弥勒净土。僧详是唐代人，与智者大师的年代相差不远，是故其所说应符合当时人们对于智者大师净土信仰的一种普遍态度。通过后世弟子对于智者大师净土信仰态度的考察，我们基本可以认为，隋唐时期的天台传承中，还是以弥勒净土为主。

七　结　论

通过文献的梳理，我们对慧思大师与智者大师的弥勒信仰作了详细的说明。从慧思大师的修道历程言，其早期由弥陀与弥勒信仰，转化为单一的弥勒信仰。慧思大师的弥勒信仰，带有强烈的末法意识，面见弥勒的目的，是报答释迦佛的教导之恩，同时也是不舍娑婆有情菩萨道精神的直接体现与展开。智者大师的净土信仰，很多人认为是多元化的，含有观音、弥勒、弥陀等成分。通过对《智者大师别传》的详细解读，将相关问题还原到具体的语境中，我们发现其临命终时的法语，含有为自说、为他说、为自他说等多重维度。其称赞西方净土的法语，皆从为他说立场展开。又通过天台整体教义对弥勒、弥陀信仰的交涉，智者大师亲传弟子临终时的净土倾向，后世弟子对智者大师净土信仰态度等方面详细的考察，我们发现智者大师是虔诚的弥勒信仰者。又从师承方面言，慧思大师是虔诚的弥勒信仰者，智者大师依止慧思大师八年，在八年的学习过程中，智者大师不仅证得了法华三昧，还得说法人中最为第一的称号，因此慧思大师的净土思想必然会影响到智者大师。在智者大师的圆顿止观修行实践体系内，虽有弥陀信仰的纳受，但其观修方法，是修三观，破三惑，成三智，证三德涅槃。这种修行方式，与净土学人所提倡的弥陀信仰，其意义和内涵相差甚多。在天台典籍内，有《净土十疑论》弘扬西方弥陀净土，因此导致诸多学人，定性地认为智者大师是一位虔诚的西方净土信仰者。殊不知,《净土十疑论》中对弥勒信仰与弥陀信仰的比较,经不住经论的验证,为后人托名的伪作,因此不可算是智者大师的净土思想。智者大师是二朝国师,教理知识渊博,禅定功夫甚深,是驰名于世的高僧,其亲传弟子皆受其言传身教影响,皆走教观双美的修证路线。又通过对智者大师亲传弟子临终净土导向的考察,我们惊奇地发现,这些亲传弟子中,未有弥陀信仰的痕迹,反之弥勒信仰的氛围浓厚。后世天台中兴之祖湛然大师也坚定地认为,智者大师生前羡慕弥勒净土,临终所说的观音接引,仅仅是教化的一种权巧方便。湛然大师之师玄郎尊者,亦是虔诚的弥勒信仰者。如此种种论证,我们可以清晰地知道,从慧思大师,一直到智者大师,在天台早期的法统传承中,未有弥陀信仰的痕迹,均以弥勒信仰为最后归宿。天台祖师的弥勒信仰,不仅是缅怀释迦牟尼佛的教导恩德,还怀着度化娑婆世界苦难众生的悲心,更是菩提行愿的直接表达方式。

慧思禅师与南岳立寺

——以慧思"神仙方术"为中心

陈安民

（湖南科技学院）

摘　要：慧思禅师是南岳佛教历史记忆中的神话。由于北方战乱不断，佛徒处境艰难，慧思于陈光大二年（568）迁往南岳，立誓发愿，弘扬佛法，修行神通以求自度、度他；与"岳神"会棋，修建"福严寺""一生岩""二生塔""三生藏""虎跑泉"等，影响巨大，成为南岳佛教思想的开创人物，亦成就了福严寺的声名与地位。

关键词：慧思　南岳　神仙方术

一　从《陈朝皇帝赐南岳思大禅师降伏道士铁券记》说起

南岳的福严寺，早在唐代时就是"六朝古刹""七祖道场"，至今依然香火旺盛。福严寺的创辟，据现存的资料记载，都与慧思禅师有密切的关系。然而，在《佛祖统纪》中，有一个很难辨明真实性的碑刻——《陈朝皇帝赐南岳思大禅师降伏道士铁券记》，既关系到慧思禅师与福严寺，也关系到南岳佛、道之争：

太建元年，九仙观道士欧阳正则睹山有胜气，谋于众曰：此气主褐衣法王，彼盛则吾法衰矣。乃凿断岳心，钉石为巫蛊事，埋兵器于山上，因诡奏曰：北僧受齐募而为之。宣帝遣使考验，初度石桥，有两虎号吼，使者惊退。次日复进，师曰：檀越前行，贫道当续至。越七日，度使者尚未至，始飞锡而往金陵，四门皆见师入。使者既至，遂同进谒。帝坐便殿，见师乘空而下，梵相异常，惊悟其神，一无所问。以道士诬告罔上，令案治之，罪当弃市。师请曰：害人之命，非贫道意，乞放还山，给侍僧众，亦足小惩。帝可之，敕有司冶铁为十四券，识道士十四名，周回其上，封以敕印，令随师还山。将行，饯以殊礼，称为大禅师。思大之名，盖得于此……师既复归山中，说法如故。道众以老病告，愿奉田数顷充香积，用赎老身。师曰：欲留田，当从汝愿。因名留田庄（俗呼道士赎身庄）。所赐铁券，悉收藏之。勒石记其事，名曰《陈朝皇帝赐南岳思大禅师降伏道士铁券记》。时道众私誓曰：今世神通、官势皆所不如，后五百年，当生汝法中，坏灭汝教。师亦预记曰：此诸道士害我无因，异日著我袈裟，入我伽蓝，坏遗体矣。[1]

从上述记载来看，陈太建元年（569），南岳九仙观道士欧阳正则恐佛家在南岳兴盛而玄学衰微，掩埋兵器于南岳山，诬告慧思受北方齐国之命而图谋不轨。朝廷受审，慧思通过显现"神仙方术"，判道士为佛教寺院的仆役，后道众以老告病，慧思从其愿，勒石记事。尽管"铁券记"保存的时间并不长，"宋太宗时，有大臣出镇湖南，经临此山，历览遗踪，谓主僧曰：

---

[1] （宋）志磐：《佛祖统纪·慧思传》，载南岳佛教协会编《慧思大师文集》，岳麓书社2011年版，第170—171页。

异日道士得志，必有报复，当埋碑石，异庄名，俾无踪迹可寻"，但这则碑刻不仅化解了南宋道士诬告所带来的生存危机，而且获得了陈朝皇帝的倾心归仰。

问题在于，"虎吼"惊使者、金陵"四门皆见"是否有其事？从佛教史的角度看，为什么慧思禅师会充满法力？慧思禅师与南岳佛道之间有着怎样的关联？慧思禅师在当时有怎样的影响？从《佛祖统纪》《续高僧传》《南岳志》等文献资料看，慧思禅师几乎为南岳史上的一个神话，他在南岳佛教史中有怎样的地位？

二 传记资料中的慧思禅师

慧思禅师（515—577），俗姓李，北魏南豫州武津人。"年十五出家，谢绝人事，专诵《法华》，日唯一食"，后跟随北齐慧文禅师参学"一心三观"法门。至陈光大二年（568），因"弊于烽警，山侣栖遑，不安其地"，慧思乃率弟子四十余人前往南岳。栖息十载，于太建九年（577）入灭。

关于慧思在南岳的行踪，特别是关于他在福严寺的隐遁，也有一套幻术。慧思的传记资料，比较集中见于《续高僧传》《佛祖统纪》《神僧传》《弘赞法华传》《天台九祖传》《南岳志》等，详略不同，都涉及慧思生平及南岳弘法。其中，《佛祖统纪》是这样叙述慧思禅师与福严寺开创的：

> 师一日登祝融峰，岳神会棋。神揖师曰：师何来此。师曰：求檀越一坐具地。神曰：诺。师即飞锡，以定其处（今福严寺是）。神曰：师已占福地，弟子当何所居。师即转一石鼓，下逢平地而止（今岳君塑像犹坐石鼓上）。岳神乞戒，师乃为说法要。一日，师谓岳神曰：它日吾有难，檀越亦当有难。师指岩下曰：吾一生曾此坐禅，为贼断首。

寻获枯骨一聚（今福严一生岩）。至西南隅，指大石曰：吾二生亦曾居此。即拾骷髅起塔，以报宿修之恩（今二生塔）。又至蒙密处，曰：此古寺也，吾三生尝托居此地。因指人掘之，果有僧用器皿及堂宇之基。即筑台，为众说《般若经》（今三生藏）。众患无水，师以杖卓崖，虎因跑地，泉乃涌出（今虎跑泉是也）。①

"岳神借地"的传说，主要记载了慧思禅师到南岳后，建佛教寺庙的故事。师即指慧思禅师。从文献记载来看，"福严寺""一生岩""二生塔""三生藏""虎跑泉"均是慧思通过与"岳神"会棋而得来的，慧思禅师就是一个神通广大的法师，有着无所不能的"神仙方术"。

但事实上，慧思的"神仙方术"与当时的佛教背景有很大关系。当时佛教信仰与朝廷政权之间并不是很牢固，始终有一种芥蒂存在。《慧思大师年谱》所记，梁武帝天监十四年（515），慧思出生，"其时距中国佛教史上第一次灭佛——公元438年北魏太武帝拓跋焘开始灭佛事件，有近八十年"。太武帝大规模灭佛，下诏，佛教乃域外之教，不近人情；由于佛教的盛行，使政教不行，礼仪大坏，招致了历代丧乱。当时佛经、佛像皆被击破焚烧，佛教沙门无论少长，全部坑杀，佛教在北方受到压制、打击。"光州当陈、齐边境，烽火数兴，众不遑处"②，慧思所在北方战乱不断，民不聊生，世俗皇权与宗教之间的不信任，以及当时灭佛运动的残酷，让慧思亲身体验到处境艰难，因此，对佛徒的生存问题深感忧虑："大圣在世，不免流言，况吾无德，岂逃此责？责是宿作，时来须受，此私事也。

---

① （宋）志磐：《佛祖统纪·慧思传》，载南岳佛教协会编《慧思大师文集》，岳麓书社2011年版，第170页。
② 《慧思大师年谱》，载南岳佛教协会编《慧思大师文集》，岳麓书社2011年版，第340—344页。

然我佛法不久应灭,当往何方,以避此难时冥空有声曰:若欲修定,可往武当南岳,此入道山也。"在政治与宗教的危机中,为了挽救佛法陷入灭绝,慧思不得已率弟子前往宗教氛围相对宽松的南岳延续宗教活动。考虑到南岳为道教圣地,以及宣传佛教的语境,慧思借"岳神"传说,宣称南岳是岳神赐予的,具有"神"的合法性;另外又相当警惕,将"骷髅""僧用器皿"等与"前世宿命"联系起来,通过"神通"获得在南岳建造塔寺的合理性。尽管南方的政治环境相对宽松,但慧思作为"外来"人口,在佛法末日即将到来之际,要取得南方政权的大力支持,得到陈朝皇帝的庇护,就必须要有杰出的禅法。

三 天台传承谱系与慧思禅师禅法

慧思禅师的禅法,《诸法无诤三昧法门》卷上:"夫欲学一切佛法,先持净戒勤禅定,得一切佛法诸三昧门。""如来一切智慧及大光明、大力神通,皆在禅定中得。""若在定,能知世间生灭法相,亦知出世三乘圣道,制心禅智,无事不办。欲求佛道持净戒,专修禅观得神通,能降天魔破外道,能度众生断烦恼。"[①]《法华经安乐行义》:"凡是一切新学菩萨,欲求大乘,超过一切诸菩萨,疾成佛道,须持戒、忍辱、精进、勤修禅定,专心勤学法华三昧。"[②] 也就是说,慧思"神仙方术"的获得,必须要进行禅定,禅定可以持净戒、获神通、断烦恼。若不坐禅,即平地颠坠,欲断烦恼,必先之以定,然后智拔。"众生虽有如来藏,不修戒定则不见;净戒禅智具六度,清净法身乃显现。"由此强调苦修坐禅的重要性。从慧思传记资料来看,他修

---

① (陈)慧思:《诸法无诤三昧法门》,载南岳佛教协会编《慧思大师文集》,岳麓书社2011年版,第40页。

② (陈)慧思:《法华经安乐行义》,载南岳佛教协会编《慧思大师文集》,岳麓书社2011年版,第24页。

禅的经历也即是一个"苦行僧"的历程,"儿童时,梦梵僧劝令入道。或见朋类读《法华经》,乐法情深,得借本于空冢独观,无人教授,日夜悲泣。复以冢非人居,乃移托古城,凿穴栖身。昼则乞食,夜不事寝,对经流泪,顶礼不休"。师事慧文禅师后,"昼则驱驰僧事,夜则坐禅达旦"。在生命待尽时曾说:"若有十人,不惜身命,常修法华、念佛三昧、方等忏悔,常坐苦行者,随有所须,吾自供给。如无此人,吾当远去。"① 但结果是"竟无答者"。这说明,慧思重禅定苦修、念佛三昧,在当时是没有弟子可以比拟的。

慧思禅师从北方而来,保持着北方禅僧苦修坐禅的传统,另外,又不满于南方僧人空谈之习,在《诸法无诤三昧法门》中强调禅的意义,"三乘一切智慧皆从禅生",如果不以禅证心,即使是读了无数经典,也"不如一念思惟入定",他发心习禅,"昼夜摄心,理事筹度,迄此两时,未有所证"。"摄心"是习禅者常用的方法,也是学禅者的入道要门。在印度佛教中,无论大乘、小乘,都强调"摄心",即以观心为枢要,在内心保持宁静、克制欲望和情感。慧思将"重视禅定修习"与"对佛教经论的讲说和义理的探究"融合统一,遂开"定""慧"两门,成为天台宗教义的核心,具有深远影响。

慧思自作的《慧思大师年谱》与《立誓愿文》中,还记载了自己多次遭到"恶比丘""恶师论"毒害的事件:三十四岁,河南兖州讲法"遭诸恶比丘以恶毒药令食,举身烂坏,五脏亦烂"。三十八岁,郢州讲大乘,"有诸法师起大嗔怒,有五恶论师,以生金药置饮食中"。四十二岁,光州城西观邑寺"时多有众恶论师,竞来恼乱,生嫉妒心,咸欲杀害,毁坏般若波罗蜜义"。四十三岁"复作种种诸恶方便,断诸檀越,不得送食。"

---

① (宋)志磐:《佛祖统纪·慧思传》,载《慧思大师文集》,岳麓书社2011年版,第172页。

《慧思大师年谱》与《立誓愿文》是慧思忍辱负重,实践佛法困难历程的诉说,虽一再遭受恶僧的排斥乃至投毒杀害,但慧思的"神力"很高,经过多次磨难后,依然能存活下来。那么,慧思为何会具有"神仙方术"呢?《立誓愿文》中说道:

> 今故入山,忏悔修禅。学五通仙,求无上道。愿先成就,五通神仙。然后乃学,第六神通。受持释迦,十二部经。及十方佛,所有法藏……是故先作,长寿仙人。藉五通力,学菩萨道。自非神仙,不得久住。为法学仙,不贪寿命。誓以此身,未来贤劫。①

其目的在于:

> 我今入山修习苦行,忏悔破戒障道重罪。今身及先身,是罪悉忏悔。为护法故,求长寿命,不愿生天及余趣。愿诸贤圣佐助我,得好灵草及神丹,疗治众病除饥渴,常得经行修诸禅。愿得深山寂静处,足神丹药修此愿,藉外丹力修内丹。欲安众生先自安。己身有缚,能解他缚,无有是处。②

这段记载,慧思自然而然地将"神仙方术"与佛教禅法相融合,希望借助"神丹""外丹""芝草"等神效,使自己长寿不死,并实现成为"神仙""五通仙""长寿仙人"的愿望,这显然是吸取了印度佛教的思想内容。天台宗以印度佛教中龙树菩萨为始祖,在《佛祖统纪》中有传法世系:"天台九祖:第一祖龙树菩萨、第二祖北齐慧文、第三祖南岳慧思、第四祖天台

---

① (陈)慧思:《南岳思大禅师立誓愿文》,载南岳佛教协会编《慧思大师文集》,岳麓书社2011年版,第12—13页。
② 同上书,第20页。

智𫖮、第五祖章安灌顶、第六祖法华智威、第七祖天宫慧威、第八祖左溪玄朗、第九祖荆溪湛然。""北齐尊者，宿禀自然，不俟亲承，冥悟龙树即空即假即中之旨，以为心观，以授南岳。南岳修之以净六根，复以授诸智者。智者用之以悟《法华》，乃复开拓鸿业，以名一家。"龙树作为印度传说中多才多艺的神仙，是释迦牟尼逝世后从佛教小乘大众部分化出来的大乘空宗的重要创始人，著作有《大智度论》《十二门论》《中论释》等，译有中文本，并在中国佛教思想史上产生过广泛影响，其中，唐玄奘去印度留学时，当时印度就流行这种方术："唐三藏初遇龙树宗师，欲从学法。师令服药求得长生，方能穷究三藏。"慧思禅师将印度的"神仙方术"与中国宗教情况相联系，提出：

> 我为众生及为我身求解脱故，发菩提心，立大誓愿，欲求如来一切神通。若不自证，何能度人。先学己证，然后得行。自求道果，为度十方无量众生。为断十方一切众生诸烦恼故，为令十方无量众生通达一切诸法门故，为欲成就十方无量一切众生菩提道故，求无上道。为《首楞严》，遍历齐国诸大禅师学摩诃衍，恒居林野，经行修禅。①

"天台原始之思想，虽不以神仙为极诣，但视为学佛必经之历程。有似上引澄观《华严疏钞》所记龙树宗师告玄奘之语意，即先须服药，求得长生之后，方能穷究龙树之学是也。"② 从慧思"发菩提心立大誓愿""欲求如来一切神通"可以看出，在当时已经是佛法日趋灭亡的时期，佛教内部恶僧诬蔑，斗争残

---

① （陈）慧思：《南岳思大禅师立誓愿文》，载南岳佛教协会编《慧思大师文集》，岳麓书社2011年版，第5页。
② 陈寅恪：《南岳大师〈立誓愿文〉跋》，载南岳佛教协会编《慧思大师文集》，岳麓书社2011年版，第319页。

酷，外部佛、道之间争论不断。慧思苦行习禅，将"神通"与"弘法"结合起来，其意义在于以此获得佛陀、菩萨以神力接引，加强佛教信仰色彩，希望"成就五通神仙"，致力于弘扬大乘佛教以"教化众生"，不仅更有效地宣传佛法，适应了当时佛教思想史的发展趋势，而且初到南岳，弘法困难，将深邃玄远的佛教戒律神圣化，对他在南岳立足起了很大作用。同时，以弘法为价值取向而获得"神通"，以行忏发愿换取佛教的振兴之路，也反映出慧思以弘扬慈悲度众的大乘佛法为己任，修行神通以求自度、度他的人生历程。

四 慧思禅师在南岳的影响

慧思的生前身后，还有很多关于他的神奇传说，例如，南岳解二虎之斗、瓦官寺雨天鞋不沾泥等，成为佛教历史记忆中的神话，也满足了南岳宗教的精神需求，正如汤用彤先生所说：

> 南方的文化思想以魏晋以来的玄学最占优势，北方则仍多承汉朝的阴阳、谶纬的学问。玄学本比汉代思想超拔进步，所以南方比较新，北方比较旧。佛学当时在南北两方，因所在地文化环境的影响，也表现同样的情形。北方佛教重行为——修行、坐禅、造像……南方佛教则不如此，着重它的玄理，表现在清谈上，中心势力在士大夫中，其反对佛学不过是理论上的讨论，不像北方的杀和尚、毁庙宇那样激烈。[1]

慧思到南岳后，造塔修寺，开展了系列的弘法活动，对传

---

[1] 汤用彤：《隋唐佛学之特点——在西南联大的讲演》，载《汤用彤大德文汇》，华夏出版社2012年版，第105页。

统禅法进行改造,一面弘重义门,一面专研义理经典,又吸取印度"神通"方法,巧妙地传达出佛教思想内涵,营造了陈朝佛教新风。据《慧思传》记载:

> 南岳以所承北齐一心三观之道,传之天台,其为功业盛大,无以尚矣。故章安有曰:思禅师名高嵩岭,行深伊洛。十年常诵,七载方等,九旬常坐,一时圆证。师之自行,亦既勤矣。①
>
> 自江东佛法,弘重义门,至于禅法,盖蔑如也。而(慧)思慨斯南服,定慧双开,昼谈义理,夜便思择,故所发言,无非致远,便验因定发慧,此旨不虚,南北禅宗,罕不承绪。②

慧思在南岳弘法成就巨大,"自佛法东流,几六百载,惟斯南岳,慈行可归","陈世心学,莫不归宗,大乘经论,镇长讲悟,故使山门告集,日积高名"。不仅得到陈朝皇帝的礼遇,在南岳十余年,"每年陈主三信参劳,供填众积,荣盛莫加。说法倍常,神异难测"。③而且陈宣帝敕命入京,"举朝瞩目,道俗倾仰",受到普遍赞誉,这也从一个侧面说明了慧思神仙方术在陈朝备受时人重视,得到朝廷政权的认同。"在南岳,悟三生行道之迹,讲筵益盛,居止十年,世称'南岳尊者'。""清雍正十三年(1735),朝廷赐封为'圆慧妙胜禅师',并遣官致祭。"④可见,慧思已经是南岳佛教开创的关键性人物。

---

① (宋)志磐:《佛祖统纪·慧思传》,载南岳佛教协会编《慧思大师文集》,岳麓书社2011年版,第173页。

② (唐)道宣:《续高僧传·慧思传》,载南岳佛教协会编《慧思大师文集》,岳麓书社2011年版,第167页。

③ 同上书,第166页。

④ 《慧思大师年谱》,载南岳佛教协会编《慧思大师文集》,岳麓书社2011年版,第345页。

《妙法莲华经》云："若人为佛故，建立诸形象，刻雕成众相，皆已成佛道。"因为慧思禅师选择福严寺作为隐居修炼之地，建塔造寺，救赎世人，获得社会认同与佛陀护佑，福严寺成为有泉石佳胜的佛教圣地。历代文人墨客来到这里，或探寻幽迹，或谈论义理，或吟咏留题，无形中增添了福严寺在历史上的文化重量，拓展了此寺的知名度，成为湖湘地域最重要的佛教据点。自宋代，福严寺就已经有相当大的规模了，北宋黄庭坚题《礼思大禅师塔题名》，复述慧思建寺立塔的历史文化因素；朱熹来湖南与张栻会讲，曾几度到福严寺，留下了关于福严寺的酬唱诗文；湘军将领彭玉麟《游福严寺诗二首》，追忆福严寺盛景；僧人道重还写了有名的《福严十景》，记录此寺的自然与人文景观等。这样看来，慧思禅师的"神仙方术"，既彰显了慧思在南岳佛教史上的开山祖师地位，也为福严寺以及南岳衡山在中国佛教历史上的地位，题写了厚重的一笔。

从南岳传说故事"岳神搬家"看民间文学塑造的慧思大师形象

杜寒风

(中国传媒大学文法学部教授)

摘　要：慧思大师的南岳传说故事是南岳民间文学的重要内容之一，也是南岳佛教文化应予关注与研究的领域，本文以中国民间文艺研究会湖南分会主编、衡山县文化局编《南岳的传说》中的"岳神搬家"为对象，涉及了它与慧思传记文献的联系，民间文学塑造的慧思形象，既保持了传记文献基本史料的依据，又有文学虚构的艺术创造，有着民间的理解与诠释。"岳神搬家"，则是关乎佛教信仰与民间信仰的关系如何能够协调好的问题。慧思则塑造得洒脱，拿得起放得下，为有头脑、有策略、有精神、有神通的一代高僧。传说故事里慧思身上仍然具有传记文献中出现过的神化的成分。

关键词：南岳传说故事　慧思大师　岳神

南岳山顶祝融峰上有圣帝殿，南岳大庙有圣帝殿。前者为老殿，后者为新殿。为什么一个南岳圣帝有两处殿宇呢？《南岳的传说》一书中，关于慧思的南岳传说故事"岳神搬家"里，是由李正南搜集整理的，在第二自然段就提出这个问题，遂引出一则传说故事。①

慧思的南岳传说故事不是空穴来风,是以慧思传记文献为依据的,是在传记文献依据的基础上,丰富了情节,增加了戏剧性,使得传说故事生动活泼。民间文学塑造的慧思形象,既保持了传记文献基本史料的依据,又有文学虚构的艺术创造,有着民间的理解与诠释。我想,了解、研究慧思与南岳文化,不应当忽视对慧思南岳传说故事的了解、研究,拙文是国内首篇从传说故事研讨民间文学中慧思南岳活动的一篇文章,传说故事中塑造的慧思形象有其文化价值与审美理想,拙文在此把传说故事与传记文献相联,作一番探讨,以求教于方家指正。

慧思之所以从中原到南岳,是因为北朝的社会环境不适合他传法,自己的生命安全时刻受到威胁,与他同时的和尚因慧思的名声很大而非常嫉妒他,几次对他狠下毒手。一次他们在他的饭食里下了毒药,害得他死过去七天七晚才慢慢转过气来。

> 当他睁开眼睛时,只见徒弟们正围在旁边痛哭。他也忍不住滚下了热泪,说:"北朝天下混乱,佛门常遭灾祸。我这次蒙难,本来绝无还生的希望,只因弥勒佛亲派罗汉送我还阳,才得到这一线生机。弥勒佛还告诉我,若要安身行道,可去武当、南岳。"就这样,慧思禅师带着徒弟们来到了南岳衡山。②

---

① 湖南美术出版社1981年出版的刘树茂等写的《南岳趣闻》一书中有"慧思南来""岳神下山"的传说故事,与《南岳的传说》"岳神搬家"之内容有不同的地方,这与传说故事讲述者的立场、见地有关,与讲述者的改编有关,同一主题传说故事版本的不同,是民间文学差异性的表现,即是地处同一地域也难使同一传说故事不发生内容的一些变化。《南岳趣闻》介绍,南岳圣帝,名祝融,主管火务,授权处理南方事务,升天后主管人间福禄寿荫,居离司夏,摄位火乡,被尊为岳神,号曰"赤帝"。就是说岳神的管辖范围不限于南岳。

② 中国民间文艺研究会湖南分会主编,衡山县文化局编:《南岳的传说》,湖南人民出版社1981年版,第15页。

慧思自传《南岳思大禅师立誓愿文》道：

> 是时为义相答故，有诸法师起大嗔怒。有五人恶论师以生金药置饮食中，令慧思食，所有余残三人啖之，一日即死。慧思于时身怀极困，得停七日，气命垂尽。临死之际，一心合掌，向十方佛忏悔，念般若波罗蜜，作如是言：不得他心智，不应说法。如是念时，生金毒药即得消除，还更得差。①

从该段文字内容看，慧思并没有死过去。《续高僧传》卷第十七、《佛祖统纪》卷第六与传说故事中不同的是，去武当、南岳的方向是空中有声音说，没有交代是谁发出的声音。《续高僧传》卷第十七道：

> 名行远闻，四方钦德，学徒日盛，机悟实繁，乃以大小乘中定慧等法敷扬引喻，用摄自他。众杂精粗，是非由起。怨嫉鸩毒，毒所不伤；异道兴谋，谋不为害。乃顾徒属曰："大圣在世，不免流言。况吾无德，岂逃此责？责是宿作，时来须受，此私事也。然我佛法不久应灭，当往何方，以避此难。"时冥空有声曰：若欲修定，可往武当、南岳，是入道山也。②

《佛祖统纪》卷第六道：

> 师名行远闻，学徒日盛，众杂精粗，是非数起，乃顾

---

① （陈）慧思：《南岳思大禅师立誓愿文》，载南岳佛教协会编《慧思大师文集》，岳麓书社2011年版，第6页。
② （唐）道宣：《续高僧传》，载南岳佛教协会编《慧思大师文集》，岳麓书社2011年版，第165页。

徒属曰:"大圣在世,不免流言,况吾无德,岂逃此债?债是宿作,时来须受,此私事也。齐祚将倾,佛法暂晦(齐后为周所灭,周武废释、道二教),当往何方,以避此难?"忽闻空声曰:"若欲修定,当往武当、南岳。"①

传说故事中直接说是弥勒佛告诉慧思的,是弥勒佛派罗汉送慧思还阳,这就更具传奇性,慧思与弥勒的关系是密切的,慧思梦见过弥勒是被记载过的,慧思发过这样的誓愿:

我今誓愿持令不灭,教化众生,至弥勒佛出。佛从癸酉年入涅槃后,至未来贤劫初弥勒成佛时,有五十六亿万岁。我从末法初始立大誓愿,修习苦行,如是过五十六亿万岁,必愿具足佛道功德,见弥勒佛。②

因此,通过慧思之口说出弥勒佛指引行进的方向,合乎情理,还阳的写法,冲破了生死关,也有戏剧性。

慧思不是到达衡山的第一个禅师,在他之前就有,第一个到南岳又比较有名的和尚是海印禅师。海印"在白龙潭上面十来里的地方,向岳神借得一块地盘,建了个南台古寺"③。就是说,海印的本领还不够大,岳神不把他当回事儿,佛教也没有在南岳发生很大的影响,周围的百姓还都不大信佛。可是慧思的到来,得到了海印的帮助,改变了这个局面。慧思与岳神斗智,占了上风,岳神不得不交出地盘。慧思到南岳必须要考虑僧团落脚地地盘问题,其中就有佛教信仰与民间信仰的关系如

---

① (宋)志磐:《佛祖统纪》,载南岳佛教协会编《慧思大师文集》,岳麓书社2011年版,第170页。

② (陈)慧思撰,徐孙铭校点:《南岳思大禅师立誓愿文》,载南岳佛教协会编《南岳佛道著作选》,岳麓书社2012年版,第1页。

③ 中国民间文艺研究会湖南分会主编、衡山县文化局编:《南岳的传说》,湖南人民出版社1981年版,第14页。

何能够协调好的问题。这则传说故事中的海印除了慧思来前借得一块地盘,佛教影响不大外,又被提及的一次就是慧思拜访并向他查访南岳的各种情况。"先是,有梁朝高僧海禅师居之,一见如旧识,即以是山俾师行道。"① 慧思先要与本教内的禅师联系,毕竟人家先到,了解情况,是其谦逊的一面。弥勒佛只是指引行进的方向,到了迁徙的地方,就要靠自力解决落脚地地盘问题。毕竟不只是慧思一个人到来,他及他的僧团作为他乡人要在南岳站稳脚跟,要融入南岳,成为南岳人,就必须与岳神打交道,要有自己僧团活动的地盘。慧思主动上门找岳神,不是被动地等待,是在考察的基础上主动采取行动的,用攻不用守的策略。"南岳圣帝一直被尊为岳神,他住在祝融峰上,统辖南岳衡山的一切事务,供奉他的有方圆数千里的善男信女,伺候他的有许多的道士、巫婆,他是南岳诸神的代表。"② 一方是南岳的最高神岳神,他自高高在上,唯我独尊;另一方则是神通广大、不畏艰险困苦的外来高僧,如果慧思不与岳神交锋,岳神怎么会信服慧思呢?为何慧思非同一般呢?除了上述的一次被人下毒死过去慢慢转过气来外,传说故事还提及了:出生在豫州武津的慧思还是小孩子的时候,就梦见西天的普贤菩萨骑着白象走到他面前,摸了他的脑壳,于是脑壳上长出了一块肉坨坨;他十五岁就出家当了和尚,专心诵念《法华经》《般若经》;后来,他又梦见弥勒佛给他说法,并带他去会见了西天诸佛。在此可以得出结论:肉坨坨是普贤菩萨留给慧思的标记;慧思出家早,且熟读经典,有学问;梦中领受弥勒佛的说法,且与西天诸佛见面,意味着慧思与他们的亲近,显证着他们对他的特殊青睐。只待在南岳的岳神不论就学问还是见识,远远

---

① (宋)志磬撰,释道法校注:《佛祖统纪校注》上,上海古籍出版社2012年版,第166页。

② 中国民间文艺研究会湖南分会主编、衡山县文化局编:《南岳的传说》,湖南人民出版社1981年版,第14页。

不能跟慧思相比。实际上慧思具有高度的自信，自己宣称为慧思菩萨，好生了得。他人所撰的慧思传记文献就有多种，唐代佛教史家、律宗道宣的《续高僧传》和宋代天台宗志磐的《佛祖统纪》为主要代表，慧思所撰的传记文献《南岳思大禅师立誓愿文》就是在光山完成的，未涉及他在南岳的活动记载。故有关慧思的南岳活动，本文引用他人所撰的传记文献以上述两种书为文献依据。

《南岳思大禅师立誓愿文》说：

> 至年十五出家修道。诵《法华经》及诸大乘。①

《续高僧传》卷第十七说：

> 然而身相挺特，能自胜持，不倚不斜，牛象行视，顶有肉髻，异相庄严，见者回心，不觉倾伏。又善识人心，鉴照冥伏，讷于言过，方便诲引，行大慈悲，奉菩萨戒。②

《佛祖统纪》卷第六说：

> 师身相挺特，耳有重轮，顶有肉髻，牛行象步，不倚不斜。③

《南岳的传说》中岳神眼里，见到慧思的外在形象为"身披袈裟，手拄锡杖，五官端正，举止大方"，没有再就肉坨坨进行

---

① （陈）慧思：《南岳思大禅师立誓愿文》，载南岳佛教协会编《慧思大师文集》，岳麓书社 2011 年版，第 5 页。

② （唐）道宣：《续高僧传》卷十七《慧思传》，载南岳佛教协会编《慧思大师文集》，岳麓书社 2011 年版，第 167 页。

③ （宋）志磐：《佛祖统纪》卷六，载南岳佛教协会编《慧思大师文集》，岳麓书社 2011 年版，第 172 页。

描写，而是世间所见的相貌堂堂、颇有威仪的和尚形象，走路步态上也没有进行夸张。关于慧思做梦，梦见普贤、弥勒等记载，《续高僧传》卷第十七是这样记载的：

> 尝梦梵僧劝令出俗，骇悟斯瑞，辞亲入道。……数感神僧，训令斋戒，……诵《法华》等经三十余卷，……又梦梵僧数百，形服瑰异，上座命曰："汝先受戒，律仪非胜，安能开发于正道也？既遇清众，宜更翻坛，祈请师僧四十二人加羯磨法，具足成就。"后忽惊悟，方知梦受。……又梦弥勒、弥陀说法开悟，……又梦随从弥勒，与诸眷属同会龙华，……豁然觉悟，转复精进，……①

《佛祖统纪》卷第六记载为：

> 儿童时，梦梵僧劝令入道，或见朋类读《法华经》，乐法情深，……对经流泪，顶礼不休。……又梦普贤乘白象王摩顶而去，昔未识文，今自然解，所摩顶上，隐起肉髻。年十五（魏庄帝永安二年），出家受具，谢绝人事，专诵《法华》，……又梦僧曰："汝先受戒，作法非胜，安能开发正道？"即见四十二僧为加羯磨，圆满戒法（四十二僧，即四十二位，自初住讫妙觉也。此表南岳当获六根清净，入圆十信，以故四十二位大士及妙觉真僧，为其加法以证之也。）既寤，益厉常业。又尝梦阿弥陀、弥勒佛与之说法，又随弥勒同诸胜友俱会龙华，感叹非常，倍加精进。②

---

① （唐）道宣：《续高僧传》卷十七，载南岳佛教协会编《慧思大师文集》，岳麓书社2011年版，第164页。

② （宋）志磐：《佛祖统纪》卷六，载南岳佛教协会编《慧思大师文集》，岳麓书社2011年版第168页。

两则引文中，前文未提到普贤为慧思摩顶起肉髻事，后文中提到。前文未对四十二僧加以解释，后文则对之进行了解释。都指出了是慧思梦见梵僧，有了出家之志向，诵读《法华经》，慧思先受戒是梦中所受，梦见弥勒、阿弥陀为其说法，随弥勒等到龙华相会。文字表述上也有不同的地方。"志磐的《佛祖统纪·慧思传》……用了道宣的材料，另外加了慧思来南岳同岳神下棋……故事，今天南岳的诸多慧思故事与志磐的记载有关。"① 本文所谈"岳神搬家"在《佛祖统纪》卷第六有载：

师一日登祝融峰，岳神会棋，神揖师曰："师何来此？"师曰："求檀越一坐具地。"神曰"诺"。师即飞锡以定其处（今福严寺是）。神曰："师已占福地，弟子当何所居？"师即转一石鼓，下逢平地而止（今岳君塑像犹坐石鼓上）岳神乞戒，师乃为说法要。②

该传记中岳神对慧思十分尊重，没有慧思给岳神作揖行礼的记录，而且没有传说故事中的那么定于一尊，高不可及。笔者以为可能与传记作者的身份有关，志磐要褒颂慧思这个佛教领袖的形象，岳神的态度就无法傲慢，连岳神都要敬慧思，都要拜慧思为师，都是慧思的弟子，那么南岳的寻常老百姓，接受佛教的理由不就更充分吗？民间信仰要转向佛教信仰，民间信仰与佛教信仰是可以融合起来的。志磐神化慧思，是为了弘教的需要，而慧思本身的神通就是大师超越常人的一个方面。况且慧思本人也发表过对神通的看法，对神通不应予以简单否定，具有神通的法师借助它，是传播佛教的一种很有成效的手

---

① 刘立夫：《慧思与天台宗》，载南岳佛教协会编《慧思大师研究》，岳麓书社2012年版，第905页。

② （宋）志磐：《佛祖统纪》，载南岳佛教协会编，《慧思大师文集》，岳麓书社2011年版，第170页。

段，确实能够起到引导人们关注佛教、信仰佛教的特殊作用。

传说故事里交代了岳神素来喜欢下棋，多年来他跟远近的大小神灵对弈，都是他赢。有可能与他对弈的神灵为讨好他而故意让棋、输棋。他夸下海口，谁要是下棋胜过了他，要什么他就给什么。因祝融峰山高路险，平时找岳神下棋者太少，岳神也难以尽兴。慧思找岳神下棋，正是投其所好，登门称"学棋"，让经常手痒得坐立不安的岳神高兴万分。慧思采取低姿态，先收后放。慧思对棋术有几十年的精心研究，有几手绝招，在第一局，不到关键时刻藏而不露，从不动声色到佯装招架不住，再到出其不意，大举反攻，拿下了第一局。岳神因为他从来没有输过，也就不怎么把慧思放在眼里，如同他对待海印及其弟子那样。但当他与慧思交战，慧思赢了他一局后，他才尝到了失败的感觉。岳神不服输，又跟慧思连战两局，但最终还是惨败。曾经在第一局中得意忘形的岳神在第三局败了后，他满头大汗，面红耳赤，坐在石鼓上半天说不出话来。慧思三胜岳神后不是为胜而胜，胜不过是实现目的的工具，他站起身来合手顶礼岳神，说出"贫僧多有冒犯，望乞恕罪"的话来，给岳神台阶下，解了岳神之窘境。岳神见慧思如此谦虚，就服输了，答应兑现自己许下的诺言。慧思见岳神主动提出实现诺言的事，心中暗自高兴，于是施了礼后就势提出了他只求一块袈裟大的地盘修建法堂的要求。因为这个要求大出岳神的意外，他听了后竟"哈哈"大笑，且说慧思所求太微薄了，他这里方圆数百里地，任慧思挑选一块"且去吧"。但是他还是想得太简单了，他不知道慧思的神通，慧思没有达到自己的目的，自然不会"且去吧"。

慧思却站着不动，不慌不忙地说："我想当着大神的面用袈裟盖一块地盘，不知大神是否允许？"岳神不假思索地答道："那有何难！你就当着我的面罩定就是！"慧思闻声，连忙向岳神施了一个大礼,脱下袈裟,往空中一丢。只见那袈裟轻飘飘地摊在岳神面前七尺来远的地方,就像有几只手绷开托定一样,把眼前的山水全挡住了。岳神大吃一惊,问道:"法师这是何意?"慧思答道:"大神一言既出,驷马难追,凡是袈裟罩住的地方,就请大神赐给贫僧。"岳神心中一颤,说道:"唉呀!你这里一片袈裟就遮去我一方山水,这实在叫人为难哪!"慧思答道:"岂只一方山水?请大师转过脸来看吧!"岳神一听,连忙向右方转过脸来,只见那袈裟也向右方转了过来,把岳神眼前的山水也全部挡了。岳神连忙又向后面转过脸去,那袈裟就跟着岳神的视线转,也轻飘飘地飞到后面,把岳神眼前的山水又挡住了。岳神连着转了几个身,那袈裟始终挡在他的前面。①

慧思用袈裟遮挡一方山水,这样袈裟遮挡的地方就不是一块小地方,而是可以遮挡任何一方的山水,岳神则无法阻拦。这里我们可以看到,民间故事传说借慧思这位有神通的高僧遮挡山水而对岳神有些许的戏弄成分,但此传说故事没有对佛教的不敬之语。

岳神心中发了慌,连忙问道:"法师,你这不是要占去我的所有地盘吗?"慧思哈哈大笑,伸手一招,把袈裟收了拢来,回答说:"贫僧岂敢如此狂妄,只是要求今后无论在何地建立寺宇,都请大神一概应允。"岳神一听,又气又怕。气的是慧思贪心不足,实在于心不甘;怕的是慧思智慧超人,神通广大,惹他不起。于是,一屁股坐在石鼓上,气呼呼地扭过脸去,说:"山上的洞天福地都被法师占了,我堂堂岳神又到哪里安身?"慧思干脆答道:"以贫僧之见,

---

① 中国民间文艺研究会湖南分会主编、衡山县文化局编:《南岳的传说》,湖南人民出版社1981年版,第17页。

大神高踞祝融，风狂路陡，百姓朝拜，官府祭祀，多有不便，终日冷冷清清，有何意思？不如搬到山下去，另立殿宇，多享数十倍人间香火，少受数十倍仙家孤独。再说，秋冬住山下，可免受严寒；春夏住山上，可免受酷暑。大神何乐而不为？"岳神一听，沉思半晌，一言不发。他想起慧思来山上，明说学棋，实是夺地，心中委实不服。但又觉得慧思的这番话确实也有道理，与其在山上忍受孤寂，不如到山下享受荣华富贵。①

站在岳神旁边的慧思早已看透岳神的心思，主动为岳神排忧解难，他说：大神如果怕砌不起新殿，他可率领佛门弟子为其化缘，还可以派弟子们在岳神左右伺候一切。如果岳神打不定主意到底住在哪个地方，还可以帮他作出决断。慧思是这样帮助岳神作出决断的，就是把石鼓踢下山，看石鼓滚到哪里，岳神就住到哪里去。慧思把右脚踏在自己坐过的石鼓上面，用力一踢。几百斤重的石鼓从南天门滚下，最后滚到了南岳古镇的北街外，石鼓才停。那岳神为慧思的法力震慑住了，他哪见过这等滚石鼓的气势，只好给慧思拱着手行了个礼，默默无声地走下山去了。慧思坐过的石鼓，成为决定岳神居住地方之物，具有浓厚的象征意义。就是说岳神的座位是慧思所给予的，佛教信仰在与民间信仰的角力中，占了上风。

踢石鼓后搬家同样有对岳神的些许戏弄成分。岳神在这场对决后，一个人默默地走下山；而慧思上山见岳神时也是一个人来的，没有带弟子，而那时岳神则有弟子在殿前的石桌上摆上棋盘棋子帮忙。不带弟子，可见慧思一个人敢于担当，舍我其谁的精神，带了弟子见岳神，弟子中不见得都像慧思这样有

---

① 中国民间文艺研究会湖南分会主编、衡山县文化局编：《南岳的传说》，湖南人民出版社1981年版，第17—18页。

头脑有能力，若引起不快，可能招致岳神对他们要地盘的防范，反倒坏了事，毕竟这是以"学棋"名义开始进行的斗智，且不说棋技如何，就说这峰顶不易到，找岳神下棋就有勇气的问题。

总的来说，慧思对于岳神是尊重而不畏惧，谦虚而不狂妄，谈吐行为都得体，找他的目的是为佛教在南岳的发展要活动地盘。在下棋上，慧思是胸有成竹，后发制人。当然，我们从慧思一脚把自己坐过的石鼓踢开，滚下山，可以知道他的脚力是一般人做不到的，就是岳神也望尘莫及，无能为力。不久以后就在那石鼓所在的地方，建起了新圣帝殿。新圣帝殿建起来后，朝拜的人多起来了，一改以前的寂寞孤独，热闹替代冷清。官府的祭祀越来越勤，岳神的封号也不只是加封一个封号而已。慧思是一个守信讲信的人，他答应和尚伺候大神之诺言，也兑现了。慧思较为圆满地解决了其僧团活动地盘的问题。岳神感谢慧思的是他不曾得到过的那么多荣华富贵，难受的是自己输棋搬家，就是说，面子上还是有挂不住的地方。从此之后岳神他再也不敢小瞧佛教了。

这则传说故事中的岳神虽然号称神，反倒体现了更多的俗人的心理，除了岳神下棋有一定的棋技外，我们看不到他有可以和慧思抗衡的任何特长，所以他不具有与慧思下棋的实力和不搬走的理由。不具有慧思的智慧，他不能赢慧思。对弈前、对弈中他的自负张狂、喜形于色与对弈前、对弈中慧思的谦逊沉稳、不动胜色，形成了一个对照。让岳神搬家，他还不愿意走，一点勇气也没有，处在被动之中，跟他在没有见识慧思神通厉害前主动提出实行诺言又成对照，还是慧思给他作了保证后，他才离开祝融峰。岳神最终也要向慧思低头，这里倒没有写他成为慧思的学生，但是他落败的滋味还会不时品尝，即使享受到香火旺盛的好处，还有心结，又见其斤斤计较的凡俗之面，说到底还是有烦恼不了的。而慧思则塑造得洒脱，拿得起放得下，乃有头脑、有策略、有精神、有神通的高僧。慧思棋术高超，与岳神交战，可以说是斗智；踢石鼓也证明他的脚力神功，可以说是斗勇，岳神实则无实力来斗勇。慧思文武双全，通晓事理，做到了拿捏自如，游刃有余。慧思不是那种贪婪之人，即使靠神通可以做到遮挡一方又一方山水，也要给岳神留出活动地盘，不是把南岳所有地盘全占了。慧思没有完全为难岳神，就是说慧思具有善解人意、与人为善的品质，见好就收。既达到了自己的目的，又顾及了对方的感受。实际上南岳除了有岳神活动的地盘外，还有道教活动的地盘。慧思的神通不过是为佛教在南岳得到民间信仰、道教信仰的认可与尊重，让佛教深入南岳民众的生活中，成为南岳民众生活的一部分服务的。笔者认为，对慧思神化的部分不完全是虚假的，因为他具有的神通，使他在中国佛教史上的传奇色彩分外耀眼。志磐写传的材料似应有民间传说成分，有他有意神化的成分，本文研讨的这则传说故事里，慧思身上仍然具有传记文献中出现过的神化的成分，但增加了吸引人、富有人情味的内容。从岳神搬家的传说故事中，我们可以了解到慧思在南岳活动的一些信息，慧思实质地改变了南岳精神信仰的格局，南岳最高的神岳神也要接受慧思的建议与安排，慧思身上的主人公精神得到了充分的体现。慧思、岳神在性格、语言、心理上都有较好的表现，耐人寻味，有其民间文学的文化价值和审美理想。

慧思及其僧团的努力，满足了南岳民众的精神需求，真正使佛教信仰在南岳影响了世道人心，彻底改变了当地百姓不大信佛的状况。在慧思住南岳的十年间，南岳佛教兴旺起来，以致外国人也到南岳学佛，陈朝帝王也终于对慧思刮目相看，赞誉有加，故我们不能不强调慧思在南岳佛教文化传播中的重要作用和在中国佛教史上的伟大贡献。虽然南岳的民间信仰与佛教信仰、道教信仰发生过冲突、矛盾，但终形成共存共荣的局面，极大丰富了南岳文化的内涵，形成了文化的互动。不论古今，开放、包容的南岳，才会有南岳文化的繁盛。

刍议慧思对于南岳佛教的奠基性作用

段基亮

(广东省佛教协会主任科员,广东佛学院教师)

摘　要：让南岳佛教彰显于中国佛教史的是高僧慧思(513—577)，其对于南岳佛教史的研究意义非凡。慧思在南岳创建了国清寺、福严寺、藏经殿、上封寺、铁盖寺，扶助过大善寺、大明禅寺、衡岳寺、会善寺等寺院，为南岳僧团的发展和佛教的延续提供了必备的场所；他还通过艰苦斗争和吸取部分道教思想，融合佛道，来实现南岳佛、道二教的共生共存、和平相处；南岳能够成为禅宗圣地，与其先导作用密不可分；同时，他也是公认的天台宗祖师。正是由于慧思在南岳的种种努力，最终让佛教得以在南岳立足，并为南岳佛教长期延续、发展、壮大提供了强大的思想源泉。慧思对于南岳佛教的奠基之功，不容置疑！

关键词：慧思　南岳佛教　佛道融合　禅宗　天台宗

地域史研究是中国当代历史学研究的一种新趋势，以较小地区的历史过程为研究对象的背后是希望取代基于"国家"文化霸权的话语系统，发现地方历史中不同于"国家"或"民族"历史的某种独特性，建立新的历史范式和历史解释体系。区域佛教研究的日益兴盛顺应了这一学术思潮，《五台山佛教史》《湖南佛教史》《江西佛教史》《浙江佛教史》《云南佛教史》《贵州佛教史》等一系列区域佛教研究著作的出版,揭示了佛教在不同地域流行过程中所表现出来的地方特色,丰富了人们对中国佛教历史进程的地方性细节的了解,也提升了中国佛教史的研究水平和国际地位。南岳佛教发端于梁武帝天监年间(502—515)[1],发展于南朝,繁荣昌盛于唐朝,并逐渐成为在全国有重要影响的佛教名山,可谓历史悠久,高僧辈出,信徒云集。南岳佛教有着独特的信仰体系,形成了丰富多彩、博大精深的佛教文化。搜集、整理和研究南岳佛教文化中的高僧、居士、文人等,对于南岳佛教史的书写非常有必要。

让南岳佛教彰显于中国佛教史的是高僧慧思(513—577),其对于南岳佛教史的研究意义非凡。慧思于陈光大二年率僧照、大善等四十余僧来到南岳,从此,"自陈世心学,莫不归宗,大乘经论,镇长讲悟,故使山门告集,日积高名"。其后,又引起陈主注意,召至京师,"举朝瞩目,道俗倾仰"。[2] 衡山佛教得以闻名于京师,乃至全国。慧思在南岳建设寺院、和谐佛道、讲经说法、开宗立派,让佛教得以在南岳立足,并为南岳佛教得以长期延续、发展、壮大提供了强大的思想源泉。

一 建设寺院

寺庙既是广大佛教信众信仰的皈依之地,又是历史文化的传承之所。佛法的弘扬与延续离不开寺庙这个平台。南岳佛教的成立同样离不开寺庙的建立。慧思法师对南岳佛教的第一大贡献便是在他的努力和推动下开创了一批对南岳佛教,乃至中

---

[1] 清光绪《衡山县志》载:"南朝梁武帝天监年间(502—515),僧希遁来南岳结茅而居。天监二年(503年),僧惠海和海印同时来岳,惠海于莲花峰建方广寺。"(岳麓区地方志编纂委员会:《南岳区志》,岳麓书社2000年版,第452页。)

[2] (唐)道宣:《慧思传》,载南岳佛教协会编《慧思大师文集》,岳麓书社2011年版,第166页。

国佛教具有重要影响的寺庙。

国清寺，在白石峰下，是慧思的道场。光绪《衡阳县志》卷九《山水》中记载：

> 又五里径金盘山，山下国清寺，刘宋时，释思大道场也。陈光大时，智者禅师复建精舍，为中国清寺。又有下寺，在莲花峰，元时已废。中寺当隋、唐时仍事修饰，至康熙初，僧大戏益宏象教，徒众千人。今惟存千僧锅，而殿宇廊舍无复往制，然其旁伽蓝尤多矣！

高僧慧思开辟了国清寺，智者禅师复建精舍，宋徽宗重修。明成化、弘治、万历间屡修，后废。

福严寺位于掷钵峰东麓，是慧思法师于陈光大元年（567）创建。当时因慧思法师擅长教授《般若经》，取名般若禅寺，又名般若寺。隋唐以前，般若寺是以弘扬般若和法华思想为中心的道场。唐先天二年（713），禅宗七祖怀让禅师到南岳后，驻锡般若寺三十余年，大阐宗风，宣扬"顿悟法门"，使之成为禅宗道场。怀让以后，与般若寺有关系的著名禅僧，唐有审承、良雅；宋有楚圆、保宗、慈感、文演；明有弘储；清有淡云、玄妙、海岸等人，他们都是一代宗师。

藏经殿坐落在南岳祥光峰下，是慧思法师于陈光大二年（568）所创建。明太祖朱元璋曾赐大藏经一部，存放寺中。《南岳志》第六篇《寺观》第一章《佛寺》第六节《藏经殿》记载：

> 藏经殿在祥光峰，又名祥光寺。始建于南朝陈光大二年（五六八），为天台宗三祖慧思和尚创建，当时名小般若禅林。由唐至元，兴废不详。明初，太祖朱元璋曾颁大藏经一部于此，故名"藏经殿"。明万历年间，寺毁于火，藏经也被烧。后李侍郎奏请修复，更名祥光寺。寺不久废圮。

清初，僧人重修寺舍，改为"普光殿"，后又圮废。1934年，重修殿宇，仍复名"藏经殿"。建国后，殿舍由南岳佛教生产合作社僧尼居住。文化大革命中，佛像被毁，殿宇无恙。1982年南岳管理局重修一新。1983年泰籍华裔黄彰任、欧阳愚赠送鎏金铜像一尊，现供在正殿内。

上封寺，是慧思建阁，为其弟子上下经行听法之所，后隋炀帝敕封建寺。《南岳区志》第七编《宗教》第二章《佛教》第二节《寺院》记载：

> 上封寺位于祝融峰侧，寺基原为道家光天观遗址，称之为第二十二光天福地，建有光天坛，兴废不明。陈光大初，慧思领徒在此建阁，作经行讲法之所。隋大业中（六〇五至六一八），炀帝南巡敕建此刹，故名上封寺。唐代著名诗僧齐已曾住持此寺。北宋，著名僧人佛心、善果先后任本寺住持。殿宇规模逐渐扩大，曾增建"穹林阁"，香火日盛。明嘉靖中（一五二二至一五六六），新建天王殿，信士罗枬铸四大天王铁佛像供于殿内。清康熙中（一六六二至一七二二），湖南巡抚周召南邀请名僧异目来寺任方丈，大修寺舍，异目曾撰《上封志》一书，早佚。同治间（一八六二至一八七四），曾国藩捐白银二万两重修，寺宇一新。时该寺有田产近500亩，为南岳山富庶的数家寺院之一。清光绪二十五年（一八九九），衡山秀才向道隆与寺僧印心、沙泉农民彭鹤年兄弟在上封寺起兵抗清，后因势单全军覆没，向道隆与印心等被杀害。民国初期，寺宇又渐废圮。民国十六年（一九二七），寺僧素禅参加农民运动，后被国民党政府以"赤化罪"杀害。民国二十一年（一九三二），宝生和尚受湖南省政府主席何键之请，出任上封寺住持。当时，寺宇颓圮，寺产被夺，僧人散居岩洞茅棚。

宝生率僧众四方募化，清理寺产，经三年苦心经营，重建寺宇。民国三十一年，该寺有戒僧一二〇人，工役、挑夫、轿夫、挂单僧日逾八〇人。新中国成立后，一九五〇年农历三月初一，农民郭清连、郭俊育等赴上封寺要求减租退押，寺僧广亮、一微抗拒减退，当场将二郭杀害。群众激愤难平，放火烧寺，天王殿、说法堂、寮房均成灰烬，其余殿堂，亦成颓垣断壁。一九六二年，南岳管理局在残址上改建为"上封寺招待所"，供需游人食宿。一九八四年，南岳区人民政府将寺交还南岳佛教协会管理。

铁盖寺，去国清十里许，据说也是慧思法师道场。

另外，慧思法师还曾在大善寺唱道，大明禅寺宴坐，衡岳寺行脚，会善寺禅会。高台寺也因其到来，获得五百罗汉让生地。所以，慧思在南岳直接建设了5所寺院，间接帮助了5所寺院，这些寺庙后来都为南岳佛教的发展发挥了重要作用。慧思法师，居功至伟！

二 和谐佛道

南岳原为道教圣地。茅盈、王谷神、皮元耀、张道陵、魏华存等一大批著名道士都曾在南岳栖居修炼。道教在南岳有着雄厚的实力和深厚的群众基础。慧思法师要在此发展佛教、开宗立派，就必须处理好与道教的关系。在南岳流传着许多有关慧思法师弘法、创业的传说故事，其中诸如与岳神弈棋得地、岳神受戒、与道士斗法等故事都生动地展示了他和谐道教的努力。[1] 这些民间传说表面看来充满幻想的迷雾，但作为某种历史记忆的符号，它们的产生和流传过程恰恰是包含着丰富社会舆

---

[1] 参见户华为《虚构与真实——民间传说、历史记忆与社会史"知识考古"》，《江苏社会科学》2004年第6期；赵世瑜：《传说·历史·历史记忆——从20世纪的新史学到后现代史学》，《中国社会科学》2003年第2期。

论与情境的一个历史真实。它是历史记忆的另一种呈现和表达方式,可以像正史一样从中获取有价值的历史信息。

岳神,即"南岳圣帝"。在道教的典籍中,圣帝是道教始祖太上老君的弟子。按照南岳习俗,每年八月男女老幼都要三五七步,手持香柱,拜朝岳神。足见,岳神之地位显赫。慧思法师来南岳首先便要直面岳神:

> 师一日登祝融峰与岳神会棋。神揖师曰:师何来此。师曰:求檀越一坐具地。神曰:诺。师即飞锡,以定其处(今福严寺是)。神曰:师已占福地,弟子当何所居。师即转一石鼓,下逢平地而止(今岳君塑像犹坐石鼓上)。岳神乞戒,师乃为说法要。①

慧思与岳神对弈,成功地让岳神放弃了自己喜欢的福地,交给他建设寺庙,并甘拜下风,情愿为徒。通过这个故事道教的神灵被收服了。

接着便要收服南岳的众道士,这其中也有一个经典的故事:

> 大建元年,九仙观道士欧阳正则睹山有胜气,谋于众曰:此气主褐衣法王,彼盛则吾法衰矣。乃凿断岳心,钉石为巫蛊事,埋兵器于山上,因诡奏曰:北僧受齐募而为之。宣帝遣使考验,初度石桥,有两虎号吼,使者惊退。师飞锡而往金陵,四门皆见师入。帝坐便殿,见师乘空而下,梵相异常,惊悟其神,一无所问。以道士诬告罔上,令案治之,罪当弃市。师请曰:害人之命,非贫道意,乞

---

① (清)李元度:《慧思传》,载南岳佛教协会编《慧思大师文集》,岳麓书社2011年版,第175页。

放还山,给侍僧众,亦足小惩。帝可之。师还山,将行,饯以殊礼,称为大禅师。思大之名,盖得于此。师既还山,说法如故。时道士私誓曰:今世神通、官势皆所不如,后五百年当生汝法中,坏灭汝教。师亦预记曰:此诸道士害我无因,异日着我袈裟,入我伽蓝,坏遗体矣。①

道士以巫蛊之术陷害慧思,不料慧思能自如地运用神通,化险为夷,道士反获诬告罔上之罪。虽然慧思慈悲祈求,众道士才得以免受惩罚,但他们并不甘心,称五百年当生汝法中,坏灭汝教。故事的可读性非常强,充满了神幻色彩。从"今世神通、官势皆所不如"的话语中,可以想见,慧思得以让佛教在南岳立足,不但使用了一些非常之手段,而且还得到了当权者的大力支持。这些传说以浪漫主义方式展示了慧思神奇超现实的一面,从岳神对弈到与道士斗法显示了一条连续的、一以贯之的思想链,即慧思法师在与道教不断博弈的过程中,让佛教得以成功地在南岳与道教共存。

除了各种斗争,慧思还主动兼收摄取某些道教思想,以充实自己的理论体系,并调和、缓解佛、道之间的斗争。例如,慧思在《南岳思大禅师立誓愿文》中说:

今故入山,忏悔修禅。学五通仙,求无上道。愿先成就,五通神仙。然后乃学,第六神通。受持释迦,十二部经。及十方佛,所有法藏。并诸菩萨,所有论藏。②

又说,

---

① (清)李元度:《慧思传》,载南岳佛教协会编《慧思大师文集》,岳麓书社2011年版,第176页。

② (陈)慧思:《南岳思大禅师立誓愿文》,载南岳佛教协会编《慧思大师文集》,岳麓书社2011年版,第12页。

> 为护法故，求长寿命，不愿生天及余趣。愿诸贤圣佐助我，得好芝草及神丹，疗治众病除饥渴，常得经行修诸禅。愿得深山寂静处，足神丹药修此愿，藉外丹力修内丹，欲安众生先自安。己身有缚，能解他缚，无有是处。①

显然，慧思将"仙""神仙""长寿命"等道教思想融入佛教中，已经有了融合佛、道的思想倾向。正因为有了慧思在处理南岳佛道关系上的创新，南岳佛、道二教有了共生共存、和平相处的可能性，并最终演化出南岳大庙东西两厢佛、道两教的寺观平起平坐的布局。

三 禅宗先声

南岳佛教被誉为禅宗圣地。怀让、道一、希迁等禅宗祖师都曾经在此过往存化，甚至有人认为南岳衡山是中国佛教宗派南禅宗的发源地。南岳禅宗的源头何在？那便是慧思法师。后人多将慧思法师视为天台宗的祖师，却忽略了他还是一名大禅师。道宣的《慧思传》记载：

> 时禅师慧文，聚徒数百，众法清肃，道俗高尚。乃往归依，从受正法。性乐苦节，营僧为业。冬夏供养，不惮劳苦。昼夜摄心，理事筹度。讫此两时，未有所证。又于来夏，束身长坐，系念在前。始三七日，发少静观，见一生来善恶业相，因此惊嗟，倍复勇猛。遂动八触，发本初禅。自此禅障忽起，四肢缓弱，不胜行步，身不随心。即自观察：我今病者，皆从业生，业由心

---

① （陈）慧思：《南岳思大禅师立誓愿文》，载南岳佛教协会编《慧思大师文集》，岳麓书社2011年版，第14页。

起,本无外境,反见心源,业非可得,身如云影,相有体空。如是观已,颠倒想灭,心性清净,所苦消除。又发空定,心境廓然。夏竟受岁,慨无所获。自伤昏沉,生为空过,深怀惭愧。放身倚壁,背未至间,霍尔开悟。法华三昧、大乘法门一念明达,十六特胜、背舍阴入便自通彻,不由他悟。①

苦修禅定,境界逐步开显,已至法华三昧、大乘法门一念明达,十六特胜、背舍阴入便自通彻。可见,慧思法师是一位有颇有成就的禅师,所以陈宣帝特称其为"大禅师""思大和尚""思禅师";而身兼人王与法王的雍正帝赐封其为"圆慧妙胜禅师"。

慧思法师大力赞扬禅定修持,如《诸法无诤三昧法门》中有如下开示:

夫欲学一切佛法,先持净戒勤禅定,得一切佛法诸三昧门、百八三昧、五百陀罗尼,及诸解脱、大慈大悲、一切种智、五眼、六神通、三明、八解脱、十力、四无畏、十八不共法、三十二相、八十种好、六波罗蜜、三十七品、四弘大誓愿、四无量心、如意神通、四摄法,如是无量佛法功德,一切皆从禅生。何以故。三世十方无量诸佛,若欲说法度众生时,先入禅定,以十力道种智观察众生根性差别,知其对治得道因缘,以法眼观察竟,以一切种智说法度众生。一切种智者名为佛眼,亦名现一切色身三昧,亦名普现色身三昧。上作一切佛身、诸菩萨身、辟支佛身、阿罗汉身、诸天王身、转轮圣帝诸小王身,下作三途六趣

---

① (唐)道宣:《慧思传》,载南岳佛教协会编《慧思大师文集》,岳麓书社2011年版,第164—165页。

众生之身。如是一切佛身，一切众生身，一念心中一时行，无前无后亦无中间，一时说法度众生，皆是禅波罗蜜功德所成。①

修学佛法的第一步就是禅定，无量佛法无量功德，皆从禅定所生。只有通过禅定功夫，才能洞悉众生种种差别，才能对机说法。

> 复次，如《胜定经》中所说：若复有人，不须禅定，身不证法，散心读诵十二部经，卷卷侧满，十方世界皆暗诵通利。复大精进，恒河沙劫讲说是经，不如一念思惟入定。何以故？但使发心，欲坐禅者，虽未得禅定，已胜十方一切论师。②

慧思法师认为如果不修禅定，没有禅的切身体验，而去读诵佛经，开坛讲法，还比不上一念思惟入定。相对于慧，初发心修定便已胜过十方论师。

慧思法师对禅观的强调，深刻地影响了其弟子，乃至南岳佛教的风气，从此，南岳成为众法师静修悟道的绝佳之处。故道宣法师在《慧思传》中称：

> 思慨斯南服，定慧双开，昼谈理义，夜便思择。故所发言，无非致远便验。因定发慧，此旨不虚。南北禅宗，罕不承绪。③

---

① （陈）慧思：《诸法无诤三昧法门》，载南岳佛教协会编《慧思大师文集》，岳麓书社2011年版，第38页。

② 同上书，第42页。

③ （唐）道宣：《慧思传》，载南岳佛教协会编《慧思大师文集》，岳麓书社2011年版，第167页。

四 天台源流

慧思法师对中国佛教天台宗也有非常重要的贡献，被封为天台宗的祖师。天台宗实际创始人智𫖮大师曾拜慧思法师为师，其许多天台宗思想来源于慧思法师。一是慧思法师打破"南义北禅"的格局，主张"由定生慧"，"定慧"要双开。前文已论述，慧思法师强调禅定，他认为一切般若智慧都能够从禅定中产生。由"定"生"慧"不等于"慧"不重要，慧思法师同样也非常重视"慧"，认为只有"定"和"慧"配合，才能更好地继承和弘扬佛法。如慧思法师在《诸法无诤三昧法门》中说道："禅智方便般若母，巧慧方便以为父，禅智般若无著慧，和合共生如来子。"禅智方便为母，巧慧方便为父，两者的结合才能生下如来子。后来，在《小止观》中，智𫖮大师继承并发挥了这一思想，强调"止观并重""定慧双修"。

> 当知此之二法，如车之二轮，鸟之两翼，若偏修习，即堕邪倒。故经云：若偏修禅定福德，不学智慧，名之曰愚；偏学智慧，不修禅定福德，名之曰狂。狂、愚之生，虽小不同，邪见轮转，盖无差别。若不均等，此则行归圆备，何能疾登极果。①

二是慧思法师对"十如"的重视，成为智𫖮大师创建"一念三千""一心三观"的重要理论来源。智者大师在《妙法莲华经玄义》中写道：

---

① （隋）智𫖮：《修习止观坐禅法要》，《大正藏》第46册，第462页中。

今依三法（即南岳慧思所列举：众生法、佛法、心法），更广分别。若广众生法，一往通论诸因果及一切法；若广佛法，此则据果；若广心法，此则据因。众生法为二。先列法数，次解法相。数者，经论或明一法摄一切法，谓心是三界无别法，唯是一心作；或明二法摄一切法，所谓名、色，一切世间中但有名与色；或明三法摄一切法，谓命、识、暖。如是等增数，乃至百千。今经用十法摄一切法，所谓诸法如是相、如是性、如是体、如是力、如是作、如是因、如是缘、如是果、如是报、如是本末究竟等。南岳师读此文，皆云如，故呼为十如也。[①]

文中智者大师坦陈其对十法摄一切法，以及相、性、体、力、作、因、缘、果、报、本末究竟皆是"如"的理解，即十法与实相的圆融不二的思想来源于慧思法师。

天台宗后来在南岳佛教历史中发挥了重要影响，在中唐以前长期占据优势地位，后虽一度衰落，清末民初时，随着默庵、空也、天然、熹谷等人的大力提倡，又得以复苏，渐成繁荣景象。天台宗在南岳的长期流传，首功当属慧思法师。

愿得身心证，般若波罗蜜。具足无量义，广为众生说。[②]

慧思法师的宏愿犹在耳边响起。慧思法师虽圆寂了千余年，但其不畏生死，坚忍末法恶世，立大誓愿弘传佛教的精神；其数十年如一日亲证亲悟佛法的毅力；其开拓进取，广泛发掘佛

---

① （隋）智𫖮：《妙法莲华经玄义》，《大正藏》第33册，第693页中。
② （陈）慧思：《南岳思大禅师立誓愿文》，载南岳佛教协会编《慧思大师文集》，岳麓书社2011年版，第17页。

教优秀思想的创新意识,都是当今时代之所急需。"南岳尚存知己在,天台应有故人来",这是慧思法师魂归之处三生塔上的塔联。衷心祈愿故人常来,慧思法师精神常在!

南岳,慧思的南岳

——慧思巨大贡献和深远影响之浅见

谭自生

(南岳佛教协会《磨镜台》编辑部编辑)

摘　要：慧思大师是神奇的圣僧。他对中国佛教、对南岳衡山贡献巨大，影响深远。他有很强的末法危机感，冒死弘扬正法九死一生；他创立了"圆顿止观"实践法门；他大力培育僧才，告诫弟子"莫作佛法最后断种人"，让大批徒众弘化四方，其高足智者大师开创了天台宗；他开创了南岳衡山佛教福田沃土，用佛的智慧处理好与本土岳神信仰和道教的关系，营造和谐弘法环境，为后来衡山成为"僧海"打下良好基础；他的威望和恩德深深影响广大民众和朝廷，促使南岳从霍山回归衡山。

关键词：神奇圣僧　冒死弘正法　圆顿止观　培育僧才　南岳回归衡山

在一千五百年后的今天，南岳区政府和佛教协会举办一位佛门圣哲诞辰纪念活动。这圣哲就是南岳衡山佛门的开山祖师——慧思大禅师。笔者拜读《慧思大师文集》和专家研究慧思久学术论著后，心潮涌动。总觉得他不是一般的高僧，而是一位神奇的圣僧。他对中国佛教、对南岳衡山能成为享誉海内外的宗教名山，贡献巨大，其功甚伟。他那高深的信愿行造诣、圆融忍辱的胸襟、冒死弘法护法的大雄精神，千百年来深深地影响着中国佛教发展进程，也长久地造化着南岳衡山的光彩辉煌。南岳衡山的美誉、成就，跟慧思渊源深厚。慧思的名望、恩德一直在衡山唱响。从饮水思源、感恩颂祖的角度，可不可以说，南岳，是慧思的南岳。因为南岳衡山这座名山是慧思的名望争回来的，慧思巨大的影响力，成就了南岳衡山的辉煌。就这个话题，谈些个人不成熟的肤浅之见，以求教于各位行家。

一　末法危机创"止观"，冒死担当弘正法

1. 身处末法中，誓死护正法

慧思（515—577），俗姓李，武津（今河南上蔡）人。15岁出家，从名师慧文，从受正法。白日劳作，晚上禅修。严守戒律，淡泊物欲。衣食简朴，修头陀苦行。平昔御寒，唯一艾纳。所居草庵，野人所焚，日唯一食，不受别供。专诵《法华》，谢绝人事。因修"法华三昧"而悟人生虚无。

慧思的《立誓愿文》，六七处用"末法"年号纪年，既表明他对北魏太武灭佛之事刻骨铭心，也深刻表达了末法忧患危机意识。释尊曾预言：正法住世五百年，像法住世千年，末法住世一万年。有经文注释：正法是指有教法、修行、证悟的佛法；像法是指有教法、修行而无证悟的佛法；末法是指有教法，而无修行和证悟的佛法。末法时期，僧人不守戒律，不坐禅修行，互不团结，不得解脱。虽遇明师，不生敬畏，矛盾纷繁，争诤激烈。

慧思深切感受到了自己身处末法时代，立誓要心系正法，护持正法。强烈的末法忧患意识和续佛慧命的如来担当，使他以勇猛精进的大雄精神，以难行能行、难忍能忍的崇高境界去迎接末法时代的挑战。他率领徒众从战乱的北方到河南大苏山周围州府护法弘法讲经14年。受郢州、光州、南定州刺史之

请,大讲《摩诃般若》《法华》,听众云集,座无虚席,名望高炽。然而,多次遭到嫉妒的恶论师的嗔怒、刁难、断食,更可恶的是曾两次被在饮食中下毒。34岁遭毒,举身亦烂,挺过得活;39岁遭毒,当日三人毙命,慧思食后,极度困乏,生命垂危,当即合掌念佛,向十方佛忏悔,不久毒性消解,令众人咋舌神叹。面对死亡威胁,慧思看破了生死,不瞋恨、不哀怨、不气馁、不逃避、不退缩,继续勇往直前,奋笔写下了《立誓愿文》。担心恶论师毁坏《般若蜜经》,立誓造金字《般若》,用琉璃宝函盛装,誓愿终成,高规格供奉,让正法永驻。

《立誓愿文》是大师冒死护法的宣誓书,也是一篇向末法的宣战书,铿锵云天,读来让人发聋振聩,催人奋进。

2. 开创"止观"禅理,培植大批僧才

为了护持弘扬正法,他创新了禅法理论。慧思的《大乘止观法门》系统地论述了他所创立的"止观"实践法门——这是中国佛教史上第一次得到阐述和论证的实践法门。慧思的禅观思想既继承了《大智度论》中龙树的中观学说,又悟出了《法华经》诸法实相的原理。慧思的禅法从证悟的主体角度上强调自悟,即他说的"霍尔开悟""不由他悟""若不自证""何能度人"。实践止观、定慧双开、《法华》圆顿之旨是他自己亲身证得,容不得半点怀疑。他的禅观与当时北方不注重义理,枯坐冥想,有很大差别。自然会招来北方"恶论师"的嫉妒、排挤,甚至下毒迫害。末法时代护法革新是要冒风险的。

慧思培植了一大批高素质、能担当如来家业的僧才。他深刻意识到,末法时期要想正法久住,就必须要有一批高素质的护持弘扬正法的僧才队伍。只有高素质的人才能弘法。他在各种场合叮嘱门徒"莫作佛法最后断种人"。他想方设法锻炼培养弟子各方面的才能,因材施教。在大苏山时,他要付法弟子智顗代讲《般若经》和《法华经》,他亲自听讲,评价他"于说

法人中最为第一"。

陈朝大都督吴明彻曾问慧思：法华禅门，真德几何？他说：信重三千，业高四百。"三千"和"四百"虽是概数，但他徒众之盛，真实不虚。唐道宣撰《续高僧传》言："名行远闻，四方钦德，学徒日盛……归从如市。"① 即使处于战乱中的大苏山，也有一些"英挺者"轻生重法，冒险求法，法聚山林。《衡岳十八高僧传》《续高僧传》《宋高僧传》《佛祖统纪》《国清百录》等历史文献所记载的高僧大德，有许多就是慧思的弟子或再传弟子，其中许多被朝廷封为国师。这为在末法时代护持和弘扬正法提供了人才保证。

3. 新创弘法基地，门徒弘化四方

为了护持和弘扬正法，他审时度势，用高超的智慧和战略眼光布局弘法道场和基地。在大苏山时，就让衣钵弟子智𫖮率27人前往陈朝都城金陵弘法。智𫖮不辱师命，在天台山开创弘法基地，建立国清寺，创立了中国佛教史上第一个宗派——天台宗，受到陈宣帝和隋朝晋王杨广"赐赋税充众费"和赐"智者"尊号殊胜待遇。他们弘化江浙，功勋卓著。

慧思叮嘱弟子玄光禅师，汝之所证，真实不虚，善护念之，今法增长，汝还本土，施设善权……玄光遵嘱把正法传遍高丽、新罗、百济等整个朝鲜半岛，后来，其弟子把佛法传到日本。慧成到湖北枝江，受陈后主迎送，并赐所居寺为禅惠寺；慧超入嵩山，隋太子杨勇以其业行不群，特留供养，其高徒弘化终南山悟真寺，也徒众如市；慧耀禅师行化巴丘天皇寺、内华寺，受智者赞赏："故乡不乏贤友，足为楷模遗法也"；静琬承师嘱，为护正法，为备法灭，赴幽州（今北京）房山造石经，其弟子五代相续，共完成石经710卷、石碑2130条，朝野闻之，争相

---

① （唐）道宣：《续高僧传》卷十七，《大正藏》第50册，第563页上。

施舍。还有弟子被派到四川、广西、江西、福建等地。这些门徒，秉承师嘱，个个有出息，都开创护法弘法的新天地。慧思自己在陈光大二年（568），率门徒42人径趣远离战火的湖南衡山，开辟了一块崭新的护法弘法基地。

4. 营造和谐弘法环境，成就三教共荣衡山

慧思和门徒们初来乍到南岳衡山，人生地不熟。他们以佛门众缘和合的理念，博大圆融的睿智，创造和谐安宁的外部环境，以利护法弘法的开展，以利佛教在衡山的生根开花结果。

南岳衡山流传慧思与岳神对弈得坐禅之地的故事，慧思答应在佛寺设殿堂供奉岳神，还向岳神介绍自己前三世就在衡山修行，并从三处地方一一挖出物证。这些故事是否真实，姑且不论。至少说明慧思敬重岳神，尊重衡山百姓的民俗祭祀，试图说明自己原先也是衡山的居民，愿与他们和睦相处，争取他们做佛教的护法神；也说明岳神乐意接受他们师徒，包容外来文化，为和谐相处打下了基础。

据南岳衡山文献资料记载，岳神是由祝融神演变而来。祝融是黄帝时代的火正官，负责管理南方，死后，衡山远古先民把他葬在祝融峰，并建庙以先祖祭祀。据当代何光岳先生《中华姓氏源流史》记载，祝融氏是彭、罗、朱、苗等430多姓共同的始祖神，是中华文明诸多领域的开创者之一。尧帝登位第五年巡狩衡山，祭祀岳神。后来各朝各代为岳神加官晋爵，由岳神到司天王再到司天大化昭圣帝，成了民族社稷之神，代表中华儒家正统祭祀信仰。慧思敬奉岳神，一是自己是炎黄子孙的僧人；二是佛教信仰与儒家文化在许多理念上是相融相通的，都是"和"的文化。

慧思在南岳，道教担心佛教兴旺对道教发展不利，道士欧阳正则说慧思是齐国派来的奸细，告慧思谋反。后查实是诬告，陈皇以道士诬告罔上，罪当弃市。慧思当场求情："害人之命，非贫僧意，乞放还山，给侍僧众，亦足小惩。"① 慧思对此案的处理也很有智慧、很大度，得到朝野称颂。这样一来，他妥善处理好与本土岳神信仰和道教的关系，奠定了南岳衡山多教共荣、友好相处的良好基础，成为中国历史上宗教和谐相处的典范，也为佛教生存发展创造了宽松和谐的外部环境。如今，南岳大庙中轴线供奉着南岳圣帝，东边是道教，西边是佛教，共住一庙，共值一殿，共敬一神，其乐融融。2003年11月，原总理朱镕基视察大庙听了介绍后，感慨而又风趣地说："现在国外宗教很多战争，恐怖事件不断，南岳宗教界却能和平相处，世界各地的宗教都要到南岳来学习学习。"

慧思把最成熟、最精彩的后十年光阴献给了衡山这片热土。他和门徒建了大、小般若寺（今福严寺、藏经殿）、大善寺、国清寺、铁盖寺等寺庙，安僧弘法，影响非凡，临终圆寂前，大集门徒，连日说法，苦切诃责，反复叮嘱，"莫作佛法最后断种人"，闻者心酸。577年6月22日，摄心谛坐至尽，世寿63，僧腊49。示寂后，弟子们为其建了三生塔，世称"南岳尊者"，朝廷赐封为"圆慧妙胜禅师"，并遣官致祭，褒扬他对南岳衡山乃至中国佛教所作出的开创性的巨大贡献。

圆寂后，他的徒子徒孙遍布八百里衡山七十二峰，继续护持和弘扬祖师所传承的正法，衡山这片佛教热土长盛不衰，辉煌不断。

二 慧思成就了南禅，南禅辉煌了衡山

慧思继承了慧文禅师注重实践的禅风，并超越前人。在他的著作中系统地论述了他所创立的"止观"实践法门。他的禅

---

① （宋）志磐：《佛祖统纪》卷六，载南岳佛教协会编《慧思大师文集》岳麓书社2011年版，第171页。

观契合了《大智度论》龙树中观学说,并亲自证悟出《法华经》诸法实相的原理。他拓展了禅观教义,为天台宗圆融不二的实相禅奠定了教观基础。天台宗的实际创始人是他的高足智𫖮,而慧思应是奠基祖师。

无论是僧团共修,还是个人禅修,任何禅法都应以戒律为基础。唐代著名律师道宣在《续高僧传·习禅篇论》中,对慧思奉菩萨戒之慈行评价极高:

> 行大慈悲,奉菩萨戒。至如缯纩皮革,多由损生,故其徒属服章,率加以布寒则艾纳,用犯风霜。自佛法东流,几六百载,惟斯南岳,慈行可归。①

慧思的止观禅法,从中国佛教史角度、宗门派别上来说与禅宗没有宗谱传承关系,但在学派思想理论上却与禅宗密不可分,而且影响非常大。《续高僧传·慧思传》云:

> 自江东佛法弘重义门,至于禅法,盖蔑如也。而思慨斯南服,定慧双开,昼谈理义,夜便思择。故所发言无非致远,便验因定发慧,此旨不虚。南北禅宗,罕不承绪。②

这段赞语把慧思禅法的成就视为中国早期禅史发展的一个制高点,赞扬其对中国禅法之贡献;并高度肯定了慧思禅观与禅宗关系密切,影响巨大。慧思《大乘止观》最后所说的"历事指点",是指僧人的日常生活,包括礼佛、课诵、劳作、吃饭、睡觉,乃至大小便等,全部纳入大乘止观法门的禅法中。这与后来禅宗所说搬柴担水,无不是禅的思想是高度一致的。

---

① (唐)道宣:《续高僧传》卷十七,《大正藏》第 50 册,第 564 页上。
② 同上书,第 563 页下—564 页上。

所以说，慧思的禅观是后来禅宗的源流，禅宗思想的先锋。很多专家学者都认为，南禅、北禅都继承了慧思大师圆顿之旨的精髓。中国台湾圣严法师《大乘止观法门之研究》中肯切地说，"圆顿止观"是为中国禅宗思想开了先河，相当于后来禅宗的顿悟之说。

在现实中，慧思门徒与后来禅宗弟子有过密切交往，慧思的禅风也影响过禅宗的弟子。例如，据有关史料记载，怀让大师虽是慧能法嗣，但师从慧能前，依止玉泉寺弘景律师受具足戒，弘景是天台宗智者门徒，除了律学，也禀承天台之旨。怀让大师选择南岳衡山，是对慧思禅风感兴趣，是与衡山和谐的宗教环境有善缘。

慧思虽然圆寂往生了，但他的顿悟禅观思想还深深留在南岳衡山，留在中国南方他的门徒心中，他护持弘扬正法的创新思想还留在南岳衡山，他营造儒释道和谐共荣的良好外部环境还留在衡山。诸多善缘聚合，使衡山成为后来高僧弘法的首选之地，如南禅七祖南岳系怀让、青原系石头希迁都选择了南岳作为弘法根据地。怀让居慧思道场般若寺（今福严寺），享有"天下法院"之美誉；希迁居南台寺，享有"天下法源"之美称。南岳、青原两系枝繁叶茂，繁衍为沩仰、临济、曹洞、云门、法眼五宗和黄龙、杨歧二派，在禅宗史上称为五叶七宗。南禅在开枝散叶过程中，涌现出一大批有影响的高僧大德，如怀让、行思、马祖、希迁、怀海、灵祐、天然、文偃等，而北禅却逐渐衰微。这是为什么呢？究其客观原因，是不是慧思大师巨大的影响力地持久地发挥作用？是不是慧思及其徒子徒孙们在佛土衡山种下善缘所得的果报呢？笔者认为是肯定的。

南禅进入南岳衡山前后，相继有净土宗、律宗、华严宗、唯识宗在衡山安营扎寨，经营慧思开垦的衡山这块佛门肥田沃土。在佛教史上，衡山有僧海之称。"南朝四百八十寺，多少楼台烟雨中。"这可能就是当时衡山的真实写照。鼎盛时期，衡山有"十大丛林,八百茅庵"之称。王夫之在《南岳赋》中赞曰:"金碧璀玼,堵窣穹崇。比岫联香,接宇闻钟。花雨成蹊,白云在封。"也正是南岳僧海盛况的生动描述。据《湖南近百年大事记述》载:1919年,衡山寺庙占有12万亩田土,约为全县耕地面积16%强,从数字推算衡山当时供养了来来往往的僧人至少近万人。衡山成为南方著名的佛教名山。名山成就了僧海,僧海成就了南禅,成就了衡山佛门祖师,互为因果吧!

原中国佛教协会会长赵朴初在接待衡山宗教部门人员时说:谈中国的佛教,离不开禅宗;谈禅宗,离不开南禅;谈南禅,离不开南岳,南岳是出祖师爷的地方。

三 慧思径趣南岳衡山,朝廷默认南岳回归

南岳是哪座山?中国历史上曾出现两个答案:一是指湖南的衡山;二是指安徽的霍山(天柱山)。考辨古籍,在历史变迁中,两个答案在古籍中都有记载。《周礼·职方氏》有语:"正南曰荆州,其山镇曰衡山。"《尚书·舜典》:"五月巡狩,至南岳……南岳,衡山也。"《尔雅·释山》曰:"河南,华……河北,恒,江南,衡。"郭璞注:"衡山,南岳。"又曰:"泰山为东岳……霍山为南岳……"郭璞注:"霍山,即天柱山,潜水所出也。"《史记·封禅书》载:"其明年冬,上巡南郡,至江陵而东。登礼潜之天柱山,号曰南岳……"

纵观远古历史,最早只有"四岳",最早记载"四岳"者是《尚书》。当时把四方部落首领与所驻地大山(方岳)统一起来,这"四岳"中南岳是指衡山。黄帝时代祝融被派到南岳衡山,任火正官,负责管理南方,栖息于衡,崩后葬于衡山祝融峰。到了春秋时代,"五行"学说兴起,才有"五岳"。如《诗话》载:"唐虞四岳,至周始有'五岳'。不管'四岳'还是'五岳'。其中都有南岳衡山"。为什么后来把南岳移到了天

柱山（霍山）？因为汉武帝于元封五年（前106）要到南岳封禅祭祀天地，认为到湖南衡山车船劳顿，路途遥远，就改道到了霍山。汉宣帝正式下诏，南岳从衡山移到了霍山，从这时开始，"衡山"就不再是国家层面认定的南岳。皇权改变了南岳的归宿。

然而，世事无常，一位很有影响力的开山祖师慧思使南岳得以回归衡山。其中奥妙是什么？是他名望高，影响大。

1. 影响民众，民众认可南岳是衡山

自西汉以后一段时间，两个"南岳"并存：一个是朝廷的南岳——霍山；一个是民众认可的南岳——衡山。

在社会上，认定南岳是衡山，是广大民众，其中包括文人和宗教徒。如西晋文学家陆机《咏南岳》云："南衡维岳，峻极昊苍，瞻波湘江，维水泱泱……"；东晋诗人庾阐《望衡岳》："仰眺衡山首，南睨五岭末……"；晋代郭璞注《山海经》载："今衡山在衡阳湘南县，南岳也，俗谓之岣嵝山。"道士徐灵期《衡山记》云："衡山者，五岳之南岳也。""衡山盘绕八百里……回雁为首，岳麓为足。"在民间文人的著作中，不认可朝廷的南岳——霍山，只认定衡山为南岳。慧思和他们一样，为避战乱，于陈光大二年（568）率40余僧直奔南岳衡山，并与衡山岳神讲述自己前三世修行也在衡山。由于慧思在衡山护法弘法，成就巨大，门徒众多，影响广泛而深远。为了表达对他的敬仰，用地名代人名的借代修辞格，称其为"南岳大师"。他的徒子徒孙书信文稿中更是这种称呼，不直呼其名，以示敬重。灌顶在《摩诃止观》曰：智者师事南岳，南岳德行不可思议。这样例子很多，"南岳"代慧思在其门徒和地方官员中广泛传扬，有时甚至成了口头禅。徒众为慧思建三生塔时，撰刻一幅挽联：南岳留存知己在，天台自有故人来。这里的"南岳"是指慧思的圆寂地南岳衡山。在他的信徒中，其师骨灰就留在南

岳衡山。在慧思徒众办事交往中，有意无意地宣扬其师居住在衡山，圆寂在衡山，墓塔也建在衡山。不管朝廷下不下诏书，也没这必要，广大民众、地方官员都已认定衡山就是南岳，已成民间共识。

2. 影响朝廷，朝廷默认南岳是衡山

慧思与陈后主历来十分友好。有次请慧思去都城瓦宫寺讲经，天雨，慧思借助禅定神通，衣不湿，脚不沾泥，令朝野震惊。为避战乱，陈后主派将军把宠妃张丽华护送衡山拜慧思为师。三年后，战乱平息，还俗返宫，慧思借佛神力，用一种神草粉使张丽华长出满头秀发。这进一步说明慧思与陈朝关系非同一般。审判道士诬告谋反案时，赐铁券为证，勒石记其事，名曰"陈朝皇帝赐南岳思大禅师降伏道士铁券记"，施以特殊之礼，把"南岳"之名冠称呼之前，这明摆着皇上把慧思所居之山定为南岳。在《国清百录》书中《陈吏部尚书毛熹书》云："南岳亦时有信，照禅师在岳岭，徒众不异大师在时。"此处"南岳"不是代人，而是衡山，很明显，朝廷早已默认衡山即为南岳。

慧思的崇高地位和名望对后来的隋朝也产生了巨大影响。

慧思为其弟子上下经行听法方便，在祝融峰光天观旁建有阁楼。后隋炀帝为了表达对慧思及徒众们的敬重，在阁楼处敕封建寺，名为上封寺。早在江浙当晋王时，就非常敬重慧思。《国清百录》中《王重请义书第五十》曰：南岳禅师亲所记蒳，说法第一。在《王答遗旨文第六十六》云：今诲使制南岳师碑，即命开封学士柳顾言为序，自撰铭顿。晋王杨广一直称呼慧思为南岳，一直认同南岳是衡山，与民间百姓达成了默契共识，清代李元度《南岳志·祀典一》记录：隋祀五岳以立春、立夏、立秋、立冬之时，及季夏之月，遣使就其所，祭以太牢。其后有注语：旧志谓自北周望祀后，至隋始仍以衡山为南岳。不少历史文献又记载：隋开皇九年（589）隋文帝杨坚下诏改衡山为南岳，其他四岳未变。据现在天柱山人也这样说。但没找到诏书原件。没原件不要紧，朝野共识，水到渠成，南岳回归衡山，顺理成章。到了唐代，更无须下诏。天宝五年（746），朝廷直接封南岳衡山之神为司天王。

因缘殊胜，一位杰出的僧人以其巨大的影响力让南岳自然回归衡山，无疑是对衡山慧思的巨大贡献的高度肯定。其后，朝廷层面的重大祭祀活动和建设放在衡山，民间也逐渐形成了祭祀人潮——"赶八月"。南岳衡山逐渐热闹起来。人文流、资金流、信息流、商业流不断向衡山汇集；达官政要来了，文人墨客来了，香客游人来了，商贾小贩来了……他们在衡山演绎着美妙的故事：太白飞花落洞庭，邺侯啖芋得相国，河东五撰和尚碑，韩愈开云见天日，二贤祠里拜朱张，开讲衡山王明阳，霞客游岳勘山势，夫子方广续梦庵，天下书院衡为盛，敬安燃指惊佛门，润之为母许大愿，介石上封签指路……

南岳回归衡山，让衡山的历史和文化底蕴更厚重、更丰富多彩，今天衡山才有首批国家级五A级风景名胜旅游区这块金字招牌。

饮水思源，吃水不忘挖井人。慧思的贡献和影响力伴随南岳衡山走过风雨沧桑1500周年。今天追思和缅怀先哲的光辉业绩、大雄气魄和创新精神，对佛家还是对俗家，都有深刻启示和借鉴意义，尤其对当今挖掘和弘扬中华传统优秀文化，为实现中华民族的伟大复兴，仍有重要的现实意义。

南岳何以不同南岳?

——比较南岳慧思与南岳怀让的坐禅观

郝金广

(山东大学博士研究生)

摘　要：慧思大师和怀让禅师同样驻锡南岳，然而在"坐禅"一法上却有着看起来截然不同的态度。慧思大师认为"若不坐禅，平地颠坠"，从而偏赞坐禅；而怀让禅师以"磨砖成镜"开导马祖禅师而呵坐非禅。两位南岳祖师之所以对待坐禅的态度不同，与各自的时代因缘、法门特点、教授方法、摄受根机不同有很大关系。而坐与非坐，并无定相，觉悟佛法才是根本目的，在这一点上两位大禅师无疑是一致的，他们的禅法思想在当代禅学发展上有着宝贵的启示作用。

关键词：禅定　偏赞坐禅　呵坐非禅　觉悟

南岳衡山在中国佛教发展历史上具有重要地位，诚如赵朴初所说，南岳是出祖师的地方。其中天台宗和禅宗与南岳渊源颇深，天台宗的祖师南岳慧思晚年驻锡南岳十载，也是南岳佛教真正意义上的开山祖师，而禅宗曹溪一脉也因南岳怀让、石头希迁两位祖师大弘于后世，使得南岳成为五家七宗禅法的重要源头。南岳慧思（515—579）与南岳怀让（677—744）相隔一百多年，被后人同尊为南岳之号，而修行风格则有着明显不同,两位祖师对坐禅的态度就迥然有别。然而,同彰圆顿法门,南岳何以不同南岳?本文在这里试作一比较与探讨。

一 若不坐禅,平地颠坠——南岳慧思"偏赞坐禅"

南岳慧思大师一生行履非常,初专诵《法华经》,后因读《妙胜定经》而重视禅定,曾从慧文禅师修习禅观,九旬禅坐而开悟法华三昧,大小法门朗然洞发,自此广说摩诃衍而屡遭毒害,最终移锡南岳,终老于此。慧思大师教导学人定慧双开,"昼谈义理,夜便思择"①,尤其重视坐禅。他在《诸法无诤三昧法门》《随自意三昧》《法华经安乐行义》等著作中多处强调修习禅定的重要性,甚至引佛语:"若不坐禅,平地颠坠。"② 可见坐禅一法在其心中有着重要的地位。

从慧思大师的著作来看,其重视坐禅的原因主要有以下几个方面:第一,跏趺坐修禅殊胜于其他威仪。佛教禅法修行是贯穿于禅者的整个生命中的,因此在任何状态下都可能进行禅修,慧思在《随自意三昧》中从禅者日常的种种威仪来阐述三昧修行,总括为行、住、坐、卧、食、语六种状态,其中尤以坐为最殊胜的禅修形式,"四种威仪中,坐最为安隐"③,不但应当坐,而且要跏趺而坐,"菩萨常应跏趺端坐不动,深入一切诸三昧门,观察一切众生根性,欲安立之,令得解脱,是故菩萨常入禅定"。那么,为什么一定要跏趺而坐修习禅定呢?慧思大师解释道:

---

① (唐)道宣:《续高僧传》卷十七,《大正藏》第50册,第564页。
② (陈)慧思:《诸法无诤三昧法门》,载南岳佛教协会编《慧思大师文集》,岳麓书社2011年版,第38页。
③ (陈)慧思:《随自意三昧》,载南岳佛教协会编《慧思大师文集》,岳麓书社2011年版,第132页。

> 此是坐禅入道之人坐禅之法，余威仪中取道则难，多有动散。结跏趺坐，心直身正，敛念在前，复欲教诸弟子入禅定，是故菩萨结跏趺坐。余坐法者是凡夫人坐法，动散心多，不得入定，其心难摄。①

跏趺坐相比于其他威仪状态下修道最大的特点就是容易摄心入定，少诸动散，从而可以入道。

第二，禅定行人胜于一切多闻论师。慧思大师引用《胜定经》中所说：

> 若复有人，不须禅定，身不证法，散心读诵十二部经，卷卷侧满，十方世界皆暗诵通利，复大精进，恒河沙劫讲说是经，不如一念思惟入定。何以故，但使发心欲坐禅者，虽未得禅定，已胜十方一切论师，何况得禅定。②

佛教经论浩瀚如海，如果能多闻经典，读诵通利乃至广为他人说法，其功德已然不可小觑，却还不如修禅定者一念思惟入定。在慧思大师看来，诸论师欲与修禅定者相比角力，根本不可同日而语。当然，修禅定的人并不一定就是在真正践行佛道，有修禅定者，不近善知识，虽然坐禅，获得四禅定，无方便智，不能断烦恼，而错认四禅为涅槃，生增上慢，临终疑悔，毁谤佛法而堕地狱。但虽然如此，慧思大师并不认为修习禅定是不可取的，相反他更坚定地认为，修禅定者尚且有堕落三恶道之虞，岂有不修禅定而能得解脱的呢？

第三，禅定能转生六度功德，乃至一切种智，具足佛法。

---

① （陈）慧思：《随自意三昧》，载南岳佛教协会编《慧思大师文集》，岳麓书社2011年版，第132页。

② （陈）慧思：《诸法无诤三昧法门》，载南岳佛教协会编《慧思大师文集》，岳麓书社2011年版，第42页。

慧思大师在《诸法无诤三昧法门》中言道：

> 夫欲学一切佛法，先持净戒勤禅定，得一切佛法诸三昧门、百八三昧、五百陀罗尼，及诸解脱、大慈大悲、一切种智、五眼、六神通、三明、八解脱、十力、四无畏、十八不共法、三十二相、八十种好、六波罗蜜、三十七品、四弘大誓愿、四无量心、如意神通、四摄法，如是无量佛法功德，一切皆从禅生。①

文中有以《般若经》问难，以上三乘种种功德都是从般若中生，为何偏赞禅定？慧思大师以《禅定论》《般若论》等论典回答说三乘智慧皆从禅生，乃至般若也从禅生。两种观点各有经论依据，究竟是禅定等功德从般若生，还是般若等智慧功德从禅定生？思大师认为："禅定、道品及六度，般若一法无有二，觉道神通从禅发，随机化俗差别异。"② 即要而论之，禅定、般若乃至六度其性无二，然而要觉悟此道发大神通教化众生，须借由禅定才能得以开发，并观众生得度因缘随机差别开示。可见，思大师是倾向于由禅定而般若，乃至具足种种功德的，为此，他详细解释了如何由禅定波罗蜜转而产生四弘誓愿、十力、四无量心、四摄、四如意足、六度、十八不共法、一切种智、诸贤圣一切果位等。思大师还援引佛说《摩诃般若》前先入禅定的事例，认为佛先入定再说法乃是为了报答禅定出生般若乃至种种功德之恩。

从以上三个方面我们可以看出，慧思大师重视禅定，倾向于由戒定而慧、定慧双开的修行路径，因此积极肯定坐禅的重要性，他自身九旬常坐而开悟法华三昧恰是对坐禅这一修行形

---

① （陈）慧思：《诸法无诤三昧法门》，载南岳佛教协会编《慧思大师文集》，岳麓书社2011年版，第38页。

② 同上书，第42页。

式有效性的最佳印证。相反,对于不修习禅定而只专多闻、讲论的行人,慧思法师发出了"若不坐禅,平地颠坠"的聩耳之声。

二 磨砖岂能成镜?——南岳怀让"呵坐非禅"

继思大师圆寂百年之后,有怀让禅师,参访诸家,嗣法于禅宗六祖慧能大师,跟随侍奉十五载,后来往南岳,弘扬南宗禅法,人称南岳怀让,与慧思大师同被冠以"南岳"称号,更巧合的是,怀让禅师就居住在般若寺,即慧思大师当年兴建、所居之处。怀让禅师有传法弟子马祖道一弘法于江西洪州,使得曹溪一脉大盛。怀让禅师初遇马祖于南岳,便上演了一出"磨砖成镜"的故事,成为千古流传的一则公案。

《景德传灯录》记载:

> 开元中有沙门道一(即马祖大师也),住传法院常日坐禅。师知是法器,往问曰:"大德坐禅图什么?"
> 一曰:"图作佛。"师乃取一砖,于彼庵前石上磨。
> 一曰:"师作什么?"师曰:"磨作镜。"
> 一曰:"磨砖岂得成镜耶?"
> "坐禅岂得成佛耶?"
> 一曰:"如何即是?"
> 师曰:"如人驾车不行,打车即是?打牛即是?"一无对。
> 师又曰:"汝学坐禅,为学坐佛?若学坐禅,禅非坐卧;若学坐佛,佛非定相,于无住法,不应取舍。汝若坐佛,即是杀佛。若执坐相,非达其理。"一闻示诲,如饮醍醐。[1]

---

[1] (宋)道原:《景德传灯录》卷五,《大正藏》第51册,第240页下。

马祖常常坐禅以修道，目的在于成佛。怀让禅师以磨砖成镜为机锋说教，开其昏蒙。首先，要明确坐的目的是什么？是为禅而坐，为佛而坐？其次，破除其对坐相的执着，禅的本质非坐非卧，坐禅可能只是坐而非是禅；佛则无有定相，乃无住法，不应取舍坐或非坐之相。若以坐禅便是佛，反而抹杀了真正的佛。最后，点破其病处：若以端坐不动便是佛法，大违于佛教真理。这一番话令马祖闻之如醍醐灌顶。

怀让禅师因为马祖执于坐相而不达无相之妙理，故而方便逗教，其目的在于破除马祖著相坐禅之病，这看起来似乎只是个案，但深究起来，我们会发现，这样的公案发生在怀让禅师身上并非偶然，因为怀让禅师是否定以坐禅为悟道的手段和途径的，这和慧思大师极力推崇坐禅，修习禅定波罗蜜而通达佛道显然不同。怀让禅师对坐禅的态度是有其来由的，即与六祖慧能大师的禅法思想密切相关。《坛经·坐禅品》中言道：

> 善知识，何名坐禅？此法门中，无障无碍，外于一切善恶境界，心念不起，名为坐，内见自性不动，名为禅。善知识，何名禅定？外离相为禅，内不乱为定。外若着相，内心即乱。外若离相，心即不乱。[1]

此坐禅之法全在于不离自性，不拘坐与非坐等有相的威仪形式。又《顿渐品》中批评北宗禅法："住心观静，是病非禅。长坐拘身，于理何益？"[2] 由此可知，怀让禅师是继承了六祖不以坐禅为修道途径的禅法特点。不只是怀让，同住南岳的石头希迁禅师也同样主张"不论禅定精进，唯达佛之知见"[3]。因此，与其说怀让禅师"呵坐非禅"是一时观机逗教，不如说是禅宗

---

[1] 《六祖法宝坛经》，《大正藏》第 48 册，第 353 页中。
[2] 同上书，第 358 页中。
[3] （宋）道原：《景德传灯录》卷十四，《大正藏》第 51 册，第 309 页中。

南宗一贯的禅风。

既然不以坐禅为入道方便,那怎么才能够通达佛道呢?如马祖被怀让点拨之后,问道:

"如何用心,即合无相三昧?"

师曰:"汝学心地法门如下种子,我说法要譬彼天泽,汝缘合故当见其道。"

又问曰:"道非色相,云何能见?"

师曰:"心地法眼,能见乎道,无相三昧亦复然矣。"

一曰:"有成坏否?"

师曰:"若以成坏聚散而见道者,非见道也。听吾偈曰:

心地含诸种,遇泽悉皆萌,

三昧华无相,何坏复何成?"

一蒙开悟,心意超然。[1]

对于马祖的疑问,怀让禅师给出了答案,那就是师徒之间相互配合,一叩问,一玄答,因缘和合当下开启心地法眼而见道,也就是开佛知见,顿入无念、无住、无相之法门。这也是禅宗南宗成为一代时教的根本特色,禅门里对这种教化方便有一个形象的描述,即"啐啄同时"。这种悟道法门比起久久坐禅来的确简洁痛快了不知多少倍,因此,南岳怀让禅师"呵坐非禅"也有其道理所在。

三 坐与非坐,何以不同?

同为驻锡南岳的一代祖师,慧思大师与怀让禅师对待坐禅

---

[1] (宋)道原:《景德传灯录》卷五,《大正藏》第51册,第240页下。

的态度看起来截然不同，原因何在？要回答这一问题我们得从时代因缘、法门特点、教化方式、摄受根机等方面作一全面的分析。

第一，从时代因缘来看。南岳慧思与南岳怀让生活的时代相差了一百多年，佛教在中国的发展状况发生了很大的变化。慧思生活于战乱不定的南北朝时期，其出生并长期参学于北方。而当时北方佛教盛行禅诵，且同时有大小乘禅法弘传，流派众多。慧思大师早期常诵《法华》，后览《妙胜定经》而倾心定支，这是学修环境熏陶的结果，并非偶然。慧思大师修习禅定以大乘禅法为归，遍历诸禅师，且从慧文禅师处学习一心三观之禅法，再加上长期持诵《法华经》的影响，故而能够九旬禅坐而证悟法华圆顿之旨，通达《摩诃般若》之精髓心要。此后，他在北方讲授大乘禅法却屡遭不同禅派僧人的迫害。移居南岳之后，由于当时南方佛教盛谈义理而轻禅定，为纠其所偏，故而思大师主张定慧双开，且尤强调坐禅重于多闻、讲论。

怀让禅师生活于大一统的唐代，当时中国宗派佛教异常兴盛，天台、三论、唯识、华严等大乘宗派相继登场，重义理者，极究玄妙精细，而又不免浩大烦琐，使学人泥于经论而疏于修证；重修证者三乘纷沓、昧于抉择。在这种情况下，六祖慧能直指人心的顿悟法门给当时的佛教注入一股清凉之风，此法但究心地，不重文字、坐禅等外在形式，因此吸引了众多僧俗叩问禅机。可见，两位南岳祖师之所以对于坐禅发出不同的声音，与他们各自学修所处的时代因缘有着重大关系。

第二，从法门特点来看。慧思大师的修行是当时普遍肯定的由戒而定、由定而慧的路子，这是佛教修行的通途。慧思大师言道：

> 二十五有无能制者，唯除菩萨勤修戒定慧智，获得初禅至第四禅，及灭受想定，成就四念处，法忍具足，得大

神通，乃能降伏生死心王。①

并且慧思大师认为一切凡夫甚至二乘人，都不能降服如是死王，只有法忍具足的大力菩萨才能断尽习气而降伏。而且，慧思大师的禅观修习统摄了三乘圣道的所有内容，这些佛法功德皆从禅生。但是这些法门又并不一定要通过次第修习、拾阶而得，而是可以通过法华三昧、摩诃般若等圆顿止观，使得大小法门朗然洞发。天台宗谓智者大师从慧思大师那里习得次第、不定、圆顿三种止观法门，可知慧思大师所传法门不限一种，但不管哪一种都是以坐禅为入道要枢，即便是随处安禅的随自意三昧，慧思依然赞叹"诸威仪中，坐最安隐"。要而言之，由定而慧、具足佛法是慧思大师法门修习的特点，其推崇坐禅也是由这样的修行路径决定的。

相比之下，怀让禅师所主张的禅非坐卧、佛非定相，其本质是由慧而定，即先明心见性，开佛知见，再依性而修，得无相三昧等百八三昧乃至一切种智。所谓明心见性，就是明了自性本自清净，无念无住无相，此非别法，实际就是摩诃般若波罗蜜，《摩诃般若波罗蜜经》及《大智度论》中反复申明，般若波罗蜜有种种名字，或名为空、如、实相，或名为无相、无住、无念，或名为法性、法位、法住，或名为自性清净心、佛性、无住处涅槃，乃至中国佛教中普遍接受的如来藏、真如等，与般若波罗蜜义同名异，随众生种种知见故方便安立。因此，《坛经》在《因缘品》之后接着便是《般若品》，以明此顿悟禅法之根由即是般若波罗蜜，故而怀让禅师开示马祖不可以成坏聚散而见道，因为般若波罗蜜法无成坏聚散之相，了达此般若即是心地法眼，此心地法眼即是清净自性，观一切法无相可取、

---

① （陈）慧思：《诸法无诤三昧法门》，载南岳佛教协会编《慧思大师文集》，岳麓书社2011年版，第53页。

如如不动即是无相三昧，如是修证即是禅定，渐渐具足百八三昧乃至一切种智。如怀让禅师答六祖曰："修证即不无，污染即不得。"① 即此无污染的即是禅者行履处，实际就是般若波罗蜜，这些在《坛经》中都有提到。因此，由慧而定、具足佛法是怀让禅师"呵坐非禅"缘由所在，也是南宗一系禅法的特点。

由定而慧、由慧而定是两种不同的修道路径，那么二者何以能够会通于佛道呢？这要深入追究般若、禅定与佛道之间的关系。《大智度论》中言道：

> 般若不异三昧，三昧不异般若，般若不异菩萨、三昧，菩萨、三昧不异般若，般若、三昧即是菩萨，菩萨即是般若、三昧。②

三昧即是禅定，菩萨行三昧时"于诸三昧不作忆想分别，不觉不知，诸三昧自性无所有故"③ 即是行般若波罗蜜，故知由禅定能转生般若波罗蜜，这正是慧思大师主张由定而慧的原因所在。而禅宗行者能于言下见得自性般若，即入空、无相、无作三昧门中，乃至百八三昧渐渐乃得，故由慧而定同样能具足佛法。无论由定而慧还是由慧而定，都只是就入道方便不同来说的，最终都是要达到定慧等持不二的境界，因为般若三昧本来不异，两种修行路径本质上都是入得摩诃般若中念念熏修，圆行菩萨道，最终达于佛道。

第三，强调坐禅与呵坐非禅背后体现的是两种不同的教化方式。慧思大师对坐禅的重视来自经论的修习，其悟道之后依然以弘讲《法华经》《摩诃般若波罗蜜经》等大乘经典启发弟

---

① 《六祖法宝坛经》，《大正藏》第 48 册，第 357 页中。
② 龙树造，鸠摩罗什译：《大智度论》卷四十三，《大正藏》第 25 册，第 373 页中。
③ 同上。

子修习定慧,是典型的藉教悟宗的教化方式,这也是天台一宗教观并重思想的源头。而同时代的早期禅宗实际上也是藉教悟宗的传统理念,如以《楞伽经》《文殊般若经》《金刚经》等经典教导学人,至六祖慧能之后禅风才开始发生转变,禅悟往往发生在师徒机锋问答之电光石火间,乃至日常生活中的洒扫应对、一言一行都成为禅师开启学人的方便,形成了与如来禅相对应的祖师禅。祖师禅本质上是体达如来清净禅的基础上以不拘一格的手段开导学人悟道的方便禅法,如来禅、祖师禅体用无间,为彰显此祖师禅与藉教悟宗之传统悟道路径的不同,禅门往往以"教外别传"自居,而"磨砖成镜"正是这种方便开示的一则生动呈现。因此,不同的教化方式是两种不同"坐禅观"产生的缘由之一。

第四,两位大师说法摄受根性有所不同。慧思大师顿悟法华三昧,大小法门朗然洞发,因此他虽然以弘扬大乘禅观为本位,却于一佛乘中开演三乘圣法,包含次第、不定、圆顿等禅法的丰富内容,如《诸法无诤三昧法门》以大乘禅法广说四念处,既有观身本乃如来藏自性清净心的圆顿教法,也有四禅八定、八背舍、灭尽定、四弘誓愿乃至十八不共法等次第禅法内容在其中,因此慧思大师教化学人是广罗不同根机的,坐禅一法乃是三乘圣者之通途,故以提倡坐禅为宜。相比之下怀让禅师则直阐最上一乘禅法,其摄受的学人必须是上上根机的才行。如怀让禅师嘱咐弟子:一切法皆从心生。心无所生,法无所住。若达心地,所作无碍。非遇上根,宜慎辞哉!心地法门顿契无生,非上根利器难以接受,若所传非人,不但无益反而可能造成诽谤佛法的罪过,因此要谨慎说法。就"呵坐非禅"这一反传统的教法,若非上根利器者,必然以为与佛陀一贯教法相违背,难以接受。因此,基于对不同根性学人的方便摄受,便会产生不同的入道方便,从而就有了坐与非坐的差别教授。

四 法无定相,唯觉是宜

通过以上分析,我们就可以明白,南岳何以不同南岳。不同的时代背景,不同的修学路径,不同的教授特点和不同的摄受根机,导致了两种截然相反的态度。然而,无论坐与非坐,都不妨两位南岳祖师成为一代震古烁今的大禅师。这也告诉我们一个道理:法无定相,唯觉是宜。

实际上坐与非坐对于定慧通达的觉悟者来说,并非一往而执的。慧思大师重视坐禅,却也有随处安禅的《随自意三昧》名闻于世,其弟子智者大师进一步对该三昧修学作了理论阐述,称为觉意三昧或非行非坐三昧,并极为推崇。早期禅宗并不排斥坐禅,如达摩祖师面壁常坐,五祖弘忍立东山法门,也常教学人跏趺静坐,体认清净本心。至南北分化,北宗仍不弃坐禅,而禅宗南宗提倡言下体认自心,不以坐禅为是。虽然如此,"呵坐非禅"只是初机方便,真达道者,"行亦禅,坐亦禅,语默动静体安然"[1]。因此,悟道之后虽不著于坐相,也不会排斥坐禅,如果必以坐禅为非,则岂不是又著于"非坐"的相?且一悟便得大自在者几乎很少,多数禅者需要保任护持才能日臻玄奥,归家稳坐。在长期的保任护持阶段,以坐禅一法最能增益般若,因此大有禅者悟道之后整日坐禅,以保养圣胎。

至后期禅宗,能于机锋问答间一语便悟道的人越来越少,纵然有领悟者,得少为足,但逞机锋,不慕真修实证。禅本质上是般若妙心,《大智度论》中言道:

若但行般若,不行五法,则功德不具足,不美不

---

[1] (唐)永嘉玄觉:《证道歌》,《大正藏》第48册,第396页上。

妙。……欲除著心故，但行般若，反堕邪见，不能增进善法。①

因此，般若并非孑然独立于五度之外，真达般若者必然不会流入狂禅，堕入邪见，自然熏修禅波罗蜜，此时坐或非坐，不妨于理，然而坐禅一法诚如慧思大师所说能增益于事，迅速具足佛法功德。后期禅宗为防止学人滞于空谈，便有参话头、默照禅的出现，乃至有打禅七这种形式，以令学人真实参究，坐禅也渐渐成了南宗行人的本分事。故知坐与非坐并非定法，而是随着佛教发展的时代因缘、学人自身的定慧资质不断变化的。

今天中国佛教禅学一支若要振兴，当从两位南岳祖师这里多取取经，不但要契合当代人间佛教开展的时代因缘，也要结合当今僧才、寺院环境面临的新状况，对禅修理念作出相应的调整。已故的净慧老和尚以菩提心、般若见、息道观、生活禅为当今禅门修习的根本原则，主张重建东山法门，开启生活禅钥，却暗合南岳慧思和南岳怀让两位祖师禅法之所长，可谓是他老人家随顺时代因缘智慧的抉择。因此，坐禅还是不坐禅，因缘、因时、因人而异，但都要以达到圆满觉悟为目的，笔者认为这应该是两位南岳祖师给当代佛教留下的宝贵启示。

---

① 龙树造，鸠摩罗什译：《大智度论》卷四十三，《大正藏》第25册，第480页下。

慧思大师南岳行迹考述*

周华平

(南岳区图书馆馆员)

摘 要：本文根据高僧传和地方志，对慧思大师在南岳修行弘法的事迹和行踪进行了综合考述，分别从讲经弘法的根本道场、过去三生修道遗迹、讲经唱道之地、坐禅清修之地、游化之地五个方面予以梳理，发现慧思大师在南岳的十年间，身影足迹遍布整个衡山。创建寺院、讲经说法、坐禅论道、自我清修、游行弘化，慧思大师从各种不同方面弘扬佛法，真正将佛教在南岳深深扎根。这反映了南岳佛教的早期历史情况，也从实物证据证明了慧思大师对南岳佛教的开拓创新之贡献，尊为开山祖师当之无愧。

关键词：慧思大师　修行弘法　南岳行踪　综合考述

慧思（515—577），世称"南岳尊者"，是南北朝时期梁陈之际的著名高僧，为天台宗二祖、南岳佛教的开山祖师。自陈光大二年（568）起，居止南岳十年，建寺安僧、讲经弘法，奠定了佛教在南岳发展的深厚基础，其"定慧双开"的止观法门，开启了中国佛教的新风，深深影响着南禅的发展走向。在慧思大师诞辰1500周年的今天，学术界对慧思大师的研究虽然不

---

* 本文写作得到田艳老师提供资料和给予指导，在此深表感谢。

少,但多从生平事迹、佛教思想、与禅学关系等视角探究,专门讲其在南岳的活动行迹较少;此类文献记载多是片言只语不成系统,不足以形成清晰的认识。基于此,本文使用史料比对与分析,进行了较为详细的考证,重点在探讨慧思大师在南岳的活动与遗迹,有助于了解慧思大师真正对南岳佛教的奠基与开拓贡献。

一 根本道场:般若寺(今福严寺)

陈光大二年(568)六月二十二日,慧思大师带领四十余僧来到南岳,首先选址在掷钵峰下建立道场,安住僧众,因大师常弘传《般若经》,故名为般若寺,或称大般若禅林。宋代陈田夫撰《南岳总胜集》卷中"福严禅寺"条记载:

> 福严禅寺在庙之北登山十五里,岳中禅刹之第一。陈太初中(笔者注:应为陈光大二年),惠(慧)思和尚自大苏山领众来此,建立道场。师常化人,修法华、般若、念佛三昧、方等忏悔,因号般若寺。本朝太平兴国中,改赐今额。有唐怀让禅师,结庵于思之故基。①

般若寺经陈、隋、唐、五代,至北宋太平兴国中(976—984),宋太宗赐额为"福严禅寺"。本为天台宗道场,在唐代先天二年(713)禅宗七祖怀让禅师驻锡般若寺,大振禅风,故此该寺成为天台、禅宗的祖庭。山门对联"六朝古刹;七祖道场"说的正是此意。

慧思大师选择建设般若寺,其来历还有一个故事。宋志磐撰《佛祖统纪·慧思传》载:

---

① (宋)陈田夫:《南岳总胜集》,《大正藏》第51册,第1070页下。

师一日登祝融峰，岳神会棋。神揖师曰：师何来此？师曰：求檀越一坐具地。神曰：诺。师即飞锡，以定其处（今福严寺是）。①

大师初到南岳，先去拜会本地主人岳神，请求给地安住。于是来到祝融峰岳神居住地，碰上岳神爱好下棋，于是与之对弈，获胜后请岳神赐地，得到允许。大师将锡杖一扔，选定在掷钵峰下，即今福严寺所在地。这就是慧思大师与岳神下棋得地的故事。此故事虽然带有神话色彩，但是却从侧面深刻反映了佛教传到中国后，作为外来宗教，在早期如何契合本地文化，立足扎根，艰难开拓的过程。为感恩岳神的护持，南岳多处佛教寺院专门辟殿堂供奉慧思大师，其中福严寺的供奉历史最早，有资料记载在宋代就已经出现，如宋代黄庭坚《南行录》记载："福严寺，在南岳，依岩架空为之，盖思公道场，有三生塔，有岳帝铜像。"②

关于建寺创业艰难，另外有卓锡泉、虎跑泉等事可以佐证。《南岳总胜集》卷上慧思传载："阙水，师振锡投崖，泉为涌。其徒益广，复不能给，感二虎穴石飞流厥运若神。"③《佛祖统纪·慧思传》载："众患无水，师以杖卓崖，虎因跑地，泉乃涌出（今虎跑泉是也）。"④ 宋代宋祁也专门为此撰《衡山福严寺卓锡泉虎跑泉记》，叙述大师当年建寺之艰辛，如何解决山上饮水的问题。

般若寺创建后，成为大师与弟子讲经说法的根本道场。当时江东佛法弘重义门，轻视禅法，自慧思大师南来后，定慧双

---

① （宋）志磐：《佛祖统纪》，《大正藏》第49册，第179页下。
② （清）李元度修纂：《南岳志》卷十九"寺观一·福严寺"，岳麓书社2013年版，第622页。
③ （宋）陈田夫：《南岳总胜集》，《大正藏》第51册，第1067页下。
④ （宋）志磐：《佛祖统纪》，《大正藏》第49册，第180页上。

开，昼谈理义，夜便思择，故所发言无非致远，便验因定发慧此旨不虚，南北禅宗罕不承绪。唐道宣撰《续高僧传·慧思传》曰："自陈世心学，莫不归宗，大乘经论，镇长讲悟，故使山门告集，日积高名。"① 慧思大师来到南岳讲经说法，定慧双开，改变了南方的佛教风气，从此南岳成为南方陈朝佛教的中心。大师常在般若寺镇长讲悟大乘经论，名声在外，以致学佛者闻风而来，山门告集。因道士诬陷，大师到陈都金陵辩诬，陈宣帝被其深深折服，赐封为"大禅师"。回到南岳后，每年陈主三信参劳，供填众积，荣盛莫加。陈大建九年（577）六月二十二日，大师从山顶下半山道场般若寺，大集门学，连日说法，后摄心谛坐至尽，春秋六十有四。

二 过去三生修道遗迹：一生岩、二生塔、三生藏

慧思大师生前即获得神通，得见自己三生所行道事，到南岳后，给人一一指出三生所行道事的遗迹。后人为了纪念，对各生遗迹都予以命名：一生岩、二生塔、三生藏、三生塔。对此三生说及其遗迹，最早见于唐道宣撰《续高僧传·慧思传》，文中说：

> 又曰：吾前世时，曾履此处。巡至衡阳，值一佳所，林泉竦净，见者悦心。思曰：此古寺也，吾昔曾住。依言掘之，果获之房殿基墌、僧用器皿。又往岩下：吾此坐禅，贼斩吾首，由此命终，有全身也。佥共寻觅，乃得枯体一聚。又下细寻，便获髑骨。思得而顶之，为起胜塔，报昔恩也。②

---

① （唐）道宣：《续高僧传》，《大正藏》第50册，第563页中。
② 同上。

对三生进行详细指认的记载出现在宋代传记中,如宋志磐撰《佛祖统纪·慧思传》载:

> 师指岩下曰:吾一生曾此坐禅,为贼断首。寻获枯骨一聚(今福严一生岩)。至西南隅,指大石曰:吾二生亦曾居此。即拾髑髅起塔,以报宿修之恩(今二生塔)。又至蒙密处,曰:此古寺也,吾三生尝讬居此地。因指人掘之,果有僧用器皿及堂宇之基。即筑台为众说《般若经》(今三生藏)。①

大师第一生是在岩洞修道坐禅,被贼人砍头,寻得枯骨一聚,在此取名一生岩。今在福严寺东侧,有大岩石,下有洞,下边岩壁旁刻字"一生岩"。第二生是在般若寺西南角,大师曾居住于此,找到了髑髅起塔,以报宿修之恩,取名二生塔,今遗址不存。宋代陈田夫撰《南岳总胜集》卷中"天柱禅寺"条记载,在天柱峰半山腰的天柱禅寺下有二生塔:"在庙之西北登山十八里天柱峰下,在近山天柱为之最高,寺在半山,楼阁参差。……思大和尚二生塔在寺下。"② 第三生是在树林茂密的地方修建古寺修行,指人掘之果有僧用器皿及堂宇之基,大师立即筑台为众说《般若经》,此名三生藏。此地点在今三生塔下面的小山窝,新中国成立前曾有房屋殿堂,住有僧人,"文化大革命"中被毁,现在只存遗址。另外,大师今生圆寂后塔葬之地为三生塔,《南岳总胜集》中又名"思大塔",至今仍在。三生藏和三生塔一直是佛弟子和文人学士的朝圣之地,在历代高僧传和文人游记中都有记载。

---

① (宋)志磐:《佛祖统纪》,《大正藏》第49册,第179页下—180页上。
② (宋)陈田夫:《南岳总胜集》,《大正藏》第51册,第1076页中。

三 讲经唱道地：上封寺、大善寺

慧思大师建寺安僧，立足南岳后，一方面在南岳半山腰的根本道场般若寺日夜止观并重，定慧双开；另一方面又在南岳全山各地积极讲经弘法：在山顶则有"建阁作真，徒上下经行听法之所"的上封寺；在山脚下则有"唱道之地"的大善寺。这两处还只是至今存留有文献资料记载的地方，其他没有记载的应该还有很多。大师来南岳前，南岳佛教有据可查的是：前山有紫云峰下梁代海印大师创建的善果道场；后山有莲花峰下梁代惠海禅师建立的方广寺。但该两处都还处于边缘地带，可以说，自慧思大师到南岳后，才真正将佛法传遍了整个南岳。

上封寺 在南岳最高峰祝融峰侧，今存。《南岳总胜集》卷中"光天观"条载：

> 光天观，在庙北登山三十五里。按《福地志》云，系二十二光天坛福地。……一云，大业中改观为寺，即今上封寺是也。又按《南岳十八高僧传》云：陈光大初，思大和尚领徒至此，建阁作真，徒上下经行听法之所。则光天观当别有基也。①

另有一种说法，上封寺原为光天观，隋大业中（605—618）改观为寺，以其"赐建"，故名为"上封"。但是按唐沙门惠日撰《南岳十八高僧传》记载："陈光大初年，慧思大师领徒至此，建阁作真，作为徒弟们上下经行、听法之所。"据此记载，上封寺最早为慧思大师所建的类似楼台亭阁之类的建筑，用于徒弟上下经行歇脚休息和讲经听法之地，而光天观在另外一个

---

① （宋）陈田夫：《南岳总胜集》，《大正藏》第51册，第1076页中。

地方。

大善寺 位于南岳大庙西侧之北支街，今存。清末高僧默庵法师撰《募兴大善十方丛林记》（撰于1895年）碑文记载："大善寺为陈思禅师唱道之地。"唱道，为佛教用语，即讲经说法，宣唱开导。可知大善寺始创于南北朝之陈代，慧思大师到南岳开山，建寺安僧，讲经弘法，大善寺为其唱道之地。此后唐宋时为古刹丛林，寺内今存宋代石缸即为佐证。明崇祯年间毁于大火，后重修时，桂藩王妃舍铜钟一口，新中国成立前仍悬挂于地藏殿。清初衰落，沦为民宅。光绪初（1875），高僧默庵、淡云赎回地基，重修寺院，光大中兴，在清末、民国间十方闻名，成为南岳五大丛林之一。

四　坐禅清修地：大明寺、会善寺、藏经殿

慧思大师一生致力于自度度人，"若不自证，何能度人？先学己证，然后得行"①，所以在积极开展讲经说法的同时，也不忘自修自证。同时还常与同参道友坐禅论道，交流探讨佛法大意。大师坐禅清修之地，现在有记载的是大明寺、会善寺、藏经殿。

大明寺 即集贤峰下衡岳寺，今已废。陈朝为大明寺，隋大业中改名衡岳寺，并诏建舍利塔。隋灌顶纂《国清百录》卷三《遗书与晋王第六十五》载：

> 南岳大师灭度之后，未有碑颂，前蒙教许自制，愿不忘此旨。南岳师于潭州立大明寺。弥天道安于荆州立上明寺。前蒙教影护愿光饰先德，为作檀越主。②

---

① （陈）慧思：《南岳思大禅师立誓愿文》，《大正藏》第46册，第787页上。
② （隋）灌顶纂：《国清百录》，《大正藏》第46册，第810页上—中。

隋开皇十二年（592），智者大师前往南岳给师父扫墓后，看到师父灭度后没有碑颂，遂请晋王撰文制碑，同时请晋王作师父生前所立的大明寺的护法檀越主。唐道宣撰《续高僧传》卷第二十六《净辩传》载："（净辩）后敕召送舍利于衡州岳寺。本号大明，即陈宣帝为思禅师之所立也。"① 此处也说明大明寺是与慧思大师有关的寺院，陈宣帝为慧思大师之所立，本名大明寺，隋代改名衡岳寺。《南岳总胜集》卷中"大明禅寺"条载：

> 在庙之北登山二十五里，烟霞峰侧。有思大和尚宴坐处。广德中有僧惠开所建，至唐开元中重兴。有柳子厚撰大明和尚碑。本朝仍赐额。寺之前有十八高僧行道坛故基在焉。②

宴坐，佛教用语，为安身正坐之意，指坐禅。由此可见，慧思大师生前建立的大明禅寺，为其坐禅修行之地。

会善寺 在会善峰下，今已废。《南岳总胜集》卷中"会善寺"条载：

> 会善寺，岳之西南九十里，乃晋咸和年重里旧寺，乃岳中十八高僧禅会之所。在会善峰下。唐沙门惠日撰《十八高僧传》，即陈惠（慧）思、梁惠海、隋智顗、大善、僧照、惠成、大明、惠勇、惠稠、惠诚、惠檀、善伏、昙楷、义本、义颙、悟宝、道伦、智明。③

同书卷上"会善峰"条载："会善峰，古曰毛女峰，下有会

---

① （唐）道宣：《续高僧传》，《大正藏》第50册，第677页上。
② （宋）陈田夫：《南岳总胜集》，《大正藏》第51册，第1077页下。
③ 同上。

善寺，乃十八高僧相会处，最为禅悦讲习之所，因更其名。"①会善峰下的会善寺，是以慧思大师为首的南岳十八高僧禅会之处，他们常在此禅悦讲习。因此处最适合禅悦讲习，故将古毛女峰更名为"会善峰"。

藏经殿 在祥光峰下，又名祥光寺，今存。据1996年《南岳志》记载，藏经殿始建于陈光大二年（568），为慧思大师创建，当时名小般若禅林，明初太祖朱元璋曾颁大藏经一部于此，故名"藏经殿"。②慧思大师在南岳讲经说法，声名远播，前来求法者众多，以致前山的般若寺作为讲经弘法之地，显得有点喧闹。后来大师翻过掷钵峰、天柱峰、祥光峰，到山的另一边选择一处清幽僻静之地，作为个人清修场所，名曰"小般若禅林"，以与前山的般若寺相联系又有区别。

五　游行弘化处：南台寺、祝融峰、掷钵峰等

在南岳十年，慧思大师走遍南岳全山各处，除了讲经说法、坐禅清修外，还游行弘化各处，留下了他的身影足迹。有与慧思大师忻然合契、共同上山开创南台寺的海印大师；有慧思大师与岳神会棋得地的祝融峰；有慧思大师掷钵乘之而赴陈主之诏的掷钵峰；有闻慧思大师将至而迁徙的高台惠安禅院五百罗汉；有相传为慧思大师感鬼为之磨香的告成禅寺巨石等。

南台寺　位于瑞应峰下，距福严寺不到一公里，为梁天监年间海印大师创建。梁代高僧海印大师是最早居住在南岳的佛教高僧，住在善果道场，禅定功夫很深，常感动天地，神通自在。慧思大师初到南岳，先投诣大师，忻然合契，于是二人相约上山创建寺院，一为般若寺，一为南台寺，二者相距不远，

---

①　（宋）陈田夫：《南岳总胜集》，《大正藏》第51册，第1061页中。
②　湖南省地方志编撰委员会编：《南岳志》，湖南出版社1996年版，第181页。

可以随时访问坐禅论道。《南岳总胜集》卷上海印传载：

> 梁高僧海印大师者，首居衡山，最上第一。推较年代，即大同天监之前，宜与达磨相接，而为可公时辈。其居所，谓善果道场也。师居宴坐禅定，百有恼乱，一志如初。后积数年，感动天地，或新水自至，或馈运幽投，虎蛇远奔，贤贵景慕。至陈光天（笔者注：应为光大）初，惠（慧）思和尚始自北来投诣大师，忻然合契。由是上石桥别创庵舍，高而在南，故号南台。①

祝融峰 是南岳七十二峰的主峰，海拔 1289.8 米，峰顶有祝融殿，供奉岳神。岳神原为祝融，后来唐宋帝王赐封为南岳司天霍王、南岳圣帝。传说古代祝融君曾在此游息，峰因而得名。慧思大师到南岳后，先来祝融峰拜访南岳山主岳神，通过会棋获胜得地，如前所述。为纪念慧思大师与岳神的此段因缘，今天祝融殿内还供奉有慧思大师塑像；而且，在此供奉慧思大师塑像不是当今之事，其传统由来已久，在明代文人游南岳记中就已经多次记载，如明袁袠《南岳记》："又三里，登祝融绝顶，谒思大开山祖师像。"② 明黄周星《衡岳游记》：

> 至峰顶时，云絮四塞，白日晖其外，一气氤氲浮动，如混沌未分时，游者亦莫知为祝融。峰则有小祠，石其垣，铁其瓦，前以位岳帝，后则思大禅师。③

掷钵峰 在天柱峰下，福严寺后上方，海拔 810 米。峰顶

---

① （宋）陈田夫：《南岳总胜集》，《大正藏》第 51 册，第 1067 页中。
② （清）李元度修纂：《南岳志》卷三"形胜"，岳麓书社 2013 年版，第 72 页。
③ 同上书，第 79 页。

像一个倒覆的钵盂,故名。传说慧思大师掷钵乘之而赴陈主之诏,因此得名。《南岳总胜集》卷上"掷钵峰"条载:

>掷钵峰,上有定心石。下有隐身岩,虎跑卓锡二泉,观音、马祖二庵,八功德水,三生藏,岳心亭,兜率桥,皆列于前后,左右隶福严寺。传云:昔思大和尚掷钵乘之,赴陈主之诏,因而名之。①

高台惠安禅院 在妙高峰下,与方广寺相邻。过去曾有五百罗汉居此,闻慧思大师作为山主将至,于是集体避开搬迁。如《南岳总胜集》卷中"高台惠安禅院"条载:

>高台惠安禅院,在后洞妙高峰下,与方广比邻。山势幽邃,景物与山前不侔。本朝赐今额。寺前五十步正险绝处,石上有迹如车辙状。记云:昔五百罗汉居此,闻惠(慧)思和尚将至,乃相谓曰:山主即至,我辈当避之。遂徙他所。今辙迹尚存。②

告成禅寺 古亦称衡岳寺,隋仁寿元年(601)建舍利塔于衡岳寺,宋朝大中祥符元年(1008),改为告成禅寺。寺后有巨石相叠,形状像石磨,传说是慧思大师感召鬼在推磨制作香料;山中有兜娄香,大概是当时所种植的。如《南岳总胜集》卷中"告成禅寺"条载:

>告成禅寺,古亦以衡岳为名。隋仁寿元年,以佛舍利分置诸郡,令各建塔计三十处,南岳即建塔于衡岳

---

① (宋)陈田夫:《南岳总胜集》,《大正藏》第51册,第1062页中。
② 同上。

寺。……至本朝大中祥符，东封改为今额。寺后登山，有巨石相重，宛如磨形。传云：思大和尚感鬼为之磨香。今山中有兜娄香，盖遗植焉。①

六 结 语

以上根据高僧传和地方志，对慧思大师在南岳修行弘法的事迹与行踪进行了综合考述，可以发现，南岳秀美的山林激发了他的心性灵觉，在南岳居住十年间使其"定慧双开"的止观法门日臻完善，从而开启了中国佛教的新风。虽然文献记载中涉及传说、演变，不足征信，但却告诉我们，对于那些曾经推动过历史前进，造福于后世人类的英雄们，后人永远不会忘记他们，总要采用各种方法来歌颂他们的功德。慧思大师的深厚南岳缘，不仅仅是过去三生，而且在今生随处结缘，随缘度化，影响非常深远。嗣后，南岳宗系繁衍，播及海外。今天，当人们在游览南岳佛教胜迹时，无不想到这位南岳佛教的开山祖师。

---

① （宋）陈田夫：《南岳总胜集》，《大正藏》第 51 册，第 1069 页上。

慧思大师三生塔历史考察

田 艳

（南岳大善寺文化办编辑）

摘 要：本文就慧思大师三生塔的由来及其历史演变做一考察，将历代传记中关于三生的说法进行比较，发现早期的三生说为过去二生加上今生，但是此说具体确指模糊；在南宋的天台宗史传中三生说变成明晰确指，即只是过去三生，不含今生。这样就产生了混淆，以致影响今人对三生塔来源的解释不一。本文推测，三生塔应为第三生即大师今生圆寂后所立之灵骨塔，三生藏为守护三生塔的塔院，唐宋时称三生藏，清末重修后改称三生塔院。

关键词：慧思大师 三生行道 三生塔 三生塔院

我们都知道，慧思大师（515—577）曾在南岳三生行道，三生塔为其圆寂后的墓塔，但是关于三生塔的名称来源及其与大师三生行道的关系，今人的解释都不相同。笔者在南岳时曾多次朝礼三生塔，有时向客人介绍，也常常会碰到这种疑惑。查阅古代文献，关于三生塔的由来也没有直接的介绍资料。从历代传记来看，三生之说也是各有不同，有过去二生加今生合称三生，有专指过去三生。可见古今在此问题上都没有弄清楚。那么，为什么会出现这种混淆呢？历史的真实情况究竟如何？本文从慧思大师的三生说入手，结合历代传记资料及笔者的调查访问，尝试对此问题做一考察探析。

一 三生与三生塔

佛教有三世因果、六道轮回之说，这是佛教缘起说对于人生和宇宙的特有观点。三生就是这因果关系的重要内容之一。在各佛学辞典中，关于三生的含义，综合起来有三种：

一、前生、今生、来生三者的合称。指过去世、现在世、未来世，每一世从出生到死亡的时间，如三世因果、三世诸佛即是依此三世而立。

二、指各宗派所立三生成佛之说。如天台、华严、俱舍等，将达到成佛的过程分为三个阶段，如天台分为种、熟、脱，再配以过去、现在、未来的三生。

三、指三世转生。丁福保编纂《佛学大词典》"三生"词条载《传灯录》曰：有一省郎，梦至碧岩下一老僧前，烟穗极微，云："此是檀越结愿，香烟存而檀越已三生矣。"[①]

从历代传记可知，慧思大师生前已经获知自己三生所行道事，后在南岳一一指出各世修道遗址，经发掘，遗迹、遗骨俱在。现在从佛学辞典的三种解释来看，大师生前所知的三生，应属于第三种"三世转生"之意，与《传灯录》中省郎所梦三生事相同，都是由因果业报而辗转轮回。

慧思大师能够获知自己三生事迹，和他生前修道致力求得神通有关。在二十岁时，大师见世无常，众生多死，生灭败坏，众苦不息，因此为众生及自身求解脱故，发菩提心，立大誓愿，欲求如来一切神通，以便自度度人。[②] 此后大师严持戒行，常坐综业，勤诵《法华》，坚持不懈，"由此苦行，得见三

[①] 丁福保编纂：《佛学大词典》，文物出版社1994年版，第147页。
[②] （陈）慧思：《南岳思大禅师立誓愿文》，载南岳佛教协会编《慧思大师文集》，岳麓书社2011年版，第5页。

生所行道事"①。在持戒、修定、诵经的精进苦行中，大师获得了六神通中的宿命通②，观照到自己三生修道之事。

因为有三生在南岳行道的因缘，故在大师入灭后，后人将其灵骨所存之处取名为三生塔，以为纪念。今三生塔碑文《重修三生塔碑》（1986年大航撰）有载："今塔之地，即师第三生修道之处，曾指人掘出僧用器皿及古庵基。师于陈大建九年将去世时，端坐言佛来迎，合掌而逝，颜色如生。弟子们移前一、二生的灵骨合葬于此，故名三生塔。"此处是说大师过去在南岳修道已有三生，今生应是第四生，弟子们将前一、二生灵骨，与今生灵骨合葬在第三生的三生藏之地，故名三生塔。三生塔由来是否这样呢？

对此，另外还有一些说法，例如，民国《南岳文物古迹名胜一览》："三生塔：在南台寺后，为慧思和尚自择墓地。传和尚迁前两生白骨，同葬于此，因名。"③ 1958年《南岳》："三生塔在福严寺前面、南台寺后面的山上，系福严寺开山僧六朝梁时慧思和尚藏骨地。相传慧思和尚三生的尸体都藏其中，因以为名。"④ 1984年《天下南岳》："他（引者注，慧思大师）死后，埋骨于此，就是他的三生藏。一生岩、二生塔、三生藏，合称三生塔。"⑤

以上包括碑文在内的四个资料，都承认大师今生入灭后的灵骨所存之处在三生塔，但是若仔细比较，所见又有分歧。综述而言，其根本问题在于：一是今生灵骨是单葬还是

---

① （唐）道宣：《续高僧传·慧思传》，载南岳佛教协会编《慧思大师文集》，岳麓书社2011年版，第164页。
② 《佛学常见辞汇》："宿命通：能知过去世生命与做过什么事情的神通，为六神通之一。"六神通指天眼通、天耳通、他心通、宿命通、神足通、漏尽通。
③ 《南岳文物古迹名胜一览》（民国稿本，1册，不分卷），年代不详，不明页码，现藏湖南省图书馆。
④ 湖南省文史研究馆编：《南岳》，湖南人民出版社1958年版，第27页。
⑤ 《天下南岳》，湖南美术出版社1984年版，第50—51页。

与前生合葬？二是大师今生在南岳行道是算第三生还是第四生？

在此，先谈第一个问题。今人所谓灵骨合葬，不知道此说所引资料的原始出处。南宋宗鉴集《释门正统》（成书于1240年）卷一《慧思传》记载：

> 乾道初，止庵杰来董此山，告众曰："尊者二生塔堕荒榛断棘中，瞻礼无从，曷若迁就三生塔合为一处，以便香火。"众然其说，即泊日与执事者十四人，但备斧镢，启扶石垄，见灵骨如黄金色。既奉安已，次见石屏刻往日道士姓名，乃转报为今主首僧，但小异耳，众惊骇退散。是夕岳庙一爇而尽，州县逮捕，主首一时逃匿。灵骨还本。盖师尝云："此诸道士害我无因，异日须着我袈裟，入我伽蓝，坏我遗体。"又告岳神曰："吾有难，弟子亦当有难。"今七百年，果符此谶。呜呼！非六根净具大神通，焉能洞达过去未来若是。①

当年诬陷大师的道士受到惩罚后，对大师乃至佛教心存记恨，立誓报复。大师亦预记：此诸道士害我无因，异日着我袈裟，入我伽蓝，坏我遗体。因此将预记先存于灵骨塔内。宋乾道年（1065—1173）初，由道士转报的僧人杰曾想将二生塔迁合于三生塔，用斧头镢开石龛，见大师灵骨如黄金色。安奉完毕后，僧人看到自己的名字刻于石屏上，正符合大师之预记，大为惊骇，主首逃匿，寺众又将灵骨放回原处。此处所开的是二生塔、三生塔，说明至少在大师圆寂后至宋乾道年初，二塔的灵骨没有合为一处，因此合葬一说值得怀疑。

---

① （宋）宗鉴：《释门正统》卷一，《卍续藏》第75册，第264页中—下。

二 历代传记中的"三生"说

传记中载慧思大师生前已获知自己在南岳三生行道事,此"三生"究竟是专指过去已历的三生,还是包含今生在内的三生,此问题让后人产生诸多疑惑,莫衷一是。对此,我们先将历代有关"三生"记载的传记资料找出做一比较。

慧思大师传记资料众多,现存最早的是其自传《立誓愿文》,但是只记载到公元558年四十四岁时的经历。其生平记载详细的是在唐、宋僧传中。① 其中,唐代的有道宣撰《续高僧传》(成书于654年)、惠详撰《弘赞法华传》、僧详撰《法华传记》。记载三生之说的是前二者,应是现今所见最早的资料。

《续高僧传》卷第十七《陈南岳衡山释慧思传》载:

> 后在大苏,弊于烽警,山侣栖遑,不安其地,又将四十余僧径趣南岳,即陈光大二年六月二十二日也。即至,告曰:"吾寄此山,正当十载,过此已后,必事远游。"又曰:"吾前世时,曾履此处。"巡至衡阳,值一佳所,林泉竦净,见者悦心。思曰:"此古寺也,吾昔曾住。"依言掘之,果获之房殿基墌、僧用器皿。又往岩下:"吾此坐禅,贼斩吾首,由此命终,有全身也。"佥共寻觅,乃得枯体一聚,又下细寻,便获髊骨②。思得而顶之,为起胜塔,报昔恩也。故其往往传事,验如合契,其类非一。③

---

① (清)李元度修纂:《南岳志》卷十五有慧思传,所引来自《佛祖统纪》,故此处不录。
② 髊骨,即骷髅,指没有皮肉毛发的尸首或头骨。
③ (唐)道宣:《续高僧传》卷十七,载南岳佛教协会编《慧思大师文集》,岳麓书社2011年版,第166页。

《弘赞法华传》卷第四《陈南岳禅慧思》载：

> 思知齐历告终，乃托身陈国。即入衡岳花盖峰下，立寺行道。初见一捕鸟人，掘地施撯，乃往告云："浅掘浅掘，伤我髑髅。"入地未深，遂得白骨一具。捕人怪异，请问殷勤。思乃答云："我已二生居此峰下，诵《法华经》舍身于此，前身骸骨并已消亡，今生见者乃是第二身耳。"①

大师在二十岁后因精进苦行得见自己三生修道之事，晚年到南岳后，才指出三生行道之遗迹。对此，以上二传所载不一样，且没有明确指出遗迹是属于一、二、三生，前者只说有古寺、岩下二处遗迹，后者说到有二生。如果要算三生，应该是要加上今生。

宋代慧思传较多，目前所见记载的，北宋有道原撰《景德传灯录》（宋真宗景德年为1004—1007年），南宋有陈田夫撰《南岳总胜集》（成书于1162年）、士衡编《天台九祖传》（成书于1208年）、宗鉴集《释门正统》（成书于1240年）、志磐撰《佛祖统纪》（成书于1274年）。各书都有关于三生的记载。

《景德传灯录》卷第二十七《衡岳慧思禅师》载：

> 陈光大元年六月二十三日，自大苏山将四十余僧径趣南岳。乃曰："吾寄此山止期十载，已后必事远游。吾前身曾履此处。"巡至衡阳，值一处林泉胜异，师曰："此古寺也，吾昔曾居。"俾掘之，基址犹存。又指岩下曰："吾此坐禅，贼斩吾首。"寻得枯骸一聚。自此化道弥盛。②

---

① 《大正藏》第51册，第22页上。
② 同上书，第431页中。

《南岳总胜集》卷上"惠（慧）思"载：

尝谓众曰："衡山之阳，吾往矣。"因自大苏山来。梁元祚短，南土纷纭。数载之间，至山周览已遍。后复至梧桐，坡上有石冈若台，谓其徒曰："吾昔于此修习，今三生矣。"约地深浅，皆获骨焉。至今有石为识。①

《天台九祖传·三祖南岳尊者》载：

灵迹懋异，具如别记。尝曰："吾前世曾履此处。"因游岳顶，迟立林泉，其处竦净，若有所忆，寻指岩丛，曰："吾前身于此入定，贼斩吾首。"众共掘之，获聚骨，果无首。今名一生岩者是也。复指盘石曰："此下亦吾前世骸骨。"众举石验，果得红白骨，联若钩锁。即其地累石瘗骨，危其巅为二生塔。徘徊东上，见石门宵隩曰："此灵岩幽户，过者必增道力，乃古寺也，吾先亦尝栖托。"因斧蒙密处，果得僧用器皿、堂宇层甍之基。其地爽垲，适大岳心，于是筑台，为众说般若，因号三生藏。事验非一。②

《释门正统》卷第一《南岳慧思》：

又指岩下，谓众曰："吾一生曾居此坐禅，为贼斩首。"寻获枯骨一聚（今福严一生岩）。行至西隅，指大石曰："吾二生亦曾居此。"即拾髑髅，顶礼起塔，以报昔恩（今二生塔）。又至蒙密处，曰："此古寺也，吾三生尝托此。"因指人掘之，果有僧所用器皿及堂宇层甍之基。即筑台，

---

① 《大正藏》第51册，第1067页下。
② 同上书，第99页中。

为众说般若经（今三生藏）。①

《佛祖统纪》卷第六"三祖南岳尊者慧思"云：

> 师指岩下曰："吾一生曾此坐禅，为贼断首。"寻获枯骨一聚（今福严一生岩）。至西南隅，指大石曰："吾二生亦曾居此。"即拾髑髅起塔，以报宿修之恩（今二生塔）。又至蒙密处曰："此古寺也，吾三生尝托居此地。"因指人掘之，果有僧用器皿及堂宇之基。即筑台，为众说《般若经》（今三生藏）。②

从上面资料可见，北宋《景德传灯录》还是依据唐代《续高僧传》所说，真正将三生之说明确化、具指化的是南宋传记。《南岳总胜集》为现存较早、较详备的南岳山志，慧思传中有三生一说，但还较为笼统，该书其他地方有"二生塔""三生藏""三生塔"的记载③；属于天台宗史传的《天台九祖传》《释门正统》《佛祖统纪》三书记载相似，应是资料来源相同，传记中也相应地出现了"一生岩""二生塔""三生藏""三生塔"的名称，且前三处都有对应的遗迹。

仔细比较就会发现，关于三生的记载，除了《弘赞法华传》外，其他传记都是依据《续高僧传》为蓝本，不同点则在于对岩下"枯体"和"髑骨"一节内容的不同辨别。《续高僧传》说至岩下，觅得枯体（即身躯）一聚，又往下细寻便获髑骨（即头骨），此为大师坐禅之处，遭贼斩头，身首分离，身躯在

---

① 《卍续藏》第75册，第263页下。
② 《大正藏》第49册，第179页下—180页上。
③ （宋）陈田夫：《南岳总胜集》卷上载："十四塔：释迦舍利塔、阿育王塔、三生塔、文殊塔、灵源塔、观音塔、二生塔、石头塔、禅林塔、大明塔、懒瓒塔、拾穗塔、圣塔、契沉塔。"《大正藏》第51册，第1063页上。

原地，头掉到下边。枯体和髅骨都找到后，大师得而顶之，将二者合为一处，为报往昔修道之恩，在此建立胜塔。南宋天台宗史传中将此认读为两处地方的两种不同遗骨，因而将此指定为一生岩、二生塔之遗迹。

今所见各种传记都只写慧思大师过去世在南岳的行道，他今生入灭后的灵骨所葬地及其塔名没有说明。从早期资料来看，大师的南岳三生行道之说，应该是过去二生加上今生，合称为三生。可以佐证此说的是《南岳总胜集》，其卷中"福严禅寺"条有云："福严禅寺：……有八功德水、三生藏、马祖庵、思大塔。昔惠（慧）思三次生此修行方成道。"[①] 此处的思大塔即慧思大师的三生塔。大师前二生在南岳修道未成功，第三生即今生开悟法华，证十信铁轮位，圆寂时诸圣相迎，往生净土，可谓修成正果。这是第一次将今生包含在内的明确记载。作者陈田夫（约1111—1173）居南岳三十年，往来七十二峰间，寻幽探胜，博考诸事[②]，应该是可信的，可惜没有将慧思三生说加以具体解释。天台宗史传确认的是过去三生，不包括今生，但是此说影响很大，清代李元度《南岳志》也沿用《佛祖统纪》内容。

因早期传记对三生指认的不确定性，才有后来对三生塔来源的不同解释。然而，有关此类记载的直接文献资料缺乏，现在我们也只能做一种推断：大师于南岳三生行道，一生是在岩洞内坐禅，今在福严寺东侧罗汉园旁有一生岩遗迹；二生是居住寺院，《南岳总胜集》记载在天柱峰半山腰的天柱禅寺下有二

---

① （宋）陈田夫：《南岳总胜集》卷中，《大正藏》第51册，第1070页下—1071页上。

② （宋）陈田夫：《南岳总胜集》卷上序："阆中道人陈耕叟有焉，庵居南岳紫盖峰下，往来七十二峰之间三十余年，心有所慕，不倦求访，前古异人高僧岩居穴处，灵踪秘迹，考其事而纪之，所历滋多，所获亦广，遂积而成编，名曰总胜集。凡岳山之邃隐，与夫观寺之始末，古今之题咏，有关于胜趣者，靡不毕录。"《大正藏》第51册，第1056页上。

生塔[①]，今遗址已不存；三生是在今生，圆寂后灵骨所藏地称为三生塔，后人还在塔旁建一座塔院，守护大师灵骨塔，唐宋僧传名为三生藏，民国时称为三生塔院，如天台山的智者塔院、南岳的金鸡林塔院，或者如世间所谓的墓庐。

三 从三生藏到三生塔院

《南岳总胜集》卷上"掷钵峰"条载："上有定心石，下有隐身岩，虎跑、卓锡二泉，观音、马祖二庵，八功德水，三生藏，岳心亭，兜率桥，皆列于前后左右，隶福严寺。"可见在唐宋时期，位于掷钵峰前后左右的建筑物、景点，都隶属于福严寺。慧思大师的三生藏、马祖道一的马祖庵，都是与福严寺祖师有关的圣迹，有点类似于福严寺的下院。三生塔在福严寺前面、南台寺后面的山上，恰好处于二寺路程的中间位置。现在南台寺后山顶建了金刚舍利塔，三生塔与之相邻对望。三生塔院则是二塔所在山峰之间的山窝中。唐宋僧传所称的"三生藏"，五代时期一度又称"报慈东藏"，其后不见于元、明、清文献资料记载，到民国时才出现"三生塔院"的名称，据此推测，二者应该就是同一个地方，只是前后名称不同。这或许与清同治十二年（1872）的重修[②]有关。

明末清初南岳佛教衰落至极，从众多游记描述可以见出，许多寺院包括名刹都已经毁坏荒废，僧人寥寥，这与当时政治环境有关。清初金之俊《游南岳记》反映了当时南岳佛教的一些情况："行一里许，至南台寺，系希迁祖师道场，寺基宏广，

---

① （宋）陈田夫：《南岳总胜集》卷中"天柱禅寺"条记载："在庙之西北登山十八里天柱峰下，在近山天柱为之最高，寺在半山，楼阁参差。……思大和尚二生塔在寺下。"《大正藏》第51册，第1076页中。

② 重修一说，可见于民国《南岳文物古迹名胜一览》、1958年《南岳》、1986年碑文《重修三生塔碑》。

与上封寺相埒,近亦付之一炬,徒留荒址。台后半里许,有三生塔,亦怀让(引者注:应为慧思)旧迹。下有茅庵,有僧闭关诵《金刚经》,因与论《金刚》,纵谈半,斩此僧葛藤多多许。别时余问僧何名,僧曰:不须问,这都是假名。余答曰:汝真名何在?僧默然颔之。"① 上封寺、南台寺都被焚烧,只剩荒址,三生藏亦复如是,塔下只存一茅庵,住一僧人。清初潘耒(1646—1708)《游南岳记》亦有同样记载:"过石头禅师塔,抵南台寺故址。寺即石头道场,为洞宗祖庭。明末尚盛,今仅存茅屋一楹,僧下就岳庙香火,仅一道人居之可吹也。前过三生塔,是思大师藏蜕处,台宗之祖也,亦无一椽,塔累累露岩下。"② 当时南台寺仅存茅屋一楹,庵亦无一椽,三生塔还存在,但塔院也已倒塌,乱石堆弃于岩下。

经过清同治年间重修后,高鹤年民国壬子年(1912)游访三生塔:"次日告别,至明月峰前谒三生塔,乃慧思禅师之塔。相传师于此历修三生,故名三生塔。塔院四面皆山,门前池塘。碧水苍山开慧性,疏钟幽磬破迷津。"③ 此时不仅有塔,还有塔院的存在,碧水青山,疏钟幽磬,环境清雅幽静。"三生藏"不复有名字,塔院之名从此开始。民国三十六年(1947)十二月,湖南南岳管理局对南岳各寺庙僧人、财产有过调查,其中三生塔(即守塔的塔院)住僧一人,法名圆通,他自民国三十二年(1943)起即在塔院居住,当时庙产有田租十担。④ 1944年日军入侵南岳后,残害僧尼,当时受到侵害的有住三生塔的僧人证果。⑤ 一直到

---

① (清)李元度修纂:《南岳志》卷三《形胜》,岳麓书社2013年版,第91页。
② 同上书,第93页。
③ 见高鹤年《名山游访记》卷四《南岳游访记》,上海佛学书局1995年版,第171—182页。
④ 南岳管理局调查资料,今藏南岳佛教协会档案室。
⑤ 明真:《浩气长存南岳山》:"三生塔证果及祝圣寺两园头,今犹渺不详其消息,当亦死无疑矣。"载《正信》1946年第3期。

1958年前后，还有僧人居住，如《南岳》所载："塔四面风景幽寂，草树蒙茸。塔前题慧思禅师三生塔等字。再前，一石香炉竖台上。塔左一带石墙完好。塔下坡中有小庵，女僧居之。"①

三生塔作为佛教圣迹，不仅仅在清代、民国是众人的朝圣、游访胜地，在古代更是让高僧驻锡、名人题名之地。据僧传所载，唐宋时期有不少著名高僧曾住过三生藏。

北宋赞宁（919—1002）撰《宋高僧传》卷第十七载，后唐南岳般舟道场惟劲禅师，于乾化（911—914）年间入南岳，住报慈东藏，亦号三生藏，在院中藏有华严第三祖法藏禅师所制鉴灯，师睹之开悟，顿了如是广大法界重重帝网之门。

南宋赜藏主辑《古尊宿语录》卷第二十四载，北宋潭州神鼎山第一代洪諲禅师，曾于宋太宗淳化元年（990）隐居衡岳三生藏，潜修了二十年之久，后为神鼎山开山祖师，法脉一时兴盛。

北宋惠洪（1071—1128）撰《林间录》卷下载，北宋大觉怀琏禅师（1009—1090），曾游访南岳，居三生藏数年，因此丛林称呼其"琏三生"。怀琏禅师的文学议论为时名公卿所敬畏，惠洪曾得其《与孙莘老书》，读后知其为天下奇才。

三生藏不仅是佛教的"藏龙卧虎"之地，还是藏有佛教奇珍异宝的"观宝轩"。《林间录》卷上载，慧思大师生前所用锡杖，至宋代还保存在三生藏，有僧人曾取锡杖立定，心散乱时锡不能定，当心定后锡卓然不倾。同书卷下记载，唐末楚云上人曾刺血写《妙法莲华经》一部，作旃檀匣藏于三生藏。惠洪在衡岳时，曾到三生藏顶戴此血经，细看血线依然。北宋著名诗人黄庭坚（1045—1105）于宋徽宗崇宁三年（1104）正月游览南岳，朝礼三生塔，观赏了三生藏收藏的诸多佛教珍宝，后来还为此撰写《礼思大禅师塔题名》，其内容为：

---

① 湖南省文史研究馆编：《南岳》，湖南人民出版社1958年版，第27页。

修水黄庭坚，弟仲堪，子妢、梓、椿、相、枕，成都范温，道人文演，同来礼思大师，阅三生藏，阅贝多梵字经、二锡杖、象刻佛供、僧俗书经，夹有纤靡如蚁、映光不可读者，及佛牙舍利、蚌中观音相。宝玩流目，为书"观宝轩"三大字。坐独松轩，观老松突兀于众杉间，本无超群之意。崇宁三年正月甲辰。①

作为历史如此悠久、文化底蕴如此深厚的三生塔院，可惜毁于"文化大革命"②，1986年重修三生塔时，没能将塔院一起重修再现于世。关于三生塔院的模样，笔者曾访问过一些见证人。2011年3月，时年91岁的南岳祝圣寺慧灿老法师，曾向笔者讲述过他在1930年代初朝礼三生塔时的印象：

　　在十多岁时，我跟着父亲来到南岳。当时父亲已经在衡阳南云寺出家，我还没有出家。到了南岳后，他带着我去祭拜南岳佛教的开山祖师慧思大师墓塔。在墓塔旁边还有一座三生塔院，塔院有三间房子，一间正殿，两间偏房，正殿供奉着慧思祖师的塑像。有三个僧人驻守，主要是看护墓塔，禁止砍伐树木柴草。记得我们在塔院吃了一顿饭，只是没在那里过夜。③

2015年10月，笔者就此专门访问时年99岁的南岳彭紫云

---

① （清）李元度修纂：《南岳志》卷十五"仙释"，岳麓书社2013年版，第488—489页。
② 今《南岳志》第六篇"寺观"："三生塔院：在瑞应峰麓，文化大革命中被毁。"湖南出版社1996年版，第186页。
③ 慧灿法师：（1921—2013），男，湖南衡阳人，14岁出家，1940年前后曾住南岳，1980年代又返回南岳，住祝圣寺至圆寂。此为笔者为《磨镜台》期刊编辑时采访灿老的记录资料。

居士①,他还记得:1952年时,他曾帮人挑一担柴从天柱峰下来,到三生塔院歇脚,当时塔院是三间房,一间正殿,两间偏房,正殿门额书"三生塔"三个大字,只有一个僧人看守,是南台寺的僧人,有50多岁,忘记他的法名,职责是看护慧思大师三生塔,打扫卫生,有客人则带着去参观礼拜;1958年时,三生塔院住着一个比丘尼,50多岁,常种土豆、红薯,挑到南岳街上的南岳蔬菜公司来卖,此时在蔬菜公司上班的彭紫云与之认识,一问才知道她是北方人,原在藏经殿旁名叫老太叶的地方一个人搭茅棚居住。

另外,笔者还了解到,塔院后面原有一条小路通到山顶的墓塔。现在从另一边开通的石板路,围着山顶转了半圈,是后来修的。在"文化大革命"中塔院被毁,屋后的小路无人走动长满了草木。塔院房屋的断壁残垣处也都长满了草木,后来就被挖平栽上了树。现在这个地方成了小山窝的坪地,树木都长大变粗了。如果再仔细寻找,还可以发现一些砖瓦碎片的遗迹。三生塔的塔联,其一联"南岳尚存知己在;天台应有故人来",原来是属于三生塔院的门联,也是刻在大石柱上,比现在这一对石柱大很多。今福严寺方丈大岳法师曾回忆说②,1995年他住持福严寺不久,曾在三生塔院的遗址上见到这一对大石柱联,被遗弃在公路边,当时没有想到这是文物,等后来意识到时已经不见了。另一联"口吞三世佛;目视九霄云",原来是刻写在墓塔中间的左、右石碑上。这在清末日本僧人访问南岳时所拍照片可以得到证实。因为原碑刻、塔院已遭毁坏、遗失,所以

---

① 彭紫云(1916—),男,原为湖南祁东人,小时候和母亲来到南岳,母亲在南岳出家后,他也皈依祝圣寺方丈空也法师,1943年就读于南岳佛学讲习所,毕业后在僧办觉民小学做管理工作,做过新中国成立后觉民小学最后一届的校长,后来安排在南岳人民公社的蔬菜公司工作,此后落籍生活在南岳。

② 大岳法师(1963—),男,湖南茶陵人,1982年于南岳祝圣寺出家,1988年中国佛学院毕业,1995年住持南岳福严寺至今。此回忆是他在2013年7月《磨镜台》期刊座谈会上的发言,笔者记录整理。

只能将这原来的塔联刻写安置于今三生塔旁,作为历史的见证。

四 结 语

本文从三生说入手考察分析,首先得知慧思大师在南岳三生修道之事,属于佛教的"三世转生",这是大师生前用所获神通观照到的,晚年到南岳后才一一指出各生遗迹。但是今人对三生塔由来的解释各不相同,分歧点主要是:一、三生灵骨是合葬还是各自分开葬;二、三生说是指过去二生加上今生合称三生,还是专指过去三生。关于是否合葬的问题,据宋代传记记载,有僧人曾想将二生、三生迁在一起合葬而未成功,可见大师圆寂后至此时,各生没有合葬,因而此说值得怀疑。关于三生的确认问题,比较历代传记中的三生说资料,发现唐代、北宋记载是过去只有二生,南宋天台宗史传认为三生都是在过去,且有对过去三生的具体确指。二者的不同点,在于对唐代《续高僧传》所载的岩下"枯体"和"髅骨"一节内容的不同辨别。南宋天台宗史传确认的过去三生说影响很大,清代《南岳志》也沿用此说。

今所见各种传记都未记载大师今生入灭后的灵骨所葬地及其塔名,早期传记对三生指认的不确定性以及由此产生的混淆,才有了今人对三生塔来源的不同解释。据此我们只能做一种推断:大师于南岳三生行道,过去一生是在岩洞内坐禅,过去二生是居住寺院,今生为第三生,开悟法华,修行成道,示寂后建塔名为三生塔,同时建塔院守护墓塔,唐宋僧传中名为三生藏,清代重修后称为三生塔院。三生塔作为佛教祖师圣迹,自古以来即是僧人、游客的朝圣、游访之地,留下了众多朝礼、游访的诗文。唐宋僧传还记载三生藏曾有不少高僧驻锡,并且院中收藏了诸多佛教的奇珍异宝。可见三生塔的历史悠久、文化底蕴深厚。可惜三生塔院毁于"文化大革命",至今未能重建。

以上是笔者根据目前所掌握的资料所做的考察分析以及由此做出的一种推测。可能还有一些资料没被发现,对此只能留待以后有机会再补充修正。写作中若有不足、遗漏之处,还望诸位善知识予以批评指正。

附记:笔者与慧思大师有缘,对三生塔历史做一个考察是自己多年的心愿,这次借大师诞生1500周年之际,收集到诸多资料完成此文,是众缘和合的结果。虽然此前已留意资料,但是正式收集是在今年负责编写《大善寺志》时,——大善寺也是大师当年开创的唱道之地——因此非常感恩大善寺住持怀恒法师给予机会,自己能得以在湖南省图书馆、南岳佛协档案室、全山祖师墓塔处等地查找、访问相关资料。当然,也要感谢《磨镜台》期刊编辑部同人给予的支持、帮助,感谢接受访问的慧灿法师、仁靖法师、大岳法师、旷顺年主编、曾瀛洲先生、彭紫云居士、郑立新居士等人的支持。

慧思故事及其形象在唐宋时期的演变

罗 宁

（西南交通大学人文学院教授）

摘 要：慧思大师是南北朝梁陈时期的一位高僧，其生平事迹主要见于初唐道宣《续高僧传》的记载。而此后尤其是在宋代，出现了各种新的关于慧思的故事和传说，并且往往充满神话色彩。这些故事有些来源于《续高僧传》，而具体内容变化很大，如三生故事以及该故事与唐代三生石故事的混融；有的出自宋代的增衍，如卓锡泉和虎跑泉故事；有的祖袭其他佛教故事而形成，如方广寺故事乃是受到竹林寺故事的影响。在这些故事中，以锁子黄金骨作为对慧思神异性的想象，以惠海、海印之避地突出慧思之重要，均表现出后来僧俗对慧思故事及形象的接受和改造。在宋代天台宗僧人的史籍中，慧思的种种神异故事均被记述和渲染，而在禅宗灯录中，慧思又变成了一位禅宗祖师的形象。慧思故事在宋代社会的广泛流传和接受，其故事和南岳衡山的地理、名胜的紧密结合，表明其故事和形象已成为世俗文化和地域文化的一部分。

关键词：慧思 佛教 故事 三生 虎跑泉 竹林寺

中国佛教由东汉至今，在教义、制度、宗派、社团、仪轨等各个方面都不断发生演变，关于佛教高僧的历史性记载，也经历了写作主旨、体式、语言等方面的不断变化。近百年以来，随着学界对于佛教人物及其传记研究的深入，也注意到高僧事迹在不同时代文献中的差异。一开始学者们在面对这种差异时，往往是从历史文献考证的角度去研究，总是试图通过对史料的探源和比较，对各种故事和记载的真伪辨析，去发现或恢复真实可信的记载。但后来学者们意识到，同一高僧在不同文献中的差异性记载，不只是史料真伪和源流的问题，而常常意味着不同时代、不同宗派对高僧历史（故事）及其形象的接受和重塑。[1] 探究高僧故事及其形象的演变，一方面可以厘清这些演变发生的过程、背景和原因；另一方面也有助于加深对佛教历史观念的理解，注意到这些观念和传说本身所具有的时代性、宗派性、地域性等复杂因素。就笔者有限的了解而言，目前除了达摩、慧远的形象演变学界有过一些研究外[2]，其他六朝高僧极少被关注。本文即选取天台宗祖师慧思的故事和形象演变进行研究，希望更多的学界同人可以投入这一类型的研究中来。

慧思（515—577）是梁陈时代的高僧，天台宗三祖。学界对其生平与思想研究已多。[3] 本文则主要围绕唐宋时期变形衍生以及增添嫁接的三个故事来展开讨论。通过对这三个故事的细致清理和解读，试图发现这些故事的源流、脉络以及故事产生的背景和原因，从而揭示慧思故事的增衍及其形象重构的原因和机理。

---

[1] 学界近年对此问题的思考，如龚隽《禅史钩沉——以问题为中心的思想史论述》，三联书店2006年版，其中第八章"唐宋佛教史传中的禅师想象——比较僧传与灯录有关禅师传的书写"对此问题有较好的阐释。又如李熙《僧史与圣传——〈禅林僧宝传〉的历史书写》中的导论，中国社会科学出版社2014年版。

[2] 如邱高兴《菩提达摩形象的建构》，《佛学研究》2008年。张舟、王昊：《两种文化视域中的慧远形象差异及其成因》，《合肥工业大学学报》（社科版）2010年第5期。张火庆：《小说中的达摩及相关人物研究》，台北秀威出版社2006年版。

[3] 可参见杨曾文《天台宗的史前期——从慧文到慧思》，收入其《中国佛教史论》，中国社会科学出版社2002年版。刘朝霞：《早期天台学对唯识古学的吸收与抉择》，巴蜀书社2009年版。曾其海：《天台佛学》，学林出版社1999年版。

三生和三生石

慧思生平最早和最详细的记载是唐初道宣《续高僧传》卷十七的传叙。此传按时间顺序大致分三部分,第一部分讲慧思出生及少年、青年时期学佛拜师之经历;第二部分讲慧思在光州大苏山传法;第三部分讲慧思至南岳衡山传法直至寂灭。《续高僧传》中关于慧思神迹的记载有不少,尤其是他早年学佛时颇有神示和异梦:

> 尝梦梵僧,劝令出俗,骇悟斯瑞,辞亲入道。所投之寺,非是练若,数感神僧,训令斋戒,奉持守素,梵行清慎。……所止庵舍,野人所焚,遂显厉疾,求诚乞忏。仍即许焉,既受草室,持经如故,其人不久所患平复。又梦梵僧数百,形服瑰异。上坐命曰:"汝先受戒,律仪非胜,安能开发于正道也。既遇清众,宜更翻坛祈请师僧四十二人,加羯磨法,具足成就。"后忽惊寤,方知梦受。自斯已后,勤务更深,克念翘专,无弃昏晓,坐诵相寻,用为恒业。由此苦行,得见三生所行道事。又梦弥勒、弥陀,说法开悟,故造二像,并同供养。又梦随从弥勒与诸眷属,同会龙华。①

在《高僧传》和《续高僧传》里,不少高僧出家和修道之时都有类似的感梦或梦受,这里暂不多谈慧思此类经历,只说"得见三生所行道事"。"三生"是佛教术语,指前世、今世、后世。在经过长时间艰苦修习之后,慧思"看见"了自己三生

---

① (唐)道宣:《续高僧传》卷十七《慧思传》,《高僧传合集》,上海古籍出版社1991年版,第242页中—下。

"行道"之事。那他在前生所做的是什么事呢？此生又将发生什么事？后生又如何？《续高僧传》后文竟然回答了前两个问题。当慧思与四十余僧人抵达衡山时，慧思说到了自己的今生和前生：

> 又将四十余僧径趣南岳，即陈光大〔二〕年六月二十二日也。即至，告曰："吾寄此山，正当十载，过此已后，必事远游。"又曰："吾前世时曾履此处。"巡至衡阳，值一佳所，林泉竦净，见者悦心。思曰："此古寺也，吾昔曾住。"依言掘之，果获房殿基墌，僧用器皿。又往岩下，"吾此坐禅，贼斩吾首，由此命终，有今身也。"佥共寻觅，乃得枯体一聚，又下细寻，便获髅骨。思得而顶之，为起胜塔，报昔恩也。①

大概是早已"得见三生所行道事"的缘故，慧思还没到南岳衡山时就说："吾寄此山，正当十载，过此已后，必事远游。"意谓将在南岳居住十年而后度灭，后面的传文在记叙其坐化之后也说"取验十年，宛同符矣"。至于前世，慧思三次说到，分别是"吾前世时曾履此处"，"此古寺也，吾昔曾住"，"吾此坐禅，贼斩吾首"。那么这三次说的是过去一生的事情还是三次不同的前生的事情？详绎文意，当是过去一生之事：慧思的前生曾住于衡山某寺中，后来被贼斩首而命终。也就是说，《续高僧传》实际上只提到了两生，并没有要全面讲述慧思全部的"三生行道事"的意图。

稍晚的慧祥《弘赞法华传》中就提到了全部的三生。该书

---

① 《高僧传合集》，上海古籍出版社1991年版，第243页上一中。按"光大年"当作"光大二年"，后文有慧思称"吾寄此山正当十载"，后示灭，"即陈太建九年六月二十二日也，取验十年，宛同符矣。"由太建九年（577）上推十年即光大二年（568）。

卷四记载慧思：

> 即入衡岳花盖峰下，立寺行道。初见一捕鸟人，掘地施揢，乃往告云："浅掘浅掘，伤我髑髅。"入地未深，遂得白骨一具。捕人怪异，请问殷勤。思乃答云："我已二生，居此峰下，诵《法花经》，舍身于此。前身骸骨，并已消亡。今生见者，乃是第二身耳。"①

传文在后面也提到"得见三生所行道事"，这里记叙的则是具体内容。慧思云"我已二生，居此峰下……前身骸骨，并已消亡。今生见者，乃是第二身耳"，应该是说，我前两生均于此峰下诵经，而两生中前一生的骸骨（身体）已经消亡，现在捕鸟人掘到的是两生中后一生的骸骨（第二身）。这样记述，似乎是为了回答《续高僧传》留下的疑问，弥补最初故事的缺陷。另外，掘地得骨的故事与《续高僧传》颇有差异：《续高僧传》中掘地者是众僧，而这里变成了捕鸟人，而且有了细节和对话。由此可知，在唐代慧思的"三生"故事就已有不同的记载了。

宋代的慧思"三生"故事，则和南岳衡山的一生岩、二生塔、三生藏等地名和建筑联系起来。南宋的《天台九祖传》和《佛祖统纪》对此都有记载，后者文本较简，是据前者改写的，均转录如下：

> 将四十余僧径趣南岳。时陈光大二年岁次戊子夏六月二十二日也。……尝曰："吾前世曾履此处。"因游岳顶，迟立林泉，其处竦净，若有所忆。寻指岩丛曰："吾前身于此入定，贼斩吾首。"众共掘之。获聚骨，果无首。（今名

---

① （唐）慧祥：《弘赞法华传》，《大正藏》第51册，第22页上。此书撰于唐中宗时期。参见陈士强《佛典精解》，上海古籍出版社1992年版，第1333页。

一生岩者是也。）复指盘石曰："此下亦吾前世骸骨。"众举石验，果得红白骨，联若钩锁。即其地累石瘗骨，危其巅为"二生塔"。徘徊东上，见石门窅陿，曰："此灵岩幽户，过者必增道力。乃古寺也，吾先亦尝栖托。"因斧蒙密处，果得僧用器皿，堂宇层甍之基。其地爽垲，适大岳心，于是筑台，为众说《般若》。因号三生藏。①

师指岩下曰："吾一生曾此坐禅，为贼断首。"寻获枯骨一聚。（今福严一生岩。）至西南隅，指大石曰："吾二生亦曾居此。"即拾髑髅起塔，以报宿修之恩。（今二生塔。）又至蒙密处曰："此古寺也，吾三生尝托居此地。"因指人掘之，果有僧用器皿及堂宇之基，即筑台为众说《般若经》。（今三生藏。）②

在上面的记载中，《弘赞法华传》的"捕鸟人"消失了，记叙似乎又回到了《续高僧传》，突出了古寺和枯骨的发现过程。但仔细比较可以发现，《续高僧传》里众人在慧思所指"古寺"处掘得"房殿基墌，僧用器皿"和在岩下发现枯骨、骷髅的顺序，在宋代文献中完全打乱了。更重要的是，宋代文献中明确区分了三生之事，而且全部是过去的三生：第一生被斩首；第二生骨留于盘石下；第三生在古寺修行。这里的"三生"所指便和唐代的两种说法都不同。一生岩、二生塔、三生藏这些地名和建筑的出现，说明这些故事在当时的南岳地区已经广泛流传，成为可以和现实事物相印证的传说。

南宋陈田夫所撰《南岳总胜集》记南岳地区名胜颇详细，就多次记载了二生塔和三生藏，如卷中《福严禅寺》：

---

① （宋）士衡：《天台九祖传》，《大正藏》第51册，第99页中。
② （宋）志磐：《佛祖统纪》卷六，《四库全书存目丛书》子部254册，齐鲁书社1995年版，第52页下。

（福严禅寺）在庙之北登山十五里，岳中禅刹之第一。陈太初中，惠思和尚自大苏山领众来此，建立道场。师常化人，修法华、般若、念佛三昧，方等忏悔。因号般若寺。本朝太平兴国中，改赐今额。……有八功德水、三生藏、马祖庵、思大塔。昔惠思三次生此修行方成道。政和六年被回禄，屋宇佛像俱焚尽，惟三生藏、马祖庵、兜率桥存焉。后七年修建复备。①

此段明确提到"昔惠思三次生此修行方成道"，和《天台九祖传》《佛祖统纪》记载相符。也就是说，在宋代文献里提到的慧思三生均是指过去的三生，而不再涉及今生和后世。慧思前世三生均在南岳修行并留下遗迹，这一点尤为宋代以来南岳地区人士所乐道。

考之文献，"三生藏"之名还可追溯更早。《宋高僧传》卷十七《后唐南岳般舟道场惟劲传》云："乾化中入岳，住报慈东藏，亦号三生藏中。"② 乾化（911—915）是梁太祖和末帝的年号，可知五代时南岳已有三生藏。北宋后期惠洪（1071—1128）撰丛林小说《林间录》记晚唐僧人楚云曾刺血写《妙法莲华经》，"作旃檀匣藏于福严三生藏"③。楚云是晚唐人，温庭筠有《赠楚云上人诗》④，但楚云刺血写经藏于福严三生藏的说法来源不详，按前引《南岳总胜集》的说法，福严寺的名字是北宋太平兴国（976—984）时才有的，此处"福严"之名或有误。惠洪《林间录》又记"大觉禅师昔居南岳三生藏有年，丛林号琏三生"，惠洪《禅林僧宝传》卷十七《大觉琏禅师传》亦云：

---

① （宋）陈田夫：《南岳总胜集》卷中，影印《郋园丛书》本，《丛书集成续编》，台湾新文丰出版有限公司，第 219 册 495 页。
② 《高僧传合集》，上海古籍出版社 1991 年版，第 491 页中。
③ （宋）惠洪：《林间录》卷下，文渊阁《四库全书》本。
④ 曾益：《温飞卿诗集笺注》，上海古籍出版社 1998 年版，第 181 页。

"游方，爱衡岳胜绝，馆于三生藏有年，丛林号琎三生。"① 琎禅师为宋仁宗至神宗时人，其居三生藏在仁宗时（1023—1063在位）。另外，黄庭坚《礼思大师塔题名》记崇宁三年（1104）他与弟、子、范温、文演等"同来礼思大师，阅三生藏"②。我推测北宋时"三生藏"应是福严寺的藏经楼，不过里面除了经书外，可能还有一些法器文物。《林间录》卷上记载："有僧尝登三生藏，取思大平生所持锡立之。"此僧与惠洪有一段问答，可见是同时之人。不过，北宋晚期三生藏内藏有慧思锡杖，这恐怕出自后人的附会吧。③

福严寺除了三生藏还有三生塔，被认为是慧思的第三生留下的。《南岳总胜集》卷中在列记"十四塔"时即有"三生塔""二生塔"。"二生塔"在南岳天柱峰下的天柱寺④，三生塔在福严寺。任渊注黄庭坚《离福严》诗亦云："按《南行录》：福严在南岳，依岳架空为之。盖思公道场，有三生塔，亦属衡山县。"⑤《南行录》即张舜民《郴行录》⑥，"盖思公道场"以下乃任渊语。宋代南岳既有慧思的二生塔，又有三生塔，被认为分别保存了慧思二生和三生的灵骨。有意思的是，到南宋乾道（1165—1174）时有人想要将二塔合龛。据《佛祖统纪》卷六《慧思传》记载：

---

① （宋）惠洪：《禅林僧宝传》，文渊阁《四库全书》本。按，惠洪此传述怀琎禅师奉仁宗诏入京及归老四明诸事，实取自苏轼《宸奎阁碑》，见《苏轼文集》卷十七，中华书局1986年版，第501页。

② 《黄文节公全集》别集卷二，《黄庭坚全集》，四川大学出版社2001年版，第1496页。

③ 范成大《骖鸾录》记载南宋时衡岳寺还有善果尊者（海印）铁锡。这是和慧思锡杖类似的"遗物"。见《范成大笔记六种》，中华书局2002年版，第55页。

④ 《南岳总胜集》卷中《天柱禅寺》："在庙之西北登山十八里天柱峰下……思大和尚二生塔在寺下。"《丛书集成续编》219册，第505页下。

⑤ 任渊：《山谷诗集注目录》，《黄庭坚诗集注》，中华书局2003年版，第45页。

⑥ 张舜民：《郴行录》今附于张舜民《画墁集》后，文渊阁《四库全书》本。

乾道初，有杰止庵来主此山。谓众曰："二生塔堕荒榛，瞻礼非便，当迁合于三生塔。"盖杰拟私其地为己塔也。即与执事者十四人，备斧钁，开石龛，见灵骨如黄金色，有石屏刻欧阳正则等名，转报为今主首、知事、行仆，比今名不少差。众大惊骇。是夕岳庙一爇而尽。州县闻之，逮捕甚急。杰辈皆逃散。寺众复掩藏其骨。杰后住它山，每升座必对众自悔责，求免后报。①

欧阳正则是南岳九仙观道士，曾设计谋害慧思不成。此段大意，谓欧阳正则等道士转世至今世，成为当今（南宋时）寺院之主首、知事、行仆，有石记他们的姓名，分毫无差，可见慧思早已预见今日开塔之事。而且慧思之前曾对南岳神说过："它日吾有难，檀越亦当有难。"现在慧思灵骨塔被打开，而当夜岳神庙也失火燃尽。凡此都增添了慧思身上的神奇色彩。

值得一提的是，《佛祖统纪》记杰禅师等开二生塔石龛，"见灵骨如黄金色"，而前引《天台九祖传》记载慧思等人初到衡山，在盘石之下"得红白骨，联若钩锁"，后瘗骨为二生塔。两处对骸骨记载不一，是慧思二生的骸骨在陈代被发掘时为红白色，而到了南宋时变成黄金色吗？笔者认为这并不符合骨骸自然变化的一般规律。骸骨的颜色可能和佛教传说及信仰有关。唐初道宣的《释迦方志·通局篇》记载佛祖"既去世后，弟子等以香木焚身，灵骨分碎，大小如粒，其色红白，击之不坏，焚之不燋，每有光明神验"②。《大慈恩寺三藏法师传》卷四记三藏法师在摩揭陀国时，当地菩提寺出佛舍利，三藏法师等人前往观礼，"见舍利骨或大或小，大者如圆珠，光色红白，又肉

---

① （宋）志磐：《佛祖统纪》，《四库全书存目丛书》子部254册，第53页下。
② （唐）道宣：《释迦方志》，中华书局1983年版，第104页。

舍利如豌豆大，其状润赤"①。可见佛舍利为红白色是通行的说法。由佛经亦可考见。北凉昙无谶译《金光明经·舍身品》记佛前世修菩萨道时，捐舍身命，留有舍利塔，佛命阿难开塔，"尔时阿难，闻佛教敕，即往塔所，礼拜供养，开其塔户。见其塔中有七宝函，以手开函，见其舍利，色妙红白。而白佛言：世尊，是中舍利，其色红白"②。大概由于佛舍利如此，宋代关于高僧舍利或遗骨之色的记载即有称红白者。除慧思外，北宋高僧契嵩（1007—1072）亦是，陈舜俞撰《镡津明教大师行业记》即称其荼毘之后"顶骨出舍利，红白晶洁"③。

至于"联若钩锁"的说法，似乎和晚唐以来流行的延州妇人或锁骨菩萨的故事有关。最早记此事的是唐代小说《续玄怪录》，其"延州妇人"条说此妇人即"锁骨菩萨"，"众人即开墓，视遍身之骨，钩结皆如锁状"④。唐代另一位有锁子骨的名人是李泌，他的锁子骨在其子李繁的《邺侯家传》中就已出现。⑤ 此外唐代小说《宣室志》记商居士死后，弟子焚于野，"及视其骨，果锁骨也。支体连贯，若纫缀之状"⑥；南宋祖琇《隆兴佛教编年通论》记隋炀帝时神僧法喜，"俄一日绕宫中遍索羊头，帝恶之，以付廷尉。手足银铛，禁卫严甚。喜日丐于市，饮食自若，有司以闻。帝命桉视，封籥如故，及启户视之，

---

① （唐）慧立、彦悰：《大唐大慈恩寺三藏法师传》，中华书局1983年版，第97页。
② 《大正藏》第16册，第354页上。
③ （宋）契嵩：《镡津文集》卷首，《大正藏》52册，第648页上。
④ 《玄怪录续玄怪录》，中华书局2006年版，第201页。此条据《太平广记》卷一百一辑入。
⑤ 见《类说》卷二《邺侯家传·锁子骨》，《绀珠集》卷二《邺侯家传·锁子骨》。参见罗宁、武丽霞《〈邺侯家传〉与〈邺侯外传〉考》，《四川大学学报》2010年第4期。
⑥ 张读：《宣室志》卷七，中华书局1983年版，第97—98页。

唯见袈裟覆黄金骨,骨皆连锁"①。这些文献都提到了锁子骨,可见当时人认为这是高僧留下的比较奇特的事物或标记。

唐代小说所载延州妇人有锁子骨,没有提到颜色,而到了宋代,妇人不但被称为马郎妇(因为曾与马氏子成亲),骨骸异相除锁骨外又增添了黄金色:宋代志磐《佛祖统纪》称"金锁骨",元代念常《佛祖历代通载》称"金锁子骨",元代觉岸《释氏稽古略》称"黄金锁子之骨"②。《佛祖统纪》也说慧思灵骨为黄金色。这黄金色又是如何出现的呢?考唐诗中多以金骨、黄金骨描写仙骨或道士之骨,始于李白、綦毋潜等盛唐诗人,此后诗人沿用颇多:

攀条摘朱实,服药炼金骨。安得生羽毛,千春卧蓬阙。(李白《天台晓望》③,《全唐诗》卷一百八十)

西山玉童子,使我炼金骨。欲逐黄鹤飞,相呼向蓬阙。(李白《感兴六首》之四,《全唐诗》卷一八三)

未果变金骨,归来兹路难。(綦毋潜《茅山洞口》,《全唐诗》卷一三五)

苟无金骨相,不列丹台名。(白居易《梦仙》,《全唐诗》卷四二四)

药成自固黄金骨,天地齐兮身不没。(杨嗣复《赠毛仙

---

① (宋)祖琇:《隆兴佛教编年通论》卷十,《卍续藏》第75册,第157页中。
② 分别见《大正藏》第49册,第380页下;《大正藏》第49册,第622页上;《大正藏》第49册,第833页中。关于延州妇人的记载及讨论,参见刘方《佛教故事"延州妇人"在宋元佛教史著述中的书写》,《宗教学研究》2007年第2期。周秋良、康保成:《娼妓·渔妇·观音菩萨——试论鱼篮观音形象的形成与衍变》,《江西社会科学》2005年第10期。
③ 王琦注李白《感兴》"服药炼金骨"句,引《灵宝经》云:"炼骨成金。"(王琦:《李太白全集》,中华书局1977年版,第1105页)按《灵宝无量度人上品妙经》卷十二云:"心火九阳,炼骨成金。"见《道藏》第1册,文物出版社、上海书店、天津古籍出版社1988年影印,第82页上。

翁》,《全唐诗》卷四六四)

至人知姓不知名,闻道黄金骨节轻。世上仙方无觅处,欲来西岳事先生。(徐凝《寄潘先生》,《全唐诗》卷四七四)

丹溪药尽变金骨,清洛月寒吹玉笙。(温庭筠《赠张炼师》,《全唐诗》卷五七九)

高道既可用金骨形容,高僧亦可借用,于是有:

莫恋本师金骨地,空门无处复无关。(杨巨源《送澹公归嵩山龙潭寺葬本师》,《全唐诗》卷三三三)

此世喜登金骨塔,前生应是育王身。(贯休《蜀王登福感寺塔三首》之一,《全唐诗》卷八三五)

然而借用中也有变化。黄金骨在写仙骨时,主要是指成仙之资质和骨相,而上举两例佛家之黄金骨,乃是指僧人死后之骨。佛道生死观之不同,造就了同一词汇含义之差异,这也是一个有趣的例子。

不但如此,佛舍利的颜色也由早期佛经和典籍中所说的红白色,变为黄金色。宋仁宗《御制佛牙舍利赞》末句云:"惟有吾师金骨在,曾经百炼色长新。"[1]《天圣广灯录》卷八《筠州黄檗鹫峰山断际禅师》也说:"何故如来舍利,唯炼唯精,金骨常存?"[2] 大概因为黄金骨更显奇异,黄金更有一种坚固不坏的含义,宋以后的中国人更愿意接受这样一种想象。对于慧思而言也是如此,《天台九祖传》记其灵骨为红白色,可能是一种早期佛教观念的回响,《佛祖统纪》里的黄金色,才更符合宋人的普遍观念。更进一步,黄金骨与锁子骨的结合,一如延州妇人那样,成为高僧的异相。如《南宋元明禅林僧宝传》载明万历

---

[1] 见(宋)宗鉴《释门正统》卷四,《卍续藏》第 75 册,第 308 页中。亦见《佛祖统纪》卷四十五,《大正藏》第 49 册,第 409 页中。

[2] 《卍续藏》第 78 册,第 455 页下。

时广真寂灭,"火后收舍利三百余颗,复得黄金锁子骨三茎"①。慧思的灵骨也不免如此神化。明代僧人传灯(1554—1627)在撰写《楞严经圆通疏》时就明确地说,慧思"是以报满,亦取圆寂。黄金锁子骨尚留南岳山三生塔下,盖可验也"②。像这样的说法,似乎是对一种常识的表述。

佛教典籍中有关慧思骸骨的记载之异,反映了佛教信徒对慧思骸骨的不同想象和认识。至于宋代二生塔和三生塔中供奉的灵骨是否真是慧思二生和三生的,是否真是骨色红白或有锁子骨、黄金骨,恐怕就无从考实了。

如果说,宋代的慧思三生故事明确地交代了慧思在过去三生的经历的话,晚唐出现的三生石故事在宋代也移植到慧思身上,似乎和解释慧思的后生有关。《南岳总胜集》卷上云:

> 陈高僧思大和尚……后至唐再化为僧,名圆泽,与僧姓李源同行于荆峡南浦,为源曰:"我就王氏妇家投胎为儿,烦□我后事。约十三年再会杭州天竺寺外。"果入寂。事毕源回。后赴所约,自洛至吴,闻葛游川畔有牧童扣牛角而歌曰:"三生石上旧精魂,赏月吟风不足论。惭愧情人远相访,此身虽异性常存。"呼问:"泽公健否?"答曰:

---

① (清)释自融:《南宋元明禅林僧宝传》卷十五《忠州聚云吹万真大师传》,《卍续藏》第79册,第655页中。
② (元)惟则会解,(明)传灯疏:《大佛顶如来密因修证了义诸菩萨万行首楞严经》卷八,《卍续藏》第12册,第911页上。佛经中载佛为太子出生时有三十二相,其中有一种说法中有"钩锁骨"一相,如《长阿含经》卷一云:"时诸相师即披太子衣,说三十二相。……八者钩锁骨,骨节相钩,犹如连锁。"(《大正藏》第1册,第5页中)又见《太子瑞应本起经》卷上(《大正藏》第3册,第474页上),《普曜经》卷二(《大正藏》第3册,第496页上)。《修行本起经》卷上则称"金色钩锁骨,是故伏外道"(《大正藏》第3册,第464页下)。这可能对中晚唐以后的锁骨菩萨故事有启发。但值得指出的是,三十二相中的钩锁骨是指乔达摩太子生前异相,而锁子骨是指菩萨或高僧死后的异相,二者所指不同。

"李公真信士。然俗缘未尽,更宜修进,乃复相见。"又歌曰:"身前身后事忙忙,欲语因缘恐断肠。吴越山川寻已遍,却回烟棹上瞿塘。"①

最早记载三生石故事的是晚唐小说《甘泽谣》,原本是发生在圆观和李源身上的。北宋苏轼据此写《圆泽传》,在当时广为流行。大约因慧思三生故事和三生石故事都有"三生"之说,故宋代南岳地区又出现了慧思至唐而化为僧圆泽的说法。在《甘泽谣》和苏轼《圆泽传》中,三生石故事的发生地点在杭州,苏轼抄写这个故事,也是留给杭州天竺寺僧人的。②《南岳总胜集》的故事倒是没有改变原来故事的基本情节和地点,仅在前面加了一个慧思转世为圆泽的"帽子"而已。说到慧思的转世,传说日本圣德太子(574—622)也是慧思转世的③,可见慧思不但被后来文献详细讲述了过去的三生,其后生的故事也有不少。

将三生石故事加诸慧思后身,目前所见仅《南岳总胜集》一书,不过另有文献资料证明,三生石确实和南岳有关系。齐己《荆渚感怀寄僧达禅弟三首》之三云:"自抛南岳三生石,长傍西山数片云。"④ 这里的"南岳三生石"所指为何,与南岳的关系为何,目前尚不清楚。惠洪在其《冷斋夜话》卷十《观道

―――――

① 《丛书集成续编》第219册,第489页下。"葛游川""不足论""忙忙"《甘泽谣·圆观》、苏轼《圆泽传》均作"葛洪川""不要论""茫茫"。

② 参见罗宁、武丽霞《苏轼、苏辙文传述论——兼论宋代文传及目前文传研究存在的问题》,《新宋学》第4辑,上海人民出版社2015年版。

③ 参见伊吹敦《圣德太子慧思后身说的形成》,《东洋思想文化》2014年第3期。有意思的是,在日本《元亨释书》里引"太子古传"记载圣德太子语,述及慧思为圣德太子之前五生之事,日本又有《慧思七代记》,记其七代事,至第八代则为圣德太子,可谓愈演愈奇。见师炼《元亨释书》(早稻田大学藏贞治三年(1364)刊本)卷十五《圣德太子传》及伊吹敦文。

④ 《全唐诗》卷八百四十四,中华书局1960年版,第9550页。

人三生为比丘》中记载了圆观之事[①],从行文来看,材料来源应是《新唐书·忠义传》(惠洪据此补充了一些李源的事情)和《宋高僧传》(该书卷二十《唐洛京慧林寺圆观传》基本是据《甘泽谣》写成的),另外惠洪也看到过苏轼的《圆泽传》,对"东坡何以书为泽"也表示不解。但奇特的是,《冷斋夜话》记叙圆观对李源所说的话中,有"吾已三生为比丘,居湘西岳麓寺,有巨石林间,尝习禅其上"数语,却不见于《甘泽谣》《宋高僧传》《圆泽传》,而后面还说:"东坡删削其传,而曰圆泽,而不书岳麓三生石上事。"其意则谓三生石本为岳麓山之事。岳麓虽然不算是南岳衡山的核心区域,但其名即指示出其为南岳"山麓"的位置,旧说南岳以"回雁为首,岳麓为足"[②]。惠洪本人到过南岳,其《林间录》《禅林僧宝传》中也都提到过三生藏,可见他对慧思的传说并不陌生,如果他听说的三生石故事就是南岳思大师的后身之事,恐怕不会如此记载——全未提及慧思。齐己诗和惠洪所云究竟是什么意思?背后的故事为何?与圆观故事或慧思转世为圆泽的故事有何关系?目前尚难论断。

卓锡泉、虎跑泉故事

卓锡泉和虎跑泉的故事在高僧传记中常常见到,最有名的当属发生在慧远身上的故事。早在梁僧慧皎《高僧传》中就有记载了:

> 及届浔阳,见庐峰清静,足以息心。始住龙泉精舍,此处去水本远。(慧)远乃以杖扣地曰:"若此中可得栖立,

---

① (宋)惠洪:《冷斋夜话》,张伯伟编校《稀见本宋人诗话四种》,江苏古籍出版社2002年版,第90页。
② 《南岳总胜集》卷上,引徐灵期《南岳记》。

当使朽壤抽泉。"言毕清流涌出,浚矣成溪。①

杖即锡杖。这里虽然没有出现"卓锡泉"的名称,但故事的基本形态已经具备。敦煌发现的《庐山远公话》称之为"锡杖泉",记叙慧远来到庐山,见其地正是修道之处。有山中鬼神为其造寺,寺造成后,慧远观看:

> 于是远公自入寺中,房房巡遍,院院皆行,是事皆有。只是少水,无处捉寻。远公曰:"此寺甚好如法,则无水浆,如何居止?久后僧众到来,如何有水?"遂下佛殿前来,见大石一所,其下莫有水也。远公遂〔已〕〔以〕锡杖撅之,方得其水,从地而漫出,至今号为"锡杖泉"。有寺号为化成之寺,寺下有水流注,号为白莲池。②

《庐山远公话》的记载意味着"卓锡泉"故事在唐代已广为流传,甚至成为慧远和庐山的一张名片。此后各地又出现了其他的卓锡泉,其产生和得名,有的追溯到六朝,如广东罗浮山之卓锡泉。唐庚《卓锡泉记》云:

> 吾游罗浮,至宝积寺,饮泉而甘。寺僧曰:此卓锡泉也。昔梁景泰禅师始居此山,其徒以无水难之,师笑而不答。已而庵成,师卓锡于地,泉涌数尺。自是得井山中,迄今赖之。③

有的追溯至唐代,如韶州南华寺的卓锡泉,苏轼《卓锡泉铭》:

---

① (梁)慧皎:《高僧传》卷六,《高僧传合集》,上海古籍出版社1991年版,第38页上。
② 黄征、张涌泉:《敦煌变文校注》,中华书局1997年版,第253页。
③ 《眉山唐先生文集》卷八,四部丛刊本。

"六祖初往曹溪,卓锡泉涌,清凉滑甘,赡足大众,逮今数百年矣。"① 也有的时代不明,如杭州富阳县大智院的卓锡泉。《咸淳临安志》卷八十四《寺观》载富阳县大智院:

> 在县西二十五里祥凤村,旧名智觉。乾德元年建,治平二年改赐今额。有卓锡泉,初茂荣禅师卓锡于是山,甘泉迸出,遂穿为方池,泉即盈溢。②

茂荣禅师不详为何时僧人。此外贵池承恩寺、北京碧云寺、济南灵岩寺、登封二祖庵等地都有卓锡泉。本文不再详述。

虎跑泉也是一个发生在慧远身上的脍炙人口的故事。目前见到最早的记载是《东林十八高贤传》:"师与社众,每游憩上方峰顶,患去水远。它日有虎跑其石,水为之出,因号虎跑泉。"③ 此书写作时代约在中晚唐。④《云溪友议》记中唐时灵澈有匡庐(庐山)七咏诗,其中有虎跑泉⑤,而晚唐周繇也有《题东林寺虎掊泉》诗,可见中晚唐之时庐山确实已流传慧远虎跑泉的故事。此后《庐山记》卷一《叙山北》《佛祖统纪》卷二十六等宋代文献都记载了慧远此事。而虎跑泉的故事在宋代文献中,也时时发生在其他高僧身上和其他地方,如:

> (寰中)后隐南岳常乐寺,结茅于山椒。谏议大夫崔公深重其操,因别立方丈,虞渊景晞,一饭永日。然其乏水,赢瓶远求。俄尔深宵有虎,嗥啸庐侧,诘旦视之,果滥泉

---

① 《苏轼文集》卷十八,中华书局 1986 年版,第 566 页。苏轼《书卓锡泉》又载惠州罗浮山有卓锡泉,见《苏诗文集》卷七十一,中华书局 1986 年版,第 2268 页。
② 《咸淳临安志》,《宋元方志丛刊》,中华书局 1990 年版,第 4142 页上。
③ 《卍续藏》第 78 册,第 114 页中。
④ 参见汤用彤《汉魏两晋南北朝佛教史》,北京大学出版社 1997 年版,第 258—261 页。
⑤ 范摅:《云溪友议》卷中《思归隐》,《唐五代笔记小说大观》,上海古籍出版社 2000 年版,第 1280 页。

圻地而涌，足其汲用。(《宋高僧传》卷十二《唐杭州大慈山寰中传》)①

此传提到寰中在南岳山中时，"深宵有虎，嗥啸庐侧，诘旦视之，果滥泉圻地而涌"，出现了虎跑泉的情节。更有意思的是，寰中后来到杭州大慈山，最后圆寂于此，在《宋高僧传》中本来只有"常乐寺山虎跑泉"，无一字提到杭州也有此事发生，但宋以后杭州却出现了和寰中有关的虎跑泉，也就是今天杭州的名胜虎跑泉。宋代文献开始记载此事，如《咸淳临安志》卷三十八《山川·泉·虎跑泉》云："旧传性空禅师尝居大慈山，无水，忽有神人告之曰：明日当有水矣。是夜二虎跑地作穴，泉涌出，因名。"②性空即寰中，据《宋高僧传》载，寰中咸通三年（862）寂灭，享年八十三，后至乾符丁酉（877），敕谥号性空，塔名定慧。苏轼有《虎跑泉》诗，旧注引《杭州图经》文略同上引《咸淳临安志》。③这个故事宋濂在《大慈山虎跑泉铭》中记载过一个比较详细版本：

虎跑泉在杭之大慈山广福定慧禅院，距城南十里而近。唐元和十四年（819），性空大师来游兹山，乐其灵气郁盘，缚庵其中，寻以无水，将他之。忽有神人言曰：自师之来，我等缴惠者甚大，奈何弃去。南岳童子泉当遣二虎来移，师无患也。翼日果见二虎以爪跑山出泉，甘洌胜常。大师因留止，建立伽蓝。苏文忠公守杭日，为之赋诗，有"虎移泉眼趁行脚"之句，盖纪实也。大师讳寰中，蒲坂卢氏

---

① 《高僧传合集》，上海古籍出版社1991年版，第452页上。
② 《宋元方志丛刊》，中华书局1990年版，第3695页上。
③ 《苏轼诗集》卷十，中华书局1982年版，第476页。

子,得法于百丈海。①

比较《宋高僧传》和宋濂的记载,二者并不一致,前者只在寰中"隐南岳常乐寺,结茅于山椒(顶)"时提到虎跑泉,而在寰中"后之杭浙江之北,有山号大慈"的记叙段落中,根本没有提到虎跑泉的事情,也就是说,杭州并没有再次发生同样的奇特之事。但到了苏轼的时代,杭州也有这故事了,只是还带着南岳故事的影子——就是上面说的"南岳童子泉"。为什么"虎移泉眼",移的不是其他地方的泉眼,而偏偏是南岳的呢?这恐怕是因为原来的故事中有南岳常乐寺虎跑泉的说法吧。有意思的是,在后来各种讲述杭州虎跑泉的文献里,一般都回避了寰中最初是在南岳修行并且已有虎跑泉故事的事实。

卓锡泉和虎跑泉应该是古代高僧在选址和修建寺庙的故事中最具影响和吸引力的"桥段"了,这样的故事不但能印证建寺僧人的异能和神力,凸显其颇具神通的形象,还给寺院周围的泉水提供了富有特别意味的传说和命名。而这样的故事,也少不了会发生在慧思身上:

陈有大士曰慧思,得佛法要,始倡而南,乃舍岣嵝之墟,图揆厥居,黑白其徒,褰裳景从,山阿土厚,汲以勤苦。师曰:"吾当食此,神必我相。"引〔仗〕〔杖〕刺地,灵液仰流,渟濔渗漉,更□竞注,憔焉热恼,荡为清凉。久之,大比丘众阴计曰:"有生濯浣,庸可以已。"俄有猛兽,导师逾岭,攫厓哮阚,槛泉随之。由是华清交蟠,内周外给,禅和便安,道风流行。乃宇为大兰若。师已寂灭,

---

① 宋濂:《宋学士文集·芝园续集》卷九,《四部丛刊》本。此后关于杭州虎跑泉的记载一般都与宋濂所记相近,如田汝成《西湖游览志》卷五即引宋濂铭叙,浙江人民出版社1980年版,第55页;张岱《西湖梦寻》卷四《虎跑泉》,中华书局2011年版,第202页。

其徒神之，因名二泉曰卓锡，曰虎跑，所以震显冥符，牧摄信源者。(宋祁《衡山福严禅院二泉记》)①

宋祁此文作于庆历元年（1041），此后文献述此事者渐多：

陈高僧思大和尚……因建般若台居之。阙水，师振锡投崖，泉为涌。其徒益广，复不能给，感二虎穴石飞流，厥运若神。(《南岳总胜集》卷上)②

山之下有卓锡泉，初思大卓锡处，以建庵艰于水。复有虎跑开二泉如涌，可以供众。(《南岳总胜集》卷中《福严禅寺》)③

即筑台为众说般若经（今三生藏）。众患无水，师以杖卓崖，虎因跑地，泉乃涌出（今虎跑泉是也）。(《佛祖统纪》卷六)④

又指两石下得遗骸，乃建塔，今三生塔是也。又于东畔灵岩之旁建台，为众讲般若法，正当大岳之心，今般若寺是也。南北学徒，来者云集。师患无水，忽见岩下润，以锡杖卓之，果得一泉。犹未周续。有二虎引师登岭，跑地哮吼，泉水流迸，今虎跑泉是也。(《神僧传》卷四《慧思》)⑤

慧远虎跑泉的故事大约出现于中晚唐，寰中虎跑泉故事大约出现于晚唐五代，慧思虎跑泉故事目前看来可能始于北宋，这些故事之间应该发生过某种影响。尤其值得注意的是寰中的虎跑泉故事原本是发生在南岳常乐寺的，这对于同一地区的福

---

① 宋祁：《景文集》卷四十六，文渊阁《四库全书》本。
② 《丛书集成续编》第219册，第489页下。
③ 同上书，第495页下。
④ 《四库全书存目丛书》子部第254册，第52页下。
⑤ 《大正藏》第50册，第975页下。

严寺的慧思虎跑泉故事恐怕会有所启发吧。

避地和鬼神建寺

卓锡泉和虎跑泉的故事，突出反映了古代僧人在山中修行时经常面临的饮水困难，而在山中建寺更是一项艰巨的工程。无论寺院在始建之时是怎样的规模——或者开始只是一座小庙、一座草庵，但经过历代僧徒的不断修建，终于成为宏伟的寺院，而当后来的僧徒信众看到这样堂皇的建筑时，难免不对始建者产生崇敬乃至神化的心理。慧思始到南岳的经历在《续高僧传》里已经有所记载，他和四十余僧人共同建设了寺院，但不知名称。在后来的文献里，四十余僧人一般都不再被提到，而寺院的名称也明确地指为福严寺（即般若寺）——而且，建寺过程充满了神话。

首先是选地的问题。慧思到南岳衡山之前，当地已有寺院。按卢藏用《衡岳十八高僧序》的说法，梁代天监三年（504）已有衡岳寺："衡岳寺者，梁天监三年立。本名善思（原注：一作果），暨陈改为大明，有隋号为衡岳，则衡山之心也。"[1]《南岳总胜集》记载略异，卷中《衡岳禅寺》云："在山西北一里集贤峰下。梁天监二年建惠海尊者道场。至本朝太平兴国年，敕以旧额为赐。寺后有善果庵，乃海［栖］〔印〕禅师宴息之所。""海栖"之名不见别处，当是"海印"之误。卢藏用说善果寺就是衡岳寺，而据《南岳总胜集》之意，衡岳寺与善果寺是不同的寺院，前者是惠海道场，后者是"海印禅师宴息之

---

[1] 李昉等编：《文苑英华》，中华书局1966年版，第3834页下。按，此序《文苑英华》及《全唐文》（卷二百三十八）均题作《衡岳十八高僧序》，应作《衡岳十八高僧传序》为是。《衡岳十八高僧传》为初唐僧人惠日所撰，亦名《南岳十八高僧传》，关于此书参见罗宁、武丽霞《〈南岳十八高僧传〉考》，《中国俗文化研究》第九辑，巴蜀书社2014年版。

所"。

大致而言，宋代人相信早在慧思来到衡山之前，已有惠海和海印二僧在此。如《南岳总胜集》卷上云：

> 梁高僧海印大师者，首居衡山最上第一。推较年代，即大同、天〔鉴〕〔监〕之前，宜与达磨相接，而为可公时辈。其居所谓善果道场也。师居宴坐禅定，百有恼乱，一志如初。后积数年，感动天地，或新水自至，或馈运幽投，虎蛇远奔，贤贵景慕。至陈光〔天〕〔大〕初，惠思和尚始自北来投诣大师，忻然合契，由是上石桥别创庵舍，高而在南，故号南台。①

可公应指达摩弟子慧可，"可公时辈"四字是强调海印时代辈分很早。而同书卷中"南台禅寺"亦云："梁天监中，高僧海印尊者喜其山秀地灵，结庵而居，号曰南台。"② 而有意思的是，海印和惠海两个早于慧思驻锡于南岳衡山的高僧"土著"，竟然在慧思来到时都将自己修道之地让出来，另外觅地建寺。海印避地而建南台寺，已见上引；惠海的避地事迹，亦见于多种宋代佛教史籍：

> 先是梁僧慧海居衡岳寺，及见师，欣如旧识，以寺请师止之。海迁他所，师复徒众方广。灵迹懋异，具如别记。③

（慧思）将四十余僧径趣南岳，时陈光大二年六月二十三日也。至即告曰："吾至此满十年耳。"先是梁僧惠海居

---

① 《丛书集成续编》第219册，第488页下。
② 同上书，第495页上。
③ （宋）士衡：《天台九祖传》，《大正藏》第51册，第99页上。

衡岳寺，及见师，欣然让之。①

初看这些记载，似乎天监中有惠海、海印二人，分别在衡山建寺居住②，而又都为慧思让出地方来，另外建了方广寺和南台寺——这两个都是衡山有名的大寺。这样的故事未免太巧合了吧。笔者很怀疑在最初的故事中，先于慧思住在衡山的只有一个僧人，避地故事中也只有此人的版本，大约惠海的可能更大，因为初唐惠日的《南岳十八高僧传》和卢藏用序中，都提到了惠海，而海印之名，目前所见最早出于南宋的《南岳总胜集》。卢藏用说衡岳寺和善果庵同为一地，而《南岳总胜集》一会儿称善果庵在衡岳寺后，一会儿又说海印居善果道场而全不提到和衡岳寺的关系，本身就有些含混和矛盾。这两个相似的故事，颇有为二寺建寺历史作注脚的意思。方广寺和南台寺在宋代都是南岳地区的大庙，大约南台寺为了将自己的历史像方广寺那样追溯到梁天监中，编造了与惠海避地类似的故事。在唐宋出现的佛教寺院中，很多都将自己的历史追溯到梁陈，甚至更早的汉晋，南台寺有可能也是如此。《佛祖统纪》的作者志磐，学识卓著，他可能注意到当时传说中有惠海、海印二僧避地的故事，产生了怀疑，因此在慧思传中叙述此事时，采用了比较模糊或者说是一种调和的说法："先是有梁朝高僧海禅师居之，一见如旧识，即以是山俾师行道。"③ 但称"海禅师"而不名为何者。

---

① （元）念常：《佛祖历代通载》卷十，《大正藏》第49册，第555页下。"二十三日"疑当据《高僧传》《天台九祖传》作"二十二日"。

② 乐达：《曾经辉煌的衡岳寺》就说："惠海、海印均为来南岳最早的僧人，都在南北朝时期来南岳，居善果道场（衡岳寺）。后惠海在莲花峰创方广寺，海印在瑞应峰创南台寺。现南台寺石壁上尚镌刻有'南台寺'三个大字，下著'梁天监二年沙门海印'。"载《磨镜台》2011年第1期，第24—27页。

③ （宋）志磐：《佛祖统纪》卷六《南岳尊者传》，《四库全书存目丛书》子部254册，第52页下。

其实避地之事，初唐的惠日、卢藏用都没有提到，目前所见都是宋人的记载，但推算时间便知其不可信。假设惠海天监二年（503）建道场时二十五岁，那么到光大二年（568）慧思来南岳时，当有九十岁高龄，而海印如果真是"首居衡山"之人，年龄或许比惠海更大。即便二人高寿，但要他们为时年五十四岁的晚辈慧思让地，未免不大合情理吧。然而宋代不但发展出惠海和海印避地的故事，更发展出五百罗汉为慧思避地的故事，而这又是和建立方广寺的故事联系在一起的，并且又引出一个僧人希遁。这些故事零碎地见于《南岳总胜集》，将它们集中到一起来看，感觉整个故事充满了神秘的气氛：

> 昔高僧希遁游南岳，遍寻方广寺，访慧海尊者，经年了无踪迹。忽一日见精舍，号方广，遇尊者，诘之来迟。一宿送出，人屋并亡，了无所有。因以名之。（卷上《潜圣峰》）①
>
> 梁天监中，有高僧希遁，精修梵行，默诵教典，隐于丛林，时人莫能知。因度夏天台，遇惠海尊者，朝昏承事之，未尝懈怠。遁欲辞去，乞师诲言。师云："汝戒行无亏，惟是诵持声喧众听，汝当于南岳方广寺为会。"遁闻之，骇然致恭，知师能通心，非常人也。及至南岳，询访其寺，远近耆旧咸云，山中诸寺无有名方广者。遁自谓至人实语，岂欺我哉！乃历岩谷，祈见道场。一日忽于七十二峰间遇精舍，号方广寺，其地平坦，灵泉交流，鬼神运粮，金牛服乘。俄见海师出门，问曰："汝何来迟耶？"遁赞叹作礼。师曰："此五百尊者道场，汝未当居此，汝当居在西北峰顶。"乃留一宿而去。如尊者之言，结庵其处。至大通六年，即其庵建方广寺。（卷上）②

---

① 《丛书集成续编》219册，第477页下。
② 同上书，第489页上—下。梁大通仅二年，中大通有六年，即公元534年。

方广崇寿禅寺,在岳之西后洞四十里,与高台比近,在莲花峰下。前照石廪,旁倚天堂。传记云:梁天监初,有僧希遁,因度夏天台,遇惠海尊者,朝昏承事之。海云:"汝当于南岳方广寺为会。"洎遁至南岳,访方广,则无之。后忽值[二]〔一〕精舍,号方广,有鬼神运粮,金牛服乘。俄见海师出门,问曰:"汝何来之迟也。"遁愿留。海云:"此五百尊者所居。汝居处在西北峰顶。"留一宿而去。出门已失尊者及方广矣。遁即如其言,结庵其处。后建方广寺,本朝赐崇寿为额,今所谓圣寿寺基是也。(卷中《方广寺》)①

故事大致是这样的:天监中高僧希遁在天台度夏(结夏),遇到惠海,师事之。分别时惠海说,将与你在南岳方广寺再会。希遁来到南岳,遍寻方广寺不得。后一日忽见此寺和惠海,还见到"鬼神运粮,金牛服乘"。惠海说,这是五百尊者所居。指示希遁前往西北峰顶居住。希遁在寺中住了一宿,次日惠海和方广寺都消失了。希遁便在西北峰顶结庵,后来建成寺庙,即以方广为名。

这个故事确实很离奇,赋予了南岳著名的方广寺一个充满神话意味的建造史。但细读故事又发现一些令人困惑之处:为何方广寺的出现是在类似幻境的氛围中?当希遁见到方广寺时还看到"鬼神运粮,金牛服乘",鬼神、金牛正在搬运粮食等物,这是什么意思?这样的服役是该寺平时的日常所需,还是别有用途?五百尊者是谁?结合下面这段记载,答案似乎浮现出来了。《南岳总胜集》卷中《高台惠安禅院》云:

在后洞妙高峰下,与方广比邻。山势幽邃,景物与山

---

① 《丛书集成续编》219册,第506页下。"二"字,据《大正藏》本、《宛委别藏》本改作"一"。

前不俦。本朝赐今额。寺前五十步正险绝处，石上有迹，如车辙状。记云："昔五百罗汉居此，闻惠思和尚将至，乃相谓曰：山主即至，我辈当避之。遂徙他所。"今辙迹尚存。记云："乃鬼运粮，以供厨馔。"①

与上面的故事结合起来看，原来五百尊者就是五百罗汉。同书卷上《莲华峰》亦云："下有方广寺。……昔罗汉居此，鬼神运粮。"看来不光是惠海、海印要为慧思避地，连五百罗汉也得搬家了。希遁看到的"鬼神运粮，金牛服乘"，不只是方广寺的日常需求，也暗指方广寺正在进行的搬迁工程。希遁一宿后即不见方广寺，说明居住有五百罗汉的方广寺已经搬走了。至于后来希遁建庵建寺，虽非原址，也取名方广寺，只是为了纪念此事而已。

前面提到惠海、海印恐怕原本就是一人，从海印避地故事与惠海相似已可看出，尤其是海印避地另建南台寺的情节也和方广寺很像。《南岳总胜集》卷上：

梁高僧海印大师者，首居衡山最上第一。……陈光[天]〔大〕初，惠思和尚始自北来投诣大师，忻然合契。由是上石桥，别创庵舍，高而在南，故号南台。先是莽榛巨林，蒸岚泄雾，虎熊啸萃，魑魅纵横。洎大师居之，恬然安乐，非精操峻节，其孰能镇伏如此哉！始则经庇才像，终则渐崇殿刹。或高廪盈米，潜施负担；或大石磨香，转移造化。厥迹著明矣！又台侧有五百罗汉堂，至今验其余址。②

希遁建造了方广寺，海印建造了南台寺，海印造南台寺也

---

① 《南岳总胜集》卷中《高台惠安禅院》，《大正藏》第51册，第1077页上。
② 见《南岳总胜集》卷上，《大正藏》第51册，第1076页中。

有"或高廪盈米,潜施负担;或大石磨香,转移造化"的神异,而且台侧有五百罗汉堂,这和方广寺的故事何其相像!将方广寺、南台寺和五百罗汉居住之地联系起来,再加上鬼神为寺庙服役的故事,都是为了神化寺庙之来源。而这两所寺庙的建造,都和慧思到来有某种特殊的关系。

鬼神服役之事,在高僧建寺故事中倒也常有。最著名的是阿育王役使鬼神建造寺塔。《魏书·释老志》云:"有王阿育者,以神力分佛舍利,役诸鬼神,造八万四千塔,布于世界,皆同日而就。"① 后来汉地佛教中也常有此类故事。如《庐山远公话》中记载慧远来到庐山,结一草庵,念《涅槃经》,"感得大石摇动,百草亚身,瑞鸟灵禽,皆来赞叹"。山神见此祥瑞,命树神打探,树神化身老人,见到慧远后知道他只是想要一处寺舍,回报山神。山神乃命树神"与我点检山中鬼神,与此和尚造寺"。"树神奉敕,便于西坡之上,长叩三声,云雾斗暗,应是山间鬼神,悉皆到来。是日夜拣炼神兵,闪电百般,雷鸣千钟,彻晓喧喧,神鬼造寺。直至天明,造得一寺,非常有异。"② 上述为五百罗汉服役运输之鬼神,虽然所为是搬迁之事,间接也显出慧思之神力。《南岳总胜集》卷中《告成禅寺》云:"寺后登山有巨石相重,宛如磨形。传云:思大和尚感鬼为之磨香。今山中有兜娄香,盖遗植焉。"③ 这就直接写到慧思役使鬼神为之磨香了,只是故事之细节不得而知了。

除了惠海、海印、五百罗汉避地转移的故事,宋代还有南岳岳神接纳慧思、给予土地的故事。《佛祖统纪》卷六云:

---

① 魏收:《魏书》,中华书局1974年版,第3028页。法琳:《破邪论》卷下亦云:"东天竺国有阿育王,收佛舍利,役使鬼兵,散起八万四千宝塔,遍阎浮提。"见《大正藏》第52册,第484页下。

② 黄征、张涌泉:《敦煌变文校注》,中华书局1997版,第252—523页。

③ 《丛书集成续编》219册,第494页上。

> 师一日登祝融峰，岳神会棋。神揖师曰："师何来此？"师曰："求檀越一坐具地。"神曰："诺。"师即飞锡以定其处（今福严寺是）。神曰："师已占福地，弟子当何所居？"师即转一石鼓，下逢平地而止（今岳君塑像犹坐石鼓上）。岳神乞戒，师乃为说法要。①

在宋代发展出如此众多的慧思在南岳的故事，有五百罗汉远避、岳神供地那样情节生动、内容丰富的故事，而方广、南台、福严等大寺皆和慧思有关，可见慧思在当时南岳之巨大影响。

顺便指出，希遁到南岳寻方广寺而不得的故事，很可能受到唐宋流传的竹林寺故事的影响。最早记载此事的是《续高僧传》卷二十五《圆通传》，略言北齐邺下大庄严寺释圆通，识一客僧，叙谈道合。后客僧辞去，告可于鼓山竹林寺相访。明年圆通欲访竹林寺，众皆谓无此寺。后入山历险，终入其寺，明日离去，回望非复寺宇。此事流传至五代，为王仁裕记入《玉堂闲话》中：

> 晋天福中，考功员外赵洙言：近日有僧自相州来，云：贫道于襄州禅院内与一僧名法本同过夏，朝昏共处，心地相洽。法本常言曰：贫道于相州西山中住持竹林寺，寺前有石柱，他日有暇，请必相访。其僧追念此言，因往彼寻访。泊至山下村中，投一兰若寄宿。问其村僧曰：此去竹林寺近远？僧乃遥指孤峰之侧曰：彼处是也。古老相传，昔圣贤所居之地。今则但有名存焉，故无院舍。僧疑之，诘朝而往。既至竹林丛中，果有石柱，惘然不知其涯涘。当法本临别云：但扣其柱，即见其人。其僧乃以小杖扣柱数声，乃风雨四起，咫尺莫窥。俄然耳目豁开，楼台对峙，身在山门之下。逡巡，法本自内而出，见之甚喜，问南中之旧事。乃引其僧，度重门，升秘殿，参其尊

---

① 《四库全书存目丛书》子部254册，第52页下。

宿。尊宿问其故。法本云：早年相州同过夏，期此相访，故及山门也。尊宿曰：可饭后请出，在此无座位。食毕，法本送至山门相别。既而天地昏暗，不知所进。顷之，宛在竹丛中石柱之侧，余并莫睹。即知圣贤之在世，隐显难涯，岂金粟如来独能化见者乎？（《太平广记》卷九十八《法本》引《玉堂闲话》）①

《宋高僧传》卷二十二《晋襄州亡名传》即据此写成，传中尊宿言"在此无座"后增一语：

> "言无凡僧之位次也。"正揭示了竹林寺所居为（佛教的）神仙圣贤的真相。赞宁论："系曰：入竹林僧何人也？通曰：遇仙之士，亦仙之士。圣寺之游，岂容凡秽？一则显圣寺之在人间，一则知圣僧之参缁伍。无轻僧宝，凡圣混然。此传新述于数人，振古已闻于几处。且如此齐武平中释圆通，曾瞻讲下僧病，其僧夏满病差，约来邺中鼓山竹林寺，事迹略同。此盖前后到圣寺也。"②

南宋洪迈《夷坚志》亦载一竹林寺故事，与此相近，略言有僧道逢一僧，自称竹林之徒，请为传书竹林寺中典座。其僧前往，不见寺院，扣木乃有行者出，引入寺中。僧转递书后求挂搭竹林寺，不许，为行者送出，不知寺之所在。值得注意的是，《夷坚志》在第一次提到竹林寺时说："或云五百大罗汉灵境也。"③ 这个说法并非凭空产生的，在竹林寺故事的第一个版

---

① 《太平广记》第2册，中华书局1961年版，第659页。又见蒲向明《玉堂闲话评注》，中国社会出版社2007年版，第20页。
② 《高僧传合集》，上海古籍出版社1991年版，第523页上。
③ （宋）洪迈：《夷坚丁志》卷三，《夷坚志》，中华书局1981年版，第557页。

本即《续高僧传》中，有一段话即已透露出信息：

> 识者评云：前者举锹驱僧，假为神怪，令通独进，示现有缘耳。言大和上者，将不是宾头卢耶？如《入大乘论》：尊者宾头卢、罗睺罗等十六诸大声闻，散在诸山渚中。又于余经亦说，九十九亿大阿罗汉，皆于佛前取筹，住寿于世，并在三方诸山海中，守护正法。今石窟寺僧，每闻异锺呗响，洞发山林，故知神宫仙寺，不无其实。①

宾头卢、罗睺罗是十六罗汉中的两人，至于"九十九亿大阿罗汉"，则是极言罗汉之多。《道宣律师感通录》更是明确地说出了五百罗汉住在竹林寺的事实："鼓山竹林寺，名迦叶佛时造，周穆王于中更重造寺。穆王佛殿并及塑像，至今现存。山神从佛请五百罗汉住此寺，即今见有二千圣僧，绕寺左侧，见有五万五通神仙，供养此寺。"② 由此可见，竹林寺正是众罗汉修行之所，也是守护正法之地。正因为它是"神宫仙寺"，凡俗之人不能轻易看见和进入。和圆通一起前往鼓山竹林寺的众僧，在途中即被一老翁"举锹"驱赶，正说明仙凡之别③。

值得一提的是，《宋高僧传》卷二十一《唐五台山竹林寺法照传》记载衡州云峰寺僧人法照在五台山为善财、难陀二童子接引，入竹林寺见到文殊、普贤菩萨的事情，后来法照等人"依所见化竹林寺题额处建寺一区，庄严精丽，便号竹林焉"。这件"法照入竹林圣寺见文殊净境"的事情发生在唐代大历时

---

① 《高僧传合集》，上海古籍出版社1991年版，第325页下。
② 《大正藏》第52册，第439页下。此事及文字又见于道世《法苑珠林》卷三十九《伽蓝篇·感应缘》，上海古籍出版社1991年版，304页中。
③ 关于竹林寺故事及其影响，参看项裕荣：《竹林寺传说的演变——文言小说史中佛教传说的儒道化现象研究》，《学术研究》2009年第12期；项裕荣：《竹林寺传说及其对明清小说戏曲之影响探赜》，《广州大学学报》2011年第7期。不过二文均未提到方广寺故事。

期（766—779），考虑到法照原本是衡州僧人，这个故事可能在衡州和南岳地区流传较广，大概也对后来出现方广寺故事有所启发吧。不过，由于方广寺故事中增添了五百罗汉得知慧思将来而避地的情节，显得更为复杂。《南岳总胜集》卷上记海印建南台寺后又云："或云：（海印）超然领众去游车田，绝不复还，遂为隐化。复有求者，时闻钟声。呜呼，变化之神，示见之相，不可测矣！"这是说后来有人欲求此传说之寺，不能复见，时闻钟声而已，这和《续高僧传·圆通传》中所说"今石窟寺僧，每闻异钟呗响"显然同一机枢。

余 论

以上清理并分析了三则慧思故事，可以看出，这些故事的内容和形态十分复杂，必须追源溯流、广泛引证，才能探明其发生的机理和演变的细节。有的故事其来有自而衍生繁盛，如三生故事以及嫁接的三生石故事；有的假借他取而广为流传，如卓锡泉和虎跑泉故事；有的暗中祖袭而隐讳不明，如方广寺故事；有的一分为二而事有重复，如惠海和海印。这些均是历代高僧故事和传说中常见的变化模式。慧思故事及形象在唐宋时期的呈现，显然与时代、宗派、地域以及故事的受众阶层等因素颇有关系。

从时代上来说，慧思本是梁陈时代的僧人，他本人留下来的《立誓愿文》提到自己的一些经历，从出生到十五出家，二十求道、访学，后又讲学论义，历齐国、兖州、信州、淮南、光州等地。[①] 这份自述文字平实，并未涉及神迹或感应。而在慧思圆寂一百多年后，道宣完成了《续高僧传》[②]，其慧思传在开头部分就特别突出了感梦和梦受（见上引），这些并不见于慧思

---

① 《大正藏》第46册，第786页中。
② 道宣自序称书中内容终于贞观十九年（645），但实际上最后的截止时间是麟德二年（665）。参见陈士强《佛典精解》，上海古籍出版社1992年版，第327页。

自述，而和道宣本人深信感应和神通之事有关。道宣除了在《续高僧传》中记录和渲染了很多僧人的神通之事外，还特意编纂了《集神州三宝感通录》和《道宣律师感通录》，专门记述各种神迹和感通故事，这说明他对僧传史料是有充分的搜集和选择的。道宣略去一些慧思在各地讲法传道的事情，增添了他早年的感梦以及在南岳时的神迹。如传中记载慧思逃避异道之害，不知何去之时，得到了神示："冥空有声曰：若欲修定，可往武当南岳，是入道山也。"而慧思来到南岳后，即预言自己十年后将远游："吾寄此山，正当十载，过此已后，必事远游。"后来在南岳讲学传法很顺利，又一次说起："寄于南岳止十年耳，年满当移。"可以说，《续高僧传》的慧思传叙全篇充满感通事迹，虽然该传在《续高僧传》的十科中归于"习禅"类，其实和"感通"中的一些僧人事迹并无太大的不同。

《弘赞法华传》的时代比《续高僧传》晚一些，更凸显持诵《法华经》的感通报应之事。《法华经》本来就是慧思、智𫖮天台一系非常重视的经典，慧思曾造金字《法华》，天台宗甚至有法华宗之称。《弘赞法华传》卷四《修观》所载修习《法华经》的共三人，就是慧思、智𫖮以及智𫖮的弟子智璪。其中记慧思诵《法华经》神异事，不见于《续高僧传》及慧思自述："诵之始半，忽有潜流漂涨，处处淹渍，没所坐床，及至身半，俄有遍体浮肿，不堪动运。乃立誓而言曰：我于此经，必有缘者，水当消灭，疾亦当差。如其无缘，水有重益。即于尔夜，水遂减耗，身疾亦愈。"[①] 唐代佛教典籍中，颇有《法华经》《金刚经》《华严经》等佛经的各种感应传、灵验记[②]，《弘

---

① 《大正藏》第51册，第22页上。
② 关于佛教感应传灵验记，参见武丽霞《唐代杂传研究》，四川大学博士学位论文，2004年。刘亚丁：《佛教灵验记研究——以晋唐为中心》，巴蜀书社2006年版。敦煌遗书中此类作品很多，参见杨宝玉《敦煌本佛教灵验记校注并研究》，甘肃人民出版社2009年版。

赞法华传》算是其中较早的一部了。

相比《续高僧传》《弘赞法华传》来说，宋代佛教史籍中的慧思故事和形象大有变化。首先从文字上来说，宋代《释门正统》《天台九祖传》《佛祖统纪》等文字晓畅明白，不似初唐佛教书籍那样古奥深隐，这也使得慧思的故事和形象更加鲜明，而不是像初唐记述那样有一种奇异陌生之感。当然，更多的变化是各种故事的增加和变形。除上述三事外，又如《续高僧传》记"异道怀嫉，密告陈主"之事较简，在《佛祖统纪》里演变为道士欧阳正则诬陷慧思为巫蛊事，更加详细而细节也多有不同；《续高僧传》里夏侯孝威欲看大都督吴明彻赠慧思的犀枕，心想其事而慧思已知的故事，《佛祖统纪》里仅言吴明彻欲奉犀枕，未敢言而慧思已知。这些故事以及前面所述三事，都涉及神异。这里需要指出的是，《释门正统》《天台九祖传》《佛祖统纪》均为天台宗僧人所撰，而天台宗在宋代流行的佛教宗派中，相对于禅宗、净土宗来说，更在意和相信神迹感通。这原本也是天台宗的传统。慧思就曾说："如来一切智慧及大光明、大神通力，皆在禅定中得。佛今欲说摩诃般若大智慧法，先入禅定，现大神通，放大光明。"[①] 唐代《弘赞法华传》和《法华经传记》搜集了很多感通故事，则跟法华信仰有关。到了南宋，天台宗僧人宗晓（1151—1214）编撰更加全面的《法华显应录》，收录共二百三十九人的感应故事（"古圣"部分七事不以人为题），充分说明宋代天台宗对神异感应事迹的态度。在自序中宗晓认为："倪神功伟迹不登简籍之中，则前言往行将不闻于世，又何以为劝信之端哉。"[②] 他相信"征应之恪，犹箫［诏］

---

① （陈）慧思：《诸法无诤三昧法门》卷上，《大正藏》第 46 册，第 629 页上。慧思还在《立誓愿文》中祈求能"得成就五通神仙及六神通"。陈寅恪曾论慧思及天台宗有神仙思想，见《〈南岳大师立誓愿文〉跋》，《金明馆丛稿二编》，上海古籍出版社 1980 年版，第 212 页。

② 《卍续藏》第 78 册，第 24 页上。

〔韶〕之致仪凤也",乃集三朝僧传及内外典章,编成此书,并根据智𫖮《法华经玄义》"显机显应"之说为书命名,足见其对神通感应之事信仰笃深。给此书作序的楼钥(1137—1213)也说:"(《法华经》)功德效验,昭然显著,传记所载非一。盖此经实如来秘密之藏,非思量分别之所能解,故其神异如此。"自然,此书中有慧思故事,也有"陕右马郎妇"的故事。由此可见,慧思在初唐已有神异感通之故事,而宋代天台宗僧人在其书中一方面承袭旧说,一方面又记录了新增的各种神通故事,这和天台宗的信仰、建构以及传播是有一定关系的。

相对天台宗来说,唐代兴起的禅宗则不太看重神迹。在早期僧传里,习禅僧人常有神迹感通之事,而且神通被认为是高僧的一个标志。慧皎《高僧传》"习禅"篇总论云:"能内逾喜乐,外折妖祥。摈鬼魅于重岩,睹神僧于绝石。……禅用为显,属在神通。"① 道宣在《续高僧传》"习禅篇"总论中也说:"所以托静栖心,群籍皆传其灵异。"② (慧思就在习禅篇里)但到中晚唐禅宗流行以后,禅风平易,在灯录这种新型禅宗史籍中,禅师的神通成分减少了很多。杨亿为《景德传灯录》作序云:"若乃但述感应之征符,专叙参游之辙迹,此已标于僧史,亦奚取于禅诠。"即对过去僧传多记感应和游历不满。龚隽说:"灯录在创造理想禅师的形象时,是有意识地解掉僧传系统中神化性的色彩,把祖师和佛的形象人间化。"③ 此说有一定的道理。

---

① 《高僧传》卷十一,《高僧传合集》,上海古籍出版社1991年版,第79页中。

② 《续高僧传》卷二十一,《高僧传合集》,上海古籍出版社1991年版,第284页上。按《续高僧传》的说法,慧思是六朝禅师,而且"南北禅宗,罕不承绪",但慧思禅不同于后来禅宗之禅。参见刘立夫《此禅非彼禅——慧思禅与慧能禅有何差别》,《中国南岳第三届千年佛教论坛——纪念慧思大师诞辰1500周年学术研讨会论文集》,湖南衡山南岳,2015年。

③ 龚隽:《禅史钩沉——以问题为中心的思想史论述》,三联书店2006年版,第357页。

不过就慧思而言，他在《景德传灯录》中的故事和形象又有比较特别的地方：该书中既有一些内容是《续高僧传》的沿袭和改编，又建构了新的慧思形象。

所谓新形象是指慧思的禅宗祖师形象。《景德传灯录》卷二十七《诸方杂举征拈代别语》云：

> 有老宿令人传语思大禅师：何不下山教化众生，目视云汉作么？思大曰：三世诸佛被我一口吞尽，更有甚众生可教化！①

此事不见于唐代典籍，应是中晚唐禅宗兴盛之后出现的。这里的慧思俨然一副禅宗祖师的形象。而在稍后的雪窦重显禅师（980—1052）口中，上面故事中的"老宿"又变成了梁代志公（宝志，418—514）：

> 宝公令人传语思大和尚：何不下山教化众生，目视云汉作什么？思大云：三世诸佛被我一口吞尽，何处更有众生可度？②

此后《古尊宿语录》《五灯会元》均采用宝志说的版本。③志磐曾辩驳云：

> 传灯云：志公令人谓思师曰：何不下山教化众生？师报曰：三世诸佛被我一口吞却，有何众生可化。今考南岳愿文，自序诞生之年当梁武天监十四年。至陈光大二年始

---

① 《大正藏》第 51 册，第 435 页上。
② 《明觉禅师语录》卷一《拈古》，《大正藏》第 47 册，第 671 页中。
③ 分别见赜藏主《古尊宿语录》卷二十五《拈古》，中华书局 1994 年版，第 476 页。普济：《五灯会元》卷二《南岳慧思禅师》，中华书局 1984 年版，第 119 页。

至南岳，时年五十四。志公已入灭于梁武之世久矣。不当有此遣问。今恐别有一师，后人误传为志公耳。①

志磐之考证固然有学者之识见在焉，但恐怕也有不信慧思为禅师的心理在起作用。志磐不信慧思这个故事，但他在《佛祖统纪》里记载了大量慧思的神异故事和传说（如上文所引），其实多少也是带有宗派之见的。顺便指出，"三世诸佛被我一口吞尽"的话头，令人想起马祖对庞居士说的"一口吸尽西江水"②，可能是马祖名言的一种转移吧。苏辙曾记聪禅师"诵南岳思大和尚口吞三世诸佛语，迷闷不能入"③，可见这一话头竟成为宋代参禅之公案。《景德传灯录》还记载慧思示众之语："道源不远，性海非遥。但向己求，莫从他觅。觅即不得，得亦不真。"也完全是一副禅师的腔调。

值得一提的是，《景德传灯录》将慧思放入最后一卷的"禅门达者虽不出世有名于时者一十人"，这些人全都是有着颇多神异故事和传说的奇僧：宝志、傅大士、慧思、智𫖮、僧伽、万回、丰干、寒山、拾得、布袋和尚，书中也分别记录了他们的很多异事。④ 实际上这些人原本不属于禅宗之统系，可看作佛教世俗化

---

① 《佛祖统纪》卷六，《四库全书存目丛书》子部第254册，第54页上。
② 《景德传灯录》卷八《襄州居士庞蕴》："后之江西参问马祖云：不与万法为侣者是什么人？祖云：待汝一口吸尽西江水即向汝道。居士言下顿领玄要。"《大正藏》51册，第263页中。关于这个公案，可参见谭伟《庞居士研究》，四川民族出版社2002年版，第115、215页。韩驹《送贤上人归云门庵》云："上人一口尽诸佛，肯顾世人群儿愚。独寻庞老不惮远，此事古今有人无。"（《全宋诗》第25册，北京大学出版社1995年版，第16603页）似将慧思"三世诸佛被我一口吞尽"与马祖的"一口吸尽西江水"相混而用。
③ 见苏辙《筠州聪禅师得法颂》，《栾城集》卷十八，《苏辙集》，中华书局1990年版，第345页。又参见苏辙《逍遥聪禅师塔碑》，《栾城后集》卷二十四，《苏辙集》，中华书局1990年版第1145页。
④ 尽管禅宗相对排斥神迹，但禅宗史籍也并非完全忽略这类事迹，如惠洪《禅林僧宝传》也有神异书写，而且这些书写还是塑造禅师圣徒形象的重要手段。参见李熙《禅史与僧传——〈禅林僧宝传〉的历史书写》第四章"禅师圣徒性的制造"。

的人物代表。他们在宋代以后的民间社会中名气和影响非常大，僧徒和民众对他们的神化无论此前还是以后都没有停止过。明初《神僧传》共收入二十八人，这十一人全在其中，他们的故事就可想而知了。胡适《菩提达摩考》曾详细考察过达摩见梁武帝故事的流变，然后说："这一件故事的演变可以表示菩提达摩的传说是如何逐渐加详，逐渐由唐初的朴素的史迹变成宋代荒诞的神话。传说如同滚雪球，越滚越大。"① 此外如达摩"一苇渡江"的神话故事，也是宋代才出现的②。慧思故事同样经历了宋代的增饰和神化，所不同的是，慧思的故事早在《续高僧传》里已经有神话存在了，而达摩在《续高僧传》里除了"自言一百五十余岁，游化为务，不测于终"外，没有什么特别神奇的事情发生。慧思在宋代故事的增衍，还可举一例。慧思在光州大苏山曾传法十四年，但按《续高僧传》的记载，慧思原本欲往南岳，"初至光州，值梁孝元倾覆国乱，前路梗塞，权止大苏山"，只是暂住而已。但到了宋代，慧思留驻大苏山的缘由就有了新的传说。苏轼《游净居寺》诗叙云：

> 净居寺，在光山县南四十里大苏山之南、小苏山之北。寺僧居仁为余言：齐天保中，僧思惠过此，见父老，问其姓，曰苏氏，又得二山名。乃叹曰：吾师告我，遇三苏则住。遂留结庵。而父老竟无有，盖山神也。其后僧智颛见

---

① 胡适：《菩提达摩考》，载《胡适文存三集》，欧阳哲生编：《胡适文集》第4册，北京大学出版社1998年版，第257页。
② 可观：《竹庵艸录》："达磨对梁武不契，一苇渡江。乃问宝志：达磨如何人？志公对以观音化身。"《卍续藏》第57册，第90页中。又按，志公称达磨为观音化身之说，亦出于北宋。惠洪有辨，《林间录》卷上："雪窦禅师作《祖英》、《颂古》，其首篇颂初祖不契梁武，曰阖国人追不再来，千古万古空相忆者，重叹老萧不遇词也。昧者乃叙其事于前，曰：达磨既去，志公问曰：陛下识此人否，盖观音大士之应身耳。传佛心印至此土，奈何不为礼耶？老萧欲追之。志公曰：借使阖国人追，亦不复来矣。雪窦岂不知志公没于天监十三年，而达磨以普通元年至金陵。予以是知叙此者非雪窦意也。今传写又作盖国，益可笑。"

思于此山而得法焉,则世所谓思大和尚、智者大师是也。①

像这样的慧思故事和传说,在宋代一定还有不少。

最后要指出的是,本文所论的三个故事,多多少少都和宋代南岳衡山这个地方有关,其中很多故事是和南岳的地名、建筑、古迹联系在一起的。如一生岩、二生塔、三生藏、卓锡泉、虎跑泉、福严寺、方广寺、南台寺等,都在南岳。这一方面说明慧思故事在南岳地区广泛流传,也能看出慧思故事成为南岳很多地名和古迹的重要来源。《南岳总胜集》一书中记录此类故事尤多,除了上述那些,还有卷上所记"掷钵峰"等。在中国广阔的山川之中,很多地方都有类似的名胜古迹,他们的背后均有流传久远的故事和传说。这些故事和传说不一定来自真实的历史,但又确实和真实的历史有某些关系。陈寅恪在论及维摩诘故事在唐代所留之遗迹时说:"凡地方名胜古迹,固不尽为历史事实,亦有依托附会者。但依托附会之名胜古迹,要须此故事或神话先已传播于社会,然后始能产生。"② 就拿慧思的一生岩、二生塔故事来说,在最早的《续高僧传》慧思传叙里,确实有"又往岩下""为起胜塔"等故事细节,再加上"得见三生所行道事"的说法,故而产生了一生岩、二生塔以及三生藏、三生塔的地名和建筑。事实上,像这样的故事传说与名胜古迹的完美结合,一方面有助于名胜古迹获取名声,一方面也有助于故事传说的记忆和流传。谭伟在分析"庞居士遗迹与传说及其对民间文化的影响"时说:"古迹与传说是历史的重要组成部分,是民间文化的主要物质载体之一。"对古迹、遗迹的保存、保护、修复、重建以及有关传说,"表现了人们对其所代表的时代、事件、人物肯定或否定的态度,寄托了人们的爱憎情

---

① 《苏轼诗集》卷二十,中华书局1982年版,第1024页。
② 陈寅恪:《敦煌本〈维摩诘经文殊师利问疾品演义〉跋》,《金明馆丛稿二编》,三联书店2001年版,第182页。

感或理想愿望,在一定程度上反映了当地的民众心理、信仰等文化特征;同时,古籍(或遗迹)及其传说的存在,又将民众某种心理意识、信仰一代一代传下去,形成一种独特的文化形态,塑造着民众之文化心理意识"。① 这些论述,也适合本文所论慧思与南岳地方的关系。

  慧思原本是梁陈时期的一位高僧,但在宋代竟产生了如此众多的故事和传说,不得不说,慧思已经突破佛教史籍、宗派或僧人叙事的畛域,变成世俗文化、地方文化的一个部分了。慧思由一个高僧而变为民众普遍接受的佛教人物,这一过程与达摩、宝志、僧伽、济公等人在同一时期的演变类似,而这样的故事演变和流传在明清时期继续发生着。今天,慧思故事和传说仍然为南岳地区的民众津津乐道②,慧思不只是各种佛教和世俗文献中记载的一个过去的人物,而是长久地存在于民众心目中的鲜活形象。

---

① 谭伟:《庞居士研究》,四川民族出版社2002年版,第279页。
② 参见湖南省地方编纂委员会编《南岳志》,湖南出版社1996年版。

衡山南台寺有关乘云宗碑铭略考

徐 衡

（南岳佛教协会三德讲堂研究员）

摘 要：衡山南台寺周边有 20 余座僧人墓塔，其中有关乘云宗裔的约 10 座。乘云宗裔选择南台寺周边建塔，与清末光绪年间乘云宗的淡云禅师修复该寺有关。乘云宗系衡岳地区禅宗门派，肇始于南朝，有弘宣律师受梁武帝赐居回雁峰"乘云"寺。唐天宝元年（742）范化尊者重修雁峰乘云寺，始立《法派偈》[①]，传承至今，功德显著。清末和民国时期，衡岳乘云宗致力修复道场、培育僧才，其后有道安长老一支传到台湾，蔚然可观。1990 年后，乘云宗裔宝昙长老师徒再度修复南台，中兴祖庭，弘法利生。本文略考该寺周边碑铭，认为这是乘云宗存在与发展的重要物证，并说明当今乘云宗研究现状，祈后来深广之研发。

关键词：乘云宗 南台寺 宝昙长老

南岳衡山，天下独秀，传说岳心在祝融、天柱、掷钵、瑞应诸峰之间。自陈朝慧思大师来此传教，唐承远、法照、怀让、希迁诸祖师又来弘法，名山蔚然成"僧海"。佛教因名山而广

[①]《法派偈》云：绍妙惟传言，守师齐嗣祖。觉常慧正法，道悟真空理。大定开源性，光明照海崇。通玄无上士，普继永昌隆。德智钦承化，宏宗胤善良。慈超修万行，世代如天长。见《重修乘云宗谱》，湖南省图书馆藏。

大，名山有佛教而增辉！南台寺为唐代石头希迁祖师道场，号称"天下法源"，为中国禅曹洞、云门、法眼等三宗祖庭。现存建筑系清光绪淡云和尚领众修复，寺后新建的一座四十八米高金刚舍利塔，系宝昙长老师徒于 20 世纪 90 年代之中兴功德。该寺周边古木森茂，风水尤佳，留有多处祖师塔林，常有大众前来祭祀拜塔。现将其中有关衡岳乘云宗十座碑铭，作句读略考，并报告当今乘云宗研究之现状，祈后来深广之研发。

一 塔碑位置[①]

1 号碑："传曹洞宗四十一世明心达禅师寿塔"一碑，一塔，有青石砌成塔圈，位于海会塔右侧。(1899)

2 号碑："传曹洞正宗第三十九世前住罗汉恒忍愚老和尚灵骨之塔"共三塔，三碑，有青石砌成塔圈，位于南台寺后金刚舍利塔下。在二层砖混结构的塔院左侧下约 30 米，寺院通往舍利塔的石阶边有路线提示，即"宝昙老和尚舍利塔"正下方。(1900)

3 号碑："传曹洞正宗第四十二世前住祝圣重兴南台妙见闻禅师之寿藏"五碑，五塔，位于南台化身窑右侧。(1906)

4 号碑："乘云派演南峰堂上第三十五世比丘尼虚灵大士之塔"一碑，一塔，有青石砌成塔圈，位于南台前坡。(1907)

5 号碑："传曹洞正宗第四十三世前住南台澄清觉禅师寿塔"一碑，一塔，有青石砌成塔圈，位于南台寺前向。(1911)

6 号碑："南峰堂上比丘尼证清讳继岳大士寿塔"一碑，一塔，有青石砌成塔圈位于南台前向。(1911)

7 号碑："传曹洞正宗第四十二世前住南台慎初荫禅师塔"一碑，一塔，有青石砌成塔圈，位于南台寺前向围墙边。

---

① 按碑刻落款年代先后排序。

（1934）

8号碑："慈云堂上传曹洞宗三十七世指乘德禅师之灵塔"三碑，一塔，有青石砌成塔圈，位于海会塔右侧。（1993）

9号碑："南峰堂上普定大士之寿塔"一碑，一塔，有青石砌成塔圈位于南台化身窑右侧。（1999）

10号碑："传曹洞宗第四十五世中兴南台宝昙德禅师舍利塔"一碑，一塔，有青石塔圈，位于金刚舍利塔下。（2009）

二　碑铭全文[①]

1号碑：主碑额"是仁寿域"，二附碑额"南山""寿岳"，内联"明月当空照万古，心宗妙旨透三关"，外联"溪声便是，山色无非"，主碑中间"传曹洞宗四十一世上明下心达禅师寿塔"，落款"徒：心恒。徒孙：增果、觉纯。敬立"，落款"大清光绪二十五年己亥冬月谨刊"。

左附碑"嗣法门人：慈茂、慧光、月泉、灵根、明证、定净、松亭、安定、如山、净之、惟海、香华、悟朗、在明。敬立"。

右附碑"徒孙：真仪、真辉、心培、伶达、伶舟、伶静、伶溪、徒曾孙：自囗。仝立。大清宣统元年闰二月吉日"。

2号碑：主碑额"宗灯永耀"，二附碑额"智月""腾辉"，中碑联"岳峻湘清金鸡林畔烟霞古，龙盘虎踞磨镜台前气象新"，外柱联"青山凝翠黛，紫盖拥屏藩"，主碑"传曹调正宗第三十九世前住罗汉恒忍愚老和尚灵骨之塔"。主碑铭文：

老人，讳启愚，字恒忍，号溪源，衡阳人，姓刘氏，儿时不群。父母早逝，道光末，贸郡城，尝怀出世志。时

[①] 碑文由繁体改简体，作句读，不辨者作囗。

法空成祖，开辟罗汉，化道日隆，遂师事焉。旋依培元□□□□具足戒。未几游江浙，参诸名宿。值发逆踞金陵，因持钵归衡。时郡守高公，请苏仙法云耀公，主罗汉。老人事之惟谨，随受记莂。从是分座说法。主湘□□□□□同治十年，郡绅启主罗汉。开期传戒，戒众盈五百，增置斋田若干，重辟古佛庵为关房，歌声载道。光绪间，复兴新市之莲花庵，衡山之觉海寺，开期传戒大兴□□□当代令则。晚年掩关罗汉地藏殿，精修禅观。越廿三年冬月示微疾，适照空长老传戒，老人就数进堂策励，言多恳切，闻者泣然。至十三日酉刻，沐浴更衣□□□请曰：尚冀开示后人。老人曰：但老实念佛，莫寻别路。遂逝。世寿八十一。僧腊五十三。庚子建塔南台。熏沐为铭。曰：

慈云既渺，法海枯竭，赖有哲人，施甘露泽，皇皇我祖，挺生末劫，戒严冰霜，行日候月，登曲象床，魔外胆裂，挥太阿剑，歼彼狐穴，维持祖道，披心沥血，拗折柱杖，栖心禅窟，窣堵功成，示灭匪灭

徒孙士礼淡云和南敬述

皇清光绪二十六年岁次庚子仲伙谷旦

徒上：喜、进、诚、会、真、辉、熟、达

徒孙士：松、光、敏、礼、达、本、照

曾孙普：济、净、根、闻、现、劫、慈

元孙继：源、承、虚、有、寿、岳

远孙永：明、耀、昌

附碑联："南来北往英雄未许留斯地，台开生面舍利还须镇此山"。

左碑："传曹讽正宗派第四十世前住雁峰乘云上道下意真老和尚寿塔"。

右碑："传曹洞正宗第四十一世前住祝圣中兴南台上淡云礼老和尚全身塔"。

3号碑：主碑额"真灯永耀"，碑中"传曹洞正宗第四十二世前住祝圣重兴南台妙见闻禅师之寿藏"，落款"皇清光绪三十二岁次丙午仲夏月谷旦"，主碑联"寿量同乾坤而不老，塔幢与月月以常新"。

附右1碑中"传曹洞正宗三十七代上慧下泉德禅师寿藏"，落款"清光绪三十二年岁次丙午仲夏月谷旦。徒：真如、亮果、生法。徒孙：顺莲、修莲、清莲、茂莲、胜莲。仝立"，对联"无心话明心，有意期白云"。

附左1碑中"曹洞正宗第十六世惠日寺方丈彼藏禅师之寿塔"，落款"光绪三十二年仲夏。徒普：清、照、善。徒孙治：国、家、安全立"。

附碑额"法界""流辉"。

附右2碑中"洞山下第四十三世前住万福沙门本钦字安静灵骨塔"，落款"皇清光绪三十三年季秋月吉日立。徒观：法、澄、智、礼、泰、永、澍。徒昌：相、乐"。

附左2碑联"岳云添彩色，湖水壮画图"，中间"敕建雁峰乘云禅寺派演南峰第三十七世青山源禅师寿塔"，落款"光绪三十二年仲夏月立。徒：广修、善修、□修。徒孙：法莲仝立"。

4号碑：中间"乘云派演南峰堂上第三十五世比丘尼虚灵大士之塔"，落款"清光绪三十三年岁次丁未季秋月谷旦立。孝徒：延松、雪松、岳松、慧松、云松、照松、蜜松、德明。徒孙：纯敬、纯笠、纯性、纯轩。徒曾孙：觉修、觉愿、觉候、宏自。敬立"。

5号碑：中间"传曹洞正宗第四十三世前住南台澄清觉禅师寿塔"，落款"皇清宣统三年岁次辛亥秋月谷旦。嗣法门人披剃徒眷仝立"。中联"绝壑久称狮子窟，空山终许象王楼"，边联"万籁含虚寂，诸缘露本真"。

6号碑：中间"南峰堂上比丘尼证清讳继岳、性福讳印果、慈定讳永参大士寿塔"，中对"寿同衡岳而并峙，塔与湘水以共存"，边联"翠柏苍松露，明月清风凉"，落款"皇请宣统三年岁次辛亥欣月谷旦。徒慈定。徒孙：□□立"。

7号碑：中间"传曹洞正宗第四十二世前住南台慎初萌禅师塔"，碑额"无见顶相"，二附碑额"退藏""于密"，联"舍利藏斯地，声教庄名山"，落款"中华民国二十三年季春。嗣法门人立"。前有一塔：□尘禅师塔。

8号碑：主碑额"肃赡祖德"，二附碑"风月""同天"，碑联"乘公新建狮子窟，仪老喜伴象王家"，正碑中间"慈云堂上传曹洞宗三十七世指乘德禅师之灵塔"，落款"公元一九九三年癸酉岁季春谷旦，皈依弟子劳绍仪率嗣裔敬立"，外联"云霁自性天，风扫客尘地"。

右附碑中间"三宝弟子优婆塞劳绍仪、优婆夷龙月兰之塔"，落款"孝男：劳晓达、劳晓九。媳：谭红辉、杨运兰。孙：慧照、焕新、悟真。孝女婿：劳晓辉、李一粟。外孙：李云峰、李菁、悟智。仝立"。

左附碑"三宝弟子优婆塞劳叔和之塔"。

附：塔边有《指乘塔劳公亭碑记》：

指乘上人，乃南台中兴祖妙见闻禅师高足弟子。叔何长者，劳绍仪居士先君。劳公父子，虔诚三宝佛弟子，亦系南台大护法居士。清光绪年间，叔何长者礼妙见公于长沙武庙。鼎力支持南台中兴，不幸中年逝世。此际绍仪君偶因涉猎内典，深感佛门智慧，遂心投佛理，诚修出世，悲智双运，勤劳俭朴，法轨昭昭，秉承父志，乃于民国年间，皈依指乘和尚，竭心尽力，维护南台常住，尔后正信愈增，净念愈切，两代高僧骈幪得使两代贤儒，成为祖庭屏翰，佛法金汤耳。诚世出世间无上殊胜因缘也。

劳公父子，德高望重，非同凡响，治家严慈并举，抚育后长德才兼备，堪为人世楷模。后因日寇侵华，战祸芙蓉，家运不无乖舛，生计坎坷。解放后劳绍仪居士，专志潜心禅思三昧，静居陋室，深诣如来之藏，悲天悯人，兴慈济物，造福社会，喜舍于人世之间，芳型典范表率一时。嗣后除个人净心第一，矢志净土法门外，并偷闲撰文，著述阐扬圣教，专弘安养，导群盲于慧心，喻家眷以大觉，所属嗣裔戚友，感其化导，受其熏染，人无性别，一一虔诚奉佛，年无大小，个个遵循正信，关注品德，其家愈臻安泰幸福，事业日趣昌隆，此乃妙祖秉公冥中颐指，慈悲加被所至也。大限期来，劳绍仪居士撒手西去，辛未岁，灵缸安奉于海会塔。癸酉之年，恰值本寺盛造金刚舍利塔，正待破土动工，而指秉寿塔正处金刚塔塔基部位，无疑将被土封堙没。常住白于大众，拟将秉公灵罐迁奉海会塔内。绍公次子劳晓君，知其事愿为秉公迁墓建塔捐献资金，建亭修路，砌石护坡，美化环境，投资六万余元，真乃双重纪念，永垂千秋，旦谓先翁先父，虽生前未获披剃，而家居密行矜持，实外维摩而内罗候罗耳。因之请允其将劳公父子灵罐，从海会塔请迁，陪伴指秉先师，以安其在天之灵，得预莲池俱上善人之会。合寺大众愍其诚意，恤其恳请，皆曰善。虽属缁素共冢，实系师徒同塔，因之塔焉亭焉之所由也。是为记。

　　佛历二五三七、公元一九九三年、天轮癸酉岁季春谷旦，南台古寺常住刊立。

　　另有《石头希迁禅师造像出土因缘记》（略）联"即事而真迁祖岂在别处，渠正是汝路滑都源此人"。

　　9号碑：主碑"南峰堂上普定大士之寿塔"，联"花开花落知禅意，云卷云舒悟真空"，左附碑"南峰堂比丘尼登云大士纪念塔",右附碑"南峰堂比丘尼常静大士灵骨塔",外联"世间无常如露电,佛性妙有不减增",落款"公元一九九九年岁次己卯三月吉日刊"。

10号碑:碑额"性海永明",附碑额"般若""无碍",主碑中"传曹洞宗第四十五世中兴南台宝昙德禅师舍利塔",主碑联"宝镜何须磨会也么,昙花那曾现有亦无",附碑联"四水三湘瞻圣德,五宗七派仰家风",外圈联"大千一芥子,三界若空花","朝看明月照,暮观白云生"。

左附碑"南台寺宝昙大和尚纪念碑铭"。

其碑文如下:

南台古寺,曹洞祖庭,六朝遗庙,奕代丛林。昔闻梵宇诏婆,今见高僧新冢,盖衡山瑞应峰下,近筑佳城吉壤者,乃我南台大德,宝昙大和尚也。师俗姓赵,讳敦煌,字德昌,一九二五年八月二十七日,生于湘乡巴江之荆泉村。二零零八年九月十五日,在长沙示寂。享年八十有四,僧腊七十五春,戒腊七十二夏。生而鲜艳,夙遭闵凶,儿岁慈母见背,七龄皈依佛门,九岁依南岳白云寺省悟上人剃度出家。一九三八年在上封寺受具足戒。一九三九年入南岳佛学讲习所学习。于时日寇侵华,师投笔请缨,甘当御敌之汪踦。建国后积极投入生产自救,农禅自励。昼则力耕,夜乃礼佛。一九五七年,厄逢丁酉,师明哲淡定,信念弥坚。一九八零年平反昭雪。一九八七年出任南台寺方丈。先后主持恢复了南台寺、圣安寺、白云寺等诸多寺院。历任中国佛教协会常务理事、湖南省佛教协会副会长、湖南省佛教协会咨议委员会主任。师先后在北京中国佛学院、南京栖霞山佛学院、南岳佛学讲习所等地讲学,谈玄说妙,禅理融通,并出版《羊肠小道一僧来》文集,令四众弟子同沾法益。又在南台寺两次传三坛大戒,一时海内外戒子云集,盛况空前。一九九四年,应邀访问日本,为弘法利生及中外佛教文化交流,谱写了新章。师一生曲折,迭遭悲愿宏深,善行清净毗尼,高风亮节,行满果圆,遗训遐宣,微言广被,然其忍辱负重之衷,苦行熏修之道,则非浅人所能喻焉。铭曰:伏惟上人,起自羊肠,天道酬勤,终履康庄,胜因早植,慧果其偿,按引后学,道风清扬,传灯飞锡,中外流芳,薪尽火传,妙谛遐昌,衡岳苍苍,湘浦泱泱,千秋风范,山高水长。

落款"佛历二五五三、公元二零零九年佛涅槃日刊。徒隆:慧、华、和、法、愿、稳、草、海、智、云。徒孙德:圆、均、禅、彻、钦、达、义、慧、定、提。徒曾孙智:严、心、义、空、孝、灵。徒玄孙钦:仁、证、修□□"。

三 碑铭中有关人物、地点简介

1. 金鸡林

位于福严寺下方,系衡岳佛教安葬圆寂祖师的塔林。民国时尚有守护院落,名"金鸡林塔院",1922年在此举办南岳僧伽学校,近代著名高僧灵涛、明真、善因、空也等在此教学。现有祖师塔若干,有塔院遗址。民国时拟选此处建忠烈祠,后因尊重佛教传统而改选现址。

2. 恒忍愚

乘云宗第三十九世祖师,行迹详见"2号碑"铭文。《重修乘云宗谱》[①] 卷第八有载,另据《南峰寺谱》[②] 载"(曾祖玄

[①] 湖南省图书馆藏书。
[②] 卷岐山仁瑞寺存默庵手抄本复印件,原件在广西柳州某寺。

成）四徒无愚，字恒忍"。

3. 法空成

乘云宗第三十八世祖师，《重修乘云宗谱卷》第七载："道咸间，中兴大罗汉寺，克己惠物，远近向化。湘东佛法自乾嘉而降，废弛已极，至是知有宗律可娴、净土可阶者，师启之也。"另据《南峰寺谱》载"（曾祖玄成）中兴大罗汉寺，受具于南岳祝圣寺，得法仁美和尚。徒二十余人。长徒无疑，字正信；次徒无相，字恒净；三徒无来，字恒志；四徒无愚，字恒忍……"

4. 培元寺

乘云宗祖庭，位于衡阳县樟木乡。传闻始建于唐代，据《清僧略纪》[①] 载"（无漏尊者）道光间，修衡阳青草桥，复创培元寺，置田三百亩，有奇行者投止。朝梵夕呗，发人深省，为湘东一大丛林也。"

5. 法云耀

衡岳曹洞宗古爽派[②]祖师，据《清僧略纪》载"传律衡阳大罗汉寺"。该派至今在衡岳地区多有流传，相关研究正进行中。

6. 罗汉寺

乘云宗祖庭，位于衡阳市城北青草桥附近，又称大罗汉寺和旃檀禅林，现衡阳电厂所在地。明万历正融禅师乞得旃檀佛

---

① 《海潮音》1922年卷3第10期。
② 拙著《寄禅敬安大师与岐山仁瑞寺》，载湖南省佛教协会《纪念敬安大师诞辰一百六十周年学术研讨会论文集》（二）。

像一尊，在此建堂供奉。据默庵《衡北大罗汉寺中兴记》[①]载，大罗汉寺始建于梁，名建兴寺。北宋初年高僧梦英，率其徒居之。清初顺治十年（1653），释性灵塑造一尊大罗汉睡像，从此改名大罗汉寺。

7. 淡云礼

乘云宗第四十一世祖师，行迹详见《三十年来行脚客，天涯云水渺无踪》[②]。据"2号碑"及乘云宗现存文献，其传承则为：（南峰寺）通盛显慧→玄成法空→无愚恒忍→上真道意→士礼淡云。

8. 妙见闻

乘云宗第四十二世祖师，高僧士礼淡云的高足，担任祝圣寺、南台寺方丈。民国道安法师记叙中有载其事迹。[③]

9. 乘云禅寺

乘云宗开山寺院，位于湖南衡阳回雁峰上。初建于南朝梁天监十二年（513），后废。唐天宝元年（742）重建，宋、元、明、清历代皆有修葺。抗日战争时期，被日本侵略军焚毁。20世纪80年代，由乘云宗南峰堂大空法师、天顺法师等重修，现名雁峰禅寺。

10. 南峰堂

因乘云宗祖庭南峰寺得名。据《重修乘云宗谱》凡例："吾徒不以乘云名宗，乃以南峰名宗者，盖义方、显慧二祖先后居南峰寺，道行卓著，人以所居寺名名之，示尊称也。南峰之子

---

① 默庵：《衡北大罗汉寺中兴记》，载《海潮音文库》第295页。
② 见南岳佛教协会《磨镜台》期刊。
③ 参考《道安法师日记》1947年部分，南岳僧人去衡山白云寺礼祖。

孙几遍潇湘，诚源远而流长也。"《南峰寺谱》① 载寺在"衡山县渡江浦对江尹家冲。"

11. 慈云堂

疑为乘云宗分支。据 8 号碑载妙见弟子指乘公为慈云堂上，有说宝昙老和尚一支属于此堂②。

12. 白云寺

高僧淡云和尚中兴道场，位于衡山县福田铺乡云岭村，处紫界峰东北坡。据民国道安法师记载："寺创自唐末，几经兴废。为岳山十八大寺之一。山中古塔甚多，清以前，为法眼宗派。清后已为曹洞宗所有矣。"③ 空也法师有《南岳白云寺重修大殿碑记》④。宝昙和尚出家地。

13. 省悟上人

乘云宗第四十三世，妙见闻禅师弟子。省悟上人的弟子梵舟（曼慈）为近代南岳知名僧人，其于1934年代弟子智性法师剃度宝昙为第四十五世传人。

四 碑铭的研究价值

1. 作为衡岳乘云宗研究的重要实物依据

衡岳乘云宗的研究，起源于台湾西莲净苑。因净苑的开山祖师智谕老和尚，系衡岳赴台高僧道安长老的弟子。道安长老

---

① 《南峰寺谱》保存在广西柳州某寺，2010年笔者和登瑞师发现后，复印并发惠敏法师和徐孙铭等关注乘云宗研究之学者，该书对于乘云宗之研究弥补了湖南省图书馆孤本《宗谱》的不足处。
② 赵小琴：《〈重修乘云宗谱〉与乘云宗》，《图书馆》2011年第1期。
③ 《道安法师遗集》，1947年的日记部分。
④ 同上。

(1907—1977)[①] 系乘云宗南峰堂传人。智谕老和尚及其弟子惠敏、惠空、惠谦、慧观等尊师重道,于净苑建有"怀安堂";2007年,又举办"怀安百年"活动;2008年净苑住持惠敏法师[②]率队来湖南祁东,实地调查道安长老弘化行迹;2009年净苑开设道安长老纪念网站。有关乘云宗的研究成果,主要在该网站及后出版的纪念书籍中。

大陆有关研究开始于2002年,西莲净苑委托湖南社会科学院研究员徐孙铭老师,调查道安长老的传承法派。徐孙铭老师夫人文志平老师从湖南省图书馆查到默庵法师编《重修乘云宗谱》,经两人广泛田野调查,打开了大陆乘云宗研究之门。有衡阳圆觉庵大智法师,提供了南台寺周边有乘云宗祖师塔的资讯,并于2008年命笔者同行陪同惠敏法师、徐孙铭一行联合考察南岳衡山、佛国寺、仁瑞寺、桂林祝圣寺、能仁寺等乘云宗道场[③],发现了许多重要资料。2009年,笔者和登瑞师于广西柳州发现手抄本《南峰寺谱》,并考察岐山仁瑞寺周边亦发现有"南峰堂上"诸祖师墓塔。此后,徐孙铭在台湾出版《道安法师法脉》一书,并发表《民国道安法师与南岳乘云宗探源》《南岳乘云宗:一个鲜为人知的佛教宗派》[④]等。另有湖南省图书馆赵小琴发表《〈重修乘云宗谱〉与乘云宗》[⑤]。笔者亦在《岐山仁瑞寺志》[⑥]有章节论述,

---

① 拙著《任世变修吾道,将心来与汝安——记现代南岳高僧道安法师》,《磨镜台》2014年第1期(总第21期)。
② 现任净苑住持、法鼓山文理学院首任院长。
③ 考察成果见台湾西莲净苑制作"道安长老数位纪念":http://www.seeland.org.tw/www/daoan/index.html。
④ 徐孙铭:《南岳乘云宗:一个鲜为人知的佛教宗派》,《磨镜台》2011年第1期。
⑤ 赵小琴:《〈重修乘云宗谱〉与乘云宗》,《图书馆》2011年第1期。
⑥ 该志系登瑞师组织编撰,笔者和登瑞寺完成初稿,后经四会六祖寺寺志办校稿,在宗教文化出版社发行。

及在相关论文①略有提及。其他学者研究成果未见发表。

综上研究：台湾方面主要是依据道安长老的记述，该派传承俊才杰出，而尊师重道，来大陆寻踪，启动了两岸乘云宗之研究。大陆方面则主要是依据手抄本《重修乘云宗谱》及《南峰寺谱》，前期的田野调查，发现资料有限。而本次有关乘云宗的塔碑，应是深入研究衡岳乘云宗的重要实物依据。

2. 有助厘清衡岳乘云宗的支派传承

前期的研究，可以认定乘云禅寺（今雁峰禅寺）系乘云宗开宗祖庭。该宗以地名取胜，始自梁武帝敕建"烟雨山乘云禅寺"，律师弘宣于天监十二祀癸巳年（513）开山。唐天宝元年壬午（742），范化重建古刹，始传法派，故佛国寺②碑刻有说"传乘云正宗"。后有称"南峰堂上"，则因清末义方、显慧二祖居南峰寺，以所居寺名名之，示尊称也③。徐孙铭在文章中，认为默庵开派"极乐堂"。此有可能，笔者另见有极乐堂传人耒阳市金钱山寺智光法师（已往生）。如此极乐堂一系脉络为：

（失考）→玄应贞一→无量普照→上仁真源（默庵）→专西→唯持→若谷→空也→博明

赵小琴认为宝昙和尚开派"慈云堂"，是否因8号碑有"慈云堂上"记叙，加上今人有此口传？但笔者不见其他传人或碑铭，疑为孤证。8号碑上说，指乘公传曹洞第三十七世，则辈分比恒忍、淡云、妙见均高，又载其为"妙见闻禅师高足弟子"，疑其另有剃度法脉，非乘云宗之分支堂口。④

---

① 拙著《寄禅敬安大师与岐山仁瑞寺》，载湖南省佛教协会《纪念敬安大师诞辰一百六十周年学术研讨会论文集》（二）。
② 衡阳县紫云峰佛国寺，系清末乘云宗修复道场，现存遗址，亟待考察。
③ 见《南峰寺谱》。
④ 或者另有如《南峰寺谱》载："敕赐雁峰乘云禅寺，原开五林四十八寺。五林者：曰慈云。""慈云林，原建雁峰月台左边，道光末年毁折"有开派慈云堂之可能。

现今资料中，有纪录片《行者》[①]《湘潭佛教志》、乘云两谱[②]及《道安法师遗集》中记叙白云寺章节可证明，宝昙长老的支派很明确，属淡云和尚于宣统元年中兴白云寺后，传法衍派无疑。即：

（南峰寺）通盛显慧（37世）→玄成法空（38世）→无愚恒忍（39世）→上真道意（40）→士礼淡云（41）→普闻妙见（42）→继□省悟（43）→永□梵舟（曼慈法师）、永□智性（44）→昌德宝昙（45）→南台寺怀辉、上封寺怀泉、尼泊尔中华寺开山怀善、岳阳圣安寺怀梵、大善寺怀恒等（46）

乘云宗南峰堂另有传在衡阳紫云峰佛国寺、衡南岐山仁瑞寺，如：

（南峰寺）通盛显慧37→玄成法空38→无来恒志[③]

另，现今各地流传的有：

（1）台湾地区：（南峰寺）通盛显慧37→玄成法空→无念恒定（谱称定公派）→上镜觉明→士直莲后→普修常悟→继禅乔宣→永镇瑞林（道安法师）→昌□智谕→惠敏、惠空、惠谦、慧观等→

（2）衡阳市圆觉庵：天顺法师（1917—2003）→大智法师→

（3）衡阳市雁峰禅寺：永□慈云→昌□智如→宽缘（当今雁峰寺方丈）

（4）广西地区：如桂林能仁寺[④]、祝圣寺等（略）

3. 有助于考察衡岳乘云宗风[⑤]

（1）重戒。此宗祖师，戒严冰霜，且重视开期传戒。如2

---

① 宝昙自述其法脉。
② 《乘云宗谱》和《南峰寺谱》。
③ 净行：《岐山仁瑞寺中兴祖师恒志禅师略传》，《磨镜台》2013年第1期。
④ 南岳高僧民国道安法师开山。
⑤ 乘云宗何故"传曹洞正宗"另文考辨。

号碑载清道光时罗汉寺，10号碑载宝昙老和尚在改革开放后两度传戒。

（2）念佛。2号碑，恒忍遗教"但老实念佛，莫寻别路"；8号碑载在家弟子长沙劳氏矢志净土。

（3）尊师。为庆贺师长寿辰建塔①，或为圆寂师长建塔，数量如此多，在衡岳地区较为罕见。

（4）建寺安僧。中兴衡阳县紫云峰佛国寺、恒忍复兴新市莲花庵、衡山觉海寺。宝昙师徒中兴南台寺，修复上封寺、大善寺、白云寺、云门寺、圣安寺等。

（5）僧俗关系和谐。8号碑所记僧俗同塔事情，且劳氏家族长期护持南台寺的史实，值得我们深入研究僧俗之和谐关系。

结　语

衡山南台寺附近的祖师墓塔，是佛教重要的历史文物留存。通过对其中有关乘云宗的碑铭略考，可以认定这是衡岳地区乘云禅宗长期存在和持续发展之重要证明。衡岳乘云宗传承不断，至今依然生机勃勃，对其启动研究是十分必要的。②所以我们通过对《乘云宗谱》《南峰寺谱》《道安法师遗集》及学者论文等文字图像之研究，再结合考察衡阳县佛国寺、衡南县仁瑞寺、雁峰区雁峰寺、蒸湘区罗汉寺、衡山县南峰寺、南岳南台寺、大善寺、上封寺等道场，可以探求历史上佛教禅宗在中国南方的生存状态和发展路径，研究地区佛教，贡献全局进步，这是意义深远且大有作为的。

---

① 如妙见禅师之寿藏，即其生前弟子庆寿建塔。
② 另，衡岳地区之曹洞宗古爽派亦是至今存活之禅宗门派，原中佛协明真长老即属此派。道阶大师、太虚大师之传临济东一堂亦值得深入研究。研究的目的不是为了门户之见，而是探究其在民间的生存和发展，继往开来，地区佛教为全局贡献智慧和案例。

万庵道颜禅法思想析论

蒋九愚

（江西师范大学政法学院副院长）

摘　要： 万庵道颜从"法无定相"的思想出发，在实践开示学人中提倡"无门之门"的门风。针对宋代丛林"急务住持，滥称知识"的现象，万庵道颜阐述了"惟得抱道衲子为先"的住持之道。万庵道颜深刻揭露和批判了当时丛林"不顾道德之奚若，务以文采焕烂相鲜为美"的文字禅弊，试图重建以心传心、教外别传、不立文字之"古人浑淳大全"的简易祖师禅风。

关键词： 万庵道颜　法无定相　住持之道　文字禅弊

道颜禅师（1094—1164），号万庵（卍庵），四川潼川飞乌（今四川射洪西南）人，嗣大慧宗杲禅师（1089—1163）。从禅宗传承法脉来看，万庵道颜属于南岳下十六世，是南宋初期临济宗一代高僧，他对推动南岳怀让"佛非定相"的禅法精神及临济禅法思想在宋代江西的传播与发展做出了重要贡献。据记载，万庵道颜"族鲜于氏，世为名儒。少依净安谏律师，试经得度"[①]。万庵道颜喜好广泛交游，"凡名缁宿衲无不扣见"。初

[①] 《嘉泰普灯录》卷十八《江州东林卍庵道颜禅师》，《卍续藏》第79册，第403页。

参闻名于丛林的圆悟克勤（1063—1135），以学解自负，遭到圆悟克勤的批评："汝以学解自负，意气凌人，腊月三十日能自负否？"① 参禅学道，本以生死解脱为旨归，而万庵道颜"参禅不求证悟，只管信口乱道"②。自然遭到圆悟克勤的批评。在圆悟克勤的呵斥后，万庵道颜"归堂坐禅，彻旦不寐。忽然猛省，走见圆悟，议论锋发，略无碍滞，悟（圆悟克勤）即点头"③。在圆悟克勤处，万庵道颜虽然得到圆悟克勤的肯定，但是"登堂未能造其玄奥"。圆悟克勤推荐他参访大慧宗杲，并写信给宗杲说："颜彩绘已，特未点眼耳，他日嗣后未可量也。"④ 万庵道颜追随大慧宗杲，先后往返于江西古云门寺、福建洋屿寺、浙江径山寺等，深受大慧宗杲器重，曾担任径山寺的首座。后离开宗杲，先后住浙江的荐福寺、报恩寺，江西的白杨寺、圆通寺，晚住庐山东林寺。隆兴甲申五月二十三日，万庵道颜遍辞道俗，圆寂示寂昭觉寺，世寿七十一，僧腊五十四。据灯录记载，嗣万庵道颜的弟子主要有公安祖珠、报恩法演、净慈彦充、智者真慈、昭觉绍渊等十一人。本文就万庵道颜的禅法思想做一初步分析。

一 "法无定相，理绝去来"

万庵道颜在开示中特别突出"法无定相"的思想，他反复示众云：

> 法无定相，遇物斯形。事无固必，功成不宰。有时风

---

① 《嘉泰普灯录》卷十八《江州东林卍庵道颜禅师》，《卍续藏》第79册，第403页。
② （宋）道融：《丛林盛事》卷上，《卍续藏》第86册，第692页。
③ 同上。
④ 《大明高僧传》卷六《江州东林寺沙门释道颜传》，《大正藏》第50册，第923页。

高寥廓，不可得而亲疏。有时屈己伸他，不可得而甄狎。恁么则易，不恁么则难。世法佛法，俱成戏论。①

法无定相，理绝去来。道无古今，体离生灭。若离生灭去来，趣向法道，何异缘木求鱼，捕风系影。诸人欲识道法根源，便是生死根本。②

佛教的思想特质是般若性空思想，主张一切皆空，正如《金刚经》所云，"凡所有相皆是虚妄"，不管是出世佛法还是世间法，"俱成戏论"。万庵道颜"法无定相"的思想直接来源于印度佛教经论。《大般涅槃经》云："诸佛世尊说一切法悉无定相"，"一切诸法无有定相"。一切诸法无有定相，若有定相，则是生死相、魔王相，非佛法相，以无定相，故名为得；若有定相，所以为失。《金刚经》云：

无有定法名阿耨多罗三藐三菩提，亦无有定法如来可说。何以故？如来所说法，皆不可取，不可说，非法非非法。③

龙树菩萨在《大智度论》论证解说道：

以一切法各各无定相故，可转地或作水相；如酥、胶、蜡是地类，得火则消，为水则成湿相，水得寒则结成冰而为坚相。石汁作金，金败为铜，或还为石。众生亦如是，恶可为善，善可为恶。以是故，知一切法无定相故，用神通力变化，实而不诳，若本各各定相，则不可变。④

---

① 《联灯会要》卷十八，《卍续藏》第79册，第154页。
② 同上书，第153页。
③ 《金刚经》，《大正藏》第8册，第749页中。
④ 《大智度论》卷二十八，《大正藏》第25册，第264页。

如来所说之法，都是了悟真空妙理，可以性修而不可以色相取；可以心传而不可以口舌说。凡俗之辈执着如来所说文字章句，不悟无相实相之理，妄生知解。如来为化种种众生，应机随量，施种种方便，开诱化导，指示一切众生使其远离一切执着，凡夫往往不懂如来"法无定相"的深意。万庵道颜"法无定相"的思想也是对六祖慧能一系南宗禅精神的继承与弘扬。六祖慧能特别提倡"无念""无相""无住"的"三无"法门，成为慧能南宗禅一系的重要思想标志。他说：

> 我此法门从上已来，顿渐皆立无念为宗，无相为体，无住为本。何名为相无相？于相而离相。无念者，于念而不念。无住者，为人本性，念念不住，前念、今念、后念，念念相续，无有断绝，若一念断绝，法身即离色身。[1]

禅宗七祖南岳怀让禅师说："说似一物即不中""佛非定相"。

万庵道颜从进一步用"生者无生""始者无始"去解说"法无定相"。他示众云：

> 万物始于生生，生者无生。变化非于始始，始者无始。然则无生无始，物之性也。万物有性情，古今有死生。死故因于生，生故因于情，情积不休，生死流注。是以如来出世，演万行之因花；祖师西来，喝一乘之妙法。根性猛利、灵觉独存底，坐断报化佛头，以虾为目、借人鼻孔出气底，未免生死海里头出头没，是故名为可怜悯者。[2]

---

[1] 杨曾文校写：《敦煌新本六祖坛经》，宗教文化出版社2001年版，第19页。
[2] 《联灯会要》卷十八《江州东林道颜禅师》，《卍续藏》第79册，第154页。

佛教、禅宗均以生死解脱为本，达摩祖师西来提倡一乘妙法，无非是开导众生领悟"生者无生""始者无始"的"无生无始"的佛教真理，了生脱死，度生死烦恼之河。

万庵道颜从"法无定相"的思想出发，在实践开示学人中提倡"无门之门"的门风。他引用《楞严经》示众云：

> 圆通门户（引者按：万庵道颜住圆通寺），八字打开。若是从门入得，不堪共语。须是入得无门之门，方可坐登堂奥。所以道："过去诸如来，斯门已成就。现在诸菩萨，今各入圆明。未来参学人，当依如是法。"从上诸圣幸有如此广大门风，不能继绍，甘自鄙弃，穿窬墙壁，好不丈夫！敢问大众，无门之门，作么生入？良久云："非唯观世音，我亦从中证。"①

《楞严经》卷六云："过去诸如来，斯门已成就。现在诸菩萨，今各入圆明。未来参学人，当依如是法。我亦从中证，非唯观世音。"② 无论过去诸如来，还是现在诸菩萨都已入得"无门之门"，那么未来参学诸众生也只有"入得无门之门，方可坐登堂奥"，才能真正地解脱生死。既然诸圣幸有如此广大门风，那么参禅学道者应该自觉继绍无门之门的门风，不应该"甘自鄙弃，穿窬墙壁"。"法无定相"是从客观宇宙论上讲，"无门之门"是从实践修证工夫论上讲，两者实际上没有本质区别，落在心性论上讲，就是"即心即佛""万法唯心"的思想。万庵道颜说："欲识诸佛心，但向众生心行中识取。欲识常住不凋性，但向万物迁变处会取。"③

---

① 《联灯会要》卷十八《江州东林道颜禅师》，《卍续藏》第79册，第154页。
② （唐）天竺沙门般剌蜜帝译：《楞严经》，《大正藏》第19册，第130页。
③ 《联灯会要》卷十八《江州东林道颜禅师》，《卍续藏》第79册，第154页。

二 "当今住持惟得抱道衲子为先"

禅宗发展到唐末五代，丛林已相当腐败，参禅学道者，"多所慢易，丛林虽入，懒慕参求，纵或留心，不择宗匠，邪师过谬"；只是"急务住持，滥称知识，且贵虚名在世"。一旦"窃位住持，便谓我已得最上乘超世间法，护己之短，毁人之长……破佛禁戒，弃僧威仪"。① 至宋代，禅林腐败、衰微之风不但没有好转，反而愈演愈烈。宋代丛林的腐化、衰微，首先表现在丛林之主的住持身上。丛林住持侵吞常住，或"将常住尽滥为己有，或用结好贵人，或用资给俗家，或用接陪己知"②。万庵道颜揭露和批评了当时丛林住持"忘道德、废仁义、舍法度、任私情"③ 的"伤风败教为害甚者"的现象：

> 比见丛林绝无老成之士，所至三百五百一人为主，多人为伴据法王位，拈槌竖拂，互相欺诳，纵有谈说，不涉典章，宜其无老成人也。夫出世利生，代佛扬化，非明心达本、行解相应，讵敢为之？譬如有人妄号帝王，自取诛灭，况复法王如何妄窃？乌乎！去圣逾远，水潦鹤之属又复纵横，使先圣化门日就沦溺，吾欲无言可乎？属庵居无事，条陈伤风败教为害甚者一二，流布丛林，俾后生晚进知前辈兢兢业业，以荷负大法为心，如冰凌上行、剑刃上走，非苟名利也。知我罪我，吾无辞焉。④

---

① 《宗门十规论·护己之短好争胜负第十》，《卍续藏》第63册，第37页上—38页下。
② 《禅林宝训》卷二，《大正藏》第48册，第1028页。
③ 《禅林宝训》卷三，《大正藏》第48册，第1033页。
④ 同上。

按照丛林清规，住持（长老）本负有代佛扬化、续佛慧命的神圣职责。宋代《禅苑清规》云："代佛扬化，表异知事，故云传法；各处一方，续佛慧命，斯曰住持。"① 万庵道颜严厉批评当时"非明心达本、行解相应"之辈妄窃住持、烂称善知识的现象。作为住持，本来应代佛祖宣化，修道德，行仁义，遵礼法，应是丛林道德之典范，众僧学习之楷模，其言行应合佛陀之本怀。当时径山法音首座对万庵道颜说：

夫称善知识，当洗濯其心，以至公至正接纳四来，其间有抱道德仁义者，虽有仇隙，必须进之。其或奸邪险薄者，虽有私恩，必须远之。使来者各知所守一心同德，而丛林安矣。②

在万庵道颜看来，住持的首要任务不是从经济上、身体上安抚僧众，而是从道德上、修持上安抚僧众，"洗濯其心以至公至正接纳四来"，善于推举使用僧才，"以得抱道衲子为先"。据《禅林宝训》记载：

子韶（张九成）问妙喜（大慧宗杲）："方今住持何先？"妙喜曰："安着禅和子不过钱谷而已。"时万庵在座，以谓不然："计常住所得，善能撙节浮费，用之有道，钱谷不胜数矣，何足为虑？然当今住持，惟得抱道衲子为先。假使住持有智谋，能储十年之粮，座下无抱道衲子，先圣所谓'坐消信施，仰愧龙天'，何补住持？"子韶曰："首座所言极当。"③

---

① （宋）宗赜，苏军点校：《禅苑清规》卷七，中州古籍出版社2001年版，第94页。
② 《禅林宝训》卷三，《大正藏》第48册，第1033页。
③ 同上书，第1032页。

在万庵道颜看来,在道德仁义与银钱米谷之间,道德仁义"最为先务"。只要善于开源节流、量入所出、无使浪费,则钱谷不胜其多。假使住持有智能谋略,能储积十年之粮,而座下若无个抱守道德之人,则先圣谓之"坐消信施,仰愧龙天"①,何以堪任住持之位?正如与万庵道颜交往颇深的径山法音首座所言:

> 凡住持者,孰不欲建立丛林而鲜能克振者,以其忘道德、废仁义、舍法度、任私情而致然也。诚念法门凋丧,当正己以下人,选贤以佐佑,推奖宿德,疏远小人,节俭修于身,德惠及于人。然后所用执侍之人稍近老成者存之,便佞者疏之,贵无丑恶之谤偏党之乱也。如此,则马祖(马祖道一)、百丈(百丈怀海)可俦,临济(临济义玄)、德山(德山宣鉴)可逮。②

从禅宗发展的历史上看,达摩禅之能够流遍中国,深入社会,是因为有道信、弘忍之大祖,特别是慧能六祖,对达摩禅进行"中兴",奠定了禅宗在中国佛教史上的地位和作用,使得禅宗在以后几乎成为中国佛教的代名词。慧能南宗禅之能够在以后发展中,一枝独秀,"今布天下,凡言禅皆本曹溪"③,是因为得马祖道一、石头希迁。马祖禅因百丈怀海、南泉普愿而声名远扬。石头禅因药山惟严、天皇道悟而闻名于世。丛林中有德之宗匠,若得贤智之衲子,则如虎啸风冽,龙骧云起。或庵师体④和尚说:"夫为善知识,要在知贤,不在自贤。故伤贤者

---

① (宋)宗赜:《禅苑清规》卷八《自警文》,《卍续藏》第63册,第545页中。
② 《禅林宝训》卷三,《大正藏》第48册,第1033页。
③ 柳宗元:《赐谥大鉴禅师碑》,杨曾文校写《敦煌新本六祖坛经》附录,第145页。
④ 或庵师体(1108—1179),嗣护国景元禅师,南岳下十六世。

愚，蔽贤者暗，嫉贤者短。得一身之荣，不如得一世之名；得一世之名，不如得一贤衲子，使后学有师，丛林有主也。"[①] 人能弘道，非道弘人。同或庵师体一样，"惟得抱道衲子为先"的思想，反映了万庵道颜以道为重、振兴丛林、绍隆佛种的历史使命。

三　批判文字禅弊："博学强辩摇动流俗"

禅宗进入宋代，由参禅悟道变成了阐释"公案"的"拈古颂古"，禅宗宗风大变。临济宗系的汾阳善昭（947—1024）著《颂古百则》，云门宗系的雪窦重显（980—1052）步其后尘，宏其音，显其旨，汪洋乎不可涯。后之作者圆悟克勤，又出己意，"驰骋雪窦"，离之为《碧岩集》。《碧岩集》的流行、泛滥，引起了当时像死心悟新（1043—1114）、佛鉴慧勤（1059—1117）、万庵道颜等一大批禅僧大德的批判，但是皆莫能回其说，后生晚进照样视《碧岩集》为珍宝，朝诵暮习，谓之至学。在此风影响下，参禅学道者往往不顾道德之奚若，而以文采焕烂相鲜为美，心术大坏。绍兴初，文字禅泛滥积弊很深，大慧宗杲见学者朝诵暮习《碧岩集》，"牵之莫返，日驰月骛，浸渍成弊"，于是"碎其板，辟其说"[②]，倡导"看话禅"，批判流行的"文字禅"禅弊。受大慧宗杲批评文字禅的影响，万庵道颜深刻揭

---

① 《大正藏》第 48 册，第 1038 页。
② 宋代心闻禅师说："教外别传之道，至简至要，初无他说，前辈行之不疑，守之不易。天禧间雪窦以辩博之才，美意变弄，求新琢巧。继汾阳为颂古，笼络当世学者，宗风由此一变矣。逮宣政间，圆悟又出己意，离之为《碧岩集》。彼时迈古淳全之士，如宁道者、死心、灵源、佛鉴诸老，皆莫能回其说，于是新进后生珍重其语，朝诵暮习，谓之至学，莫有悟其非者。痛哉！学者之心术怀矣。绍兴初，佛日入闽，见学者牵之不返，日驰月骛，浸渍成弊，即碎其板，辟其说，以至袪迷援溺，剔繁拨剧，摧邪显正，特然而振之。衲子稍知其非而不复慕，然非佛日高明远见，乘悲愿力救末法之弊，则丛林大有可畏者矣。"（《禅林宝训》卷四，《大正藏》第 48 册，第 1036 页）

示了文字禅的流传演变及其"不顾道德之奚若,务以文彩焕烂相鲜为美"的特点。万庵道颜以古今对比的历史批评说:

> 少林初祖(菩提达摩)衣法双传,六世衣止不传。取行解相应,世其家业,祖道愈光,子孙益繁。大鉴(六祖慧能)之后,石头(石头希迁)、马祖(马祖道一)皆嫡孙,应般若多罗悬谶,要假儿孙脚下行是也。二大士玄言妙语流布寰区,潜符密证者,比比有之。师法既众,学无专门,曹溪源流派别为五。方圆任器,水体是同。各擅佳声,力行己任。等闲垂一言,出一令,网罗学者,丛林鼎沸,非苟然也。由是互相酬唱,显微阐幽,或抑或扬,佐佑法化,语言无味,如煮木札羹,炊铁钉饭,与后辈咬嚼,目为拈古。其颂始自汾阳,暨雪窦宏其音,显其旨,汪洋乎不可涯。后之作者,驰骋雪窦而为之。不顾道德之奚若,务以文彩焕烂相鲜为美,使后生晚进不克见古人浑淳大全之旨。乌乎!予游丛林及见前辈,非古人语录不看,非百丈号令不行,岂特好古?盖今之人不足法也。①

> 古人上堂先提大法纲要,审问大众,学者出来请益遂形问答。今人杜撰四句落韵诗,唤作钓话,一人突出众前,高吟古诗一联,唤作骂阵。俗恶俗恶,可悲可痛。前辈念生死事大对众决疑,既以发明未起生灭心也。②

宋代禅宗自汾阳善昭唱颂古之风起,"绕路说禅"的文字禅禅风日益弥漫丛林,且泛滥积弊很深。为了扶救"不顾道德,务以文采"的文字禅禅弊,宋代一大批诸老尊宿立足于禅宗"不立文字,教外别传,以心传心"的原则,对文字禅进行了批

---

① 《禅林宝训》卷三,《大正藏》第48册,第1033页。
② 同上。

判。雪窦重显的《颂古百则》，将颂古之风推向高潮。宋代很多后之作者，驰骋雪窦而为之。不顾道德之奚若，务以文采焕烂相鲜为美。大慧宗杲在《宗门武库》里讲述当时一个"驰骋雪窦"的故事：

> 峨眉山白长老尝云："乡人雪窦有颂百余首，其词意不甚出人，何乃浪得大名于世？"遂作颂千首，以多十倍为胜，自编成集，妄意他日名压雪窦，到处求人赏音。有大和山主者，遍见当代有道尊宿得法于法昌遇禅师，出世住大和称山主，气吞诸方不妄许可。白携其颂往谒之，求一言之鉴，取信后学。大和见乃唾云："此颂如人患鸦臭，当风立地，其气不可闻。"自是白不敢出示人。①

在万庵道颜看来，文字禅弊的最大危害，就是违背佛教戒、定、慧"三学"，"戒律不持，定慧不习，道德不修，专以博学强辩摇动流俗"。万庵道颜批评说：

> 丛林所至，邪说炽然，乃云："戒律不必持，定慧不必修，嗜欲不必去。"又引《维摩》《圆觉》为证，赞贪嗔痴、杀盗淫为梵行。乌乎！斯言，岂特起丛林今日之害，真法门万世之害也。且博地凡夫，贪嗔爱欲，人我无明，念念攀缘，如一鼎之沸，何由清冷？先圣必思大有于此者，遂设戒定慧三学以制之，庶可回也。今后生晚进，戒律不持，定慧不习，道德不修，专以博学强辩摇动流俗，牵之莫返。予固所谓斯言万世之害也。惟正因行脚高士，当以生死一着辨明，持诚存信，不为此

---

① 《宗门武库》，《大正藏》第47册，第955页。

辈牵引。①

　　至宋代，禅林中废戒律、弃礼法的禅僧，往往引用《维摩经》等大乘般若类经典中的只言片语，如《维摩经》所说的"入诸淫舍，示欲之过"（《维摩经·方便品》），"不断淫怒痴"，"三界是道场"（《维摩经·菩萨品》），"佛说淫怒痴性，即是解脱"（《维摩经·观众生品》）等，作为自己不持戒律、不守礼法的"证据"。"赞贪嗔痴，杀盗淫为梵行"，这完全是对大乘般若精神的歪曲利用和肆意践踏。同时，禅僧往往引用《圆觉经》等真常唯心论经典，如《圆觉经》所讲大乘菩萨"不厌生死，不爱涅槃；不敬持戒，不憎毁禁"，"诸戒定慧及淫怒痴，俱是梵行，众生国土同一法性，地狱天宫皆为净土，有性无性齐成佛道，一切烦恼毕竟解脱。"宋代丛林中的外道邪人往往滥用《维摩》《圆觉》等大乘经典，为自己不持戒律、不修道德的窳劣行为做辩护。参禅学道本以明心见性、生死解脱为本旨，而"戒是正顺解脱之本"。上述"戒律不持，定慧不习，道德不修"等言论，严重触犯了佛教戒律和禅门清规，违背了佛教以生死解脱为本的根本宗旨。《佛遗教经》云："戒是正顺解脱之本，故名波罗提木叉。依因此戒，得生诸禅定及灭苦智慧。是故比丘，当持净戒勿令毁犯。若人能持净戒，是则能有善法。若无净戒，诸善功德皆不得生。是以当知，戒为第一安隐功德之所住处。"② 禅宗丛林清规依然强调"参禅问道，戒律为先。既非离过防非，何以成佛作祖"③。万庵道颜对"专以博学强辩摇动流俗"文字禅弊的批判，具有深厚的经论基础和鲜明的现实意义，这也是他为什么"非古人语录不看，非百丈号令不行"

---

① 《禅林宝训》卷三，《大正藏》第48册，第1034页。
② 《大正藏》第12册，第1110页。
③ （宋）宗赜，苏军点校：《禅苑清规》卷一，中州古籍出版社2001年版，第1页。

的根本原因。

如来早就预言末法时代，必有邪师说法如恒河沙。《楞严经》载佛言："阿难！当知是十种魔于末世时，在我法中出家修道，或附人体，或自现形，皆言已成正遍知觉。赞叹淫欲，破佛律仪，先恶魔师与魔弟子淫淫相传，如是邪精魅其心腑，近则九生，多逾百世，令真修行，总为魔眷。命终之后，必为魔民，失正遍知，堕无间狱。汝今未须先取寂灭，纵得无学，留愿入彼末法之中，起大慈悲，救度正心深信众生，令不着魔，得正知见。我今度汝已出生死，汝遵佛语，名报佛恩。"① 万庵道颜对文字禅弊的批判，深刻地表现出他处于末法时代"起大慈悲，救度正心深信众生，令不着魔，得正知见"的菩萨精神，反映他自觉传佛心印、荷担如来家业的历史责任。

四　结　语

万庵道颜处于南宋初期，其禅法思想具有自己的特色。他虽师承圆悟克勤，尤善经论文字，曾"以学解自负"，但是从他开悟后的实际禅风来看，他并不提倡文字禅，反而对当时因文字禅盛行而产生的流弊进行了严厉的批评，试图重建以心传心、教外别传、不立文字之"古人浑淳大全"的简易祖师禅风。他开示说："我此间别无玄妙，只有木扎羹、铁钉饭，任你咬嚼。"② 从宋代禅风来看，丛林流行着从禅宗"教外别传、不立文字"发展、演变到游谈无根、毁弃经论文字的弊病。正如宋代惠洪禅师反复批评所言："禅宗学者，自元丰（1078—1085）以来，师法大坏。诸方以拨去文字为

---

① 《楞严经》卷九，《大正藏》第19册，第151页。
② 《续指月录》卷二《临安净慈肯堂彦充禅师》，《卍续藏》第84册，第33页。

禅，以口耳受授为妙。"[①]"方天下禅学之弊极矣，以饱食熟睡、游谈无根为事。"[②]客观地说，万庵道颜在禅与文字的关系问题上，只是严厉批评宋代文字禅的流弊，并未从理论上辩证分析禅与文字经教的关系，表现出某种"重禅轻教"的思想倾向。

万庵道颜嗣大慧宗杲，但是他并不提倡大慧宗杲努力推广的看话禅。万庵道颜在开示学人中，虽无临济"三玄三要""四宾主""四料拣"等具体门庭施设，但是依然保持"大机大用，脱罗笼，出窠臼，虎骤龙奔，星驰电激"[③]之临济祖师禅风的一面。万庵道颜示众说："祖师巴鼻，列圣钳锤，驱耕夫牛，夺饥人食。耽耽虎视，凛凛全威，如商君，如孙武令，有死无犯。除非久战沙场，嗅土知机，望风决胜，识进退存亡者聊通一线。若是己眼未开，以虾为目者，只了趁队吃饭，无自由分。"[④]

在士大夫禅学兴盛的宋代，一些参禅学道的丛林之辈偏离甚至背离佛法的出世精神，"谄奉势位，苟媚权豪，贱卖佛法"[⑤]，丧失佛教的主体精神和神圣性格。万庵道颜在士大夫中颇有影响，当时南宋中兴名相张浚之子、号称"东南三贤"之一的张栻（1133—1180）曾问道于他。张栻在"师曰闻声见色只如常"之后，"豁然有省"，乃留一首诗偈曰："闻声见色只如常，熟察精粗理自彰。脱似虚空藏碧落，曾无少剩一毫芒。"[⑥]万庵道颜强调在与士大夫交往中，凸显善知识的出世性格，始

---

① （宋）惠洪：《石门文字禅》，曾枣庄、刘琳主编《全宋文》第140册，上海辞书出版社2006年版，第157页。
② （宋）惠洪：《石门文字禅》，曾枣庄、刘琳主编《全宋文》第140册，上海辞书出版社2006年版，第121页。
③ 《人天眼目》卷二，《大正藏》第48册，第311页。
④ 《联灯会要》卷十八《江州东林道颜禅师》，《卍续藏》第79册，第153页。
⑤ 《禅林宝训》卷三，《大正藏》卷48，1029页。
⑥ 《历朝释氏资鉴》卷十一，《卍续藏》第76册，第246页。

终不忘出家人的本色，反对多方攀仰，"特为某官升座"①。《禅林宝训》高度评价万庵道颜：

> 万庵天性仁厚，处躬廉约。寻常出示语句，辞简而义精。博学强记，穷诘道理，不为苟止而妄随。与人评论古今，若身履其间，听者晓然如目睹。衲子尝曰："终岁参学，不若一日听师（万庵道颜）谈论为得也。"②

---

① 万庵曰："比见士大夫监司郡守入山有处，次日令侍者取覆长老，今日特为某官升座，此一节犹宜三思。然古来方册中虽载，皆是士大夫访寻知识而来，住持人因参次略提外护教门，光辉泉石之意。既是家里人，说家里两三句淡话令彼生敬，如郭公辅、杨次公访白云，苏东坡、黄太史见佛印，便是样子也。岂是特地妄为，取笑识者。"（《禅林宝训》卷三，《大正藏》第48册，第1033页）

② 《禅林宝训》卷三，《大正藏》第48册，第1034页。

天台宗与禅宗关系研究

——论禅宗"不立文字"与天台"一念三千"之理念汇通

周 骅 沈 建

(湘潭大学哲学系;湘潭大学哲学系硕士)

摘 要:天台智者大师在"十如是"说、"十界互具"和"三种世间"之理论基础上,承接慧思的"一念三观"的禅法,发展出"一念三千"的天台宗佛学理念,并由此推行出"止观"并重的修行方式。从形式上,禅宗不住文字的理念和不住定相的修行方式与天台宗严谨的佛学理念和严格的"止观"修行方式有很大的不同。但从根底上看,禅宗的无住禅修方式正是以天台"一念三千"理念为其修行的佛法基础,承接发展而来。

关键词:慧思 一念三千 不立文字 禅宗

天台宗经由慧文、慧思首开先河,到三祖智颢(智者大师)完全确立。天台宗的创立一改当时中国佛教领域内"南重义理,北重禅观"的各执一面之偏颇风气,开创了"教观双美,乘戒俱急"的弘扬佛法新道路。在教理上,天台宗以《妙法莲华经》为理论根据,并且在佛陀言传身教的基础上升华出"一念三千""圆融三谛"的一乘实相理论;在修行实践上,天台宗提倡定慧相资、止观辅行的修行方式。天台宗以开显佛法一乘实相的《法华经》为基础,其理论以学人明晓实相之理,实践以修持入定、契入佛境为宗旨,因此在知行二者上,它都将一乘佛法的弘扬推向了新的高度,推进了佛教在中国进一步的发展。

中国禅宗一脉自达摩东渡传法开始确立,在经由慧可、僧璨、道信、弘忍的衣钵传承,在六祖慧能之时大为兴盛,随后禅宗的发展呈现出五家七脉之景象,蔚然成风。禅宗以"教外别传,不立文字,直指人心,见性成佛"为传承之旨要,在修行形式上没有固定的法门,"行住坐卧,皆是修行,挑水砍柴,无非妙道"。禅宗认为,佛和轮回众生本无区别,只在一念迷悟之间,心迷即众生,心悟即成佛。因此,禅宗的宗旨是从最直接、最根本处即心上解决众生的生死轮回问题。

虽然从表面修行形式上,禅宗所表现出来的不住形式与天台宗所推行的"定慧双修,止观共持"大相径庭。事实上,禅宗和天台宗都是继承了佛陀大乘佛法的诸法实相理念,二者在现实的宗派传承上有互相融合、借鉴之处,在教义和宗旨上亦有互汇共融、同宗同源之处。

一 天台宗"一念三千"的实相论

"实相"在佛教里指法性,是所有经验世界在时空层面所展现出的相对存在(生灭变化)背后的最终原因和本质,亦即我们所感知到的世界万物的究极根源的本然实存相状。"一念三千"指在所有众生的任一一念的刹那当中就已经包含了三千大千世界的所有一切法性实相。而关于这种玄乎其玄的"一念三千"理念的论证,智者大师是通过《法华经》的"十如是说"、《华严经》的"十法界说"和《大智度论》"三种世间"观念为理论基础铺陈展开的。

1. "十如是"的"九九归一"和"三谛"的"会三归一"

关于"十如是",《法华经》记载道:

佛所成就第一稀有难解之法，唯佛与佛乃能穷尽诸法实相。所谓诸法如是相，如是性，如是体，如是力，如是作，如是因，如是缘，如是果，如是报，如是本末究竟等。①

这十种"如是"类似于西方哲学体系中的"范畴"概念，囊括了众生三界一切存在现象、一切诸法的存在状态及其相互关联、互为因果的互动关系。智𫖮大师对"十如是"解释道：

相以据外，览而可别，名为相；性以据内，自分不改，名为性；主质名为体；功能为力；构造为作；习因为因；助因为缘；习果为果；报果为报；初相为本，后报为末，所归趣处为究竟等。②

用现在的话来讲就是：相是不同事物各自呈现出的相貌，性是事物得以存在的内在本质，体是组织事物各自相貌的质料，力是事物得以运动的潜在可能性，作是力发生作用产生运动的展现，因指长期的前事业习为后事发生的原因，缘指推动促进事件进展的因素，果指业习在因缘之下形成的结果，报是结果对发生变化事物的影响，本末究竟等是从平等的角度来看待从"如是相"到"如是报"这前九"如是"都是一如的究竟之法。如果说，前九"如是"是现象界一切有为法的表征，那么第十"如是本末究竟等"就是从究竟、超越的角度来对它们还原，使之呈现出原本如是的平等一如的如来实相。智𫖮在对前九"如是"进行还原的过程进行了如下阐释：

---

① 《法华经·方便品》，《大正藏》第9册，第5页下。
② 《法华玄义》卷二上，《大正藏》第33册，第694页上。

如是本末究竟等者，相为本，报为末，本末悉从缘生，缘生故空，本末皆空，此就空为等也。又相但有字，报亦但有字，悉假施设，此就假名为等；又本末互相表帜，览初相，表后报，睹后报，知本相，如见施知富，见富知施，初后相在，此就假论等也。又相无相，无相而相，非相非无相；报无报，无报而报，非报非无报，一一皆入如实之际，此就中论等也。①

如上可知，从假和空两种角度都可以论等，但这两种都是有所指向、有所分别、有主客二分之性，因此这二种都具有经验的相对性，由此所得并非究竟之法；进而，从中论的角度出发，不执着相对层面的任何一方，无主无客、无前无后、无能无所，如此方能契入本末究竟的一如实相之境。因此，"'十如是'之最终落实于'本末究竟等'，即是究竟中道第一义谛"②。

另外，对于"十如是"智者大师智顗提出了三种读法，即"三转读"：

天台师云：依义读文，凡有三转。一云：是相如，是性如，乃至是报如；二云：如是相，如是性，乃至如是报；三云：相如是，性如是，乃至报如是。

若皆称"如"者，"如"名不异，即"空"义也；若作"如是相""如是性"者，点空相性，名字施设，逦迤不同，即"假"义也；若作"相如是"者，如于中道实相之"是"，即"中"义也。

分别令易解故，明空、假、中；得意为言，空即假、中。约"如"明"空"，一空一切空；点"如"明"相"，

---

① 《摩诃止观》卷五上，《大正藏》第46册，第53页中—下。
② 董平：《天台宗研究》，上海古籍出版社2002年版，第56页。

一假一切假；就"是"论"中"，一中一切中。非一二三而一二三，不纵不横，名为实相，唯佛与佛究竟此法，是十法摄一切法。①

这里，智顗大师通过对"十如是"的三种不同读法的阐释重新界定了空、假、中的三重意义。"十如是"说所呈现出的是处于经验层面的各有指向的前"九如是"中"九假论"和"九空论"最后"九九归一"归于究竟"如是本末究竟等"的一如究竟实相。同时，通过智顗大师的重新阐释所展现的"三谛观"也实现了"会三归一"的归于一如实相的究竟之境。因此，《法华经》中的"十如是"说和智顗大师的"三谛"是相互统一、纯粹共融的，二者所指向的究竟实相也是同一的。

2.《华严经》十界互具说

佛教认为宇宙之中存在十法界，亦即地狱界、饿鬼界、畜生界、人界、修罗界、天界、声闻界、缘觉界、菩萨界、佛界。此即"六凡四圣"，前六界为"六凡界"，后四界为"四圣界"。智顗大师从三个方面对十法界做出了解释：

> 法界者三义：十数是能依，法界是所依，能所合称，故言十法界；又此十法，各各因各各果，不相混滥，故言十法界；又此十法，一一当体，皆是法界，故言十法界。②

第一，从名相和修行层次的不同可以将众生分为十种，而他们所生活的场所又各自为界，十能依和十所依共同组成十法界。以此，十法界是所有众生存在的共同场所，可以看作一个

---

① 《法华玄义》卷二上，《大正藏》第33册，第693页中。
② 《摩诃止观》卷五上，《大正藏》第46册，第52页下。

共同称谓。

第二，根据不同层次的众生之因缘果报的不同规律，这十法界又互相为界，需加以明确区分。

第三，法界与法界的界限虽是限定了的，但是根据众生的修行层次确是可以在各法界中轮回穿梭的。众生心念的可变性导致十法界的分野可以随着众生的心念而并不具有绝对性，反而具有互具互足、互汇互融之相。

因此，从第三个意义上来看，每一法界的众生皆有进出任一法界的可能性，所以我们可以认为每一法界的众生都同时具足任一法界的特质，只是显隐各异而已，因此，我们也可以说各法界可以随着众生的心念而互相具足，相互涵容，从而任一法界都和其他所有法界互为依附、不可脱离。众生也会随着自己心念的转变而在不同法界中生死流转，六凡四圣的位置也是时刻变动着的。

尽管，智𫖮大师认为十法界互相具足的思想是十分玄妙究竟的，实乃唯佛方能证悟到的诸法实相之境。但这一思想在十法界之人界这一层面仍然具有很深刻的教育和引导意义，人所处的世界（人间）的面貌会随着人的心念和行为的改变而改变：杀戮太多，怨声载道，人间即是地狱；人间处处喜乐，人心私欲无多，人人平安祥和，人间即是天界；人人慈悲为怀，舍己为人，教化万物，人间即是菩萨界、佛界。因此，可以说，人作为六凡四圣之一，既有上升至诸佛菩萨境界的可能性，也不乏下堕为恶鬼、地域道的可能，一切唯人之当下一心一念的作用结果。故智𫖮大师教化道："行人当自选择，何道可从？"[①]故而，摆脱人间苦难、救人脱离生死轮回的关键不在于人之外的诸菩萨或者诸佛，而在于我们作为人之当下一刻的所作所为、所思所想，凡尘、净土也不过在于人的一念之间。

---

① 《法华玄义》卷二上，《大正藏》第33册，第696页上。

3. "三种世间"论

根据《大智度论》记载,世间分为三种,一是五阴世间,指构成众生的身心可观之差别相的质料,众生因所摄取的五阴类型不同而使自身的相状有所差别;二是众生世间,指由众生报业不同导致的因果关系的不同而表现出的不同相状,以人、佛、菩萨、鬼等名相来加以区别;三是国土世间,指众生借以生死轮回的依附环境,或天或地或水等。通俗地来讲,三种世间是以众生为基础展开的,五阴世间是构成众生不同相状的质料,众生世间是由众生自身所作所为而产生的因果关系导致的特定的因缘果报,国土世间乃众生的生活环境。

由十法界互相具通可知,一法界即含有十法界,十法界即含有百法界;又一法界有十如是,则百法界有千如是;再三种世间与千如是互具,即得三千世界。由此,智𫖮大师提出"一念三千"的观念:

> 夫一心具十法界,一法界又具十法界、百法界。一界具三十种世间,百法界即具三千种世间,此三千在一念心。若无心而已,介尔有心,即具三千。亦不言一心在前,一切法在后;亦不言一切法在前,一心在后。①

这里,最后一句揭示了"一念三千"所反映出的圆融之境,诸法实相只在众生一念之间,三千世界里的一切法皆因众生有心而存在,无心则无一切法,同时心与法的出现不分前后,也没有逻辑上的谁产生谁,二者可用"相即"表称,万般说法只为方便接引学人。"一念三千"是实相圆融之境,是凡夫不可思议之境,因为思议必有心念之动、必有前后之分:

---

① 《摩诃止观》卷五上,《大正藏》第46册,第54页上。

> 若从一心生一切法者，此则是纵；若心一时含一切法者，此即是横；纵亦不可，横亦不可，只心是一切法，一切法是心。故非纵非横，非一非异，玄妙深绝；非识所识，非言亦言，所以称为不可思议境，意在于此。①

实相整体是非凡夫可由意识心去思维得到的，一切事物圆融共在，无前无后，无因无果，无生无灭，一如法界，如如不动，湛然清净。

智颉大师通过整合"十如是""十界互通"和"三种世间"理念，引出"一念三千"的天台宗重要佛学理念。智颉大师在佛理上的步步推进、层层演绎是从凡夫之心可理解处开始的，"十如是"如相、力、因果等是任一法界都具有的可找到具体事物为例的名相，人间自有；十法界包含人界；三种世间的理论也是能被人的意识心理解的。因此，在众生之人的意识思维层面上，智颉大师的"一念三千"理念是可以被学人理解的。当然，诚如之前所述《摩诃止观》之言，一切言辞，心、佛、中、三界等名相都只是权设方便，实相之境深妙、圆融非言语所能描述。各种名相是假借的方便之说，世间所有的一切都不过是凡夫一心的显现。凡夫之所以难会佛境，只在凡夫当下一心迷故：

> 但明凡心一念即皆具十界。一一界悉有烦恼性相、恶业性相、苦道性相。若有无明烦恼性相，即是智慧观照性相。何者？以迷明故起无明，若解无明即是于明。……凡夫一念即具十界，悉有恶业性相，只恶业性相是善性相。……凡夫一念，皆有十界识名色等苦道性相，迷此苦

---

① 《摩诃止观》卷五上，《大正藏》第46册，第54页上。

道，生死浩然。①

凡夫心迷，迷则无明，无明就是不明自己的心本来就是清净污染的如来相。不过，即使心迷，这心之一念仍然具足三千世界的一切善恶性相，智𫖮大师曾用"一念无明法性心"来描述此心。众生不识本来面目，常以我为自名，擅立分别之心、相，并由之产生种种的人我、物我、善恶、正邪、生死等分别名相，此心不休，则分别不休，生死之轮常转不息。正是在"一念三千"和"一念无明法性心"的意义上，智𫖮大师强调若要转迷为悟、亲证菩提实相，必须在"心"上下功夫，由此显示出"观心"的重要意义。因此，在"一念三千"的理论基础上，天台宗实行"观心"的实修之法门。

二 禅宗直指究竟实相的修行法门，与"一念三千"理念相融

纵观天台宗由"一念三千"的佛学理念到"止观"的实修法门的知行演变之路，可简而述之：以凡夫无明之心意识为出发点，从十法界普遍存在的分别之相的基础上，各界互具，则一念含摄三千，心念一动即落分别相，即落三千法界中的一界，现种种众生相。而实相是本妙圆融的，无各种分别相、无各种相对法；但实相与凡夫所现相对相本来是一体不二的，只因众生心迷，执着于"我"，所以为求解脱，天台宗实行"观心"的实修法门。

然而，作为"教外别传"的禅宗一脉的修行方式与天台宗很不同，禅宗的理念是不从世间的相对法、不从各种分别名相谈起，最好是一个字都不讲，而是要求学人直接从实相之境上

---

① 《法华玄义》卷五上，《大正藏》第33册，第743页下—744页上。

契入。事实上，这是禅门独特的宗风，要求凡夫直接从心上契入，然而这种最究竟的修行之路却是需要其他教派之以各种分别名相说明人世间之相对法，使学人从思维意识上去明白世间无常种种，然后发心出尘牢、了生死，走上佛法修行之路。禅宗祖师运用各种教学方法，以求达到这种境界，这又称开悟。其核心思想为："不立文字，教外别传；直指人心，见性成佛。"意指透过自身实践，从日常生活中直接掌握真理，最后达到认识真正的自我，可以说是无相门。禅师一句话就让你当下顿悟心性，但是前提条件是禅师必须是开悟者，而你又必须是大根器。要具备这两个条件都殊为不易。

因此，禅宗之外的所有佛教法系派别，都是根据众生的根器分别设立，或教理使人明理，或戒律使人克己生定等都是修行的道路，而修行的真正目的，即是从凡夫之当下一念处着手，破除无明的我执，明心见性，直了成佛。因此，种种修行法门、教言名相，只是方便，学人须不执着于种种分别相，甚至不能执着于修行过程中的种种境界相，只需放下自我之心，契入无相无无相的圆融如来之境。

关于禅宗不落修行次第法门、直指如来究竟的公案不胜枚举，现系于本文天台宗与禅宗之题，特举慧能与法达一案：

> 法达禅师七岁便已出家，曾在数年内研读《法华经》近三千遍。因此，法达在求法于慧能大师时尽显傲慢之态，慧能见状，作偈示之曰："汝今名法达，勤诵未休歇。空诵但闻声，明心号菩萨。"法达闻听后，意识到自己犯了"但依文诵念，岂知宗趣"的修行错误。忙向六祖礼拜，请求开示。六祖道："此经元来以因缘出世为宗……汝慎勿错解经意，见他道'开示悟入'，自是'佛之知见'，我辈无分。若作此解，乃是谤经毁佛也。彼既是佛，已具知见，何用更'开'？汝今当信：佛知见者，只汝自心，更无别

佛！盖为一切众生自蔽光明，贪爱尘境，外缘内扰，甘受驱驰，便劳他世尊从三昧起，种种苦口，劝令寝息，莫向外求，与佛无二，故云'开佛知见'。"随后，六祖还指出，见性之后依然可以诵经礼佛，二者不相违背，并做偈曰：

"心迷法华转，心悟转法华。诵久不明己，与义作雠家。无念念即正，有念念成邪。有无俱不计，长御白牛车。"①

进而，六祖指出，以思维分别之心求佛，与佛越来越远，原因就在于心之度量；《法华经》中三车说也是方便权且设立的，佛法唯有一乘佛，无有余乘。方便法门只教学人去假归实，归实之后，实也无名，一切只是方便之名相，本无一法、一境界可得。学人切不可执着于方便法门，在幻城处停滞不前。

在慧能大师的再三开示下，法达终于有所领悟，亦做偈曰：

经诵三千部，曹溪一句亡。未明出世旨，宁歇累生狂？羊鹿牛权设。初中后善扬。谁知火宅内，元是法中王！②

这一公案是禅宗六祖慧能对勤诵《法华经》之人法达的开示。佛法的境界不是靠读经读出来的，文字、名相的说理只是方便之法，凡夫万不可执着于这些指月之指。禅宗不讲方便法，不论是读经或是坐禅都不是必要的，当然更不是充分的，禅宗直入究竟处，倡言人人皆是佛，自心即是如来藏，如此，人间即是佛土，何来修行成佛之说呢？历来的禅宗公案都是直指不可思议之境，让后来学人不去用因果的惯性思维方式来度量，以破分别、名相之心，契入古人悟道之因缘，以此明心见性。

---

① 《六祖坛经·机缘品》，《大正藏》第48册，第355页中—下。
② 同上书，第356页上。

因此，禅宗不讲形式的修行方式，所以才有"行住坐卧，皆是修行，挑水砍柴，无非妙道"的说法。

联系天台宗的佛性论，我们可以说，禅宗的修行方式是天台宗"一念三千"理论和"止观"修行法门向诸法实相的进一步延伸和靠近。"众生皆具佛性""当下即是净土""即心即佛"等禅语正好契合天台"一念三千"的理念，而禅宗一脉不定的修行法门也不离对心的关照，只是不注重外在的形式而已。南岳慧思是天台宗的开创者，智者大师是慧思最出色的学生。他从慧思处受得慧思独创的"一心三观"的阐发，并在此基础上进一步发展出"一念三千"的观法，把"禅法纳入止观理念中，构建了天台宗独特的教观兼备的思想学说，独开中华禅学"[①]。

禅宗是印度佛教中国化的典型形态，学界一般认为宋代是禅宗成熟鼎盛的时期。佛教中国化的过程并不是一蹴而就的，而是经历了对原始佛教的诸多创造性改造。从前面的分析可以看出禅宗早期的义理与天台宗之间的承接之处，禅宗在佛性论上与天台宗更是多有摄入与融通之处。慧思虽未另立所谓南岳教，但他在南岳所开创的道场对这一地区的佛教发展影响深远，特别是其后不断涌现出像禅宗南岳怀让、马祖道一等高僧大德，这与他的思想和精神得到持续传承和发扬有关。慧思为推动佛教中国化的进程做了巨大努力，推动了中国佛教的第一个宗派天台宗的诞生。

[①] 洪修平：《中国禅学思想史》，南京大学出版社1994年版，第54页。

唐代弥陀寺、宋代胜业禅寺与南岳祝圣寺的历史关系考证

旷文惠

(南岳区民族宗教事务局副局长)

摘 要：关于南岳祝圣寺的历史渊源，至晚从清朝以来的史志一直到最新出版的南岳志，普遍认为寺院是由唐代净土宗三祖承远和尚初创，从最初的弥陀台、般舟道场、弥陀寺沿袭而来。本文尝试从记录承远和尚的早期原始资料——吕温《南岳弥陀寺承远和尚碑》和柳宗元《南岳弥陀和尚碑》，结合南宋陈田夫著述《南岳总胜集》，对几百年来以讹传讹的说法进行考证和纠正。

关键词：承远 弥陀寺 胜业禅寺 古圣容寺 祝圣寺

一 以讹传讹的祝圣寺"前身"弥陀寺

位于南岳东街的祝圣寺，交通方便，历史悠久，名僧辈出，为南岳佛教规模最大的丛林，近现代以来一直是南岳佛教的活动中心，1983年被国务院确定为汉族地区佛教全国重点寺院。但是关于祝圣寺历史沿革的一些说法，尤其是唐代弥陀寺与祝圣寺关系的问题，至晚从清朝以来的史志上就已经有所混淆和模糊，一直以讹传讹，本文尝试对这些问题进行重点考证和澄清。

现在的祝圣寺,进入山门内,步上台阶,在天王殿殿前广场的右侧墙壁内,嵌有碑刻介绍:

祝圣寺

《一统志》载:大禹曾在此作清冷宫以祀舜。寺始建于唐天宝初年,名弥陀台,唐大历年间朝廷赐名般舟道场,唐贞元间改名般舟寺,五代楚王马殷将寺重建,名报国寺,宋初凌霄宫,宋太宗赐额改名圣业寺。至清代,湖南巡抚赵申乔为迎接康熙帝南巡,将寺扩建为行宫,后康熙南巡未至,将行宫改名祝圣寺,沿用至今。该寺名僧辈出,是南岳佛教五大丛林之一。

《大清一统志》卷二八一记载祝圣寺:

位于湖南衡山县西北约十七公里,即南岳之东南麓。慧思为开山,怀让、幻有正传、密云圆悟等皆曾居于此。唐代承远于此设立般舟道场,勤行念佛,故又称为弥陀寺。代宗大历(766—779)末年,赐"般舟道场"之名。后改为胜业寺。康熙十六年(1677)置行宫以来,改称圣禅寺。①

在清光绪九年(1883),李元度纂修的《南岳志》卷十九记载,南岳庙东南的祝圣寺,依承远弥陀台故地而建。

百年后,由湖南省地方志编纂委员会历时十年进行大型纂修的新编《南岳志》,对祝圣寺的历史也因循清志旧说:

---

① 《大清一统志》,清朝官修地理总志。从清康熙二十五年(1686年)至道光二十二年(1842年),前后编辑过3部:即康熙《大清一统志》,乾隆《大清一统志》,《嘉庆重修一统志》。《嘉庆重修一统志》不仅仅是嘉庆二十五年以前的清代地理总志,而且也包含了以往各代的地理志内容,因此,成了每一个研究中国历史、地理工作者的必读物,而受到官方、学者的重视;同时,它也为我们研究清史提供了许多宝贵的资料。可见,它的价值和重要性,超过了以往的任何一部地理总志。

寺院始建于唐天宝初年（743），为弥陀和尚承远所创，名弥陀台。当时，寺舍简陋。唐肃宗乾元元年（758），诏天下25寺各置大德7人，长讲戒律，南岳尤重。承远弟子日晤，选为首位，登台讲戒37年，每年度僧千人。后建精舍，名曰"般舟台"，专修念佛三昧，世称般舟和尚。承远另一弟子法照，于唐大历末（779）奉诏入长安撰《五佛念佛略法事仪赞》，代宗奉他为国师。他在朝廷极称其师为南岳大长老，有异德，代宗南向而礼，度不可征，乃名其居曰"般舟道场"。唐贞元中（785—805）复赐名"弥陀寺"。会昌中（841—846），武宗汰佛法，寺废。①

二 唐代承远和尚与弥陀寺

那么，唐代承远和尚创建的弥陀寺，真的即是延续至今的祝圣寺吗？首先就需要重点了解唐代弥陀寺的创建者承远和尚，关于承远和尚的事迹和思想资料，虽然不多，但最难得的是与其生活在同时代的两位闻人名士：吕温、柳宗元，为他撰写了碑传，具有非常高的研究价值。

吕温（772—811），字和叔，又字化光，唐河中（今永济市）人。德宗贞元十四年（798）进士，次年又中博学鸿词科，授集贤殿校书郎。贞元十九年（803），得王叔文推荐，任左拾遗。贞元二十年（804）夏，以侍御史为入蕃副使，在吐蕃滞留经年。顺宗即位，王叔文用事，他因在蕃中，未能参与"永贞革新"。永贞元年（805）秋，使还，转户部员外郎。历司封员外郎、刑部郎中。宪宗元和三年（808），吕温升任刑部郎中兼侍御史。因与御史中丞窦群、监察御史羊士谔等弹劾宰相李吉甫勾结术士惑乱朝政，先后被贬为均州刺史、道州刺史，一年

---

① 湖南省地方编纂委员会编：《南岳志》，湖南出版社1996年版，第175页。

多后（810）又改贬衡州刺史，但在衡州任上仅年余便病逝，世称"吕衡州"。吕温逝后，刘禹锡将其诗文辑为《吕衡州集》十卷（原集已佚，今十卷二百余篇为后人加工整理），后有《吕和叔文集》行世，《全唐诗》收其诗二卷百余首。

南岳弥陀寺承远和尚化灭于贞元十八年（802），在吕温担任衡州刺史期间（810—811），受怀念恩师承远的优秀比丘弟子惠诠、知明、道侦、超然等人所托，撰写了《南岳弥陀寺承远和尚碑》。①

而被誉为"唐宋八大家"之一的柳宗元，字子厚，河东解（现在山西运城）人。贞元九年（793）中进士，十四年（798）登博学鸿词科，授集贤殿正字。一度为蓝田尉，后入朝为官，积极参与王叔文集团政治革新，迁礼部员外郎。永贞元年（805）九月，革新失败，贬邵州刺史，十一月加贬永州司马。元和十年（815）春回京师，不久再次被贬为柳州刺史，政绩卓著。柳宗元于元和十四年十一月初八（819年11月28日）卒于柳州任所。世称"柳河东"，又称"柳柳州"。柳宗元应该是在永贞元年（805）被贬湖南后的某个时期应请撰写了纪念承远的《南岳弥陀和尚碑》。②

有了吕温和柳宗元的碑记，我们就可以大致了解承远的生平事迹。

承远（712—811），汉洲绵竹县（今四川绵竹市）人，俗姓谢。禀受天钟地灵，长得仪表堂堂，峨峨而有礼貌。他年少求学的时候，因为冥冥中宿世因缘的缘故，就感觉诗书礼乐是束缚人身心的桎梏、陷阱，经常闷闷不乐，不知如何逃离。有一次遇到一位佛教信士，在讨论中以《尊胜真言》质疑他的所学，承远听得很有兴致，非常开心，就好像以前早就听闻过一样，

---

① 《南岳弥陀寺承远和尚碑》收录于《全唐文》卷六百三十，《吕和叔文集》卷六题为《南岳大师远公塔铭记》。

② 《南岳弥陀和尚碑》录入《柳河东集》卷六，《全唐文》卷五百八十七。

深深打动了他的心弦,因此决意涕别慈亲,离家寻幽访道。①

在拜师访道的过程中:

> 初事蜀郡唐禅师,禅师学于资州诜公,诜公得于东山弘忍,坚林不尽,秘键相传。师乃委质僮役,服勤星岁,旁窥奥旨,密悟真乘。既壮游方,沿峡东下。开元二十三年,至荆州玉泉寺,谒兰若真和尚,荆蛮所奉,龙象斯存。历劫方契其幽求,一言悬会于灵受,爰从剃毁,始备缁锡。②

也就是说,承远开始以僮役行者的身份事奉四川成都的唐禅师(648—734)(唐禅师法名处寂,学承于资州智诜,智诜得法于湖北东山弘忍),一边打杂一边勤学佛法,在唐禅师于开元二十二年(734)圆寂后,承远又开始了参学游方。开元二十三年(735),沿长江三峡东下,到达湖北荆州玉泉寺,礼兰若惠真和尚(673—751)剃发出家。

兰若惠真和尚深知承远是"昂然古貌,森映高松"的佛门栋梁之材,因此:

> 真公南指衡山,俾分法派。越洞庭,浮湘沅,息于天柱之阳。③

就这样,承远依从师命来到了南岳衡山。承远在南岳通相律师座下受了具足戒,用心研学了南山四分律,很有自律独善

---

① 吕温:《南岳弥陀寺承远和尚碑》,《全唐文》卷六百三十,上海古籍出版社1990年版,第2815页。

② 吕温:《南岳弥陀寺承远和尚碑》,《全唐文》卷六百三十,上海古籍出版社1990年版,第2815页。柳宗元:《南岳弥陀和尚碑》的记载是:公始学成都唐公,次资川诜公,公学于东山忍公,皆有道。至荆州,进学玉泉真公。

③ 同上。柳宗元:《南岳弥陀和尚碑》的记载是:真公授公以衡山,俾为教魁,人从而化者以万计。

其身的心态,后来又远赴广州,去慈敏三藏慧日(680—748)那里参学,慈敏三藏教导他:"如来付受吾徒,用宏拯救。超然独善,岂曰能仁?"让他依照《无量寿经》,放下一切,专念修习念佛三昧,树积功德,以济群生。① 可以说,承远后来终其一生,以诵念阿弥陀佛的念佛三昧净土法门为旨,就是在这里奠定的基础。

> 天宝初岁,还于旧山。山之西南,别立精舍,号弥陀台焉。②

在唐天宝初年(743),承远三十三岁的时候,回到南岳衡山天柱峰南旧处,在山的西南边,另外创立一处精舍,名号弥陀台,专修弘弥陀净土法门。

承远在弥陀台的修行生活非常清苦,吕温《南岳弥陀寺承远和尚碑》记载:

> 草编茅,仅蔽经像,居靡童侍,室无斗储,一食不遇,则茹草而过,敝衲莫完,而岁寒自若。奉持赞叹,苦剧精至,恒于真际,静见大身,花座踊于意田,宝月悬于眼界。③

柳宗元《南岳弥陀和尚碑》对此的记载是:

> 公始居山西南岩石之下,人遗之食则食;不遗,则食土泥、茹草木。其取衣类是。南极海裔,北自幽都,来求

---

① 吕温:《南岳弥陀寺承远和尚碑》,《全唐文》卷六百三十,上海古籍出版社1990年版,第2815页。
② 同上。
③ 同上。

厌道。或值之崖谷,羸形垢面,躬负薪樵,以为仆役而媒之,乃公也。凡化人,立中道而教之权,俾得以疾至。故示专念、书涂巷、刻溪谷,丕勤诱掖,以援于下。不求而道备,不言而物成。①

陈田夫《南岳总胜集》据此记载:

始居山西南岩之下,人遗之食则食,不遗则食土泥茹草木,其取衣类是。南极海裔,北至幽都,来求其道,或之崖谷,羸形垢面,躬负薪樵,以为仆役。②

由于承远法师言传身教的道德感应,远近聆风而来归依闻教的人非常之多,就有了扩建道场的必要:

人皆负布帛、斩木石,委之岩户,不拒不营。③
于是大建法宇,以从人欲,轮奂云起,丹刻化成。走檀信于十方,尽庄严于五会,香花交散,钟梵相宣,火宅之烟焰皆虚,欲海之波澜自定。加以宝装秘偈,建幢台前;玉篆真文,揭碑于路左。施随求之印,以广销业累;造轮转之藏,以大备教典。④

而承远将弥陀台扩建为弥陀寺,当是在高僧法照成为其入室弟子后的事。高僧法照(?—821)在唐代宗永泰中(765—

---

① 柳宗元:《南岳弥陀和尚碑》,《全唐文》卷五百八十七,上海古籍出版社1990年版,第2628页。
② 《续修四库全书·史部·地理类》,第487页。
③ 柳宗元:《南岳弥陀和尚碑》,《全唐文》卷五百八十七,上海古籍出版社1990年版,第2628页。
④ 吕温:《南岳弥陀寺承远和尚碑》,《全唐文》卷六百三十,上海古籍出版社1990年版,第2815页。

766）从江苏东吴来到江西庐山结西方道场，在长久的入定观想中见到弥陀佛座下有个老比丘，启问是什么人，答道是"南岳承远。愿告吾土，胜缘既结，真影来现"。（柳宗元《南岳弥陀和尚碑》的记载则是：初，法照居庐山，由正定趣安乐国，见蒙恶衣侍佛者。佛告曰：此衡山承远也。）因此法照在惊慕中赶紧直奔南岳衡峰，一见到承远，完全契合定中所见，激动的悲喜流涕，于是执弟子礼，从其修学，后来传教天下。

法照在唐代宗大历末（779）辞别承远，朝谒山西五台山，被代宗皇帝诏入坛场内殿，成了领袖京邑的国师。法照在成为国师后，不忘本照，感念师恩，在代宗面前称颂他的师父南岳承远大长老有特别的德行，代宗皇帝面南礼敬，并且命名承远修行的道场为"般舟道场"：

> 奏陈师德，乞降皇恩，由是道场有般舟之号。①
> 在代宗时，有僧法照，为国师，乃言其师南岳大长老有异德，天子南向而礼焉。度其道不可徵，乃名其居曰般舟道场，用尊其位。②

由于承远的弥陀台般舟道场在十方信众的护持下建设得非常庄严气派，据南宋陈田夫《南岳总胜集》卷中"衡岳寺"条，寺前有唐李巽于贞元十七年（801）撰、罗中立八分书《五寺碑》，五寺为般若（今福严寺）、南台、万寿、华严、弥陀。在唐德宗贞元年间（785—805），法照国师再次上表，请求皇帝赐名弥陀寺：

---

① 吕温：《南岳弥陀寺承远和尚碑》，《全唐文》卷六百三十，上海古籍出版社1990年版，第2815页。

② 柳宗元：《南岳弥陀和尚碑》，《全唐文》卷六百三十，上海古籍出版社1990年版，第2628页。

贞元岁，其获分朝寄，廉问湘中，近照德辉，获探众妙。况灵岳直午，先皇本命，宜有上士，斯焉护持。表求兴崇，诏允诚愿，台虽旧号，其命维新，寺由是有弥陀之额。①

祠宇既具，以洎于德宗，申诏褒立，是为弥陀寺。②

弥陀寺在贞元十八年（802）七月十九日承远入灭前的几个月曾遭遇火灾焚毁，吕碑的记载是："先是忽告门人曰：国土空旷，各宜勉力。数月而灾火梵寺，周岁而吾师解形，此盖宝去山枯，龙移水涸，空旷之旨，乃明前知。"焚毁后的弥陀寺重建情况如何，因无资料记录，不得而知。即使有些规模，四十多年后的唐武宗会昌（841—846）灭佛运动中，估计也注定是在劫难逃了。据《南岳总胜集》卷中记载，唐宣宗时期（847—858）又赐额为般舟道场，北宋太平兴国中（976—984）赐名弥陀寺。

三　弥陀寺的位置

在唐开元二十三年（735），承远受其师兰若惠真和尚指点，来到南岳衡山，"息于天柱之阳"，期间远赴广州慈敏三藏处参学一段时间，后于天宝初年（743）回到衡山旧处，于"山之西南，别立精舍，号弥陀台焉"。后来随着信众的增多，弥陀台被扩建为一座庄严的大型寺院，又因为承远的得意门徒法照国师的努力，被唐朝皇帝先后赐名为般舟道场、弥陀寺。在弥陀台基础上由承远扩建而成的弥陀寺，伴随着承远在南岳六十几年

---

① 吕温：《南岳弥陀寺承远和尚碑》，《全唐文》卷六百三十，上海古籍出版社1990年版，第2815页。

② 柳宗元：《南岳弥陀和尚碑》，《全唐文》卷五百八十七，上海古籍出版社1990年版，第2628页。

的修行与教化,甚至在承远化灭前的几个月,"宝去山枯,龙移水涸",先自火焚,起着预示的感应作用。那么,弥陀寺到底在南岳的哪处方位呢?

"息于天柱之阳",是非常关键的点睛之语。根据由南宋朝南岳道长陈田夫的著述——于南宋孝宗隆兴二年(1164)付梓成书的《南岳总胜集》①描述,衡岳七十二峰,以祝融峰、紫盖峰、云密峰、石廪峰、天柱峰五峰灵迹最多,承远来到南岳,就是栖息于天柱峰之南修道。

《南岳总胜集》卷中"叙观寺"的"弥陀寺"条,非常清楚明确地指出了弥陀寺的具体位置:

> 在庙西北登山二十里,在弥陀峰下。仰望楼阁,如在画图中。唐宣宗赐额为般舟道场,本朝太平兴国中赐今额。②

"庙西北登山二十里",庙,当然指的是南岳大庙。岳庙的位置也非常清楚:

> 岳庙在紫盖峰南下、喜阳峰之西、集贤峰之东,吐雾面其南,轸宿踞其北,周围二三里,约八百余间。千杉翠拥,万瓦烟生。一水三朝,群峰四合。灵寿涧水,九流三叠,下注岛石,绕赤帝峰,分枝东流入庙内鸡鸣池,出棂星门外护龙池,西流合入涧,分注平野。本命司天霍王庙,以南方属火,配神曰祝融。③

---

① 由岳麓书社2000年出版的《南岳区志》,第14页"大事记":高宗建炎至绍兴年间(1127—1162),道人陈田夫,号苍野子,居南岳紫盖峰下九真洞老圃庵,往来南岳72峰间30余年,著《南岳总胜集》传世,第一次记述了72峰峰名及形胜。

② 《续修四库全书·史部·地理类》,第467页。

③ (宋)陈田夫:《南岳总胜集》卷上,《续修四库全书·史部·地理类》,第445页。

被誉为"江南第一大庙"的南岳庙，在秦汉时就已经存在。汉武帝时，因为衡山路途遥远，畏惧舟车劳顿之苦，便舍远就近，把安徽的潜山作为南岳来祭祀。借着陈朝慧思大师与其高足天台智者大师的功德巍巍，隋文帝时将国家对南岳的祭祀迁回衡山举行。为了方便朝廷派官祀岳，且在保留祝融峰巅之祝融殿的同时，于赤帝峰麓新建南岳神祠（即今南岳庙前身）。唐高祖武德初（618），南岳建司天霍王庙。① 其址一直原地未动。

弥陀寺"在弥陀峰下"，至于弥陀峰的得名，乃是来源于承远和尚的专念弥陀佛号得道。《南岳总胜集》卷上"弥陀峰"条说：

> 东北有岩，虚险而暗，室前数步不容足。古木怪藤荫蔽，闲无人迹。《旧记》云：昔人尝闻诵经声。传云：有高僧居岩不食，念弥陀佛号，朝廷征不起，后得道，因号弥陀峰。下有弥陀寺，赐般舟道场。②

在《南岳总胜集》里的绘图中，明确标示弥陀峰在天柱峰的西南。

因此，可以肯定的是，邻处南岳大庙东南方的祝圣寺，跟承远和尚创建庙西北登山二十里处的弥陀寺，乃是完全不同的两个地方。站在岳庙的位置看，方位完全相反。

四 从胜业禅寺到祝圣寺

南宋南岳道长陈田夫著述的《南岳总胜集》，卷中"叙观寺"中，不仅记载了弥陀寺，同时也详细载有"胜业寺"条：

---

① 《南岳区志》，岳麓书社2000年版，第12页。
② （宋）陈田夫：《南岳总胜集》，《大正藏》第51册，第1061页下。

胜业禅寺，在庙之东掖，古圣容寺也。或云夏禹建清冷宫以奉安虞舜之像（圣容即圣像也）。唐武宗朝废之。马氏据有湖湘，有掌诰夫人杨子莹施钱再建，改为报国寺，记云夏禹故宫也。政和中改为神霄宫，后复为寺。寝堂之西有庵名禹柏，庭际虽广，一柏尽蔽之。后有悦亭，面岳环匝如屏，题咏亦众。住僧文政四句云：山鸟无凡音，山云无俗状，引得白头禅，时时倚藜杖。东有老牧亭、真如轩，皆雅尚也。寺旧无泉源，住僧文政因载杉寻访岩谷间，得一泉脉，清甘尤益茶味，以禹故迹，遂筑亭于上，以为禅悦之所。寺有御书，本朝太平兴国年始更赐今额。葆真居士枢密折公彦质留题诗云：故宫余禹迹，胜地属僧家。古庙松阴合，幽亭竹影斜。岭云吟赏合，山鸟定中哗。谴逐成经别，空怀客路赊。寺有唐柳子厚撰弥陀和尚第二碑兼自书篆。我朝康肃公陈公尧咨撰修藏记。[1]

原来如此！南岳祝圣寺的前身，其实乃是胜业禅寺。胜业禅寺的历史何其悠久深长，在虞舜时期，舜帝"五月南巡守，至于南岳，如岱礼"（见《尚书·舜典》），后来禹治洪水至南岳，于山下建清冷宫以祀舜，宫里奉安虞舜的画像，在此处最早建的寺院（建寺具体时间不详），其名就叫作"古圣容寺"。就如同天下大多数的寺院命运，古圣容寺在唐武宗时期被废。五代十国时期马殷（852—930）占据湖湘（899年，湖南全境被马殷平定），有掌诰夫人杨子莹，发心布施钱财再建寺院，改名为报国寺，并且记载说这里以前是夏禹的故宫。宋太宗太平兴国年间（976—984）开始更赐寺名为胜业禅寺。在宋徽宗政和年中（1111—1118），胜业禅寺有一段时间改为道教的神霄宫，后来又恢复为佛教寺院。

---

[1] （宋）陈田夫：《南岳总胜集》，《大正藏》第51册，第1069页下。

南宋葆真居士折彦质（约1080—1160），在任职枢密院时（1136），来到南岳衡山，访到弥陀寺，正值寺僧外出，寺院里面并无一物，一问，得到的回答是：僧人都去村里居住谋生了，很久没来这里。他因此大发感慨，留有一绝云：

苔侵佛座突无薰，尽日飞尘渐塞门。虽是道人忘臭味，问君鼻口若为存。①

可见那个时期弥陀寺已经没落到衰败不堪的地步了。反观同时期的胜业禅寺，由于有高僧文政的住持，一片繁荣安宁的景象，折彦质在胜业禅寺也留题了诗句："故宫余禹迹，胜地属僧家。古庙松阴合，幽亭竹影斜。岭云吟赏合，山鸟定中哗。谴逐成经别，空怀客路赊。"可见不管是佛法的弘扬还是寺院的发展，都是因人而兴，因人而衰。

当时的胜业禅寺里，存有唐朝柳宗元撰写并自己书篆的弥陀和尚第二碑。其实弥陀和尚第二碑，铭刻的是衡山始弘律宗的"津大师"的大弟子日悟和尚（736—804）的事迹。日悟和尚为了去凡即圣，曾经服侍"紫霄远大师"，修习念佛三昧，"道场专精，长跪右绕，不衡不倚，凡七日者百有二十，而志不衰"。这个"紫霄远大师"，很可能就是承远。唐肃宗（756—762年在位）时"制天下名山，置大德七人，兹岳尤重，推择居首。师乃即崇岭，是作精室。辟林莽，刳岩峦，殿舍宏大，廊庑修直，不命而献力，不祈而荐货。凡南方人颛念佛三昧者，必由于是，命曰般舟台焉"。日悟和尚开创的精舍"般舟台"，是否就是后来的胜业禅寺址所？也不是没有这个可能，但是由于历史资料的不足，不能作肯定的推论。

从宋代的胜业禅寺到清朝康熙年间改名为祝圣寺，并一直

---

① （宋）陈田夫：《南岳总胜集》，《大正藏》第51册，第1076页中。

沿用此名至今，这段历史清晰无误，就以最新编的《南岳志》第六篇"寺观"中"祝圣寺"有关文记作为结尾：

> 明代，胜业寺经多次维修。衡州守将蒋芳镛对该寺进行了一次全面修缮，并置田租百余亩，供常住寺僧。清康熙44年（1705）湖南巡抚赵申乔为迎接康熙帝南巡，迁胜业寺于沙坪，就原寺建行宫。后康熙南巡未果，行宫封闭多年。至康熙53年（1714），逢康熙帝60晋1大寿，大湖南北诸宪台，齐诣南岳建"万寿国醮"。康熙特颁赐"龙藏"一部（共753函，1669部，7838卷）。湖广总督额伦特、湖南巡抚王之枢会衔提请仍以行宫为梵院，归祝圣于一刹，以贮《龙藏》。并命晓堂和尚承宣御藏。额伦特、王之枢又分别赠"祝圣长春""月印禅心"匾额，并建行台于寺内，为诏使停骖之所。此后，祝圣寺名，遂一直沿袭至今。①

---

① 湖南省地方编纂委员会编：《南岳志》，湖南出版社1996年版，第175页。

怀让禅师禅法特色简析

佟 伟

(泰山禅学研究所所长)

摘 要：怀让禅师是南宗禅承上启下的重要里程碑式人物，对于南宗禅的形成和发展起着重要的作用和影响。本文简述了怀让禅师的生平和悟道因缘，分析了怀让禅师的禅法特色。怀让禅师继承慧能直指人心顿悟成佛的禅学思想，在禅法运用上，继承了慧能平和平实的教授方法又有所发展。怀让禅师的禅法直接影响了后世禅风，为禅学发展做出了贡献。

关键词：怀让禅师 禅法特色 南岳禅系

中国禅宗源自印度。梁武帝时期，达摩祖师到中国传法，成为中国禅宗的初祖，后经二祖慧可、三祖僧璨、四祖道信、五祖弘忍、六祖慧能灯灯相传。之后，不再传法衣钵，分为南宗和北宗。禅宗的宗旨是明心见性，六祖慧能强调"不识本心，学法无益"，"心为万法之根本"[1]，不太重视经教以及坐禅，接

---

[1] 在《六祖坛经》中，慧能去世前开示弟子："后代世人，若欲觅佛，但识众生，即能识佛。佛即缘有众生，离众生无佛心。迷即佛众生，悟即众生佛。……我心自有佛，自佛是真佛。自若无佛心，向何处求佛。"（杨曾文校：《敦煌新本·六祖坛经》，宗教文化出版社2001年版，第71页）。

引学人直指人心直指直求。后世,"凡言禅,皆本曹溪"①。六祖的弟子怀让禅师来到湖南衡山,住般若寺观音台弘法,随机教化大弘禅宗心法,②南岳衡山成为南宗禅之南岳禅系发迹的地方。赵朴初有句名言:"谈中国的佛教,离不开禅宗;谈禅宗,离不开南禅;谈南禅,离不开南岳。"③南岳禅宗的开山祖师无疑是怀让禅师,他对于南宗禅的形成起着非常重要的作用和影响。

一 怀让禅师的生平与悟道因缘

1. 出生异象,惊动皇帝。在历代高僧记载里,一出生就惊动皇帝的大概只有怀让禅师了。怀让禅师,俗姓杜,金州安康人。唐仪凤二年(677)四月八日出生。他初生之时,有六道白气,直贯天空。当时朝廷中掌管天文历法的太史发现了此一天象,连忙进奏唐高宗,唐高宗问是何吉兆,太史回答:"在金州安康之地,国家有幸将出现一位圣人,对世间荣华富贵不感兴趣。"金州太守韩偕核实后汇报到朝廷,高宗听了大喜,令韩偕

---

① 柳宗元:《曹溪第六祖赐谥大鉴禅师碑并序》,载《全唐文》卷五百八十七,上海古籍出版社1990年版。

② 印顺在《佛法是救世之光》一文中说:禅宗,达磨传于北魏者,本为真常唯心之禅。芟夷名相,直指众生自心本净,即心即佛。学者推仰此宗,谓佛以传迦叶,祖祖相传之心印。初以《楞伽》印心,学者兼存文记。迨六传至唐慧能,得法于弘忍。"即心是佛,无心是道";"唯明见性",创开南禅宗旨,乃大行于中国。

③《赵朴初与南岳》(作者:自生):1988年盛夏的一个晚上,吴立民和湖南省宗教局梁志高局长及南岳的同志,应邀到南小栓胡同拜访赵朴初。在谈到禅宗网络时,吴立民说:"禅宗六祖后,出现了两个七祖和两个八祖。青原行思和马祖道一在江西,南岳怀让和石头希迁在湖南,这以后,禅宗的大师不在江西,就在湖南,所以,当时的学人拜访高师,不去江西,就去湖南,所以有'跑江湖'的说法。"赵朴初说:"这个'跑湖江',现在已经是贬义词了。"话音一落,大家都笑了起来。接着朴老说:"谈中国的佛教,离不开禅宗;谈禅宗,离不开南禅;谈南禅,离不开南岳;南岳是出祖师爷的地方。"从此,这句名言出现在南岳的各种文献里,南岳各界耳熟能详。

代表朝廷前去杜家慰问并表示祝贺。《五灯会元》《新编曹溪通志》《指月录》《南岳单传记》《古尊宿语录》均有记载。①

2. 谦让得名,少年出家。怀让父亲名光奇,家中有三个儿子,其中应祥瑞而生的是小儿子,他五岁就心怀谦卑恩让,不与人争斗吵闹,因此父母给他取名为怀让。《南岳单传记》《释氏稽古略》《五灯会元》说他"年十岁惟乐佛书"。当时三藏法师玄静来家里,玄静对怀让印象深刻,告诉其父母:"这孩子假如出家为僧,将来一定有出息。"②《古尊宿语录》及《新编曹溪通志》中言:家有三子,惟师最小。年始三岁,炳然殊异。性惟恩让,父乃安名怀让。至年十岁,惟乐佛书。时有三藏玄静,过舍见而奇之,告其父母曰,此子若出家,必获上乘广度众生。至垂拱三年方十五岁,辞亲往荆州玉泉寺,依弘景律师出家。弘景律师是当时有名的高僧,精于律仪,教宗天台,译经著述,硕果累累。怀让在玉泉寺依止学识渊博的弘景律师,一学就是十二年。在玉泉寺受具足戒。受戒后继续学习律藏。至唐久视元年(700)七月十八日,怀让感叹道:"自从受戒以来,已经过了五回坐夏,虽然广学威仪之法,仪表庄严,可是对于我要追求的真理,却那么难以契合!"又说:"出家人应当学习无为法,天上人间,哪有比无为法更好的呢?"③ 这些话正

---

① 《祖堂集》记载更加详细:怀让和尚嗣六祖,在南岳,姓杜氏,金州人也。初生之时,有六道白气应于上像。仪凤二年四月八日生,感此瑞气,刺使瞻见,奏闻高宗。帝曰:"此气何瑞?"太史曰:"国之法宝,非染俗贵,在于安康、金州分野。"时金州太守韩偕具录奏上,帝曰:"僧瑞宜加善庆。"敕韩偕亲往存毓。厚赐安慰。

② 《祖堂集》:是时杜氏名曰光奇,家内有三子。于三子中其应瑞生者,年近五岁,炳然殊异,心怀恩让,不与竞。父母号之名为让。子至于十载,唯爱佛经。有三藏玄静过舍说法,告光奇曰:"此子出家之后当获上乘,至幽至微,会于佛理。"垂拱四年,年始十五,拜辞父母,往荆州玉泉寺事弘景律师。

③ 《古尊宿语录》:通天二年受戒。习毗尼藏。一日叹曰。夫出家者。当为无为法。天上人间无有胜者。遇同学坦然。相与谒嵩山安公。安令诣曹溪。其见六祖悟缘。具六祖章中。师既得法。侍祖复十五年。

好被同学坦然听到了，知道他志气高迈，于是建议他趁着年轻外出云游，遍访大德。

3. 受慧安禅师教导，继而追随六祖大师。 怀让听从了坦然的建议。当时禅宗五祖弘忍大师的再传弟子慧安禅师正在河南嵩山演说禅宗，他们二人慕名去参访，得到了慧安的悉心教导。《新编曹溪通志》言：通天两年受戒后，习毗尼藏，次谒嵩山安和尚。安启发之，乃直诣曹溪参六祖。二人与慧安曾有一段禅机问答，他们问："如何是祖师西来意？"慧安答："何不问自己意？"问："如何是自己意？"答："当观密作用。"问："如何是密作用？"慧安眨眨眼睛向他们示意。这番请益后，坦然当下就明了真心，留在慧安身边，不再他往。

4. 得到慧能大师培养并授记。 慧安禅师是神秀禅师的高足，怀让禅师没有止步满足亲近，而是感到机缘还不具足，没有悟透，于是慧安举荐他到曹溪慧能处参访。① 在慧能大师的指点下，通过十五载的修学，怀让禅师终于得到六祖慧能大师的禅法精髓，得到了南宗禅法的精髓。

慧能大师对弟子的培养总是别具一格不同凡响，难怪他门下高徒满堂。六祖一见怀让就问："从什么地方来？"怀让回答："我从嵩山慧安和尚处来。"② 再问："是什么东西这样来？"怎么回答？《祖堂集》记载是怀让答道："说像个东西，就不对了。"

而《古尊宿语录》《五灯会元》《南岳单传记》等典籍记

---

① 《祖堂集》：时有坦然禅师，睹让嗟叹，乃命云游，博问先知。至嵩山安和尚处，坦然问西来意话，坦然便悟，事安和尚。师乃往曹溪而依六祖。

② 《传法正宗记》：祖问："甚么处来？"曰："嵩山来。"祖曰："甚么物，恁么来？"师无语，经八载忽然有悟，乃白祖曰："某甲有个会处。"祖曰："作么生？"师曰："说似一物即不中。"祖曰："还假修证否？"师曰："修证则不无。染污即不得。"祖曰："祇此不染污，诸佛之所护念。汝既如是，吾亦如是。西天般若多罗，谶汝足下出一马驹踏杀天下人。病在汝心，不须速说。"师执侍左右一十五年。

载是:"六祖问:什么处来。师云:嵩山安和尚处来。祖云:什么物与么来。师无语。遂经八载,忽然有省。"当时怀让禅师一下子蒙住了,竟然无语,没法回答,但六祖的提问在他脑海盘旋了八年,笔者认同这种记载。在六祖身边八年,怀让这样回答了老师的提问:"乃白祖云:某甲有个会处。祖云:作么生。师云:说似一物即不中。"其实,这个答案就非常圆满了,但是六祖又提出勘验的第二道考题,看他是否真悟,就问:"现在你已心地澄明,圆通无碍,不知你认为还要继续修证吗?"六祖不愧是大师,这个问题又是圈套,回答是否都偏颇,怀让在六祖身边八年的时光没有白费,他回答说:"修证即不无,污染即不得。"慧能听了很高兴,知道他已顿悟,印可了他:"这个不污染的心,正是诸佛护念的心。你是这样,我也是这样。"(据《古尊宿语录》卷一)怀让跟随六祖十五年,六祖问了他关于悟和修的两个关键问题,一个是"你从哪里来",第二个是"需要修证吗",怀让交了一份圆满的答卷,于是他毕业了。

5. 弘法衡岳,发现并培养"千里马"。唐玄宗先天二年癸丑岁(713),六祖示寂后,南岳怀让即遵师嘱,辞别韶州曹溪祖庭,来到南岳般若寺,开始独立门庭,弘传南禅顿悟法门,开南岳一系,世人尊为"南岳怀让"。

慧能临终所举弟子十人中,并没有怀让。[①] 后世认为慧能大师最有影响的弟子要数神会禅师,甚至在当时神会禅师就被尊

---

① 《景德传灯录》卷五及《传法正宗记》卷七中,记慧能法嗣有四十三人之多,其中便有青原行思、南岳怀让、温州玄觉等。曹溪门下人才济济,想必怀让当时只是并不崭露头角的人物;或如宇井伯寿《禅宗史研究》、印顺法师《中国禅宗史》考证,慧能入灭时他已离开曹溪。张正甫《衡州般若寺观音大师碑铭》(见《全唐文》卷六一九)说:"师以后学弱龄,分为末席;虚中而若无所受,善闭而唯恐有闻。能公异焉,置之座右。"据此,怀让曾受学于慧能当是事实。圭峰宗密也认为:"南岳观音台和上,是六祖弟子。本不开法,但山居修道。"(《圆觉经大疏钞》卷三之下)因重个人潜修,声望不高,后因道一而闻名。

为"禅宗第七祖"。可是到后来怀让禅师却成为"禅宗七祖",其原因无非是:神会禅师后继乏人,而怀让禅师门下出了一个不可多得的马祖道一,且后来马祖道一禅师门下又出了一个百丈怀海禅师,使怀让禅师的禅法得以大力弘扬,很快就占据了领导地位,成为禅宗的主流体系,这使怀让禅师的禅法最终成为南禅的正统与主导。

慧能南宗禅法的特点是提倡直指人心,反对心外求法。怀让禅师继承了这一点,在日常生活的见闻觉知中去引导学人,对接机方面更有所创新,其中对道一的点化被后人树为楷模。道一在南岳般若寺旁草庵前的石头上坐禅,凡有来访者,他都不理,他沉浸在自己对佛法的理解里,怀让一看就知道他这种修法是病非禅,于是问道一:"你坐禅是图什么?"道一回答:"为了成佛。"怀让禅师的高明在于他针对道一的执着采取了类似现代行为艺术的指点方式,就地取一块砖头,在石头上磨了起来。开始道一也不加理睬,然而时间一久,道一不禁问:"大师,您这是干什么?""我想把这块砖头磨成镜子。"自古有铁杵磨针的故事,那是有其合理性,但磨砖成镜违反生活逻辑。道一满腹疑虑:"砖头怎么能够磨成镜子呢?"怀让以反问回答:"砖头不能磨成镜子,那么坐禅又怎么能够成佛呢?"这正是怀让禅师的目的,让道一迷途知返,返照自己:"那么请教大师,到底如何修持,才能成就佛果?"

怀让趁热打铁,指出道一的问题是没有领悟成佛的实质而被形式迷住了,并直接告诉他,也是告诫后世修行人:汝学坐禅,为学作佛。若学坐禅,禅非坐卧。若学作佛,佛非定相。于无住法不应取舍,汝若坐佛即是杀佛。若执坐相,非达其理。就像牛车陷在泥潭中,启动车的是牛不是车,身体如车,心如牛,只有心悟才是成佛的关键。一切法皆从心生。心无所生,法无所住。若达心地所作无碍。道一至此恍然大悟,一代高僧从此诞生，不但应验了六祖的预言①，也开启中国禅宗的新气象。② 怀让禅师的门徒众多，《传法正宗记》说：他在南岳居般若精舍，四方学者归之。受到怀让禅师亲自印可的就有六人，③其中以马祖最为著名。

6. 圆寂于衡岳，寿六十八。 怀让禅师于唐玄宗天宝三年八月十日圆寂，世寿六十八，僧腊四十八。道一大师为纪念先师，建立最胜轮之塔。唐敬宗时，追谥"大慧禅师"。他的弟子将怀让禅师的法语编录成《南岳大慧禅师语录》通行于世。

二　怀让禅师禅法的鲜明特色

就禅宗的发展史来看，怀让禅师是承上启下的重要里程碑式人物，对南禅的传播及其发展有重要影响。可以说，如果没有怀让禅师，就没有马祖道一，就没有马祖建丛林百丈立清规，就没

---

① 据《祖堂集》记载："祖云。先师有言。从吾向后。勿传此衣。但以法传。若传此衣。命如悬丝。惟示道化。听吾偈曰。心地含诸种。普雨悉皆萌。顿悟华情已。菩提果自成。汝向后出一马驹。踏杀天下人。应在汝心。不须速说。师侍奉一十五载。"可见慧能大师对怀让禅师的禅法是肯定的。同时也预示出马祖道一禅师将是禅宗发展史上人才。

② 后来，道一行迹江西，怀让禅师也肯定了他。《新编曹溪通志》：师问众曰："道一为众说法否？"众曰："已为众说法。"师曰："总未见人持个消息来。"众无对，因遣一僧去，嘱曰："侍伊上堂时，但问作么生。伊道底言语记将来。"僧去一如师旨，回谓师曰："马师云：'自从胡乱后，三十年不少盐酱。'"师然之。

③ 关于怀让禅师的弟子，《传法正宗记》说有九人："故其所出法嗣凡九人。一曰江西道一者。一曰南岳常浩者。一曰智达者。一曰坦然者。一曰潮州神照者。一曰扬州严峻者。一曰新罗国本如者。一曰玄晟者。一曰东雾法空者。"但《古尊宿语录》、《指月录》、《五灯会元》说有六人："示徒云。一切万法。皆从心生。心无所生。法无能住。若达心地。所作无碍。非遇上根。宜慎辞哉。僧问。如镜铸像。像成后光归何处。师云。如大德未出家寺相状。向什么处去。僧云。成后为什么不鉴照。师云。虽然不鉴照。谩他一点不得。师入室弟子六人。各印可也。汝等六人同证吾身。各契其一。一人得吾眉。善威仪（常浩）。一人得吾眼。善顾盼（智达）。一人得吾耳。善听理（坦然）。一人得吾鼻。善知气（神照）。一人得吾舌。善谈说（严峻）。一人得吾心。善古今（道一）。"

有沩仰宗和临济宗，或许后世的中国禅宗历史会是另一幅模样。[①]

1. 怀让禅师禅法特色的第一个特点：以浅易的大乘顿悟法门接引启示，面对学人困惑，直指人心，使之明见自性。禅宗承奉"不立文字，教外别传"和"直指人心，见性成佛"的宗旨，强调要在心性上用功。慧能提出自性是佛，特别强调，何期自性本自清净，何期自性本不生灭，何期自性本自具足，何期自性本无动摇，何期自性能生万法。自性本来清净无染，修行者应自悟自心，不须外求。怀让禅师继承了慧能曹溪禅法的精髓，突出了心性"心含万法""心生万法"的重要地位，突出了南宗禅的直指人心明心见性的顿悟法门作用。在《南岳单传记》中，怀让禅师这样开示：一切万法，皆从心生。心无所生，法无能住。若达心地，所作无碍。非遇上根，宜慎辞哉。僧问：如镜铸，像像成后，光归何处？师云：如大德未出家时，相状一向什么处去？僧云：成后为什么不鉴照？师曰：虽然不鉴照，谩他一点不得。

见性是禅宗的根本目的，是古今参禅人的第一要事。所谓见性，即开发自性，彻见自己本来心性，自觉到本来具有的佛性。人人本来具有真常心性，即世界的本源，世界上万事万物都是由此派生出来的，人人都具有成佛的可能性，只要能认识到自我的本源心性，就能成佛。禅宗主张自证自悟，不强调经典说教，也不重视外在形式的修持，顿悟论是慧能南宗禅法的

[①] 2009年第9期《磨镜台》发表了时任国家宗教事务局局长叶小文的《禅宗三大特色的现代启示》，其中有言：禅宗的历史，是一段令中国佛教自豪和骄傲的历史。佛教是由印度传入的，但禅宗却是佛教完全中国化的产物。隋唐以后，随着禅宗以及天台宗、净土宗等诸宗的创立，改变了佛教讲坛上原来由外来僧人主宰的局面，标志着中国佛教进入了一个崭新阶段。从此，产生了一大批中国本土的高僧，像智者大师、善导大师、六祖慧能、南岳怀让、石头希迁、马祖道一、百丈怀海等法门龙象，他们灿若群星，薪火相传，续佛慧命，共同参与创造了中国化的佛教，也为创造辉煌灿烂的中华文明作出了贡献。这许多高僧中，有很多出自南岳。南岳不愧是禅门圣地、"天下法源"。

核心理论，慧能在《坛经》中对"顿悟"作了说明：何以顿渐？法即一种，见有迟疾，见迟即渐，见疾即顿。法无渐顿，人有利钝，故名渐顿。

怀让禅师高扬顿悟法门旗帜，主张当下明心见性，破除学人执着与束缚，达到明心见性的目的。

2. 怀让禅师禅法特色的第二个特点：破除形式主义，明确禅修目的，从而使学人获得解脱得到清净。怀让以"修证即不无，染污即不得"和"说似一物即不中"而得到慧能大师印可。"磨砖作镜"公案，就是怀让禅师主要禅法思想和禅法特色的体现。怀让禅师认为：禅并不是一种坐卧的形式，而在于内心是否清净；佛也不是一种固定不变的形象，而只是一种觉悟人生真谛的真理。如果有人执着于成佛要从坐卧等种种形式上求得，那便是对佛法最大的歪曲，不能证得解脱。《坛经》中记载，六祖为薛简说法时明确指出："道由心悟，岂在坐也。"[1] 同样，六祖也明确告诉弟子志诚，住心观静长坐不卧这种修行方式"是病非禅"![2] 怀让禅师的"无等而常、不住而至，禅非坐卧、佛非定相，以及修证不无、染污不得"等思想完全体现了他对六祖思想精髓的继承和发扬。

禅不在坐卧，存在于每个人的心中，须体认本心。禅教大法的目的是要学人了悟本体心性，觉悟成佛。参禅悟道的人只有通过自己体验证悟，无须向外寻求，众生的本来面目和具有的佛性不可能丢失，也没有必要四处寻找，就在自己心中。一旦涉及言语文字，执着外求，便会失掉真实。《法华经》说，佛

---

[1] 《坛经》：六祖为薛简说法。薛简曰：京城禅德皆云，欲得会道，必须坐禅习定。若不因禅定而得解脱者，未之有也。未审师所说法如何？师曰：道由心悟，岂在坐也？经云，若言如来若坐若卧，是行邪道。何故？无所从来，亦无所去，无生无灭，是如来清净禅。诸法空寂，是如来清净坐。究竟无证，岂况坐耶？

[2] 《坛经》六祖为志诚说法。师曰：汝师若为示众。对曰：常指诲大众，住心观静，长坐不卧。师曰：住心观静是病非禅。长坐拘身，于理何益？听吾偈曰：生来坐不卧，死去卧不坐。一具臭骨头，何为立功课。

以种种因缘，种种譬喻，广演言教，无数方便，引导众生，令离诸著，禅其实也是以种种契理契机方便善巧，随方解缚，灵活破执而已。怀让禅师根据学人根基或直截了当告诉其修行误区，或用隐喻比喻的方式令其明白参禅目的，不拘一种形式开示学人。

3. 怀让禅师禅法特色的第三个特点：语言风格清新自然，传法手段任运自然随缘不变。禅宗认为佛法乃一种终极真理，不可以言语诠说，强调不立文字①，是为了破除语言文字对禅宗学徒体悟自性的障碍，使学人从对语言文字的执著、迷妄中解脱出来。禅宗祖师在接引学人时主张以心传心，往往采用独特的禅教方式，采用种种形象直觉的方式，来表达或传递佛性、自性、如来藏等如如不动不可言表的东西，从而顿悟自心明心见性。据《宋高僧传》卷九记载，马祖道一禅师曾总结南岳怀让的思想说，其道存乎妙者，无待而常，不住而至，能事集矣。五代鼓山神宴国师开示：历来祖师弘扬禅教大法，都是因为人心意识有差别，故而应机接物，对症下药，处方也不同，必须破除世俗迷执和对事物虚幻不实的妄念，除掉有，也除掉空，才能切中禅道。语言和文字，既不能准确表达禅机，又不能显示事物的真实面貌。如果执着于言语文字，必然迷茫丧失真实。任运自然，随缘不变，南岳怀让的这种洒脱灵活的禅风，对后世产生了重要影响。他的弟子马祖道一禅师就是进而采用棒喝方式来教化弟子，其目的就是为了破除对文字的执着，从而心向内求，内证自悟。

4. 怀让禅师禅法特色的第四个特点：接引弟子所显示出的教学特色平易平和、朴实稳健，但是比起慧能又有创新。《佛祖

---

① 释迦牟尼佛在灵山会上以"拈花微笑"的方式示众说法。据《五灯会元》卷一载：世尊在灵山会上，拈花示众。是时众皆默然，唯迦叶尊者破颜微笑。世尊曰："吾有正法眼藏，涅槃妙心，实相无相，微妙法门，不立文字，教外别传，付嘱摩诃迦叶。"

历代通载》卷十三对怀让传法有如下记载：

> 或微言折理，辨士顺风而杜其口；或杖屦将撰，山灵借留而现于梦。远自梁益，近从荆吴、云趋影附、风动川至。灵山圣会古今一时，至矣哉未始闻也。①

这样的评价在怀让的后嗣弟子的相关故事中均有记载。

在禅法运用上，怀让继承了慧能祖师平实的教授方法，但他又发展了慧能的接机方式。他不拘一格的培养方式，对后世禅法的盛行起了促进作用。南禅宗禅法从慧能始主要采用正面的说法和引导来传授禅法，从怀让开始则逐步变化，从语言上采取暗示、隐喻、象征语句，进而到了马祖道一之后，不再心平气和探求佛法宗旨，开始出现神奇传授禅法现象，发展为动作上、行为上棒喝的方式，乃至呵佛骂祖。其实，禅宗要旨是为了破除人们的执着，在于把人从"我"的思想中解放出来，树立与佛祖无别的见解。禅宗教学的方法是不离个体的实际，对不同根机的个体采取不同的施教方式。大概慧能的弟子多系上根机人，所谓"良马见鞭影而行"，用不着"弯弯绕"的教学方式，而后世学人小聪明多智慧浅薄，明说不行，只能采用极端的教育手段了。

怀让禅师对弟子的启发教育让我们看到灵活多变禅风的开始，推动了禅宗的蓬勃发展和传播，促进了佛教的兴盛，为创造辉煌灿烂的中华文化作出了贡献。所以，研究怀让禅师的思想和禅法很有必要，针对当今混乱的末法后世也有重要的现实意义。

---

① （元）念常：《佛祖历代通载》卷十三，《大正藏》第49册，第596页上。

南岳福严寺继起弘储禅师行年事迹考

万 里

（湖南省社会科学院宗教文化研究中心研究员）

摘 要：退翁弘储禅师为明末清初南岳系下临济宗僧人，毕生以忠孝作佛事，心心以智证真达摩子孙为宗旨，孜孜以继起临济宗纲宗为追求。先后住持或开堂说法于浙江、江苏、湖南、湖北三十余所寺院，所到之处普施法雨，为一代弘躬集大成、大机大用的高僧。本文根据相关文献，对其行年事迹及思想行为进行考证。

关键词：弘储 行年 事迹

退翁弘储禅师（1605—1672）为明末清初南岳系下三十五世临济宗僧人。他曾经担任南岳福严寺（般若寺）的住持，故其所撰《南岳单传记》的题署为"福严禅寺嗣祖沙门吴灵岩弘储表"，其嗣法弟子南潜禅师（姑苏尧封宝云月函潜禅师）在该书中为师续传则称"第六十九祖衡州南岳般若寺退翁弘储禅师"；又弘储禅师住持禅修最久的寺院为苏州灵岩崇报寺，故清代僧人超永编《五灯全书》称其为"苏州灵岩退翁弘储禅师"。此外，在清代僧人纪荫编纂的《宗统编年》中以及今存之《南岳继起和尚语录》中也散见弘储禅师的行年事迹记载。本文依据相关文献，对这位禅师的行年事迹及思想行为进行考证。

一

弘储禅师名弘储，字继起，号退翁；未出家时自号"仲连居士"。江南通州（今江苏南通）人。俗家姓李。父亲名嘉兆，字孝敏。母亲姓高。出生于明代万历三十三年（1605）二月八日。他曾经在某年寿诞日的上堂语中详细述及了自己的生辰八字时间：

> 诞日上堂。今朝二月初八正是山僧五十七年前撞出母胎底时节，其纪年万历，其历三十有三，其岁乙巳，其月己卯，其日壬子，其时癸卯。只这现成本命元辰。①

据称其母在生他之前日"梦梵相僧授金环而生"，故"乳名曰'金'"。4岁时，由祖母抚养。在佛教信徒祖母的影响下，他"终日兀坐自语，语不可解，锵然成文，听者骇之。七岁闻祖母学佛之训，切忧生死，不乐章句。方外有道之士至，必见，见必深叩，岸然莫当其意"而"孜孜以生死两字横于胸中"。"会若昧法师从匡庐归，提唱东林远法师莲社遗旨。师结伴刻漏，修净业二载。终疑禅宗，慨然曰：'大丈夫一事不知犹以为耻，况如来大法不千门万户一蹴而开非夫也。'""历参法空涧川、普门若昧诸尊宿，发心出家而父母不允。"② 由此可见，退翁弘储禅师是由初修净土转而向往禅修的。南潜禅师在《南岳单传记》所补传记中称师尊未出家时已"慷慨重大节"。

据《五灯全书》记载，弘储禅师"年二十五，因横山成指

---

① （清）弘储说，济机等编：《南岳继起和尚语录》卷三，《嘉兴藏》第34册，第293页中—下。
② （清）超永编：《五灯全书》卷六十九，《卍续藏》第82册，第330页上。

见三峰藏，即许剃染圆具。逾年，侍藏开堂杭之安隐。"① 三峰藏禅师为明州天童圆悟禅师（即金粟圆悟禅师）的法嗣。三峰藏禅师虽然毕生开堂传法及驻锡的寺院有数十所之多，但因于明崇祯元年（1628）受明末清初著名居士吴江知县熊开元延请住持重新修葺的苏州邓尉山圣恩寺，因以此寺为其传宗立派的主要寺院，故世称其为"苏州邓尉山三峰法藏禅师"。《江南通志》记载：邓尉山在苏州"锦峰山西南，去城七十里。汉有邓尉者隐此。其地为光福里，故又名光福山"。《江南通志》又载：

圣恩寺在邓尉山之右。唐天宝间建天寿禅寺，宋宝祐间又建圣恩禅庵。元季寺毁庵存。万峰禅僧时蔚开山说法，又创天寿寺。寻毁。明正统八年，僧道立奏请赐今额。崇祯元年，吴江知县熊开元延三峰汉月法藏禅僧主席，建大法堂。后金粟圆悟禅僧又移堂院左。今两院并峙。法嗣剖石弘璧又建大悲堂、藏经阁，殿宇庄严、寮舍次第为丛席冠。国朝康熙二十八年，圣祖驻跸于此，赐"松风水月"四字匾额。

又明代文士王鏊撰《姑苏志》云：

邓尉山在光福里，俗名光福山，在锦峰西南，与玄墓、铜坑诸山联属（按《圣恩庵开山记》作"邓尉山"，庵在玄墓山之南冈。……），其东有虎山、凤鸣冈至理山，北有龟峰，光福寺在焉。

《姑苏志》所称"庵在玄墓山之南冈"之"庵"，即与圣恩寺（天寿禅寺）有先后传承关系的圣恩（禅）庵。《姑苏志》

---

① （清）超永编：《五灯全书》卷六十九，《卍续藏》第82册，第330页上。

又载：

> 圣恩庵在邓尉山之南冈。元至正间，僧蔚万峰自杭来止于此。初蔚辞其师千岩请所往，答曰："汝名汝所止也。"及至邓尉，结庵居之，其徒大集，遂创精蓝，为时名刹。洪武中僧普寿、普隐，永乐中僧智璇先后重建。内有碧照轩。

《姑苏志》又载：

> 时蔚号万峰，乐清金氏子。得长千岩之传。至吴就玄墓山建大伽蓝居。参学甚广。洪武辛酉，有诏起之。蔚已预知，趺坐说偈而逝。使至，死已七日。越十三日，肢体犹温。

这位时蔚禅师即被三峰法藏、继起弘储一系临济法脉僧人所尊崇的"第五十八祖苏州万峰时蔚禅师"；而他在苏州"就玄墓山（所）建（的）大伽蓝"即圣恩寺。明代僧人明河撰《补续高僧传》云：

> 时蔚，字万峰。温州乐清金氏子。……（其师千）岩前后为手书招之者三，所以爱重期待者甚厚。比至，使分座说法。遂付以法衣，嘱云："汝缘在浙西，可往化导。吾道有寄矣。"蔚奉命入吴，凡三筑精蓝。卒之玄墓邓尉山中斩蒙翳结庵居之。久之，四众归向，乃构为大伽蓝，额曰"圣恩"。奔赴者日甚，一日至不能容。蔚随机演说，俾人人满意，故人益慕而信之。于洪武十四年正月二十九日坐化。阅世七十有九，僧腊六十。……瘗于庵之西岗。①

---

① （明）明河：《补续高僧传》卷十五，《卍续藏》第77册，第479页中—下。

由于邓尉山与玄墓山两山毗邻，而圣恩寺在两山之间，故佛教史籍中载圣恩寺所在之地，时而称"邓尉山"，时而称"玄墓山"，或者干脆合称为"玄墓邓尉山"，其实均指同一所寺院所在地。玄墓山又名"万峰山"，《姑苏志》载：

> 玄墓山，相传郁泰玄葬此，故名。在邓尉西南，一名万峰山。山之半南面太湖，远见法华山如屏浮于波面。东有米囤山与石牌、至理诸山相连，直抵吕山。其西则孙家、虫头诸山迤逦入于湖心。其南为周山。

时蔚禅师号（字）"万峰"，他之所以选择此处作为驻锡传法之地，即前述他所云之"汝名汝所止也"。正是如此，辗转接法于时蔚禅师并担任圣恩寺住持的三峰藏禅师，在禅林中又称其为"万峰藏"禅师。如《宗统编年》便称"继起储投万峰藏和尚出家"。弘储禅师在开堂法语中也自称："老僧崇祯二年到万峰见老和尚。"

又前述《姑苏志》记载："邓尉山在光福里，……庵在玄墓山之南冈。……其东有虎山凤鸣冈至理山，北有龟峰，光福寺在焉。"此处所称位于理山北龟峰上的光福寺，俗称"理山寺"，弘储禅师晚年曾经在此寺开堂说法，有语录被收录于《南岳继起和尚语录》中。

作为当时享誉于世的一代佛门宗师，三峰藏禅师还经常在苏州的许多寺院开堂说法，由于后来弘储禅师也曾经到这些寺院住持或传法，故此处稍作介绍。例如位于苏州横山尧峰的宝云寺（俗称"尧峰寺"）、苏州城内的北禅寺等。《江南通志》记载：

> 横山在府西南十一里姑苏山东。《隋书·十道志》云："山四面皆横，故名。"一名"踞湖"，以其背临太湖若箕

踞也。《续图经》云:"此山镇郡西南,临湖控越,吴时要地。"隋开皇中,尝迁郡于横山东,以山为屏蔽,周围甚广,环以佛刹,如荐福、楞伽、宝华、尧峰之类。

《江南通志》又载:

宝云寺在横山尧峰,本名寿圣寺。康熙四十二年,圣祖仁皇帝赐"宝云寺"三字匾额。

前述《五灯全书》所载弘储禅师"年二十五,因横山成指见三峰藏",指的就是这所位于苏州横山尧峰的宝云寺。值得指出的是,在出自于弘储禅师及其弟子的所有文字中,"尧峰"均作"尧封",如《南岳继起和尚语录》中记载为"尧封宝云寺"。或许是因避被三峰法藏、继起弘储一系临济法脉僧人所尊崇的"第五十八祖苏州万峰时蔚禅师"之名讳而改,因为时蔚禅师"字万峰"。《姑苏志》记载:

北禅讲寺在齐门内,晋戴颙宅也。唐司勋陆郎中居此,后以为寺,号北禅院。……宋祥符初赐名大慈。屡毁于兵。洪武中重建。寺有大通阁,赵孟頫(頫)记;观堂,黄溍记;雨华堂、禁蛙池。归并寺二院一庵六。

据弘储编《三峰和尚年谱》记载,三峰藏禅师于明熹宗天启六年(1626)驻锡说法于苏州北禅寺。当年冬天,他应请从北禅寺来到杭州的安隐寺开法。次年(1627),他"回北禅(寺)结夏"。又次年(明崇祯元年,1628)夏天,"浙人士疏请(三峰藏禅师)安隐寺开堂",他又来到杭州安隐寺。其升座语称:"新天子登极廓矣,无为旧安隐重来。"安隐寺为杭州一所著名的古寺。《浙江通志》云:

安隐寺，《咸淳临安志》："在临平山之南，后唐清泰元年吴越王建。"旧名"安平"，或谓安平以前又名"永兴"（寺外有石幢镌云："永兴寺前建塔。"）。宋治平二年改今额。《仁和县志》："元至正末毁，随建。明洪武二十四年立为丛林。永乐初重建。"

其实，三峰藏禅师受请开堂说法于安隐寺，但并未曾长期在该寺驻驻锡锡，而是应邀四处说法。崇祯二年（1629），苏州佛教丛林发生了轰动四方的大事，即所谓"有四雄玉兔出龙峰、北禅寺迦叶尊者瞬目之瑞"。三峰藏禅师应请回苏州为此事说法。《三峰和尚年谱》记载："应请上堂云：'四雄玉兔出龙峰，泥塑头陀亦眼红。拂子四枝分付去，好花何地不春风。'"同书又载："是时，弘储始出家。"

由此可见，弘储禅师正是此时来到苏州拜谒于三峰藏禅师座下出家的，时年正好25岁。

弘储禅师在苏州横山尧峰的宝云寺参谒三峰藏禅师，并在其座下剃染圆具成为其法嗣后，次年随侍三峰藏禅师到杭州安隐寺。《南岳单传记》记载了退翁弘储禅师在三峰藏禅师座下彻悟过程：

师自期七日明道。至第六日，危立如塑像。堂中开静，见两行僧对问讯，曝然自落积劫未明之事彻底现前，亟趋方丈。藏望见颜色，曰："看箭。"师喝。藏曰："看箭。"师又喝。藏起立大呼曰："看箭。"师放身倒。时华严鸿和尚烧香曰："储兄何不礼拜？"师即下去。藏当晚小参，师方作礼。藏问："万法归一，一归何处？"师曰："恰恰今朝腊月初三。"藏问："与赵州衫子同别？"师曰："一滴水，一滴冻。"藏问："如何是奇特事？"适大殿撞钟，师曰："钟声咬破七条。"

藏一日上堂，师出问："辟天人深域，一往已见全提，振今古洪模，此时愿垂一语。"藏曰："刚道点头犹未是，纤毫不了乱纵横。"师曰："金毛师子相逢着，未必轻轻放过伊。"藏曰："行脚若还不带眼，难免海外觅浮沤。"师点头三下。

藏和尚斋时举赵州道："老僧三十年不杂用心，除二时粥饭是杂用心处。"遂指钵内外曰："是饭杂用心？是笋杂用心？"师点胸曰："是伊杂用心。"藏曰："罪过。"师作礼曰："弘储自今更不敢答话也。"

一僧问同学雪生曰："红日出时，兄作么生？"雪生请师代，师曰："溪涧岂能留得住，终归大海作波涛。"今灵隐礼和尚适城中回，雪生理前问，礼答亦如是。老和尚闻之击案赏曰：二子当起吾宗。①

《宗统编年》将弘储禅师在三峰藏禅师座下禅悟的时间定于明崇祯四年（1631）。从弘储禅师与三峰藏禅师以及几位法兄弟之间的对机语中可以看出，他当时对禅理佛法启悟已深，故受到三峰藏禅师的激赏，认为他与灵隐礼和尚一道可以承担起振兴临济宗法的重任。此后，弘储禅师在师尊座下"服勤又三年，益臻玄奥。藏乃书《临济正宗记》付之"。崇祯八年（1635）秋七月，三峰藏禅师示寂，时年六十三。在当年春天，他还"慨然曰：'临济大师至于今七百余年，我鞠躬尽瘁，死欲倡明其道，而终不能大遂我志。今老且病，安能仆仆对世人费口舌哉……'"② 弘储禅师后来之所以撰写表彰南岳临济一系法脉传承的《南岳单传记》，便是继承师尊的遗志。

---

① （清）弘储：《南岳单传记》，《卍续藏》第86册，第40页下—41页上。
② （清）纪荫编纂：《宗统编年》卷三十一，《卍续藏》第86册，第296页中。

二

三峰藏禅师临终嘱"命弘储继万峰（圣恩寺住持）席，成就诸入道之晚者"，但"弘储拜辞请代。后五日，复议立继席，三关萃力推瑞光弘彻和尚"。三峰藏禅师见弘储辞谢接任圣恩寺住持，便嘱咐其到自己的家乡常州无锡县的夫椒山担任祥符禅寺的住持。《宗统编年》记载：

> 丙子九年（1636）春正月，继起储和尚开法常州夫椒祥符禅寺。先是，毗陵迎藏和尚住夫椒祥符。藏顾储曰："汝既辞万峰，可竭力于我父母之邦，宜主夫椒。"到寺，法堂揭五宗要旨，室中出十二种日旋三昧以验方来。一时东南衲子、贤士大夫目为龙门。①

这是弘储禅师住持的第一所寺院，开始担任住持的时间是明崇祯九年（1636）。

夫椒山在明代常州府的无锡县。明人李贤等撰《明一统志》云："夫椒山在无锡县西太湖滨。《左传》吴夫差败越于夫椒，即此。又名湫山。"在清代，此山属于苏州府管辖范围。《清一统志》云：

> 夫椒山在太湖中，即包山。《左传·哀公元年》吴伐越败之夫椒。……今夫椒山在太湖中洞庭山西北。《水经注》：太湖中有苞山，《春秋》谓之夫椒山。《史记》索隐："夫、椒二山不得为一。"……王存《九域志》则止载常州下云夫椒山，吴王败越于夫椒，即此。《明一统志》云："夫椒山

---

① （清）纪荫编纂：《宗统编年》卷三十一，《卍续藏》第86册，第297页中。

在无锡县太湖滨,一名湫山。"自是人皆以夫椒为在常州界内矣。

《江南通志》云:"夫椒山,马迹之从山也,东曰'夫',南曰'椒'。春秋吴败越于夫椒,即此。"据此,夫椒山为"夫山"与"椒山"两座山的合称。故《南岳继起和尚语录》记载弘储禅师在该寺的开堂语录,称之为"住常州夫山祥符寺语",在一些佛教文献中,他也被称之为"夫山储和尚"。

《南岳继起和尚语录》中有一段弘储禅师在该寺的上堂法语,记述了夫椒山祥符寺的地理位置:

上堂……师曰:看看三千大千世界被这老子一时摇动,祥符只是热不睬管。他齐、楚、燕、赵千里万里来底,直饶过得太湖登古竹岸了,尚不知什么处是夫椒山。即使从水平王庙前一径西来到寨前湾了,不知那里是祥符寺。极灵利汉子入门看额,认得祥符寺真了,行得三两步,又被堵泥墙换却眼睛,及至僧堂前,知客接着,放下腰包,引上方丈,挥侍者通报,尚不许你相见,等闲容你途路边耽阁。[①]

据此可知,夫椒山祥符寺临湖之处名寨前湾,附近有一所水平王庙。《姑苏志》记载:

太湖水神庙在洞庭销夏湾水心,俗号"水平王庙"。宋知军州事胡宿尝奏列祀典。神像与几案皆石为之,乡人祀之。甚至其地本水中一洲尝与水平,虽巨浸不没,故名

---

① (清)弘储说,济机等编:《南岳继起和尚语录》卷一,《嘉兴藏》第34册,第281页下。

"众安山"。湖中多有此庙，旧传神为汉雍州刺史郁君，庙即其廨宅。

《姑苏志》又载：

消夏湾在西洞庭缥缈峰之南，湾可十余里，三面皆山绕之，独南面如门阙。旧传吴王避暑处。

《江南通志》记载：

水平王庙在西洞庭消夏湾，祀太湖水神。

《江南通志》又载：

神骏寺在寨前湾。唐贞观初，尝徙置津里，山隩名"灵山里"。民杭悍舍基建寺，居重湖叠嶂间，最为清绝。宋大中祥符改祥符禅院。宣和四年升为寺。国朝康熙三十八年御书赐名"神骏寺"额。又御书"水月禅心"四字匾额。

据此可知，夫椒山祥符寺创建于唐代初年，北宋时期改为"祥符禅院"，南宋时期升格为寺，清代康熙年间改名为"神骏寺"。由于神骏寺一名为康熙三十八年（1699）所改，而弘储禅师圆寂于康熙十一年（1672），故该寺名没有在与弘储禅师相关的文献中出现。

弘储禅师出任常州夫椒祥符寺住持的时间是崇祯九年（1636）春正月。离任的时间不详。此后，他一度来到浙江临海县的能仁寺担任住持。弘储禅师的弟子南潜禅师所撰记载禅师生平事迹最全面的《南岳单传记》"第六十九祖衡州南岳般若寺退翁弘储禅师"传,以及《五灯全书》据此撰写的弘储禅师传,都没有记载他曾经担任过能仁寺住持一事。但清代僧人际源等编辑的《正源略集》云:"师历主台州能仁、国清、兴化、灵石、天宁、瑞岩,苏州灵岩等刹。"① 达珍正是弘储禅师担任过住持的天台山国清寺的僧人,所记当然可靠。《宗统编年》记载:

> 甲申顺治元年(1644)冬十月,能仁储和尚开堂国清。储入台(州),深入东掖山,三年迹不出。天台邑宰文可纪请住国清景德寺。②

按照佛教文献的一般惯例,在某位僧人名号之前冠以寺名,均表明这位僧人曾经担任过某寺的住持或其他职务,至少也是在某寺驻锡过较长的时间。故《宗统编年》所载之"能仁储和尚开堂国清",表明弘储禅师是从能仁寺住持任上移锡国清寺担任住持的。宋代文士陈耆卿撰《赤城志》云:"东掖山在(临海)县东北四十五里,以其处天台左掖,故名。"《赤城志》又载:

> 能仁寺在(临海)县东北四十五里,旧名"承天"。元符二年建有九祖阁、罗汉堂。政和七年改今额。嘉定十四年御书寺扁及藏额八字,今创阁奉焉。侧有普同塔,盖绍兴中僧法照掩遗骸处。

清代《浙江通志》的记载与此相同,并称"明崇祯五年僧

---

① (清)际源、了贞辑:《正源略集》卷五,《卍续藏》第85册,第31页中。
② (清)纪荫编纂:《宗统编年》卷三十二,《卍续藏》第86册,第303页上。

莲岳重建"。《赤城志》所载之东掖山与能仁寺均在（临海）县东北四十五里，方位、距离完全相同。据此，《宗统编年》所称"储入台，深入东掖山，三年迹不出"，很可能就是隐修于这所位于浙江临海的能仁寺并担任住持。《宗统编年》又云：

> 庚寅七年（1650）。……辨庵光和尚住台州灵石。光，长洲金氏子，出家灵岩，参储和尚于能仁，得悟。出世灵石，移能仁。①

这里记载的是，弘储禅师的法嗣辨庵光和尚出家于苏州灵岩崇报寺，曾经到临海县的能仁寺参谒弘储禅师。得法后，首先到灵石担任住持，后又回到能仁寺担任住持。据此，弘储禅师在能仁寺担任住持的时间为三年，时间为明崇祯十五年（1642）至清顺治元年（1644）。这年的十月，弘储禅师应浙江天台县知县文可纪的延请出任天台山国清景德寺的住持。

天台山国清景德寺为佛教天台宗的祖庭。《赤城志》记载：

> 景德国清寺在县北一十里，旧名"天台"，隋开皇十八年为僧智𫖮建。先是，𫖮修禅于此，梦定光，告曰："寺若成，国即清。"大业中遂改名国清。李邕《记》所谓"应运题寺"是也。唐会昌中废。大中五年重建，加"大中"。国朝景德二年改今额。前后珍赐甚伙。……建炎二年重新之。

《宗统编年》记载了弘储禅师在国清景德寺担任住持时的业绩：

---

① （清）纪荫编纂：《宗统编年》卷三十二，《卍续藏》第86册，第305页下。

众恳开堂，一期全提向上，道大振。辞天台，士民锦帐。曰："出家辞亲割爱，于深山穷谷中草衣木食，是其分也。本不获已，垂手入廛。草鞋边已是七花八裂，那堪应物见形，虚空中加点画耶？前日机缘，因风吹火，偶尔成文，初非本意，斯皆诸当道好生之德救民水火，岂山野区区之所能也。"①

据此可知，弘储禅师在国清景德寺不但对僧众"全提向上"致使"道大振"，并且受到当地信众的敬仰，以致离任时"士民锦帐"相送。《南岳继起和尚语录》中保留了弘储禅师在国清景德寺的法语。

三

清顺治六年（1649），弘储禅师出任苏州灵岩寺的住持。《宗统编年》记载：

己丑六年……夏六月二十一日，国清储和尚住苏州灵岩。储因葬父出（天）台，事竣南还，度夏梁溪。将归天台，门人辨庵光念灵岩孤秀为吴山第一，请储住灵岩。储道韵既高，法言能发古人之秘奥，海内英衲名流皆云集座下。②

这里称"国清储和尚"，可知弘储禅师是由国清景德寺住持任上转任苏州灵岩寺（显亲崇报寺）住持的。

《江南通志》记载：

---

① （清）纪荫编纂：《宗统编年》卷三十二，《卍续藏》第86册，第303页上。

② 同上书，第305页中。

灵岩山在（苏州）府西南二十五里，一名砚石山。《越绝书》云："吴人于砚石山作馆娃宫。"即其处也。《续图经》云："山西有石鼓，故又名石鼓山。"……其石壁峭拔者为佛日岩，平坦处有灵岩寺。康熙二十八年圣祖仁皇帝南巡幸此。

《江南通志》又载：

灵岩寺在灵岩山，即吴故馆娃宫。晋司空陆玩舍宅为寺。梁天监二年重建，创宝塔。感智积菩萨之异，称"智积道场"。宋改为"秀峰禅院"。太平兴国二年，藩臣孙承佑为姊钱王妃资冥建砖塔九层。绍兴中诏赐韩蕲王荐先福，更号"显亲崇报寺"。明洪武中赐今名。永禁民间采石。国朝康熙二十八年圣祖仁皇帝赐"岚翠"二字额。三十二年钦赐弥勒偈四句："弥勒真弥勒，分身千百亿。时时示时人，时人自不识。"

弘储禅师这次出任苏州灵岩寺住持的时间仅仅只有一年。次年（清顺治七年，1650），弘储禅师应请出任台州天宁寺住持。《宗统编年》记载，庚寅七年（1650），灵岩储和尚赴台州天宁寺。《浙江通志》记载：

天宁寺，《赤城志》：在县东南一里巾子山下，唐开元中建。旧传有小刹七，至是合一，赐额"开元"。宋景德中更名"景德"。崇宁二年诏天下建崇宁寺，州以此寺应诏，加"万寿"二字。政和元年改为"天宁"。绍兴七年改"广孝"；十五年又改为"报恩光孝寺"。乾德九年火僧德光有权踵新之。……《台州府志》：元复改名"天宁"。明洪武中僧宗泐奉诏来寺，临济禅宗遂盛于台。崇祯中，宗泐十三世裔僧破颜建雨花堂、华严楼于寺后。国朝顺治中，巡道狄应衡建准提阁，僧超慧修葺。寺中今又分九院：曰钟巽，曰含辉，曰挹翠，曰艿林，曰映帻，曰云岫，曰彤云，曰西爽，曰梧凤。东南为三官堂。旧有古塔在寺门外东，相传梁岳阳王誓得释迦舍利建塔七，今所存止此。

南潜禅师记载其师尊曾经担任过住持的寺院有台州天宁寺。但估计这次出任该寺住持的时间并不是很长，因此并未留下语录。此后，弘储禅师又回到了苏州灵岩寺。灵岩寺是弘储禅师多次担任住持并驻锡时间最长的寺院，并留下了篇幅最长的行止记载和语录，名为"住苏州灵岩崇报寺语"。其弟子南潜称师尊"唯喜灵岩峻立，云涛耸出七十二峰之表，居独久"。《宗统编年》记载：

丙申十三年（康熙十三年，1656）……落木庵主徐元叹波、灵岩退翁储和尚晚年俱相往来。储住灵岩，每岁二、三月间草花满田野，八、九月间白雁青枫天气，一竹舆由中峰而天池，饭于落木。故储挽辞有"寥寥今古几知心，惭愧？公与道林"之句。①

弘储禅师始终"以如来大法为己任，刻苦祖宗家政，单提第一义为法施，直欲刳人肺肝而还之古"。正是在苏州灵岩寺，他建立了"六成就"与"八要门"，并以"六不容"定法禁。

所谓"六成就"：

上堂："佛法不是小事，夫说法者须是六种成就：第一

---

① （清）纪荫编纂：《宗统编年》卷三十二，《卍续藏》第86册，第307页上。

安立成就，第二目前成就，第三自己成就，第四智智成就，第五本末成就，第六平等成就。六种圆具法法归宗，一种有亏言言昧旨。上根利智自然一六互收，浅学初机切忌循途守辙。"卓拄杖，下座。

所谓"八要门"：

上堂："夫临机转握共有八门，定乱致平难拘一法。或奇正之纵横，或阴阳之纷错。九天九地，一死一生。擒贼擒王，射人射马。所以决胜要在临时，神符贵于转换。门门有路，步步通途。过量英雄不烦指点，自能排身直入。其或不然，灵岩为汝打开八门。"拈起拄杖曰："第一刹那该摄门，第二主宾成立门，第三当机生法门，第四予夺自在门，第五输机善用门，第六全提正令门，第七诸根普摄门，第八太平无象门。"卓拄杖曰："这是那一门？"众罔措。遂下座，旋风打散归方丈。

所谓"六不容"：

谓云："敏、闻二上人请上堂。腰软背酸难立久，才近绳床瞌睡来。面前大好山脚下，俊衲子一齐攒簇着，如逼债相似，抖尽肚里零星，究竟收拾不下。再三无计可施，略与诸人评议：一不得截生死流，二不得蹋祖佛位，三不得互分宾主，四不得驰骋问答，五不得曲顺机宜，六不得平怀尝实。岂不闻：纤芥不留犹是交争之法。"拈拄杖卓一下，曰："汉家虽有三章约，争似灵岩六不容。"[1]

---

[1] （清）弘储说，济机等编：《南岳继起和尚语录》卷二，《嘉兴藏》第34册，第287页上—中。

弘储禅师的法嗣灵瑞尼祖揆符禅师撰《灵岩退翁老和尚赞》对此赞云：

> 不用临济喝，不行德山棒。扫除从上葛藤，荡尽诸方伎俩。欢喜时截南山之竹为笔莫写其慈心，恼怒时磨东海之波作墨难描其恶状。知他是圣是凡，任汝为龙为象。列下说法六成就，杜撰长老未免眉攒；演出临机八要门，过量英雄也须胆丧。不居真际，密施佛祖权衡；不涉众缘，悬起人天榜样。道眼圆明底犹难睹其顶䭞，机心浓厚者岂易窥其背项。不敢赞，何敢毁？不可亲，仅可望。夫是之谓十坐大道场中兴济北宗底退翁老和尚。①

四

清顺治十二年（1655），弘储禅师受位于苏州横山尧峰的宝云寺（宝云禅院）延请担任该寺的住持。《宗统编年》记载：

> 乙未十二年……秋，灵岩储和尚受古尧封宝云禅院请。吴中侍御李模、宫詹韩四维、太仆陈济生等请储住古尧封。喜其岩壑幽藉，可以投老，受之。②

26年前（明崇祯二年，1629），弘储禅师正是在苏州的这所寺院拜谒于三峰藏禅师座下出家，故对该寺有着特殊的感情，曾经两度担任该寺的住持。

清顺治十七年（庚子，1660），都谏严颢亭延请弘储禅师担

---

① （清）符尼说：《灵瑞禅师岩华集》卷三，《嘉兴藏》第35册，第753页中一下。

② （清）纪荫编纂：《宗统编年》卷三十二，《卍续藏》第86册，第306页下。

任杭州径山寺的住持,被禅师辞谢。同年八月,受太傅金之俊、侍御李模等请出任苏州虎丘云岩寺(俗称"虎丘寺")的住持。弘储禅师的嗣法弟子晓青禅师《三峰和尚年谱·后序》称其师尊"庚子中秋,住云岩"。《宗统编年》记载:

庚子十七年,灵岩储和尚辞都谏严颢亭沆请住径山。秋八月,灵岩储和尚住虎邱。太傅金息斋之俊、侍御李灌溪模等以虎邱自隆祖、瞎堂、松源诸老唱道后,旷数百年,寂然林壑。以储宗孙见督。八月十九(日)入院,衲子至无以容。①

清代著名文士吴伟业撰有《灵岩继起和尚应曹村金相国请住虎丘祖席》诗咏其事:

应物心无系,观空老辩才。道随诸佛住,山是相公开。日出严斋鼓,天清护讲台。居然歌舞地,人为放参来。

吴伟业还有《送继起和尚入天台》诗:

振锡西泠渡,潮声定后闻。屐侵盘磴雪,衣湿渡江云。树向双崖合,泉经一杖分。石林精舍好,猿鸟慰离群。

弘储禅师寿诞,吴伟业又赋《寿继起和尚》诗祝贺:

故山东望路微茫,讲树秋风老着霜。不羡紫衣夸妙相,惟凭白足遍诸方。随云舒卷身兼杖,与月空明诗一囊。台

---

① (清)纪荫编纂:《宗统编年》卷三十二,《卍续藏》第86册,第308页下。

顶最高三万丈，道人心在赤城梁。

"赤城"即台州府别称，天台山即在台州府临海县，故诗中有"台顶最高三万丈"句。此诗应该撰写于《送继起和尚入天台》诗前后。

苏州虎丘寺为南宋嘉定间（1208—1224）品第江南诸寺所列禅寺"五山十刹"中的"禅院十刹"之一，为一所重要的"大道场"，寺院的住持皆由地方官员延请。"隆祖"即南宋临济宗高僧虎丘绍隆禅师（1077—1136），南宋建炎四年（1130），曾寓居虎丘云岩寺，致使虎丘僧众云集，禅风大盛，道声显扬，故世称"虎丘绍隆"，形成了禅宗虎丘一派，圆寂后建塔于虎丘之东山庙西松径后，题额为"临济正传第十二世隆禅师塔"，俗称"隆祖塔"；他也被弘储禅师所撰之《南岳单传记》崇为"第四十九祖虎丘绍隆禅师"。"瞎堂"即南宋高僧瞎堂慧远禅师（1103—1176），为佛教禅宗临济宗的代表人物之一，曾于乾道三年至五年（1167—1169）之间担任虎丘云岩寺的住持，并在该寺开堂说法，"接物无倦"而"道益显著"，其声望渐为士大夫及朝廷所知晓，"名达阙下"，而后被朝廷任请为南宋都城杭州灵隐寺的住持。"松源"即南宋临济宗高僧松源崇岳禅师（1132—1202），曾担任虎丘云岩寺的住持，后亦被朝廷任命为杭州灵隐寺的住持，并开创了临济宗松源一系。正是由于"虎丘自隆祖、瞎堂、松源诸老唱道后，旷数百年，寂然林壑"，故当地的士大夫延请作为临济宗法系的嫡传宗孙（弘储禅师）来担任住持以振兴虎丘云岩寺。弘储禅师也不负所望，担任住持后，致使四方来求教的僧人云集，以致寺院无以容纳，其盛况可想而知。《南岳继起和尚语录》收录有"住苏州虎丘云岩寺语"。

五

清顺治十八年（辛丑，1661），弘储禅师出任秀州金粟广慧寺住持，并指令其法嗣卑牧谦禅师继任虎丘云岩寺的住持。《宗统编年》记载，辛丑十八年，灵岩储和尚住金粟。六月，卑牧谦和尚住虎丘。储迁金粟，命谦主虎丘。金粟广慧寺（俗称"金粟寺"）为佛教传入中国后最早出现的寺院之一。《浙江通志》记载：

> 金粟寺，《海盐县图经》："县西南金粟山下，吴赤乌中建。"《宋濂集》云："当吴之时，佛法虽至，中国大江以南尚无佛寺。赤乌中，康居沙门僧会为吴大帝祈获释迦文佛真身舍利，始创三寺：一为金陵之保宁，一为太平之万寿，其一即海盐之金粟也。"《澉水志》：钱武肃王赐号"施茶院"。宋祥符元年改为"广福禅院"。《嘉兴府志》：明永乐、宣德、正统间相继修建。万历中邑人蔡联璧请密云禅师重建。国朝康熙五年重修山门。雍正五年钦命文觉禅师赍奉御书对联敬悬方丈："不佛求不法求不僧伽求早已过去；无我相无人相无众生相却是未来。"

金粟广慧寺为弘储禅师的师祖金粟圆悟禅师曾经担任过住持的寺院，也是弘储禅师的师尊三峰藏求法于圆悟禅师并被任命为首座的寺院，可以称之为弘储禅师法脉一系的祖庭之一。《南岳继起和尚语录》收录有"住秀州金粟广慧寺语"，其中述及："师在灵岩受请。上堂，兼谢黄坡蔡子谷居士及本山耆旧。拈香毕，居士出问：'三十年前迎老人进金粟也是五月初六，三十年后迎和尚住金粟也是五月初六。且道这个时节因缘，为复法尔？为复天然？'"① 据此可知，弘储禅师是被金粟广慧寺的护法居士蔡子谷及该寺的耆旧僧众延请出任住持的。入院升座的

---

① （清）弘储说，济机等编：《南岳继起和尚语录》卷五，《嘉兴藏》第34册，第301页下。

日期是当年的五月初六日，该日也是 30 年前弘储禅师的师祖金粟圆悟禅师受请出任住持的日期。弘储禅师感慨良多，在回答蔡子谷居士"为复法尔？为复天然？"之问时作答云：

> 师曰："我不可作金粟弟子不得。"士曰："与么则'密云弥布灵岩顶，汉月重圆金粟天'？"师曰："居士证明。"士曰："也要两堂证明。"师据座，乃曰："盐官三佛地，金粟大禅林，乃祖翁开法之区，实先师分座之所。山僧今日既隆释种，须绍门风。"问："汝诸人谛审先宗是何标格？"蓦拈拄杖，曰："这里得个入路西天，此土草偃风行，四圣六凡，龙骧豹变。其静也群星拱北，其动也万派朝东。摄支流，吞众曜，皆吾心之尝分，非有假于他术。然虽如是，不藉一人指南，争得令行吴越。"①

蔡子谷居士"与么则'密云弥布灵岩顶，汉月重圆金粟天'"问语中之"密云"，即在明万历年间重修金粟广慧寺的密云禅师；"汉月"，即汉月藏禅师，也是金粟圆悟禅师的法嗣，弘储禅师的师叔，在圆悟禅师的座下担任过金粟广慧寺的首座并继任住持。故弘储禅师升座发愿称："盐官三佛地，金粟大禅林，乃祖翁开法之区，实先师分座之所。山僧今日既隆释种，须绍门风。"

弘储禅师在金粟广慧寺担任住持的时间长短不详，但从其《住秀州金粟广慧寺语》中透露的信息看，应该是清顺治十八年（1661）至十九年（壬寅，1662）年底之间。弘储禅师在金粟广慧寺的一次开堂法语中称："上堂：下地穿上鞋，上床脱下袜，

---

① （清）弘储说，济机等编：《南岳继起和尚语录》卷五，《嘉兴藏》第 34 册，第 301 页下—302 页上。

五十七年来，除此无别法。……"① 弘储禅师出生于明万历三十三年（1605）二月八日。按照虚岁算，1661 年为 57 岁；按照实岁算，1662 年为 57 岁。又有上堂语云："壬寅岁，朝香。林上人吴江回，请上堂……"② "壬寅"为清顺治十九年或康熙元年（1662）。据此可知，此年弘储禅师还在金粟广慧寺。但最迟在清康熙二年（癸卯，1663）旧历年初之前，他又回到了最为钟情留念的苏州灵岩崇报寺。其"住苏州灵岩崇报寺语"中有"癸卯正月四日上堂"法语。

身处灵岩崇报寺青山绿水环境中，禅修说法之余，弘储禅师与友好僧俗交游颇多，许多僧人也来此拜谒。如介为行舟禅师来访有诗述及：

甲辰小阳月访继起和尚，憩落红亭，览其匾序幡然一新，遂口占为赠（灵岩亦名象山，形势俨然，故鼻峰建亭曰"落红"）："灵峰卓立青霄外，三万六千波漾中。浩荡胸襟廓圣眼，千秋象顾落花红。"③

时值弘储禅师寿诞日，介为行舟禅师又有《为灵岩继起储禅师寿兼致谢》偈文相赠。《为灵岩继起储禅师寿兼致谢》：

伏以灵峰独秀，迥出春林；雪岭丛芳，香飘异国。恭惟继翁法兄和尚，慧日和光，智灯炳焰。台宕德声，五百座中，不啻隔江招手；浙吴风韵，千人石上，宁殊就地点头。玄要宗开邓尉，桂香风绕琴台。湖海云筹共集，川流

---

① （清）弘储说，济机等编：《南岳继起和尚语录》卷五，《嘉兴藏》第 34 册，第 302 页上。

② 同上书，第 303 页中。

③ （清）行舟说：《介为舟禅师语录》卷十，《嘉兴藏》第 28 册，第 270 页中。

信祝咸臻。曩承香供于证心堂上,铭刻不忘;兹期恭询于崇报寺中,有怀靡及。幸逢赵老百二觥甲初周,聊献一芹,稍申积愫。甚愧菲衷,仰冀莞存,临楮曷任,屏营之至。①

清康熙五年(丙午,1666)二月,弘储禅师出任台州府黄岩县瑞岩宝林净土寺(俗称"瑞岩寺")住持。《南岳继起和尚语录》记载:"丙午二月,浮湘出山。住丹丘瑞岩,若严白请上堂……"②"浮湘"即指湖湘(湖南)之行,在弘储禅师行年事迹中包括了往返的记载;"浮湘出山"指从苏州灵岩崇报寺出发。这里记载的所谓"住丹丘瑞岩",即"住持丹丘瑞岩寺"之意。《浙江通志》记载:

> 瑞岩净土寺。《赤城志》:在县西北四十五里,唐景福初僧师彦建(或云唐大顺二年,或云文德初建)。其山石皆紫色。宋乾宁二年赐名"瑞岩"。僧怀玉、智颙皆常栖焉。祥符元年改今额。乾道中钱参政端礼乞为香灯院,赐名"移忠昭庆",后其孙象祖还诸朝,复今额。国朝顺治间僧解若重修。

由于该寺所处山"其山石皆紫色",故名"丹丘"。弘储禅师确实担任过黄岩县瑞岩宝林净土寺的住持。《南岳单传记》记载弘储禅师"历住台州兴化、灵石、天宁、瑞岩,苏州灵岩,尧封虎丘,淮阳龙华,秀州金粟,南岳福严诸刹",其中便有瑞岩寺。弘储禅师在《增集续传灯录序》中云:

---

① (清)行舟说:《介为舟禅师语录》卷九,《嘉兴藏》第28册,第268页下—269页上。

② (清)弘储说,济机等编:《南岳继起和尚语录》卷八,《嘉兴藏》第34册,第320页上。

> 余己丑住吴之灵岩山，永乐间为南石和尚道场，读和尚语录想见其人。庚子，虞山钱宗伯惠我二书，一曰《增集续传灯录》，出南石和尚；一曰《山庵杂录》，出恕中和尚。读二书又想见许古人。恕中前住瑞岩，南石前住灵岩。余在吴在越实主二岩，于二老俱为前后住持。①

己丑为顺治六年（1649），正是弘储禅师第一次出任苏州灵岩崇报寺住持的时间。庚子为顺治十七年（1660），正是弘储禅师出任苏州虎丘云岩寺的时间。弘储禅师在该序中明确言及"恕中前住瑞岩，南石前住灵岩。余在吴在越实主二岩，于二老俱为前后住持"，又在该序后题署为"前住天台瑞岩宝林净土寺后学灵岩弘储书"。

六

弘储禅师在瑞岩宝林净土寺担任住持的时间不长，同年（康熙五年，1666），他应偏沅巡抚周召南邀请来到湖南常德，处理先后担任南岳福严寺及常德德山乾明寺住持的原直赋觉禅师（弘储禅师的法嗣）的圆寂后事，故《南岳继起和尚语录》将"浮湘出山。住丹丘瑞岩"二事连载。

弘储禅师这次来湖湘，是由其嗣法弟子南潜禅师全程陪同。《宗统编年》记载：

> 宝云潜曰："余挈钵袋从本师浮湘，过潭州黄龙祠，州父老竞言原和尚住灿心日，黄龙神缘梦乞清净戒事甚奇，而韶州所行乌丝笺刻曹溪为虎说法语，虎领子远遁。潇湘

---

① 《增集续传灯录》，《卍续藏》第83册，第257页上。

天秀，龙虎耀灵，化行江汉，岂偶然哉！"①

《宗统编年》记载："丙午五年二月，退翁储和尚应湖南抚军周召南请，浮湘，视（原直）赋德山后事。""湖南抚军"即"偏沅巡抚"。《湖广通志》记载："巡抚湖南都察院，始驻沅州，康熙三年分藩移镇长沙府，为巡抚偏沅。雍正二年改今衔。""周召南，沈阳人，贡士，康熙元年任。"《五灯全书》记载：

偏沅巡抚周召南，字晋侯，号衡斋。三韩人也。初问道于德山赋觉，有省。后读灵岩储语录，于"言无展事语不投机句"下得旨。湘西高峰建刹，延储请益。一日问储曰："既是罗汉，为甚么却作牛去？"储曰："小出大遇。"士呈颂曰："孰为罗汉孰为牛，莫误寒山老赵州。借问苍天何处是，休夸岳麓对湘流（退翁储嗣）。"②

随后，弘储禅师应周召南的延请担任南岳福严寺（般若寺）的住持。弘储禅师"到寺，周中丞衡斋居士设斋，院主佛顶请上堂"。"中丞"为明清时期对地方省级军政大员巡抚的别称；"周中丞衡斋居士"即周召南。表明是周召南亲自送弘储禅师到南岳福严寺入院升座担任住持的。在湘期间，周召南礼拜于弘储禅师座下并成为其法嗣。

在担任南岳福严寺住持期间，弘储禅师自题所居处所为"明白"（考证详下文）。除了履行住持的职责外，主要的精力放在思考临济宗一系法脉的源流传承等问题，首先编撰了《南

---

① （清）纪荫编纂：《宗统编年》卷三十二，《卍续藏》第86册，第310页上。

② （清）超永编辑：《五灯全书》卷八十七，《卍续藏》第82册，第479页下。

岳勒古》一书，后来又编撰了其姊妹篇《南岳单传记》。认为"临济氏承南岳之明命，兼统五宗以照耀南天下，于诸宗独尊"，故南岳系为禅宗之正统。

此外，弘储禅师除了在本寺开堂说法外，还应邀在南岳衡山诸寺如南台寺、兜率寺，以及到衡州（今衡阳）的花药寺、湘潭的碧泉禅院等寺院开堂说法，分别留下了"住衡州南岳福严寺语"及"衡州花药寺语"。自从认定南岳系为禅宗之正统并得以在南岳系之祖庭福严寺担任住持后，弘储禅师便以南岳系嫡系宗孙自居，除了在《南岳单传记·自序》题署为"继住福岩（严）嗣法吴灵岩弘储谨序"外，弟子南潜在为师尊补撰传记崇其为南岳系"第六十九祖"。哪怕是后来他卸任南岳福严寺的住持在返回江浙途中，他也将应请在途经之各地寺院的部分开堂法语编辑并命名为"南岳正续录"。

弘储禅师担任福严寺住持的时间有多久，文献记载不详。但据相关资料，还是可以考证出大致的时间来。康熙六年（丁未，1667）新年元旦，弘储禅师在衡州花药寺有一次开堂说法："丁未元日，上堂，兼谢花药院主文周。……"① 同年四月，他已经来到武昌的东岩寺说法："丁未四月六日，上堂：今日广陵李仲连先生元配金孺人四十周忌，请南岳福严老和尚就于江夏东岩同真堂上堂……"② 这是弘储禅师在回苏州途中的一次开堂说法，自称"南岳福严老和尚"，在此次开堂法语中他也多次自称"南岳和尚"，其纪系于南岳一系法脉之心态殷殷可见。据此，弘储禅师卸任南岳福严寺住持离开湖南的时间应该在康熙六年的旧历二三月间。《湖广通志》记载："东岩寺在洪山，唐大观中建。又额曰'正心书院'，鄂国公尉迟读书处。山后石刻有'几处稻梁喧鸟雀，数声钟磬起渔樵'句。"《湖广通志》将

---

① （清）弘储说，济机等编：《南岳继起和尚语录》卷六，《嘉兴藏》第34册，第307页上。
② 同上书，第308页下。

武昌江夏东岩寺收录于"古迹志"中,可见虽建于唐代,但早已荒废,重新修建者为弘储禅师的嗣法弟子俞昭允汾禅师。弘储禅师这次来东岩寺开堂说法,便是应其弟子邀请并来这所寺院看看。弘储禅师的另一外嗣法弟子华山晓青禅师在为其法兄俞昭允汾禅师所撰写的《啸堂和尚塔铭(并序)》记载:

> 卞孝旨居士同今江南廉宪令之创东岩精舍,延师为第一世。时退翁先师有浮湘之行,过鄂渚,众请说法于此,遂额其堂曰"同真"以表师资道协。①

据此可知,前文所述"请南岳福严老和尚就于江夏东岩同真堂上堂","同真堂"名为弘储禅师所题额。

由于自己的法嗣为东岩寺的住持,故弘储禅师在这所寺院驻锡了一段时间,留下了一些在该寺以及周边寺院的开堂法语,被编为"武昌东岩寺语"收录于《南岳继起和尚语录》中。

就在这一时间,弘储禅师曾经应请短暂担任过汉阳大别山的兴国寺的住持。兴国寺为"太平兴国寺"的简称,位于明清时期汉阳府汉阳县,具体地理位置在汉阳县的大别山晴川楼(阁)附近。清代僧人竹浪生禅师《登晴川楼(一名大别山)》诗云:

> 徐徐来大别,极目野晴新。人语烟波外,天敧白水滨。岑楼撑汉表,孤客喜芳辰。读罢前贤碣,归与夜渡津。

《湖广通志》记载:

---

① (清)允汾说:《洪山俞昭允汾禅师语录》卷五,《嘉兴藏》第37册,第523页中。

大别山，（汉阳县）县东北半里。……《元和志》：鲁山，一名"大别山"，在汉阳县东北一百步。其山前枕蜀江，北带汉水，上有吴将鲁肃神祠，故一名"鲁山"。

"放生池，一在兴国寺前，一在寺东大别山下。唐乾元初，肃宗诏凡州县临江带郭皆置放生池。今两地相对，呼为莲花池。"《湖广通志》又载："太平兴国寺，在城北，唐建，置僧会司于内。"据此可知，太平兴国寺是明清时期汉阳府管理佛教寺院僧人事务的机构僧会司的所在处。弘储禅师在该寺及其周边寺院的开堂法语汇编为"住汉阳大别山兴国寺语"。在住持大别山兴国寺期间，以及卸任住持后回到苏州的途中，弘储禅师还在许多寺院开堂说法，其中部分寺院为其法孙辈的僧人担任住持，这些都见诸《南岳继起和尚语录》及相关文献，不再赘述。

康熙六年（丁未，1667）冬至康熙七年（戊申，1668）春，弘储禅师驻锡于其嗣法弟子式谦禅师担任住持的射州兜率寺。《南岳继起和尚语录》记载了他在该寺举行的一次早参：

明白庵早参：极明白底事，你等因甚反不明白。千岁宝掌和尚，周威烈十二年丁卯降神受质于中印度，唐高宗显庆二年入灭，实一千七十二年，其在此土盖历四百余岁，是第一段义。向留大慈常不食，日诵《般若》等经千余卷，有咏之者曰："劳劳玉齿寒，似迸岩泉急，有时中夜坐，阶前神鬼泣。"是第二段义。游五台，复南历衡岳、黄梅、匡庐，寻入建业，会达磨入梁，就而扣请悟无生忍，述偈曰："梁城遇导师，参禅了心地。飘零二浙游，更尽佳山水。"是第三段义。此三段义明者则本无生死，何妨示有生死？昧者则白犬青猿往来无已，更有甚不明白？所以在天台榜其居曰"明白"，在南岳榜其居曰"明白"，在灵岩、金粟榜其居曰"明白",无论天上,无论人间,语默动静无有不明白者。今寓射州,兜率法子式谦同居士李友兰别设精舍以居之。自丁未冬至戊申春,始终明白示人,仍题其居曰"明白庵"。有旧吴沙门弘储谨白。①

这段早参语录记述了,弘储禅师以"明白"二字作为自己的座右铭,无论是在天台山国清景德寺,在南岳福严寺,还是在苏州灵岩崇报寺或秀州金粟广慧寺,他都将"明白"二字名其居所;甚至在这次短暂驻锡于射州兜率寺也是如此。射州,隋末置,治今江苏省盐城市,辖境相当今江苏省盐城市和建湖、射阳二县部分地,唐属淮南道,武德七年(624)废。《江南通志》记载:"兜率院,在盐城县。国朝康熙五年建,敕赐为'兜率寺'。"

七

康熙七年(1668)夏天,弘储禅师回到苏州尧封宝云寺并继续担任住持。在数十年的开堂弘法中,弘储禅师积累了卷帙浩繁的开堂法语。回到尧封宝云寺后,他亲自将自己历年在各地寺院的开堂法语择要汇编成《大宗堂录汇》(即今存之《南岳继起和尚语录》)。《南岳继起和尚大宗堂录汇自序》云:

> 庚戌长夏,病榻山中,念行脚高士囊钵萧然,不独古人语录不能购,与我同生此世者尚不得读我全书,只因卷帙浩繁,慨然于诸会录中取其语之简直者厘为十卷,曰《大宗堂录汇》,其实如《树泉》《报慈》。甲辰,湘云馆散

---

① (清)弘储说,济机等编:《南岳继起和尚语录》卷九,《嘉兴藏》第34册,第322页中—下。

录，尧封后录，皆于古人说不到处尽心而出一字不可舍者，无以得此失彼，反使老僧赚却阇黎。

壬子九月霜降第一日退翁自序。①

语录编于康熙九年（庚戌，1670）。编成后，弘储禅师写了一段文字附于卷末：

> 读《石门文字禅》，当时《僧宝传》成，亲炙寂音若干人多濡笔和墨手录副本投钵袋，寂音不惜各为题识以赏其重法之勤。盖八十一祖精神命脉所在，宜为后来所奉重。庚戌夏，余于广录中剔取十卷，名之《大宗堂录汇》，所谓一时杜田说话，而南源晟子七十以上之身，不惮镫窗风雨，楷录一过，字若蝇头，不啻昔之录《僧宝》者。余甚惭于古人。退翁书。②

"寂音"为宋代僧人慧洪觉范禅师。《石门文字禅》是慧洪觉范禅师的诗文集；《僧宝传》即《禅林僧宝传》，是慧洪觉范禅师撰写之禅僧传记集。《禅林僧宝传》编成后，当时许多僧人竞相抄录便于随时阅读以体味先辈禅师们的风采与禅思；慧洪觉范禅师为这些僧人的抄录副本各为题识。"广录"者，包括语录以及各种文体文字在内之禅师著述集录。《大宗堂录汇》是从卷帙浩繁的"广录"中剔取而成，故名"录汇"。

《大宗堂录汇》自序撰于康熙十一年（壬子，1672）九月。同年秋九月二十七日，弘储禅师圆寂。《宗统编年》记载：

---

① （清）弘储说，济机等编：《南岳继起和尚语录》卷一，《嘉兴藏》第34册，第281页上。

② （清）弘储说，济机等编：《南岳继起和尚语录》卷十，《嘉兴藏》第34册，第328页上。

壬子十一年……秋九月二十七日，苏州灵岩弘储退翁和尚寂。储退老尧封。辛亥，方伯慕天颜请回灵岩问道，旧学云臻，不倦参请。七月，粤西郡主专使来迎，不欲往，遂示疾。自制塔铭，自说封骨藏偈，书遗嘱切诫门人。九月二十七日，顾大众曰："老僧行道不力，有愧三峰先师。"遂索浴更衣，跏趺而逝。阇维，放异光明，顶齿不坏，舍利无算。塔于尧封山巅，曰"大光明幢"。诸会语录百余卷行世。①

辛亥为康熙十年（1671）。"方伯"为清代对省级布政使的别称。慕天颜（1624—1696）字拱极，甘肃静宁人。清代官吏。顺治十二年进士。授浙江钱塘知县。康熙间历任江苏布政使、江宁巡抚。据此可知，弘储禅师因老病退卸尧封宝云寺住持，于康熙十年在江苏布政使慕天颜的延请下回到苏州灵岩崇报寺，于康熙十一年圆寂于此，世寿68岁，僧腊43年。塔于苏州尧封（峰）山巅。

《五灯全书》亦载：

康熙壬子九月，师示疾。先自制塔铭，又自题封骨藏曰："何消卵石穿云塔，也省香龛就地埋。白骨如霜一堆土，妙高峰冷莫安排。"至二十七日，将告终，书嘱语："后有椿紧切话须补说，道贵真实：我生于明万历乙巳二月八日日出时，历六十七年矣。记取葛藤椿子倒日，切忌枯木上糁花。前代烜赫宗师何曾必定末稍头，见神见鬼。近时诸家传，会师承个个，预知时至，人人坐脱立亡，可哂也。我后人若同时，尚过于割截我体。至于铭传，我先自

---

① （清）纪荫编纂：《宗统编年》卷三十二，《卍续藏》第86册，第312页下。

作，不得更求名笔虚饬生平，增我罪累。不许做七修斋入于俗，尚亦不得诸名宿，或法子，封龛举火，作诸无益事。"书毕乃曰："老僧行道不力，有愧三峰先师。"遂索浴更衣，啜茗一瓯，正坐跏趺而逝。门人遵遗命停龛三七日。阇维放异光明，震声如雷。火后获舍利，并化瑠璃相，顶齿不坏。塔于尧峰山巅，曰"大光明藏"。诸会语录百余卷行世。①

《五灯全书》只笼统记载了弘储禅师撰写的著作"诸会语录百余卷行世"。弘储禅师嗣法弟子南潜禅师记载其师尊的著作有：《行世上堂语录》四十卷，《广录》六十卷，《余录》三十卷，《树泉集》《报慈录》《甲辰录》各十卷，《雪舟集》二卷，《浮湘录》五卷，《南岳单传记》五卷，《南岳勒古》一卷，总共为173卷。其中《浮湘录》为南岳之行实记述；《南岳勒古》则为《南岳单传记》之姊妹篇。

弘储禅师自撰的《铭塔（并序）》其实并非撰写于其圆寂之年，而是在之前一年，即康熙十年（辛亥，1671）四月（夏孟）：

> 序曰：崇祯八年乙亥四月，先师三峰和尚定《临济正宗记》付弘储而记之曰："藏于龙云，用出师吼。"贵宗旨有继而起也，命名"弘储"，命字"继起"，为临济荷担之嫡子。晚而自号"退翁"。退者何？于法运于自揆，皆不宜进而宜退，故以退为安。曰：翁自老之也。物老而衰，衰将至而自老之者，自悲之也。自铭塔者何？门弟子为翁营归藏之地，而翁忧其身后之文之不获翁心也，故自铭。盖

---

① （清）超永编辑：《五灯全书》卷六十九，《卍续藏》第82册，第331页上。

自世有诔墓之文，于是有诔塔之文，身后之文往往文过其实。翁耻之。况槁立山林，不应烦当世大位君子经画笔墨。临济殁七百余年，纲宗未坠于地，弘储躬承祖、父提命，不敢惜肝脑，自暇自逸，忧劳四十年，上观千载，下观千载，如印印空，庶几无惭。称南岳宗孙，为三峰嫡子，当临济三十二世。生平无他伎，能铭不余及。铭曰：

达磨之孙，不重禅定。解脱匪存，庙貌严靓。
塔势雄尊，弗关性命。循末讨论，夙夜悷悷。
羸立疲奔，请观前圣。直截本根，四顾空净。
横竖并吞，天衢绝径。荡荡不痕，大机全胜。
大用云喷，断际超伦。提祖父令，旋乾转坤。
沩仰声应，五宗始藩。我祖秉正，照用煌焯。
机对飞横，则有云门。两支双劲，同源昆仑。
洞水澄泳，绵密粹温。心王顾命，法眼开屯。
药因救病，茶苦戴盆。天关不□，大哉宗原。
单提古政，东国赤幡。多罗悬证，河注重翻。
雾罢开瞑，手拂朝暾。视者徒瞪，扼要弗烦。
大方无诤，大文无抡。大声无竟，上报师恩。
吴山青亘，具区可扪。向当斯定，爰有后昆。
心心智证，乃真达磨之孙。
辛亥夏孟于留惑轩自铭塔竟。①

弘储禅师门下的嗣法弟子甚多，其临济下三十二世（三峰下第二世）灵岩山继起弘储禅师演派十六字："法弘修智，道行超宗，代持真实，永绪瑶琮。"

弘储禅师的嗣法弟子南潜禅师述师尊行录曰：

---

① （明）法藏说，（清）弘储记：《三峰藏和尚语录》卷十六，《嘉兴藏》第34册，第218页中。

临济氏没七百年，纲宗坠而不举，虽白日在天，沈云晦冥。隆（庆）、万（历）之后，天童悟和尚藏大机于一棒，三峰藏和尚显大用于三玄，从奇入正，道合如离，一时见闻之者无不人人目眩股栗而不知所措足。吾先师灵岩储和尚起而躬集大成，大机大用，如日月雷霆之在天下，奔走方内外之豪杰。江出寥廓，礼乐森备，临济之道至先师为极盛矣。师旷情远度，以古今为怀抱，说法独存古之大意。尝与东园人华大师书曰："西乾、东震两大圣人之道尽失其真者，大段在不知其意，意者行其所无事而已矣。"圣人经纶天地，拔擢山川，莫不具大有为之略，极其有事而总还其无事。此大法也。①

南潜禅师所述师尊行录文字明晰，不再阐述。值得注意的是文中"奔走方内外之豪杰"语，这样的文字罕见于佛教僧人的纪传之中。据有关文献记载，明朝亡国后，弘储禅师每寄怀故国，思谋匡复，并以苏州灵岩崇报寺为据点支持一些明遗民的抗清活动。"吴、越间兴义旅，师皆阴为画策而左右之，连染几及祸。或戒之，则曰：忧患得其所，汤火亦乐国也"。所谓"连染几及祸"，指他曾因此于清顺治八年辛卯（1651）被逮捕入狱，自忖必死，后以义士力救得免。"每岁三月十九日（本文作者按：即国难日），必素服焚香北而挥泪拜，盖二十八年如一日耳"。"每岁三月十九日"即明亡即国难日。其弟子徐枋尝称"师一以忠孝作佛事"。南潜禅师正是在弘储禅师被逮捕入狱后来到灵岩山崇报寺，并参与了拯救活动，后便一直追随弘储禅师，慷慨赴难，休戚与共，并在顺治十三年（1656）秋天于弘储禅师座下出家，之后陪伴弘储禅师一生。徐枋将其比拟为南

---

① （清）纪荫编纂：《宗统编年》卷三十二，《卍续藏》第 86 册，第 312 页下。

宋义士张浚。

关于弘储禅师的抗清事迹，有待另文再进行论述。

弘储禅师的同时代禅友天界觉浪盛禅师有《灵岩夫山储禅师》赞云：

> 济下已仆之宗，决不可无天童，又不可无三峰，更不可无夫翁。如孤赊易于流弊，须正偏妙乎协中。面门竖亚机如电，棒眼三玄活似龙。问谁为灵岩知己，莫不是栖霞老侬？[1]

弘储禅师在《南岳勒古·自序》中云："弘储，南岳让和尚之三十四世宗孙也，传南岳之源，行南岳之道，履南岳之位，肃承祖意，建言表微。"他旷情远度，怀抱古今，肃承祖意，建言表微，躬集大成，大机大用，毕生以忠孝作佛事，心心以智证真达磨之孙为宗旨，孜孜以继起临济宗纲宗为追求。这些甚至从他拟定之临济宗苏州灵岩山三峰法藏、继起弘储一脉法系的"法弘修智，道行超宗，代持真实，永绪瑶琮"演派十六字中都可以看出，故上述赞誉是对弘储禅师弘法一生的如实评价，切勿以谀塔之词而视之。

---

[1] （明）道盛说：《天界觉浪盛禅师语录》卷十一，《嘉兴藏》第25册，第744页下。

南岳石头希迁禅师禅学思想及其现代意义

魏建中

（怀化学院马克思主义学院副教授）

摘　要：石头希迁禅师（700—790），唐代著名禅僧。希迁禅师的禅风高峻，思想透彻，接机干净利索。其禅学思想别具一格，灵活自如，显示出温和雅致的"文化禅"风貌。希迁禅师强调学禅的人要当下承当自心是佛，返观内照，融通内外，成为一个整体。其思想阐述了禅修的根本原则和基本方法，对现代人学禅有重要意义。

关键词：石头希迁禅师　即心即佛　现代意义

石头希迁禅师（700—790），唐代著名禅僧。曾赴曹溪投慧能门下，后依止先得曹溪心法的行思禅师，深受器重。唐玄宗天宝初年（742），希迁离开青原山来到南岳，住在衡山南寺。希迁在寺院附近的一块大石头上结庵而居，因此被人称为石头和尚。石头希迁禅师禅功深邃，和当时师承南岳怀让住江西南康弘化的马祖道一，称并世二大士。[①] 希迁禅师的禅风高峻，思想透彻，接机干净利索，决不拖泥带水，对后世影响深远。下面对石头希迁禅师的禅学思想及其现代意义进行解读。

---

① 参见 http：//blog. sina. com. cn/s/blog_ 1046b8c501012338. html。

一 石头希迁禅师的学禅经历及主要著作

石头希迁禅师的学禅经历很有特色。他先在曹溪门下熏陶多年,打下了很好的基础,对禅已有所领悟。《景德传灯录》卷五载:

> 六祖将示灭,有沙弥希迁(即南岳石头和尚也)问曰:和尚百年后,希迁未审当依附何人?祖曰:寻思去。及祖顺世,迁每于静处端坐寂若忘生。第一坐问曰:汝师已逝,空坐奚为?迁曰:我禀遗诫故寻思尔。第一坐曰:汝有师兄行思和尚,今住吉州,汝因缘在彼。师言甚直,汝自迷耳。迁闻语,便礼辞祖龛,直诣静居。①

慧能大师圆寂后,希迁在首座的指引下,去参问自己的师兄青原行思禅师。

青原行思禅师是弘扬慧能顿悟禅法的两大柱石中的一位,他在中国禅宗史上与南岳怀让禅师并驾齐驱。他曾为六祖门下首座弟子。后住江西青原山静居寺,弘扬南禅顿法。当希迁初到青原山和行思见面时,行思开口便问他从曹溪那里带来了什么,他说,未到曹溪以前,原未曾失落过什么。行思再问,那么为什么要到曹溪去,他就说,若不到曹溪,怎知不失。此番问答,皆是禅语机锋,勘察对佛法体悟所到的境界。这段话体现了希迁对自有佛性的自信,他敢于承当。这便是禅宗的作风,先考察有没有悟性。希迁在行思禅师那里得法后,来到南岳南台寺修行。南台寺东有一块很宽阔的大石头,希迁便于此石上坐禅,后在大石上建草庵居之,时号"石头禅师"。希迁在山中

---

① 《大正藏》第53册,第310页中。

读经习禅，授徒传法，弘扬行思顿悟法门，声名远播，四方学人纷至沓来。

石头希迁禅师具有深厚的中国传统文化学养，他的禅学思想熔易学、佛学、道学为一炉，颇多思辨哲学的理论色彩。他留下来的主要著作有《参同契》《草庵歌》等。《参同契》是一首五言偈颂，其题意为世间万法森然而立，然万法虽殊，同归真如本源，相互契合而辩证统一。偈颂主旨主要强调，理与事、心与物、体与用圆融无碍，因此包括人在内的宇宙万物浑然一体。这也正是禅宗思想与中华本土文化"太极"理论、"天人合一"理论的完美融摄。《草庵歌》描述自己居住草庵怡然自得的心境，堪称一篇《悟道歌》。希迁禅法别具一格，其接引学人方式细密平稳，灵活自如，显示出温和雅致的"文化禅"风貌。

二　石头希迁禅师的禅学思想

禅宗心法，是禅宗初祖菩提达摩传来，传至六祖慧能以下五家七宗的禅法。它主张教外别传，不立文字，不依言语，直接由师父传给弟子，祖祖相传，心心相印，见性成佛，所以叫作祖师禅。禅宗是汉传佛教最精要、最重要的部分，虽然其源头是印度佛教，但其实融入了很多中国传统文化内容和人文精神，是完全"汉化"了的佛法。禅宗强调"不立文字，直下承当"，"直下承当"需要在日常生活中完成。历代祖师与时俱进，不断创新，为禅宗思想的发展与推广做出了重要贡献。希迁禅师的禅风，带有哲学思索的倾向，和同时的马祖道一之大机大用相比较，趋于静态。因而他的禅学思想有很强的哲理性，具有自己的内涵。

1. "即心即佛"——当下承当

石头希迁禅师强调"即心即佛"，他也把佛性称为"心"

"自心""自己心灵体",他认为自己的心灵体湛然圆满,超越一切妄想杂念。他说:

> 吾之法门,先佛传授,不论禅定精进。唯达佛之知见,即心即佛。心、佛、众生,菩提、烦恼,名异体一,汝等当知。自己心灵体,离断常性,非垢非净,湛然圆满,凡圣齐等,应用无方,离心意识。三界六道,唯自心现,水月镜像,岂有生灭。汝能知之,无所不备。①

石头希迁禅师认为,最根本的问题是佛的知见:即心即佛;心与佛、众生,烦恼与菩提,虽然名称有别,但本质为一;每人所秉有的佛性超越断、常、垢、净等属性,清净圆满。这就是提出了一个本体论问题,心之本体超越万事万物,一切修禅建立在这个基础上。

禅最关注的是变得能觉知到自己是谁,觉知到自己的心灵本体。这与外在世界无关,与别人所说的无关,自己的本性在内在。但是人们一直只关注外面的东西,忘记了内在的本性,禅师们呼唤的就是让学习者回归自心。石头希迁禅师非常强调学禅的人要当下承当自心是佛,如:

> 招提慧朗参马祖,祖问:"汝来何求?"曰:"求佛知见。"祖曰:"佛无知见,知见乃魔耳。汝自何来?"曰:"南岳来。"祖曰:"汝从南岳来,未识曹溪心要,汝速归彼,不宜他往。"师归石头,便问:"如何是佛?"头曰:"汝无佛性。"师曰:"蠢动含灵,又作么生?"头曰:"蠢动含灵,却有佛性。"曰:"慧朗为甚么却无?"头曰:"为

---

① 《大正藏》第 51 册,第 309 页中。

汝不肯承当？"师于言下信入。①

希迁禅师的讲话很巧妙，出乎慧朗的内心期待。当慧朗问什么是佛时，希迁禅师说他没有佛性，慧朗迷惑不解，心中出现了大疑情。禅师最后指出慧朗的问题，他对自己的本有佛性没有自信。言下之意是，只要自信本有佛性，当下即是佛，又何须向别人请教什么是佛呢！对禅者来说，闭上眼睛，门便是打开着的，因为佛性就在那儿，不需要请教任何人。请教意味着将错过，因为这种请教表示修禅者以为自己正处在另外某个地方，这种请教表示自己要找一张地图，而对内在世界而言，是没有地图的，不需要，因为修禅的人不是向着未知的目标前进。事实上，自己一点也没有前进，自己就在那儿，自己就是终点；自己不是寻求者，自己是开悟者。所谓开悟，就是在内在觉知到真正的自己。相反，当向外在寻求，就不是开悟的。所以唯一的区别就是一个焦点的不同，如果聚焦点在外在，便不是修禅；如果聚焦点在内在，便是修禅，因此唯一的问题在于一种转向。意识有两种流动的方向：向外或者向内。向外，它将永远达不到终点，因为这个终点是源泉，终点不是在前面，它是在后面，终点不是将要去到达的地方，终点总是在已经离开的地方，源泉就是终点，如果能回到开始的最初的那个点，那么就是到达终点了。所以说，开悟就是去到那个源泉，而那个源泉就在禅修者里面，生命在那儿流动着，震颤着，不用去请教别人。

2. "境智真一，孰为去来？"——物我一体

人们所有的问题的出现，是因为不是"一"，是因为内在的不统一，因为内在的混乱——不和谐。而禅从根本上来说就只

---

① 《大正藏》第51册，第311页中。

是变得一体。石头希迁禅师在解释有关禅时,强调成为一个整体,他说:"圣人无己,靡所不己。法身无量,谁云自他?图镜虚鉴于其间,万像体玄而自现。境智真一,孰为去来?"[①] 希迁认为,外在世界和内在心灵就是一个整体,不可分开。对于大多数人来说,生活在"多"中。当生活在"多"中,问题便产生了,因为生活在"多"中,在多个方向上同时行动着,那么人们的心理变成了很多部分,一个欲望引向南面,另一个欲望引向北面;头脑的一个部分是爱,而另一个部分是恨;头脑的一个部分想积累财富,而另一个部分说却反对;一个念头想静心,想变得很深,变得平静,而另一个念头说:"你为什么在浪费时间?"

禅最基本的点就是:成为一。无论选择什么,成为一;如果能有无限的耐心,就会成为一;如果没有思想杂念,在深深的静心中,就会成为一。

作为心灵本体的佛性,与日常维持感觉、认识和行动的心理过程有什么关系呢?希迁禅师认为,二者也是一个整体,不一不异。《祖堂集》卷四《大颠传》记载,有一天大颠见到希迁,希迁问他:"哪个是汝心?"大颠答:"即对和尚言语者是。"希迁对此答不满意,便高声喝他。旬日后,大颠又问希迁:"前日岂不是除此之外,何者是心?"意思是除了现实思虑活动的心理过程,难道还能找出别的心吗?希迁说:"除却扬眉动目一切之事外,直将心来。"大颠答:"无心可将来。"希迁告诉他:"先来有心,何得言无心。有心无心,尽同谤我。"希迁强调真心不能通过有和无来表达,因为他体悟到真心是空的,一个念头也不动——没有内容,只有空间。空无法用语言来表达,说是空,也只是一种方便。心性本空,无形无相。空只是空。无法净化它或者污染它。但是正因为它是空的,所以它的

[①] 《大正藏》第51册,第309页中。

应用是不可穷尽的、不可测度的。如弟子道悟问希迁:"如何是佛法大意?"答:"不得,不知。"又问:"向上更有转处也无?"答:"长空不碍白云飞。"真心之体是空的,是无限的,而真心之用是活泼的。正因为真心之空,日常思维活动才能更好地运行。真心之体和真心之用是相即不二的关系。心性无形,但它又不离日用万有——见闻觉知、扬眉动目和周围世界。真心是一个广大的空,每样东西都来自于它又回归于它。它是不可穷尽的,因为它没有极限。

3. "谁缚汝?"——主张返观内照,不须外求

禅宗的哲学理论主要解决的是"禅修者要怎么做"的问题,也就是说是一种"工夫理论"。"工夫论"是关于修行中自我修炼的操作哲学思想。石头希迁禅师在其对门徒的开示当中体现了禅宗的工夫论思想,阐述了禅修的根本原则和基本方法。

希迁禅师善于用出人意料的语言启示学徒返观内照。有位僧人向希迁请教:"如何是解脱?"答:"谁缚汝?"又问:"如何是净土?"答:"谁垢汝?"问:"如何是涅槃?"答:"谁将生死与汝?"[①] 这位僧人作为禅修者,向希迁请教一些自己最关心的问题。但希迁的回答可以说是超出一般人想象之外,其用意在于启示这位僧人返照自己的内心,看清那个束缚自己的东西,从而体悟自我的虚幻,领悟真心的广大。又如:弟子道悟问希迁:"如何是禅?"答:"碌砖。"问:"如何是道?"答:"木头。"[②] 希迁的回答出人意料,其作用在于截断问话者的思维意识,返照自心。"禅""道"贵在体悟,如人饮水,冷暖自知。至高无上的禅就是人内在的本性,自己本来拥有,只需返照,不用外求。那就是为什么它不是一个目标,它不是未来的某一

---

① 《大正藏》第 51 册,第 309 页中。
② 同上书,第 310 页中。

个东西。如果去找寻,将会错过,不要找寻,只要存在,它就在那里。正因为去找寻,所以才错过它,就是因为太匆忙了,所以无法看到内在。生活在至高无上的道里既不是容易的,也不是困难的。但是那些视界狭窄的人会觉得害怕而不敢决定,他们越是匆忙求快,他们的进展就越缓慢。执着是不受限定的,即使执着于成道的观念也是误入歧途。让事情自然进行,就不会有来,也不会有去。所以说修道者跟目标之间没有距离,那个追求者和被追求的之间没有距离。禅修者本身既是手段,也是目的,这就是至高无上的道。

三 希迁禅师禅学思想的现代意义

禅意味着超越二元对立,没有客体,只有单纯的存在——一片没有云彩的意识,一片纯净的天空。禅具有普遍性、包容性,不在生活之外,而就在生活之中。运用禅的方法来解决现代人生活的痛苦,提高现代人的生活品质,使其充分感受生活的禅意,这就是石头希迁禅学思想的现实意义。

在现代这个工商社会中,科技高度发达,信息非常丰富,生活节奏越来越快,人们的心态空前浮躁,很少有人抽出时间停下自己的脚步,观照自己的心灵。现代人们的身心健康问题比较严重。原因是人们的生活方式和思维模式出了问题,人活在各种概念、信息里面,头脑在飞速运转,很难停下来,而身体不甘于被遗忘,它会起来反抗,其表现就是各种疾病。在这种状态下,人们的精神负担格外沉重,有的人就是因为不堪重负而导致精神崩溃。而禅的生活态度和修行方式可以为人们提供一种有效的精神调节方法。其实修禅就是在生活中把蒙蔽在光明觉性之上的种种障碍,如贪、嗔、痴等烦恼,一层一层地剥掉,是对生活方式的一种优化与提升。修禅意味着开始反观内照自己的心灵,倾听内心的声音。只有做到修禅与生活相融合，净化心灵，人们才能在生活中感受到禅的意境，使人生更有意义。比如说在花园里挖土，如果能用这样一种方式来挖，那就是完全沉浸在那个挖掘中，人却已经不存在了，人已经成了那个挖掘，那个行动者已经成了行动，那个观察者已经成了观察，静心者已经成了静心——突然地，所有的幻想都掉落了，领悟到内在的本性，达到了天人合一的境界。禅不是一种学习的对象，是一种生活的方式，它取决于怎样活，无法通过经典得到它，也无法从任何人那里得到它。有一些片刻，当变得宁静时，就会悟到。

禅并不排斥逻辑思维和意象思维，而是在涵括它们的基础上超越它们，不为语言文字所迷惑，不把概念知识当成偶像。禅者知道语言文字的重要性，但也知道语言的局限性，能随时随地放下语言，也能提起语言。对今天的人们来说，学习禅是为了更好地生活、学习，提升自己的生命境界。东方禅的中道直觉回光返照思维兼容具体分析的西方经验可使人类思维达到最理想的状态。在超越性上，西方在二元的对立上，主体不断地战胜客体完成外在的超越。而东方的禅从人自身的统一中，从本心上获得智慧，又从智慧上完成内在超越性。二者的互补，可使西方偏执的分析方法走向中道、圆满，将使人类得以全面完成，实现真正的自由。[1]

---

[1] 参见魏建中《试论禅悟思维的和谐特质及其现代启示》，《湖南省社会主义学院学报》2008年第5期。

南岳怀让法系马祖道一的禅学思想

伍先林

（中国佛教文化研究所研究员）

摘　要：马祖道一继承了六祖慧能与南岳怀让的禅学思想，但与慧能更侧重从承认一般人现实地存在迷妄的事实出发相比，马祖道一更强调从自心本来是佛的理论前提出发。与慧能在禅宗顿法的基础上以禅融教而禅教融通、以顿融渐而顿渐融通的教学精神不同，而是更为有意识地摆脱经教的正面说教，更为有意识地强调着眼于超越教、渐的本来无迷无悟的自心本源自证境界，因而极力提倡"平常心是道"。同时在教学精神上更为突出禅宗顿法相对独立于教、渐的超绝性，并且在具体的教学方法上大开后世机锋棒喝的先河。从教学精神上来说，如果说慧能是从如来禅过渡到祖师禅的核心和关键人物，那么马祖则是使祖师禅得以大肆开展的关键人物。

关键词：平常心　顿悟　禅与教　顿与渐　教学精神　机锋棒喝

由六祖慧能（638—713）所实际开创的南宗禅在马祖道一（709—788）的时代得到了进一步的发扬光大，南宗逐渐成为中国佛教禅宗的代名词。马祖道一在慧能禅宗的阐扬和发展中起到了非常关键而重要的作用，而马祖道一又是经过南岳怀让

(677—744）禅师的启发而悟道的。

　　根据资料记载，南岳怀让禅师俗姓杜，他从小就喜欢阅读佛经。十五岁时，怀让便到荆州玉泉寺出家，后来接受嵩山慧安和尚的指点，前往曹溪，参访六祖慧能大师。当六祖大师看到怀让禅师时，就问他："从哪里来的？"怀让回答："嵩山来的。"六祖大师又问："是什么东西，怎么来的？"当时，怀让哑口无言，不知道该如何回答。经过了八年的参究，忽然间，怀让有所领悟，便对六祖大师说："我终于明白了！"六祖大师问："你明白了什么？"怀让禅师回答："说似一物即不中！"六祖大师听了，马上追问："那还需不需要加以修证呢？"怀让禅师回答："修证即不无，污染即不得。"六祖听了之后，印可说："只此不污染，诸佛之所护念。你是如此，我也是如此。"怀让于713年来到南岳，住般若寺，担任般若寺住持后，集资将寺院重新修缮一新，并将"般若寺"改为"观音寺"，辟为禅宗道场。广收法徒，大力弘扬惠能的禅宗"顿悟"法门。当时在南岳结庵修行的马姓道一和尚每天独坐在岩上禅定，很少与人交往。怀让了解这一情况后，一天拿着一块事先准备好的砖，在离道一禅定不远的地方磨了起来。道一好奇地问怀让："磨砖干什么？"怀让答道："把它磨成镜子。"道一反问："砖怎么能磨成镜子？"怀让于是启发说："既然砖不能磨成镜子，那么坐禅又怎么能够成佛？！"道一心有所动，请教如何才能成佛？怀让便指心发问："如牛驾车，车若不行，打车即是？打牛即是？"道一无言以对，怀让见机开导说："禅是坐不出来的，佛也是坐不出来的。"经过怀让的重重开导，道一终于悟道。道一继承了南岳怀让"修证即不无，污染即不得"的禅学思想，并且最终形成了对于后世影响深远的马祖洪州禅风。

　　关于马祖洪州禅在慧能禅宗发展中的地位和特征，正如洪修平先生所指出的，慧能奠定了南宗禅的理论与禅行之原则，而以马祖道一为最重要代表的南岳怀让禅系及青原行思禅系则将这种原则贯彻到宗教实践中去,并在实际的禅行生活中将禅宗进一步发展并使之繁盛。① 这是从哲学史的角度得出的合乎逻辑的合理结论。本文主要从教学精神、教学方法的角度,并在与慧能禅的联系比较中,进一步具体地探讨马祖禅的禅法特色及其在中国禅宗发展历程中的独特地位。

一

马祖道一继承了慧能的禅思想。马祖与慧能一样,也明确主张"自心是佛",他对弟子们说:"汝等诸人,各信自心是佛。此心即是佛心。达摩大师从南天竺国来至中华,传上乘一心之法,令汝等开悟。……夫求法者应无所求。心外无别佛,佛外无别心。"② 禅宗从达摩传来的就是此一心之法,所以修学禅法者应自信自心就是佛心佛性,应该向自心内返求佛心佛性,而不应该向外逐求,这就明确地宣示了修学的方向和原则。

而且,马祖与慧能一样也认为自心佛性就是我们内在生命的本源和原动力,圭峰宗密(780—841)曾转述马祖洪州宗的思想云:

洪州意者,起心动念,弹指动目,所作所为,皆是佛性全体之用,更无别用。全体贪嗔痴,造善造恶,受乐受苦,此皆是佛性。如麦作种种饮食,一一皆麦。意以推求此身,四大骨肉,喉舌牙齿,眼耳手足,并不能自语言见闻动作。如一念命终,全身都未变坏,即便口不能语,耳不能闻,脚不能行,手不能作。故知能言语动作者,必是佛性。且四大骨肉,一一细推,都不解贪嗔烦恼,故知贪

---

① 洪修平:《略论南岳怀让——马祖禅法的主要特色》,中国佛教文化研究所学术著作系列《禅宗与中国佛教文化》,中国社会科学出版社 2004 年版,第 1 页。
② 《五灯会元》卷三,中华书局 1990 年版,第 128 页。

嗔烦恼并是佛性。佛性体非一切差别种种,而能造作一切差别种种。体非种种者,谓此佛性非圣非凡,非因非果,非善非恶,无色无相,无根无住,乃至无佛无众生也。能作种种者,谓此性即体之用故,能凡能圣,能因能果,能善能恶,能色能相,能佛能众生,乃至能贪嗔等。若究其体性,则毕竟不可见,不可证,如眼不自见眼等。若就其应用,则举动运为,一切皆是,更无别法而为能证所证。彼意准《楞伽经》云:"如来藏是善不善因,能遍兴造一切趣生,受苦乐,与因俱。"①

这段资料非常重要而宝贵,为我们研究马祖洪州宗的自心佛性思想提供了第一手的珍贵材料。这明显是继承了慧能的自性本源思想,慧能只说"性在王在,性去王无;性在身心存,性去身心坏"②,而马祖洪州宗则引用《楞伽经》作为经典依据,并作了更为详尽细致的发挥,后来临济宗常说"心法无形,通贯十方。在眼曰见,在耳曰闻,在鼻嗅香,在口谈论,在手执捉,在足运奔本是一精明,分为六和合"③就是从这里引申出来的。这一大段话的意思主要也就是要表明自心佛性是我们内在生命的本源和原动力,自心佛性就体现在我们的实际生命中,我们实际生命活动的原动力就是来自我们的自心佛性本源。此自心本源佛性不但"能言语动作",是我们内在生命的本源;而且能"造作一切差别种种","能凡能圣,能因能果,能善能恶,能色能相,能佛能众生",还是我们实际生命与宇宙万法同体的内在本源。按大乘佛教教理来说,这其实就是法身本源佛性,

---

① 宗密:《中华传心地禅门师资承袭图》,《中国佛教思想资料选编》第二卷第二册,中华书局1989年版,第465页。

② 敦煌本《坛经》,《中国佛教思想资料选编》第二卷第四册,中华书局1991年版,第18页。

③ 《镇州临济慧照禅师语录》,《中国佛教思想资料选编》第二卷第四册,中华书局1991年版,第264页。

慧能称之为自性法身佛。然而,与一般抽象的大乘教理相比,从慧能到马祖一脉相传的南宗禅更强调在具体的实际生命中体证法身本源,所以慧能一再强调法身不离色身。色身就是我们实际生命的载体,色身又包括报身和化身,慧能强调自性法身不离色身尤其是化身。他认为自性法身离色身即是生命的死亡,"若一念断绝,法身即是离色身"[①];"一念断即死,别处受生"[②];"从法身思量,即是化身"[③]。所谓自性化身就是从法身本源思量变化、变现的实际生命现象,也就是不离我们当下、现前一念的念念不断的实际生命。慧能特别强调要在我们的实际生命中体证法身自性的本源,他说:"化身报身及法身,三身元本是一身;若向性中觅自见,即是成佛菩提因。本从化身生净性,净性常在化身中;性使化身行正道,当来圆满真无穷。"[④] 就是说法身本源自性不离我们的实际生命,就体现在实际生命现象的化身中,所以我们应该在化身的实际生命中内证、体证法身本源。

马祖显然继承并大大推进了慧能的思想。从宗密的转述中可以看出,他也特别强调自心佛性是我人实际生命与宇宙万法同体的内在本源。与慧能相比,他更为突出地强调佛性本源就体现在我们的实际生命现象中,马祖把与自心佛性本源相应的全部生命现象称为"妙用"或"不思议用",宗密将其转述为"佛性全体之用"。马祖还进一步将本来没有各种迷执而与自心佛性本源相应并体现于我们实际生命的日常具体生活中的当下、现前一念心称为"平常心",他说:

---

① 敦煌本《坛经》,《中国佛教思想资料选编》第二卷第四册,中华书局1991年版,第9页。
② 同上书,第10页。
③ 同上书,第12页。
④ 同上书,第29页。

平常心是道。何谓平常心？无造作，无是非，无取舍，无断常，无凡无圣。经云："非凡夫行，非圣贤行，是菩萨行。"只如今行住坐卧，应机接物，尽是道。道即是法界，乃至河沙妙用，不出法界。若不然者，云何言心地法门？云何言无尽灯？一切法皆是心法，一切名皆是心名，万法皆从心生，心为万法之根本。经云：识心达本源，故号为沙门。名等义等，一切诸法皆等，纯一无杂。若于教门中得，随时自在，建立法界，尽是法界；若立真如，尽是真如；若立理，一切尽是理；若立事，一切尽是事。举一千从，理事无别，尽是妙用，更无别理，皆由心之回转。譬如月影有若干，真月无若干；诸源水有若干，水性无若干；森罗万象有若干，虚空无若干；说道理有若干，无碍慧无若干，种种成立，皆由一心也。建立也得，扫荡也得，尽是妙用，尽是自家。非离真而有立处，立处即真，尽是自家体，若不然者，更是何人？一切法皆是佛法，诸法即是解脱，解脱者即是真如。诸法不出于真如，行住坐卧，悉是不思议用，不待时节。①

按照马祖的说法，平常心就是本来没有各种造作、是非和取舍等各种分别执着的迷执并体现于行住坐卧和应机接物等日常具体生活的实际生命中的平常一念心。这个体现于我们日常的实际生命、生活中的现前一念心具有不可思议的无限妙用，是宇宙万法的根本或本源，宇宙万法都由此心源而生，所以"一切法皆是心法，一切名皆是心名"。此一念心可以说是心法一体或心物一元同体的绝对心，具有形而上的本体意义，是宇宙万法的绝对本体。如果能识取这个作为本源绝对心的平常一念心，那么一切相对的、差别的现象也就具有了绝对的、平等

---

① 《大正藏》第51册，第440页上。

的意义了，所以说"名等义等，一切诸法皆等，纯一无杂"。同时，若识取此本源绝对心，则可以超越对经教教理的知见执着，能转经教而不为经教所转，因为此本源绝对心也正是经教教理的源头，所以又说"若于教门中得，随时自在"。

按照马祖的思想，自心佛性本源是理体，实际生命现象是事用，平常一念心正是与自心佛性本源相应而又体现于我人实际生命的日常生活中的，所以这个作为本源绝对心的平常一念心正是联结理体与事用的枢要、枢纽。此一念心就其究竟意义来说，表现为全体即用、全用即体、体用一如的全体大用；又体现为全理即事、全事即理、即理即事的理事双融不二。我们在认识上要立理或立事都由此作为枢纽的本源绝对心的回转变化所决定的，所以马祖说："若立理，一切尽是理；若立事，一切尽是事。举一千从，理事无别，尽是妙用，更无别理，皆由心之回转。"事相虽然可以千差万别不同，而作为本源的绝对心则只是一个，"种种成立，皆由一心也"，种种事相都是此作为本源绝对心的平常一念心的妙用。若能在实际生命中识取这个具有无限妙用的本源绝对心，那么在不离日常生活的当下、现前一念就具有绝对真理的意义了，即"非离真而有立处，立处即真"。总结说来，马祖认为学道的关键在于，要在不离实际生命的日常生活中，识取具有枢要意义的作为本源绝对心的平常一念心。

可以看出，马祖"平常心是道"的禅思想显然是有华严宗理事圆融无碍乃至事事无碍思想影响的痕迹的。同时，从某个意义来说，这个作为本源绝对心的平常一念心也类似于道家庄子齐物论思想中"如环无端"而"得其环中""以应无穷"的"道枢"。而事实上，马祖在这里也正是明确主张"平常心是道"的。同时，马祖"平常心是道"与儒家"极高明而道中庸"主张最高真理不离伦常日用中的理念也很有相通之处。从这可以看出马祖禅贯通中国思想文化的特色，中国化的特色非常明显，已经不是印度佛教所能完全包括和范围的了。这些自然而然促使马祖将在传承发扬禅宗思想的具体教学实践过程中迸发出新的智慧。

二

从上述对马祖禅的基本认识出发，结合有关马祖的其他思想资料作为补充，我们就可以发现，与慧能承认众生现实地存在迷妄的事实不同[1]，马祖则更强调从自心本来是佛的理论前提出发，在教学精神上更强调要直下认识到妄想本来无性而不真实，因为"但尽三界心量一念妄想，即是三界生死根本，但无一念即除生死根本，即得法王无上珍宝"[2]。因而马祖更为强调地指出："一切众生从无量劫来，不出法性三昧，长在法性三昧中着衣吃饭言谈祇对，六根运用一切施为，尽是法性。不解返源，随名逐相，迷情妄起，造种种业。若能一念返照，全体圣心。"[3] 也就是说马祖更为突出地强调要在实际生命的日常生活中的现前一念自返自照而直下识取、自证本来没有迷妄的作为自心佛性的本源绝对心，所以又说本源绝对心"本既无迷，悟亦不立"，也就是说本源绝对心是超越迷悟对立的本来无迷无悟的自证境界。

与强调发挥禅的独立性和以禅超越和摆脱经教相应，马祖也更为强调顿悟的超越性，与慧能以顿融渐而融通顿渐的教学

---

[1] 如慧能反复强调说我们凡夫众生"前念迷即凡，后念悟即佛"，见敦煌本《坛经》，《中国佛教思想资料选编》第二卷第四册，中华书局1991年版，第14页。
[2] 《古尊宿语录》上册，中华书局1994年版，第4页。
[3] 同上。

精神不同①,马祖更为强调顿超相对于、独立于阶渐的超绝性,而不是以顿融渐而融通顿渐的。马祖在描述顿超直入的自证境界时说:

> 前念后念中念,念念不相待,念念寂灭,唤作海印三昧,摄一切法,如百千异流,同归大海,都名海水,住于一味,即摄众味,住于大海,即混诸流。如人在大海中浴,即用一切水。②

这就是说,在不离实际生命的自心前念后念中念的当下、现前一念中,若能念念不系、念念寂灭无住,我们就能在此念念不系、无住的现前一念中自证我们内在生命与宇宙万法一元同体的法性或自性本源绝对心,所以说此自心本源"摄一切法,如百千异流,同归大海,都名海水"。既然在现前一念就可以证入一切法的法性本源,那么一切法的本源自性也就呈现、体现在现前一念中,那就如"住于一味,即摄众味,住于大海,即混诸流,如人在大海中浴,即用一切水"。这种能够在现前一念中体证一切法的本源自性的顿悟自证境界自然是容不得也不需要阶渐位次的。马祖认为声闻小乘人由于不能顿悟自证此自心佛性本源,不知此自心佛性本源境界"本无地位因果阶级心量",而妄想通过四禅八定等阶渐位次的渐修"修因证果,住其空定八万劫二万劫,虽即已悟却迷,"所以"声闻悟迷,凡夫迷悟",声闻虽然通过渐修有所悟得,但由于"沉空滞寂",不达自法性本源,最终仍然容易退堕成迷;而凡夫修行还是想从迷

---

① 如慧能反复说:"本来正教,无有顿渐,人性自有利钝,迷人渐修,悟人顿契,自识本心,自见本性,即无差别,所以立顿渐之假名。"见宗宝本《六祖大师法宝坛经·定慧品》,《中国佛教思想资料选编》第二卷第四册,中华书局1991年版,第44页。

② 《古尊宿语录》上册,中华书局1994年版,第4页。

妄通过阶渐达到悟有所得。声闻和凡夫都还是落于迷悟仍然相对的渐修之中。与此不同，马祖他强调大智上根人要"不历于阶级地位，顿悟本性"①，即要不落于阶渐，要于现前一念顿悟自证本来无迷无悟的自心佛性本源境界。大智上根人的顿悟自证本源的境界显然是不同而超绝于小根人迷悟仍然处于相对的渐修渐悟境界的，而马祖特别强调的正是这一点。所以与慧能在禅宗顿法的基础上以禅融教而禅教融通、以顿融渐而顿渐融通不同，马祖在教学精神上是更强调禅宗顿法相对独立于渐、教的超绝性的。

三

与强调禅宗顿法相对独立于渐教的超绝性的教学精神相应，在接引学人的具体教学方法上，马祖也注重启发学人领悟到禅超越于经教的独特之处，这里有三则有关马祖接引学人的公案比较有代表性：

> 有讲僧来问曰"未审禅宗传持何法？"师却问曰："座主传持何法？"主曰"忝讲得经论二十余本。"师问："莫是师子儿否？"主曰："不敢。"师作嘘嘘声。主曰："此是法。"师曰："是甚么法？"主曰："师子出窟法。"师乃默然。主曰："此亦是法。"师曰："是甚么法？"主曰："师子在窟法。"师曰："不出不入是甚么法？"主无对。遂辞出门。师召曰："座主！"主回首，师曰："是甚么？"主亦无对。师曰："这钝根阿师。"②
>
> （亮座主）颇讲经论，因参马祖。祖问："见说座主大

---

① 《古尊宿语录》上册，中华书局1994年版，第4页。
② 同上书，第5—6页。

讲得经论,是否?"师(亮座主)曰:"不敢!"祖曰:"将甚么讲?"师曰:"将心讲。"祖曰:"心如工伎儿,意如和伎者,争解讲得?!"师抗声曰:"心既讲不得,虚空莫讲得否?"祖曰:"却是虚空讲得。"师不肯,便出。将下阶,祖召曰:"座主!"师回首,祖曰:"是甚么?"师豁然大悟。①

(汾州无业禅师)闻马大师禅门鼎盛,特往瞻礼。祖睹其状貌奇伟,语音如钟,乃曰:巍巍佛堂,其中无佛。师礼跪而问曰:"三乘文学,粗穷其旨,常闻禅门'即心是佛'实未能了。"祖曰:"只这未了底心即是,更无别物。"师曰:"如何是祖师西来密传心印?"祖曰:"大德正闹在,且去,别时来。"师才出,祖召曰:"大德!"师回首,祖曰:"是甚么?"师便领悟,乃礼拜。②

在这三则公案里,马祖都是先通过与三位讲经座主的问答向他们暗示、启发他们领悟超越经教的心思意解的禅的宗旨,尤其是马祖向汾州无业说"只这未了底心即是,更无别物",更是直接地道出禅的终极宗旨是超越经教的心思意解的。可惜他们在当时都还未领悟,故马祖只好最后在他们即将离开的时候进一步画龙点睛似地通过呼唤他们而点醒他们要在不离自身实际生命的当下、现前一念自悟自心本源。在这三则公案里,马祖的意图或传法宗旨是一样的,所不同的是其中的亮座主和无业禅师最后终于在将要离开的时候领悟了马祖的意旨,而另一位则仍然未能领悟,故马祖讽刺他是钝根阿师。

马祖接引大珠慧海的公案则更具有典型性,更能体现马祖禅的教学精神和教学特色。据载:

---

① 《五灯会元》上册卷三,中华书局1990年版,第176—177页。
② 同上书,第163页。

（慧海）初参马祖，祖问："从何处来？"曰："越州大云寺来。"祖曰："来此拟须何事？"曰："来求佛法"祖曰："我这里一物也无，求甚么佛法？自家宝藏不顾，抛家散走作么？"曰："阿哪个是慧海宝藏？"祖曰："即今问我者，是汝宝藏。一切具足，更无欠少，使用自在，何假外求？"师于言下，自识本心。①

　　马祖针对慧海向外求佛求法的迷执，当机指点他要于自身实际生命的当下返求识取自心佛性本源，而且此自心佛性本源一切具足，活泼泼地具无穷妙用。结果慧海受到启发，于马祖言下自识心源。

　　如上所述，在教学精神上，马祖注重在实际生命的当下当机指点学人自悟，而马祖启发学人自证自悟的是经教言思所不及的自心佛性本源境界。正是根据这种教学精神，与慧能相比，马祖更为有意识地摆脱经教，更为有意识地摆脱正面说教，在接机的具体的教学方法上大辟机用之门，大开后世机锋棒喝的教学方法，启发学人悟入经教言思所不及的自证境界。这其中有打、踏、喝、竖拂、扭鼻子、反诘、说一些无意味不可理解或充满暗示的话等灵活多样的教学方法。如：

　　师（怀海）再参马祖，祖竖起拂子。师云：即此用离此用？祖挂拂子于旧处，良久，祖云：你已后开两片皮，将何为人？师遂取拂子竖起。祖云：即此用离此用？师亦挂拂子于旧处。祖便喝，师直得三日耳聋。②

　　（庞居士）问曰：不与万法为侣者是什么人？祖曰：待汝一口吸尽西江水，即向汝道。士于言下顿领玄旨。③

---

① 《五灯会元》上册卷三，中华书局1990年版，第154页。
② 同上书，第7页。
③ 同上书，第186页。

师（马祖）采藤次，见水潦，便作放势，水潦近前接，师即踏倒。水潦起来，呵呵大笑云：无量妙义，百千三昧，尽在一毛头上识得根源去。①

问：如何是西来意？师便打曰：我若不打汝，诸方笑我也。②

问：如何是西来意？师曰：即今是甚么意？③

这些机锋棒喝的具体教学方法尽管灵活多样、机变多端，然而其教学精神就是本文上面所已经指出的。这些教学方法在慧能时虽已微露端倪，但慧能主要还是融通经教而启发学人自悟，这种大开禅机的教学方法还主要是从马祖时代开始的。这种教学精神、教学方法要求在教学时教学双方都要摆脱教条，都要充分地发挥主观能动性，强调在教学上要充分发挥人的主动创造性而不是让学人被动地接受等方面，这些在今天的教学与各个方面的开拓创新等方面也还都是非常具有启发和现实意义的。

马祖禅在上面这些机用和公案中所体现的教学精神、教学方法，如果与慧能相比，那么则正如印顺法师所说，慧能说法接引学人，还不离经说。而特别是从马祖洪州禅以后，经教的固有术语，尽量减少。另成"祖师西来意""本分事"等这一类的术语，同时喜欢以扬眉瞬目、棒打口喝等手法，在象征的、暗示的、启发的形式下，接引学人，表达体验的境地。④ 杨曾文先生认为这些机锋棒喝的教学方法本来是取自现实的日常生活，"禅宗将这些做法用到师徒之间传授禅法，传递某种信息，彼此交流参禅心得和悟境，充实了以正面言教为主的传统佛教的传

---

① 《古尊宿语录》上册，中华书局1994年版，第4页。
② 同上书，第5页。
③ 同上。
④ 印顺：《中国禅宗史》，上海书店1992年版，第372—373页。

授模式和交流方式,从而使禅宗丛林生活带有一种吸引世人注意的粗犷气息和朝气"①。这是很有见地的。杨曾文先生同时指出:"然而,后来由于一些禅僧离开禅宗的本来宗旨,片面强调不用语言文字,盛行模仿乃至效颦的形式主义,动辄棒喝交驰,拳脚相加,致使禅风日渐庸俗和败落。"②确实,机锋棒喝如果离开了禅宗的本旨,容易流为狂禅。所以后来禅宗主要为了克服机锋棒喝泛滥导致的流弊,就普遍推行看话禅的教学方法,并以看话禅融通禅教,试图恢复慧能禅宗实证实悟的教学精神。

结　论

通过上面初步探讨,我们可以总结地说,如果与慧能相比较而言,那么在禅宗史上,慧能可以说是从如来禅过渡到祖师禅的核心和关键人物,而马祖则是使祖师禅得以大肆开展的关键和核心人物。何云先生在评介慧能和马祖的地位时说:"如果没有六祖慧能,可能就不成其为中国禅宗。在慧能以下,没有马祖,禅宗就会燃烧成灰烬,什么也不剩下。"③对于马祖的地位虽然略有夸大之嫌,但也还是有一定根据的。本文认为,慧能与马祖在佛教禅宗中的地位,类似于孔子与孟子在儒家,老子与庄子在道家中的地位,而也正是他们共同奠定了中国传统文化的基本特征。

---

① 杨曾文:《唐五代禅宗史》,中国社会科学出版社1999年版,第320页。
② 同上。
③ 吴立民主编:《禅宗宗派源流》,中国社会科学出版社1998年版,第167页。

南岳佛儒文化的兴盛与传承

——从慧思大师到王夫之

叶宪允

(华东师范大学图书馆副教授)

摘 要：南岳儒释文化皆发达兴盛。方广寺是南岳衡山最古老的寺院之一，明代四大高僧之一的紫柏真可称"南岳诸刹，唯方广寺道场最古，风水最胜，殿宇庄严，僧众广盛，可垂万世，诸寺莫及"。方广寺儒家文化也源远流长，名儒朱熹、张栻、王夫之与之关系密切，名相张居正等历代官员、文人在此游览逗留并留下诸多诗文墨宝。

关键词：慧思大师 朱熹 王夫之 南岳 福严寺 方广寺 佛儒文化

南岳衡山是中国五岳之一，素以"五岳独秀""宗教圣地"著称于世。南岳中佛教、道教和儒家文化传统源远流长。南岳有众多寺、庙、庵。有"江南第一庙"的南岳大庙，还有南岳六大佛教丛林祝圣寺、南台寺、福严寺、上封寺、清凉寺、大善寺。其他如广浏寺、湘南寺、丹霞寺、铁佛寺、方广寺都各有声名与特点。南岳道教文化也很兴盛。同时儒家文化也兴旺发达，衡山书院文化始于唐肃宗时，邺侯李泌于衡山读书，富于藏书，后其子李繁在衡山建衡山书院（现名邺侯书院）。南岳还有文定书院、白沙书院、紫云书院故址。曾国藩在《重修胡文定公书院记》中写道："天下之书院，楚为盛，楚之书院，衡为盛，以隶岳故也。岳志载衡书院十有八。"① 这是南岳儒家文化的表现。历代文人墨客与南岳的关系不胜枚举。清初大儒王夫之隐居南岳方广寺，是佛儒文化的充分结合。本文以慧思大师（515—577 年）与南岳、王夫之（1619—1692 年）与方广寺为观察点探讨南岳佛儒文化的兴盛，并呈现历代延续传承的局面。

一 慧思与南岳佛教

汉代以后，南岳佛教初兴，至南北朝以后达于鼎盛，衡山因为著名的高僧大德住持而扬名于世。三国时吴国宝鼎二年（268）由法崇和尚首开衡山为佛教道场。此后天台宗二祖慧思禅师在衡山开创福严寺，有"南岳尊者"的称号。唐南岳怀让禅师（677—744 年）开南岳一系禅法，弟子马祖道一（709—788 年）继其法流，其后发展成临济、沩仰等宗派。衡山还是唐代律宗三大中心之一。如此，禅宗、天台宗、律宗都与南岳渊源深厚。

衡山佛教的奠基人是慧思大师，被誉为衡山的"开山祖师"。慧思大师祖籍豫州武津（今河南上蔡），生于梁武帝天监十四年，卒于陈宣帝太建九年。他一生大部分时间辗转于北方各地，五十多岁后栖止南岳，发愿度众，成就辉煌，奠定了天台宗的基础，被尊为"天台三祖"。《续高僧传》卷十七：

> 释慧思，俗姓李氏，武津人也。少以弘恕慈育知名，闾里称言颂逸恒闻。尝梦梵僧劝令出俗，骇悟斯瑞辞亲入道。所投之寺非是练若，数感神僧训令斋戒，奉持守素梵

---

① （清）李惟丙：《（光绪）衡山县志》卷十六，清光绪元年刻本，第867页。

行清慎。及禀具足道志弥隆。迥栖幽静常坐综业。日惟一食不受别供,周旋迎送都皆杜绝。诵《法华》等经三十余卷,数年之间千遍便满。所止庵舍野人所焚,遂显厉疾求诚乞忏,仍即许焉。……时禅师慧文,聚徒数百,众法清肃道俗高尚,乃往归依从受正法。性乐苦节营僧为业,冬夏供养不惮劳苦,昼夜摄心理事筹度,讫此两时未有所证。又于来夏束身长坐系念在前。始三七日发少静观。见一生来善恶业相。因此惊嗟倍复勇猛。

若欲修定,可往武当南岳,此入道山也。以齐武平之初,背此嵩阳,领徒南逝高骛前贤,以希栖隐。初至光州,值梁孝元倾覆国乱前路梗塞,权止大苏山,数年之间归从如市。其地陈齐边境,兵刃所冲,佛法云崩五众离溃。其中英挺者,皆轻其生重其法……后在大苏,弊于烽警,山侣栖遑不安其地,又将四十余僧经趣南岳,即陈光大年六月二十二日也。既至告曰,吾寄此山正当十载,过此已后必事远游。又曰,吾前世时曾履此处。巡至衡阳值一佳所,林泉㯊净见者悦心。思曰,此古寺也,吾昔曾住。依言掘之,果获之房殿基墌僧用器皿。又往岩下,吾此坐禅,贼斩吾首,由此命终,有全身也。佥共寻觅,乃得枯骸一聚,又下细寻便获髅骨,思得而顶之,为起胜塔,报昔恩也。故其往往传事验如合契,类非一。自陈世心学莫不归宗,大乘经论镇长讲悟,故使山门告集日积高名。

乃迎下都止栖玄寺,尝往瓦官,遇雨不湿履泥不污。僧正慧暠与诸学徒,相逢于路,曰此神异人,如何至此。举朝瞩目道俗倾仰。大都督吴明彻,敬重之至奉以犀枕。别将夏侯孝威,往寺礼勤。在道念言,吴仪同所奉枕者,如何可见,比至思所将行致敬。

自江东佛法弘重义门,至于禅法,盖蔑如也。而思慨斯南服,定慧双开,昼谈理义夜便思择。故所发言,无非致远,便验因定发慧,此旨不虚。南北禅宗罕不承绪。然而身相挺特,能自胜持,不倚不斜。牛行象视。顶有肉髻,异相庄严,见者回心,不觉倾伏。又善识人心,鉴照冥伏,讷于言过,方便诲引。行大慈悲,奉菩萨戒,至如缯纩皮革,多由损生,故其徒属服章,率加以布,寒则艾纳用犯风霜。自佛法东流,几六百载,惟斯南岳慈行可归。①

慧思禅师既为中国禅宗的先声,更是中国天台宗的源流,从慧命到慧思,再到智者大师,构成了天台宗的传承。

衡山著名佛寺经过历代高僧的经营,山上佛寺林立,建成了不少的著名寺院,如南岳大庙、祝圣寺、南台寺、福严寺、上封寺、湘南寺、藏经殿、铁佛寺、丹霞寺、乾元寺、寿佛寺、烟霞寺、大善寺等古刹。福严寺,位于衡山掷钵峰下,距磨镜台约半公里。创建于南朝陈废帝光大元年(567)。天台宗二祖慧思大师曾驻锡本寺,宣讲《般若经》《中论》等般若中观之经典,故称为古般若道场。"慧思祖,武津李氏子,尝登祝融峰,飞锡福严寺。"②"福严寺在掷衣钵峰,旧名般若寺,亦名般若台。有唐太宗御书梵经五十卷,今无存。国朝乾隆五年,钦赐藏经一部(按唐梵经五十卷,一云在云居寺)。雍正十三年,查明福严寺田二百二十六亩四分四厘。"③ 福严寺是历史悠久的古寺。唐代禅宗高僧南岳怀让禅师栖止福严寺,其弟子马祖道一禅师曾在此悟道得法。当然慧思大师是南岳佛教的主要代表。慧思大师之后,南岳历代佛儒道文化发达。

---

① (唐)释道宣:《续高僧传》卷十七,《大正藏》第50册,第560页。
② (清)李惟丙:《(光绪)衡山县志》卷三十六,清光绪元年刻本,第2671页。
③ 同上书,第2591页。

二 方广寺之古与方广寺之深

在南岳众多寺院中，方广寺有其重要的特色和代表性，不但在佛教历史上颇有影响，而且与儒家文化渊源深厚，同时风景优美，正所谓方广寺乃寺深、山深、林深，文化渊源深。此之特点正是南岳自然景观与文化内涵之重要代表。南岳有"衡山四绝"，即祝融峰之高、藏经殿之秀、水帘洞之奇、方广寺之深。明代官员、文学家顾璘（1476—1545年）有"不至方广，不足以知其邃"之说，其《游衡岳后记》：

> 夫登山者，贵知其情，不在势也。衡岳之游，不至祝融，不足以知其高；不至方广，不足以知其邃。……入山，寻方广之道，峰回洞折，径尽复通，高下连嶂，阴晴异壑，有溪迢迢，夹崖而出，触石澎湃，声自远至，中多菖蒲水草，青被石上。两崖乔木挺生，阴若洞房，日照弗入。积雪编地，间有山茶杂生，含萼未吐。自午达昏，上下坡陂，几二十里许，其状如一。入寺，复极幽奥，高山壁立，类城郭状。有宋徽宗金书榜曰"天下名山"，悬正殿额。假榻闲房，夜静，泉溜益喧聒。寺僧云"自此入西南，山益深，水益清，几不可穷矣。"[1]

张居正（1525—1582年）《游衡岳记》：

> 方广在莲花峰下，重裹如瓣，而寺居其中，是多响泉，声彻数里，大如轰雷，细若鸣弦。幽草珍卉，夹径窈窕，

---

[1] （明）顾璘：《顾璘诗文全集·凭几集》卷五，清文渊阁四库全书补配清文津阁四库全书本，第142页。

锦石斑驳，照烂丹青。盖衡山之胜，高称祝融，奇言方广。然硐道险绝，岩壑幽邃，人罕至焉。①

方广寺位于南岳衡山莲花峰中央花蕊之上。《南岳总胜集》卷上："'莲华峰'：下有方广寺，八山四水周围环匝，昔人题诗略云：'寺在莲花里，群峰附花叶。'又范寅亮一联云：'寺藏螺髻顶，人在藕花心。'"②

方广寺历史悠久。据《南岳志》《一统志》载：寺始建于南朝梁天监二年（503）。南岳高僧之一的惠海来到这八座青峰围绕的狭长山谷中，见此地与世隔绝，岩壑幽邃，就在这里结草为庵。此为方广寺之始。方广寺在唐代曾改名为方广圣寿寺，宋初又赐名方广崇禅寺。寺院经过隋、唐、宋、元、明五次修建，屡修屡废，屡废屡兴。明初，洁空和尚将寺院改建。万历二十二年（1594），明神宗赐给方广寺一部佛经及佛像、宝幡，并专门建造藏经阁予以安放。《神宗皇帝谕敕》：

> 皇帝敕谕方广寺住持及僧众人等：朕惟佛氏之教，具在经典，用以化导善类，觉悟群迷，于护国佑民不为无助。兹者圣母慈圣宣文明肃皇太后命工刊印续入藏经十一函，并旧刻藏经六百三十七函，通行颁布于本寺。尔等务须庄严持诵，尊奉珍藏。不许诸色人等故行亵玩，致有遗失损坏。特赐护持，以垂永久。③

"万历二十有二年，神宗皇帝既承颐养，乃奉慈懿，施僧

---

① （清）张奇勋：《（康熙）衡州府志》艺文卷十九，清康熙十年刻本，第2658页。

② （宋）陈田夫：《南岳总胜集》卷上，宋刻本，第11页。

③ （清）王夫之：《莲峰志》卷一，见《船山全书》第十一册，岳麓书社1988年版，第613页。

田，建藏经阁，以藏法宝。"① 后来方广寺寺院倒塌。1634年（明崇祯十六年），王夫之兄弟及夏汝弼等人受巡抚褚胤锡委托，再次筹款，重新修建。经过两年时间，方广寺焕然一新，雄伟壮观。王夫之《莲峰志·沿革》：

> 古莲花峰，其地潭也。数峰相逼，自山西北澜水于是曲流三百余里，至一宿河口入于湘潭。澜水初派，瀑为纡流。传萧梁时惠海尊者剺法于此。……或曰：惠海尊者为方广开山，盖海印双僧之流也。寺以尊者故建，今寺后拜经台乃其址，始于天监二年岁癸未，历陈、隋、唐、宋、元，或革或沿。然此山以龙立，以法沿，由梁以前未显，实为潭始基之故出梁始。既历陈、隋、唐、宋、元，明兴，寺盖未绝。年湮久渐圮。嘉靖二年癸未，僧洁空德蕴、义天德仁修之，板屋铁瓦。洁空者，即偈所谓"七十三年老洁空"之禅悦也。又历九十六年所，万历四十七年己未，火。僧少庵如峰、安然性柱再建。又历甫九年，崇祯元年戊辰，火。己卯，督学使迁治郧中丞昆山王公永祚、澄川属僧凝然性翰。壬午，学使梁溪高公世泰汇旃益命之。性翰出其衣钵、资粮，以隆武元年乙酉十一月十二日再造。与其役者，楚抚义兴堵公胤锡仲缄。衡阳王介之石子、管嗣裘冶仲、夏汝弼叔直、王夫之而农襄之也。②

在王夫之等整修不久，方广寺毁于大火，"门庑不设，僧葺茅舍以居"。直到清道光年间，由曾国荃出资白银二万余两重修，成为现在的规模。

---

① （清）王夫之：《莲峰志》卷三，见《船山全书》第十一册，岳麓书社1988年版，第632页。

② （清）王夫之：《莲峰志》卷一，见《船山全书》第十一册，岳麓书社1988年版，第616—617页。

方广寺风景优美、历史悠久，佛教文化和儒家文化充分融合。明人周怡《莲峰翰墨志序》中称南岳莲花峰，"净明奇丽，岳之一胜也。禅修寂学者，往往择而栖焉，宜其人之高洁远俗，世缘不能染也。然惟传梁之时有高僧惠海，迹似影响。嘉靖初有洁空者，坚志苦行，复兴法门，是兴废由夫人也。名贤贵客，选胜搜奇，游观必至，然惟宋之两先生及近代诸君子数篇，其胜已晔然增辉，视和璞白珩有光焉"①。此一段话可以概括方广寺的主要特点，作为佛家寺院其有一定影响；同时，历代文人也与之关系密切。彭簪《方广记略》中称："佛氏之学，至于方广（寺）已入最上乘矣。"

方广寺开山和尚是惠（慧）海尊者，开山时间是503年。

传萧梁时惠海尊者敷法于此，磬烟际举，五丈夫集焉。尊者已心亿之分别同异，不起于心。法已，五丈夫辞去，尊者讯之，具以龙告，且云："闻师威仪，以何为供？"尊者曰："以地大供。"良久，没去。有顷，雷电振簸，左绕潭，右林樾，籁响夜不停音，迟明视之，迤峰斥潭，平沙如夙洽洽者。居人、山衲俱诧异之。时梁武帝方隆佛教，天下禽然称之，故其说不中隐，以闻于朝，则惠海尊者鼻祖之自来也。或曰：惠海尊者为方广开山，盖海印双僧之流也。寺以尊者故建，今寺后拜经台乃其址，始于天监二年岁癸未。②

《（嘉靖）衡州府志》卷九："方广寺，在莲花峰。梁天监间建。宋徽宗大书天下名山四字。"③《（光绪）衡山县志》卷

---

① （清）王夫之《莲峰志》卷一，见《船山全书》第十一册，岳麓书社1988年版，第615页。
② 同上书，第616页。
③ （明）杨珮：《（嘉靖）衡州府志》卷九，明嘉靖刻本，第475页。

七:"妙高峰在潜圣峰右,《岳志》。中有平坦一区,传为梁惠海尊者诵经处。尊者每诵经,有五白衣长者听之。尊者询之,长者自称非人,乃龙王也。愿献寺基。一夕拥沙为坪,遂建方广寺。"① "慧海,方广寺开山祖师,著《大云和尚要法》一卷。每诵经,有五白衣长者列坐同听,问其姓氏,乃本山龙王也。自言愿献寺基,师诺之。一夕拥沙成平地,遂建刹焉。"②《莲峰志》也记载:"南岳方广海尊者,每诵经,有五白衣长者列坐听之。尊者异焉,乃询其姓,又询其居。白衣者自称非人,乃此山龙王也,愿献寺基。尊者诺之。一夕拥沙为平地,遂建刹焉。"③

此外方广寺一千多年来还有不少禅宿高僧,如方广深禅师、方广有达禅师、智京和尚、怀纪和尚、隆禅师、誉禅师、继通禅师、觉范洪禅师、洁空和尚等。觉范洪禅师即著名僧人慧洪觉范(1071—1128),又名德洪,字觉范,自号寂音。江西筠州新昌(今江西宜丰县)人,宝峰克文禅师之法嗣,临济宗黄龙系传人。慧洪觉范是主要活动于宋徽宗时期的北宋名僧,同时又是盛名于当时的诗人、散文家、诗论家、僧史家、佛学家。政和四年(1114)前后,入方广寺。《莲峰志》卷三记载:

> 觉范洪禅师,新昌彭氏子,谒宝峰克文和尚,令看玄沙,未彻语。一日忽有省,呈偈云:"灵云一见不再见,红白枝枝不著花。叵耐钓鱼船上客,却来平地拢鱼虾。"峰可之。师博敏,兼善诗文,每为世所忌,而尝罹忧患。后归自海外,隐于衡岳之方广,名其斋曰甘露灭,自制其铭,叙曰:"政和四年春,予还自海外,过衡岳,谒方广誉禅

---

① (清)李惟丙:《(光绪)衡山县志》卷七,清光绪元年刻本,第357页。
② 同上书,卷三十六,第2669、2670页。
③ (清)王夫之:《莲峰志》卷三,见《船山全书》第十一册,岳麓书社1988年版,第634页。

师。馆于灵源阁之下，因名其居曰甘露灭。道人法泰，请晓其说。予曰：三祖，北齐天平二年得法于少林，隐于皖公，终身不言姓氏。老安，隋文帝皇开七年，括天下私度僧尼验勘，安曰：本无名，遂遁于嵩山。二老厌名迹之累而精一其道盖如此，予实慕之，乃为之铭曰：吾闻甘露，食之长生。而寂灭法，谷神不死。唯佛老君，其意谓此。我本超放，忧患缠之。今知脱矣，须发伽梨。空遁嵩少，粲逃潜霍。是故觉范，隐于衡岳。山失孤峻，玉忘无瑕。当令舌本，吐青莲花。"师后归筠溪而终，度腊凡五十八，谥寂音尊者。①

慧洪觉范一生著述宏富，计有诗文类《石门文字禅》三十卷，《天厨禁脔》一卷，《甘露集》三十卷；诗话、笔记类《冷斋夜话》十卷，《志林》十卷，《林间录》一卷；僧传类《禅林僧宝传》三十卷，《高僧传》十二卷，《智证传》十卷；佛学类《临济宗旨》一卷，《法华合论》十卷，《圆觉皆证义》二卷，《金刚法源论》一卷，《起信论解义》二卷，《语录偈颂》一编等。其著述之丰，在宋代只有赞宁、契嵩等一二高僧才能与之比肩。这正好是方广寺佛儒兼通的最好体现之一。

还有方广寺洁空和尚也较为重要。《莲峰志》卷三记载："洁空和尚，弘治中自南阳隐南岳方广，七十三腊，端坐而逝。遗偈曰：'七十三年老洁空，提起西来又弄东，于今撒手归何处，一轮明月照秋空。'"②《莲峰翰墨志序》中称："嘉靖初有洁空者，坚志苦行，复兴法门，是兴废由夫人也。"《莲峰志》卷一："嘉靖二年癸未（1523），僧洁空德蕴、义天德仁修之，板屋铁瓦。洁空者，即偈所谓七十三年老洁空之禅悦也。"尹台

---

① （清）王夫之：《莲峰志》卷三，见《船山全书》第十一册，岳麓书社1988年版，第636页。

② 同上书，第637页。

《衡岳二贤祠记》:"祠自章令属僧肇工,首其规度者,主寺洁空,迄柑乃成,其徒圆琳、圆玉也。"综上可知,洁空和尚在弘治中来到方广寺,嘉靖二年癸未(1523)重修方广寺,年七十三岁逝。

由于方广寺位于南岳,加之悠久的历史和宜人的景色。一些高僧也曾游览过方广寺,从而与方广寺颇有渊源,并流传下一些文字记录和文化遗迹。明代四大高僧是云栖袾宏(1535—1615)、紫柏真可(1543—1603)、憨山德清(1546—1623)、蕅益智旭(1599—1655),其中紫柏真可、憨山德清与方广寺有渊源。紫柏真可,字达观,俗姓沈,江苏吴江人,许多著名学者如汤显祖等都曾向他问教。真可一生参访尊宿,立志复兴禅宗,同时调和儒释道三家以及教内各宗。紫柏真可曾过方广寺。

> 吾登峨嵋东还,特又登南岳。礼七祖让尊者,并访思大祖师、石头迁尊者及诸圣灵迹,皆荒凉,不堪不觉悲痛之。追闻南岳有大藏之颁,岂惟庆快老汉本怀,亦国家之福,诸祖之幸。然安藏之所,送藏之人,二者不可苟且。姑顺人情,须佛祖之心为心,可也。一者,安藏之所,南岳诸刹,唯方广寺道场最古,风水最胜,殿宇庄严,僧众广盛,可垂万世,诸寺莫及。吾言真实,送藏人,到彼自知。二者,送藏之人,须得僧俗并行,僧则惟仰崖庆法师足以任之,俗则再得信心内臣一人。如此乃可掘起远方风化,且不枉国母苦心弘愿也。①

万历二十二年(1594),明神宗赐给方广寺一部佛经及佛像、宝幡,并专门建造藏经阁予以安放。紫柏真可所论当为此事,其言语之间透露出到过方广寺,对寺院非常称许。

---

① (明)释真可:《紫柏尊者别集》卷三,《卍续藏》第73册,第424页。

憨山德清，字澄印，俗姓蔡，安徽全椒县人。德清从师承上属临济宗的传人，其思想重点却在于禅教一致和禅净合一，他振兴禅宗祖庭，被尊为曹溪中兴祖师。憨山德清曾被发配海南雷州。后奉命住曹溪，后多在岭南一代活动。万历四十一年（1613），德清离开广州到湖南衡阳，由此进入方广寺。《重刻心经直说小引》："予隐南岳，会参知冯公守兹土，邀予过游九疑，一时诸子翕然信向归依予。"① "四十三年乙卯，予年七十。春，为众讲《楞严通议》。夏四月，著《法华通义》，以虽有二节全文尚未融贯，故重述之，五十日稿成，纂《起信略疏》。秋八月，游南岳。中秋日，登祝融。秋九日，冯公自武陵移守湖南，陪游方广寺。"② 德清还有诗《游方广寺》：

朝披南岳云，暮宿方广寺。岂嵬一径深，千峰锁幽秘。俨坐青莲华，顿入清凉地。流泉和松声，如对谈不二。但绝世间心，莫问西来意。安能结枝栖，以遂居山志。休息芭蕉身，涕唾空华事。从此谢尘氛，永绝生人累。③

表达了其向往方广寺之意。

三　王夫之等与南岳以及方广寺的渊源

方广寺是佛家寺院，但与儒家文化也关系相当密切。宋代大儒朱熹（1130—1200）、张栻（1133—1180）曾在方广寺讲学游览，明清之际大儒王夫之也与方广寺渊源深厚，其他如张居正、湛若水等名臣名儒出入方广寺，留下不少的诗词应和与传

---

① （明）释德清：《憨山老人梦游集》卷十序，清顺治十七年毛褒等刻本，第239页。
② 同上书，第759页。
③ 同上书，第653页。

世佳话。王夫之《莲峰志·沿革》：

> 呜呼！山岂不以人哉？则朱、张二夫子最矣。匪徒峰也，自唐元和韩子登南岳，望蓝岭挥涕焉，嗣宋三百年矣，非二夫子谁可与登岳者？况峰之岢嵝一隅，多荒岁月者哉！又非尹子、湛子、刘子诸人之兴起于二百年后，则两夫子不传。二贤祠者，祠两夫子者也。湛子若水、尹子台、刘子阳初建，亡岁月。田与祠，尹子所捐也。嘉会堂，湛子所命也，以命祠。祠与寺废未兴，高公世泰问其址，乃立五楹，骈立，窈然幽邃。弘光元年夏，堵公胤锡莅之，作前宇，王介之、夏汝弼、王夫之实经营之。①

这里简要说明了历代儒者文人与方广寺的关系。

方广寺与儒家的渊源，最为显赫者当是朱熹、张栻。1167年，朱熹应张栻之邀请，到长沙岳麓书院讲学。冬，踏雪登临南岳，进入方广寺，互相唱酬作诗几十首。由此方广寺旁修建了二贤祠，供奉朱熹、张栻。历代文人因而多参观游览方广寺，佛儒因之交汇兼容。《（光绪）衡山县志》卷十九："二贤祠在方广寺右，祀朱晦庵、张南轩二贤，以宋林择之、明尚书尹洞山配飨。"② "过莲峰下，谒晦庵、南轩两先生祠。祠在方广寺，云两先生尝宿此，故祠之。"③ 嘉靖二十七年，两先生祠祭文中称："晦庵朱先生、南轩张先生。于惟二公，学本身心，功多训诂，继续往圣，启迪后人，偕游祝融，驻节方广，吟弄风云，

---

① （清）王夫之：《莲峰志》卷二，见《船山全书》第十一册，岳麓书社1988年版，第617页。
② （清）李惟丙：《（光绪）衡山县志》卷七，清光绪元年刻本，第1261页。
③ （清）王夫之：《莲峰志》卷二，见《船山全书》第十一册，岳麓书社1988年版，第615页。

陶适性情。"①《莲峰志》卷三记载：

> 朱文公：公讳熹，字元晦。新安人。宋宁宗时，累拜焕章阁待制。乾道丁亥十一月，访张南轩于潭州。时洪觉范在峰，公有怀同异，邀张南轩及林择之，由潭抵岳，后自马迹桥登峰，迟久，有唱和集，公道步天降，至游屐遣兴，吟章调玩，不以方板为限。今寺中人犹能道之。晚归武夷，遂以终老，卒谥文。明赠先贤，从祀孔子庙廷。而嘉靖乙巳，尹洞山台合南轩立桐峰下，凌今不废。
>
> 张南轩：公讳栻，字敬夫，别号南轩。先世绵竹人，父浚以中兴功第一。公虽将家子，尤以道学为己任，与朱文公交良善。乾道中，出知潭州，同游方广唱和，有《唱酬序》并诗十八首，见后卷。今合祀祠中。公累拜秘阁修撰、湖南提刑，明赠先贤，从祀孔子庙廷。②

张栻《游南岳唱酬序》中称：

> 栻往来湖湘逾二纪，梦寐衡岳之胜，亦尝寄迹其间，独未登绝顶为歉也。乾道丁亥秋，新安朱熹元晦来访予，于湘水之上留再阅月，将道南山以归，乃始偕为此游。而三山林用中择之亦与焉。……日暮抵方广（寺），气象深窈，八峰环立，所谓莲花峰也。登阁四望，雪月皎皎。寺皆板屋，问老宿，云："用瓦辄为冰雪冻裂，自此如南台、上封皆然也。"③

---

① （清）王夫之：《莲峰志》，卷三，见《船山全书》第十一册，岳麓书社1988年版，第633页。

② （清）王夫之：《莲峰志》卷三，见《船山全书》第十一册，岳麓书社1988年版，第625页。

③ （清）王夫之：《莲峰志》卷四，见《船山全书》第十一册，岳麓书社1988年版，第640页。

罗洪先《题二贤祠壁》：

> 宋乾道丁亥十有一月，晦翁先生携三山林择之，赴南轩先生南岳之游。始甲戌渡湘，丁丑宿方广。明日如南台，出西岭，以次至祝融诸峰，庚辰游绝顶，抵岳市，盖往来七日。所为诸诗，各具五十余篇，而在方广者三之一强，即其诗可以知属意所在矣。虽然，泉石之胜，竹树之奇，雪月烟霜之态，今未易也。甍宇之壮丽，藻绘之缤纷，视昔版屋，其侈俭何如也！……嘉靖乙巳冬，洪先率门人尹辊、王托、刘天健，趋周君子恭之约，留方广者七日，缅仰祠下，慨然于心，于是择取二先生在方广诸诗，书之壁间，庶几来者有兴焉。①

总之，关于朱熹、张栻与方广寺的渊源，他们本人有记载，其他文人学士也多引为美谈并加以赞颂。

朱熹、张栻之外，游览方广寺的历代文人官员可谓众多，其中不乏名相张居正、名儒湛若水、文学家谭元春等。其他诸如林用中、顾璘、邹守益、尹台、罗念庵、刘阳、周怡、赵贞吉、曾朝节、伍益斋、曾舜卿、张元忭、张博、邓云霄、杨鹤、彭簪、堵胤锡等官员、文人皆游览参访过方广寺，由之寺名俞显。大儒王夫之说：

> 自谭寒河后，近之游者有吾师高汇旃先生世泰，今楚抚堵公胤锡。高游以崇祯壬午腊月，寻访彻暮，举野烧数十里，烛若白日，骇鹿冲笋舆，公快叫以为奇绝。堵游以弘光乙酉暮春，踏新雨，问余兄弟匿迹处，讨续梦庵，欣

---

① （清）王夫之：《莲峰志》卷四，见《船山全书》第十一册，岳麓书社1988年版，第643页。

然将登之，下岳，举诗相示索和。二公为近代伟人，谘古迹，蹑绝峤，逸溪抚萝，山中人谓野癯寒衲不能过之。后有来者，求文字于鼎彝歌功之外，余此言其实录已。①

《莲峰志》卷三对历代人物记载不少，他们留下了众多的文化遗迹和诗文。其他如《沅湘耆旧集》等资料也颇有记载与补遗。

在明清之际，王夫之也与方广寺建立了深厚的渊源。史载，清顺治五年（1648）十月，王夫之在莲花峰下组织抗清义师，曾在方广寺内聚会。此时，湖广地区战局曾经一度发生过有利于抗清力量的转变。明降将金生桓、李成栋等先后在广西、广州反正；大顺农民军大败清军于湘潭地区，收复了益阳、湘潭、衡山等地；何腾蛟也率军反攻，取得全州大捷。隐居中的王夫之大受鼓舞，与夏汝弼、管嗣裘等在南岳方广寺举兵起义。但起义尚未发动，就被袭击而溃败，管嗣裘一家老小被害。王夫之对其的评价是"能与仇战，虽败犹荣"。王夫之在方广寺傍建续梦庵，隐居三年，撰《莲峰志》。

> 癸未十月，予自郡西八十里，逢寇钩索，草屏莽枝，奔命于峰之下。趾泥头雾，啮菜烧叶，而心翕然喜之。甲申春，出自峰下，心不能忘，无岁弗至，碣石流濑，得尽拾其古茜幽翠之迹。自期兹山与往贤之流揽者，几有遇焉，而不我去。乃穷山址，溯名寓，省裸烝，简物类，采遗音，推衲宿，上断南宋，下止于今，且嘉山僧之不以离乱而废好事，编栉次序，作志十二卷。②

---

① （清）王夫之：《莲峰志》卷三，见《船山全书》第十一册，岳麓书社1988年版，第631页。

② （清）王夫之：《莲峰志》卷首，见《船山全书》第十一册，岳麓书社1988年版，第639页。

王夫之与方广寺僧人建立了密切的联系。方广寺幽深隐蔽，王夫之在此隐居抗清是可能的。

历代官员文人对于方广寺的游览、吟咏提高了方广寺的文化内涵。彭簪，字石屋，明江西安福人，嘉靖初为衡山县令，主修《衡岳志》。《莲峰志》称，嘉靖中，有彭大令簪，长宰南岳，至峰，祀二贤，作记。今勒石寺侧。彭簪《方广记略》：

> 余素有山水之癖，澹于进取，得宰衡山，据南岳之胜，心窃自喜，以为是遇也。既三年，遂自号七十二峰主者。又三年，七十二峰游且遍，始以祷雨，徒步过莲花峰，方广寺正在莲花心也。旋踵得雨，喜甚，留寺中半日，寺僧指寺前石壁题刻，皆唐宋时人姓名。石壁之下泉声汩汩，环绕而出，傍泉有补衣石甚奇，在寺之右。寺后有娑罗树，悬生岩上，不可攀，相传为数百年物，然大不盈把。寺中有千僧锅，已不可炊，寺僧弗毁，欲以存古迹也。寺始建自梁天监二年，中间废兴不可考。宋晦庵朱子与南轩张子游南岳，至莲花峰，甚称赏之，方广之名益著矣。寺僧某，于今坚苦数十年，能以其说普化十方，圆成因果。寺宇一新，金碧焜耀，其自谓佛氏之徒，固当如此。余方在寺中，屏去驺从，焚香独坐，因举佛书色空之说，延引僧话。余谓："吾儒之道，非有非无，非色非空，自有方广，境界如何？盖佛氏之学，至于方广已入最上乘矣，犹吾儒之所谓高明广大也。"寺僧合掌，默然不言，似超悟方广之义者。遂记之。①

此文所记可谓真知方广寺，内容丰厚翔实，声情并茂，方

---

① （清）王夫之：《莲峰志》卷四，见《船山全书》第十一册，岳麓书社1988年版，第649页。

广寺之古、之幽、之佛儒兼通呈现于眼前。还有谭元春《游南岳记》①，此中谭元春描述了方广寺之美妙。其他如朱熹等历代文人学士对于方广寺的诗词唱和，《莲峰志》等资料文献都有翔实的记载。

总之，方广寺历史悠久、风景优美，在佛教之外，儒家文化也颇渊源深厚。方广寺文化是南岳儒、释、道文化的有机构成部分和重要的代表与体现。特别是在南宋朱熹、张栻以后，方广寺声名显著。彭簪《方广记略》中称宋晦庵朱子与南轩张子游南岳，至莲花峰，甚称赏之，方广（寺）之名益著矣。明代四大高僧之一的紫柏真可称南岳诸刹，唯方广寺道场最古，风水最胜，殿宇庄严，僧众广盛，可垂万世，诸寺莫及。则是对方广寺的至高评价。而慧思大师和王夫之等高僧大儒在南岳以及福严寺、方广寺的修道护法活动，大大地丰富了南岳儒释文化。如中岳嵩山，有天下四大书院的嵩阳书院，有规模巨大的道教中岳庙，更有以少林寺为代表的佛教寺院，可谓儒释道三教文化的聚集地，全国像这样的名山还有不少，显然南岳是其中的主要代表之一，这是我们传统文化兴盛的体现。

---

① （清）王夫之：《莲峰志》卷四，见《船山全书》第十一册，岳麓书社1988年版，第650页。

百济玄光与中韩天台佛教文化交流

李海涛

(山东大学犹太教与跨宗教研究中心讲师)

摘　要：慧思大师作为南岳佛教的开山祖师，天台宗重要的思想先驱，在中国佛教史上具有重要的地位。慧思佛学思想的影响并没有局限于国内，还经由其弟子远传于国外。百济玄光法师曾在南岳跟从慧思大师修学法华安乐行法，并证悟法华三昧。后玄光法师回到海东百济，宣扬法华思想，将于慧思大师处所证悟之法远播于海东地区。玄光之后，谛观、义通、义天等人更是积极促进了中韩天台佛教文化的交流，为天台教观的弘扬作出了重要贡献。

关键词：玄光　义天　天台宗　韩国

中国与韩国之间的文化交流源远流长，自4世纪，佛教就经由中国传入朝鲜半岛，后经三国（高句丽、百济、新罗）时期、统一新罗时期、高丽时期、朝鲜朝时期、日据时期直到目前的朝鲜与韩国，它逐渐内化成为韩国传统文化的重要组成部分之一，对韩国社会与文化产生了非常大的影响。在中韩佛教文化交流中，南岳佛教及慧思大师的法华思想曾远播韩国，并对韩国佛教产生了诸多影响。而这一过程，主要是通过慧思大师的一个韩国籍弟子百济玄光来实现的。本文拟通过百济玄光及后来的高丽谛观、义通、义天等人来考察中韩天台佛教文化之间的交流。

一 百济玄光与南岳慧思

目前,对于玄光的史料记载并不多,基本上是以《宋高僧传》卷十八《陈新罗国玄光传》为基础的。据《陈新罗国玄光传》所载:

> 释玄光者,海东熊州人也。少而颖悟顿厌俗尘,决求名师专修梵行。迨夫成长愿越沧溟求中土禅法,于是观光陈国利往衡山,见思大和尚开物成化,神解相参。思师察其所由,密授法华安乐行门。光利若神锥无坚不犯,新犹劫贝有染皆鲜,禀而奉行勤而罔忒,俄证法华三昧。请求印可,思为证之,汝之所证真实不虚,善护念之令法增长。汝还本土施设善权,好负螟蛉皆成蜾蠃。光礼而垂泣,自尔返锡江南,属本国舟舰附载离岸。时则彩云乱目雅乐沸空,绛节霓旌传呼而至。空中声云:"天帝召海东玄光禅师。"光拱手避让,唯见青衣前导,少选入宫城,且非人间官府。羽卫之设也,无非鳞介,参杂鬼神。或曰:"今日天帝降龙王宫请师说亲证法门,吾曹水府蒙师利益。"既登宝殿次陟高台,如问而谈略经七日,然后王躬送别。其船泛洋不进,光复登船,船人谓经半日而已。光归熊州翁山,卓锡结茅乃成梵刹,同声相应得法者蛰户爰开,乐小回心慕膻者蟻连偬至。其如升堂受莂者一人,入火光三昧一人,入水光三昧二人。互得其二种法门,从发者彰三昧名耳。其诸门生譬如众鸟附须弥山皆同一色也。光末之灭罔知攸往,南岳祖构影堂,内图二十八人,光居一焉,天台国清寺祖堂亦然。①

---

① (宋)赞宁:《宋高僧传》卷十八《陈新罗国玄光传》,《大正藏》第 50 册,第 820 页下。

玄光，海东熊州人。据考证，当时的熊州应属百济，而非新罗，赞宁应该对海东的情况并不是很了解，加之当时在中土的主要都是新罗僧，所以把玄光误记为新罗僧。另外，从记载上看，虽然无法确定玄光的生卒年，但根据慧思大师年谱，可推算出玄光应该生于6世纪中期。当时的百济国已经是佛寺众多，信佛之风日盛。所以，小小年纪的玄光就一心想寻求善知识，修学佛法。韩国佛教源自中国佛教，所以相比于印度，韩国僧侣更热衷于到中国来求法，溯源于中国佛教，在笔者看来，这在很大程度上是受华夷观念的影响。玄光长大之后誓愿要来中国求学佛法。终于在百济威德王时期，玄光冒着生命危险，漂洋过海到南朝陈国的衡山一带，第一次见到了慧思大师。

慧思（515—577），南豫州汝阳郡武津县（今河南蔡县）人，十五岁出家修道，二十岁受具足戒。慧思大师既是一位严守戒律、注重苦行、修习禅观的禅僧，同时又非常注重诵持《法华经》，从而悟得法华三昧。慧思大师作为中国天台宗的先驱，对智者大师智顗及天台宗理论构建的影响是毋庸置疑的，但他的佛学思想与天台宗"止观双修"的根本宗风及"三谛圆融"和"一心三观"的核心教理也不完全相同。相比而言，慧思强调的是"因定发慧"，在以定为本的基础上倡导"定慧双开"，同时又是以《大品》为宗旨会通《法华》，特重空谛。①慧思一生驻锡多处，基本路线是从北至南。其中，在光州大苏山和南岳衡山讲法和传法时间较长，影响也较大。

据记载，玄光与慧思相遇于南岳，按此推断应该是在568年至577年之间。当时，慧思大师在南岳倡导"定慧双开"，解行相参，度化众生，影响很大。玄光来中土求法之前似乎并不知道慧思大师，应该是到中土陈国后慕名到南岳参访慧思大师。

---

① 参见张风雷《天台先驱慧思佛学思想初探——关于早期天台宗思想的几个问题》，《世界宗教研究》2001年第2期，第51页。

玄光第一次见到慧思大师，就被他的佛法所折服，敬佩不已。同时，慧思了解到玄光的根器之后，把自己所重视的法华安乐行法门传授给玄光，足见对其重视的程度。玄光也没有辜负慧思的期望，勤修苦行，日益精进，最终证得法华三昧。慧思大师印证了玄光的证悟真实不虚，同时也希望他能回国弘扬这一法门。玄光也听从了师命，在慧思圆寂前就离开了南岳，中经江浙，回到百济弘扬法华思想。据载，玄光在百济熊州翁山盖茅舍为梵刹，升堂讲法，传播法华安乐行门。依从玄光修学者很多，其中留有记载者有中土的慧旻法师，升堂受荫者一人，入火光三昧者一人，入水光三昧者二人。约西元7世纪前期，玄光圆寂，其具体卒年不详。

玄光在中国与韩国佛教文化交流史上具有重要的地位，他从慧思大师修得法华安乐行门，后将其传播于海东百济，对法华思想的传播做出了重要贡献。所以，在南岳祖堂和天台国清寺中所供奉的二十八位祖师当中，玄光法师居其一。

二 韩国天台法流与宗派创立

玄光是第一个把中国的天台法华思想传入韩国的，因而成为韩国天台法流之滥觞。玄光以后，不断有求法僧和传法僧往来于中韩之间，学习和弘扬天台法华思想，并由高丽大觉国师义天创建了韩国的天台宗宗派。从历史发展上看，韩国的天台法流经过了以下几个阶段：

第一，宗派创立之前韩国的天台法华思想。玄光之后，不断有韩国籍僧人到中土学习天台法华思想，如波若、缘光、悟空、德善、连义、朗智、法融、理应、纯英、无漏等，其中缘光是天台智者大师智𫖮的亲传弟子；法融、理应和纯英则是天台五祖左溪玄朗的弟子。这些求法师不仅继承了中国佛教的法脉，同时还回国弘扬和传播天台法华思想，将《法华经》及天台宗经典带回韩国,从而为韩国本土天台法华思想的流传提供了经典依据。韩国天台宗创立之前,有慧显(惠现)、金果毅之子、缘会、憬兴、大贤、元晓、义寂、遁伦(道伦)、谛观等在本土阐扬天台法华思想,他们对天台法华思想的关心和修学更多的是通过对《法华经》的讲学、诵读、礼忏和注疏来表现的,如憬兴撰《法华经疏》16 卷或 8 卷,大贤撰《法华经古迹记》4 卷,顺璟撰《法华经料简》1 卷,遁伦(道伦)撰《法华经疏》三卷,元晓撰有《法华宗要》1 卷及《法华经方便品料简》1 卷、《法华经要略》1 卷、《法华略述》1 卷等。[①] 新罗流行《法华经》的讲学、诵读、礼忏和注疏等,说明当时天台法华信仰已经十分普及。除此之外,韩国早期的天台法华还远播海外,先有高句丽僧慧慈传《法华》宗旨于日本,后有明信、惠觉、修惠、金政、真空、善范、沙弥、道真、师教、信惠、融洛、师俊、小善、怀亮、尼 3 人、昙表、智真、法清、教惠、惠溢、季汉惠(还俗僧)、弘仁(还俗僧)、常寂、庆元、道玄、戒明、圣林、谅贤、顿证共 31 人[②]在中土登州赤山法华院聚众讲法,再后还有谛观应邀入吴越传播天台经典及教学。总的来看,韩国早期的天台法华信仰是以诵读和礼忏为主的,在民众中也是相当普及的。

第二,高丽义天与天台宗的创立。高丽时代的天台法华信仰已经发展到相当的高度,这从谛观、义通、智宗、义天等人的身上都可以了解到。谛观是在中国天台宗急需散失的教籍来寻求自身发展的情况下,应吴越王之请,高丽王之派遣而携带天台教籍来华的,后在义寂门下修学;义通在中国游学期间,先于义寂门下受业天台教观,后于吴越地区传播佛法,其门下

---

① [韩]金煐泰:《韩国佛教史概说》,柳雪峰译,社会科学文献出版社 1993 年版,第 55—62 页。

② 陈景富:《中韩佛教关系一千年》,宗教文化出版社 1999 年版,第 22—23 页。

有知礼、慈云等；智宗同样在义寂门下修习，但所不同的是，他最终选择回到高丽弘扬天台教说。从文献记载来看，谛观与义通更多地体现了对中国天台宗的影响，而智宗和义天则更多地致力于天台教观在本土高丽的阐扬。特别是义天，借助于高丽王室的支持，创建了韩国的天台宗一派。义天（1055—1101）作为高丽文宗王第四子，少而聪慧，十一岁时便承父王凤愿，随景德国师出家为僧，学习华严教观。义天成人后，博览群书，自贤首教观及顿渐、大小乘经律论章疏无不探索，同时又涉猎仲尼、老聃之书及子史集录百家之说。① 文宗二十三年，义天十五岁就被受封为"广智开宗弘真佑世僧统"。即便如此，他还是常有志向人宋求道，其目的就是要学习天台教观，开创高丽国此一"最上真乘"法门。最终，在高丽宣宗王二年（1085），义天入宋求法，遍参有诚、慈辩等名僧大德，请学天台一宗经论。义天还去了天台山，拜谒智者大师塔，于塔前宣誓要承继慈辩大师的天台教观，在高丽传扬天台宗。② 元祐元年（1086）五月，义天自宋回国，创立天台宗，募可与弘道者德麟、翼宗、景兰、连妙等，及禅门九山高行释流。此后不久，国清寺落成，义天奉诏住持，升座振海潮音，演天台一宗妙义，本宗学者及诸宗硕德达千人，闻风竟会，从而海东天台宗风大振。

第三，后世的海东天台宗。义天之后，天台教团由其弟子德麟、翼宗、景兰、连妙等人承继，并发展为大教团，特别是由翼宗弟子教雄及德素相继的法统，把天台教团继续引向了新的发展。③ 12世纪末，圆妙了世依据四明知礼《观无量寿经妙宗钞》中的"约心观佛"说，倡导观佛论的天台净土思想，开

---

① ［高丽］义天：《大觉国师外集》（卷十二·灵通寺碑），《韩国佛教全书》（第四册），东国大学出版部1982年版，第591页。

② ［高丽］义天：《大觉国师外集》（卷十三·仙凤寺碑），《韩国佛教全书》（第四册），东国大学出版部1982年版，第595页。

③ ［韩］东国大学校佛教文化研究院编：《韩国佛教思想史概观》，东国大学校佛教文化研究院1995年版，第141页。

辟普贤道场，修习法华忏法，并通过白莲结社运动而引领天台教团的发展。了世之后，由静明天因、圆皖和真静天頙相继领导白莲结社运动，秉承法华忏法道场。然而到了高丽末期，由于天台教团自身堕落到俗世的名利之中而渐趋衰落，并分裂为妙莲社系统的天台疏字宗和万德山白莲社系统的天台法事宗。而到了朝鲜朝时期，由于不断的排佛运动致使天台教团最终被合并到禅宗之中，从而失去了自身的特色，其宗派也随之销声匿迹。

第四，大韩佛教天台宗。目前韩国的大韩佛教天台宗是由上月圆觉（1911—1974）于1967年重新创立的，遥承韩国天台宗法脉，奉高丽天台宗的开创者大觉国师义天为开山祖师。上月圆觉早年出家修道，致力于佛教的复兴和教化众生，并于1945年在忠清北道小白山创建了救仁寺，凸显"救济亿万苍生，大行仁义之道"的理念，这就是后来的大韩佛教天台宗的总本山。1974年，圆觉大祖师圆寂后，由南大忠（1925—1993）大宗师接任第二代宗正，现任金道勇（1943—）大宗师为第三代宗正。大韩佛教天台宗由宗正来领导，并实行终身制，以保障教团的稳定与发展。上月圆觉重振的大韩佛教天台宗在佛教现代化、生活化和大众化的理念下，致力于佛教的创新运动，以爱国佛教、生活佛教和大众佛教为三大目标。爱国佛教强调积极投身于社会福祉事业和人类精神文明建设事业，献身于民族复兴的爱国精神；生活佛教强调从将祈福的佛教转变为作福的佛教、悠闲的佛教转变为生产的佛教、偶像的佛教转变为实践的佛教三个方面来实现佛法生活化、生活佛法化；大众佛教强调将伽蓝佛教转变为民众佛教，将出家佛教为中心转变为在家佛教为中心，将厌世主义的佛教转变为救世主义的佛教。①

---

① 普正编译：《韩国佛教天台宗及其主要寺院概览》（上），《法音》2001年第7期，第31页。

三 中韩天台佛教文化交流的意义

在一定意义上来说，韩国佛教是作为东亚佛教的组成部分而存在的，也就是说，我们不能脱离开东亚佛教而单独就韩国佛教来认识韩国佛教，特别是离开了中国佛教就无法真正认识韩国佛教。从整体上看，韩国佛教几乎存在着中国佛教的所有学派、宗派，其理论与观点也多与中国佛教相似，但具体来看，韩国佛教因受固有文化及其思维方式的影响又表现出诸多特点，同时，韩国籍僧人也在很多时候对中国佛教的发展起到了重要的推动作用。也就是说，一方面，韩国积极导入和受容了中国化佛教，并最终确立了韩国佛教。韩国对佛教的受容基本上是主动性的，非被动式的接受，韩国入华求法僧不畏艰辛、跋山涉水，凭借着对正法的信仰，源源不断地将中国佛教经典、法脉、思潮传入韩国，致力于确立如法的韩国佛教。虽然，韩国佛教的确立与发展主要是韩国僧俗的主动行为，但其中也不乏中国僧俗对韩国佛教的主动影响。另一方面，韩国佛教在很大程度上对中国佛教起到了反作用影响，这主要体现在：（1）韩国僧人积极参与了中国佛教思想的构建与发展，如僧朗传承三论学、金乔觉开创了九华山地藏菩萨信仰、圆测建立了西明系唯识学、谛观与义通促使了天台教学重新在中土复兴等；（2）韩国佛教僧人及其著述思想在一定程度上对中国佛教产生了影响，如元晓的《大乘起信论疏》流传于中国，对澄观影响颇大，再如义湘的华严教学、知讷的真心禅学等，都在不同程度上影响了中国佛教。对于上述两个方面，中国学界较为关注前者，研究的成果也比较多，而对于后者则关注较少。所以在此，本文以天台宗为线索，重点考察韩国籍僧人对中国佛教的影响。

首先，就中国天台法华思想对韩国佛教的影响而言，主要体现在三个方面：一是百济玄光师从南岳慧思学习法华思想，证得法华三昧后，不久就回到海东百济国，并于当时的熊州地区建造茅舍，立为梵刹，传播法华安乐行思，从而将天台法华思想传播到韩国。据现有史料来看，玄光法师不仅最早把法华思想传入朝韩半岛，从而成为朝韩天台法流之滥觞，而且他也对江浙地区法华思想的传播做出了自己的贡献。二是高丽大觉国师义天，他曾到宋朝求法，先后向华严宗高僧有诚法师、天台宗僧辩才元净和慈辩从谏师徒二人请教学习天台教观。特别是义天曾到上天竺寺，拜慈辩从谏法师为师，每天与杨杰及诸弟子一同听慈辩大师讲授天台一宗经论。高丽宣宗王三年（1086），义天自宋回到高丽后就着手开创天台宗。高丽肃宗王二年（1097），为了宣扬天台宗思想而建的国清寺建成，义天奉诏出任国清寺第一任住持。在此，义天大力弘扬天台教观思想，融禅入教，召集当时九山禅门的高僧与之一起开创最上乘的法门——天台宗。正是由于义天对天台教观的弘扬，使当时就有弃旧学而新学天台者达千人之多，其中，九山禅门及华严宗僧侣来听义天讲天台思想的人也有很多，从而，义天住持的国清寺成了当时高丽天台宗的根本道场，使天台宗风大振于海东。三是近代韩国天台宗的重振者，大韩佛教天台宗的创始人上月圆觉大宗师在修学过程中，曾以云水僧的身份在中国游学，到过天台山国清寺、五台山文殊道场、普陀山观音道场和西藏，接触过密宗的思想。这不仅表明他对中国佛教的敬重，而且也可以看出上月圆觉佛教观及关注问题的思想倾向性。

其次，就中国天台宗的发展而言，韩国籍的僧人具有很重要的地位和影响，这从玄光身上就已经有所体现，更不用说后来的谛观、义通等人。玄光在南岳慧思处证悟后便遵师命，意图回国传法。然事实上，玄光离开南岳后并没有直接回到百济，而是在江南一带传法数年。据载①，慧旻曾于玄光法师听闻《成实论》两年左右。按照慧旻圆寂于贞观末年（649），生年七十七岁的话，他应该是在587年（十五岁）到589年（十七岁）期间从学于玄光法师，如此来看，玄光法师至少在589年之前仍居住于中土，也就是说，玄光法师在慧思大师圆寂（577）后，仍在中土阐扬法华等佛教思想。这样说来，玄光法师在中土学习并宣扬法华思想至少应有16年之久。因此，可以认为玄光法师在南岳祖堂和天台国清寺祖堂中居其一，应该不仅仅是因为他是慧思大师之高足，而且也是因为他对法华思想的阐扬所做出的重要贡献。

高丽谛观法师比较特殊的是，他并不是作为求法师来到中国的，而是应中国宋时吴越王之请，奉高丽王旨携带天台教籍以归故土，突出表现为韩国佛教对中国佛教的直接影响及官方行为。谛观作为吴越与高丽佛教交流的使者，其来华主要有两个意义，一是与以往主要是韩国僧侣入华求法、学法所不同，谛观是在中国天台宗亟须散失的教籍来寻求自身发展的情况下，应吴越王钱弘俶之请，高丽王之派遣，而携带天台教籍来华的，因此，谛观入华不仅代表着中韩佛教交流的官方行为，而且也在很大程度上反映了韩国佛教对中国佛教的反哺与影响；二是从思想理论上来看，谛观所带来的天台教籍不仅填补了中国天台宗所散失的宗内文献，而且促成了天台宗在中土得以复兴，

---

① 《续高僧传》载："释慧旻，字玄素，河东人。志用方直操行不群，仁爱泛洽禀自天性，道振三吴名流七泽，情好幽居多处岩壑。九岁出家，勤精洁业诵法华经，朞月便度。十五听法回向寺新罗光法师成论，率先问对秀逸玄宾，命覆幽宗耆宿同悦。年十七赴请还乡，海盐之光兴寺讲法华经。……贞观末年八月十一日旦，终于所遇，春秋七十有七。"见《续高僧传》卷二十二《慧旻传》，《大正藏》第50册，第619页下。玄光法师是法华三昧的证悟者和阐扬者，慧旻又是法华经的信奉者，所以慧旻在听闻玄光法师讲法期间，必然会了解到并学习法华思想。如慧旻十七岁离开玄光回乡后，在光兴寺讲法华经，这正好佐证了慧旻于玄光法师受学法华思想的猜测。

而且谛观还根据智者大师的《妙法莲华经玄义》录述了《天台四教仪》。《天台四教仪》作为谛观对《妙法莲华经玄义》理解性的总结和纲领,为以后的天台宗僧提供了一本很好的宗派入门书。

如果说谛观更多是对中国天台宗发展所需要的经典文献的功劳的话,宝云义通则直接传承了中国的天台宗法脉。高丽义通入华求法,在天台宗十五祖螺溪义寂门下受业学习天台教观,后在明州(今宁波)弘扬天台圆顿法门二十年之久,其门下有法智知礼和慈云遵式承继其法脉。义通上承螺溪义寂,下启法智、慈云,使天台教观在将绝之际勃然中兴,成为天台宗第十六祖。法智知礼与慈云遵式的所言所行,是"接着"义通的所言所行而加以发扬光大的,他们所成就的正是义通未竟之事业。义寂、义通、知礼三世相承,由时势之不同而各有所侧重,最终成就天台中兴之全功。①

究实而言,除了以上有名的韩国籍僧直接参与和影响中国天台宗发展外,还有很多记载不详的韩国籍天台宗僧在中国学法和讲法,其中赤山法华院的韩籍僧对法华思想的弘扬就是代表。

总之,中韩佛教文化交流源远流长,虽然在很长一段时间内,更多地表现为中国佛教对韩国佛教的影响,但同时也可以看到,一方面流传到韩国的佛教因民族、地域文化的不同而带有一定的本土化特色;另一方面韩僧及韩国佛教反过来又对中国佛教产生了诸多影响。中国与韩国之间的佛教文化交流并不是单向的、由高到低的流动,而是相互影响、相互促进的双向交流,这在中韩天台佛教文化交流方面表现得尤为突出。

---

① 张风雷:《高丽义通与宋初天台宗之中兴》,《佛学研究》2007年刊。

禅宗南北之争与天台宗传法谱系的产生

刘 聪

（安徽工程大学思政部副教授）

摘 要： 传法谱系是包括天台宗在内的所有隋唐宗派佛教研究中的重要问题。智𫖮对天台宗的开创性贡献集中在以止观教义奠定了天台宗在后世形成和发展的基础。然而天台宗的传法谱系却是湛然在禅宗南北之争背景下提出的。传法谱系作为禅宗南北之争的核心问题，通过南北两派的争论而使当时的佛教团体认识到这一问题的重要性。湛然以此为契机，提出了较为完整的天台宗传法谱系，经其弟子发展为"天台九祖"说。这一说法经过宋代以后天台宗僧人的不断发展，最终在志磐的《佛祖统纪》中，天台宗形成了一套完整稳固的法统谱系。

关键词： 天台宗 传法谱系 湛然 禅宗南北之争

近百年来，宗派是描述中国佛教史的基本研究和叙事模式。然而，近年来这一模式受到了越来越多的质疑。先是有学者反对华严宗形成于唐朝的传统观点，认为"名至实归的华严教团形成于宋代"[①]；后有学者质疑隋朝创立的天台宗，提出天台宗的传法谱系是

---

① 王颂：《宋代华严思想研究》，宗教文化出版社2008年版，第5页。

唐中期以后的天台僧人"伪造"和"捏造"出来的[①]，甚至有学者认为是宋代天台僧人"从禅宗史转借过来的"[②]。这种质疑单个宗派的做法最终演变为否定整个宗派佛教的存在，认为隋唐宗派佛教是"后人附会构建出来的历史图景"[③]。需要指出的是，在质疑宗派佛教的说法中，一个关键的证据是宗派佛教的传法谱系问题，其中天台宗的传法谱系是讨论的重点。

一 "传法谱系"之衡定

"传法谱系"源自于汤用彤提出的隋唐宗派佛教确立的标准："所谓宗派者，其质有三：教理阐明，独辟蹊径；门户见深，入主出奴；时味说教，自夸继道统。"汤用彤虽然列了隋唐宗派佛教的三个标准：独特教理、门户之见、传法谱系，但在接下来的论述中，他认为"传法谱系"是宗派确立的最重要的标准，也最能凸显宗派意识。首先：他以南北朝为例，说明门户之见和传法谱系是比独特教理更明显的宗派依据。"南北朝时实无完全宗派之建立。盖北虽弘三论，大说空理，然门户之见不深，攻击之事不烈。南虽弘成实，而齐之柔次，梁之旻云，未尝闻以承继道统自诩。"就独特教理而言，北方佛教大讲三论空理，南方佛教弘传成实，算得上独特教理，然而北方佛教"门户之见不深"，南方佛教无"承继道统自诩"，因此这一时期的佛教称不上宗派佛教。其次，在门户之见和传法谱系二者之中，传法谱系最能彰显宗派特色。"然时味说教，列祖继宗之说，则于隋唐之前即已有之。……然南北朝时，要少入主出奴

[①] 陈金华：《天台、三论两宗论诤记：以吉藏与智𫖮、灌顶关系为中心》，《佛教文化研究》第一辑，江苏人民出版社 2015 年版，第 212—213 页。

[②] 篠条亨一：《从地方史到通史：宋代天台谱系的建立》，《佛教文化研究》第一辑，江苏人民出版社 2015 年版，第 67 页。

[③] 孙英刚：《夸大的历史图景：宗派模式与西方隋唐佛教史书写》，载朱政惠等编《北美中国学的历史与现状》，上海辞书出版社 2013 年版，第 361—373 页。

之见，虽有多说，未依之建立宗派。及至隋唐，宗派既盛，而顿渐五时之说，乃为要事矣。"① 就传法谱系而言，南北朝时已有，然而此时的传法谱系较为单纯，尚缺乏"入主出奴之见"，也就不能称之为宗派。至隋唐时，传法谱系开始成为宗派佛教论争中的重要问题。由此可见，汤用彤提出的隋唐宗派佛教的标准具有明显的层次性。独特教理是宗派的第一个标准，但南北朝时期的佛教状况说明仅有独特教理并不能称之为宗派；在独特教理基础上，会逐渐形成传法谱系，此二者构成了宗派的基本框架，宗派因此才得以正式形成。因此僧团形成的排他性的传法谱系，最能体现出宗派的特性，也是宗派正式形成的最为重要的标志。

汤用彤确立了"宗派意识"的标准后，后世学者开始注意这一标准在研究宗派佛教中的重要性。任继愈说："宗派有严格的师徒嗣承关系，有如世俗族谱，僧人的继承人称为'法嗣'。"② 台湾学者颜尚文也说："尊崇自派的主张，标榜师承优越性，这种'不与他同'的心理是分宗立派的起点。没有这种分别意识，也就无所谓宗派区分。"③ 李四龙也说："宗派的传法定祖，是要确立师徒之间的传授谱系。这个谱系把宗派的创始人的思想说成源自释迦牟尼佛或其他公认的大菩萨，在历代嗣法者与创始人之间确立一脉相承的思想关系。若能编撰这样的传法谱系，宗派的道统就会在思想的完整性之外具备历史的真实性。所以，道统的营建与教相的判释一样，都是用来论证自身正统地位的有效手段。"④

笔者以为，虽然传法谱系是宗派佛教成立的基本条件，但

---

① 汤用彤：《隋唐佛教史稿》，武汉大学出版社 2008 年版，第 101—103 页。
② 任继愈：《任继愈禅学论集》，商务印书馆 2005 年版，第 348 页。
③ 颜尚文：《隋唐佛教宗派研究》，台北新文丰出版公司 1980 年版，第 8 页。
④ 李四龙：《天台智者研究：兼论宗派佛教的兴起》，北京大学出版社 2003 年版，第 214 页。

佛教传法谱系的形成却经历了一个较长时间的发展过程。具体说，传法谱系的形成和发展过程先后经历了两个阶段：第一阶段，独特教义的产生标志着传法谱系意识开始孕育。中国佛教宗派的分判，其核心标准在于独特教义，即汤用彤所说"教理阐明，独辟蹊径"。正是由于独特教义的存在，信仰这一教义的僧团才能够意识到自身与其他教团的不同，才能够标举自身的独立性。因此在一定程度上说，独特教义是传法谱系意识形成的基础，独特教义的形成意味着宗派的独立意识开始孕育。需要说明的是，我们不能将独特教义简单等同于传法谱系观念已经形成，因为并非所有创立独特教义者均具有建立宗派的独立意识。以"六家七宗"为例，他们显然具有独特教义，但他们只是南北朝时期中国僧人对佛教"性空"理论的不同理解，而不是为了建立独立的宗派。第二阶段，信仰独特教义的教派或僧团为凸显自身的特殊性和独特性，开始在教义、师承、经典等问题上展开激烈辩论。这种辩论标志着僧团对固定学说的认可以及开始强化法统意识，至此排他性的宗派观念正式形成。

二 隋至中唐：天台传法意识之孕育

虽然近代学术界对隋唐佛教宗派的数量说法不一，但大体认为隋唐佛教宗派主体——天台宗、华严宗、三论宗、唯识宗等宗派的核心人物和独特教义均出现在这一时期。然而笔者认为，隋唐佛教宗派的排他性的传法谱系意识在这一时期并未真正形成，那些被后世称为各宗祖师以及他们提出的独特教义，孕育了后来的传法谱系意识。

如前所述，虽然当前学术界对天台宗建立的时间有不同的说法，但对于智𫖮建立的教义和判教学说在天台宗中的核心地位，却是学术界公认的事实。在研究天台宗的渊源时，往往要追溯到北齐的慧文和慧思，认为慧文禅师从般若经典中领悟到

"一心三观"的禅法,并将这种禅法传授给慧思,再通过慧思应用到《法华经》的圆顿止观中,从而构建出法华修行实践体系。在此基础上,智𫖮通过《法华文句》《法华玄义》《摩诃止观》等"天台三大部"提出了"一心三观""圆融三谛""一念三千"等止观法门,由此构成了天台宗的核心教义。此外,智𫖮还以《法华经》为中心,解释佛教各种理论的内在关系,完成了"五时八教"的判教说法,将《法华经》置于最高的第五时,认为《法华经》开显的圆顿义理是唯一至顿极圆之教。智𫖮之后的天台宗僧人的义学著作,大多是对智𫖮著作的阐释和发挥。如被后世尊为东土天台宗第五祖灌顶的代表作《观心论疏》是对智𫖮《观心论》的注疏;中兴天台宗第九祖湛然通过撰写《法华玄义释鉴》《法华文句记》《维摩略疏》等著作,对智𫖮的"天台三大部"都做了注疏;宋代知礼作《观无量寿佛经疏妙宗钞》阐释智𫖮的《观无量寿经疏》,作《金光明经文句记》阐释智𫖮的《金光明经文句》等。由此可见,智𫖮的学说构成了天台学说的基础,智𫖮的著作成为后世天台学者研习的基本经典。

按照汤用彤提出的隋唐宗派佛教的独特教理、门户之见、传法谱系等三个标准,智𫖮撰写的"天台三大部"以及止观法门等学说,显然构成了天台宗的独特教理,然而智𫖮并未提出天台宗的传法谱系,也未标举出天台宗与其他宗派之间的门户之见。

智𫖮去世前三天,曾给自己的菩萨戒弟子——晋王杨广撰写了《遗书与晋王》一文,作为其一生的总结。然而,在这篇《遗书》中,智𫖮不但没有提出天台宗的宗派意识,甚至没有说明自己的传法之人:

> 贫道初遇胜缘,发心之始,上期无生法忍,下求六根清净,三业殷勤,一生望获。不谓宿罪殃深,致诸留难,

内无实德,外召虚誉。学徒强集,檀越自求,既不能绝域远避,而复依违顺。彼自招恼乱,道退为亏,应得不得,忧悔何补。上负三宝,下愧本心,此一恨也。然圣法既差,自审非分,欲以先师禅慧授与学人,故留滞陈都,八年弘法,诸来学者或易悟而早亡,或随分而自益,无兼他之才,空延教化,略成断种,自行前阙利物,次虚再负先师百金,此二恨也。而年既西夕,恒惜妙道,思值明时,愿逢外护。初蒙四事,既励朽年,师以学徒四十,余僧三百许,于江都行道,亦复开怀。待来问者,倘逢易悟,用答王恩,而不见一人求禅求慧,与物无缘。顿至于此,谬当信施,化道无功,此三恨也。又作是念,此处无缘。余方或有。先因荆潭之愿,愿报地恩。大王弘慈,沛然垂许。于湘潭功德,粗展微心,虽结缘者众,孰堪委业?初谓缘者不来,今则往求不得。推相既谬,此四恨也。于荆州法集,听众一千余僧,学禅三百,州司惶虑,谓乖国式。岂可聚众,用恼官人?故朝同云合,暮如雨散。设有善萌,不获增长,此乃世调无堪,不能谐和得所,五恨也。既再游江都,圣心重法,令著《净名疏》。不揆暗识,辄述偏怀,《玄义》始竟,麈盖入竭,复许东归。而吴会之僧,咸欣听学,山间虚乏,不可聚众。束心待出,访求法门。暮年衰弱,许当开化。今出期既断,法缘亦绝,此六恨也。①

在这里,智𫖮认为他一生最大的遗憾是未能找到合适的传法之人。在建康传授佛法八年"诸来学者或易悟而早亡,或随分而自益,无兼他之才";在江都传授佛法,"不见一人求禅求慧";在荆州传授佛法者达千余人,然而"朝同云合,暮如雨散",也未能寻找到满意的弟子;最后在天台山传法,虽然吴地

---

① (唐)灌顶:《国清百录》卷四,《大正藏》第46册,第793页。

学法之人众多，无奈依旧"山间虚乏，不可聚众"。在智𫖮的临终遗书中，我们可以发现，智𫖮虽然一生弘扬天台止观，传授弟子众多，但他注重的是天台理论的传授，并未特别重视培养自己的传法弟子，也未在去世之前特别向其政治支持者杨广推荐自己的继承人，因此可以说他并没有有意识地建立天台宗的传法谱系。

不仅在智𫖮的临终遗书中未见其建立天台宗传法谱系，即便在智𫖮去世之后的其他传记资料中亦未见他人记载智𫖮创立传法谱系。隋炀帝时，柳顾言撰《天台国清寺智者禅师碑文》中说："有会稽天台山大禅师者，生而神光照室，两目重瞳，禅师法讳智𫖮。"① 这里称智𫖮为"会稽天台山大禅师"，而未曾称之为天台宗第几祖。此外，智𫖮的弟子灌顶整理智𫖮的著作时，署名都是"天台智者大师说"，而未特别说天台祖师。事实上，在唐代的僧传中，如灌顶的《智者大师别传》与《国清百录》，道宣《续高僧传》，惠详《弘赞法华传》，僧详《法华传记》，征君《天台山记》，梁肃《删定止观》与《天台智者大师传论》等书中，我们都找不到有关天台传法谱系的记载。由此可见，在智𫖮的时代，天台宗主要是以独特禅法为基础的佛教团体，而并未形成传法谱系，亦未有"入主出奴"的宗派意识。

最早出现的天台宗传法谱系是灌顶在《摩诃止观》序论中提出的两种传法谱系：一是根据《付法藏因缘传》从释迦付迦叶开始，一直到师子比丘，共二十四代祖师。二是以龙树为高祖，到慧文、慧思、智者。此后，在《隋天台智者大师别传》中，灌顶明确提到，智𫖮在长沙佛像前发宏大愿，要"誓作沙门，荷负正法为己重任"，智𫖮投慧思时，慧思印可他是当年灵山会上同听《法华》者；智𫖮有禅境，慧思证明："非尔弗证，非我莫识。"智𫖮代慧思讲说，多能自决，慧思赞："可谓法付

---

① （唐）灌顶：《国清百录》卷四，《大正藏》第46册，第817页。

法臣,法王无事者也。"① 事实上,这一观点是有文献依据的,湛然在《止观辅行传弘决》中自述了撰写该书的十个缘由,其中两个是"知有师承非任胸臆异师心"和"为信宗好习余方无师可承禀故"②。湛然这里所言是针对灌顶所言似是而非的天台宗师承。在湛然看来,灌顶引用《付法藏》中的师承说法,是"任胸臆异师心",这样的天台宗传法谱系是"为信宗好习",为了逗引众生的信心而说的,而这一说法在一定程度上有否定天台宗传法谱系的危害性。

事实上,在隋至中唐之间,不仅天台宗没有创立传法谱系,当时的其他宗派,如三论宗和华严宗都没有提出各自的传法说。就三论宗而言,作为隋至唐初三论宗的代表者吉藏,虽然在隋灭陈时弘法于会稽嘉祥寺,而且后来被杨广延请入江都慧日道场,下半生多与隋唐王公大臣相结交,是京师显赫名僧,但后世所以推吉藏为三论宗的代表者与集大成者,乃是就其毕生治学之趋向与著述而言,并未有人指出他提出了天台宗法统。就华严宗而言,据吕澂指出:关于华严宗学说开始的传承,早年日本的佛学界曾有过激烈的争辩,杜顺、智正、智俨等均被认为是华严宗的始祖。③ 实际上,抛开诸种观点的分析,单就这种讨论本身来讲,华严宗在中唐以前就没有明确的说法,更多是在法藏之后的中唐时期,才逐渐出现华严宗的传法谱系。

三 禅宗南北之争:天台传法谱系之形成

在天台宗的发展历史上,智𫖮注重天台宗理论的建构,建立了天台宗的理论基础和经典依据,对于传法谱系则没有提及。

---

① 俞学明:《湛然研究:以唐代天台宗中兴问题为线索》,中国社会科学出版社2006年版,第81—82页。

② (唐)湛然:《止观辅行传弘决》,《大正藏》第46册,第141页。

③ 吕澂:《中国佛学源流略讲》,中华书局1979年版,第354页。

到灌顶时,虽然他也有许多理论的创新,且提出了一些传法谱系说,但我们不能因此说灌顶创立了,因为他在这一问题上还没有形成固定的说法。天台宗传法谱系的正式形成始于湛然。

在天台宗的历史上,湛然被视为唐代中期的中兴天台者。事实上,湛然对天台宗的中兴贡献不仅体现他在理论上将智𫖮的"性具善恶"发展为"无情有性",拓展了天台佛性理论的深度,更表现在其努力维护天台宗的独立性和构建天台宗的传法谱系上,为天台宗确立独立的宗派意识作出了重要的贡献。

第一,湛然通过反驳唯识宗、华严宗、禅宗等其他宗派对天台宗的质疑,有力地坚持了智𫖮以来的天台宗的独特教义,从而维护天台宗的理论独立性。唐代中期以后,随着唯识宗、华严宗、禅宗等宗派的兴起,天台宗的理论受到了各家的质疑和批评。唯识宗的窥基曾作《法华玄赞》,对天台宗的止观学说提出了质疑。湛然撰写了《法华五百问论》,对窥基的说法作了反驳。湛然通过批判唯识宗在成佛和权实上的说法,阐明了天台宗一切众生皆能成佛的观点。对于此次辩论的重要性,日本僧人慈周在《重刻五百问论序》中说:

> 若慈恩基师专据《深密》,主张瑜伽以三时教,该括一化、三无、二有,统辖众机,其极遂至乎以一乘为权,三乘为实矣。斯旨也,始与我所弘《法华》之者,戛戛乎不相容焉,则不得不作,为《玄赞》别立一家之说也。①

在对待华严宗方面,湛然不仅极力为天台宗学说辩护,而且还注重吸收华严宗的思想资源以发展天台宗,对此吕澂就说湛然吸收了华严宗的真如"不变随缘"的观点,并对此作了天

---

① 慈周:《重刻五百问论序》,《法华五百问论》,《卍续藏》.第65册,第600页。

台宗角度的解释,从而使"天台宗维持了自己性举学说的优越地位,表示了更胜于贤首宗"①。

第二,湛然明确提出了天台宗的传法谱系,使天台宗首次具有了宗派佛教的完整形态。上文已经提及,灌顶在《摩诃止观》序论中提出了两种不同的天台宗传法谱系,虽然这一提法在天台宗历史上具有开创作用,但这两种不同的说法反而会在一定程度上危及天台宗传法谱系的合法性,对此湛然有明确的说明。与此同时,湛然在《止观辅行传弘决》中还提出了建立天台宗传法谱系的十条重要性:

一为知有师承非任胸臆异师心故;二为曾师承者而弃根本随未见故;三为后代展转随生异解失本依故;四为信宗好习余方无师可承禀故;五为义观俱习好凭教者行解备故;六为点示关节广略起尽宗要文故;七为建立师解使不沦坠益来世故;八为自资观解以防误谬易寻讨故;九为呈露所解恐有迷忘求删削故;十为随顺佛旨运大悲心利他行故。②

正是立足于对传法谱系重要性的认识,湛然构建了天台宗的传法谱系,具体做法体现在三个方面。其一湛然极力弥合灌顶两种传法说的矛盾,将灌顶提出的从释迦付法迦叶至师子比丘的二十四代祖师称为"金口相承",而把龙树至智顗的传承称为"今师相承"。这样湛然就将灌顶的两种有些矛盾的说法分为两种不同性质的传法谱系,这样就消弭了它们之间的矛盾。其二湛然在《法华经大意》首次使用"天台宗"一词,使得天台宗有了自己的独特称谓,不再像智顗之后的"天台山大禅师"

---

① 吕澂:《中国佛学源流略讲》,中华书局1979年版,第202页。
② (唐)湛然:《止观辅行传弘决》卷一,《大正藏》第46册,第141页中。

那样"天台"只是地域名词，而成为宗派的代表。其三湛然提出了"九师相承"的传法谱系，经过弟子普门、梁肃等人的推广，这一说法成为公认的天台宗传法谱系，普门《止观辅行传弘决序》中说：

> 惟昔智者大师降生示世。诞敷玄德大拯横流。咨覆箦于大思振绝维于龙猛。命家作古以中观为师宗。立极建言以上乘为归趣。爰付灌顶。顶公引而伸之。钦若弘持广有记述。教门户牖自此重明。继之以法华威。威公宿植不忒于素。复次天宫威。威公敬承如水传器。授之于左溪玄朗。朗公卓绝天机独断。相沿说释遑恤我文。载扬于毗坛湛然。然公间生总角颖悟。左溪深相器异誓以传灯。①

龙树为高祖，慧文为二祖，慧思为三祖，智颉为四祖，灌顶为五祖，智威为六祖，慧威为七祖，玄朗为八祖，湛然为九祖。虽然学术界一直有学者认为湛然的"天台九祖"有不符合史实之处②，但不可否认的是，湛然的这一说法明确提出了天台宗的传法谱系，使天台宗在智颉的"独特教理"基础上，又拥有了"门户之见"和"传法谱系"，天台宗由此具有了宗派佛教的完整形态。

湛然之所以能建立天台宗道统，重要的原因在于当时禅宗南北之争提出了道统说，这一源自禅宗内部的争论，使包括天台宗在内的其他宗派认识到道统问题的重要性，开始仿效禅宗的做法构建各自的传法谱系，以确立自己宗派的独立派别意识。我们知道，在中国佛教历史上，关于传法谱系最早也是最重要的争论是禅宗南北两宗在滑台大会的辩论。关于这一次辩论的

---

① （唐）普门：《止观辅行传弘决序》，《大正藏》第46册，第141页上。
② 李四龙：《天台智者研究：兼论宗派佛教的兴起》，北京大学出版社2003年版，第215页。

过程和内容,胡适依据敦煌文献,撰写的《荷泽大师神会传》有较为详细的描述①,兹不赘述。透过胡适的研究,我们可以发现,那种完全否定隋唐无宗派的观点,是不正确的。在几乎所有划分隋唐宗派的标准中,传法谱系都是最为重要的内容。而胡适对唐代禅宗的研究,恰恰说明早在神会神秀时期,传法谱系就是分判派别的基本依据,虽然这种分判只是禅宗南北宗争斗的产物,还不是真正意义上的隋唐宗派佛教之间的分判。就传法谱系而言,胡适指出,北宗禅有自己的传法谱系,而神会在滑台大会上驳斥其为伪造,同时提出了南宗的传法谱系,而神会一系战胜北宗的标志也是"立荷泽大师为第七祖"。而我们知道最早记载湛然提出"天台九祖"说是其在世时弟子普门于765年撰写的《止观辅行传弘决序》,而此时正是禅宗滑台无遮大会之后,即禅宗南北宗的谱系之争名闻天下之后,禅宗的谱系说,必然影响到天台宗,使得天台宗也树立了自己的传法谱系。

事实上,南北禅宗的法统之争对湛然提出"天台九祖"说的影响,并不仅仅是逻辑上的推论,在当时台禅之间的辩论中,我们可以发现二者之间具有明显的直接关系。其一,湛然以天台宗传法谱系批评禅宗刚刚确立的传法谱系,认为天台宗的传法谱系优于禅宗。湛然在《止观义例》中说:

> 设使印度一圣来仪,未若兜率二生垂降。故东阳大士位居等觉,尚以三观四运而为心要,故独自诗云:独自精其实离声明,三观一心融万品,荆棘丛林何处生,独自作问我心中何所著,推检四运并无生,千端万累何能缚?况复三观本宗璎珞,补处大士金口亲承,故知一家教门远禀佛经,复与大士宛如符契,况所用义旨以法华为宗骨,以

---

① 潘平、明立志:《胡适说禅》,团结出版社2007年版,第114—130页。

《智论》为指南,以《大经》为扶疏,以《大品》为观法,引诸经以增信,引诸论以助成,观心为经,诸法为纬,织成部帙,不与他同。①

我们知道,无论是禅宗南宗还是北宗,都标榜自己的禅法来自南北朝时期的菩提达摩,但湛然在这里指出天台的"一心三观"出自如来的《璎珞经》,经中土傅大士的传承,融摄了各经论之教旨而组织起来,其理论来源优于达摩传承的禅法。其二,湛然虽然明确了天台宗的传法谱系,但他并未将自己列为祖师,这是由他的弟子完成的。上文已经论及,湛然为解决灌顶提出中印两种不同传法系统之间的矛盾,特别提出了智𫖮之前中土佛教所谓"九师相承"的传法系统,然而湛然的"九师相承"和普门在《止观辅行传弘决序》中提出的"天台九祖"并不相同,前者以智𫖮为终结,描述了智𫖮之前的天台祖师传承系统;而后者则是以湛然为终结的天台宗祖师系统。神会在描述禅宗谱系时,也未将自己列为慧能之后的禅宗祖师;将神会列为慧能之后的禅宗祖师,是神会去世之后由其弟子所为。在这一点上,湛然的这一做法与神会对禅宗谱系的描述是相同的。

可以说,智𫖮作为天台宗的创始人,他的贡献集中在对天台宗独特教义的发展上,由此奠定了天台宗在后世形成和发展的基础。然而在天台宗作为佛教宗派成立的要件上,尚需要建立天台宗的传法谱系,这一工作是湛然在禅宗南北之争背景下提出的。传法谱系作为禅宗南北之争的核心问题,通过南北两派的争论而使当时的佛教团体认识到这一问题的重要性。湛然以此为契机,提出了较为完整的天台宗传法谱系,经其弟子发展为"天台九祖"说。虽然这一说法在后世引起了一些争论,

---

① (唐)湛然:《止观义例》卷上,《大正藏》第46册,第452页。

但经过宋代以后天台宗僧人的不但发展,最终在志磐集大成而作的《佛祖统纪》中,天台宗形成了一套完整稳固的法统谱系。

当然,上述分析的目的并不是要证明证明传法谱系不是天台宗形成和发展过程中的重要标志,更不是否定隋唐宗派佛教成立;相反,湛然在天台宗传法谱系提出过程中的重要作用恰恰反映出从智𫖮至湛然期间天台宗不断发展完备的过程。事实上,在汤用彤将"传法谱系"作为隋唐宗派佛教的三要素之一后,学术界对这一问题的研究逐渐深入。近年来,学术界对天台宗、华严宗的传法谱系的研究逐渐深入,不少学者开始注意到传法谱系并非在隋唐宗派佛教出现之时就自然而然地形成了,而是经历了一个逐渐发展完备的过程,甚至在一些宗派中,稳定的传法谱系直至宋代才真正形成。如有学者就指出:"宗密的这段话(华严五祖说)客观上成为宋代创建华严宗谱系的华严宗人的重要灵感来源或理论依据。进入宋代以后,随着儒家道统说的确立和禅宗车灯谱系的修订,以及天台山家、山外的派系争论,华严宗也传授了树立本派传法谱系,神话祖师信仰的迫切需求。这项工作是由晋水净源来率先完成的。"① 虽然这些对隋唐宗派佛教传法谱系的研究在一定程度上修正了学术界对这一问题的传统看法,但无论本文所言湛然建立天台宗传法谱系受到了禅宗南北之争的影响,或者是华严宗传法谱系形成于宋代,抑或是其他关于传法谱系建立的复杂过程的提法,我们都必须承认这些观点都是以隋唐宗派佛教发展为基础的,各种传法谱系说都是以隋唐时期各宗派祖师相承的历史事实为依据的,因此我们不能以传法谱系的复杂性为依据,就否定隋唐宗派佛教的存在,以及以宗派佛教的叙事模式研究隋唐佛教的必要性。

---

① 王颂:《宋代华严思想研究》,宗教文化出版社2008年版,第35页。

天台性具思想之析论

——兼论印顺与牟宗三之观点

邱敏捷

（台湾"国立台南大学"国语文学系教授）

摘　要：从南北朝慧文、慧思、智𫖮以来，天台思想的特色逐渐形成，如"一念三千""性具""五时八教""三谛说"与"三智说"等思想。其中，真性具足一切善恶法，是天台宗的独特宗义，而"性恶"更成为天台宗的特殊理论。本文梳理的主线是：从陈慧思《大乘止观法门》心体有"染净"二性起轫，到智𫖮《摩诃止观》性具"善恶"，《维摩经玄疏》与《修习止观坐禅法要》之修善修恶，以及《观音玄义》之"性恶不断""佛不断性恶"，迄至湛然《止观辅行传弘决》，一路对于"性恶"义之特为发皇，彰扬天台之胜义；兼论印顺与牟宗三对于天台"性具"思想之观点，印顺回归印度佛教，从缘起中观思想切入，认为中观、唯识皆从缘起立论，而天台"性具"说偏于本体论；牟宗三则肯定天台"性具"思想，依善恶净秽法门常住不断而说"性恶"思想，以天台之无道可修，乃依性"不断断"思想而来。

关键词：慧思　智𫖮　性具　印顺　牟宗三

一 前 言

中国佛教天台宗、华严宗、禅宗，着重于法性，天台说"性具"，华严说"性起"，禅宗说"性生"，展现中国佛教"相性不二""理事不二"的特色。[①]

中国佛教天台宗思想特色之发展，从南北朝慧文以来，传陈慧思大师（515—577）极力阐扬《般若经》《法华经》等，二经并重，至隋智𫖮（以下称为"智者"，538—597）特重《法华经》《涅槃经》，著有《法华玄义》《法华文句》与《摩诃止观》等书，天台思想的特色逐渐形成，诸如"一念三千""性具""五时八教""三谛说"与"三智说"等，尤其是智者天台止观，更为人所称颂，诚如印顺（1906—2005）所誉："𫖮之学，精髓在止观：《六妙门》、《次第禅门》、《摩诃止观》，实不朽之典。"[②]

不过，对于天台宗"五时八教"的判教，印顺并未予认同，指出："古德是以一切经为佛说，依佛说的先后而判的，如古代的五时教，《华严经》的三照，如作为出现于历史的先后，那是不符实况的！"[③] 在印顺看来，天台五时教的说法，不合佛教演变的历史真相。

天台推龙树（约150—250）菩萨为始祖，天台宗虽也是龙树学之一，但与龙树《中论》《智论》思想有别，印顺辨析说："然龙树引经，无如来藏佛性之说。……故天台圆义，意通《中论》、《智论》而义异。"[④] 又说："慧文、慧思、智𫖮以来，并

[①] 参见印顺《佛法是救世之光》，台北正闻出版社1992年版，第185—186页。
[②] 印顺：《佛教史地考论》，台北正闻出版社1992年版，第28页。
[③] 印顺：《契理契机之人间佛教》，台北正闻出版社1989年版，第10页。
[④] 印顺：《华雨集》（四），台北正闻出版社1993年版，第305页。

禅观与教义相资。博涉众经，基于禅慧悟解，借《法华经》之开显，而明如来一代教意，显究极圆宗。不拘印度论义，纯乎中国佛学也！"① 再说："在南朝佛教的发展中，玄学或多或少的影响佛教，特别是在家佛学者。三论宗还大致保持了'佛法以因缘为大宗'的立场；天台宗的'性具说'，多一层从上而下的玄学色彩。"② 且说："天台家说'性具'：真性具足一切法而泯然无别，即性具而现为'事造'，理事不二。"③ 中国佛教唯心大乘之本体论思想，如天台宗说"性具"，与缘起论为宗本的玄奘所传的唯识学并不相同。④

印顺继承太虚大师（1890—1947）武昌佛学院佛教改革的路线，以批判的精神抉发、恢宏佛教的根本原理；以开创的情怀，为佛教另辟适应时代需求的新理路与新格局——"人间佛教"。他对于佛教思想之研究，有别于传统佛教，主要还在于回归印度佛教，从宏观的角度，厘清佛教之思想核心与精神，检讨中国佛教的体质，针砭中国佛教的弊病，希望借由批判，从而对中国佛教有所针砭，带来振聋发聩的作用。

牟宗三（1909—1995）是现代新儒家的代表，称颂天台为圆教思想，他自诩对佛教义理非常用心⑤，认为佛教经典传到中国来，第一个作综合消化者便是天台智者大师，天台判教即是

---

① 印顺：《华雨集》（四），台北正闻出版社1993年版，第304页。
② 印顺：《中国禅宗史——从印度禅到中华禅》，台北正闻出版社1971年版，第119页。
③ 印顺：《无诤之辩》，台北正闻出版社1992年版，第17页。
④ 印顺：《华雨香云》，台北正闻出版社1992年版，第229—230页。
⑤ 牟宗三说："我还是随时注意佛教方面的文献，随时想对佛教的理论教义有更深入而恰当的了解，对于儒佛的同异也随时想要步步深入而期得一个恰当而尽至的辨别。……我自信我们对佛教的虚心与了解是超过佛弟子对于儒家的虚心与了解的，同样地我们对于基督教的虚心与了解也超过一般基督徒对于儒家的虚心与了解。"（氏著：《生命与学问》，台北三民书局1987年版，第95页）。

他所谓"综合消化"。① 牟氏认为，我们不能只停于印度原有的空宗与有宗。显然空宗只是般若学，有宗只是唯识学，般若是共法，系统（大小乘）之不同关键只在佛性一问题。系统而至无诤是在天台圆教。故天台圆教是般若之无诤与系统之无诤之融一，天台是应用般若空智而有的圆融观，天台是"般若空＋圆融"，"徒般若之无诤不能决定系统之不同也"。② 牟宗三又说："佛教并未中国化而有所变质，只是中国人讲纯粹的佛教，直称经论义理而发展，发展至圆满之境界。"③ 且说："我即觉得天台不错，……可说是一种主观的感受。主观的感受不能不与个人生命气质有关。然其机是主观的感受，而浸润久之，亦见其有客观义理之必然。"④

牟宗三的观点可归纳为四：（一）天台是圆教，其判教是"综合的消化"；（二）般若不能解决佛教大小乘之诤；（三）中国佛教发展至天台才达圆满的境界；（四）自觉天台宗好，是来自于主观感受与客观义理之必然的平衡关系。⑤

印顺对于天台思想无有专著之研究，而散落于其著作中，如《以佛法研究佛法》《佛法是救世之光》《华雨香云》《如来藏之探究》《大乘起信论讲记》《华雨集》《佛教史地考论》等。牟宗三《佛性与般若》之第三部"天台宗之性具圆教"，乃这方面的专题讨论。

对印顺有关天台思想之探究，笔者曾发表《印顺对中国天

---

① 牟宗三：《佛性与般若》，台北学生书局1984年版，第2页。
② 同上书，第3页。
③ 同上书，第5页。
④ 同上书，第7页。
⑤ 邱敏捷：《印顺导师的佛教思想》，台北法界出版社2004年版，第235页。

台宗的批判》①及《印顺导师的佛教思想》中之《对天台宗"三谛说"与"三智说"的批判》②，后者乃针对印顺与牟宗三有关天台思想之比较。本文就天台最具争议性的"性具"之"性恶说"发展，以及"性恶不断"探究之，兼论印顺与牟宗三之观点，以呈现天台性具思想之特点。

二 天台性具之性恶说发展

真性具足一切善恶法，是天台宗的思想特色。"性具"二字，智者在《摩诃止观》曾云："如是观者，疾得一切诸佛功德，初发心时便成正觉，知一切法真实之性具足慧身，不由他悟。"③然此"性具"二字之意涵无法确定。根据研究，"性具"思想这个概念，严格说来，是到了湛然（711—782）时才具体形成，也就是湛然所说的"理具④""体具⑤"。⑥

所谓性具三千，性具善恶，其中性恶说，早被天台本宗"山家派""山外派"所争论⑦，而天台性具之性恶思想之来源，是学者们所关注的课题。对于这个问题，首先要从陈慧思的

---

① 邱敏捷：《印顺对中国天台宗的批判》，《谛观》1991年1月第64期，第163—166页。
② 邱敏捷：《印顺导师的佛教思想》，台北法界出版社2004年版，第226—236页。
③ （隋）智颉：《摩诃止观》卷七，《大正藏》第46册，第96页中。
④ 如（唐）湛然《止观辅行传弘决》卷五云："理具诸法如海水也，修观行者如在浴也，行摄一切，名为己用。"（《大正藏》第46册，第155页下—156页上）
⑤ 如（唐）湛然《止观辅行传弘决》卷五云："初发心时显现不退心、金刚心、如来心，不退即，解脱心也，金刚即般若心也，如来即法身心也，故知因心果体具足。"（《大正藏》第46册，第295页下—296页上）
⑥ 刘雅婷：《天台"性具说"的展开——以智颉和湛然为中心》，《新世纪宗教研究》2006年9月5卷1期，第113页。
⑦ 宋代天台"山家派"主张"色具三千"的"性具"思想，所谓"色具三千"是主张"心法"具足三千，而"色法"的诸现象也同时具足三千。"山外派"反对"山家派"的见解，而主张"心具三千"，只有心法才具足三千。

《大乘止观法门》谈起,然《大乘止观法门》是否为慧思所作,又是学界争论的一个议题①;依据肯定该书为慧思所作的观点而论,他们认为天台性具之性恶说就源于此。②

陈慧思《大乘止观法门》提及心体具有"染净"二性,此即关于佛法之两大问题:"杂染的生死"与"清净的解脱",而此两者之相互关系,该书卷一云:

> 问曰:"若心体本具染性者,即不可转凡成圣。"答曰:"心体若唯具染性者,不可得转凡成圣,既并具染净二性,何为不得转凡成圣耶?"问曰:"凡圣之用,既不得并起,染净之性,何得双有耶?"答曰:"一一众生心体,一一诸佛心体,本具二性,而无差别之相,一味平等,古今不坏,但以染业熏染性故,即生死之相显矣!净业熏净性故,即涅槃之用现矣!然此一一众生心体,依熏作生死时,而不妨体有净性之能。一一诸佛心体,依熏作涅槃时,而不妨体有染性之用。以是义故,一一众生,一一诸佛,悉具染净二性。"③

---

① 有关《大乘止观法门》是否陈慧思所作,可参见释圣严(1931—2009)《〈大乘止观法门〉之研究》(收于张曼涛主编《天台典籍研究》,台北大乘文化出版社1979年版,第106—146页)。

② 如依释圣严《〈大乘止观法门〉之研究》,指出陈慧思《大乘止观法门》是"天台性恶"思想的源头,云:"安藤俊雄及坂本幸男两位博士,亦均主张天台的性恶论,乃是根源于本书(《大乘止观法门》)所持性染思想的展开了。此与三百五十年前智旭所说:'天台性恶法门,正本于此'者,先后恰好呼应。"(张曼涛主编:《天台典籍研究》,台北大乘文化出版社1979年版,第205页)此即指,明蕅益智旭(1599—1655)《大乘止观释要》云:"天台性恶法门,正本于此。"(蕅益智旭:《大乘止观释要》《卍续藏》,第二编第5册,第466页上)而安藤俊雄(1909—1973)《天台学根本思想とその展开》及坂本幸男(1899—1973)《性起思想と恶について》,都主张天台性恶法门从此发展而来。

③ (陈)慧思:《大乘止观法门》卷一,《大正藏》第46册,第646页下。

关于心体中染净二法的兼具与相涉关系,这段论说主要观点有三:(一)心体具染净二性;(二)染业熏染性故有生死;净业熏净性故得涅槃;(三)心体依熏作生死而不妨体有净性,心体依熏作涅槃而不妨体有染性。

此说明,众生心性本具清净与染污,亦即"真妄同源"。修学佛法,目的在转染而还净,我们的烦恼、业、苦果,是属于杂染的;圣者的戒、定、慧等功德,是属于清净的;而染与净,都以心为依止。

又,陈慧思《大乘止观法门》卷二云:

问曰:"我仍不解染用违心之义,愿为说之。"答曰:"无明染法,实从心体染性而起,但以体暗故,不知自己及诸境界从心而起,亦不知净心具足染净二性而无异相。一味平等以不知如此道理,故名之为违。智慧净法实从心体而起,以明利故,能知己及诸法皆从心作,复知心体具足染净二性而无异相。"①

该段主要观点有二:(一)无明染法从心体染性而起;(二)净心具足染净二性。

与上同一主张,陈慧思《大乘止观法门》卷二云:

问曰:"所言藏体具包染净者,为俱时具?为始终具耶?"答曰:"所言如来藏具染净者,有其二种:一者性染性净,二者事染事净。如上已明也,若据性染性净,即无始以来俱时具有。若据事染事净,即有二种差别:一者一一时中俱具染净二事,二者始终方具染净二事。此义云何?

---

① (陈)慧思:《大乘止观法门》卷二,《大正藏》第46册,第647页中。

谓如来藏体具足一切众生之性。"①

本段主要观点有二：（一）性染性净；（二）事染事净。不只"性"有染净，"事"也有染净，而此"事"当指"相"而言；亦即说，"性相"有染有净。

染净，即善恶心行，故慧思以心体具"染净"论述之。受法于慧思的隋智者则以性具"善恶"阐发之②，并充分应用于其止观修行之上。

智者《摩诃止观》卷八云：

> 复次，善恶习因心起，是则易知；善恶报果相起，是则难知。若善报相扶，善习因心起，或前或后现者，多是性善相；孤然起者，多是无作善相。恶报果相扶，恶习因心起，或前或后，多是性恶（相）③。④

智顗认为性兼具善恶，以此生发善恶。善报相扶，善习因心起，多是"性善相"；恶报相扶，恶习因心起，多是"性恶相"。

植基于性具善恶之立场，对于六识所起"无中执有"的颠倒，以及对过去的忆想，对未来的分别，智者《维摩经玄疏》卷五云：

> 问曰："六识是颠倒、忆想、分别，应须断除，何得即是方便解脱耶？"答曰："六识非善非恶，随缘起善起恶。

---

① （陈）慧思：《大乘止观法门》卷二，《大正藏》第46册，第647页中。
② 悦西：《诸佛真不断性恶吗》，收于张曼涛主编《天台思想论集》，台北大乘文化出版社1979年版，第363页。
③ 依上文补此"相"字。
④ （隋）智顗：《摩诃止观》卷八，《大正藏》第46册，第113页中。

菩萨若能知六识非善非恶而起善恶,同事化物,和光不同尘,即是方便解脱也。"①

依其观点,若能如实认识六识所起乃非善非恶,善不可得,恶亦不可得,以此无所得为方便,有性空之解,而行六度,即得方便解脱。

秉持同样的性善恶论,在身、语、意之中,止观修行之应用上,智者《修习止观坐禅法要》云:

六语者,若于语时,应作是念,我今为何等事欲语,若随诸烦恼,为论说不善、无记等事而语,即不应语,若为善利益事即应语。云何名语中修止?若于语时即知因此语故,则有一切烦恼善恶等法,了知语心及语中一切烦恼,善不善法皆不可得,则妄念心息,是名修止。云何语中修观?应作是念,由心觉观,鼓动气息,冲于咽喉、唇舌、齿腭,故出音声语言,因此语故,则有一切善恶等法,故名为语。反观语心,不见相貌,当知语者及语中,一切法毕竟空寂,是名修观。②

在言"语"中修止、修观时,了知一切善、恶、无记等法毕竟空寂,即得解脱。

针对天台性具善恶学说,印顺从佛教思想发展盱衡,提出下列观察:

天台说法性中具足一切(善恶)法。这等于以如来藏而说明生死杂染的一切;与依阿赖耶识而说明杂染,有所

---

① (隋)智顗:《维摩经玄疏》卷五,《大正藏》第38册,第553页中。
② (隋)智顗:《修习止观坐禅法要》,《大正藏》第46册,第468页中。

不同。中国佛教，似乎要到天台的性具思想，才能圆满的说明这一问题。但这与只说如来藏的常住不变，清净本然，说一切虚妄杂染法，不依如来藏缘起，而要依阿赖耶杂染种子心，就大大不同。①

言下之意是，天台性具善恶，解决如来藏清净本然，而恶的杂染的生死法从哪里来的问题，以及阿赖耶杂染种子心，而善从哪里来的困境。

然对于天台性具思想，印顺厘析道：

> 天台宗说"性具"，……一切法，即法性，不异法性，所以不但法性不二，相与性也不二——理事不二。由于理事不二，进一步到达了事与事的不二。这类着重法性的学派，也就自然是着重不异的。虽然不得意的学者，往往落入执理废事的窠臼，但这也决非法性宗的本意。②

在印顺看来，天台性具善恶思想，一切法即法性，偏从法性立善恶法，虽然善不可得，恶亦不可得，不离佛教性空思想；然不得其意的学者，往往落入执理废事，执性废相的窠臼，而有所偏离。

天台宗"性具"说，是中国佛教"如来藏"思想学说之一。对于如来藏说在中国佛学思想演进史的意义与特点，印顺说：

> 如来藏说，可说是中国佛学的主流！依此去观察，如

---

① 印顺：《以佛法研究佛法》，台北正闻出版社1992年版，第361页。
② 印顺：《佛法是救世之光》，台北正闻出版社1992年版，第186页。

贤首宗说"性起",禅宗说"性生",天台宗说"性具",在说明上当然不同,但都是以"性"——"如来(界)性"、"法(界)性"为宗本的。这一法门,经中国佛教学者的融会发挥,与原义有了相当的距离,但确乎是中国佛教的主流,在中观、唯识以外,表示其独到的立场与见解。①

从这段文字可知印顺的观点有二:(一)天台性具是中国佛教思想;(二)天台性具思想与印度中观、唯识有别。可以说,印顺回归印度佛教,而不以中国佛教为依归,中观、唯识皆从缘起立论,惟天台宗"性具"说倾向于本体论。

针对天台之性恶说,印顺评骘道:

虚妄幻现的一切法,不离真如,从真如的遍一切处说,一切世间生死法,也依如来藏而有。……天台宗的性恶说,可说即是这样的见解。然依天台宗的见地说,如只说如来藏具足清净法,而说世间生死杂染法,不是如来藏自性所具有,这就是别教的见解,必落于"缘理断九"的结论。②

印顺指出天台学者评其他如来藏学者不免为"缘理断九"③,是别教。

智者性具之性恶说发展,一般以为与慧思"心体染净"思想有递嬗关系,但牟宗三却认为,"智颛之思路亦完全不同于

---

① 印顺:《如来藏之探究》,台北正闻出版社1986年版,第3页。
② 印顺:《大乘起信论讲记》,台北正闻出版社1992年版,第288—289页。
③ "缘理断九"语出宋四明知礼述《观音玄义记》卷二(《大正藏》第34册,第905页下)。天台宗主张"十界互具""性具善恶(染净)",故佛界(理)能具九界之妄(无明),而如来藏学者则说诸法之体性,为九界所覆,所欲止,故须破九界,始能开显真心法性理而成佛。此等论点,天台宗目为"缘理断九"。

《大乘止观法门》"①，故与慧思无关，中间并无传承之脉络。对于"染净""善恶"之内在联系，他说：

> 迷悟系于染净，不系于善恶净秽法门。是以迷执之染情可转可断，而善恶净秽法门则常住不断，即依斯义而说"性恶"。性德所具法门有善有恶，有净有秽，是以"性恶"是偏称之言，非全称之言。②

此说明"迷悟""染净"与"善恶"之关系，重点有三：（一）迷执之染情可断；（二）善恶净秽法门则常住不断；（三）性恶是偏称，性具是全称。其中，"善恶净秽法门则常住不断"，乃天台性具以及性恶不断的思想。

实则对于实相有"迷"、有"悟"，无明是迷，般若是悟，故有凡夫与圣者之别；凡圣众生，或迷而流转，或悟而解脱，若破迷而启悟，则转凡而成圣，亦即离染显净。

牟宗三又提出，修善修恶而转染成净是主观之事，而性德恶善是客观的存在，其文云：

> "修善修恶"就染净说，是主观的事。性德恶善净秽是客观法门的事。迷则善恶净秽法门俱染，悟则善恶净秽法门俱净。故"一阐提断修善尽，但性善在"，即主观地虽无悟净，而客观的性德善法门仍在也。"佛断修恶尽，但性恶在"，即主观地虽无迷染，而客观的性德恶法门仍

---

① 牟宗三《关于〈大乘止观法门〉》说："纵使此书真是慧思所作，则亦应是南岳教，而非天台教。但慧思自得智顗（智者大师）后，法付智顗，即居南岳，未闻开宗立教。开宗立教而成为天台宗者完全在智顗一人。故只有天台教，而无南岳教。而智顗之思路亦完全不同于《大乘止观法门》。是故此书不足以代表天台宗也。"（牟宗三：《佛性与般若》，台北学生书局1984年版，第1077页）

② 牟宗三：《佛性与般若》，台北学生书局1984年版，第738页。

在也。①

在牟氏看来,"修善修恶"是主观之事,"性德恶善"属客观存在。然对于"佛断修恶尽,但性恶在"之性恶不断说,还有待商榷。

三 天台之性恶不断说

性恶说是天台宗的思想特点之一,其所言性恶不断、佛不断性恶,亦值得进一步探讨。智者大师之《观音玄义》,以及其后湛然注释《摩诃止观》之重要注本《止观辅行传弘决》,对于"性具善恶""性恶不断""佛不断性恶"义,特为发皇,表彰天台之胜义,而天台智者大师之学,借之而弘传后世。

智者《观音玄义》卷上,对于"性恶不断"云:

> 问:"阐提不断性善,还能令修善起。佛不断性恶,还令修恶起耶?"答:"阐提既不达性善,以不达故,还为善所染,修善得起,广治诸恶。佛虽不断性恶,而能达于恶,以达恶故,于恶自在,故不为恶所染,修恶不得起,故佛永无复恶,以自在故,广用诸恶法门,化度众生,终日用之,终日不染,不染故不起。"②

在这段文字中,比较"阐提"与"佛"之不同,主要特采在于"佛不断性恶说"。

智者《观音玄义》同上卷不同处,对于"性恶不断"相应

---

① 牟宗三:《佛性与般若》,台北学生书局1984年版,第877页。
② (隋)智𫖮说,(唐)灌顶记:《观音玄义》卷上,《大正藏》第34册,第882页下。

述云：

> 今明阐提不断性德之善，遇缘善发。佛亦不断性恶，机缘所激，慈力所熏，入阿鼻同一切恶事化众生，以有性恶故名不断，无复修恶名不常。若修性俱尽则是断不得为不断不常，阐提亦尔。性善不断，还生善根。如来性恶不断还能起恶，虽起于恶而是解心无染，通达恶际即是实际，能以五逆相而得解脱，亦不缚不脱行于非道通达佛道。阐提染而不达，与此为异也。①

此说明"如来性恶不断还能起恶，虽起于恶而是解心无染，通达恶际即是实际"。

关于"性恶不断"说，"天台九祖"唐湛然《止观辅行传弘决》诠释云：

> 彼又问云："既有性德善，亦有性德恶不？"答："具有。"问："阐提与佛断何等善恶？"答："阐提断修善，但有性善在；如来断修恶，但有性恶在。"问："性德善恶，何以不断？"答："性德但是善恶法门，故不可断。一切世间无能毁者，如魔烧经卷，岂能令于性法门尽？纵烧恶谱，亦不能令恶法门尽。"②

在这段文字中，比较受人质疑的是："如来断修恶，但有性恶在。"如来是德行圆满，何来恶性还在？

又，唐湛然《止观辅行传弘决》云：

---

① （隋）智顗说，（唐）灌顶记：《观音玄义》卷上，《大正藏》第34册，第883页上。
② （唐）湛然：《止观辅行传弘决》卷五，《大正藏》第46册，第296页中。

问:"阐提不断性善故,后时还起善;如来不断性恶故,应当后时还起恶?"答:"阐提不达性恶故,后时还起于修恶,不了于性善故,后时还为修善染,是故修善还得起,即以修善治修恶,则令修恶不得起。佛虽不断于性恶,而能了达于性恶,而于恶法得自在,不为修恶之所染,是故修恶不得起,故佛永无于修恶,自在用于恶法门。阐提若能达修恶,则与如来无差别。"①

在这段文字中,争议较多的是:"佛虽不断于性恶,不为修恶之所染,佛永无于修恶,自在用于恶法门。"此"自在用于恶法门"是如何解释?

关于天台"性恶不断"说,印顺曾针对"一念无明法性心"加以剖析,他说:

何故名"无明法性心"?迷染以无明为本,无明极重为地狱;圣证以法性为本,法性圆证为佛。十法界不出迷悟染净,不外无明法性,"无明即法性,法性即无明",故名"一念无明法性心"。约无明说,众生具如来藏不思议佛法;约法性说,如来藏具生死杂染。依此义,故断烦恼是"不断断",法性具恶,无可断也。修行是"不修修",即性是修,无别修也。②

印顺指出天台"一念无明法性心","无明"与"法性"同是一心,故断烦恼是"不断断",性恶无可断,修行是即性是修,无别修。

牟宗三对天台"性恶不断"说之看法,从其析解"一念无

---

① (唐)湛然:《止观辅行传弘决》卷五,《大正藏》第46册,第296页上—中。
② 印顺:《华雨集》(四),台北正闻出版社1983年版,第306页。

明法性心"之诠释,亦可得之,其文云:

> 性恶者,一切秽恶净善法门皆不可改,一起皆本有之谓。本有不改名为性德。秽恶之法亦是性之德而为本有。本有于何处?曰:"一念无明法性心"是。然则性德如何解说?曰:以性具而为性之德。性者法性也,"法性无住,法性即无明",即是一切法。"法性即无明"就是心,心就是一切法。直接地说是一念心具。①

以性德之善恶乃本有,故无明之染与法性清净同源一心,故是"一念无明法性心"。

牟氏又说:

> 实相境是就"一念无明法性心即具十法界"而证显者。无苦可舍,无集可断,无道可修,无灭可证,即是在"三道即三德"下,在"不断断"中证显实相也。②

强调天台之无道可修,乃依性"不断断"思想。

四　结　论

中国佛教天台宗性具思想之发展,从南北朝慧思、智者一路而下,推龙树为始祖,而"性具善恶"思想,由慧思《大乘止观法门》"心体具染净二性"而来,转为智者《摩诃止观》善习因心起,多是"性善",而恶习因心起,多是"性恶"。其后,智者《维摩经玄疏》阐述善恶不可得,即得方便解脱,而

---

① 牟宗三:《佛性与般若》,台北学生书局1984年版,第733页。
② 同上书,第753页。

《修习止观坐禅法要》提及于止观修行中观善恶等一切法毕竟空寂；《观音玄义》论说"性恶不断""佛不断性恶"，再到湛然《止观辅行传弘决》"佛虽不断于性恶，不为修恶之所染，佛永无于修恶，自在用于恶法门"等思想之发扬，贯串成为天台性恶思想的特色。

  印顺回归印度佛教，从佛教缘起中观思想切入，而不以中国佛教为依归，认为中观、唯识皆从缘起立论，而天台宗"性具"说不拘印度论义，偏重于本体论，是纯乎中国佛学，是中国本土化的佛教；天台性具善恶思想，偏从法性立善恶法，不得其意的学者，往往落入执理废事，执性废相的窠臼，而有所偏离；至于天台"一念无明法性心"不断断的修行，也是立基于此。牟宗三则肯定天台性具思想，且判定智者性具思想与慧思无发展之关系，主张天台之无道可修，乃依性"不断断"思想而来。

《法华经》与天台宗义

孙劲松著　释照智校

（武汉大学国学院副教授；　四川省峨眉山市僧人）

摘　要：《法华经》以"实相"法为核心，阐述由三乘菩提而汇归大乘佛法的修证方法，以此开示悟入佛之知见。天台宗以《法华经》为根本经典，南岳慧思亦以《法华经》所阐"实相、如来藏"为其立论之基础，天台宗的实际创始人智颉则以根尘相对之"一念心"为"实相、如来藏"，已与经义有所不同。

关键词：法华经　实相　天台宗

《大乘妙法莲华经》简称《法华经》，现存三种汉译本：西晋竺法护译的《正法华经》十卷二十七品；后秦鸠摩罗什译的《妙法莲华经》七卷二十八品；隋代阇那崛多与达摩笈多共译的《添品妙法莲华经》七卷二十八品。罗什译本比竺法护译本内容要少，竺法护译本把《嘱累品》放在全书最后，罗什译本则把该品放在《药王品》之前成为第二十二品。隋代阇那崛多与达摩笈多在以上两本的基础上校勘重译，名为《添品妙法莲华经》，根据梵本补译将罗什译本所阙部分，将《提婆达多品》编入《宝塔品》，并把《嘱累品》放到最后，这一译本与尼泊尔体系梵本一致。虽然鸠摩罗什本存在调整经文顺序、删减经文内容等问题，但还是以此本流行最广，盖因其文义流畅、语言优美，民众已经习惯阅读、流通此本。

一 《法华经》的"开示悟入"

后秦鸠摩罗什译《法华经·方便品第二》云：

> 诸佛世尊，欲令众生开佛知见，使得清净故，出现于世；欲示众生佛之知见故，出现于世；欲令众生悟佛知见故，出现于世；欲令众生入佛知见道故，出现于世。舍利弗！是为诸佛以一大事因缘故出现于世。①

"开、示、悟、入佛之知见"为《法华经》乃至所有大乘佛经的核心内容。"佛之知见"就是实证"实相心"之体性、得"一切种智"为修证目的的大乘佛法体系。如《法华经·方便品第二》云："唯佛与佛乃能究尽诸法实相"，"如来说法，一相一味，所谓解脱相、离相、灭相，究竟至于一切种智"。②三乘菩提是以"实相"法为核心的，"实相"在大乘佛教经典中有多个名称，与"真心、如来藏、阿赖耶"等有同体异名的关系。窥基大师在《妙法莲华经玄赞》明确指出：

> 实相者，谓如来藏、法身之体，性不变故，佛智具知此实相体，穷源底故名为究尽，不但成就有为万德，无为万德佛亦究尽，故言无量种成就说不可尽。③

由此可见，《法华经》所言的"实相"就是"如来藏"。《楞伽阿跋多罗宝经》卷四云："一心者，名如来藏。……如来

---

① 《大正藏》第 9 册，第 7 页上。
② 同上书，第 19 页中。
③ 《大正藏》第 34 册，第 703 页下。

藏者,是善不善因。"[1] 也指出了"心(真心)"与"如来藏"的同体关系。不空译《大乘密严经》云:"佛说如来藏,以为阿赖耶,恶慧不能知,藏即赖耶识,如来清净藏,世间阿赖耶,如金与指环,展转无差别。"[2] 此处用金戒指做比方,从本质属性来说是"金",如果把本质和现象合在一起就是"金戒指",如来藏和阿赖耶识的关系也是这样,阿赖耶代表自体清净与五蕴生灭和合的全部,"如来藏"就代指阿赖耶识的清净性、自体分,两者本质是一。如能亲证此实相心、如来藏,就能显现般若智慧,悟后圆修,最终可以入佛地,取证一切种智。

从理上说,每一个众生的实相、如来藏时时刻刻都在开示"佛之知见",为众生创造"悟入"佛之知见的机缘。众生的如来藏无时无刻不在"开示"出众生的五蕴、十八界、一切世间法,此不生不灭的如来藏与生灭变异的五蕴、十八界和合而存。而众生如果要悟入"如来藏",则必须依靠五蕴、十八界中有分别的、有生灭的意识心去寻觅那个本来无分别的实相真心、如来藏,明了五蕴十八界实际上是实相真心体性的一部分,无"悟"可说、无证无得,此后意识、意根末那识逐步转依实相真心的清净性、无分别性,得"六根清净",这就是"悟"佛之知见,其后又在六度万行之中证得佛地一切种智,是究竟的"入佛之知见"。从事相而言,"开示"是佛陀宣讲"佛之知见"的次第方法,"悟入"则是具足善根福德的一类有缘众生、经世尊开示佛之知见、契入实相的境界、获得深妙的智慧的过程。

1. 开、示佛之知见

(一) 开示的种种方法

佛陀的"开示"有身教、言教等种种之别,并非只有语言

---

[1] 《大正藏》第16册,第510页中。
[2] 同上书,第747页上。

文字。如《楞伽阿跋多罗宝经》卷二云：

> 非一切刹土有言说。言说者，是作相耳，或有佛刹瞻视显法，或有作相，或有扬眉，或有动睛，或笑或欠，或謦咳，或念刹土，或动摇，大慧！如瞻视及香积世界，普贤如来国土但以瞻视，令诸菩萨得无生法忍，及殊胜三昧。是故非言说有性有一切性。大慧！见此世界蚊蚋虫蚁，是等众生无有言说而各办事。①

《维摩诘经》云：

> 或有佛土，以佛光明而作佛事，有以诸菩萨而作佛事，有以佛所化人而作佛事，有以菩提树而作佛事，有以佛衣服、卧具而作佛事，有以饭食而作佛事，有以园林、台观而作佛事，有以三十二相、八十随形好而作佛事，有以佛身而作佛事，有以虚空而作佛事。众生应以此缘得入律行。有以梦、幻、影、响、镜中像、水中月、热时焰，如是等喻，而作佛事；有以音声、语言、文字而作佛事；或有清净佛土，寂寞无言，无说无示，无识、无作、无为而作佛事。如是阿难，诸佛威仪进止，诸所施为，无非佛事。②

并非只有语言文字才可以作佛事，此法华会之中，诸佛菩萨随时以"威仪进止"而作佛事。如佛经首句"如是、我闻"，已经将佛法大意昭示。《法华经》开篇，即言佛在王舍城耆阇崛山中，与大比丘众、大阿罗汉、有学、无学、比丘、比丘尼、菩萨摩诃萨、天龙八部说大乘法，而后佛"结加趺坐，入于无

---

① 《大正藏》第 16 册，第 493 页上。
② 《大正藏》第 14 册，第 553 页下。

量义处三昧,身心不动","普佛世界,六种震动"。

> 尔时佛放眉间白毫相光,照东方万八千世界,靡不周遍,下至阿鼻地狱,上至阿迦尼咤天。于此世界,尽见彼土六趣众生,又见彼土现在诸佛,及闻诸佛所说经法,并见彼诸比丘、比丘尼、优婆塞、优婆夷,诸修行得道者。复见诸菩萨摩诃萨,种种因缘、种种信解、种种相貌,行菩萨道。复见诸佛般涅槃者。复见诸佛般涅槃后,以佛舍利起七宝塔。①

佛陀在此已经将实相心、如来藏的体性及六道轮回、三乘菩提、一切种智、大般涅槃之理"开示"显现,一览无余。《经》中也多有"多宝如来、诸大菩萨"以游戏神通来展现实相法,开示佛之知见,并非只是语言文字的宣说才叫"开示"。释迦拈花、迦叶破颜,亦是此理。中国禅宗承此宗风,自马祖道一而后,禅师多以扬眉动睛、哈欠咳嗽、把鼻吐舌、大笑画圈、拳打棒喝而作佛事,开示佛之知见。

(二)依一实相开三乘法

《楞伽经》有言:"宗通及言说。说者授童蒙,宗为修行者。"② 对于利根修行之人,诸佛菩萨扬眉瞬目即可悟入,但是对于初学者来说,诸佛之知见、智慧深广无边,六道凡夫被烦恼障、所知障所遮蔽,不能一步证得,必然要以"言说文字"来开示,由语言文字相到离语言文字相,由声闻、缘觉逐步通向大乘教化,就可以悟明"实相真心"并转依真心的清净性,此是"悟佛知见",而后还要在悟的基础上熏修道种智,证得一切种智,究竟了知、开显"实相"真心的所有功能,此为"入佛知见"。《法华经·方便品第二》云:

---

① 《大正藏》第9册,第2页中。
② 《大正藏》第16册,第503页上。

> 我始坐道场，观树亦经行，于三七日中，思惟如是事，……若但赞佛乘，众生没在苦，不能信是法；破法不信故，坠于三恶道。我宁不说法，疾入于涅槃。寻念过去佛，所行方便力，我今所得道，亦应说三乘。①

佛陀为一大事因缘故出现于世间，就是为了引导众生走上成佛之道，但是要为众生打开"佛之知见"的大门，需要一个逐步深入的过程。所以，佛陀在人间示现成就无上正等正觉，观娑婆世界众生之习性，决定以声闻、缘觉、大乘这三个次第逐步深入，演说佛法。同时也指出：

> 诸佛如来但教化菩萨，诸有所作，常为一事，唯以佛之知见示悟众生。舍利弗！如来但以一佛乘故，为众生说法，无有余乘，若二、若三。②

指出声闻、缘觉只是修证佛菩提道的前方便法门，是大乘佛教的附属产品，佛教的最终目的就是引导众生成就佛道。但是成佛之道中，需要破除的烦恼无量无边，需要证得的智慧极其深广，故需要设置一个从浅至深的破除烦恼的学习次第。

声闻乘的修行者观四谛之理，修三十七道品，通过思维的观行断除一切见惑、思惑，运用第六意识观察分析三界、五蕴、十二处、十八界一切事物都生灭变异、空无实相，由此明了苦集灭道四谛之法，而次第证得须陀洹果、斯陀含果、阿那含果、阿罗汉果。阿罗汉果一世之果报尽，将意识心常住不厌之我舍弃，亦舍弃意根的我执，舍报就永入无余涅槃，达解脱三界生死之彼岸。缘觉指现观"十二因缘"而断我见我执者，主要是

---

① 《大正藏》第9册，第9页下。
② 同上书，第7页中。

运用意识观察分析一切事物都在因缘相续之中生灭变异、空无实相,由此断除烦恼之现行。其所证得的辟支佛境界也只是通过现观意识心和世间万物的生灭变异断除了引发妄想欲望的外缘,达到内不生妄心欲念,外不生善恶诸缘的境界,舍报可以永入无余涅槃,达解脱三界生死之彼岸。声闻、缘觉两者所证的无余涅槃境界是一致的。菩萨乘又作大乘、佛乘、如来乘,以契悟法界实相之真心、获得福德智慧圆满的究竟佛地境界为目的,上求无上菩提,下度一切众生,在悟前广修外门六度万行,契悟自心;见道以后,转依真心清净之性,于内门广修六度、十度万行,无有疲厌,圆满成就一切种智。此乃不共声闻、缘觉之大乘解脱。声闻、缘觉首重自利,兼顾利他,度众生少,总称小乘。菩萨乘自利利他、觉行圆满,福慧具足,利益度化众生无量无边、永无止息,所度众生无边,故为大乘。

(三) 三乘菩提环环相扣

这三乘菩提的修证是环环相扣的,声闻、缘觉乘的修证是大乘法的基础。《法华经》云:

> 是诸比丘、比丘尼,自谓已得阿罗汉,是最后身,究竟涅槃,便不复志求阿耨多罗三藐三菩提,当知此辈皆是增上慢人。所以者何。若有比丘、实得阿罗汉,若不信此法,无有是处。除佛灭度后,现前无佛。[①]

真正的阿罗汉在佛陀的慈悲启发下必然会相信大乘法,因为五蕴十八界、一切世间法是"实相真心"所变现的现象、生灭法。声闻、缘觉的核心是要实证五蕴、十八界无常、无我,舍弃对一切世间法的执着,而又不落于断灭见,只有不落断常二见,才能取证无余涅槃。在灭尽五蕴十八界之后,而不落断

---

① 《大正藏》第9册,第7页下。

灭见，则必然要有一个涅槃的本际、实相心存在，所以阿罗汉必然不会否认有"实相"本际的存在。《四阿含》中多处说无余涅槃界有"无为法、实际、如"，《杂阿含经》卷十二云：

> 如此二法，谓有为、无为。有为者若生、若住、若异、若灭；无为者不生、不住、不异、不灭。①

一切世间法都是"有为法"，又离不开"生住异灭"的基本规律，而与此"有为法"和合并存的"无为法"，则没有"生住异灭"的生灭相，此无为法即是大乘佛教详细解说的"本心实相"的部分体性之一，但都是隐喻略说。原因是恐小乘众生智慧不够，说多了会误将五蕴十八界之某一生灭法作为"实相法"，反生羁绊。灭尽定也称"灭受想定"，是小乘俱解脱阿罗汉的最深禅定境界，此定中"意识心"灭，五蕴之"受、想蕴"亦断，但是其身体还有体温，并没有毁坏、死亡，也没有入涅槃，其后还会出定乞食、行走、教化。《瑜伽师地论》卷十二云：

> 灭尽定中，诸心、心法，并皆灭尽。云何说"识不离于身？"答：由不变坏诸色根中，有能执持转识种子阿赖耶识，不灭尽故；后时彼法、从此得生。②

玄奘法师在《成唯识论》云："故契经言不离身者，彼识即是此第八。"③ 所以，俱解脱阿罗汉在灭尽定中也与一切众生同具有实相心、第八阿赖耶识，这也是其将来入涅槃的清净本际。所以，六道轮回、三乘菩提都是以真心实相为根本而建立，若无"实相真心"，五蕴十八界、一切世间法都不存在，哪还有三

---

① 《大正藏》第 2 册，第 83 页下。
② 《大正藏》第 30 册，第 341 页上。
③ 《大正藏》第 31 册，18 页下。

乘菩提可学可证？所以，小乘弟子在修习小乘法时就已经知道有"实相法"，当佛给他们详细宣讲大乘实相之法的时候，他们会欣然接受。而且小乘弟子在通过声闻、缘觉法断除对于五蕴十八界的错误见解及执着后，更加容易学习、亲证大乘实相之法，只要发起成佛的大愿，深究实相，广修六度万行，将来就可以成就无上菩提，将三乘佛法汇归一佛乘。

（四）三乘菩提的六个比喻

其一《药草喻品》的"药草"之喻。在大千世界中，生长着花卉、林木、药草等各类植物。当天空浓云密布，雨落纷纷，滋润万物。一切树木，无论大小，随上、中、下三种不同状态而各得滋润。同是一雨惠施，万物依其种性而得到生长，开花结果。虽然在同一块土地上生长，同受一样的雨露滋润，而一切草木仍各个显露出种种差别。这是从佛说法的根本点上来比喻，佛说一切法均不离实相真心。"如来但以一佛乘故，为众生说法，无有余乘，若二、若三。"如窥基大师曾在《妙法莲华经玄赞》中将佛法分为"多说有宗、多说空宗、非空有宗"，即小乘、大乘空宗、大乘有宗。

> 一、多说有宗，诸《阿含》等小乘义是，虽多说有亦不违空；二、多说空宗，《中》《百》《十二门》《般若》等是，虽多说空亦不违有；三非空有宗，《华严》《深密》《法华》等是，说有为、无为名之为有，我及我所名为空故。①

这也说明，三乘佛法都是以"实相"为核心而展开，佛陀为大小乘人都说"实相"法，但小乘人只听懂、亲证五蕴十八界是虚妄法、生灭法，知道五蕴法由"实相真心"所生，但不能亲证实相心。而大乘弟子则与实相心的空性、有性、非空非有性有部分或者

---

① 《大正藏》第34册，第657页上。

全面的证知。所以说,佛以一音演说法,众生随类各得解。

其二《譬喻品》的"火宅三车"之喻。前一个故事讲的是众生因根器不同,对佛所宣讲的实相法有不同的领会,将一乘法而分成三乘。但对于小乘根器的众生并非永远只是小草,除非定性的声闻、缘觉,佛陀都会教导他们发大乘心、成就佛果。"火宅三车喻"的故事说,有位老人的宅院非常大,有几十个孩子都生活在这里。但是这个宅子突然起火,而孩子们在着火的宅院内高兴地玩耍,对于大火没有察觉,不惊惶也不恐惧,老人就向他们说明火灾的恐怖,劝孩子们抓住时机迅速出去,可孩子们却沉迷于玩耍,不相信也不畏惧,仍旧四处奔跑玩耍,只是看看苦口婆心的父亲而已。老人又想了一个办法,他知道孩子们对各种珍稀宝物必有兴趣,因此根据孩子的秉性和心胸气量,分别和他们说有小型的羊车、中型的鹿车、大型的牛车都装满珍宝,就在门外。孩子们听说后很高兴,争着跑出了着火的宅院。此时老人见孩子们安全地出来了,都在十字路中席地而坐,于是放下心来。这时候孩子们索要装满珍宝的羊车、鹿车、牛车。而老人没有拉来羊车、鹿车,而是给每个人一个装饰豪华、装满珍宝的大白牛车。驾车的是大白牛,肤色光洁,形体美好,有很大的力量,步伐平正稳当,奔驰迅速如风。还有许多仆人在左右护卫。因为老人财富无量,觉得不应该把劣等的小车给孩子们,既然有无数的七宝大白牛车,应当平等地每人各给一辆,而不能有任何差别。

这个故事中,以火宅代表"五蕴身",色、受、想、行、识五蕴相互造作,产生"生、老、病、死、求不得、爱别离、怨憎会"等七苦,其根本原因是"五蕴炽盛苦"。但是凡夫众生却苦中作乐,沉迷其中难以自拔,仅仅通过思维观察诸法之苦因、苦相、苦果,难以激起所有众生的出离心,还要讲"离苦"可以"得乐"。羊车代表声闻的阿罗汉果,鹿车代表缘觉的辟支佛果,大白牛车代表大乘佛果,"离苦"可以得大小乘的"妙乐之果"，以此引导众生在求证三乘菩提的同时断生死路、离生死苦。有一些人闻佛所说，会直接发大乘心，以大白牛车、证佛果为目标；另一些气量小的人，则暂时以声闻、缘觉果为目标。佛都满足其愿望，分别教导他们声闻、缘觉、大乘之道，但此三乘都以出离五蕴生死火宅为第一步。但当离生死火宅之后，除非决定性的声闻、缘觉种性，佛都会继续引导那些以声闻、缘觉圣果为目标的人转向大乘，给他们"大白牛车"，激励其发大乘心，不断出入生死火宅拔济众生，逐步取证佛果。

其三《五百弟子授记品》中的"衣珠"之喻。五百阿罗汉发大乘心、得授记以后，讲了一个故事。有人来到亲友家，酒喝多了，醉酒而卧，亲友外出前以无价珠宝系在醉汉内衣中，醉汉清醒漫游他国，为衣食尝尽艰苦，稍有所得，便自以为满足。后来又与亲友相逢，亲友说你这堂堂男子，何故为了谋生求食弄到这种地步，我过去曾为了让你得到安乐，特意把无价珠宝系在你的内衣中，你现在"抛却自家无尽藏，托钵沿街效贫儿"实在不应该。阿罗汉们原来以为自己证得"有余涅槃、无余涅槃"，是究竟的智慧，但是比之于大乘佛法这些实在不足挂齿，舍弃自己的本有真心不去证得，不去挖掘其中的无尽智慧，不去取证大乘一切种智，是一种愚昧的行为。这也说明，在出离三界火宅之后，要回心大乘实相法，以成佛为学习的目标。

其四《安乐行品》的"髻珠"之喻。这一故事主要比喻大乘实相法非常尊贵，必须在具足二乘法的基础上才能进学。故事说，有一个转轮圣王发动战争讨伐不服者。圣王根据战功分别赏赐有功将士。有的赏给田宅、村庄，有的赏给各种珍宝金银，象马车乘、奴婢人民等。但是他自己发髻中的一颗珍贵明珠从不赏赐给别人。如来在三界中为大法王，教化一切众生。见众弟子与五阴魔、烦恼魔、死魔所缠互战，根除了贪瞋痴三毒，脱离了欲界、色界、无色界的束缚，冲破了魔王罗网，也就是通达了五蕴十八界皆是生灭无常法，取证了小乘的阿罗汉果，就会化现出小乘

"有余涅槃、无余涅槃"的城池奖励他们。有了这个基础之后，如来才会进一步将圣王头上的"明珠"，也就是《法华经》所开显的"大乘实相法"奖励给他们，让其学习成佛之道。

其五《化城喻品》中的"化城"之喻。火宅喻、衣珠喻、髻珠喻已经说明，佛陀施教目的是要引导众生修习大乘法。但是对一些小乘弟子来说，由小乘入大乘并非一蹴而就，需要方便善巧、细心引导、量力而行、逐步深入。"化成喻"的故事指出，有一漫长的艰难险道通向珍宝所藏之处。有一导师，聪慧超群，很清楚险道关卡，可以引导众人通过这一险恶之路。但一路惊惶恐怖，许多人行至半途，疲惫不堪，灰心泄气。不愿再往前行，导师就以善巧的神力，在险道中途变现出一座城市，接着告诉大家不要轻易放弃，前面不远有一座城市，可在那里歇息，进入城市后就会得到安隐，想要继续前去寻宝，也可从那里再出发。疲惫至极的众生万分欢喜，纷纷进入化城，众人在城中已休息好之后，导师又化灭了城市，对大家说，你们应当继续前进，宝藏就在前面，刚才这座大城是我变化出来让你们休息用的。三乘菩提的道理也是一样，灭五蕴十八界苦、断除我见我执的小乘法是证得大乘实相法、获得珍宝所必具的条件。有些人在修学完大乘法的前方便后便得少为足，疲惫不堪，心畏路遥，佛就告诉他们"我生已尽、梵行已立、所作已办、不受后有"，可以取证有余涅槃和无余涅槃，得到安隐。但是这只是方便说的化城，当各位弟子在此休息之后，就会告诉他小乘有余涅槃并非真实妙境，催促他们继续前行，取证大乘的本来自性清净涅槃与大般涅槃，那才是究竟之所在。

其六《信解品》的"长者穷子"之喻。这个比喻的用意与"化城喻"大致相同，都认为小乘到大乘有一个较长的递进、转折过程，要有方便善巧。这个故事指出，有一长者，财宝无数，各个仓库都已堆满，又有很多僮仆大臣、官吏和人民，象马车乘及牛羊更是无数。但他的儿子从小就与他失散，流浪在外，穷困潦倒，忘记了自己贵族的血脉。有一天，他流浪到他父亲所住的城市，以做雇工为谋生之计。父亲发现并认出了他，但是这穷孩子不认识父亲，看见父亲如此有力有势，马上心怀畏惧，不敢到长者这里工作，想继续跑到穷人里巷里面打工。长者立刻吩咐侍从把他追回来，穷子万分惊愕，吓得气绝昏迷。长者知道他的儿子气量狭小低劣，自己如此富贵尊显，他不敢共处，就放他出去。穷子喜出望外，立刻从地上爬起来，到贫穷街区，继续寻活而求衣食。长者暗中派遣两个使臣，装扮成潦倒瘦弱的穷人，让他们去找孩子，找机会告诉他这里需要雇工清除粪污，工钱可以加倍，此贫子欣然前往，先索取了工钱，和两个使者一起干除粪工作。有时候长者也脱下华丽衣服和装饰的珠宝，换上粗陋破旧的衣服与儿子一起工作，并表扬他每天认真做工，没有欺骗懒怠、瞋恨埋怨等恶习，说今后你就如同我的亲生儿子，两人以父子相称。就这样干了二十年的除粪工作，穷子终于能与父亲交心，彼此沟通，在父亲家中随便出入，信任不疑。但是所住之处依然在下人的地方。后来长者有了病，不久于人世。于是对穷子说：我有众多的金银珍宝，现在把财产委托给你，把你当作一家人看待，你要用心管理，不要让财产漏失。这时穷子立即接受了嘱咐，清点了全部家产，金银珍宝及仓库中的宝藏，已经没有仅为谋求一餐而工作的想法，但所居住仍在原来的地方，低劣卑贱的心志还未全部舍弃。但是随着儿子在无尽珍宝中熏习，他的见地已逐渐通达，志向胸襟已经逐步广大。长者临终之前，召集他与亲族、国王、大臣、刹帝力、居士等宣布，此人就是我的亲生儿子，他在某某城市舍我而去，一直孤苦伶仃五十余年，他的名字本叫某某，我的名字则是某某，今后我的一切财物，统统归他所有。这时穷子听完父亲这一番话后，万分欢喜，心中暗想，我原来没有奢望希求，没想到今天宝藏自然从天而降。

如同长者很想把所有的财富传给失散的儿子一样，佛本意是要以大乘究竟实相法慧施众生，但是由于一类众生如"穷子"一样心量狭劣，一下子难以接受，就先派遣使臣乔饰成"穷子"，也就比喻佛陀遣大乘菩萨示现成小乘人，去引导、教导这些劣根众生。如《法华经·五百弟子受记品第八》中云：

> 知众乐小法，而畏于大智，是故诸菩萨，作声闻缘觉，以无数方便，化诸众生类。自说是声闻，去佛道甚远，度脱无量众，皆悉得成就，虽小欲懈怠，渐当令作佛。内秘菩萨行，外现是声闻，少欲厌生死，实自净佛土。示众有三毒，又现邪见相，我弟子如是，方便度众生。若我具足说，种种现化事，众生闻是者，心则怀疑惑。①

佛陀的诸大声闻弟子都是"内秘菩萨行、外现是声闻"，为配合佛陀的三乘菩提的善巧施教，示现为声闻、缘觉之人，站在凡愚的层次代众生发问，协助佛陀逐渐引导众生归入大乘。故事之中，长者自己有时候也装扮成"清除粪污"的工人与"穷子""使臣"一起工作，所谓"清扫粪污"就是比喻断"五蕴炽盛苦"的"小乘"法。在断苦之后，逐步扩大心量，长者就安排其子去管理"宝藏"，了解家庭宝藏的内容、数量等，这个过程比喻小乘圣者开始熏习大乘实相法的正知见，但是还没有从根本处离开小乘人的狭劣心性。这恰如佛陀让声闻人参与很多大乘佛法的法会，但并没有与之授记，并没有立刻让他们发大乘心，但这种日积月累的熏习会逐渐扩大其心量，直到最后时刻，再劝其回心大乘，与其"授记"，承认其为"佛子"。如《妙法莲华经·信解品第四》中，慧命须菩提、摩诃迦旃延、摩诃迦叶、摩诃目犍连听闻世尊为舍利弗授记后说：

---

① 《大正藏》第9册，第28页上。

> 世尊往昔说法既久，我时在座，身体疲懈，但念空、无相、无作，于菩萨法游戏神通、净佛国土、成就众生，心不喜乐。所以者何？世尊令我等出于三界，得涅槃证。又今我等年已朽迈，于佛教化菩萨阿耨多罗三藐三菩提，不生一念好乐之心。我等今于佛前，闻授声闻阿耨多罗三藐三菩提记，心甚欢喜，得未曾有。不谓于今，忽然得闻稀有之法，深自庆幸，获大善利，无量珍宝、不求自得。①

诸大声闻通过旁听菩萨法，虽然没有好乐之念，但熏习已久，再为之授记、为之说实相法，声闻弟子就自然可以欢喜接受。

《法华经》巧设譬喻，从不同角度论证三乘菩提与实相法、一佛乘的关系，学者如能深入玩味，自然可以领会佛陀三乘教化、"开佛知见、示佛知见"的良苦用心。

2. 悟、入佛之知见

佛陀开示佛之知见，目的是期盼具缘众生悟入佛之知见。《法华经》对于悟入的前提，所悟实相之理、悟后圆修的方法、六根清净乃至一切种智的果证都有或详或略的阐述。

（一）断除我见、薄贪瞋痴是悟的前提

《法华经·譬喻品第三》云：

> 憍慢懈怠、计我见者，莫说此经。凡夫浅识，深着五欲，闻不能解，亦勿为说。若人不信，毁谤此经，则断一切，世间佛种。"②

"此经"所言的主旨是大乘"实相法"，大乘经典也常用"经、此经"代指"真心、实相"，憍慢懈怠、计我见者没有悟证

---

① 《大正藏》第9册，第16页中。
② 同上书，第15页中。

大乘实相心的资格。也就是说断除我见、薄贪瞋痴是"悟佛知见"的前提，而这是声闻初果乃至二果所需要修证的基本内容。

声闻四果分为初果须陀洹、二果斯陀含、三果阿那含、四果阿罗汉。初果须陀洹要断的烦恼是以五蕴十八界为真实我的错误见解——我见（身见），通过观行，确认此色受想行识组成的五蕴身如痈疮，总归坏灭，确认此六根、六尘、六识组成的十八界都是因缘法、生灭法，无真实不坏我，这就断除了"我见（身见）"，通达小乘教理，树立了解脱正见，对于各个教派关于解脱的说法，能如实了知其有没有落于"我见"之中，也就必须清晰了知其正确与错误而没有疑虑，这就断了"疑见"；对于各个教派所施设戒法及禁忌及所取种种法，是否有助于断除我见乃至我执也就清楚了，就不会相信错误的教法、戒律，树立了正确的戒律观，这就是"断戒禁取见"。这些就是以"我见"为核心的"三缚结"，我见若断，即成初果，名须陀洹而预入圣流。初果由三缚结永断之见地上进修，通过对五蕴十八界空相之理观行，明了由"我执"所引发的外我所有（财色名食睡等）和内我所有（色声香味触等）乃空中楼阁，幻起幻灭，以此观行，使五欲之贪爱转为淡薄，不复转盛，如是名薄贪瞋痴，为二果斯陀含。① 然则，大乘利根之众生亦可直接契证是相

---

① 声闻人在二果之后需要修证三果与四果。三果所断烦恼为"五下分结"，是指三界中之下分界（欲界）之五种系缚众生的烦恼结惑——欲贪、瞋恚、身见、戒禁取见、疑见。核心是在断除"我见"的基础上彻底断除断尽二果所残余之五欲，欲贪永断，违心境中之微细瞋恚也已断除；更不转生恨、怨、恼等后续心行，是名断瞋。如是断尽五下分结已，为三果圣者，名阿那含。三果人已经完全离开欲界，至少可以获得初禅以上的定力。证得三果之后，往前需断五上分结，指三界之上分界（色界、无色界）之五种系缚众生的结惑——色界爱的结（贪初禅、无想定的各种境界）、无色界爱的结（贪四空天的各种境界）、慢结、掉举结、无明结。所谓慢结就是"我慢"，断"慢结"是断除以意识心为我的习气，同时也是转变"意根末那识恒执阿赖耶为我"的习气，以使意根在舍报后不再现前，名为慢结永断。断掉举之结就是把三界之微细昏沉掉举，悉令永断。如是五结永断，把三界的欲爱完全断除之后，他就完全解脱于三界，就是四果阿罗汉，如不回心大乘，舍报入无余涅槃。

心，如人身处大海中亲观百川归海一样，直接通过"明心、证悟"后，转依"实相心"的不生不灭、不垢不净、不增不减的体性，再反观由实相所生的五蕴我、十八界我如梦幻泡影，都是生灭变异之法，当下断除我见、淡薄贪瞋痴乃至逐步断除我执。

《法华经》将断除我见、薄贪瞋痴，证得初果乃至二果作为悟佛知见、悟实相真心的前提，这主要是因为五蕴、十八界是由实相法所生的世间法，实相真心不生不灭、五蕴十八界有生有灭，一真一妄，两者和合而存。如果不明白五蕴十八界的虚妄、生灭、假我的本质，以此为真实"我"，就不可能找到实相真心，若以五蕴假我或者五蕴十八界之中的"识蕴、妄心"误作"实相"，就会种下诽谤佛法之重业。所以要以断除"我见"并在此基础上淡薄贪瞋痴为学习大乘佛法的基础，这也是佛陀善巧施设三乘佛法次第的关键原因。对于大部分的声闻人来说，有初果、二果、三果的证量即可以转学大乘法，如果取证四果，我执断尽，无所希求，如无佛摄受，反倒难以发大乘心。

（二）悟实相之理

《法华经·方便品第二》云：

> 唯佛与佛乃能究尽诸法实相，所谓诸法如是相，如是性，如是体，如是力，如是作，如是因，如是缘，如是果，如是报，如是本末究竟等。①

诸法之"实相"体性非常深广，诸大菩萨能证知部分乃至多分，具备一切种智的诸佛能全部了知。此处以"十如是"略说"实相"的基本体性，根据窥基在《妙法莲华经玄赞》解释，"如是相、如是性"之中，"相"代表世间有为法，"性"

---

① 《大正藏》第9册，第5页下。

代表实相心体之无为法,"如是体"指的是"实相真心"是产生五蕴生灭法的那个不生不灭的本体,"如是力"代表恒常之法,即不生不灭的实相心体。"作"有造作之意,"如是作"代表五蕴、十八界、根身、器世间的"无常造作之法"。对于"如是因、如是缘、如是果、如是报",窥基指出:

> 因缘果报之中,有为是因缘所生法,无为非因缘所生法;建立果义名因,成办报义名缘;亲得果名因,疏得果名缘,四果名果,异熟名报。①

"如是本末究竟",指的是有生有灭是世间法、是"末",不生不灭是出世间实相法、是体,"究竟"是指要注重实相真心的不生不灭的根本体性。但实相心实际上双具不生不灭性与生灭变异性,因为这些生灭变异的五蕴、十八界实际上只是"实相心"所生的现象,两者非一非异,和合而存。

《法华经·法师品第十》讲"四安乐行",其中第二条云:

> 菩萨摩诃萨观一切法空如实相,不颠倒、不动、不退、不转,如虚空,无所有性。一切语言道断,不生、不出、不起,无名、无相,实无所有,无量、无边,无碍、无障,但以因缘有,从颠倒生,故说常乐观如是法相。②

这里非常清晰地指出了"实相"真心从体上说是不生不灭,相对于世间法来说是"空、无所有",但因为对这个"实相心"的体性不明白,因"无明"而执着于世间"假相",以十二因缘法而出生三界有情众生,显现出颠倒的、生灭的五蕴、十八

---

① 《大正藏》第 34 册,第 694 页中。
② 《大正藏》第 9 册,第 37 页中。

界之世间法。如果以大乘实相法为基础,逆向观察三界有情出生的"因缘",就会发现根本的因就是这个"空性、实相真心",这就是《心经》所说的"无无明亦无无明尽,乃至无老死亦无老死尽",一切因缘法都是真心实相所生的幻影而已。"实相"依照十二因缘法所变现的五蕴十八界的现象世界,其过程如水与波,波浪的起伏生灭并不代表水体有生灭增减,在变现世间法的同时,"实相心"还是保持着其不生不灭、不垢不净、不增不减的本来自性清净体性。

《法华经·如来寿量品第十六》指出:

> 如来如实知见,三界之相,无有生死、若退若出,亦无在世及灭度者,非实非虚,非如非异,不如三界见于三界,如斯之事,如来明见,无有错谬。①

如果从实相真心的角度来看,三界六道、五蕴十八界都是实相真心体性的一部分,其本质也是无生无死、非如非异的。所谓"举足下足,皆是道场","一笑一啼,皆在道中",一切万法都是实相心所生所现的幻化之境,三界万法本来就是真心体性的一部分,以此可悟《法华》实相义。

(三) 理悟与事修

《大佛顶首楞严经》卷十云:"理则顿悟,乘悟并销;事非顿除,因次第尽。"② 由此可见,顿悟尚需圆修,明理在于刹那,除去习气还是要有一个次第、过程。《法华经·法师品第十》云:

> 若有善男子、善女人,如来灭后,欲为四众说是法华经者,云何应说?是善男子、善女人,入如来室,着如来

---

① 《大正藏》第9册,第42页下。
② 《大正藏》第19册,第155页上。

衣，坐如来座，尔乃应为四众广说斯经。如来室者，一切众生中大慈悲心是；如来衣者，柔和忍辱心是；如来座者，一切法空是。安住是中，然后以不懈怠心，为诸菩萨及四众广说是《法华经》。①

如来行止起居恒利众生，所以如来室可以代表大慈悲心，虽然恒利众生，但却以坏色衣为服饰，彰显利益众生而无我、不自利，此是柔和忍辱之心行也，之所以有此大悲无我之心行，是因为坐于"如来座"，五蕴身心如幻，皆安住于空性的实相真心也。由此可见，在证悟此经，证悟此空性实相心之后，要能够柔和忍辱，安忍于"无我、无人、无众生、无寿者"之空相，再发起大慈悲心"行一切善法"，这是"顿悟圆修"所要做的工作。

《安乐行品第十四》又云："若菩萨摩诃萨，于后恶世欲说是经，当安住四法。"② 这也是"顿悟圆修"的关键内容，第二行处属于理证的内容，前文已经引述，其他三条主要讲在生活日用之中，依照实相的清净性、无我性来除去习气。菩萨悟明实相，通达"此经"要义，自度度他时要时刻观照自己有无"攀缘心、眷属欲、放逸心"等余习，所以就提出四安乐行的第一个条是"安住菩萨行处及亲近处"。所谓行处就是"若菩萨摩诃萨住忍辱地，柔和善顺而不卒暴，心亦不惊；又复于法无所行，而观诸法如实相，亦不行不分别，是名菩萨摩诃萨行处"③。此"行处"还是要证悟空性的实相心，观五蕴十八界的空相与"实相"不一不异，"善能分别诸法相，于第一义而不动"，断除我执（我见），于世间诸法无所挂碍、无所行，达到柔和、安忍之境界。"菩萨摩诃萨第一亲近处"则指证悟、转依真心实相

---

① 《大正藏》第 9 册，第 31 页下。
② 同上书，第 37 页上。
③ 同上。

清净性的菩萨,不主动攀缘于四众弟子及众生,"如是人等,或时来者,则为说法,无所悕望……无所希求",要以无我、无人之心态行平等法施,不与异性、女人等有不恰当接触。不攀缘则有闲暇时间,不可放逸,要"常好坐禅,在于闲处,修摄其心"①,如此福、定、慧相资以进、相辅相成。

菩萨悟明实相,通达此经要义,就要自度度他。此时要时刻观照自己有无"我执、我慢"等余习,所以四安乐行的第三个条件是,"若口宣说、若读经时,不乐说人及经典过。亦不轻慢诸余法师,不说他人好恶、长短。于声闻人,亦不称名说其过恶,亦不称名赞叹其美,又亦不生怨嫌之心。善修如是安乐心故,诸有听者不逆其意,有所难问,不以小乘法答,但以大乘而为解说,令得一切种智"②。还不得对懈怠的初学者起轻慢心、诤竞心,"当于一切众生起大悲想,于诸如来起慈父想,于诸菩萨起大师想,于十方诸大菩萨,常应深心恭敬礼拜。于一切众生,平等说法,以顺法故,不多不少,乃至深爱法者,亦不为多说"③。能这样说法,其核心仍然是以无我、无人、无众生、无寿者行一切善法,要断除我慢心,有柔和心、平等心,要善于观察众生根器、得法因缘、因材施教,说法深浅要恰到好处,逐步引导其进入大乘佛法。如能如此,必然会取得很好的教化效果。

菩萨悟明实相,了知此实相心无始以来不生不灭、常住本来清净涅槃,此实相心所蕴含的智慧无限、功德无边,需要以"无我、大悲"之心自觉觉他,才符合实相真心恒生万法的体性。所以,四安乐行的第四条就是发起"无尽之大悲心":

  菩萨摩诃萨,于后末世法欲灭时,有持是法华经者,

---

① 《大正藏》第9册,第37页中。
② 同上书,第38页上。
③ 同上。

于在家、出家人中生大慈心，于非菩萨人中生大悲心，应作是念：如是之人，则为大失。如来方便随宜说法，不闻不知不觉、不问不信不解，其人虽不问不信不解是经，我得阿耨多罗三藐三菩提时，随在何地，以神通力、智慧力引之，令得住是法中。①

此处的重点不在大慈，而是对于没有发起菩萨性、菩提心的人要起"大悲心"，所谓"无缘大慈、同体大悲"之大悲愿力是也，对于现在不信、不解大乘佛法的人，虽然暂时无法度化，但因为今世结缘，此菩萨发愿将来成佛之后，要以各种智慧力、方便力度化之，以此大愿来宣说此经、此心，必定无有过失，而能成就众生。

（四）实证六根清净，彻悟佛之知见

《妙法莲华经·法师功德品第十九》云：

若善男子、善女人，受持是法华经，若读、若诵、若解说、若书写，是人当得八百眼功德、千二百耳功德、八百鼻功德、千二百舌功德、八百身功德、千二百意功德，以是功德、庄严六根，皆令清净。②

这就是《法华经》的六根清净说。本经还对每一根清净的功德有具体宣说，《法华经》云：

是善男子、善女人，父母所生清净肉眼，见于三千大千世界内外所有山林河海，下至阿鼻地狱，上至有顶，亦见其中一切众生，及业因缘、果报生处，悉见悉知。……

---

① 《大正藏》第9册，第38页下。
② 同上书，第47页下。

以是清净耳,……三千大千世界中一切内外所有诸声,虽未得天耳,以父母所生清净常耳,皆悉闻知,如是分别种种音声而不坏耳根。……以是清净鼻根,闻于三千大千世界上下内外种种诸香……虽闻此香,然于鼻根不坏不错,若欲分别为他人说,忆念不谬。……若好、若丑,若美、不美,及诸苦涩物,在其舌根,皆变成上味,如天甘露,无不美者。若以舌根于大众中有所演说,出深妙声,能入其心,皆令欢喜快乐。又诸天子、天女,释梵诸天,闻是深妙音声,有所演说言论次第,皆悉来听。……得清净身、如净琉璃,众生憙见。其身净故,三千大千世界众生,生时、死时,上下、好丑,生善处、恶处,悉于中现。……若声闻、辟支佛、菩萨、诸佛、说法,皆于身中现其色像。……菩萨于净身,皆见世所有,唯独自明了,余人所不见。……以是清净意根,乃至闻一偈一句,通达无量无边之义,解是义已,能演说一句一偈至于一月、四月乃至一岁,诸所说法,随其义趣,皆与实相不相违背。若说俗间经书、治世语言、资生业等,皆顺正法。三千大千世界六趣众生,心之所行、心所动作、心所戏论,皆悉知之。虽未得无漏智慧,而其意根、清净如此。是人有所思惟、筹量、言说,皆是佛法,无不真实,亦是先佛经中所说。①

六根清净的关键就是"意根清净",有此意根清净才有其余五根之清净。《法华经》明确指出"意根清净"位未得"无漏",据《法华经·方便品》云:"度脱诸众生,入佛无漏智。"② 无漏智指佛地的智慧。由此可见,《法师功德品》中的六根清净尚不是"意根的究竟清净",究竟的意根清净乃佛果

---

① 《大正藏》第 9 册,第 47 页下—50 页上。
② 同上书,第 142 页上。

位，转意根第七识为平等性智。菩萨在悟佛实相的基础上断尽对五蕴十八界的执着，断除人我执，可以成就六根清净的妙德。但是大乘佛教中指出，意根遍缘一切法，其体性极为深广，意根的究竟清净乃大乘修行的枢纽与关键，到佛地方可究竟清净。

以要言之，"三人""四安乐行""六根清净"是菩萨在证悟实相心的基础上，要转依实相心的清净性，修除攀缘心、慢心、放逸心，再断除小乘三果人的五下分结乃至四果需要断除的五上分结，六根清净，实证大乘"人无我"，发起禅定，通达大乘法要，生大慈大悲心，发救护一切众生的大愿，这就是菩萨阿罗汉，到此方可悟入"佛之知见"，完成唯识宗所说的"见道位"的修学过程，可入无余涅槃而不入，长于生死海中自觉觉他、拔济众生。此菩萨若福德因缘、定力、慧力具足，通达百法明门，发大愿而蒙佛加持摄受，可以迈入初地，修学一切种智，"入佛知见"。

（五）证道种智、一切种智，入佛知见

大乘佛教所说"般若"的层次有三种，第一个层次是总相智，用这个生灭的"六识妄心"去寻觅不生不灭的"实相真心"，一念相应证入后，名般若总相智。第二个层次是别相智，在证得真心不生不灭、不垢不净、不增不减而又能生万法的体性后，从实相心所现的各种法相上去观察蕴、处、界的空相，这就叫作"别相智"。这两个层次为"悟佛知见"也就是"见道位"所讲的内容。第三个层次就是种智与一切种智。这是从初地菩萨到成佛所修证的内容。真心里具足无量无数的种子，能够具足了知，分证一切种子功能差别的智能，叫作"一切种智"。《法华经》反复说明开示实相法的目的是让众生成就"一切种智"，这就是究竟的"入佛知见"。《方便品第二》云：

过去诸佛，以无量无数方便，种种因缘、譬喻言辞，而为众生演说诸法，是法皆为一佛乘故。是诸众生，从诸佛闻法，究竟皆得一切种智。①

《法华经》虽然提出了"一切种智"的修行目标，但是对于种智的内容没有详细讲述，学人对此内容需要结合《楞伽经》《胜鬘夫人所说经》等细参详究。

概而言之，"悟佛知见"的见道位所说之"实相心"还是方便说，因为其实相心体虽然不生不灭、本来清净，但是却蕴含着无量无数生灭变异的法种，正因为有此变异生死的法种，才显出众生根身、器世间的生灭变异。所以，要通过"悟后圆修"，将"实相真心"含藏的种子的流注性断尽，究竟清净不再变易，这才是佛地的究竟"实相心"，《法华经·方便品第二》云："唯佛与佛乃能究尽诸法实相。"② 此佛地实相心又叫作"无垢识、真如"，是"最极清净诸无漏法所依止"，此真如无垢识是佛地一切善净法种所依止的根本心，能出生佛地的三身四智，所谓三身是清净法身、圆满报身、百千万亿化身，四智则是"一切种智"的具体内容，包括大圆镜智、平等性智、妙观察智、成所作智。

《妙法莲华经》指出，释迦牟尼久远以前就证得一切种智而成佛，《法华经·从地踊出品第十五》云：

> 如来如实知见三界之相，无有生死、若退若出，亦无在世及灭度者，非实非虚，非如非异，不如三界见于三界，如斯之事，如来明见，无有错谬。以诸众生有种种性、种种欲、种种行、种种忆想分别故，欲令生诸善根，以若干因缘、譬喻、言辞种种说法，所作佛事，未曾暂废。如是，我成佛已来，甚大久远，寿命无量阿僧祇劫，常住不灭。③

---

① 《大正藏》第9册，第7页中。
② 同上书，第5页下。
③ 同上书，第42页下。

佛陀在此娑婆世界八相成道、涅槃等皆为示现，在《法华经·如来寿量品》中又以"良医之喻"来说明这个道理。良医之子女误饮了毒药，药性发作后，狂乱不堪，但认识到自己有病的孩子会服用良医之药而得健康，而有一些中毒较深的人，不觉得自己有病，只是对良医父亲有亲近感、依赖感，但不愿意吃良医、父亲给的药，此良医最后出走他乡，告诉子女自己已经死亡，尚留有解药随意服用。这些子女中悲戚伤感，逐渐醒悟而服用良药，父亲在孩子健康后又返回故乡，使孩子们重见慈颜。佛也是这样，以其功德、智慧，可以寿命无量阿僧只劫，常住不灭，为让众生除去懈怠、依赖之心，升起稀有之想，示现涅槃。

（六）顿悟成佛与三祇熏修

大乘佛教的菩萨从初发心到最后成佛，需要三大无量阿僧祇劫。"阿僧祇"译作无数或无央数，原意是指数目的最大极限。"劫"是时间名，译作长时，意谓长远的时间，劫有大中小之分，此处指大劫。三大阿僧祇劫即三个大阿僧祇劫，是菩萨积集菩提资粮的时间。《瑜伽师地论》卷四十八对"三祇"的划分如下：第一无数大劫，是从初发菩提心到证得初地菩萨的极欢喜住；第二无数大劫，是从初地一直到证得七地菩萨的无加行、无功用无相住；第三无数大劫，是从八地到十地的"最上成满菩萨住"，直到最后成佛、证一切种智。《法华经》中佛陀为各大阿罗汉授记，也言各于久远劫以后成佛。但是在《法华经·提婆达多品》中，智积菩萨向文殊师利菩萨提出"勤加精进，修行此经，速得佛不"的问题。文殊菩萨给出肯定的回答，指出他所度化的"八岁的娑竭罗龙王女"可以迅速成佛，而智积菩萨、大阿罗汉舍利弗，表示"佛道悬旷，经无量劫勤苦积行，具修诸度，然后乃成"，不信一个龙身的小女子能立刻成佛。《法华经》随后云：

> 尔时龙女有一宝珠，价值三千大千世界，持以上佛，佛即受之。龙女谓智积菩萨、尊者舍利弗言：我献宝珠，世尊纳受，是事疾不？答言：甚疾。女言：以汝神力，观我成佛，复速于此。当时众会，皆见龙女忽然之间变成男子，具菩萨行，即往南方无垢世界，坐宝莲华，成等正觉，三十二相、八十种好，普为十方一切众生演说妙法。尔时娑婆世界，菩萨、声闻、天龙八部、人与非人，皆遥见彼龙女成佛，普为时会人天说法，心大欢喜，悉遥敬礼。无量众生，闻法解悟，得不退转；无量众生，得受道记。无垢世界，六反震动；娑婆世界，三千众生住不退地，三千众生发菩提心而得受记。智积菩萨及舍利弗，一切众会，默然信受。①

这也引起了中国佛教史上顿悟与渐修的争议。根据文殊菩萨的描述，此龙女虽有年少、女身、龙身的特点，但是更有不同凡俗的许多特征：

> 智慧利根，善知众生诸根行业，得陀罗尼，诸佛所说甚深秘藏悉能受持，深入禅定，了达诸法，于刹那顷发菩提心，得不退转，辩才无碍。慈念众生犹如赤子，功德具足，心念口演，微妙广大，慈悲仁让，志意和雅，能至菩提。②

经文中还说龙女还给佛陀现出价值三千大千世界的宝珠，此宝珠者即"实相心、如来藏"之喻也，即已明证此"实相心"，具备如上之大功德，龙女明显是已经具备深妙智慧的大菩

---

① 《大正藏》第9册，第35页下。
② 同上书，第35页中。

萨。《妙法莲华经玄赞》卷第九云：

> 《伽耶山顶经》，净光天子问有几发心，文殊答有四：一证发心、谓入初地，二行发心、次六地，三不退发心、八九地，四一生补处发心、谓第十地。今此龙女或即第四发心，化为龙女，小而能学《法华》，速得菩提，劝奖众人，非为实尔。①

窥基法师认为龙女实际上是一生补处的十地菩萨，机缘成熟自然可以示现成佛。然《佛说十地经》中亦云："或长劫入短劫。短劫入长劫。或短劫入非短劫。非短劫入短劫。"② 时劫长短并非一定，若如"龙女"，既可以证悟实相、又有精进之德，或可化长劫为短劫，于一生乃至数生迅勇完成三大阿僧祇劫的历程，究竟"入佛知见"，也是有可能的。

二 天台宗的实相义

1. 天台宗概说

天台宗追溯龙树为初祖，中国慧文禅师继为次祖，慧思为三祖，慧思禅师的弟子智𫖮为实际的立宗者。慧文禅师，生当南北朝的北齐时代，学行精博。文师门下，徒众千百；将此法门，口授于南岳慧思禅师，在禅定中悟得法华三昧。后入南岳，广开法门，启化徒众。著《大乘止观》四卷，《法华经安乐行义》一卷，《诸法无诤三昧法门》二卷等。南岳慧思传法于智𫖮大师，据言智𫖮"修法华三昧，行二七日，即行大悟"，所述有《摩诃止观》二十卷，《法华玄义》二十卷，《法华文句》二十

---

① 《大正藏》第34册，第816页下。
② 《大正藏》第10册，第569页上。

卷等世称天台三大部等，以上各书，皆由章安灌顶法师所记。此宗所立五时八教、三谛圆融、一念三千等说，本章节着重根据慧思、智𫖮的有关著作探讨其立宗的根本点——实相说。

2. 南岳慧思的实相义

慧思禅师于《法华经安乐行义》云：

> 湛深如来藏，毕竟无衰老，是名摩诃衍，如来八正道。……云何名一乘，谓一切众生，皆以如来藏，毕竟恒安乐。①

该文依照《法华经》安乐行品、分别功德品、提婆达多品等篇目，指出"实相、如来藏"是毕竟无衰老，不生不灭，三乘佛法皆以如来藏为中心。

对于实相、如来藏与世间的五蕴十八界法的关系，《法华经安乐行义》有如下论述：

> 观诸法如实相者，五阴、十八界、十二因缘，皆是真如实性，无本末无生灭，无烦恼无解脱，亦不行不分别者，生死涅槃无一无异，凡夫及佛无二法界，故不可分别，亦不见不二，故言不行不分别。不分别相不可得，故菩萨住此无名三昧，虽无所住而能发一切神通，不假方便，是名菩萨摩诃萨行处，初入圣位即与等，此是不动真常法身，非是方便缘合法身，亦得名为证如来藏、乃至意藏。②

五蕴、十八界、十二因缘皆生灭变异之法，然这些生灭法

---

① 《大正藏》第46册，第698页中。
② 同上书，第702页下。

却都是从不生不灭的实相、如来藏所生所现,是实相、如来藏体性的一部分,五蕴十八界中前七识的分别性与如来藏清净心体的不分别性和合不二。如此论述都与《法华经》等大乘经典关于实相心的"空性"是一致的。但是对于实相心双俱空、有性、非空非有中道性,对于实相心蕴含一切法种的内涵尚未涉及。

《法华经安乐行义》还指出了由妄见真、证悟实相心的关键:

> 是故初发心,新学诸菩萨,应善观眼原,毕竟无生灭,耳鼻舌身意,其性从本来,不断亦非常,寂然无生灭,色性无空假,不没亦不出,性净等真如,毕竟无生灭,声香味触法,从本已来空,非明亦非暗,寂然无生灭,根尘既空寂,六识即无生,三六如如性,十八界无名,众生与如来,同共一法身,清净妙无比,称《妙法华经》。①

从生灭的六根、六尘、六识入手,以有分别的妄心去寻觅那个本无分别、本来无生、本来空寂的真心、法身、如来藏,这是入道的关键所在。

在体证实相真心的基础上,《法华经安乐行义》立无相、有相二行:

> 复次二种行者,何故名为无相行。无相行者,即是安乐行,一切诸法中,心相寂灭毕竟不生,故名为无相行也,常在一切深妙禅定。行住坐卧饮食语言,一切威仪心常定故。诸余禅定三界次第,从欲界地、未到地、初禅地、二禅地、三禅地、四禅地、空处地、识处、无所有处地、非

---

① 《大正藏》第46册,第699页下。

有想非无想处地，如是次第有十一种地差别不同。有法、无法二道为别，是阿毗昙杂心圣行。安乐行中深妙禅定即不如此，何以故？不依止欲界、不住色无色，行如是禅定，是菩萨遍行，毕竟无心想，故名无想行。①

这是讲定与慧关系，此处的"禅定"还是证悟实相的大乘般若禅，并非外道、二乘所修的四禅八定、九次第定等。真心实相离生灭二相，恒处大龙之定，依此理定，观世间有为法如梦幻泡影，渐渐也可具世间定，乃至出世间的"灭尽定"。另外，其后悟后起修主要按照《法华经·普贤菩萨劝发品》所立的"有相行"：

> 复次有相行，此是《普贤劝发品》中，诵《法华经》散心精进，知是等人不修禅定、不入三昧。若坐若立若行，一心专念《法华》文字，精进不卧如救头然，是名文字有相行，此行者不顾身命，若行成就，即见普贤金刚色身，乘六牙象王住其人前，以金刚杵拟行者眼，障道罪灭，眼根清净得见释迦，及见七佛，复见十方三世诸佛，至心忏悔。在诸佛前五体投地，起合掌立，得三种陀罗尼门：一者总持陀罗尼，肉眼天眼菩萨道慧；二者百千万亿旋陀罗尼，具足菩萨道种慧法眼清净；三者法音方便陀罗尼，具足菩萨一切种慧佛眼清净；是时即得具足一切三世佛法。或一生修行得具足，或二生得，极大迟者三生即得。若顾身命贪四事供养不能勤修，经劫不得，是故名为有相也。②

---

① 《大正藏》第46册，第700页上。
② 同上书，第700页中。

慧思以此一心专念《法华》文字获得感应，设为悟后修行之道，颇为特别。《法华经·普贤菩萨劝发品》中指出：

> 若善男子、善女人，成就四法，于如来灭后，当得是法华经：一者、为诸佛护念，二者、植众德本，三者、入正定聚，四者、发救一切众生之心。①

这"四法"是获得《法华经》也就是求证"实相真心"的前提、基础，普贤菩萨对这些"受持"的人加以守护、教导，令四众弟子获得总持陀罗尼、同证此实相心、获得智慧。然大乘菩萨悟后起修，还是要以六度万行为核心，在总相智的基础上，逐步证得别相智、道种智、一切种智。《法华经·分别功德品》云：

> 无数诸佛子，闻世尊分别，说得法利者，欢喜充遍身。或住不退地，或得陀罗尼，或无碍乐说，万亿旋总持。或有大千界，微尘数菩萨，各各皆能转，不退之法轮。复有中千界，微尘数菩萨，各各皆能转，清净之法轮。复有小千界，微尘数菩萨，余各八生在，当得成佛道。复有四三二，如此四天下，微尘诸菩萨，随数生成佛。或一四天下，微尘数菩萨，余有一生在，当成一切智。如是等众生，闻佛寿长远，得无量无漏，清净之果报。②

此种数生成佛、一生成佛的菩萨是指十地乃至等觉菩萨，并非初学菩萨可以如此。成佛之道需要无量劫，"欢喜充遍身，或住不退地"的初地菩萨尚需两大阿僧祇劫才可成佛，虽说精

---

① 《大正藏》第9册，第61页上。
② 同上书，第44页中。

进之德可以化长劫入短劫,但仅靠拜忏诵经,六度万行不具足,也难以在一、二、三世成佛。

3. 天台智𫖮的实相义

智𫖮为天台宗的实际创始人。其以"一念心"为实相、如来藏,以此立其宗义。如《摩诃止观》云:"一念心即如来藏理。如故即空,藏故即假,理故即中。三智一心中具,不可思议。"① 由此"一念心"具有三千诸法。

> 夫一心具十法界,一法界又具十法界;于十法界,具百法界;一界具三十种世间,百法界即具三千种世间。此三千在一念心,介尔有心,即具三千。②

这就是著名的"一念三千"之说,十法界谓六凡四圣,一一界中,具有十界;十界互具,乃成百界。此百法界,一一界中,具有十如(即《法华经》十如是),百界互具,乃成千如。此所谓之"百界千如"。在一界中,各有三种世间:所谓众生世间,国土世间,五阴世间,就构成了"三千诸法"具足在一念心中。

但其所言之"一念心"乃十八界之中的六识心。《法华玄义》云:

> 游心法界者,观根尘相对,一念心起,于十界中必属一界。若属一界,即具百界千法。于一念中,悉皆备足。此心幻师,于一日夜,常造种种众生、种种五阴、种种国土。所谓地狱假实国土,乃至佛界假实国土。③

---

① 《大正藏》第46册,第10页中。
② 同上书,第54页上。
③ 《大正藏》第33册,第696页上。

由此可见，其"一念心"是六根、六尘相对而现之六识心，由此根尘相对而起的一念心具足百界千法。《摩诃止观》云：

> 眼色一念心起，即是法界，具一切法，即空即假即中。
> 只观根尘相对，一念心起，能生所生，无不即空。妄谓心起，起无自性，无他性，无共性，无无因性。起时不从自他共离来，去时不向东西南北去。此心不在内外两中间，亦不常自有，但有名字，名之为心。……只观根尘一念心起，心起即假，假名之心，为迷解本。谓四谛有无量相，三界无别法，唯是一心作。心如工画师，造种种色。心构六道，分别校计无量种别。①

借眼根、色尘相应乃至意根、法尘相应为缘，所生之前五识及意识就是"一念心"。这与《华严经》中"心如工画师，作种种五阴，一切世间中，莫不从心造"似非一致，《华严》此心乃实相心，并非根、尘相应而起之六识生灭心，而是出生六识心的根源。

《密严经》云："藏是心，执我名意，取诸境界为识"②，以心、意、识配八、七、前六识。智𫖮大师的用法又有不同，他将根尘相对所生之"心"细分为"心、意、识"。如《摩诃止观》云：

> 对境觉知，异乎木石，名为心。次心筹量，名为意。了了别知，名为识……觉者，了知心中非有意亦非不有意，心中非有识亦非不有识。意中非有心说非不有心，意中非有识亦非不有识。识中非有意亦非不有意，识中非有

---

① 《大正藏》第46册，第8页上一中。
② 《大正藏》第16册，第742页上。

心亦非不有心。心意识非一，故立三名；非三，故说一性。①

其将意识心细分为三，名心、意、识，将第一个层次的最细微的"意识细心"视为其所推崇的"一念心"。窥基大师在《大乘法苑义林章》卷一中将意识心分为率尔心、寻求心、决定心、染净心、等流心前后五位来作说明，所谓率尔心，乃指初心率尔忽堕于所缘境中，故亦名率尔堕心。寻求心即是于初心之所堕境，思寻推求欲了知是何境。决定心则是于第二心寻求已，决断印定确定是某境。再依于前第三决定心并所缘境而生起善、或不善、或无记心，名染净心。等流心者，是由前第四染净心所引生，性善、或不善、或无记，等同前心，相续如流，谓之等流心。比之于窥基大师所说的"五心"，智颛大师所言以根尘相对第一刹那所起之"心"即五心之"率尔心"，以"筹量"为特征的"意"似同于"寻求心、决定心"，可以细致了别的"识"可以归纳为"染净心、等流心"。由此一念心（率尔初心）所确立的立脚点，引申出天台宗的修证方法与次第，如《摩诃止观》云：

佛智照空，如二乘所见，名一切智。佛智照假，如菩萨所见，名道种智。佛智照空假中，皆见实相，名一切种智，故言三智一心中得。②

相比较于《法华》《华严》诸大乘经及南岳慧思，智颛大师已多有创见。

---

① 《大正藏》第16册，第14页下。
② 《大正藏》第46册，第26页中。

以染净缘起理念诠释天台宗山家山外之争的原因及内涵

释性平

(天童禅寺常住僧)

摘　要：天台宗山家山外之争所牵涉的内容极其复杂，这让初学者很难掌握其要义。本文试着以较早期佛教的染、净缘起观念去剖析山家山外论辩的内容，以期让后学者能够清楚两家之争的深层原因，从而为践行佛法提供些许帮助。

关键词：天台宗　山家　山外　染净缘起

前　言

缘起法是佛教的根本理念。在佛教史上出现过各种缘起，如：业感缘起、赖耶缘起、真如缘起、法界缘起等。这些缘起都有一定的侧重点，业感缘起和赖耶缘起侧重于染法、妄法；而真如缘起、法界缘起则侧重于真法、净法。权且用"缘起"一词来简化，那么三藏十二部经典的内容即可简化为：染（妄）法缘起和净（真）法缘起。关于染（妄）法缘起和净（真）法缘起，概括地讲，染法缘起的理论设定是"一切法皆染"——即便是"等觉菩萨"也有一分烦恼习气没能断尽[①]；而净法缘起

---

① （唐）玄奘译：《成唯识论》，《碛砂大藏经》第53册，第183页上。

的理论设定是"一切法皆净"——即便是地狱众生也有如来智慧德相。由于染法缘起与净法缘起在理论设定上的不同,而两种缘起在指导修学实践时又并非泾渭分明,致使修学者常常将二者混淆而不自知,往往是事倍功半。为此,古来大德皆有意无意地甄别这两种缘起,以期给后学一个明晰的修学途径。天台宗山家山外之争应当就是这种甄别的范例了。

总的来说,尽管天台宗山家山外争论的议题有观心说、色心不二说、别理随缘说、理毒性恶说等等,但其争论的核心还是真、妄这两个议题,也就是上面提到的染法缘起和净法缘起。以四明尊者知礼大师为代表的山家派主张妄心论(染法缘起),以山外鼻祖晤恩大师为代表的山外派主张真心论(净法缘起)。

一 识阴与阴入境

这是山家山外之争的理论基础。先谈阴入境,阴入境在佛教中是由五阴(色、受、想、行、识)、十二入(眼、耳、鼻、舌、身、意六根和色、声、香、味、触、法六境)、十八界(包括六根、六境和眼、耳、鼻、舌、身、意六识)组成的。这个境界是由无明主导的染污世界。而由于界、入两科所摄过于繁广,天台宗早在智者大师时就提倡"去丈就尺",只以五阴为所观之境,然后再"去尺就寸",搁置色、受、想、行等四阴,集中观察识阴。更于识阴中,独取日常作用的第六意识为所观之境。

两家的分歧在于是否以阴入为所观境。山家认为是,而山外认为特殊情况下不是。山家知礼大师在《四明十义书》中说:

> 诸观境,不出五阴等……所观之心,非阴是何?如此明文……皆以阴入为境。[1]

---

[1] (宋)知礼:《四明十义书》,《大正藏》第46册,第833页中—下。

知礼大师取阴入境的目的是要强调妄心论。他在《释难扶宗记》中就明确地说：

> 况予扶宗记中，以观妄念为宗。故云：一念识心为境，用三观观之，使性德开发，惑灭果成。①

这里，知礼大师用了"一念识心"，后来他进一步解释"一念识心"就是妄心。

> 乃至《诘难书》，覆定观心二字，还是许观妄心，不许观耶……岂是不许观于妄心耶？②

在观心问题上，山外和山家意见是一致的。但山外受到当时华严宗及《起信伦》所倡导的如来藏清净心的影响，试图从妄法中剥离出一个"真心"来。这一点隐隐地可在现有的山家记载山外的资料中看出端倪：

> 今之《玄义》虽带十种法相，其如并以法性贯之。法性无外，即我一心，若识一心，则了诸法。何独于一念中，识十种三法乃至无量三法？若横若竖，罔不照之，全我一念。岂此之外而有法相不融，更须附法作观乎？③

这里山外派将一心和一念区分为相对的范畴，上面提过"一念"是妄，那么与妄染的"一念"相对的"一心"自然是非妄，很明显山外要凸显"真心论"！出于弘扬"真心论"的需要，对于是否阴入为境的问题，山外的大师们借用《摩诃止

---

① （宋）知礼：《四明十义书》，《大正藏》第46册，第848页中。
② 同上。
③ 同上书，第854页下。

观》中"夫三观者唯有三种：一者从行，二约法相，三托事相"①，说明："观心之义有三种。唯止观约行观心，乃立阴等为境……若附法、托事二种观心，皆不立阴入为境。"② 山外派的意思是：本派的观心法门有以阴入为境，也有不以阴入为境的。细究这样的辩论不难发现，山外派的确是与传统的天台教理有差异的。

首先，一心和一念尽管有差别，但在传统的天台教理上，此种差异是在染法或有为法基础上的差异，而不是一染一净的差异。

其次，按天台教义，《摩诃止观》中的"从行（止观）观心""法相（附法）观心""托事观心"只是形式上的差别，本质却是一致的。因为三种观法无非是直接或间接观心而已。止观观心是直接以阴妄心为对象的，而另外两种则是通过"法"和"事"间接以"阴妄心"为对象的。也就是说，传统的天台理论中，"心""识阴""阴入境"等皆属于妄染法范畴，而不是在"识阴""阴入境"之外还有一"真心"的存在。

二 类种与敌对种

"种"为因，这里特指成佛的因。"类种"和"敌对种"是两个相对的概念。在《观音玄义记》卷一中有二者详尽的解释：

> 夫言种者，凡有二义。一敌对论种，如三道是三德种；二类例论种，如缘了是智断种，性德法身为修德法身种。此二皆取能生之义也。若以二空为种即类例义，若以二执为种即敌对义。③

---

① （隋）智𫖮：《摩诃止观》，《大正藏》第46册，第458页上。
② （宋）知礼：《四明十义书》，《大正藏》第46册，第833页中。
③ （宋）知礼：《观音玄义记》，《大正藏》第34册，第898页中。

"类种"是只有同一性，没有相互产生的可能性的种子。实际上，山家和山外"敌对种"和"类种"之说体现了两家不同的思维方式。因为"类种"使人们从个别事物中发现了与"果佛所证"同一的东西，并以此作为把握终极结果的根据。而"敌对种"促使人们从与"果佛所证"相对立、相差异的方面开始体认，以最终达到果佛所证。在天台史上，智者大师最早提出"相对种"（即对立相违的二门）之说，后来湛然大师发展为"敌对种"说，至知礼大师又提出"类种"和"敌对种"说，并强调两者是圆融相即的。

山外派是倾向类种的，认为只有非染非净之心，才能进入佛界，而妄染之心，则不可能进入。知礼大师在《四明十义书》卷下批评了山外只知"类种"的思想：

> （真心观）乃谓须是非染非净之心，方能造于如来，全不许妄染之心造如来也。此则全乖阴识理具佛性之义，又亏"烦恼之俦为如来种"之文，又违"性指三障"之说，又只知类种，全不识敌对种也。[1]

可见，大师既认可"类种"，也认可"敌对种"，而且从天台教法的整体来看，"敌对种"的意义要远胜于"类种"。知礼大师主要是通过烦恼即菩提、生死即涅槃等诸如此类的"敌对种"来确立其妄心论的。

需要特别指出的是：类种也好，敌对种也好，诸如这些概念的出现，都是佛教在发展过程中因应时代发展及众生根机的需要而不得不做出适当调整的现实映射。类种的概念比较好理解，比如，我们常说"种瓜得瓜，种豆得豆"，意思是说"种下什么因得什么果"。用现代生物学解释，瓜的种子中含有瓜的基

---

[1] （宋）知礼：《四明十义书》，《大正藏》第46册，第846页上。

因，所以它结果的话必然是瓜，而不是其他。而敌对种却不甚好理解。单从字面解释，"敌对种"似乎可理解成"做善事得恶报，做恶事得善报"，这样的结论显然是违背常理和常情的。那么，"相对种""敌对种"等概念一再地被天台宗的宗匠们提出并加以强调的原因是什么？这与染法缘起的缘灭问题息息相关。

染法缘起的特点是设定"一切法（实际是指有为法）皆染"，按照因果常识来考量，既然一切皆染，一切皆熏成染法种子，那么这些染污种子如何能转生净法？或者说依靠这些染种如何能证入圣道？染法缘起的倡导者必须解决这样的疑问才能使其理论自圆其说。

考察早期佛教，上述的疑问不需回答。佛法是个很严密的修学体系，它首先要求修学者实修实证，当修学者修到了、证到了，自然是"如人饮水冷暖自知"。所以，早期佛教典籍中，佛陀经常讲的是苦因及灭苦的方法，鲜少讲苦灭后（涅槃）的状态。因为在佛陀看来，懂得苦因以及按照灭苦方法积极践行，必然会导致苦灭（涅槃）这样的果，所以在早期佛教中，完全不用考虑缘灭（涅槃）问题——缘灭其实是水到渠成、瓜熟蒂落的一种必然。

这本来是一条极为简单又高明的修学之路，只是随着时代变迁，众生根机转钝，人们在修学时总希望有个"希望"可抓可依靠，于是佛陀之后的贤圣依托佛典，用"不可说我""中阴身""阿赖耶""如来藏"等种种名词名相来解释缘起与缘灭。这便是前言中所谈的染法缘起和净法缘起的源头。总的来讲，"不可说我""中阴身""阿赖耶"属染法缘起范畴，因其种子为染故；而"如来藏"则属净法缘起范畴，因其种子为净故。

净法缘起不存在缘灭问题，这在上面讲"类种"时已提过。因为清净种与佛果是同类种，这好比"种瓜得瓜"，由清净种证入佛果水到渠成——天台宗山外派所主张的"真心论"（净法缘起）就属这种情况。但如果用种子因素去探讨染法缘起，那么染法缘起的缘灭就会出现诸如"染种如何转净"这样的大问题。为此,主张"妄心论"的山家大师们才纷纷提出"相对种"与"敌对种"等概念,以弥补本不该用种子因素来探讨染法缘起所引起的不足。不仅如此,他们还特别看重"即"这个字,如知礼大师说:

> 应知今家明即,永异诸师。以非二物相合,及非背面相翻,直须当体全是,方名为即。①

在大师们看来,这个"即"既不是指两种不同性质的现象机械地拼合在一起,也不是背面相翻,而是当体全是。既然性具十界,则界界互具互摄,相互渗透,相互包容。就烦恼和菩提来说,它们是一个当体,不是分别的两个当体,二者两不相碍而并存。

通过这样的规定以及下面要谈的天台宗圆教之圆,山家派总算勉强解决了其所主张的染法缘起的缘灭问题。

三 别教与圆教

天台的别教和圆教:别教一般被认为是佛陀的权宜说法;圆教被认为是佛陀的实相说法。权宜说法自然会有人、我、众生的种种差别,而实相说法则是"性即无为,不可分别"。山家山外在理毒性恶及别理随缘等争论中就牵涉到了别教和圆教。

理毒性恶之争是天台宗性具善恶的内容,而性具善恶说又是天台心性论不可缺少的部分。理毒性恶讲的是众生的本性与恶性的关系。智者大师在《请观音经疏》中就陀罗尼具有能持

---

① (宋)知礼:《十不二门指要钞》卷上,《大正藏》第46册,第707页上。

遮的作用说：

> 用即为三：一事、二行、三理。事者，虎狼刀剑等也；行者，五住烦恼也；理者，法界无阂（碍）无染。而染即理性之毒也。①

这段话大意是陀罗尼既能消弭"虎狼刀剑"这样的事毒，也能消弭"五住烦恼"这样的行毒。引文中，虎狼刀剑即指事毒，五住烦恼即指行毒，而事毒、行毒都在法性理体上呈现。本来法性理体无滞碍、无污染，但由于事毒、行毒的扰乱侵染才有毒，所以称为理性之毒。山外智圆大师认为：理性自体无染，因无明之迷，生起一切现象而成毒。为此，他认为理毒是依妄染而存在，妄染去掉则理毒可灭。虽然理毒可灭但其法性理体并没有改变，这是山外强调理毒非性恶的原因。这里的"性恶"是指性具善恶，也就是指法性的理体。山外所说的"理毒非性恶"意思是说：我们山外所谓的"理毒"是由外缘扰乱而成，其体性无恶，是法尔如是、本然清净的。

知礼大师认为山外这个观点是别教的说法，只有别教才认为所迷的真如理性本身不具有三障烦恼等污染，而是因无明之迷才起三障。大师旗帜鲜明地指出"理毒"即"性恶"。因理性自体中含具毒的成分。如果将三毒配于四教，"事毒"与"行毒"可在别教以下被消伏，唯"理毒"才是圆教所消伏，这是天台学的真义。也就是说，天台宗的圆教所消伏的"理毒"，是自体中内藏的性毒——性恶，其消除的方法是当体即消，没有能所、因果的对立，是纯粹的、没有造作的。

别理随缘，又称但理随缘，是山家与山外在"不变随缘，随缘不变"这一论题上所发生的分歧。山外派认为，理指真如，

---

① （隋）智顗：《请观音经疏》，《大正藏》第39册，第968页上。

别理随缘是指别教的真如随缘而为一切万法（与圆教真如说的性具诸法而为一切诸法不同），它是纯一的真如，依无明的和合而取随缘之义。为此山外派指出，随缘的是与无明和合后的"真心"，而真如本体却是淳一不动的。也就是说，山外认为一切法依无明而立，真如则是一切法之本。知礼对此批评说：

> 他宗明一理随缘作差别法。差别是无明之相，淳一是真如之相。随缘时则有差别，不随缘时则无差别。故知一性与无明合方有差别，正是合义，非体不二，以除无明无差别故。①

知礼认为如果在别教的意义上这样理解"不变随缘、随缘不变"是对的，但是在圆教中就不可以。"应知不谈理具，单说真如随缘，仍是离义。"② 即在山家看来，只有别教的真如才会超然在差别的事相之外，但在圆教中，真如理中本来就具有差别的事相。其随缘而作一切诸法，乃是举体随缘，举体不变，即不变而随缘，即随缘而不变的，所以是理具随缘。那么如何在理具的意义上讲随缘呢？就是以"不变随缘之心"来显发"随缘不变之性"。这样，心体所收摄的随缘之三千就是以性体不变之三千为基础的：

> 今家明三千之体随缘起三千之用，不随缘时三千宛尔，故差别法与体不二，以除无明有差别故。③

可见，山家派是承认"差别"的始终存在且与体不二的，要从迷转悟，消除无明，就必须圆断圆悟。这是传统天台宗理

---

① （宋）知礼：《十不二门指要钞》，《大正藏》第 46 册，第 715 页中。
② 同上。
③ 同上。

具随缘的道理。

那么理毒性恶、别理随缘与山家山外各自倡导的妄心论（染法缘起）、真心论（净法缘起）有什么联系呢？抛开山家对山外的评论，仅拿山外所主张的"理毒非性恶"及"别理随缘"去研究会发现，这样的结论其实是山外所倡导的"真心论"的必要条件。也就是说，只要倡导"真心论"，在探讨类似问题时必然会导致"理毒非性恶"及"别理随缘"这样的结论。同理，妄心论也是如此。这是由其各自的理论基础决定的。

至于两家所争论的"色心不二说"牵涉的是无情有性论，因跟本文联系不大，这里不多赘述。

结　语

综上，天台宗山家派倡导的妄心论（染法缘起）其本质是：讲缘起是为了缘灭——妄念灭尽即是缘灭；而山外派所倡导的真心论（净法缘起）其本质是：妄念缘灭的同时，如来功德得以展开。佛陀以四圣谛、十二因缘、赖耶等染因讲染法缘起，以如来藏清净心等净因讲净法缘起。为此，尽管染、净缘起在修行的方式方法上相似（都通过转染成净来完成），但由于其理论出发点不同，所以就导致其各自对应的终极目标在理论表述上也有差异。

染法缘起在理论设计上，其终极目标的清净（法性或佛果）非实体，需要通过去掉妄染来显示。而这种显示是当体即是！对修行者而言是没有先后次序的。好比一杯脏水，倒出一点脏水，杯内就有相应的"干净"，而不是有什么相应的"干净"加进去。从正常思维来看，这是个减法的过程——有妄染法在减少。

而在净法缘起的理论设计上，其终极目标的清净（法性或佛果）非妄体。这个非妄的清净体只是被妄染法暂时染污了，所以，其转染成净的方式是有一个去掉妄法显示净法的过程。好比一面巨大的蒙灰的镜子，擦掉一点灰尘，给人的感觉是镜面干净了一点，不停地擦则镜面的干净面积会越大，直至镜面的灰尘全部去掉——在修行者来说即是证得了法性：大圆镜智。从正常思维来看，这是个加法的过程——有清净法在增加。

可见，上述两种缘起的理论基础及终极目标表述是不同的，这需要我们初学者特别注意。但是在实践中，两种缘起所采用的具体方式方法并没有本质差异。只要努力按古德的方法去行践总会有所成就的，好比天台宗山家山外的大师们，尽管后世对他们褒贬不一，但是他们凭着扎实的修学基础，仍然都被后世瞻仰膜拜。为此，本文的目的就是希望通过剖析天台宗山家山外之争的内在原因，为修学者厘清真心论与妄心论（或者说是净法缘起与染法缘起）之间的界限，以便让修学者减少研究义理的时间，尽量把精力都放在行践上。

至于如何行践，有则佛教小故事能很好地说明。有人问佛陀："修行，最终得到了什么？"佛陀答："什么都没有得到。"再问："那您还修行做什么呢？"佛陀微笑："但我可以告诉你我失去的东西。""我失去了愤怒、忧虑、悲观和沮丧、焦虑不安，失去了自私自利和贪嗔痴，失去了一切习气障碍，也失去了对老去和死亡的恐惧。"

慧思对韩国天台宗的影响

——新罗玄光师承源流考

周　欣

（湖南科技学院讲师）

摘　要：南岳佛教史上，一个很引人注意的现象是福严寺祖师堂中供奉着新罗人玄光禅师的画像。此事与玄光曾师事慧思有关。当时慧思在南岳弘法影响甚大，玄光慕名而来，并获得密授"法华安乐行门"，深得法华玄义。玄光归国后，不仅受到韩国王臣礼遇，而且还给日韩佛教带去了新的思想资源，培养了一批得道高僧，弘盛一时，成为佛教天台宗思想向域外传播的先驱。

关键词：玄光　慧思　《法华经安乐行义》　南岳　天台宗

天台宗三祖南岳慧思禅师（515—577），在天台宗思想史上的影响巨大。慧思潜心研习佛法，遍访禅德，悟得"法华三昧"，正如《佛祖统纪》所说："南岳以所承北齐一心三观之道，传之天台，其为功业盛大，无以尚矣。故章安有曰：思禅师名高嵩岭，行深伊洛。十年常诵，七载方等，九旬常坐，一时圆证。师之自行，亦既勤矣。"[①] 从而将慧文创立的实相禅法

---

① （宋）志磐：《佛祖统纪》卷六，载南岳佛教协会编《慧思大师文集》，岳麓书社2011年版，第173页。

从北方传播到南方。另一方面，他以弘扬慈悲普度众生为己任，发愿度众，积极专研义理，昼谈义理，夜便思择，便验因定发慧，此旨不虚，以实践性的禅定匡救南方僧人的空谈之习，融合统一"南义北禅"。

在南岳，慧思培养了一大批弟子，其中南岳祖构影堂，内图二十八人，玄光居一。天台国清寺祖堂亦然。当时南岳福严寺和天台山国清寺的祖师堂中，供奉有慧思及其弟子的画像。其弟子除天台宗的开创者智𫖮禅师外，还有将天台佛教传入韩国的先驱玄光禅师，居二十八人画像之一，在佛教思想史中地位重要。

一　玄光传记资料考述

玄光，新罗熊州人，其生卒久确切年份已无可考。据《宋高僧传》等记载，他早年出家，勤奋修习，后发愿渡海来华修学佛法。师从南岳慧思，学成之后，载船返归熊州翁山，卓锡结茅，创建传扬天台的法华道场，成为天台宗在韩国传播的重要人物。

关于玄光禅师传记资料的记载，主要见于《宋高僧传》《佛祖统纪》《神僧传》《新修科分六学僧传》《法华灵验传》《法华经显应录》《南岳志》等，记载较为简单，现录引如下：

释玄光者，海东熊州人也。少而颖悟，顿厌俗尘，决求名师，专修梵行。迨夫成长，愿越沧溟，求中土禅法。于是观光陈国，利往衡山，见思大和尚开物成化，神解相参。思师察其所由，密授法华安乐行门。光利若神锥，无坚不犯，新犹劫贝，有染皆鲜，禀而奉行，勤而罔忒。俄证法华三昧，请求印可，思为证之：汝之所证，真实不虚。善护念之，令法增长。汝还本土，施设善权。好负螟蛉，皆成螺蠃。光礼而垂泣。自尔返锡江南，属本国舟舰附载离岸。时则彩云乱目，雅乐沸空，绛节霓旌，传呼而至光归熊州翁山，卓锡结茅，乃成梵刹。同声相应得法者蛰户爱开，乐小回心慕膻者蚁连修至。其如升堂受莂者一人，入火光三昧一人，入水光三昧二人，互得其二种法门，从发者彰三昧名耳。其诸门生譬如众鸟附须弥山，皆同一色也。光末之灭，罔知攸往。①

玄光传记的文本资料，均为玄光禅师的生平、在南岳求法及归国时的场景，详略不同，亦不见于其他文献。就成文时序而言，最早记载玄光传记资料的是《宋高僧传》，宋代赞宁著，该书上接唐代道宣的《续高僧传》，下迄宋朝雍熙年间，并将道宣未录的贞观之前的9位高僧和新罗11位高僧记录入传，把所有的高僧按照10科分类叙述，其中玄光收录在卷十八"感通篇"。因《宋高僧传》距离玄光南岳求法时间最近，延续了《续高僧传》中慧思禅师的传法世系，其他文献资料，都以《宋高僧传》为蓝本，所载多有重复。

从所引内容来说，玄光传记资料中所引慧思传记之处甚多，大量化用了其中的语句典实，现列出二则文献，以与《神僧传》中关于慧思与玄光的记载比较，我们可以看到：

  自大苏山，将四十余僧，径趋南岳。既至，谓徒曰："吾寄此山，期十载。以后必事远游。"师曰："吾前生曾居此处。"领徒陟岭，见一所，林泉胜异，曰："古寺也，吾昔居之。"掘地果得僧用器皿，殿宇基址。又指两石下，得遗骸，乃建塔，今三生塔是也。又于东畔灵岩之傍建台，为众讲般若法，正当大岳之心，今般若寺是也。南北学徒，

---

① （宋）赞宁：《宋高僧传》卷十八，《大正藏》第50册，第820页下—821页上。

来者云集。师患无水，忽见岩下润，以锡杖卓之，果得一泉，犹未周续。有二虎引师登岭，跑地哮吼，泉水流迸，今虎跑泉是也。或问："何不下山教化众生？一向目视云汉作么？"师曰："三世诸佛，被我一口吞尽，更有甚么众生可度者？"江左佛学，盛学义门，自思南度，定慧双举，道风既盛，名称普闻。①

释玄光者，海东熊州人也。少而颖悟，往衡山见思大和尚。后返锡江南，属本国舟舰附载。离岸时，彩云乱目，雅乐沸空，绛节霓旌，传呼空中，声云：天帝召海东玄光禅师。光拱手避让，唯见青衣前导。少倾，入宫城。且非人间，官府羽卫之设也。无非鳞介，参杂鬼神。或曰：今日天帝降龙王宫，请师说亲证法门，吾曹水府蒙师利益。既登宝殿，次陟高台，如问而谈。略经七日，然后王躬送别。其船泛洋不进，光复登船，船人谓经半日而已。光归熊州翁山，卓锡结茅乃成梵刹，厥后罔知攸往。②

慧思南岳修庙建塔与玄光求法南岳；虎跑泉获得水源与玄光归国；"三世诸佛被我一口吞尽"与"龙宫讲法"等等，玄光行迹都能与慧思一一对应，可见玄光在慧思处学习禅法，受其启发，在弘法传道方面有所承袭。事实上，在玄光来华求法之前，高句丽、百济、新罗就已经把佛教作为最高的文化、思想、信仰加以崇奉，采取积极的宽容政策支持佛教的发展，《海东高僧传》记载："王出郊迎之，邀至宫中，敬奉供养，禀受其说。"③可见韩国王臣对佛教的支持之大，而玄光"龙宫说法"闻名遐迩，也即三国时期重视佛法的写照。另一方面，玄光师从慧思学习，"闻《法华经》，精进求佛，于一生中得佛神通"，

---

① 《神僧传》卷四，《大正藏》第50册，第976页上。
② 《神僧传》卷五，《大正藏》第50册，第976页下。
③ 《海东高僧传》卷一，《大正藏》第50册，第1017页中。

与慧思一样,具有"神通"力量,均是佛教史中的神话。

就征引佛经而言,慧思苦行习禅,毕生都致力于《法华经》的学习与研究:儿时,梦见梵僧劝令入道,或见朋类读《法华经》,乐法情深,得借本于空冢独观。并因无人教授日夜悲泣。北魏孝庄帝永安二年(529),又诵《法华》等经三十余卷,数年之间千遍便满。北齐文宣帝天保八年(557),又诣大贤山隐居,诵《法华经》等经典,并实践方等忏法。天保九年(558)还造金字《法华经》一部。玄光在南岳期间,受慧思影响,以《法华经》为主要教义根据,因此,在《神僧传》《法华灵验传》《法华经显应录》等收录诵读《法华经》的灵验高僧故事中,均有玄光禅师的传记资料。

二 慧思与玄光师承渊源

玄光禅师的佛学修养怎么样呢?或者说,玄光禅师从慧思禅师处学到了什么?对于天台宗在韩国的发展有何意义?

据《佛祖统纪》的记载,玄光于太建五年(574)来南岳求法,"太建五年,海东玄光沙门受法华安乐行义于南岳禅师。归国演教,为海东诸国传教之始"[①]。从《慧思大师年谱》来看,陈光大二年(568)六月二十二日,慧思率僧照、大善等四十余僧来到南岳,于衡山掷钵峰下创建大般若禅林。太建五年(574)建般若寺后,讲经说法,法徒云集。四十余僧、法徒云集等词,显然可证,慧思在南岳弘法影响很大。玄光禅师极有可能是慕名而来。

由"海东玄光沙门受法华安乐行义于南岳禅师"看来,玄光在慧思处所学为"法华安乐行义"。慧思曾据《妙法莲华经·安乐行品》总结了《法华经安乐行义》,因文献不足征,慧思传

[①] (宋)志磐:《佛祖统纪》卷三十七,《大正藏》第49册,第353页上。

给玄光的"法华安乐行思想"具体内容不可考究,但是,玄光入华时,慧思已是59岁高龄,正是天台宗的奠基阶段,所传《法华经》大旨已定。又根据道宣《慧思传》记载:"凡所著作,口授成章,无所删改。造《四十二门》两卷,《无诤行门》二卷,《释论玄》《随自意》《安乐行》《次第禅要》《三智观门》等五部各一卷,并行于世。"① 由此可知,慧思的著述多出于口授记录,是他研读佛经的自悟之处,加以申说,再结合实践,指导弟子们,那么《慧思传》所说《安乐行》,也即是"法华安乐行义"。另一方面,智𫖮追随慧思长达八年,学习的主要内容即为"法华三昧"等佛教义理。北齐废帝乾明元年(560),智𫖮入光州大苏山,诣慧思禅师,受学禅法。慧思说:"昔日灵山同听《法华》,宿缘所追,今复来矣。"即示普贤道场,为说四安乐行。期间,又令智𫖮代讲《般若经》和《法华经》……慧思亲自听讲,评论他"于说法人中最为第一"。智𫖮证得"法华三昧",于佛学有了长足的进步,将《法华经》推至经中之王的最高地位,得到了慧思的高度评价。《佛祖统纪》以"天台智者禅师"和"新罗玄光禅师"为传法世系的两大重要法脉,除智𫖮之外,玄光应同样获得了慧思密授"法华安乐行义"。

按照慧思的理解,《法华经》为大乘佛教顿觉疾成的佛道法门,因此他以"华法三昧"作为一生追求的最高境界,他以《安乐行品》为据著《法华经安乐行义》,开宗明义赞颂:"《法华经》者,大乘顿觉,无师自悟,疾成佛道一切世间难信法门。凡是一切新学菩萨,欲求大乘超过一切诸菩萨,疾成佛道,须持戒忍辱精进,勤修禅定,专心勤学《法华》三昧。"《法华经安乐行义》的经典依据是《法华经·安乐行品》,主要讲述文殊菩萨弘扬《法华经》的方法。"法华安乐行",即是按照《法华

---

① (唐)道宣:《续高僧传》卷十七,《大正藏》第50册,第564页上。

经》中的"安乐行品"苦修"法华三昧"的总结。

> 云何名为安乐行。云何复名四安乐。云何名二种行,一者无相行,二者有相行。答曰:一切法中心不动,故曰安。于一切法中无受阴,故曰乐。自利礼他,故曰行。复次:四种安乐行:第一名为正慧离著安乐行。第二名为无轻赞毁安乐行,亦名转诸声闻令得佛智安乐行。第三名为无恼平等安乐行,亦名敬善知识安乐行。第四名为慈悲接引安乐行,亦名梦中具足成就神通智慧道涅槃安乐行。复次,二种行者。何故名为无相行。无相行者,即是安乐行。一切诸法中心相寂灭,毕竟不生故,名无相行也。常在一切深妙禅定,行住坐卧,饮食语言,一切威仪心常定故。①

这段记载中,慧思从三个方面说明了"法华经安乐行义":第一,对安乐行进行诠释,"安"为"一切法中心不动";"乐"即是安于忍受一切顺境逆境,不为苦乐所困扰;"行"是"自利利他",此"三昧"是《法华经》的核心。第二,有四种安乐行法:正慧离著安乐行、无轻赞毁安乐行、无恼平等安乐行、慈悲接引安乐行,这四种安乐行法即是:"安住于忍辱的四种苛苦的修行方法:(1)安住菩萨行处及亲近处;(2)若口宣说《法华》时,远离说过、怨嫌、叹毁等恶行;(3)受持读诵时,无怀嫉妒、谄诳等心;(4)发菩萨行之誓愿,愿于得无上菩提时,以神通智慧引导众生。"②第三,将"法华三昧"分为"无相行"和"有相行"两门,"将'诸法实相'的般若空义理,贯彻于禅观实践中,由于认识到一切法的空性,因此能对三界诸法无诸执着,不为受阴等一切法所动,所以于一切威仪中心

---

① (陈)慧思:《法华经安乐行义》,《大正藏》第46册,第700页上。
② 王雷泉:《"如来使"精神与慧思的新法华学》,《法音》2012年第1期,第6—12页。

常住于禅定的境界"①。

慧思于修禅之中，结合《法华经》义旨，提出在行住坐卧的一切行事中，深入禅定，使心意坚定，才能印证实相，并推行于日用之行。慧思将此法教给玄光禅师，为证悟"法华三昧"提供了修学指南，而"四安乐行就是教人以《法华经》思想指导修习，并以其思想、言论和行动灌注到社会的各个角落。由于这种法门是作为取得演说《法华经》的资格的形式提出来的，实际上也就成为了高级僧侣所规定的品格"②。

三 从《佛祖统纪》推测玄光弘法的影响

天台宗作为中国佛教的第一个流派，在创建之初即已传入韩国。据《韩国天台宗圣典》考证，最早将中国天台宗传入韩国的僧人即是玄光。③"新罗高僧玄光，在南陈时入华求法，师事南岳慧思，可谓天台宗传入朝鲜半岛的第一人。"④ 玄光专修梵行，"利若神锥，无坚不犯，新犹劫贝，有染皆鲜，禀而奉行，勤而罔忒"⑤。师从慧思后，佛学方面更是精进不已，成为天台宗在韩国传播的枢轴式关键人物。在玄光学成之时，慧思曾为其所证："汝之所证，真实不虚。善护念之，令法增长。汝还本土，施设善权。好负螟蛉，皆成蜾蠃。"⑥ 希望玄光回国后弘扬佛法，乐善好施，升堂讲法，传播"法华安乐行门"，使众人开蒙顿悟。玄光不负师望，以善权行化度，培养了一批传播《法华经》的高僧。《陈新罗国玄光传》《宋高僧传》等载：

---

① 赖永海：《中国佛教通史》，江苏人民出版社2010年版，第438页。
② 何劲松：《韩国佛教史》，宗教文化出版社1997年版，第44页。
③ 韩国天台宗总务院：《韩国天台宗圣典》，宗教文化出版社2007年版，第358页。
④ 鲍志成：《高丽寺与海东天台宗》，杭州出版社2007年版，第110页。
⑤ （宋）赞宁：《宋高僧传》卷十八，《大正藏》第50册，第820页下。
⑥ 同上。

其如升堂受莂者一人，入火光三昧一人，入水光三昧二人，互得其二种法门，从发者彰三昧名耳。其诸门生譬如众鸟附须弥山，皆同一色也。①

依《法华文句》的理解：授记亦云受记、受决、受莂。授是与义，受是得义，记是记事，决是决定，莂是了莂。"升堂受莂者一人"，也即是延续玄光之法的传法者一人。"入火光三昧一人，入水光三昧二人"，对于火光三昧、水光三昧，《楞严经集注》记载："《宋高僧传·感通篇·玄光传》：光见南岳思大和尚，证法华三昧。升堂者一人，入火光三昧一人，入水光三昧。《通慧传》系曰：处胎经以禅定摄意入火界三昧，刹土洞然，愚夫谓是遭焚。若入水界三昧，愚夫见谓为水，投物于中，菩萨心如虚空不觉触挠，此非三乘所能究尽，回视曰顾。"② 由此可见，火光三昧、水光三昧均是指一种深妙的禅定，也就是慧思所说"无相安乐行法"，通过精修禅定，体得一切佛法中"心相寂灭，毕竟不生"之三昧。因此，修得火光三昧、水光三昧的禅师，能很好地应用天台宗的相关典实与所行方法，都是在佛学方面修养非常全面的高僧。

此外，《佛祖统纪》中，还有一则玄光在中国传授南涧慧旻禅师《法华经》的记载："禅师慧旻，河东人，九岁出家，诵妙经期月便过。年十五，请法于光禅师，英伟秀发宿士称之。"③因现有史料不足以考证慧旻年月，慧旻向玄光请教的时间也难以知晓，仅知他十五岁时在玄光处学习。《续高僧传》记载，释慧旻九岁出家，勤精洁业诵《法华经》，期月便度。十五请法回向寺，新罗光法师成论，率先问对。也就是说慧旻九岁出家时就已诵读《法华经》，十五岁在回向寺与玄光禅师问对，因二人

---

① （唐）道宣：《宋高僧传》卷十八，《大正藏》第50册，第821页上。
② 《楞严经集注》卷五，《卍续藏》第11册，第442页上。
③ （宋）志磐：《佛祖统纪》卷九，《大正藏》第49册，第196页中。

都对《法华经》有较深的研习,所以慧旻向玄光学习的内容,应该是他们都熟悉的《法华经》。

总的来看,玄光作为第一位国外求法天台宗的僧人,根据"法华安乐行门"证得"法华三昧",在熊州翁山盖茅舍为梵刹,吸引了众多弟子与听众,"已将法华经传入百济,弘传了以安乐行品为主的实践法华信仰"[①]。玄光在百济传法功绩卓著,使以《法华经》为经典的天台宗思想日趋兴盛,这在整个韩国佛教史上都是一件大事,并受到国王的隆重迎接。而慧思作为玄光的老师,在佛教理路还没有被人普遍熟悉的时代,他所传授的"法华安乐行门",探讨禅法的佛性思想,将经典教义变成修行规则,这些都成为韩国修学《法华经》的开端,从而使天台宗思想在韩国语境中浮现出它的意义来。正如《韩国佛教史》所指出:"百济佛教有两个特点:一是在向中国学习佛教的同时,还致力于到佛教的发源地印度探源;二是更加积极地将佛法输送到岛国日本。其中一部分人抱着弘传正法的目的,还有一部分人是看到本国的国势衰微而重新寻求佛法的有缘之地。"[②] 天台宗以印度僧人龙树为高祖,由二祖慧文传至慧思。天台九祖湛然在回顾天台宗的演变时,曾说慧文以来,既依大论,则知是前非所承也。从慧文、慧思起,依照《大论》《法华》等经典对禅学进行了重新界定,逐渐摆脱了以静坐调心为主要方法,开始探讨应用禅法的终极境界。慧思以研习佛理与进行禅定并重的融汇方法指导玄光,进而培养了升堂受莂者一人,入火光三昧一人,入水光三昧二人,并引发了天台宗从韩国向日本的传播,以及高句丽的波若禅师、新罗缘光法师等人相继来华向智𫖮大师学习,至义天入宋,遂将天台宗在韩国发扬光大。从这个意义上说,慧思确实起了一个"桥梁"的意义和"启

---

① [韩] 金泰:《韩国佛教史概说》,柳雪峰译,社会科学文献出版社1993年版,第19页。

② 何劲松:《韩国佛教史》,宗教文化出版社1997年版,第39页。

蒙"的作用：不仅教导智颛，开创以《法华》为宗经的天台禅门，奠定了中国天台宗的基础；又在南岳度玄光，密授"法华安乐行门"，并嘱咐其弘法传道，弘盛一时，因而在东亚佛教思想史上具有特殊的历史地位。

奠基开法为台教　传灯续脉功千秋
——略述南岳思大禅师对于天台宗的影响

释圣航

（浙江温岭温峤千佛塔院）

摘　要：宗派从雏形阶段，经发展、壮大，乃至成熟鼎盛时期，一系列的成长过程，有赖于外因内缘的推动。天台宗作为中国佛教中首个形成的宗派，慧思大师在初期的弘化中为台宗奠下了扎实的理论基础；其次，作为台宗重要理论之一，有关"止观双运"的阐扬与实践，笔者意从思大师当时的佛教学修风气、接受其师慧文大师的影响、个人修持弘化及著作等方面加以阐述，思大师在南北禅学义学与行持的分化下，已经致力于融合，为智者大师的大兴法化进行了铺垫；最后，良由思大师得识宿缘，拾得灵山一会重聚。思大师具慧眼，辨英才，薪火相承，大展宗风，成台宗一代宗祖。笔者以此略述，始知祖德昭然，奠基开法，传灯续脉，功绩卓然，其对台宗影响深远，实为后学称叹。

关键词：思大禅师　天台宗　影响　理行

前　言

始从释佛设教，法化初期，圣弟子云集，于西土历经二十七祖。一苇渡江，传法东土，成震旦初祖，至五家分灯，华枝散叶。纵观东西中印二国，法化者众，然谱史历记，位列传灯者无几。但于此中所列传者，无不是高德圣行，他们对于中印佛教的发展、传播等都作出了巨大的贡献，甚至为法不舍躯命。又或有些许高德，因地域、战乱等各种因素，致使其存在及其丰功伟绩，也只能流于历史长河而不见其踪。而今后学者，唯是从其著作，或在难能一见的只言片语中总结其一生的精华，为法为众生作最后的世间遗珍。诚是如此，岂不令人感叹良多？当然，也不泛有识之士，在其笔下刻画着有灵有肉的历代高僧，收于传记。例如藏经中所录之《佛祖纲目》《五灯全书》《佛祖历代通载》《释氏稽古略》《景德传灯录》等此类史料著作中，足以令后学重温先贤祖德高风懿行，进而得知"梵网有总持，法门有纲纪，宗教有源流，废兴有考覈"①。由是之故，笔者方拟以台宗一代祖师——慧思大师，结合其著作、思想、个人修持、演教开法、传灯度众等多方面的内容，探其对中国台宗的影响。了解台宗在此时期中如何一步步在理论、实践的过程中走向成熟，组织完善的学修体系，形成中土首个具有中国佛教特色的宗派。笔者浅识薄文，难述其一。唯将自己一点心得体会，以飨有缘，同沾法喜。

一 为无字法故说于字法，奠弘宗演教之基

中国佛教向以八大宗派而著称，一味佛法，在凡夫智慧、能力、兴趣等接受范围内，选择一条适合自己的学修之道，应该说这是作为方便的首选。那么，宗派的分发，也就有其合法性所在了。所以，认识中国佛教，则大多数人会从宗派认识上来入手。良由各宗宗经分明，教理行果判摄分显无遗。丰富成

---

① 《佛祖纲目》，《卍续藏》第85册，第555页上。

熟的理论体系，修行风格，各显其本宗特色。那么，换句话说，宗派的修学理论与实践，正是支撑构成中国佛教存在的实质内容。也可见，佛法般若在以文字为载体的认识和传播下，成了弘宗演教中不可或缺的工具之一。那么，作为中国佛教最早形成的宗派——天台宗，据各史料所载的经典论著来看，其数量之多已远在他宗之上。如慧思大师即可说是一位著作等身的义学高僧，曾作有《诸法无诤三昧法门》二卷，《南岳思大禅师立誓愿文》《随自意三昧》《法华经安乐行义》各一卷，《大乘止观法门》二卷，《次第禅要》一卷，《释论玄》一卷，《三智观门》一卷，《出四十二字门》二卷等。又据《释氏稽古略》中说到，智者大师生平曾"造大寺三十六所，命写经一十五藏，着经疏百余卷"①。那么，余之天台诸祖略而不计，单是二师所著，其量已蔚为可观了。不过，笔者这里想要表达的是，著作的出现，也即是无字法作为一种真理形态已流于字法形式。然而思大师所做的著作《诸法无诤三昧法门》中云：

> 如奇特品说，一字入四十二字，四十二字还入一字，亦不见一字，唯佛与佛善知字法，善知无字法。为无字法故说于字法，不为字法故说于字法。是故四十二字，即是无字。②

那么由此段可知，思大师认为此唯佛与佛方能善知的字法，由一字可开，又可由四十二字可合。由一无字可演义森罗，由万相又可归于无字。那么，若从文字形态的角度而言，其所提出的"为无字法故说于字法，不为字法故说于字法"的说法，不仅具有台宗圆融风格的理论辩证，而且将此说"无说"之教，

---

① 《释氏稽古略》，《大正藏》第 49 册，第 804 页下。
② 慧思：《诸法无诤三昧法门》，《大正藏》第 46 册，第 628 页上。

以文字形态加以运用及流通，这对于理论的阐扬具有推波助澜的作用，也可说，思大师的弘扬教化对处在初期阶段的台宗起到了决定性的影响。

另而言之，此中所深表的内涵更应该值得笔者所道。众所熟知，灵山拈花初示意，迦叶微笑始传灯。此正法眼藏，涅槃妙心，最初便是以心相契为授受之缘，此一举措，应可说是佛法大义非定由文字交流的最佳例证。且《金刚经》中有云：

> 须菩提！汝勿谓如来作是念：我当有所说法。莫作是念，何以故？若人言：如来有所说法。即为谤佛，不能解我所说故。须菩提！说法者，无法可说，是名说法。①

此句若依《金刚经》句式，不妨解为：说法者，即非说法，是名说法。兹例可证，庞大的理论系统，并非我人所归依处，标月之指，终非是月。其意通过字法的诠释而入无字法之门，于此无字法中又可依于字法而开演无量。此理正符于台宗"一多相即""一念三千"的主旨。也正标显了台宗能首创其宗，离不开此圆融的性格。思大师此之论著思想，对于台宗后来的弘宗演教，奠定了扎实的理论基石。

二 以止观双运均持定慧，成理行并驱之势

思大师于止观双运的修持态度，应该是得力于当时的整个佛教修持风气。据《续高僧传》云："自江东佛法，弘重义门，至于禅法，盖蔑如也。"② 而北朝佛教之状，谓"高齐河北，独盛僧稠；周氏关中，尊登僧实。……故使中原定苑，剖开纲领；

---

① 《金刚般若波罗蜜经》，《大正藏》第8册，第751页下。
② 《续高僧传》，《大正藏》第50册，第562页下。

惟此二贤，接踵传灯，流化靡歇"①。众所周知，僧稠禅师作为北朝佛教中标杆性的人物，谓："稠公禅慧通灵戒行标异。"②由此可见此期佛教所呈面貌，着重于行持为依，此等南重义学北重实修的偏颇现象不言而喻。但是，据史料所载中发现，思大师"定慧双开，昼谈理义夜便思择"③。他致力于南北禅学的义学与行持的融合，在此基础上，铺垫格局。正谓，止观双运，如鸟之两翼，车之双轴，缺一不可，使台宗在修与学二大体系中得以不断完善。

其二，据史料中所载，思大师在止观方面的思想，应该也是受其师北齐尊者慧文大师的影响。慧文大师曾阅《大智度论》而引大品般若之文，之后，"师依此文以修心观，论中三智实在一心中得，且果既一心而得，因岂前后而获？故此观成时证一心三智，双亡双照即入初住无生忍位。师又因读中论（大智度论中观一品）至四谛品偈云：因缘所生法，我说即是空，亦名为假名，亦名中道义。恍然大悟，顿了诸法无非因缘所生。而此因缘有不定有，空不定空，空有不二，名为中道"④。引此段可知，慧文大师作为北齐的禅观者，他依文解义，认为一心圆证三智，三智于一心中得。由此对于一心与三智的关系，提出了自己独到的见解，也可知其对于定慧的观修有其圆融严谨的一面。那么思大师在亲承其师的思想上，对于《法华经》及《大品般若》尤为推崇，曾誓造金字《般若经》，后来于"光城县齐光寺，造成《大品般若》及《法华经》二部，盛以宝函"⑤。可知，思大师在"慧学"方面受其师影响尤为明显。那么，止观双运作为台宗重要的内容，思大师又以台宗先驱者的

---

① 《续高僧传》，《大正藏》第50册，第0595页下。
② 同上书，第583页下。
③ 同上书，第562页下。
④ 同上书，第178页中。
⑤ 同上书，第179页上。

身份而居，其作用力亦不可小觑。

其三，从个人修持弘化上也可体现其在定慧均持上所下之功夫。思大师在受具足戒后，尝"周旋迎送都皆杜绝，诵法华等经三十余卷，数年之间千遍便满"①。可见，其在个人修持上操之甚严。不仅如此，在义学的传播方面，思大师更是得到了官方的支持，言："陈主三信参劳，供填众积，荣盛莫加，说法倍常。"② 直至一期弘化弥留之际，还说法不辍，普劝大众，常勤于三昧，如兹行事，如文所说：

> 从山顶下半山道场，大集门学，连日说法。苦切呵责，闻者寒心。告众人曰：若有十人，不惜身命，常修法花三昧，方等忏悔，常坐常行者，随有所须，吾自供给，必须利益。③

甚者，其在强调定慧均持的重要性时，不吝作呵斥之状。如《诸法无诤三昧法门》有云：

> 普告后世求道人，不修戒定莫能强。无戒定智皆不应，匆匆乱心讲文字。死入地狱吞铁丸，出为畜生弥劫矣。如是众生不自知，自称我有大智慧。④

可见，从思大师对当时只重于义学而不屑于禅修行者所持有的严厉批评态度上看，其对于定慧均持的主张立场非常坚定。

其四，有关于思大师的著作中，不难见到有关于定慧方面的阐述，如《诸法无诤三昧法门》中云："夫欲学一切佛法，先

---

① 《续高僧传》，《大正藏》第50册，第562页下。
② 同上。
③ 《弘赞法华传》，《大正藏》第51册，第21页下。
④ 《诸法无诤三昧法门》，《大正藏》第46册，第629页上。

持净戒勤禅定，得一切佛法诸三昧门。"① 另者，思大师生平尤推崇的《法华经》中有言"唯佛与佛乃能究竟诸法实相"，师依于此文提出了自己独到的见解，将此能穷了诸法实相的智慧称为"佛之知见"。并且，将日常修持结合《法华经》义，在《法华经安乐行义》中提出了：

> 一切新学菩萨，欲求大乘，超过一切诸菩萨，疾成佛道，须持戒、忍辱、精进、勤修禅定，专心勤修法华三昧，观一切众生皆如佛想。②

同样的，在《随自意三昧》中也如是说道：

> 凡是一切新发心菩萨，欲学六波罗蜜，欲修一切禅定，欲行三十七品，若欲说法教化众生，学大慈悲起六神通，欲得疾入菩萨位得佛智慧，先当具足念佛三昧、般舟三昧及学妙法莲华三昧。③

可见，思大师对于定慧双开的理论，特别强调于日常行持中加于修习，实践行法，在实战经验中体会佛法深义，深得法旨。无独有偶，笔者发现，章安大师对于思大师的生平，曾作过这样的评价：

> 行深伊洛（喻名行之高深）十年常诵，七载方等，九旬常坐，一时圆证（见天台别传），师之自行，亦既勤矣。至于悟法华三昧开拓义门，则又北齐之所未知。④

---

① 《诸法无诤三昧法门》，《大正藏》第 46 册，第 627 页下。
② 《阅藏知津》，《嘉兴藏》第 32 册，第 155 页中。
③ 《随自意三昧》，《卍续藏》第 55 册，第 496 页上。
④ 《佛祖统纪》，《大正藏》第 49 册，第 180 页下。

由此可见，寥寥数语，在囊括其一生行谊的同时，尽显师对于止观二者所持有之态度。足以肯定，其在义学及实践中，抱定慧均持之原则，于理行之势，能自胜持，不倚不斜，诚为可敬，居台宗二祖，实至名归。

三　立誓愿写经传讲流传，得传灯续脉之缘

儒家有所谓的"道统"之说，佛教中则有关于"传灯"之载。据《景德传灯录序》中提到，传灯之说，首出于释佛。谓："昔释迦文，以受然灯之夙记当贤劫之次补。"[1] 此后，东传旦土，"首从于达磨，不立文字直指心源，不践阶梯径登佛地。逮五叶而始盛，分千灯而益繁"[2]。如是脉脉相传，灯灯相续，绵延不绝。当然，传灯之义亦非只是形式上的一种体现，更重要的是在于法的传承，如《景德传灯录》中有云：开法施之门，续传灯之焰。所以，传灯的实质意义上，更应该说是法的传承、传播及光大，这对于佛教的发展，适应当时的社会情境，于度众化缘的成就，无疑是一个重要的因缘。

那么，提到思大师对于台宗传灯的因缘，必须得先从思大师在大苏山立誓愿写经的因缘说起。在《佛祖统纪》中有这样的一段文字记载：

> 七年于城西观邑寺讲摩诃衍，有众恶论师竞欲加害，师誓造金字般若经，现无量身于十方国讲说是经，令一切诸恶论师咸得信心住不退转；八年至南定州，为刺史讲摩诃衍。有众恶论师竞起恶心，断诸檀越不令送食。经五十日，常遣弟子乞食济命。于时复发愿决定，誓造金字般若，

---

[1] 《景德传灯录》，《大正藏》第51册，第196页中。
[2] 同上。

为众讲说；九年于大苏山，唱告诸方须造经者。忽有比丘，名曰僧合。自言："我能造经"。既得经首，即教化境内，得财买金，于光城县齐光寺。造成大品般若及法华经二部。盛以宝函。复自述愿文一篇，以记其事。①

由此段中可见，思大师造金字般若并非只是以单一因缘而成就。其初因是为度诸恶论师而令生信心故；又因讲经时遇恶论师断食而再发此愿；再者又有能造经比丘的出现为缘。此后方得募缘敬造，并加于讲说推演，成就一大善举。尔后，思大师一并将此胜缘，以愿文的形式加以传播，也即是现今收录于藏经中所见的《南岳思大禅师立誓愿文》一文。此文一出，归依者众。

又据史料可见，思大师所作一系列的立誓写经传讲流传弘法因缘，包括此中说到的，终于光州大苏山最后唱告成就胜举，这些都应该说是思大师于此期教化，为弟子智者大师作接引的一大胜缘。据《隋天台智者大师别传》所说，智者大师正是此时，慕思大师行谊，来至光州大苏山，亲沐法雨。如文云：

意期衡岳以希栖遁权止光州大苏山，先师遥餐风德如饥渴矣。其地乃是陈齐边境兵刃所冲，而能轻于生重于法，忽夕死贵朝闻涉险而去。初获顶拜，思曰：昔日灵山同听法华。宿缘所追今复来矣！即示普贤道场为说四安乐行，于是昏晓苦到如教研心。②

这里可以看到，正是智者大师仰慕德风，始作舍身命而重

---

① 《佛祖统纪》，《大正藏》第49册，第179页上。
② 《隋天台智者大师别传》，《大正藏》第50册，第191页上。

于正法之行，在此战乱时局，铤而走险。然终不负所望，师徒之间相见，思大师便以一句"宿缘所追"敲定，实不可思议也。尔后，思大师云：

> 示以普贤道场，说四安乐行，觊入观三七日，诵《法华经》，至药王品曰：是真精进，是名真法供养如来。于是悟法华三昧，见灵山一会俨然未散，宿通便发。以所证白思，思曰：非尔弗证，非我不识。此乃法华三昧前方便初旋陀罗尼也。纵令文字之师千万，不能穷汝之辩。于说法人中，最为第一。[1]

果不其然，智者大师大开法化，人皆以"东土小释迦"冠冕。因此，此传灯续脉之功，尤赖思大师慧眼识才，深明宿缘，永为后学称扬赞颂。

结　语

天台宗作为首个具有中国特色的佛教宗派，向来以"教观双美"而著称。它集合了南北各家的义理学说、禅观思想、实践方案，以圆融包含的性格，自成一家之言。拥以教观相承、行解并进、将理论与实践相同步的完整体系，对隋唐之后方得成立的其他宗派影响甚大，当然，也标定了其在中国八宗中的显赫地位。然而，法幢高树，相沿至今。开解起行，流衍无穷，不应遗忘启教先者。慧思大师作为台宗初具雏形时期的先驱者，其著作、思想、修持、弘法、度众等方方面面都对此宗产生深远的影响，高行懿德更是感召四众同仰。时至今日，台宗依然

---

[1]　《佛祖纲目》，《卍续藏》第85册，第600页下。

以其精深博大的修学内容，吸引着无数的后学循理开学起修。笔者有幸借此胜缘，仅以管窥之见，探藏海一隅。诸见闻者，若生些许欢喜，同愿回于四恩三宝。

从大小乘佛教的矛盾看慧思南下衡岳的原因

王宏涛

(河南科技大学人文学院讲师)

摘 要：慧思南下衡岳的原因很多，小乘佛教徒对他的迫害是其南下的主要原因。大小乘佛教之间的矛盾由来已久，在印度、西域都有反映。小乘佛教在魏晋南北朝时期在中国北方也有相当的发展，与大乘佛教徒之间矛盾很深。早期佛教史上著名的几次僧人间的迫害活动，背后都可以窥见小乘佛教徒的影子。

关键词：大乘佛教　小乘佛教　矛盾　慧思　衡岳

一　印度西域大小乘佛教之间的矛盾

印度大小乘佛教的矛盾，在传到中国的经书以及史传中偶有记载。《法华经·方便品》中就有生动的记载：

尔时世尊告舍利弗，汝已殷勤三请，岂得不说。汝今谛听，善思念之，吾当为汝分别解说。说此语时，会中有比丘比丘尼优婆塞优婆夷五千人等。即从座起礼佛而退。[1]

---

[1] （后秦）鸠摩罗什译：《妙法莲华经》卷一，《大正藏》第9册，第7页上。

当佛要给会众讲大乘经典《法华经》时，竟然有五千名小乘信众离席而走，不承认大乘佛法。这还算是客气的。《法华经·劝持品第十三》讲：

> 有诸无智人，恶口骂詈等，及加刀杖者，我等皆当忍。恶世中比丘，邪智心谄曲，未得谓为得，我慢心充满。……浊世恶比丘，不知佛方便，随宜所说法，恶口而颦蹙，数数见摈出，远离于塔寺，如是等众恶。①

这里的"恶比丘"，显然指的是小乘佛教徒，他们不但骂詈新兴的大乘佛教，攻击其非佛说，而且"加刀杖"。

大乘佛教对小乘佛教的回击也是严厉的。《法华经·方便品》记载，当小乘信众离开时，佛告诉舍利弗等：

> 我今此众无复枝叶，纯有贞实。舍利弗，如是增上慢人，退亦佳矣。②

他们走后，就像去掉了枝叶，剩下的就都是果实，这些"增上慢人"，走了更好。《法华经》的批评还是客气的，《维摩经》就直接称小乘信徒为"败种"：

> 一切声闻，闻是不可思议解脱法门，不能解了，为若此也！智者闻是，其谁不发阿耨多罗三藐三菩提心？我等何为永绝其根？于此大乘，已如败种！③

---

① （后秦）鸠摩罗什译：《妙法莲华经》卷四，《大正藏》第 9 册，第 36 页中。
② （后秦）鸠摩罗什译：《妙法莲华经》卷一，《大正藏》第 9 册，第 7 页上。
③ （后秦）鸠摩罗什译：《维摩诘所说经》卷二，《大正藏》第 14 册，第 547 页上。

《维摩经》还称小乘教徒为"败根之士":

> 譬如根败之士,其于五欲不能复利。如是声闻诸结断者,于佛法中无所复益,永不志愿。是故文殊师利!凡夫于佛法有反复,而声闻无也。①

《维摩经》还非常生动地描述了小乘教徒对大乘佛教的几种态度:

> 一者所未闻深经,闻之惊怖生疑,不能随顺,毁谤不信,而作是言:我初不闻,从何所来?二者若有护持解说如是深经者,不肯亲近供养恭敬,或时于中说其过恶。②

一是怀疑大乘经典非佛说;二是不亲近大乘论师;三是诋毁大乘论师。《首楞严三昧经》更是将小乘教徒追求的阿罗汉果视为"破器":"世尊,漏尽阿罗汉,犹如破器,永不堪任受是三昧。"③

西域第一个有记载的冲突是发生在西域的于阗国。《梁高僧传》记载,曹魏时期的朱士行于甘露五年(260)《高僧传》卷四:

> 士行尝于洛阳讲道行经,觉文章隐质,诸未尽善。每叹曰:此经大乘之要,而译理不尽。誓志捐身远求大本。遂以魏甘露五年发迹雍州,西渡流沙既至于阗。果得梵书

---

① (后秦)鸠摩罗什译:《维摩诘所说经》卷二,《大正藏》第14册,第549页中。
② (后秦)鸠摩罗什译:《维摩诘所说经》卷三,《大正藏》第14册,第557页上。
③ (后秦)鸠摩罗什译:《佛说首楞严三昧经》卷二,《大正藏》第15册,第642页上。

正本凡九十章，遣弟子不如檀，此言法饶。送经梵本还归洛阳。未发之顷，于阗诸小乘学众遂以白王云：汉地沙门欲以婆罗门书惑乱正典，王为地主，若不禁之将断大法，聋盲汉地王之咎也。王即不听赍经。士行深怀痛心，乃求烧经为证，王即许焉。于是积薪殿前以火焚之，士行临火誓曰：若大法应流汉地经当不然，如其无护命也如何。言已投经火中，火即为灭不损一字，皮牒如本，大众骇服咸称其神感。遂得送至陈留仓恒水南寺。士行遂终于于阗，春秋八十。依西方法阇维之，薪尽火灭，尸犹能全，众咸惊异。乃咒曰：若真得道，法当毁败。应声碎散，因敛骨起塔焉。后弟子法益从彼国来，亲传此事。故孙绰正像论云：士行散形于于阗。此之谓也。[1]

士行到于阗国求经，是第一个西行求法的僧人，在于阗国成功地访到大乘佛经，却受到小乘教徒的阻挠，无法将佛经带回，无奈只好烧经检验真伪。最后仍被囚禁在于阗，客死西域。说明小乘教徒对大乘佛教持敌视态度，对大乘僧人进行迫害。

另一个例子是《法显传》卷一的记载：

> 复西北行十五日到乌夷国，僧亦有四千余人，皆小乘学，法则齐整。秦土沙门至彼都不预其僧例也。法显得符行当公孙经理，住二月余日。于是还与宝云等共合乌夷国。人不修礼仪，遇客甚薄。智严、慧简、慧嵬遂返向高昌，欲求行资。法显等蒙符公孙供给，遂得直进西南。行路中无居民，涉行艰难，所经之苦人理莫比，在道一月五日得

---

[1] （南梁）慧皎撰，汤用彤校注：《高僧传》，中华书局1992年版，第146页。

到于阗。①

法显一行到印度取经，走到乌夷国（今焉耆），进入了小乘佛教的势力范围。该地有四千僧人，纪律严明，都是小乘教徒，大乘僧人到了那里，不被当作僧人看待，"秦土沙门至彼都不预其僧例也"，信众也不给大乘僧人供养，"遇客甚薄"，无奈智严、慧简、慧嵬等只好返回高昌国，积累行资。法显由于得到了"符公孙"——大概是当地的一个生意人的资助，才"直进西南"，到达于阗。需要我们注意的是，法显从焉耆"直进西南"，是要跨越塔克拉玛干大沙漠的，这条路凶险无比，就是法显说的"行路中无居民，涉行艰难，所经之苦人理莫比"②。为何法显不继续走丝路北线，经过龟兹、温宿等到中亚印度呢？显然是因为北线西段诸国为小乘佛教势力范围。这里直到唐代都还是小乘佛教的地盘，玄奘《大唐西域记》记载：

> 跋禄迦国，东西六百余里，南北三百余里。国大都城周五六里，土宜气序，人性风俗、文字法则同屈支国，语言少异，细毡细褐，邻国所重。伽蓝数十所，僧徒千余人，习学小乘教说一切有部。③

在这里行走固然自然条件好，但缺少补给供养。这对僧人旅行是十分不利的。法显甘冒生命危险，舍弃北线，转向南线，横跨塔克拉玛干大沙漠，原因就和大小乘佛教的矛盾有关。

---

① （东晋）法显撰，章巽校注：《法显传》，中华书局 2008 年版，第 8—11 页。
② 同上。
③ （唐）玄奘著，辨机撰：《大唐西域记》卷一，《大正藏》第 51 册，第 870 页下。

二　中国早期大小乘佛教的矛盾

佛教进入中国的时期，一般以安世高以后为信史。安世高翻译的《安般守意经》《阴持入经》等，多是小乘典籍。道安评价安世高："博学稽古，特专阿毗昙学，其所出经，禅数最悉。"① 阿毗昙学，为小乘论藏学，可认定安世高为小乘僧人。十六国时期著名的神异僧人佛图澄，西域龟兹国人，虽然他修习何种经论现在已经不可考，但根据其弟子道安跟随其学习的情况看，佛图澄可能为小乘僧人。道安一生分为三个阶段，在北方研习禅数学阶段，在襄阳弘扬般若学阶段，在长安翻译毗昙学的阶段。其中第一个阶段基本上可看成是跟随佛图澄的阶段，这一阶段他研习的主要是《十二门经》《人本欲生经》《阴持入经》等禅数学经典。到了襄阳，受到南方般若学的强烈影响，又研习般若学。再回到北方的长安后，他又将重心转向了小乘的"毗昙学"。可见，道安对大乘与小乘都很重视。

《高僧传》的作者慧皎为大乘僧人，故记载小乘佛教僧人较少，尤其记载大小乘僧人之间的矛盾更少，但仍可由《昙摩耶舍传》窥豹一斑。《高僧传·昙摩耶舍传》记载罽宾僧人昙摩耶舍：

> 善诵毗婆沙律，人咸号为大毗婆沙。时年已八十五，徒众八十五人，时有清信女张普明谘受佛法。耶舍为说佛生缘起，并为译出差摩经一卷。至义熙中来入长安，时姚兴僭号，甚崇佛法。耶舍既至，深加礼异，会有天竺沙门昙摩掘多来入关中，同气相求，宛然若旧，因共耶舍译舍利弗阿毗昙。以伪秦弘始九年初书梵书文，至十六年翻译

---

① （梁）僧祐：《出三藏记集》卷六，《大正藏》第55册，第43页下。

方竟，凡二十二卷。伪太子姚泓亲管理味，沙门道标为之作序。至宋元嘉中辞还西域，不知所终。①

昙摩耶舍号称"大毗婆沙"为著名的小乘论师，其所翻《差摩经》《舍利弗阿毗昙》，都是小乘经论。《舍利弗阿毗昙》由他与昙摩崛多一同翻译，时间长达十六年之久。

尤其是《昙摩耶舍传》的最后一段，记载昙摩耶舍的弟子法度排斥大乘佛教：

> 法度初为耶舍弟子，承受经法。耶舍既还外国，度便独执矫异，规以摄物。乃言：专学小乘，禁读方等。唯礼释迦，无十方佛。食用铜钵，无别应器。又令诸尼相捉而行，悔罪之日，但伏地相向。②

这段记载非常重要，讲法度本为昙摩耶舍的弟子，在昙摩耶舍归国后，他就开始明确排斥大乘佛教，禁止他的弟子读"方等经"，即大乘经典；禁止弟子礼拜十方诸佛，只许礼拜释迦佛。这都是小乘佛教的要求。法度要求弟子吃饭只使用铜器，比丘尼不得单独出行等，这些都是小乘戒律。从慧皎的记载看，法度的学说在当时引起了很大影响："唯宋故丹阳尹颜瑗女法弘尼、交州刺史张牧女普明尼，初受其法。今都下宣业、弘光诸尼习其遗风，东土尼众亦时传其法。"③

公元五六世纪的中国，正值乱世，各方军阀纷纷逐鹿中原，战乱与不幸笼罩了整个中国。这种繁华与人命瞬息万变的社会现状，与释迦牟尼生前所处的时代何其相似，小乘佛教那种厌弃人生，厌弃世间的主张得到了一部分人的认可，小乘佛教在

---

① （南梁）慧皎撰，汤用彤校注：《高僧传》，中华书局1992年版，第42页。
② 同上书，第43页。
③ 同上。

中国有了相当的发展,并形成了"毗昙学"与"成实学"两大学派,这不是偶然的。而与大乘佛教的竞争也日益激烈。《续高僧传·慧嵩传》中慧嵩的言行就是这种社会背景的反映:

> 释慧嵩。未详氏族。高昌国人。其国本沮渠凉王避地之所。故其宗族皆通华夏之文轨焉。嵩少出家,聪悟敏捷,开卷辄寻,便了中义。潜蕴玄肆,尤玩杂心。时为彼国所重。……于时元魏末龄大演经教。高昌王欲使释门更辟。乃献嵩并弟。随使入朝。高氏作相,深相器重。时智游论师世称英杰。嵩乃从之听毗昙、成实。领牒文旨,信重当时。而位处沙弥,更摇声略。及进具后,便登元座。开判经诰,雅会机缘。乃使锋锐敌,归依接足。既学成望远,本国请还。嵩曰。以吾之博达。义非边鄙之所资也。旋环邺洛弘道为宗。后又重征。嵩固执如旧。高昌乃夷其三族。嵩闻之告其属曰。经不云乎。三界无常,诸有非乐。况复三途八苦由来所经,何足怪乎。①

太平真君三年(442),北魏袭破凉州,北凉王沮渠无讳率北凉余众占领高昌(今吐鲁番地区),次年(443)自立为凉王。文成帝和平元年(460),柔然杀死沮渠安周,立汉人阚伯周为高昌王,是为阚氏高昌(460—491),以后又经历张氏高昌(491—496)、马氏高昌(496—502)、鞠氏高昌(502—640)等时期,直到被唐朝所灭,都是汉人掌权。慧嵩生活的高昌国,正是著名的鞠氏高昌时期(502—640),王室为汉人,故《续高僧传》说:"故其宗族皆通华夏之文轨。"高昌王派慧嵩与其弟到北魏留学,不久北魏分裂为东魏与西魏,高欢掌控东魏,对慧嵩十分欣赏,"高氏作相,深相器重"。慧嵩跟随智游法师学

---

① (唐)道宣撰,郭绍林点校:《续高僧传》,中华书局2014年版,第247页。

习毗昙学和成实学,卓有成就,声誉日隆。高昌王想召其归国弘法,慧嵩抗命不从,高昌王两次征召,慧嵩都抗命不回高昌,高昌王在盛怒之下,斩杀其三族。消息传到慧嵩那里,他只是淡淡地告诫弟子:"三界无常,诸有非乐。况复三途八苦由来所经,何足怪乎。"可见其舍弃骨肉宗族之彻底,这完全是小乘佛教人生观的表现。

尤其重要的是最后一段话:"及高齐天保革命惟新。上统荣望,见重宣帝,嵩以慧学腾誉,频以法义凌之。乃徙于徐州为长年僧统。"① 高欢称帝之后,高僧法上被任命为僧统,深受高欢的器重。道宣说慧嵩依仗自己学问高深,屡次向法上问难,最后被贬到徐州。我们仔细分析,慧嵩所习的成实学,本来就强调人生所有包括权势、亲情等都是无常之物,他曾告诫弟子"三界无常,诸有非乐。况复三途八苦由来所经,何足怪乎"。怎么会因妒忌法上的僧统地位去和他辩难。所以他屡次去向法上挑战,实际上是为了维护小乘佛教的地位,限制大乘佛教的势力。所以在他被贬到徐州后,"仍居彭沛,大阐宏猷,江表、河南,率遵声教。即隋初志念论师之祖承也"②。慧嵩以徐州为根据地,大力弘扬小乘佛教,在黄河以南,长江流域都有很多弟子与信徒。他在北齐天保年间才去世(551—559)。可见,小乘佛教直到隋朝仍有很大影响,他们与大乘佛教之间的矛盾是很深的。只是由于后来大乘佛教得势,小乘论师的事迹大多佚失,我们不能知道而已。

三 慧思所遭遇的"恶比丘"为小乘僧侣

上文分析了小乘佛教在南北朝时期仍有很大势力的情况。

---

① (唐)道宣撰,郭绍林点校:《续高僧传》,中华书局2014年版,第247页。
② 同上。

基于这个论断，我们再来分析南北朝时期北方"恶比丘"的情况。达摩的弟子慧可、慧可的朋友"林法师"都曾被"贼"砍去一只胳膊：

> （慧可）遭贼斫臂。以法御心不觉痛苦。火烧斫处，血断帛裹，乞食如故。曾不告人。后林又被贼斫其臂，叫号通夕，可为治裹，乞食供林。林怪可手不便，怒之。可曰：饼食在前，何不自裹。林曰：我无臂也，可不知耶。可曰：我亦无臂，复何可怒。因相委问，方知有功。故世云无臂林矣。①

慧可被贼人砍断了一只胳膊，他用念经来抵御疼痛，用火烧断臂之处，用衣服包裹伤处，而且没有告诉别人，继续乞食。而后同样被砍断一只胳膊的林法师，则哀号终日，需要慧可照顾，最后才发现慧可也被砍去一只胳膊。

这里的"贼"如果理解为强盗是不合适的。因为强盗和窃贼所取者是财物，除非遇到反抗是不会去伤人的，去抢劫"乞食者"的僧人更是不通情理。我们认为，这里的"贼"极有可能是与之对立的僧人雇佣的行凶者。《慧可传》介绍：

> 时有道恒禅师，先有定学，王宗邺下，徒侣千计。承可说法，情事无寄，谓是魔语。乃遣众中通明者，来诇可门，既至闻法，泰然心服。悲感盈怀，无心返告。恒又重唤，亦不闻命。相从多使，皆无返者，他日遇恒。恒曰：我用尔许功夫开汝眼目，何因致此诸使？答曰：眼本自正，因师故邪耳。恒遂深恨谤恼于可。货赇俗府，非理屠害。

---

① （唐）道宣撰，郭绍林点校：《续高僧传》，中华书局2014年版，第569页。

初无一恨,几其至死,恒众庆快。①

道恒法师认为慧可所传禅法是"魔语"的原因是慧可主张"情事无寄",那么显然道恒法师的禅法是类似"四念处"之类的次第分明的小乘禅法的可能性很大。

因为自己的弟子逐渐被别人夺去,而心生怨恨,诉诸暴力。当然大乘佛教信徒之间也有,著名者如佛陀跋陀罗在长安被鸠摩罗什僧团驱逐的事情,但大乘教团之间的矛盾一般的结果是驱逐,或者通过官府将对方下狱,如果闹到雇凶伤人的地步,则很少见。我们注意到,与慧可同样被砍伤的林法师,也是一位对信众颇有吸引力的论师:"时有林法师。在邺盛讲胜鬘并制文义。每讲人聚,乃选通三部经者,得七百人。"② 林法师所讲的《胜鬘经》,也是大乘经典。雇凶者雇凶杀人,不是谋财,将人砍伤而不是砍死,其用意是不能犯下杀人的重戒,其意图是将人赶走。所以慧可只好南下安徽。

无论如何,我们对此的判断,只是推测雇凶者有可能是得势的小乘教徒,也有人猜测是僧稠的弟子,但都只是嫌疑很大,并不能坐实。

如果说迫害慧可的主谋不能确定的话,那么迫害慧思的主谋则可确定为小乘教徒无疑。

《南岳思大禅师立誓愿文》记载了慧思多次遭到谋害的情况。第一次是在兖州:

历齐国诸大禅师学摩诃衍。恒居林野,经行修禅。年三十四时,在河南兖州界论义。故遭值诸恶比丘以恶毒药令慧思食。举身烂坏,五脏亦烂。垂死之间而更得活。初

---

① (唐)道宣撰,郭绍林点校:《续高僧传》,中华书局2014年版,第567页。
② 同上书,第568页。

意，欲渡河遍历诸禅师，中路值此恶毒困药，厌此言说，知其妨道，即持余命，还归信州，不复渡河。心心专念，入深山中。①

慧思本想到黄河以北学习"摩诃衍"，即大乘佛法，却在兖州论义时被"恶比丘"下毒，差点被毒死。无奈返回信州。

第二次是在淮南：

渡淮南入山，至年三十九，是末法一百二十年，淮南郓州刺史刘怀宝共游郓州山中，唤出讲摩诃衍义。是时为义相答，故有诸法师起大嗔怒。有五人恶论师以生金药置饮食中，令慧思食，所有余残，三人噉之一日即死。慧思于时身怀极困，得停七日气命垂尽，临死之际一心合掌向十方佛忏悔，念般若波罗蜜作如是言：不得他心智不应说法。如是念时生金毒药，即得消除，还更得差。从是已后，数遭非一。②

第三次是在光州：

至年四十二是末法一百二十三年。在光州城西观邑寺上，又讲摩诃衍义一遍。是时多有众恶论师，竞来恼乱，生嫉妒心。咸欲杀害毁坏般若波罗蜜义。我于彼时起大悲心念众恶论师，即发誓愿作如是言：誓造金字摩诃般若及诸大乘，瑠璃宝函，奉盛经卷。现无量身于十方国土，讲

---

① （陈）慧思：《南岳思大禅师立誓愿文》卷一，《大正藏》第46册，第786页下。

② 同上。

说是经。令一切众恶论师，咸得信心，住不退转。①

第四次是在南定州：

> 至年四十三，是末法一百二十四年，在南定州。刺史请讲摩诃衍义一遍。是时多有众恶论师，竞起恶心作大恼乱，复作种种诸恶方便，断诸檀越，不令送食。经五十日，唯遣弟子化得以济身命。于时发愿：我为是等及一切众生，誓造金字摩诃衍般若波罗蜜一部，以净瑠璃七宝作函，奉盛经卷，众宝高座，七宝帐盖，珠交露幔，华香璎珞，种种供具，供养般若波罗蜜。然后我当十方六道普现无量色身，不计劫数，至成菩提。当为十方一切众生，讲说般若波罗蜜经，于是中间若作法师如昙无竭，若作求法弟子如萨陀波仑。发愿之后众恶比丘皆悉退散。②

这里，慧思讲到每次都是在讲"摩诃衍"时，引起"故有诸法师起大瞋怒"，并且这些"恶比丘"的目的是"咸欲杀害、毁坏般若波罗蜜义"。而慧思每次都发誓维护"摩诃衍般若波罗蜜"，这不是偶然的，这明确地告知了我们，这些"恶比丘"就是因为反对大乘般若经典而加害慧思的。联想到上节所及，我们就可以知道，慧思遭到迫害的兖州安微地带，正是小乘教教宗慧嵩以徐州为根据地、大力弘扬小乘佛教的区域。慧嵩直到天保年间（550—559）才圆寂。那也就是说，慧思第一次遇害时，慧嵩还活着。慧思第二次遇害时，慧嵩仍然可能活着，说明当时小乘势力仍在衰落。故而笔者认为，迫害慧思的是小乘僧侣，这应是可以确定的。

---

① （陈）慧思：《南岳思大禅师立誓愿文》卷一，《大正藏》第 46 册，第 786 页下。

② 同上。

慧思南下衡岳的原因当然很多，譬如说慧思身为汉人，对南朝汉人政权的维护；譬如说在光州遇到的战乱；譬如说神秘的声音指示等。但本文想说的是，北方小乘佛教徒对他的迫害或许是最重要的原因，现在佛教史提到南北朝佛教，多谈及的是大乘佛教的发展状况，对小乘佛教在北方的势力少有涉及，这不符合历史的事实。本文对小乘佛教在北方的发展状况稍加分析，以图抛砖引玉，让大家注意这个问题。

慧思大师入住南岳年月考

袁宗光

（河南大苏山净居寺文化研究会）

摘　要：慧思大师在光州大苏山以"弊于烽警"，率徒"径趣南岳"，是南岳佛教史上一件划时代的大事。由于历代对慧思大师入住南岳年月的记载不一，时下各种媒体在有关慧思大师的文章中也随之各别。本文以慧思大师入、出光州大苏山的年世为依据，从历代不同记载中确认慧思大师入住南岳的年份为陈光大二年（568）；以唐释道宣《慧思传》为版本，采取注释和译白，确认所记月、日系慧思大师率徒离开大苏山的时间。慧思大师入住南岳应为陈光二年底或早一些时间。

关键词：慧思　南岳　大苏山

慧思大师在光州大苏山因遭到战争危险的威胁，离开大苏山，千里迢迢，率徒南迁，入住南岳衡山。名僧行止，以向为历代僧俗史家看重而代有所记。然则，也正因如此，在慧思大师入住南岳的时间上出现了多种版本。圣严大法师在《〈大乘止观法门〉之研究》一文中列举了七种，归纳了自唐至清的诸多不同记述。

一、唐释道宣在所著《续高僧传》中记为"陈光大二年六月二十二日"。即公元 568 年 6 月 22 日。与道宣相同记述的还有《天台九祖传》（即《九祖传略》，南宋沙门士衡编），《高僧摘要》（清徐昌治编辑），《大乘止观宗圆记》卷一（宋浙江台州东掖山白莲释了然撰）。

二、宋释道源在所著《传灯录》（全称《景德传灯录》）中记为"陈光大元年六月二十三日"，即公元567年6月23日。

三、南宋钱塘良渚释宗鉴在所著《释门正统》中记为"陈光大二年"，即公元568年，未记月日。与释宗鉴相同记述的还有《佛祖统纪》（南宋天台宗沙门志磐著），《法华经持验记》（清周克复纂）。

四、元临济宗沙门念常在所撰《佛祖历代通载》中记为"陈光大二年六月二十三日"，即公元568年6月23日。

五、元僧觉岸在所著《稽古略》（全称《释氏稽古略》）中记为"陈光大元年"，即公元567年，未记月日。

六、明居士朱时恩在所撰《佛祖纲目》中记为"陈光大二年六月"，即公元568年6月，未记日。

七、明人瞿汝稷在所著《指月录》（全称《水月斋指月录》）中记为："陈光大六年（注：陈光大年号起于公元567年，讫于公元568年。此处记述有误，应为陈宣帝太建四年）六月二十三日。"[①] 即公元572年6月23日。

如此，常常使读者无所适从，著文者不知所取。这无疑对当今和后世全面了解、宣说慧思大师非凡的生平是一个缺憾，有必要开展讨论，以去误存真。

为方便故，可分两步求证。

一 慧思入住南岳的年份

综上诸僧俗之记，可归纳为三种：一是陈光大二年（568）；

---

① 南岳佛教协会编：《慧思大师文集》，岳麓书社2011年版，第218页。

二是陈光大元年（567）；三是陈太建四年（572）。

本文开篇已经交代，慧思大师是自光州大苏山直接前往南岳的，因此，要弄清大师到底是何年入住南岳的，就必须先弄清大师是何年结庵大苏山和大师在大苏山的活动年数。

（一）大师结庵大苏山年份。慧思大师在所著《立誓愿文》中的自述部分为我们提供了可靠资料，大师说：

> 我慧思即是末法八十二年（515），太岁在乙未十一月十一日，于大魏国南豫州汝阳郡武津县生。至年十五出家修道，诵《法华经》及诸大乘，精进苦行。至年二十，见世无常，众生多死，辄自思惟，此身无常苦空，无有我人，不得自在，生灭败坏，众苦不息，甚可怖畏……①
>
> 至年四十一，是末法一百二十二年，在光州境大苏山中，讲摩诃衍义一遍。②

这是慧思大师生平中第一次提及大苏山这个名字，可以断言，这个时间，即北齐天保六年，按公元纪年为公元555年，就是大师结庵大苏山的年份。

（二）大师在大苏山活动的年数。大师在《立誓愿文》中继续自述说：

> 至年四十二，是末法一百二十三年，在光州城西观邑寺上，又讲摩诃衍义一遍……③
>
> 至年四十三，是末法一百二十四年，在南定州，刺史请讲摩诃衍义一遍……④

---

① 《南岳思大禅师立誓愿文》，《大正藏》第46册，第787页上。
② 同上书，第787页中。
③ 同上。
④ 同上。

至年四十四，是末法一百二十五年，太岁戊寅，还于大苏山光州境内……从正月十五日教化，至十一月十一日，于南光州光城都光城县齐光寺，方得就手报先心愿，奉造金字《摩诃般若波罗蜜经》一部，并造瑠璃宝函盛之。①

以《立誓愿文》写作时限，大师只自述到他结庵大苏山后，以大苏山为根据地在大苏山及周边地区的四年活动。但天台五祖灌顶在后来的《隋天台智者大师别传》中却接记了大师其后在大苏山的岁月：

　　（智颉）江东无足可问，时有慧思禅师，武津人也。名高嵩岭，行深伊洛，十年常诵，七载方等，九旬常坐，一时圆证，希有能有事彰别传。昔在周室预知佛法当祸，故背北游南，意期衡岳，以希栖遁，权止光州大苏山，先师遥飡风德，如饥渴矣。其地乃是陈齐边境，兵刃所冲，而能轻于生，重于法，忽夕死贵朝闻，涉险而去。初获顶拜，思曰："昔日灵同听法，宿缘所追，今复来矣。"即示普贤道场，为说四安乐行，于是昏晓苦到，如教研心……经二七日，诵至药王品"诸佛同赞，是真精进，是名真法供养"。到此一句，身心豁然寂而入定，持因静发，照了法华，若高辉之临幽谷，达诸法相似长风之游太虚。②

这就是中国佛教史上著名的"大苏开悟"。对此，慧思叹曰："非尔弗证，非我莫识。"

灌顶继而复记：

---

① 《南岳思大禅师立誓愿文》，《大正藏》第46册，第787页下。
② 《隋天台智者大师别传》，《大正藏》第50册，第191页下—192页上。

（慧思）自开玄义，命令（智𫖮）代讲。是以智方日月，辩类悬河，卷舒称会，有理存焉。唯有三三昧及三观智，用以谘审，余悉自裁。思师手持如意临席，赞曰："可谓法付法臣，法王无事者也。"慧旷律师亦来会坐，思谓曰："老僧尝听贤子法耳。"大答云："禅师所生，非旷之子"。又曰"思亦无功法华力耳。"代讲竟，思师诫曰："吾久羡南衡，恨法无所委，汝粗得其门，甚适我愿，吾解不谢汝缘当相揖。今以付属汝，汝可秉法逗缘，传灯化物，莫作最后断种人也。"既奉严训，不得扈从衡岳，素闻金陵仁义渊薮，试往观之，若法弘其地，则不孤付属。仍共法喜等二十七人同到陈都。①

灌顶的上两段文字，详细记载了智𫖮在陈文帝天嘉元年，即公元560年接受自湖南"跨险"而来光州大苏山拜慧思为师的过程。二人一见如故，慧思倾平生所学，夜以继日，全身心教授智者；智者在大苏山慧思门下苦学8载（560—567），业满功成，又受慧思派遣，于陈废帝光大元年，即公元567年，与法喜等20余人拜别慧思，告别大苏山前往金陵（今南京）开辟新的弘法根据地。这一过程以时间、空间客观反映出彼时慧思大师已经在光州大苏山弘法、授徒13个年头。"慧思于陈光大二年（568），率徒众四十余人入往南岳……"②

至此，慧思大师先后在大苏山生活了整整14个年头。后来的南宋天台宗僧徒志磐在所撰《慧思传》中也记载："师（慧思）裴回光州（大苏山），时往邻郡，为众讲说，凡十四年。"③

如此，依大师自述，他是末法一百二十二年，即公元555

---

① 《隋天台智者大传别传》，《大正藏》第50册，第192页上—中。
② 转引自南岳佛教协会编《慧思大师研究》，岳麓书社2012年版，序一第3页黄心川语。
③ 转引自南岳佛教协会编《慧思大师文集》，岳麓书社2011年版，第170页。

年结庵大苏山,在大苏山"为众说法,凡十四年",以公元555年算起(中国纪年习惯年头年尾均记,见《辞源·历代建元表》),时恰为公元568年,即陈光大二年。

又,慧思大师离开大苏山入住南岳,在南岳弘法10载,于陈太建九年,即公元577年六月二十二日入灭,这是唐释道宣、宋释志磐、宋人陈田夫、清人李元度等的一致记述,被认为是"史来之定说"。若依宋释道源《传灯录》和元释觉岸《稽古略》中的"陈光大元年"说,则慧思在大苏山的时间即是13个年头,在南岳的时间即为11个年头,这显然与"史来之定说"相悖。有人推测,道源、觉岸所以有"陈光大元年"的同样记述,大抵二释都是按慧思大师在《立誓愿文》中"年至四十,是末法一百二十一年,在光州开岳寺,巴子立五百家共光州刺史,请讲《摩诃衍般若波罗蜜经》一遍"①的自述推算的。是以为慧思到了光州就是到了大苏山,不知大苏山乃光州(光山)城西南四十里之一山也。不无可能。

如按明人瞿汝稷《指月录》中的"陈光大六年"(陈太建四年)说,那么慧思大师在大苏山的时间就达18年,在南岳的时间仅6年,这与"史来之定说"更是大相径庭。亦有人推测,或是昔年著者书写潦草,刻板工误将所写"陈光大元年"中的"元"字认作"六"字而为之,"六"字当系"元"字误。倘若果尔,则瞿氏即是步道源、觉岸之后尘,犯了一个同二释一样的错误了。

陈光大二年,即公元568年当是慧思大师入住南岳的年份。

二 慧思入住南岳的月日

归纳起来也是三种:一是陈光大二年六月二十二日;二是

---

① 《南岳思大禅师立誓愿文》,《大正藏》第46册,第787页中。

六月二十三日；三是六月或月日未记。后一种就无须说了，实则两种。两种中，就最早为慧思大师作传且对慧思大师离开大苏山"径趣南岳"的情节表述较为完整者，当为唐释道宣。

道宣（596—667），俗姓钱，润州丹徒（今属江苏）人（一说今浙江长兴人）。年十五受业，十六落发。出家时仅距慧思入灭35年。道宣作为佛门中人，对前辈名僧生平巅末不会没有探究，道宣又是律宗三派之一南山宗的创始人、大名鼎鼎的佛教史学家，其着墨落笔理当是严谨缜密的。不妨录其相关记述，译作白话，以"疑义相与析"：

> 后在大苏，弊于烽警，①山侣栖遑，②不安其地，又将四十余僧径趣南岳，③即陈光大二年六月二十二日也。④

①弊：疲困。[1] 警：凡报告危急的信息都可称警。如边警、烽警。[2] 烽警：可译作"战争危急形势"。

②栖遑：忙碌不安，到处奔波[3]可译作"惊悸惶恐"。

③将：副词。乃、"这才"意。[4] 径：径直、疾速、走近路[5]。趣：赴、奔往[6]。

④即：本句中作"今"解，指"当天"、"当时"[7]。

全文大意：后来在大苏山，因疲惫于战争的危险形势，僧徒们惊悸惶恐，不安心在大苏山恁个地方，慧思这才又带着40

---

[1] 徐中舒主编：《汉语大字典》缩印本，四川出版集团等1996年版，第218页。

[2] 《辞源》修订组、商务印书馆编辑部编：《辞源》合订本，商务印书馆1998年版，第1588页。

[3] 《辞源》修订组、商务印书馆编辑部编：《辞源》，商务印书馆1998年版，第845页。

[4] 徐中舒主编：《大字典》，四川出版集团等1996年版，第994页。

[5] 同上书，第346页。

[6] 同上书，第1455页。

[7] 同上书，第133页。

多个僧徒直接奔往南岳。当天，陈光大二年六月二十二日。

这样，不论是六月二十二日还是二十三日，都是慧思大师带徒离开大苏山奔赴南岳的日子，与慧思大师入住南岳的月日就没有关系了。但这并不能否定前文已证明了的慧思大师是陈光大二年入住南岳这个年份，因以光州大苏山到南岳衡山的区区千余华里，把途中僧侣化缘、雨雪天气等考虑其中，从六月二十二日或二十三日起步大苏山，4—5个月走完这段路是完全可能的。

三　结束语

本文初就，有友来电异言：所译文的末句"即陈光大二年六月二十二日也，"首字"即"当译作"到"。这样，陈光大二年六月二十二日或二十三日就成了慧思大师入住南岳的日子了。为此，笔者花费近月工夫，认真查阅了所藏佛教书籍，最后读到由卢海山、申山二先生对道宣上段文字的译文：

> 后来在大苏山，被战争困扰，山上的僧侣在这个地方栖遑不安。慧思便率领四十多个僧徒直奔南岳，这年是南朝陈光大二年（公元568年）六月二十二日。[①]

卢、申二先生将"即"字译作"这年"，与笔者对"即"字之释应该是一致的，后以事到郑州，借机又向一学者请教，并送上道宣原著。第三天得到答复：

> 通读全文，"即"前的"径趣南岳"明显表示的是行为的进行时，非完成时。具体的说，是表示慧思率徒起步

[①] 《中华高僧》，中州古籍出版社1998年版，第391页。

大苏山或朝着南岳行进的行为时。如依现代汉语语法，可视"陈光大二年六月二十二日"为一个同位结构的词组，"即"与它后面的年、月、日是同一关系，处在同一地位，都指的是行为发生中的同一时空。在本段文字中将"即"译作"到"是欠妥的。

由上可以认定：慧思大师应是陈光大二年六月二十二日或二十三日率徒发自光州大苏山，陈光大二年末或早一些时间入住南岳衡山。

慧思禅师论禅修的历程

张云江

(*华侨大学哲学与社会发展学院副教授）

摘 要：慧思禅师《大乘止观法门》文简义备，堪为古今禅修之总纲要。本文论述了慧思禅师在《大乘止观法门》中所说的禅修历程，并比较了其与中国禅宗禅修理论与历程的异同。

关键词：慧思 大乘止观论 禅修历程

慧思禅师《大乘止观法门》，其真伪"自古以来，诸说纷纭而无定论"。圣严法师《大乘止观之研究》曾详细列举了各类考证观点，最后的结论是："我是主张本书出于南岳的真撰，但却未必是由南岳亲笔写成，……是属于口述的论书。"[①] 笔者以为，本论文简义备，禅修经验与结论皆从亲自实践得来，放诸中国佛教以及禅史上，能有如此高水准者，概不多见，除慧思禅师外，别人恐无此功力完成此论。故认定《大乘止观法门》为慧思禅师所作也。

本文即拟论述一下慧思禅师《大乘止观法门》中的禅修历程。

---

① 详见圣严《〈大乘止观法门〉之研究》之"第二章《大乘止观法门》的真伪及其作者"，宗教文化出版社 2006 年版。

一　成就"知境虚智"

慧思禅师《大乘止观法门》云：

> 如是果子（果时无明与子时无明）相生，无始流转，名为众生。后遇善友，为说诸法，皆一心作，似有无实。闻此法已，随顺修行，渐知诸法皆从心作，唯虚无实。若此解成时，是"果时无明"灭也。[①]

"果时无明"也叫"迷境无明"，即"不了知似色等法但是心作，虚相无实，以不了故，妄执虚相以为实事"，此即无明的"缘中痴"之作用。"知境虚智"即理解诸法皆是虚妄不实的。般若及唯识类经论多阐述此理。

"知境虚智"除遣的是迷妄之上的迷妄，其观行成就，即是能解"不知境虚执实之心是无明妄想"，亦即凡夫不知道一切境界都是虚妄的，而执着以为真实，这就是"无明妄想"（慧思禅师所谓"果头无明"），"知境虚智"能解此，"能识知此心是痴妄者"。

慧思禅师曾举比喻说：

> 如人迷东为西，即是妄执，此是一重迷妄也；他人语言，"汝今迷妄，谓东为西"，此人犹作是念："我所见者，非是迷妄。"以不知故，执为非迷者，复为妄想，此即迷妄之上重生迷妄。此人有何过失？谓有背家浪走之过，若此人虽未醒悟，但用他语，信知自心是迷妄者，即无迷妄之上迷妄。此人得何利益？谓虽复迷妄未醒，而得有向家之

[①]　（陈）慧思：《大乘止观法门》卷一，《大正藏》第46册，第643页上。

益。虽复证知诸法是虚。但能知境虚，是无明执，实是妄想者，即常不信己之所执，堪能进修止行，渐趣涅槃。若都不知此者，即当随流苦海，增长三毒，背失涅槃寂静之舍也。①

慧思所说道理非常浅显易懂。"知境虚智"即确实"相信"或明白自己正在"梦中"，虽然梦犹未醒，不过信解诸法皆虚。此是入禅第一步，亦即《瑜伽师地论》中所谓"初修业"，也是"唯识五位"之初始"资粮位"的修学。如玄奘法师《成唯识论》中所说"资粮位"：

此位菩萨依因善友、作意、资粮四胜力故，于唯识义虽深信解，而未能了能、所取空，多住外门修菩萨行，故于二取所引随眠，犹未有能伏灭功力，令彼不起二取现行。②

《大乘起信论》也说此是从"生灭门"转入"真如门"之开始：

所谓推求五阴色之与心，六尘境界毕竟无念，以心无形相，十方求之终不可得。如人迷故谓东为西，方实不转。众生亦尔，无明迷故谓心为念，心实不动。若能观察，知心无念，即得随顺入真如门故。③

成就此种"知境虚智"，有以下几个要点：

---

① （陈）慧思：《大乘止观论》卷四，《大正藏》第46册，第660页中。
② （唐）玄奘：《成唯识论》卷九，《大正藏》第31册，第48页中。
③ 马鸣菩萨造，（梁）真谛译：《大乘起信论》，《大正藏》第32册，第579页下。

（1）要相信有"真如佛性"或慧思禅师所说的"自性清净心"。

如《大乘止观法门》《大乘起信论》等大乘经论中，大多首先详细阐述"真如""如来藏"之体性。这是因为，如果没有"真如"或"如来藏"作为依持，人们无法"退步"如实观察诸法虚妄不实的，且必入"断灭论"。"知境虚智"并未如实见到境界虚妄，只是通过"随顺观察"，如实信解而已，但其前提是首先相信有"自性清净心"堪作依持，否则无法如实相信诸法虚妄。这是大乘菩提道入门关键之所在。

（2）多闻熏习，随顺观察，心得决定。

所谓"随顺"，即随着、顺着佛教经论的道理去观察是不是这样，并不是将其语句不加拣择、思考地记在心中。通过大量阅读大乘佛教经论，跟随善知识学习，并随顺观察，意识渐渐能得决定信解，诸法皆虚，有而非有。如紫柏尊者云："检名审实，实审则义精，义精则理通，理通则情不能昧，我得比拟而用之，至此谓之有心观察，乘理折情。"① 亦如《阿毗达磨顺正理论》云："愚夫长夜于色等境妄执常等真实性相，是故如来教圣弟子如实观彼，离诸妄执，谓去来今六识所识如彼妄执常等都无，皆是虚伪妄失之法。"②

（3）成就"知境虚智"的功德。

智旭认为，从菩萨位次上判别，果时无明灭，即圆教的"初信位"，"无尘智"成就，通至"十信"位，如果按照别教或通教，则为住位或解位菩萨。故灭"果时无明"，成就"知境虚智"，为入菩萨位之始，即成为"信位菩萨"。所谓"信位菩萨"，即如实信解有真如佛性，如实信解诸法皆虚。吉藏大师

---

① （明）达观真可：《紫柏尊者全集》卷一，《卍续藏》第73册，第154页下。

② 众贤造，（唐）玄奘译：《阿毗达磨顺正理论》卷四，《大正藏》第29册，第351页上。

《百论疏》云：

> 菩萨从初发心即学实相观，是故大品云：菩萨从初发心即学无所得，无所得，不得于尘识，故名无所得。从初发心，信一切法皆是想心，所谓"所想既本来毕竟不生，能想即本来不生。"作如此信，名为十信；得此悟解观心位立名为十住；是故经云：入理三昧，名为十住。依此起行秤为十行；知尘想不生，念念常起，无，无生，不向尘想，亦回尘想之心向无尘想，名为十回向；无尘无想，观行现前，名为十地；尘想结习都净，称为佛地。①

成就"信位"，其功德是不堕三恶道，与小乘须陀洹果位相同。个中原因，如慧思禅师所说："能知诸法本来无实，实执止故，即是能除果时迷事无明及以妄想也，复于贪瞋痴已微薄，虽有罪垢不为业系。"②

故在慧思禅师《大乘止观法门》中，成就"知境虚智"，为大乘菩提道返妄归真历程的第一步。其道理亦与其他大乘经论所论若合符契。

二 成就"无尘智"

慧思禅师《大乘止观法门》接着说：

> （果头）无明灭故，不执虚状为实，即是妄想及妄境灭也。尔时意识转名"无尘智"，以知无实尘故。③

---

① （隋）吉藏：《百论疏》卷一，《大正藏》第42册，第272页上。
② （陈）慧思：《大乘止观法门》卷四，《大正藏》第46册，第660页中。
③ （陈）慧思：《大乘止观法门》卷一，《大正藏》第46册，第643页上。

"无尘智"则是"知境虚智"修行的逐步深利,由暖、顶、忍、世第一法之"四加行"而得成就,此即《成唯识论》之"加行位",亦即"顺决择分",亦即《瑜伽师地论》中所谓"已习行"①。"无尘智"是按照"知境虚智"不断寻思、抉择而起四加行,成就"顺决择分善根",此即玄奘法师所说,"四加行"由"四寻思""四如实智"而得成就。"四寻思"即"名""事""自性假立""差别假立"寻思,由此四种寻思引发四种"如实智",亦即慧思所说"知境虚智"也。

按照"知境虚智"不断修行,也就是抉择(即智慧)不断观察,通过数数思维"诸法皆虚"的真实道理——

暖位:"依明得定(因此智慧而得定),发下寻思观,无所取,立为暖位",即观诸法"皆自心变,假施设有,实不可得";

顶位:"依明增定(因此智慧,定力更增),发上寻思观,无所取,立为顶位",同样是观诸法皆虚,实不可得,明相转盛,寻思位极。

忍位:"依印顺定,发下如实智,于无所取,决定印持,无能取中,亦顺乐忍,既无实境,离能取识,宁有实识,离所取境?所取、能取相待立故,印顺忍时,总立为忍。"

世第一法:"依无间定。发上如实智,印二取空,立世第一法。"②

"忍位"离能取相,"世第一法"是能取、所取皆空。如此才能成就慧思所说"无尘智"。如慧思前面所说,由"不执虚状为实"的智慧不断修行,妄想、妄境灭,意识即转名"无尘智",其中所说妄想、妄境灭,实际上含有"四加行"的历程,慧思禅师称为"智解熏除"的历程:

---

① 《瑜伽师地论》卷二十八:若已起顺决择分善根,所谓暖、顶、随顺谛忍、世第一法,名已习行。

② 护法等菩萨造,(唐)玄奘译:《成唯识论》卷九,《大正藏》第31册,第49页上。

一念解心起故，惑用不起，然其本识之中惑染种子仍在未灭故，解心一念灭时，还起惑用。如是解惑念念迭兴之时，解用渐渐熏心，增益解性之力，以成解用种子；即彼解用熏成种子之时，即能熏彼惑染种子，分分损减，如似以香熏于臭衣，香气分分着衣之时，臭气分分而灭，惑种亦尔，解种分成，惑即分灭也，以惑种分分灭故，惑用渐弱，解种分分增故，解用转强。①

此即前述"依明得定"（暖）、"依明增定"（顶）、"忍无所取""能取、所取皆空"的内在原理——如来藏智能种子渐增，惑染种子渐损，乃至渐渐灭除也。

如慧思说"止观体状"，其实也含有"四加行"之法：

　　所言观者，当观五阴及外六尘，随一一法，悉作是念：我今所见此法，谓为实有，形质坚碍、本来如是者，但是意识有果时无明故，不知此法是虚，以不知法是虚故，即起妄想，执以为实，是故今时意里确然将作实事。
　　复当念言：无始已来由执实故，于一切境界起贪瞋痴，造种种业，招生感死，莫能自出，作此解者，即名观门。②

此种"观法"，乃是违背人奔流五欲六尘之常情，以阅读听闻大乘经论熏习思维所得正理"强观诸法"，不断警醒自己深着虚妄五欲六尘的危害及愚痴，不断警醒自己诸法虚妄无实的道理，如此渐渐增强信解之力，由不觉而有所觉悟，由勉强而自然，由知解而行证，即是"四加行"渐渐破除惑染种子之道，为大乘菩提道由妄归真、由"知境虚智"入"无尘智"之真实历程也。

----

① （陈）慧思：《大乘止观法门》卷四，《大正藏》第46册，第661页上。
② （陈）慧思：《大乘上观法门》卷三，《大正藏》第46册，第657页上—中。

三　成就"金刚无碍智""无分别智",体证真如

前面所说成就"无尘智",灭除的只是比较粗的"迷事无明",即妄念、妄境灭;下面还有较细微的"迷理无明",与前面"妄相""妄境"相对应,慧思称为"虚相""虚境",其相状是:"犹见虚相之有",此即《成唯识论》"加行位"所说的"现前立少物",因空有二相未除,带相观心,而有所得。故除灭此"虚相""虚境",即入唯识"通达位",慧思称为成就"金刚无碍智"。

> 应知一念创始发修之时,无明住地即分灭也。以其分分灭故。所起智慧分分增明。故得果时迷事无明灭也。
> 自迷事无明灭后,业识及住地无明渐薄,故所起虚状果报亦转轻妙,不同前也。以是义故,似识转转明利,似色等法复不令意识生迷,以内识生外色尘等俱细利故,无尘之智倍明,无明妄想极薄;还复熏心,复令住地无明业识习气渐欲向尽所现,无尘之智为倍明了,如是念念转转熏习故,无明住地垂尽,所起无尘之智,即能知彼虚状果报体性非有,本自不生,今即无灭,唯是一心,体无分别,以唯心外无法故,此智即是金刚无碍智也。①

前说"虚相"灭除而无灭除之相,因其本来无有,到此实证"心外无法",此相当于《唯识三十颂》所说"通达位":

> 若时于所缘,智都无所得,尔时住唯识,离二取相故。②

---

① （陈）慧思:《大乘止观法门》卷一,《大正藏》第46册,第643页中。
② （宋）思坦集注:《楞严经集注》卷五,《卍续藏》第11册,第446页上。

此时是实住唯识真胜义性。成就"金刚无碍智"后,再复"熏心"——

> 此智成已即复熏心,心为明智熏故,即一念无明习气于此即灭;无明尽故,业识染法种子习气即亦随坏。是故经言:其地坏者,彼亦随坏,即其义也。种子习气坏,故虚状永泯,虚状泯故,心体寂照,名为体证真如,何以故?以无异法为能证故,即是寂照,无能证、所证之别,名为无分别智。①

一般认为,证得"无分别智",即无漏现前,为菩萨初地。唯有无分别智而能体证真如,如《大乘理趣六波罗蜜经》云:"法性清净云何求?无分别智而能证。"亦如《大般若经》中所说,出世般若波罗蜜多及后所得无分别智能证、能得法界,出世般若波罗蜜多能如实见故名为证,后智通达故名为得。慧思禅师所说体证真如,即"虚状泯故,心体寂照",为"证"真如法界,后起无分别智为得真如法界。

此处需要注意的是:

(1)唯有"无分别智"才能体证真如。"真如"名称浩繁,不同经论中说法不一,如"实际""真谛""第一义谛""不二""法界""如来藏""法性""法身""般若波罗蜜多""真空",等等。但其为"自觉圣智所知,非情量之能测也",其境界极其深细,"深"者谓世聪睿智者所有觉慧难穷底,"细"者谓声闻等难以了知。真如非名相法,盖一切落入相对认识之法,无论净秽粗妙,皆是虚相之法,唯是真如之虚用,真如之体"不可以缘虑所知,不可以言说所及",唯有无分别智才能"证""得"。

---

① (陈)慧思:《大乘止观法门》卷一,《大正藏》第46册,第643页中。

慧思禅师批评最常见的一种失误便是：

> 有能缘、所缘者，但是己家净心，为无始妄想所熏故，不能自知己性，即妄生分别，于己心外建立净心之相，还以妄想取之以为净心。考实言之，所取之相正是识相，实非净心也。①

后世禅修走入歧途误区，如取心识清净面或能觉能知禅定静心之为净心者，根本上都不外于慧思禅师概括的"于己心外净心之相，还以妄想取之以为净心"的大原则。

（2）慧思禅师修习止观的整体理论架构是：依止真如，用第六意识修行止观。

佛教修行止观是智慧成就，非仅是禅定法门。慧思禅师的止观修行，是以对真如的信仰依止为前设或基础，运用第六意识闻思而熏修，渐渐转变无明业种即是修行。第六意识首先听闻教法，随顺观察，五阴虚假无性，一切法皆是妄想，心外无境，由此闻慧，而起思慧、修慧，熏习真如，因此转熏无明，令其逐渐淡薄，无始以来积习的我见种子也随之淡薄，我执渐轻，所起六识惑业亦随之变薄，意识所起闻思修慧转盛、转明利；再复转熏本识，如此辗转熏习，以末熏本，本再熏末，"有过斯尽，有德皆备"，"以末熏本，坏本识中我见种子，成就出世法身种子；以本熏末，遮断起惑，增长净行，乃至究竟"。②所以慧思禅师的禅法是"由知妄原，流自息灭"③之法，只强调"一心禅寂"并不一定是善法。

（3）慧思禅师的返妄归真历程，是大乘经论中的通法。如

---

① （陈）慧思：《大乘止观法门》卷一，《大正藏》第46册，第645页上。
② （隋）慧远：《大乘义章》卷三，《大正藏》第44册，第529页上。
③ （宋）了然：《大乘止观法门宗圆记》卷一，《续藏经》第55册，第518页上。

龙树菩萨的《释摩诃衍论》中云：

> 虽未得十信之位，而以本熏习之力故，则自心中厌生死苦、求涅槃乐，以此力故，即熏习真如性，自信佛性，入十信位；知心虚妄，入十解位；知境界空，入十行位；修出向法，入十向位；以如实般若知境界空故，无量方便发起随顺法界性行，不取涅槃、不念生死，入极喜地乃至金刚。自久远熏习故，发解脱道，无明顿断，根本尽故，枝末皆无，本末黑品无所有故，得法身涅槃，成应化业用故，是名始地。①

众生因为有真如佛性，以此本熏因缘，妄心才能厌生死苦、求涅槃乐。由此熏习，自信有真如佛性，即入十信位；知心虚妄并境界空，等同于慧思禅师《大乘止观论》中的"知境虚智"与"无尘智"，即入解行位；由加行而如实般若知境界空，即实住唯识性，得"金刚无碍智"，久远熏习，断无明，证得法身。可见，龙树菩萨所说的返妄归真历程与慧思禅师《大乘止观论》中是一致的。

四 慧思禅师《大乘止观论》中说禅修之种种偏失

慧思禅师论述禅修之种种偏失，除了前述"于己心外净心之相，还以妄想取之以为净心"外，还有以下几种：

第一，仅取第六意识修习止观，不须依止净心。如云：

> 问曰：以意识修习止观岂不成耶，何故要须依止净心？

---

① 龙树菩萨造，（姚秦）筏提摩多译：《释摩诃衍论》卷五，《大正藏》第32册，第635页下。

答曰：意识无体，唯以净心为体，是故要须依止。又复意识念念生灭，前非其后，若不以净心为依止者，虽修诸行，无转胜义，何以故？以其前念非后念故，如前人闻法，后人未闻，后人若闻，无胜前人之义，何以故？俱始一遍闻故，意识亦尔，前后两异，前虽曾闻，随念即灭，后若重闻，亦不增胜，何以故？前后二念俱始一遍闻故。……意识亦尔，前灭后生，不相逐及，是故不得所修增广。若以净心为体，意识念念引所思修熏净心性，性依熏起，以成种子，前念念灭，后念起时，即与前念所修种子和合而起，是故更修彼法，即胜于前一念，如是念念转胜，是故所修成就。若不久熏，尚自种子力劣，便则废失，所修不成，何况全无依止，直莫前后相熏而得成就也。以是因缘唯用意识不假依止，无有是处。①

此处所破的是"小乘人执"，即但用第六意识修行，无须真如净心为依止。慧思禅师认为这根本违背修行的"常识"——意识前后变异，念念生灭，无法熏习增盛。故不依止真如净心修行，道理上是说不通的。至于二乘不闻不知有本识的原因，慧思禅师解释为，"彼自不知此义，非彼不假净心也"，凡是修行者，无不"由本识为体"而得成就。

第二，只用净心修行即足，不必用意识。如云：

问曰：但用净心修行止观即足，何用意识为？

答曰：……由意识能知名义，能灭境界，能熏本识，令惑灭解成，故须意识也。②

---

① （陈）慧思：《大乘止观法门》卷三，《大正藏》第46册，第654页上—中。
② 同上书，第654页中。

由意识寻名知义，依义修行，观知境界，虚假不实，有即非有，由此智慧，熏习无明尽灭，妄念自息，才能成就。

在慧思看来，不用意识听闻、观察、抉择而起"知境虚智"与"无尘智"，但作息念功夫，证心寂虚，泯然绝相，即认为是真如三昧者，其中矛盾、问题很多，不过是因为听闻经教有说心体本来寂灭、绝相等，于是作功夫"强迫"第六意识与之相类似，有差不多的功夫境界，即认为已经成就真如三昧了。慧思因此问道：

> 汝依经教知心本寂之时，为作寂相而知，为不作寂相而知？若作寂相而知者，妄想之相云何名寂？若不作相，即心无所系，便更驰散；若言作意不令驰散者，即有所缘，既有所缘，即还有相，云何得言不作相也？①

这就陷入自相矛盾之中。另一问题是，此法无法破坏本识中的烦恼习气种子，如果说因心强制不起而不熏习、增益烦恼习气的话，无明种子毕竟没有因为对治的智慧现行而得除灭；也不能说净心自动会除灭无明烦恼种子；也不能说妄念前后自相抑止，妄念便会久久自息，因为如果不知境界虚假的话，单靠对前念的嫌弃而压制之，不过是在增益无明而已，"此乃亦增不觉，重更益动生起之识"。

再一个问题就是，如何能达到其所说的"澄心寂灭"境界呢？即便达到了又如何呢？如果说意识不念诸法而得澄寂，那么"不念诸法"即是其念，且所谓不念诸法，是对法尘而不念还是不对法尘而不念？意识生起必然是对法尘而言，"若不对尘，云何说为意识"，如果对法尘而不见即是傻瓜，如果见而不念的话，又如何做到呢？因为知道其空虚而不念，便是知境虚

---

① （陈）慧思：《大乘止观法门》卷三，《大正藏》第46册，第655页上。

智与无尘智，如果不知道其空虚，认为其实有而不念的话，慧思比喻为胆小者闭目入暗——

> 内外俱黑，反谓安稳。此亦如是，念前法时，唯有迷境无明而生，嫌心不念之时，心境俱暗，反谓为善。又复若不作意念法，心则驰散，若作意不念诸法，作意即是乱动，非寂静法。①

以此修行，日久功深，也能专心在此一念"不念"上，但此法不过是止心一处、一缘的普通止法而已，非是佛法，更不是大乘止观法门——

> 但以专心在此不念故，即以此不念为境，意识为此境所系故，于余境界无容攀缘，是故惑者不知此事，便谓于诸法无复攀缘，遂更深生宝玩，将为真法，是以策意，相续不休，以昼夜久习熟故，不须作意，自然而进，但不觉生灭常流刹那恒起，起复不知无明妄想未遣一毫，又不解自身居在何位，便言我心寂住，应是真如三昧。作如是计者，且好不识分量也。虽然，但以专心一境故，亦是一家止法，远与无尘之智为基，近与猿猴之躁为锁，比彼攀缘五欲、游戏六根者，此即百千万倍为殊为胜，但非心体寂照真如三昧耳。是故行者为而不执，即是渐法门，若欲成就出世之道，必藉无尘之智也。②

这是古今禅修者容易走上的一条歧路。慧思认为，即便勤修有所成就，专心寂止，也不是真如三昧，不过是不觉察意识

---

① （陈）慧思：《大乘止观法门》卷三，《大正藏》第46册，第655页下。
② 同上。

的刹那流注而已,其无明种子未遣一毫,更不自知此种境界是何等位次,只知道心寂住,便自认为已得真如三昧,慧思因此讽刺为"不识分量"。此法是渐法,为而不执还算善法,如果执以为实且我慢心重的话,往往容易造下大妄语业,因其未得言得,未证言证也。

所以想要成就出世之道,必须运用第六意识闻思熏习,成就知境虚智和无尘智才行,只作息念功夫是不够的。

第三,禅修者仅靠自力即足,无须他力。慧思禅师认为不是这样的。如云:

> 若初行菩萨欲有所作先须发愿,次入止门,即从止起观,然后随心所作即成。何故须先发愿?谓指克所求,请胜力加故。①

盖众生与诸佛之"真如"非一非异,因为"非一",故须自修,他人替代不得;因为"非异","他之所修,即是己德",故能迭相助成——

> 若但自修,不知他之所修即是己有者,复不得他益,即如穷子不知父是己父、财是己财,故二十余年受贫穷苦,止宿草庵,则其义也,是故藉因托缘速得成办,若但独求、不假他者,止可但得除粪之价。②

尤其是在近现代社会中,佛教信徒多认为禅修更多强调自力,净土更多强调他力。这也是禅修中的一种观念偏失。禅修而不祈求诸佛加持、不发大誓愿,单靠自己智慧,即便得"无

---

① (陈)慧思:《大乘止观法门》卷四,《大正藏》第46册,第662页上。
② 同上书,第659页下。

尘智",成就恐亦非易事。故慧思禅师在《大乘止观法门》末尾详述礼佛供养之法,乃至吃饭时亦可假想供佛,盖方便假想,即熏真心,而能与诸佛悲智之熏相应也。

五 论后世中国禅宗之禅法与慧思《大乘止观法门》的禅修理论的同异

唐宋以降,中国流行达摩禅法。达摩禅强调直指人心、直见佛性,其返妄归真历程与慧思《大乘止观法门》大致同理合辙,非能外此而另有其道,不过在进路上亦有所不同。今以浅见略而叙之。

1. 禅宗之法与《大乘止观法门》同者

第一,二者都同以"真如"为标的,此真如实体无二相,《大乘止观法门》体证者为此,禅门开悟所悟得的亦为此;

第二,二者修行原理相同,即都是以智慧(明)熏习本识,减除无明种子,渐渐熏习,而得成就;

第三,二者返妄归真的历程大致相同而微有差别。二者都要经历"唯识五位"的历程。禅门修行,如果没有现观能取所取皆空的加行成就,也是无法悟得真如佛性的。故禅宗诸多禅师返妄归真的历程,是在资粮位、加行位还是通达位或见道位,或者是菩萨的信位、住位等,亦可通过其语句言辞得到验证。

第四,二者在修行历程中,出现的一些禅病也颇多相似之处。

2. 禅宗之法与《大乘止观法门》略有异者

第一,《大乘止观法门》强调的是按照"标准"步骤进行,妄尽处才能显真,"无分别智"现前才能体证真如;达摩禅强调的是先想办法直接找到真如，只能说是大致按照唯识五位历程进行，并不完全严格、一丝不苟地按照其位次展开，即妄习未尽，亦可参得真如。《大乘止观法门》的标准作业进程较慢，但较为稳妥；禅门之法靠的是有高明手段的禅师的接引、指导，虽然较快，但因为妄习未尽，很容易落入想象光景之中。

第二，大乘禅观与禅宗之禅法分际或在得证"四加行"后的作业上。如果按照慧思《大乘止观法门》的路线，进一步成就"金刚无碍智""无分别智"，则为大乘禅观修行次序；如果在此参究真如，则为达摩禅以及由此形成的后世禅宗的修行方法。

第三，《大乘止观法门》的修行方法强调止观同步进行，因为要靠意识起正思维寻思诸法虚假而得智慧增盛，所以容易落入"知见病"中，禅宗之法则容易落入"黑山鬼窟"的邪禅之中。

论自传文的一种全新写作范式
——以慧思的《立誓愿文》为中心

陈 洁

（北京理工大学）

摘 要：慧思的《立誓愿文》既不同于西方的忏悔录式自传和伟人记录式自传，又不同于古代司马迁的自我告白式自传，或近代胡适呼吁的凡人日常生命记录式自传，他在事实上开启了中国传记文学的一种全新写作范式：自述与自白统一，年谱与誓愿统一，韵文与散文统一。或许可称其为"誓愿体自传"，可惜后来鲜有继承者。

关键词：《立誓愿文》 自传文 写作范式

慧思是南北朝梁陈时代的著名法师，生于后魏，少年出家，终生苦修，精修法华三昧。晚年定居南岳衡山，昼谈义理，夜便思择，后来将平生所学所悟传给智颉。如果说智颉是天台宗的实际创始人，那么慧思便是天台宗的发轫者和奠基人。而天台宗作为中国佛教的第一个宗派，其创立是中国佛教史上一件划时代意义的大事。其庞大的思想体系，及其哲学深度和思辨水平，在中国佛教各宗派中可谓首屈一指。这一切，与慧思的思想深度是分不开的。

本文讨论的，不是慧思的佛学或哲学思想，而是探讨其代表作之一《南岳思大禅师立誓愿文》①（一卷）作为别具一格的自传文，在文学形式和写作范式上的特色。

一 自传文及其中西几大范式

自传作为一种特别的文体，在中西文学史上都有悠久的历史和传统。据考证，18 世纪后半叶西方文献中出现了 Autobiographical Narrative 这样的表述，同期，autobiography 和 self-biography（"自传"）等词也在英文、德文中出现，在法国则出现的略迟。18 世纪末至 19 世纪前半叶，集中涌现出一批以卢梭为代表的近代自传体作品，正与 autobiography 一词的出现时间相吻合。至迟到 19 世纪 30 年代，autobiography 作为一种文学的文体，从概念到范式都已经得到确定。

与此比较，中文的"自传"一词则出现在公元 800 年前后的中唐时期，比西欧早了一千年左右。自传文体的诞生更早于"自传"一词的出现，古人自述己事之文多称为"自叙""自序"或"自述"，作为"序"缀于著作以前，最著名的如司马迁的《太史公自序》、王充的《论衡》自纪篇、曹丕的《典论》自叙、葛洪的《抱朴子》自叙等。②

此外，中国自古也不乏在文章中讲述自己生平历史的文字。早的如《论语》记载的孔子言论：吾十有五而志于学，三十而立，四十而不惑，五十而知天命，六十而耳顺，七十而从心所欲不逾矩。

又如屈原在《离骚》里记载自己：帝高阳之苗裔兮，朕皇考曰伯庸。摄提贞于孟陬兮，惟庚寅吾以降。皇览揆余初度兮，

---

① 慧思：《南岳思大禅师立誓愿文》，载南岳佛教协会编《慧思大师文集》，岳麓书社 2011 年版。

② 廖卓成：《自传文研究》，台北"国立台湾大学"中文所博士论文，1992 年。

肇锡余以嘉名。名余曰正则兮，字余曰灵均。这些文字虽不同于现代意义上的自传，但也都堪称"简历"，算是简单的自传。

但是这一类作为序或文章中三言两语存在的简单自传，主要目的还不在自述生平，记录个人在历史中的存在，而是作为对著作创作情况及背景介绍的"知人论世"。中国的文论家们也几乎不将这类文字当作专门的文字素材和研究对象来加以注意和研究，换言之，中国以及受中国文化影响的东亚文学体系中都没有自觉的"自传文学"意识，以至于后人形成了自传是西方文学特有文体的印象。甘地想写《自述传》时，就有友人劝止说："你为什么要干冒险的事呢？写自传，是西方特有的习惯。可是在东方，大家都知道……没有一个人会去写什么自传。"①

西方式的自传文学是近代以降传入中国的，包括自传文在内的西方文学创作经验和创作理念随着西方思潮一起涌入中国，导致中国近代作家的自传写作开始萌芽，更有大力提倡自传写作者如胡适。他在其《四十自述》的"自序"里说道："我这十几年中，因为深深的感觉中国最缺乏传记的文学，所以到处劝我的老辈朋友写他们的自传。"② 可见直到那时候，有意识的自传写作在中国仍然是屈指可数。现在一般认为，直至20世纪初胡适首先呼吁大家（包括普通人）写自传，此前中国没有真正近代意义上的自传。

但不管怎么说，无论是西方历史悠久、成果显著的传记文学，还是中国固有的简单自述，抑或近代受西方自传文影响的自传写作，在漫长的岁月里，这些创作都渐渐形成了几种写作模式，且各具特色。

---

① 转引自［日］川合康三《中国的自传文学》第一章，中央编译出版社1998年版，第9页。
② 胡适：《四十自述》，《胡适文集》第2册，人民文学出版社1998年版，第367页。

西方的传记文学可以简单地分为两种写作范式，一种范式是奥古斯丁、卢梭式的"忏悔录"，这种写作范式来源于基督教的告解制度和原罪、忏悔观念。伴随着内省的那种忏悔和告白是欧洲传记文的特有传统，其本质是自我省察，以今日之我叙述昨日之我，以今日之"是"回顾昨日之"非"，由此形成以"精神的自我形成史"为特色的西欧近代的自传。

另一种范式则是歌德、托尔斯泰那样的名人自我记录，这些人深知自己将成为公共历史的一部分，因此记录下自己的人生故事和交往，这种自传文是生前业已确定自己历史地位的那些伟人们的专利。

中国的自传又不同，大多要记录和表达的，是"有我这么一个人曾经存在"，是自我的独白，或者对他人、对后世的一种告白，一种自我陈述和表达。或言志，或记事，态度是平静的，姿势是平等的。这就是中国的告白式自传。简言之，自传文可分为忏悔式、记录式、告白式。

二 《立誓愿文》的三大独特性

在厘清了中外自传文及其类别的基础上，再来研读南岳大师慧思的《立誓愿文》，不难发现，这篇自传文字有着鲜明的文风特点，从某种程度上说，它开创了一种全新的自传文的写作范式。其特点包括：

1. 自述与自白统一

唐代刘知几（661—721）在《史通》的序传篇里，最早对自传文学进行了综合考察，将《离骚》定为"自叙"即自传的滥觞和大辂椎轮。刘知几所举出的"自叙"条件，要求自述氏族、祖、父的出生、名字。而中国真正成型的自传作品当首推司马相如的自述，降及司马相如，始以自叙为传。然其所叙者，但记自少及长，立身行事而已。逮于祖先所出，则蔑尔无闻。

可见刘知几认定的自传，需要符合如下条件：用第一人称的方法写作，论及祖先和自己的出身，回顾自己的一生，有自我记录或剖析。

但越到后来，自述文写作中道德价值取向的目的越发凸显。写自述往往是借一个人的生活姿态表达对一种道德情操的弘扬，一个人值得记录，也往往是因为他是某种道德品行的具体外化。清人吴曾祺在《文体刍言》中称，传者，传也，所以传其人之贤否善恶，以垂示万世，本史家之事，后则文人学士亦往往效为之。就是这样的意思。

于是，一方面，自传文必然需要自述，即"记自少及长，立身行事"；另一方面，自传文更关注的却又是道德表述、自我表达之类的自白。诚如余英时在其《年谱学与现代的传记观念》中提到的，中国古代的自传文字，往往以"家风"和"世德"的宣扬为主，不突出一己的个性与人格。有时候，个性化陈述甚至不惜跨越真实和虚构的界限，用以实现和完成个人的自白，典型的如《五柳先生传》。简言之，中国的自传文包含了自述和自白两部分，前者是内容，后者是立意，后者往往高于前者。

相对而言，《立誓愿文》便显出其独特的写作风格来。一方面，慧思用较长的篇幅，简洁而详细、准确地记载了自己生命历程中的重大事件，是为自述。从"我慧思即是末法八十二年，太岁在乙未十一月十一日，于大魏国南豫州汝阳郡武津县生"开始，少年时"诵《法华经》及诸大乘，精进苦行"，青年时"为《首楞严》，遍历齐国诸大禅师学摩诃衍，恒居林野，经行修禅"，中年时从北齐到南陈，屡次遭"诸恶比丘"及"起大嗔怒"的"诸法师"陷害，或投毒，或诬陷，多次死里逃生，仍坚持弘法。慧思生平的种种事迹和遭遇，都记录得扼要清楚。

另一方面，全文的重点是"立誓愿"，是为自白。立誓愿既是文章标题，又是文章的主干。中国传统的自传文学自来便有一种特别的写作现象：不仅仅是客观记录自己的生平事迹，更是试图陈述和表达自己的理想化品性、人格和人生。不仅做自传，更是立誓愿，不仅是纪事，更是明志。后来袁粲的《妙德先生传》、王绩的《五斗先生传》、白居易的《醉吟先生传》、陆龟蒙的《甫里先生传》、欧阳修的《六一居士传》等，都是承袭这一写作道路。更有慧能的《六祖坛经》，也是纪事和明志（论理）的结合，部分记载自己的身世经历，部分阐释自己的禅学思想，而以后者为主。这正是《立誓愿文》的写作方式。

而所有后来那些承袭这一写作范式没有学到的一点，也是《立誓愿文》最难得的是，《立誓愿文》的自白不同于一般的道德宣讲式自白，不是陈词滥调的重复，而是通过回顾过去、立足当下、面对未来发下宏愿。在时间的取向上直指未来，让自述和自白的关系不再是前者为后者服务，后者压倒前者，而是在时间之轴上，前者是过去和现在，后者是未来，两者既轻重有别，又互为表里，既前后有序，又相得益彰。这种鲜明的时间取向，在中国的自传文学中可谓绝无仅有。

2. 年谱与誓愿统一

陈寅恪曾说道："天台宗创造者慧思作《誓愿文》，取本人一生事迹，依年岁编列。其书不独研求中古思想史者，应视为重要资料，实亦古人自著年谱最早者之一。故与吾国史学之发展，殊有关系。"[①] 这里提到的"取本人一生事迹，依年岁编列""自著年谱"，正是《立誓愿文》重要的特征之一。

慧思在立誓愿文写到自己的出生，接着写道：

> 至年十五，出家修道，诵《法华经》及诸大乘，精进

---

① 陈寅恪：《南岳大师〈立誓愿文〉跋》，载南岳佛教协会编《慧思大师文集》，岳麓书社 2011 年版，第 316 页。

苦行。

至年二十……求无上道。为《首楞严》，遍历齐国诸大禅师学摩诃衍，恒居林野，经行修禅。

年三十四时，在河南兖州界论义故，遭值诸恶比丘，以恶毒药令慧思食，举身烂坏，五脏亦烂，垂死之间而更得活。初意欲渡河，……还归信州，不复渡河。心心专念入深山中，欲去之间，是时信州刺史共诸守令苦苦留停，建立禅斋，说摩诃衍义，频经三年，未曾休息……慧思意决，不欲向北，心欲南行，即便舍众，渡向淮南山中停住。

从年二十至三十八，恒在河南习学大乘，亲觐供养诸大禅师。游行诸州，非一处住。……方便舍避，渡淮南入山。

至年三十九，是末法一百二十年，淮南郢州刺史刘怀宝共游郢州山中，唤出讲摩诃衍义。……有诸法师起大嗔怒，有五人恶论师以生金药置饮食中，令慧思食，所有余残三人啖之，一日即死。慧思……得停七日，气命垂尽。临死之际，一心合掌，向十方佛忏悔，……生金毒药即得消除，还更得差。从是已后，数遭非一。

年至四十，是末法一百二十一年，在光州开岳寺，巴子立五百家共光州刺史，请讲《摩诃衍般若波罗蜜经》一遍。

至年四十一，是末法一百二十二年，在光州境大苏山中，讲摩诃衍义一遍。

至年四十二……在光州城西观邑寺上，又讲摩诃衍义一遍。是时多有众恶论师，竞来恼乱，生嫉妒心，咸欲杀害……我于彼时，起大悲心念众恶论师，即发誓愿，……令一切众恶论师咸得信心，住不退转。

至年四十三……是时多有众恶论师竞起恶心，作大恼乱，复作种种诸恶方便，断诸檀越，不令送食。经五十日，唯遣弟子化得，以济身命……

至年四十四，……还于大苏山光州境内……时有一比丘，名曰僧合，而忽自来，作如是言：我能造金字《般若》。既得经首，即遍教化诸州刺史及土境人民、白黑道俗，得诸财宝，持买金色，造作经用。从正月十五日教化，至十一月十一日，于南光州光城都光城县齐光寺……奉造金字《摩诃般若波罗蜜经》一部，并造琉璃宝函盛之……①

《立誓愿文》采取编年体的方式，记录自己一生中重要年头的重要事件，几乎是逐年记录每年的大致事件、所发誓愿，各誓愿的实现情况和过程，以及种种触目惊心的遭遇和磨难。行文对于自己和他人，虽然没有什么议论和评价，但种种褒贬、感慨，尽在其中。这种"详细流水账"的写作方式，既照顾到年份表达的清晰，也保持了自传事件陈述上的充分和流畅，可谓兼美。

3. 韵文与散文统一

西方人会直接将自传文与小说一同视为散文体诗学②，中国的自传类文字则有的是韵文，如《离骚》，但更多的是散文。而《立誓愿文》却是两者的结合，记录历史事实时为散文，立誓愿文为韵文，两相搭配，使文章有强烈的叙述效果，又有变化和节奏，可谓相得益彰。这是《立誓愿文》从文学创作形式上的创新和独到之处。

更妙的是，《立誓愿文》的散文部分，有韵致，如掷地有声的誓言："我今誓愿持令不灭，教化众生，至弥勒佛出。""我从

---

① 慧思：《南岳思大禅师立誓愿文》，载南岳佛教协会编《慧思大师文集》，岳麓书社2011年版，第5—7页。

② ［法］让-伊夫·塔迪埃：《20世纪的文学批评》，史忠义译，河南大学出版社2009年版。

末法初始立大誓愿，修习苦行，如是过五十六亿万岁，必愿具足佛道功德，见弥勒佛。""我为众生及为我身求解脱故，发菩提心，立大誓愿，欲求如来一切神通。若不自证，何能度人。"读来可谓错落有致，别有韵味。而其韵文部分，又分别有四言、五言和七言的自然转化，从"以我誓愿，金字威力。当令弥勒，庄严世界……"到"上妙旃檀为高座，众彩杂色以庄严。上妙七宝为帐盖，众宝庄严放光明"，最后到"愿得身心证，般若波罗蜜。具足无量义，广为众生说"，读起来不至于沉闷，有散错之妙。

最后值得注意的是，《立誓愿文》的散文部分中，有一些"微言大义"春秋笔法的表达方式。最突出的是，作为自传，又是历史记录，却通篇采用末法年号来纪年，以此表达他的末法思想和强烈的忧患意识。可谓前所未有，发聋振聩。

总之，慧思的《立誓愿文》以其三种"统一"，为自传这种文学样式开启了一种全新的写作方式，对后世也有一定的影响。可惜学界目前对此做研究得不多。本文在此愿抛砖引玉，引起大家对这方面的重视和研究。

巨赞法师抗战期间在南岳爱国护教的活动和思想

释传元

（南岳祝圣寺）

摘　要：国难深重的抗战期间，一代爱国爱教高僧巨赞法师，团结和率领有志僧青年，在南岳迅速推动成立抗战救亡团体南岳佛道救难协会、佛教青年服务团，筹办湖南佛教徒抗敌后援会，在各地积极开展抗日宣传活动，推进新佛教运动，掀开了近现代南岳佛教史上最光彩照人的一页。本文对巨赞法师在此期间的活动和主要思想进行了梳理。

关键词：巨赞　南岳佛道救难协会　佛教青年服务团　湖南佛教徒抗敌后援会　新佛教运动

一　巨赞法师生平简介

巨赞法师（1908—1984），名副其实的一代爱国爱教高僧，俗姓潘，名楚桐，字琴朴，江苏省江阴县要塞镇贯庄村人。1927年于江阴县立师范学校毕业后，就读于上海大夏大学，期间结识了中共地下党员田汉，积极参加革命活动。1929年返乡，任江阴金童小学校长，秘密参加共产党，领导小学教员开展罢教斗争，遭到国民党江苏省党部的通缉，被迫隐姓埋名于青阳中学代课。1931年春潜往杭州灵隐寺，由太虚大师亲书介绍，依灵隐寺方丈却非法师披剃出家，法名传戒，字定慧，后改名巨赞，当年于宝华山受具足戒。1933年，巨赞应重庆汉藏教理院之聘执教了一个学期，旋即离川赴南京支那内学院，依宜黄欧阳渐先生潜心研究深造。1936年至厦门闽南佛学院任教。1937年抗战爆发后，巨赞离开厦门，绕道香港辗转广东，来到韶关南华寺亲近虚云老和尚，因突染恶疾，贫病交加，经海光法师引荐给明真法师。1937年冬只身来到湖南沩山密印寺佛学社执教。1938年10月，因武汉失守，战事吃紧，密印寺方丈宝生和尚把佛学社迁至南岳福严寺，在原华严讲习所的基础上升格为华严研究社，巨赞法师随迁讲学。1939年同上封寺知客演文等几个爱国僧青年，在田汉、南岳游击干部训练班高级干部叶剑英、陈烈等人的大力支持和指导下，推动成立南岳佛道救难协会、佛教青年服务团、湖南佛教徒抗敌后援会，在衡山、长沙、衡阳、湘潭等地积极广泛开展抗日宣传活动，受到朝野、社会各界好评。1940年秋转至广西桂林，受邀出任广西佛教会秘书长，主编《狮子吼月刊》。1942年受邀住持桂平西山龙华寺。1944年广西沦陷，巨赞僻居山村。抗战胜利后，1946年回住杭州灵隐寺，任浙江省及杭州市佛教会秘书长。1948年，创办武林佛学院并任院长。1949年4月巨赞从香港抵达北平，为改革佛教上书毛泽东及各民主党派。9月作为全国政协代表，出席中国人民政治协商会议第一届会议。10月1日成为登上天安门城楼参加开国大典的佛教界唯一的僧人代表。后连续当选为第二、第三、第四届全国政协委员。1950年春，他积极筹办大雄麻袋厂，组织僧尼劳动生产，6月担任《现代佛学》月刊主编。1952年任中国佛教协会筹备处副主任，1953年当选为中国佛教协会副秘书长。1956年担任中国佛学院副院长（直至1984年圆寂）。1957年当选为中国佛教协会副会长兼副秘书长。主编中国佛教协会会刊《法音》杂志，还参加了《中国大百科全书·宗教卷》佛教部分的编审工作。"文化大革命"中，1967年被以"现行反革命罪"关进北京监狱七年。1980年落实政策平反，继续担任中国佛教协会副会长兼副秘书长。1983年当选为第六届全国政协常务委员。1984年4月7日因病圆寂于北京。世寿七十七岁，僧腊、戒腊各五十四。

二 巨赞法师在南岳发动佛教界抗战救亡的活动

巨赞法师是1938年10月随宝生大和尚来到南岳福严寺的华严研究社讲学的。从1939年4月因为南昌失守，"青年人纯洁的愤火，和佛法上所启示的悲悯，当然还有一点准备逃难的打算，使我实在不能再忍耐了"[1]，与上封寺知客演文法师等决定组织救亡团体开始，到1940年7月19日晚被迫下山离开湖南去广西，一共一年零三个月的时间，把南岳佛教界抗日救亡、爱国护教的活动搞得有声有色、轰轰烈烈。

1. 成立南岳佛道救难协会

1939年4月14日，在福严寺后山树林里，巨赞、演文等五个僧青年召开第一次筹备会议，议决救亡团体名称为"佛教僧青年救亡团"，并推巨赞起草宣言及简章。4月15日，有两位借口经济困难而变脸，幸巧会见了信佛的中央通讯社随军办事处主任黎友民，黎对他们不遗余力地鼓励，并允诺将宣言用无线电发出，也答应极力帮忙备案之事，坚定了巨赞、演文的信心，决定继续干下去。那时，在南岳开办游击干部训练班第一期的教育长汤恩伯将军、副教育长叶剑英先生、政治部主任陈石经（陈烈）军长对于指导民运都很热心。陈军长看了他们的宣言，又关切地帮他

---

[1] 巨赞：《奔走呼号一整年》，《南岳佛教抗战文献汇编》，团结出版社2015年版，第40页。

们指出应该做的三个工作要点:"第一,利用广大群众对于佛菩萨的信仰,说明佛菩萨也要他们起来保卫祖国,以坚定其抗战的决心;第二,用佛教反侵略的理论,对大部分信佛的日寇努力宣传,使他们知道宗教上所指示的侵略的恶果而厌战反战;第三,联合世界佛教徒及各宗教徒在精神和物质方面,做反侵略的总动员。"① 期间田汉等人来到南岳,为此事跟陈诚部长商量,巨赞等人便办了一套呈请总政治部备案的公文。经过跟南岳游干班民运指导处指导员徐承枢、周天研究,4月23日下午两点钟,在大庙圣帝殿前,集中两百多个和尚、道士,召开了僧道全体大会,"在南岳佛教史上,可以说是开天辟地第一次"②。然后在祝圣寺,由陈石经军长主持召开各寺庙负责人联席会议,决定筹备地方性质的救亡团体,通过名称为"南岳佛道救难协会",公推上封寺方丈宝生为会长,祝圣寺方丈空也、南台寺方丈悟真、大善寺知客有缘、三元宫住持刘光斗道士为副会长。《湖南南岳佛道救难协会组织大纲》十条,规定该会的宗旨是"本大乘救世精神,尽国民应尽天职,集中僧道力量,参加战时工作,以期挽救国难"③,会址暂设南岳祝圣寺,会费由各寺分担,凡是南岳佛道同人均应加入为会员,该会下分总务、宣传、救护、慰劳、训练五股,各股设正副股长一人,干事若干人。宣传股下产生了流动工作团。5月7日,在祝圣寺召开了南岳佛道救难协会成立大会,会上叶剑英先生发表了一篇著名的激励演说《普度众生要向艰难的现实敲门》,后经暮笳整理发表。

2. 集训一个月

5月8日开始为期一个月的集中训练,受训者一共七十多

---

① 巨赞:《奔走呼号一整年》,《南岳佛教抗战文献汇编》,团结出版社2015年版,第41页。

② 同上书,第42页。

③ 《湖南南岳佛道救难协会组织大纲》,《南岳佛教抗战文献汇编》,团结出版社2015年版,第75页。

人，除了一个疯傻道士，其余都是和尚。训练课程分为政治常识、佛学、军事常识、救护常识、精神讲话和抗战歌曲六门。每周授课36个小时，除了佛学由法师讲课，其余课程由民运处的指导员负责教导。

3. 佛教青年服务团的成立和工作

经过先后跟陈石经军长、胡越主任的几次商讨，1939年5月28日，佛教青年服务团接到了第九战区政治部准予备案的指令，6月10日在祝圣寺召开了隆重的成立大会。12日南岳佛道救难协会训练班毕业，13日清晨，巨赞就率领佛青团四五十位团员出发做动员民众抗战救国的宣传工作。他们先到衡山工作了一个星期，在街头宣传、推销公演票、出壁报、写巨型标语、维持剧场秩序、散发慰劳品，并且印发了两千份《为欢送出征将士告同胞书》。回到南岳后根据工作的经验教训，积极地补充团员和整顿纪律。6月30日晚又接到第九战区政治部要他们去长沙参加"七·七二周年扩大纪念会"的代电，巨赞他们就连夜赶到了长沙。从7月4日到8日，冒着炎炎烈日，马不停蹄地街头宣传、推销戏票、举办超度阵亡将士法会、参加火炬游行、编贴佛青壁报、出席各种集会，并且在6日晚上的纪念大会上散发了三千份《为七·七二周年纪念告同胞书》。在《阵中日报》社会见了政治部第三组组长侯野君时，侯野君爽快答应在《阵中日报》副刊出《佛青特刊》，于是，7月13日开始出了《佛青特刊》第一期。

佛教青年服务团在长沙一面扩大影响；一面从事本位工作。扩大影响的工作主要有五：一是和长沙青年会、三民主义青年团、省动员委员会、青年记者学会、妇女工作委员会、伤兵之友社青年团体筹备献心会。从7月18日起，陆续办公两个礼拜。8月2日举行献心典礼，盛况空前，影响甚大。二是参加由长沙青年会主持的各种纪念会，如"八·一三""九·一八"

"讨汪大会""征募寒衣会"等，参加每星期举办一次的由长沙各青年团体轮流招待的青年联谊会，佛青团也招待过一次。三是在《阵中日报》副刊继续出了《佛青特刊》三期。四是致函给四十九军的劳军信《致抗日将士慰劳书》。五是招待由马超俊率领的南路慰劳团时，在民众团体中只有佛青团很荣幸被邀参加。后来长官部发起组织长沙各界前线慰劳团时，政治部要求佛青团加入，可惜长沙会战前夕气氛紧张，未能实现。

在长沙的本位工作主要有四：一是调查长沙市县最近僧尼人数及庙宇。二是和长沙市县佛教会联合，在 8 月 14 日召集全市县佛教徒举行了国民公约宣誓典礼。三是在了凡和尚的热情支持下，7 月 28 日长沙市县佛教会召集了全体理监事及各寺庙负责人联席会议，一致通过了长沙佛教青年战时训练委员会组织法，推了凡、巨赞等九人为委员，了凡为主任委员，巨赞为副主任委员。四是筹备僧伽训练班，以培养干部，充实佛青团。计划训练三个月，招生 40 名，须款约 2100 圆，费用由长沙八大丛林摊派。报名投考的有四五十人，还订了草绿色僧领中山装 40 套，定于 9 月 30 日开学，可惜也因长沙会战的紧张空气而停办解散。[①]（在这期间，"以站在佛教岗位上，团结志在救国之僧青年，向外流动工作，以增强抗战力量为宗旨"[②] 的南岳佛道救难协会流动工作团，由暮笳、绍贤二法师率领，到了衡阳、湘潭工作，受到社会各界好评。）

巨赞、演文实际组织领导的佛教青年服务团的抗战宣传工作，得到了教内领袖太虚大师的肯定赞叹："宣传本为僧徒讲经说法之所长，故巨赞所领导之佛教青年服务团，阅时虽短曾以

[①] 参见巨赞《从佛教青年服务团到湖南佛教徒抗敌后援会》，《南岳佛教抗战文献汇编》，团结出版社 2015 年版，第 85 页。
[②] 《湖南南岳佛道救难协会流动工作团团章》，《南岳佛教抗战文献汇编》，团结出版社 2015 年版，第 82 页。

宣传著称。"① 并且获得政治最高领袖"查该僧众等感念国难，奋发忠诚，自动组织参加前线服务，深堪嘉许，希即查明代致慰勉可也"② 的明电嘉奖。

4. 筹办湖南佛教徒抗敌后援会

在1939年长沙的"八·一三"两周年纪念大会上，政治部主任胡越把巨赞介绍给了亲自出席会议的湖南省参议会议长赵恒惕。8月17日，巨赞请赵恒惕组织全省性的佛教抗战团体，赵答应了。后来在南岳，赵恒惕跟宝生和尚也专门商谈了这件事情，于是，以赵恒惕议长和宝生和尚的名义，巨赞起草了一份通启，由巨赞和明真法师油印并散发给全省的诸山长老和各大居士，决定筹备湖南佛教徒抗敌后援会，推宝生、空也、悟真、有缘、了凡、智能、灵悟、李缘真（道士）、周勃臣、粟勘时和巨赞十一人为筹备委员，筹备处设在南岳大善寺。湘北大胜时，蒋介石莅临南岳，赵恒惕向他报告筹备湖南佛教徒抗敌后援会的事，还得到了蒋的当面奖励。本来定于1940年4月8日在南岳福严寺召开成立大会，可是遭到南岳几个住持老和尚的冷嘲热讽，宝生和尚因此心灰意冷，8日那天没有出席会议，"群龙无首，一哄而散，湖南佛道教徒抗敌后援会从此打入冷宫"③。

《海潮音》杂志主编法舫法师在《湖南佛教救国运动——祝湖南佛教抗敌后援会》一文中对湖南佛教徒的组织南岳佛道救难协会、举办战时知识训练班、组织佛教青年服务团、湖南佛教抗敌后援会等救国运动进行了高度的赞叹，认为"值得全

---

① 太虚：《抗战四年来之佛教》，《南岳佛教抗战文献汇编》，团结出版社2015年版，第306页。

② 参见巨赞《从佛教青年服务团到湖南佛教徒抗敌后援会》，《南岳佛教抗战文献汇编》，团结出版社2015年版，第70页。

③ 同上书，第74页。

国佛教徒效法","这真是值得我们敬佩的伟大的工作",并引用陈独秀夸赞过的"湖南人的革命精神",溢美"今日湖南佛教徒的事业,实在是我们全国佛教徒的好模范,值得我称扬赞叹"。①

三　巨赞法师在南岳抗战救亡的主要思想

1. 学佛就要革除愚弱、顶天立地,做能"全心"的血性汉子

民国其时的佛教界,有一些长期相沿成习的普遍的思想错误,比如,"以逃避现实为出世",巨赞法师对此明白解释:世俗、世间的"世"本为"流转"的意思,众生因为不明佛理,自私自利,贪瞋痴三毒浸漫身心,因此在生死轮回中流转不已。要出离世间,根本在心,要从心上着手,看破名利的虚假不实,针对现实进行打破自私自利的"献心"的改革,才是革命的出世真精神。逃避现实与"出世"的原义相背,只是怯弱的行为。再如"以闭眼塞聪为修行",巨赞法师很不客气地斥责这种人"一声不响地,一动不动地,躲在山煨水涯,吃吃困困,甚至于几十年不下山,心理学家说是病态,结果,赢得了无知无识的痴券,和智慧绝了缘"②,虽然不免有点焦躁偏颇,但"佛法在世间,不离世间觉",对世间苦难不闻不问,甚至麻木不仁,竟至与世隔绝的心态和行为,会导致佛教丧失社会功能,实不足取。又如"以不辨善恶为慈悲",一味地将就敷衍,会造成作恶的人不知警戒缩手,为善者懈于进修德行,整个社会就会处于黑白不分、是非莫辨的混乱状态。

---

① 参见法舫《湖南佛教救国运动——祝湖南佛教抗敌后援会》,《南岳佛教抗战文献汇编》,团结出版社2015年版,第198—199页。

② 巨赞:《检举过去,探讨当来》,《南岳佛教抗战文献汇编》,团结出版社2015年版,第159页。

针对当时佛教寺僧整体文化素质低下、组织僵散、暮气沉沉、愚弱可欺、社会豪强人物动不动就占寺夺财毁像逐僧的恶劣现象，太虚大师进行了自我批评式的深切痛责："宗教平等，信仰自由，其固非愚且弱者能同享乎，则佛教寺僧应知今后绝非可以作愚弱自安，苟安愚弱则唯有灭亡耳！"①巨赞法师则直接高唱学佛乃顶天立地的大丈夫事业，他翻出《高僧传》《居士传》说："古往今来有几个佛教大德不是顶天立地的硬汉？"②

巨赞法师指出："真正的佛教徒，气象是轩昂磊落的，态度是坦白慈祥的，言论是明敏深刻的。他们不求依傍，不计利害，生活在天真活泼的真理之海里，满面孔足赤热的真情，'但行好事，不问前程'，自然是忠孝仁爱、信义和平、彻底破除迷信的实行者。"③但因为"李唐以后，到现在一千多年，生龙活虎、活泼泼的佛心，老早被打混的恶魔吞吃了"④，无论出家在家，大多数佛教徒在打混，所以他深切地觉得真要学佛，"基本条件是（心理上）先要脱俗，能脱俗才能有胸襟肝胆，才能竖起脊梁，提起精神认真学佛，才能有弘法的热情与毅力。及至有了弘法利人的热情与毅力，则决不会再有打混的行动，他们的心是庄严圣洁的，他们的行为是超脱进取的，纵有万难当前，他没有什么顾虑，也不会计较得失，勇往直前，但求心之所安，此之谓菩萨，真佛弟子"⑤。

巨赞在《佛家之救亡抗战论》中提出了"佛家全心之说"。他说人之所以为人，是因为人的富有血性。所谓有血性，就是

---

① 太虚：《抗战四年来之佛教》，《南岳佛教抗战文献汇编》，团结出版社2015年版，第307页。
② 巨赞：《新佛教运动与抗战建国》，《南岳佛教抗战文献汇编》，团结出版社2015年版，第299页。
③ 同上。
④ 巨赞：《序乐观法师〈奋迅集〉》，《南岳佛教抗战文献汇编》，团结出版社2015年版，第263页。
⑤ 同上书，第264页。

知是非、懂羞恶、有恻隐之心。能够做到"全心"的人，可以看破血肉之身，不计生死穷通，超然独举，纵横自在，舍生取义，杀身成仁。他引用佛印禅师的话说："诸佛菩萨无非是有血性的汉子。"那么，在国难当头的时候，作为国民，务必遵信佛家全心的说法，不屈不挠，视死如归，共赴国难。[①]

2. 发扬佛陀积极救世的精神，抗战救亡，普度众生

1939年4月，时任国民政府军委会政治部副部长的周恩来，前来南岳检查南岳游击干部训练班工作期间，在上封寺接见演文和巨赞时，得知他们正筹办佛教抗日救亡团体，非常赞赏，即兴为他们挥毫书赠"上马杀贼，下马学佛"的题词以资鼓励。1939年5月7日，时任南岳游击干部训练班副教育长的叶剑英先生，在南岳佛道救难协会成立大会上发表了一通慷慨激昂、振奋人心的演讲——《普度众生要向艰难的现实敲门》，他在演讲中警告，日本发动全面凌厉的侵华战争，"假使中国亡了的话，全国人民都成为亡国奴，那么和尚也一定成为亡国和尚，这是无可逃避的现实问题"。有的人心存侥幸，以为日本是信佛的国家，大多数日本国民信奉佛教，侵华的日军对中国和尚可能会优待，但实际证明日军一样要杀和尚，并且把青年和尚驱逐上前线。不管你信奉什么宗教，敌人的飞机在头上照炸不误。因此，"不论僧俗，不论手里拿着枪，或是拿着经，我们必须将共同的敌人赶出去"，只有赶走了敌人，人民才能安居乐业，和尚才能安心修道，这是"共同的利益，共同的生死，共同的任务"，他号召佛教徒"来保卫我们的土地，保卫你们的道场"，因为"我们解放人类不是在天堂，而是在人间"，"因为你们的道场是在人间，不是在天堂"。他引用佛说："我不入地狱，谁入地狱"，"众生度尽，方证菩提"，要普度众生，首先就要从解

[①] 参见巨赞《佛家之救亡抗战论》，《南岳佛教抗战文献汇编》，团结出版社2015年版，第37—39页。

放同为炎黄子孙的四亿五千万同胞入手。他号召南岳的佛弟子们,学习佛的无我革命的精神,拥护抗战,拥护政府,积极宣传佛教反侵略的理论,"团结全国佛道信徒,成为全面的全民族的抗战的一部分","到街头、到农村、到工场、到一切有着广大群众的地方去普度众生"。①

受此激励,本来就心忧天下、肝胆照人、被田汉赞誉"锦衣不着着缁衣,敢向人间惹是非"的爱国高僧巨赞法师,在日寇即将进逼湖南、国难深重的关头,直接发出了"华夏之人,倘有不谋抗战,屈膝事之,以求苟活于一时者,非人也"②的怒吼,他大声疾呼:"为国民者,务应遵信佛家全心之说,各各自勉为血性之丈夫,不屈不挠,视死如归,而共赴国难。如此则气充宇内,义薄云霄。"③ 在《为欢送出征将士告同胞书》中,他说:"佛菩萨会保佑牺牲小我而为大我服务的出征将士们,更能为帮助他们的人祝福。"④ 在南岳佛教青年服务团《致抗日战士慰劳书》中,他说:"佛告我们说:像你们这样牺牲了个人的幸福而为国家民族艰苦奋斗的战士,就是人类的救星,就是因位的菩萨,一定得到佛的默佑,纵然有什么危险,一定会从暂时的痛苦中,转到永远愉快的乐园里去。"⑤ 在《为七·七抗战二周年纪念告同胞书》中,他高瞻远瞩地明呼:"牺牲小我而为国家尽忠、为民族尽孝,乃是最上算的事业。"⑥ 其宣言得到了

---

① 参见叶剑英《普度众生要向艰难的现实敲门》,《南岳佛教抗战文献汇编》,团结出版社2015年版,第32—36页。

② 巨赞:《佛家之救亡抗战论》,《南岳佛教抗战文献汇编》,团结出版社2015年版,第38页。

③ 同上书,第39页。

④ 巨赞:《奔走呼号一整年》,《南岳佛教抗战文献汇编》,团结出版社2015年版,第48页。

⑤ 巨赞:《南岳佛教青年服务团〈致抗日将士慰劳书〉》,《南岳佛教抗战文献汇编》,团结出版社2015年版,第85页。

⑥ 巨赞:《南岳佛教青年服务团〈为七·七抗战二周年纪念告同胞书〉》,《南岳佛教抗战文献汇编》,团结出版社2015年版,第87页。

当时政治部第三组组长侯野君先生的极口赞扬，被"认为是抗战史料当中最宝贵的文献，同时也是近几百年来，佛教界中最清越的晨钟"①。巨赞法师以佛教的创始人释迦牟尼为例，赞叹"佛舍弃了王位做和尚，是人类最高牺牲精神的流露，是最强积极行动的表现"②，他郑重地指出："佛是念念悲悯众生而大往大来的，佛是解脱生死而依止庄严的，认清楚了这一点，出入天堂地狱人间，一点也没有妨碍。天堂是道场，人间是道场，地狱更是道场！"③

对于佛教的首条根本戒律"不杀生"，巨赞法师站在济世度生的大乘菩萨道角度上，作了这样的解释："戒杀者，杀生以便其私，应戒也；反之，不必戒也。瑜伽菩萨戒曰：'菩萨见劫盗贼，为贪财故，欲多造无间业，无间业成，当受大苦。如是菩萨以悲悯心而断彼命。由是因缘，于菩萨戒无所违犯，（反而）生多功德。'斯为明证。然则杀敌而死，乃无上光荣，最为得计之举。"④ 他并且引经据典，从历史上找到了佛教反对侵略、鼓励抗战的证据：《优婆塞戒经》上说："在家菩萨，若得自在为大国主，于自国土，常修知足，不以非法求觅财物，不举四兵而取他国。"《增一阿含经》上说："波斯匿王白佛言：今此国界，有大寇起，夜半兴兵擒获，今已攘之。功劳有在，欢喜踊跃，不能自胜，故诣来至拜跪觐省。尔时，佛告曰：如是大王，如汝所说。"《高僧传》上说："求那跋摩，此云功德铠。宋元嘉初，迎请西来。当其犹在关婆国时，颇为国王所敬。顷之，

---

① 巨赞：《奔走呼号一整年》，《南岳佛教抗战文献汇编》，团结出版社2015年版，第51页。
② 巨赞：《检举过去，探讨当来》，《南岳佛教抗战文献汇编》，团结出版社2015年版，第163页。
③ 巨赞：《一支有力的笔部队》，《南岳佛教抗战文献汇编》，团结出版社2015年版，第302页。
④ 巨赞：《佛家之救亡抗战论》，《南岳佛教抗战文献汇编》，团结出版社2015年版，第39页。

邻兵犯境。王谓跋摩曰：外贼恃力，欲见侵侮，若与斗战，伤杀必多，如其不拒，危亡将至，今唯归命师尊，不知何计？跋摩曰：暴寇相攻，宜须御捍。王自领兵抗之，旗鼓初交，贼便退散。王遇流矢伤脚，跋摩为咒水洗之，信宿平复。"① 在《悼念新佛教运动的战士理妙法师》一文中，巨赞法师高度评价曾经在南岳华严研究社积极求学、积极参加佛教青年服务团，后来受训成为一名抗日战士，在敌后工作立功甚多，却不幸被敌人搜捕挖眼割耳惨杀的抗战僧青年理妙法师，说他舍身取义的爱国行为"和释迦牟尼没有成佛以前，为着救护野兔而被割尽身下的肉的仁至义尽之举有什么两样？"赞扬"他实践了佛陀救世的理论，他建筑了成佛的基业"。巨赞法师还对全国的僧青年振臂高呼："《涅槃经》上说：为着佛教牺牲在敌人魔掌下的，命终生阿闳佛国。我相信我们的烈士，现在已经见佛闻法，得到解脱。僧青年同志们！理妙法师替人类打响了永生的晨钟，我们要严肃地纪念他！我们要踏着他的血迹，各自建筑成佛之路！"②

巨赞法师深刻而高远地认识到："宗教虽无国家民族的界限，而不能不帮助国家民族建立自由平等的基础。因为只有在自由平等的国家里，才能容我们自由修行啊！"③ "全民的和谐，是幸福的基石，是成佛作祖的阶梯啊！"④ 他呼吁全国的佛教徒尤其是代表佛教中坚力量的僧青年，保持一颗纯洁无私的佛心，不仅要有大慈大悲的悲悯情怀，更要具备大雄大力的

---

① 巨赞：《从佛教青年服务团到湖南佛教徒抗敌后援会》，《南岳佛教抗战文献汇编》，团结出版社2015年版，第55页。
② 参见巨赞《悼念新佛教运动的战士理妙法师》，《南岳佛教抗战文献汇编》，团结出版社2015年版，第90—92页。
③ 巨赞：《检举过去，探讨当来》，《南岳佛教抗战文献汇编》，团结出版社2015年版，第160页。
④ 巨赞：《（佛青特刊）刊词》，《南岳佛教抗战文献汇编》，团结出版社2015年版，第129页。

霹雳手眼，慷慨拼死以抗战救国，体现了一代爱国爱教高僧的崇高风范。

3. 主张寺院学术化、生产化，推动新佛教运动，复兴中国佛教

巨赞法师认为宗教才是一个民族的灵魂，他引用菲希德（J. G. Fichte）的话："忠爱祖国为全民族争自由是一种神圣的宗教生活，民族不是建筑在经济或政治的基础上，而是建筑在道德与宗教的基础上。"英吉利民族的优越感来源于精勤、自治、团结、重纪律的清教徒精神，日本人的民族自信心乃因从佛教禅宗空悟境界而来的"大和魂"精神，以我们中国来说，"佛教慈悲平等的宗旨，牺牲向上的行为，和儒家的忠恕之道深相吻合，且流传至今而又深入民间。中华民族的所以能够屡扑屡起，岿然独存，佛教的确也是一个决定的因素"①。

佛教从两汉之际传入中国，经过数百年的发展，在隋唐达到鼎盛，直至北宋犹不失生机，因此王安石妒羡道："儒门淡薄，收拾不住英雄，孟子以后乃皆投入佛门。"此后因僧人素质的不济、内腐外患的种种逆缘共同作用，每况愈下，明清以降越来越没落了。就像陈石经军长在邀请南岳的长老和尚们出来支持成立南岳佛道救难协会的招待会上所言："僧徒的没落，佛教的衰微，这是人所共知共见的事实，勿庸讳饰。"② 清末以至民国，教界的悲心智识之士，不忍见正法衰，不忍睹圣教灭，接踵掀起了以复兴中国佛教为最高宗旨的"新佛教运动"。先是清同治五年杨仁山先生在南京创办金陵刻经处、设立祇桓精舍，杨的学生欧阳竟无等人组织佛学研究会，精勤不懈地刻经和讲学著述，从佛教文化上

---

① 巨赞：《新佛教运动与抗战建国》，《南岳佛教抗战文献汇编》，团结出版社2015年版，第298页。

② 巨赞：《奔走呼号一整年》，《南岳佛教抗战文献汇编》，团结出版社2015年版，第43页。

奠定了新佛教运动的坚实基础。民国元年杨的朋友及弟子组织成立佛教会，后交由诗僧寄禅（八指头陀）接办。及至寄禅的弟子、祇桓精舍的学生太虚大师应运纵横，大闹金山、闭关三年、出关继续努力，创办《海潮音》杂志、开办武昌佛学院、闽南佛学院、汉藏教理院，领导"中国佛教会整理委员会"，轰轰烈烈地实际领导和推动了新佛教运动的发展。在全面抗战的国难时期，新佛教运动的新僧干将巨赞以及演文、暮笳、明真等诸法师，牢记叶剑英先生"你们是佛的弟子，当然要学佛的精神，要把自己的躯壳，放在抗战的烈火中焚化，你们的灵魂才有光辉，在历史上才会受人尊重"[1]的勉言，在南岳发起成立南岳佛道救难协会、佛教青年服务团、湖南佛教徒抗敌后援会，发动南岳、长沙等地的佛教徒在全省参加实际的抗战宣传工作，扎扎实实地宣传和推进新佛教运动。巨赞法师透露："很想把（佛教青年服务团）这个团体，造成一个流动的佛学院，借实际工作，逐渐养成干部人才，以谋将来组织佛教徒青年会，进而改革僧制。"[2] 巨赞法师对当时佛教寺院"丛林商店化、地主化，小庙家庭化的畸形状态"非常反感痛惜，他认为在整理僧制上，应该确立两个目标：一是生产化。寺院经济上应效法马祖百丈的自耕自食，或是从事手工业生产。要对全国的庙产进行统制管理，破除家庭式私相授受的陋习。二是学术化。使"每一个寺院都是学术研究的单位，每一个和尚也都是传播文化的教师"。南北朝和隋唐佛教最盛的时候，道安、慧远、鸠摩罗什、玄奘、惠能等佛教大师，都是领袖文坛的人物，手握文化的枢纽，因此，巨赞法师疾呼："不欲复兴佛教则已，若欲复兴佛教，非恢复原始僧伽组织的学术化、生产化

---

[1] 叶剑英：《普度众生要向艰难的现实敲门》，《南岳佛教抗战文献汇编》，团结出版社2015年版，第35页。

[2] 巨赞：《奔走呼号一整年》，《南岳佛教抗战文献汇编》，团结出版社2015年版，第48页。

不可。"①

四 结 语

  巨赞法师本是一位学识宏富、气宇轩昂、心光独耀、以教书育人为道业的菩萨僧青年,在日寇侵华即将进逼湖南的国难当头岁月,他在南岳怀着忧国忧教、爱国护教的满腔热血,偕同一群志同道合的僧青年,在南岳游击干部训练班国共两党爱国高级将领的鼓励和指导下,迅速推动成立南岳佛道救难协会、佛教青年服务团、湖南佛教徒抗敌后援会,在衡山、长沙、衡阳、湘潭等地进行积极的抗日宣传活动,他站在佛教大乘菩萨道的本位立场,慧思泉涌,发表了一系列文章,以求破除错误思想和陋习愚行、改革僧制、推动新佛教运动,最终复兴了中国佛教。巨赞法师在南岳的思想和行动,在南岳近现代佛教史上谱写了最光彩照人的篇章,给南岳佛教界增添了无上的荣光,他是真正值得教界后人景仰和学习的一代宗师。

---

  ① 参见巨赞《新佛教运动的回顾与前瞻》,《南岳佛教抗战文献汇编》,团结出版社2015年版,第280—295页;巨赞:《检举过去,探讨当来》,《南岳佛教抗战文献汇编》,团结出版社2015年版,第158—164页。

南岳默庵法师与大善寺中兴

广 初

（南岳佛教协会）

摘 要：千年古刹南岳大善寺，在清代一度沦为民宅，因默庵法师及其徒众之不懈努力，而得中兴。本文从其生平简介、教众学修、门下高足、法系宗派、文章著述及兴建大善寺等方面对默庵法师进行粗略介绍。权作砖头，若待珠玉，还期诸位学者。

关键字：默庵法师　大善寺　乘云宗　中兴　南岳

一　默庵法师生平简介

默庵法师，生于1839年，示寂于1902年，俗姓周。法号上仁，字真源，晚号默庵。湖南省衡州县人。自幼颖捷，过于同辈。读书于雁峰寺内私塾，曾替人抄写《金刚经》，至"过去心不可得，现在心不可得，未来心不可得"句，悠然有出世之想。清咸丰七年（1857），十九岁，潜至南峰寺，从普照禅师剃度，明年从福严寺翠庭上人处受具足戒。

受戒后，默庵法师于祝圣寺量禅师处受心印，为临济宗四十代法器。又于郴州法云法师处深入学习佛法教义。因学名日盛，喜交游者多，师乃同淡云法师避居南岳已恭岩，白日砍柴，夜修禅观，互策互进。

同治元年（1862），默庵法师二十二岁，欲遍参尊宿，乃离南岳，奔赴南北，参访五台、九华、金山、焦山等诸山名寺。行脚归来后，师于南岳福严寺览阅三藏，既而闭关。光绪二年（1876）师于南岳祝圣寺，密修空观，终圆澈朗照，大悟发慧。无论教内佛典，抑或世间之文学、医术、音韵、地理等，皆一一明了。

师曾应武汉归元寺、宁波七塔寺等处启请，前往讲授天台宗经论，时虚云大师曾为之助讲。每讲经说法，座无虚席。四众云集，争相归从。

师因不忍见南岳古刹大善寺沦为民宅，遂出资赎回。住持其中，精严戒律，仿净土宗十二祖彻悟禅师遗规，持戒念佛，以致十方来者，几不能容。大善寺由此中兴，重光于世。师戒律精严，性相澄贯，以天台教观为禅修指导，以弥陀净土为终极归宿。自丙申（1896）讫辛丑（1901），弘法之余，以每日念佛六万声自修，久之不念而念。

清光绪二十八年（1902），师合掌唱佛，安详示寂于南岳大善寺。世寿六十四岁，僧腊四十五年，安骨于南岳山腰金鸡林。

二　主持重修大善寺

1. 大善寺简介

大善寺位于南岳镇大庙西侧，始建于南北朝之陈朝。陈光大二年（568），慧思大师携其徒众至南岳，开山立派，广弘教法，大善寺为其唱道之地。释道宣所著之《续高僧传》卷十七《慧思传》载：

> 陈光大二年，慧思法师率弟子四十余人奔赴南岳，建寺安僧，讲经说法。大师于掷钵峰下建大般若寺（福严寺），祥光峰下建小般若寺（藏经殿），集贤峰麓建大善寺

为唱道之地。①

唐宋之际，大善寺已俨然为古刹丛林，今寺内犹存宋代石缸一口。至明代大善寺曾毁于大火，后重建。清初衰颓，沦为民宅。光绪初（1875），师与其法友淡云法师赎回地基，重修寺院，光大中兴，在清末、民国间十方闻名，成为南岳五大丛林之一。

清光绪李元度修纂《南岳志》中，记载："大善寺：在岳庙右。"②

清末戴嗀所撰之《中兴大善寺丛林记》介绍大善寺云：

> 由七祖道场而下，十里许至岳市，有大善禅寺，是为李唐古丛林焉。开不二之门，学如来行；显无三之教，成精进林。四谛五时，坚坐入华严之室；七处八会，宏化敷解说之筵。识者以最胜轮塔在迩，宜乎厥寺代出国师，流风不替也。今夫大善之古，非徒郢书燕说而已。炎宋缸留，石终弗烂；桂藩钟在，铜尚如新。传衣者，证无上菩提；飞锡者，拒毗罗胝子。未尝不叹霍山体固，固比耆阇崛山；湘水流长，长于阿耨达水耳。③

现今寺内殿堂石壁尚有师之《募兴大善十方丛林记》石刻碑文。1895年诗僧敬安被推举为大善寺住持。1926年住持素禅法师积极支持工农群众运动，在南岳提倡开展"工禅""农禅"运动。1939年"南岳佛道救难协会"成立，大善寺知客有缘法师任副会长，支持抗战救亡活动。1947年熹谷法师创办大善寺

---

① 道宣：《续高僧传》卷十七，《大正藏》第50册，第562页—564页。
② （清）李元度：《南岳志》，清光绪九年（1883）刻本，第650页。
③ （清）戴嗀：《中兴大善寺丛林记》，载李子荣《增补南岳志卷一·文》民国十二年（1923）刻本，第29—31页。

佛学讲习所，培育僧才。1956年南岳佛教协会在大善寺成立。1957年被政府接管，成为政府办公场所。1995年归还佛教管理，并评为区级文物保护单位。2002年评为省级文物保护单位。

2. 主持重修

清光绪年间，师悲于历代名刹大善寺沦为市井民宅，昔日之经声佛号朗朗，竟为当下之鸡鸣狗叫不绝。因此发心赎回，并重建。并为之撰文《募修大善寺引》，略叙大善寺历史，说明修募缘起及功德，期十方檀越，共发大心，同成盛事。其文曰：

> 南岳大善寺，古刹也，居岳庙右数百武。考僧史，建自唐时，历宋而降，代有高僧说法于中，为胡文定、曾金简诸公之所击节者，殆不可胜纪。因世远年湮，佛舍僧寮倒塌殆尽。光绪四年冬，有禅人拟旧址造般舟、法华诸三昧坛，克期取证，虑工程浩大，非一不能支，爰代告十方檀越，施有余之金粟，种无边之福田。磨砖为镜，时交白毫之光；集腋成裘，快葺梵王之刹。庶此有限之身，立证无生之果。是为引。①

募款后，师又著《募兴大善十方丛林记》，刻于石上，其文一说明佛教寺院创建的作用和意义；二说明大善寺的历史沿革；三说明清光绪年间江西居士发心捐钱赎回寺院地基重兴寺院；四说明负责经营重建寺院的僧人；五说明所捐钱的用途和数目；六说明刻石的时间和刻石人。重述大善寺修建之因，并将善信捐款项一一列出，明细善款何用之处。如：

> 一捐赎寺及装诸佛金身等项，计缗钱三伯串有奇。一

---

① 默庵：《募修大善寺引》，《海潮音》第四年第一期。

捐买海字十七区楼方冲额租壹伯零八硕，计缗钱壹仟叁伯二十八串，经淡云等禀请邑侯李公友兰立案，永禁典售及佃民私顶据耕等弊。一捐修藏经阁、方丈、祖堂、功德堂、库房、厨房，计洋银四伯圆。一自光绪庚寅至癸巳每年伙斋供及诸师衣单钱，计二伯串有奇。

碑文五百余字。足见师为人之严谨，处事之端方。

清末戴瞀著《中兴大善寺丛林记》，记大善寺之迁演，叙默庵法师之道德。其文曰：

> 所幸，有默庵大和尚，性定如山，财轻若箨，谋诸同行大德淡云尊者，赎回寺址焉。[①]

师所撰之《募兴大善十方丛林记》中一一列举，追随其重修大善寺僧之法名，有淡云、宝池、意、普惠、妙见、三智、悟真、双修、戒淑、修元、靖禅、庄严、缘熠、自真、牧云、妙果、道楷等近五十人。其重建、中兴之功德，如昭昭朗月。而其门人弟子，秉其奥旨，传佛名灯，荷一代之教化。

三　教众学修

罗杰所著之《南岳仁禅师传赞》云：

> 师历主罗汉、祝圣、大善诸寺，说经谈律，座无虚晷，四众知归，咸趋觉路。又以其间从临川娄山、宁波七塔之请，先后讲《弥陀疏钞》、《楞严》、《法华》诸经，听者叹

[①] （清）戴瞀：《中兴大善寺丛林记》，载李子荣《增补南岳志卷一·文》，民国十二年（1923）刻本，第29—31页。

为未曾有。①

默庵法师自幼擅文，然却以此为非本分事而不屑。其授徒甚严。高足道阶法师曾注《心经玄义》一卷。法师呵曰：

> 注书一事，谈何容易，古人数十年用心，只得一二部，便将大藏全书理事，融成一贯，如天台、清凉、永明诸大老，辄数十年后方事著述，汝年未及，言不足法，自宜将平日戒幢高立，行解相应，禅教相融，不立一字，不舍一字，在行止坐卧处，扬眉瞬目处，见个明白，左之右之，俟纯净光境现前，毫无间断，其时方可下笔。

又云：

> 出家为了生脱死而来，若不详参及此，转眼无常一到，如落汤之蟹，又空来一次矣。

师于出家本分之诚，可知矣。道阶法师因之静默看经，不敢他涉。在师之捶打锻造，垂诫叮叮下，道阶法师终为清末一代大师，维系佛法，丰功伟绩。

师智慧朗照，悲心深切，曾先后讲《弥陀疏钞》《楞严》《法华》等经，听者叹未曾有。其循循善诱，凡受教者，无论智愚贤否，俱得其理解而去。

光绪丙申年（1896），师与僧众结夏安居，提倡众等学修《楞严经》，为方便初学，与澄空法师、道阶法师、乘圆法师等诸弟子，为《楞严经》作疏解补注，名曰《楞严经易知录》。师亲为作序。

---

① 罗杰：《南岳仁禅师传赞》，《海潮音》第三年第九号，第1—2页。

光绪二十七年（1901），师著《教观纲宗释义纪》，并为之作序。其序云：

> 近得《教观纲宗》一书，揭示天台五时八教三观十乘之旨，罄无不尽，然其文简义幽，甄析尤难，方今学者多矣，吾师慈起无缘，谅肯创启其微也。爰命智嵦、道亨以明年春二月二十五日出稿阅，二十三日阁笔。

师之授徒教众，严于外而慈于内。一片叮咛意，护之于法，慧之于身，系之于解脱。

四　门下高足

师之门人遍及湖湘，其中尤以道阶、佛乘、维持、空也等最为著名。而诸门人中，于佛教中贡献最卓著者首推道阶法师，而与大善寺因缘殊胜，随师住大善寺，劳苦功高者，当属常西上人。

1. 道阶法师

道阶法师（1870—1934），俗姓许，湖南衡山人，名常践，道阶为其字。号晓钟，别号八不头陀。年二十即于衡州智胜寺出家，次年从碧崖律师，听讲《法华授手》，后因诗僧寄禅之劝，闭关两年。师来信谓之云：

> 参禅与教观，皆宜深究，吾老矣，传未得人，俟汝出关，尽可传授。

道阶法师由是从师阅大藏经，学台贤慈并律禅净各宗奥旨。师曾诲之云：今之山河大地高下不平者，实是我心不平，若心平，一切山河大地皆平。道阶法师随师语声，得大彻悟，回顾禅教诸宗典籍，廓然一贯，口有所辩，如流水之莫御矣。

道阶法师曾为多寺戒坛教授师，亦曾受多寺礼请，为大众讲解《弥陀要解》《二时课诵》《弥陀便蒙钞》《法华经》《楞严经》等诸多经典。曾赴京为湖南耒阳金钱寺请《大藏经》，为保护各地寺产，亦协助诗僧寄禅于杭州、宁波、南京、湖南等地创建佛教教育会。宣统二年（1910），于北京广济寺成立僧自治研究会。民国元年（1911），于北京法源寺发起成立中华佛教总会，时寄禅法师任会长，道阶法师为机关部理事长。发起并主编《新续高僧传四集》。民国十四年（1925）秋，赴日本参加东亚佛教大会，被举为副会长。曾两度赴印度求舍利，考察佛教遗迹，民国二十三年（1934），示寂于南洋怡保三宝洞，世寿六十五，僧腊四十六。

其生，住持道场八处，传大戒十一坛，讲经十四座，各大刹戒期任教授师二十余座，设维持佛教会及创办教育共十处。

邵章《道阶法师行述》赞曰："道阶法师行解相应，清末以来，巍然为佛门泰斗，其于维持佛法，关系至大，功绩至伟。"道阶是实至名归。

太虚大师亦对道阶推崇备至，著文《南岳道阶法师小传》，并于文中云：

> 南岳自慧思大师以来，称为僧海，教宗诸祖，历朝光阐其间，道香芬馥播天下，山中人亦弥重乎实学真修，首出之硕僧，往往为一代师、万世法，我心仪之者多矣。想见流风遗韵，千古宛然，孰谓今末法之时哉！而顷年则我阶公当推僧海一人矣。公名常践，生平服膺灵峰，故自号"八不头陀"，国中士夫咸颂之曰"晓钟"，谓公之说法，如破晓霜钟能惊觉人之甜梦也。①

---

① 太虚：《南岳道阶法师小传》，《海潮音》第十八卷第九号"诗与文"，第59—62页。

2. 常西法师

常西法师（1856—1936），法名宏宗，字真如，湖南衡阳人，俗姓刘。天资秉异，宿具善根。年十九于衡山南峰寺出家，旋于南岳祝圣寺受具足戒。时默庵法师为教授师，对其甚为器重，令任职寺中。其后又往多地参学，所至皆有建树。光绪甲辰，至普陀山礼观音大士，于宁波七塔寺，受慈运长老心印，为报恩堂第四十二支正宗。其随默庵法师住大善寺，劳绩最著。民国元年（1911），被推举为大善寺住持，三年任满后，与道阶法师朝礼五台山，随后留居北京法源寺，未几南返，复驻锡宁波七塔寺。癸亥岁（1923），任七塔寺住持，三年任满后退居，日诵佛号五六万。民国二十五年（1936），端坐而逝。世寿六十九，僧腊五十。

圆瑛法师曾赋诗《贺常西法兄住持南岳大善寺》："七塔钟灵又出一支拄杖，三湘应化遥传八棒机锋。"

师之门人众多，皆颇有建树。此举一斑而窥全豹，兹不繁录。

五　创乘云宗极乐堂

《清泉县志》载：雁峰寺，梁天监十二年（513），宏宣（《宗谱》作弘宣）律师主席。武帝钦其道行，敕赐雁峰寺为"烟雨山乘云禅寺"。《重修乘云宗谱》载，唐天宝元年（742），范化尊者奉敕重建山门、殿阁，塑诸佛像，开乘云宗法派，追认范化为始祖。其《法派偈》曰：

绍妙惟传言，守师齐嗣祖。
觉常慧正法，道悟真空理。
大定开源性，光明照海崇。

通玄无上士，普继永昌隆。

德智钦承化，宏宗胤善良。

慈超修万行，世代如天长。

乘云宗是一个不为大多数人知道的宗派。湖南省社会科学院哲学所徐孙铭教授，曾撰文略述乘云宗的起源，宗风等问题。其曰：

> 乘云宗是中国佛教禅宗中一支，发端于梁天监，创建于唐天宝元年，是有着完整传承系统、独特宗风的相对独立的宗派。乘云宗以般若为宗，宗仰寿佛，融合禅净，严持戒律，形成比较鲜明的宗风，后来虽与临济、曹洞乃至净土宗相融汇，但仍保留其相对独立的传承，至今仍有较大影响。①

默庵法师著书《重修乘云宗谱》，叙乘云宗历代传人及弟子事迹。其在《重修乘云宗谱叙》中自署"传乘云宗第三十五世默庵上仁识于南岳祝圣寺之万古不磨"。从署名中，不难看出，师以乘云宗传人自诩。

文中，师阐述其编著此书的缘由及目的：

> 光绪庚寅（公元1890年）秋杪，余游星沙，禅人卜安议修乘云宗谱，恳余董其事，余着唯持恭照御藏《传法正宗记》及乘云旧谱编修，且订其讹，而正其宗传，以酬禅人之请。""宗以乘云名，志处也。系济宗，讹也；系洞宗，讹也。夫慈悲与拔，宗不必五，必五殆自夷其宗也。"

---

① 徐孙铭：《乘云宗——一个鲜为人知的佛教宗派》，《磨镜台》2011年第1期。

并叙述乘云宗之起源：

按《回雁峰纪略》：弘宣与千岁宝掌和尚为友，同礼达摩得法，弘宣分化湘东，居雁峰乘云寺，为乘云初祖。

其书内容大致为：

《重修乘云宗谱》首载序文三篇：其一为默庵上仁撰《重修乘云宗谱叙》。其次为朝阳彭士儁撰《乘云宗谱原叙》；其三为林间隐撰《乘云源流志原叙》。后列凡例7条。其后正文八卷，记载乘云宗历代传人。卷一至卷四为佛祖释迦牟尼至二十七祖般若多罗尊者之事迹；卷五为二十八祖菩提达摩尊者事迹，以及乘云始祖弘宣尊者、第一世范化尊者以下至第十二世觉泓大师及弟子37人事迹；卷六为乘云宗第十三世常镜大师及弟子38人至二十一世理秀大师及弟子15人事迹；卷七为乘云宗第二十二世大良大师及弟子25人至三十三世元应大师及弟子6人事迹。卷八为三十四世无量大师及弟子3人事迹。全书共记录乘云宗三十四世传人及弟子540人。时间跨度从唐朝天宝元年至清末，长达1200余年。

龚英辅之《佛教史上大发现：湖南的乘云宗》，着重介绍、探究师之《重修乘云宗谱》，并阐述乘云宗之宗派起源，以及探讨乘云宗的佛理、宗风仪轨传承。其文云：现在衡阳当地，有乘云弟子自称"南峰派""南峰堂"。

据《重修乘云宗谱》记载：

清代时乘云宗两位大师通祖义方、通盛显慧先后居南峰寺，道行卓著，众人以所居寺名名之，以示尊称，因此

"南峰"即是"乘云"之别称。

《重修乘云宗谱凡例》云：

> 吾徒不以乘云名宗，乃以南峰名宗者，盖义方、显慧二祖先后居南峰寺，道行卓著。人以所居寺名名之，示尊称也。南峰之子孙几遍潇湘，诚源远而流长也。

而罗杰撰文之《南岳方广寺极乐堂记》说：

> 清季默庵仁禅师，中兴大善寺，宗说兼融，专恒念佛，预知时至，往生极乐。余尝徇其眷属空也上人之请，为撰传赞。今年春，超有、离尘两上人，为述仁禅师剃派子孙昌炽百余人，渊源深挚，感不能忘，佥拟于距仁禅师塔二十里许方广寺殿后，创筑数椽，为仁禅师影堂，岁时会祀，颜曰极乐，从仁禅师志也，因记颠末。①

以上可知，师为乘云宗第三十五代传人。其弟子感念师恩，因于南岳方广寺建极乐堂，以续师之志也。由此，创乘云宗极乐堂派。龚英辅之《佛教史上大发现：湖南的乘云宗》亦云，目前所知乘云宗分支有南峰堂、极乐堂（默庵法师所创）、慈云堂（今衡山南台寺、大善寺住持宝昙法师所创）。

六 文章著作

师虽不以文章为务，然或为弘传、或为教化、或为记载，

---

① 罗杰：《南岳方个寺极乐堂记》，《世界佛教居士林林刊》第三十二期，中华民国二十一年八月出版，传记第1、2页。

师以大慈悲心，方便于世，亦不得不落下文字，统其著作、文章，有《重修乘云宗谱》《楞严经易知录》《教观纲宗释义纪》《阅藏日记》《唯识劝学篇》《法华经蒙解》《金刚经刊定记会本》《续人天宝鉴》，及《清僧纪略》《南岳海岸禅师塔铭》《碧崖禅师略序》《少颠上人书华严经叙》《衡北大罗汉寺中兴记》《祝圣寺建地藏殿记》《福严寺长明灯记》《二刻五百阿罗汉叙》《重修智海无际禅师见相塔铭并记》《续人天宝鉴》《近僧略记》等。

以南岳怀让为中心的传法谱系的建立

黄守愚

（湖南省社科院宗教文化研究中心研究员）

摘　要：人人都有建构谱系的权利。任何一种谱系都是书写自我主体的"历史"，只言说自身的关切而遮蔽他者，也无可厚非。以各自为主的谱系建构，任何一方都有其合理性、合法性，并无优劣之别，并无等差秩序。大凡建构谱系者，均有确立自我主体之需求，意欲树立正统地位或开宗立派。也可如此说，建构谱系，是开宗立派的前提。大凡独立性较强并且有一定区域影响力、历史延续性的谱系，可视为一个宗派。洪州宗的崛起，首先在于建构慧能—怀让—马祖传法谱系，表达自身的合法性。这种历史建构，不在乎事实的真假，而在于信仰的真假。

关键词：南岳　怀让　传法　谱系

一　胡适对慧能、怀让师承关系的怀疑

1961年，胡适在日本友人柳田圣三的信中说：

马祖道一也是成都净众寺金和尚（无相）的弟子，出蜀之后本是独立的，后来才自称（或者他们的门下）是怀让的弟子（怀让的碑文见于《唐文粹》六十二，是张正甫

在元和十八年受惟宽、怀晖之请托写的。元和无十八年，可能是元和八年，813，已在怀让死后七十年了。怀晖死在元和十年，惟宽死在元和十二年。故此碑文中"元和十八年"当改正。据此碑文，怀让是一位律师。若他自认是曹溪门下，那就是"攀龙附凤"的一例了）。

道一死在贞元四年（788），到元和三年（808）、四年（809），道一的弟子惟宽、怀晖都受宪宗皇帝的尊敬，问法于麟德殿。此外，西堂智藏、甘泉志贤、泐潭慧海都见于白居易的《传法堂碑》。在那个时期，马祖的一系已大兴盛，可以同神会一系对立了。①

胡适怀疑怀让不是慧能的弟子，其怀疑精神尚可，然而提供的证据仅为怀让是一位律师，不足以推翻陈说。在唐朝，出律入禅，求学多门，大有人在。如净藏先后师从道安、慧能。而怀让先后师从道安、慧能，并非不可能。

确实，目前而言，述说慧能、怀让是师徒关系的史料都晚出，可靠性相对不高，实有值得怀疑之处。因此胡适之怀疑，不无道理。但是，以思想信仰者立场而言，事实的真假并不重要，主要在是否相信此事。相信即为真，真实不虚，不信即为假。这是历史考据学与思想信仰之区别。

承认怀让师从慧能，这是思想信仰上的问题，不能从历史考据学来审视。认为是，即是。认为非，即非。思想信仰的问题，无须可靠证据。

二　洪州宗的建构

怀让一生默默无闻，而后世声名赫赫，得益于马祖门下弟

---

① 胡适著，麻天祥主编：《20世纪佛学经典文库·胡适卷》，武汉大学出版社2008年版，第558页。

子的特别推尊。马祖门下的大义、怀晖、惟宽、如满等先后应请进京弘法，出入宫廷，受皇帝的召见，得到朝廷和士大夫的支持，因而洪州宗声名鹊起，慧能六祖之位得以被朝廷承认，而怀让、马祖也显扬一时。元和年间，朝廷诏赐慧能、马祖道一的谥号、塔铭，应当为怀晖和惟宽等人之功。一般认为，在8世纪最后10年至9世纪前40年期间，洪州宗崛起。洪州宗自认是慧能门下嫡子，而视荷泽宗为旁出。

据文献，较早建构慧能、怀让、马祖三代传法谱系的史料有包佶撰写的马祖碑文、权德舆的马祖塔铭、张正甫和归登的怀让碑文、《宝林传》的怀让传记。其中，包佶、归登的碑文已佚。《宝林传》的怀让传记也佚，但只言片语留存于逸文中。《宝林传》已建构出西天诸祖—达摩—慧可—僧璨—道信—弘忍—慧能—怀让—马祖正统传法谱系。

权德舆《唐故洪州开元寺石门道一禅师塔铭并序》碑，立于贞元七年（791）。其云：

> 初落发于资中，进具于巴西，后闻衡岳有让禅师者，传教于曹溪六祖，真心超诣，是谓顿门。①

据此，可知其以慧能为六祖，基本上已经建构出慧能—怀让—马祖三代传法谱系。马祖落发于资中，进具于巴西，后闻南岳有怀让禅师，系慧能弟子，因而师从之。此是述说马祖师承怀让的因缘。

张正甫《衡州般若寺观音大师碑铭并序》碑，可能立于元和年间（806—820）中晚期，似于元和十一年（816）之前，可能于元和八年（813）至元和十年（815）间。其云：

---

① （清）董诰等编：《全唐文》卷五百一，中华书局1983年影印本，第5106页上—5107页上。

天宝三载，观音大师终于衡岳，春秋六十八，僧腊四十八。元和十八年，故大弟子道一之门人曰惟宽、怀晖，感尘劫遽迁，塔树已拱，惧绝故老之口，将贻后学之忧，丕若贻谋，思扬祖德，乃列景行，托于废文，强名无迹，以慰乎罔极之恩。

曰自腾兰演教于此土也，殆将千岁，达摩传心至六叶也，分为二宗，不阶初入，顿入佛惠，曹溪教旨，于是乎传。宏而信之，观音其人也。大师讳怀让，京兆杜氏，其先因家安康，即为郡人。髫年俊发，聪悟绝众，群言所涉，一览无遗。居常而未或好弄，在丑而不可亵近。尝嘿观止水，因而顾影，形仪禺若，宛在镜中。三反厥像，如初沛然。而心乎独得，还步未辍。闻于空中曰："佛法津梁，俟子而大，既应付嘱，尔盍勉之。"乃深割爱缘，亟从剃落。以荆土律藏之微密也，大士智京在焉，摄衣从之，既进而且仪法峻整，冠于等辈；以嵩岳禅之泉海也，长安长老在焉，稽首咨之，既授记而身心自在，超出尘垢，厌离文字，思会宗元，周法界以冥搜，指曹溪而遐举。能大师方宏法施，学者如归，涉其藩闻者十一二焉，跻其室堂者又十一焉，师以后学弱龄，分为末席，虚中而若无所受，善闭而惟恐有闻。能公异焉，置之座右。会一音，吹万有，衍方寸，弥大千，同焉而交畅，异焉而吻合。同授秘印，目为宗师。乃陟武当，穷栖十霜，来衡岳，终焉是托。惟般若圣概，有观音道场，宴居斯宇，因以为号。或微言析理，辩士顺风而杜其口；或杖屦将撰，山灵借留而规于梦。远自梁益，近从荆吴，云趋景附，风动川至，灵山圣会，今古一时。至矣哉！未始闻也。一公见性同德，宏教钟陵，郁为名家，再扬木铎，而施及宽晖，继传心灯，共镇国土。乃追琢琬琰，揭于故山，扬其耿光，以示来劫。其受法弟子亦序列于左，式明我教之有开焉。铭曰：

　　不疾而速，平平南宗。穷行其教，岳岳让公。秀发之英，激于童齿。出尘之像，光于止水。乃趋律会，仪范孔修。乃探密藏，先觉同求。曹溪实归，般若观妙。体是宗极，湛乎反照。一从委顺，六纪于兹。教迹未衰，灵峰肖而。一公丕承，峻其廊庑。宽晖继起，重规叠矩。乃扫尘塔，乃植丰碑。率是教者，兹焉有归。①

据此，怀让本律师，先后师从道安、慧能，实得曹溪六祖正法，"宏而信之"。"一公丕承，峻其廊庑。宽晖继起，重规叠矩"，"一公"即马祖，为怀让"大弟子"，而马祖门人惟宽、怀晖，"重规叠矩"。其为怀让立碑，在于"惧绝故老之口，将贻后学之忧，丕若贻谋，思扬祖德，乃列景行，托于废文，强名无迹，以慰乎罔极之恩"。

其已建构出慧能—怀让—马祖道———惟宽和怀晖的四代传法谱系。据碑文，元和十八年，惟宽、怀晖为怀让立碑。然"元和"只用十五年，并无十八年，应为舛讹。如果将"十"或"八"视为讹误，可能为"元和八年"或"元和十年"。故立碑具体时间不可考，但下限在怀晖、惟宽圆寂之前。怀晖在元和十年十二月圆寂，时在西历 816 年。惟宽在元和十二年（817）二月圆寂。此文推崇慧能得达摩系正统，而怀让得慧能正统，惟宽和怀晖则再同时继承曹溪正宗。

相传怀晖著有《法眼师资传》，或佚"眼"而作《法师资传》，"自鸡足山大伽叶而下，至六祖能秀，论次详实"。成书于贞元十七年（801）的智炬《宝林传》，全称《大唐韶州双峰山曹溪宝林传》，又作《双峰山曹侯溪宝林传》，佛教史学界疑即

---

① （清）董诰等编：《全唐文》卷六百十九，中华书局 1983 年影印本，第 6246 页上—6247 页上。

怀晖《法眼师资传》①。该书十卷，仅存七卷，第七卷、第九卷、第十卷已佚。前八卷记述释迦牟尼佛之生平、弘法大略，继而叙述第一祖大迦叶、二祖阿难、三祖商那和修、四祖优婆毱多，以迄二十八祖达摩、二十九祖慧可、三十祖僧璨等人之传略及传法事迹。第八卷并附有房琯三祖僧璨碑文。据逸文推测，佚失的最后两卷当记四祖道信、五祖弘忍、六祖慧能、南岳怀让、马祖道一等。

据《宝林传》和日本椎名宏雄整理出来的《宝林传》逸文，可知《宝林传》已确立了慧能—怀让—马祖的正统传法谱系。有逸文如下：

  1.《宝林传》："乃往曹溪，依近能大师，凡经经一十三岁。至景云二年辛亥之岁，拜辞大师，南游罗浮，并教化钟铜。至三年二月十六日，再觐大师。云云。让在师左右，复经二载，能事毕矣。云云。"

  2.《宝林传》："若学坐佛，佛非坐卧。若学坐禅，禅非定相。"

  3.《宝林传》："［道一问］'如何用心即合禅定无相三昧。'让曰：'汝若学无相三昧，犹如下种。'"②

《宝林传》有祖师谶，可能记慧能、怀让、马祖以及马祖弟子。睦庵《祖庭事苑》卷八《注祖师谶》云：

  诸祖谶偈自云启翻译，编于智炬《宝林传》。编二十八首：般若多罗十一，那连耶舍一十三，竺大力一，志公一，

---

① 贾晋华：《古典禅研究：中唐至五代禅宗发展新探》，上海人民出版社2013年版，第170—173页。
② 椎名宏雄：《〈宝林传〉卷九卷十的逸文》，《宗教学研究》第22号，1980年；《〈宝林传〉逸文的研究》，《驹泽大学佛教学部论集》第11号，1980年。

达摩一，六祖一。虽录于《传》，而罕知其由。或闻仰山笺注颇详，竟不获见。晚于云门曜禅师录中，得曜所注十八首。般若多罗止有三首见注，今并录于后。禅师讳重曜，嗣天台韶国师。名振当时，为钱氏礼重。其谶注手泽尚存，今閟于会稽云门雍熙之影堂云。①

如睦庵《祖庭事苑》卷八录《宝林传》谶语云："震旦虽阔无别路，要假儿孙脚下行。金鸡解衔一粒米，供养十方罗汉僧。"重曜注云："此谶马大师得法于让和上之缘。无别路，其道一也，故马大师名道一。儿孙，嗣子也。脚下行，所谓一马驹子踏杀天下人也。金鸡衔米，以让和上金州人，鸡知时而鸣，以觉未寤。罗汉僧，马祖生汉州之什仿县，受让师法食之供。"②

睦庵《祖庭事苑》卷八录《宝林传》谶语云："路行跨水忽逢羊，独自栖栖暗渡江。日下可怜双象马，二株嫩桂久昌昌。"重曜注云：

> 此谶达摩西来始终之事。达摩始来见梁武帝。帝名衍，衍从行，从水，故云路行跨水。帝既不契，祖师遂有洛阳之游，故云逢羊。羊、阳声相近也。祖师不欲人知其行，是夜航苇西迈，故曰暗渡江也。祖师西来，见梁、魏二帝，此言日下双象马也。九年面壁于少林，故曰二株嫩桂也。久、九声之近也。③

但笔者以为"双象马"是指怀晖、惟宽，此二人为马祖道一弟子，先后弘法京都，即谶语"日下"：

---

① （宋）睦庵编：《祖庭事苑》，《卍续藏》第64册，第426页。
② 同上。
③ 同上。

睦庵《祖庭事苑》卷八录《宝林传》谶语云："心里能藏事,说向汉江滨。湖波探一月,将照二三人。"重曜注云："此谶南岳让和上。心里藏事,怀让也。汉江滨,弟子马祖生汉州。探一月,谓师于曹溪尽月也。二三人,师尝谓门人曰：汝等六人同证吾身。常浩得吾眉,善威仪；智达得吾眼,善顾盼,坦然得吾耳,善听理；神照得吾鼻,善知气；严峻得吾舌,善谈说；道一得吾心,善古今。'"①

睦庵《祖庭事苑》卷八录《宝林传》谶语云："领得珍勤语,离乡日日敷。移梁来近路,余气脚下途。"重曜注云："此谶马祖也。珍勤,谓得让师法宝,勤而受用。有本作弥勒语,非也。离乡,南也。日日,昌也,马祖阐化于南昌。有本作日月,非也。移梁,度人也。来近路,被洪州连帅路嗣恭之请,入城说法也。余气,我息也,言传法之子息,犹我而行天下也。"②

权德舆《唐故章敬寺百岩大师碑铭并序》碑,立于元和十三年(818)。其云：

> 禅宗长老百岩大师之师,曰大寂禅师,传佛语心法,始自达摩,至于惠能之化,行于南服,流于天下。……弟子智朗、志操等,以明年正月,起塔于灞陵原。凡一镫所传,一雨所润,入法界者,不可胜书。著《法师资传》一编,自鸡足山大伽叶而下,至六祖能秀,论次翔实。或问心要者,答曰："心本清净而无境者也,非遗境以会心,非去垢以取净,神妙独立,不与物俱,能悟斯者,不为习气生死幻蕴之所累也。"故荐绅先生知道入理者多游焉。尝试

---

① (宋)睦庵编：《祖庭事苑》,《卍续藏》第64册,第427页。
② 同上。

言之，以中庸之自诚而明，以尽万物之性，以大易之寂然不动，感而遂通，则方袍褒衣，其极致一也。向使师与孔圣同时，其颜生闵损之列欤？释尊在代，其大慧纲明之伦欤？至若从师受具之次第，宰臣大官之尊信，诞生入灭之感异，今皆不书。……铭曰：西方之教，南宗之妙，与日并照。百岩得之，为代导师，颎若琉璃。结火燔性，爱流溺正，痴冥奔命。即心是佛，即色是空，师之通兮。无来无去，无缚无解，师之化兮。碣兹灵塔，丹素周匝，示尘劫兮。①

据此，百岩怀晖系马祖弟子。"至六祖能秀"，当是定六祖慧能和北宗神秀，并非慧能和神秀并立为六祖。"百岩得之，为代导师"，谓怀晖得达摩系正统。其以为怀晖如孔门以德行并称的颜回、闵损。其传法谱系为达摩—慧可—僧璨—道信—弘忍—慧能—怀让—马祖道一—怀晖。

李朝正《重建禅门第一祖菩提达摩大师碑阴文》，立于元和十三年（818）。其云：

> 菩提达摩自西域至中国，为禅宗第一祖。内传心印以为宗，谓意出文字外；外传袈裟以为信，信表师资。其袈裟授可大师，可授粲，粲授信，信授忍，忍授能。达摩遗言云："我法至第六代后，传我法者命如悬丝。"故能受付嘱后，犹隐遁人间。事在本传。祖师知当来学徒，必注意谓法在衣上，不知法本无为，得之者永超三界。了斯元旨，是达真宗。所以诫绝传衣，今学人得意者广通流布，化及无穷，拯溺俗于沉沙，擢迷途于苦海者矣。曹溪能弟子南

---

① （清）董诰等编：《全唐文》卷五百一，中华书局1983年影印本，第5103页下—5104页上。

岳惠让，让弟子龚公山洪州道一，洪州弟子信州鹅湖山大义。大义贞元中内道场供奉大德，每敷演妙理，万法一如，得无所得，证无所证，开合不二，是非双泯。夫无像之像，像遍十方；无言之言，言充八极，可谓真证直得涅槃宗源乎。至十九年四月十九日，德宗皇帝乃度中贵王士则，命舍官，赐法名惠通充弟子，又度官生童子惠真，充侍者。惠通由是亲承教旨，妙达真宗。自祖师历六代后，名流大德学徒得意者，在行天下，敷演妙理，不可殚纪。朝正但据所禀本教来处叙之，将来幸辩由户不谬矣。今恐年代久远，故重刊石纪之。①

据此可知，慧能为六祖，已建构出慧能—怀让—马祖三代传法谱系。其传法谱系为达摩—慧可—僧璨—道信—弘忍—慧能—怀让—马祖道——鹅湖大义—惠通。鹅湖大义重建禅门第一祖达摩大师碑，是为借此树立洪州马祖道一法系的地位。联系到北宗宏正为三祖僧璨立碑之事，尊祖似可自树谱系之权威。

陈诩《唐洪州百丈山故怀海禅师塔铭》，立于元和十三年（818）十月。其云：

桑门上首曰怀海禅师，室于斯塔于斯。……西方教行于中国，以彼之六度视我之五常，遏恶迁善，殊途同辙。唯禅那一宗，度越生死，大智慧者方得之。自鸡足达于曹溪，纪牒详矣。曹溪传衡岳观音台怀让和上，观音传江西道一和上，□□诏谥为大寂禅师。大寂传大师，中土相承，凡九代矣。……门人法正等，尝所禀奉，皆得调柔，递相发挥，不坠付属，他年绍续，自当流布。门人谈叙，永怀

---

① （清）董诰等编：《全唐文》卷九百九十八，中华书局1983年影印本，第10333页。

师恩,光崇塔宇,封土累石,力竭心瘁。门人神行、梵云,结集微言,纂成语本,凡今学者,不践门阈,奉以为师法焉。……其文曰:梵雄设教,有权有实。未得顿门,皆为暗室。祖师戾止,方传秘密。如彼重昏,忽悬白日。(其一)唯此大士,宏绍正宗。虽修妙行,不住真空。无假方便,岂俟磨砻。恬然返本,万境圆通。(其二)百千人众,尽祛病热。彼皆有得,我实无说。心本不生,形同示灭。此土灰烬,他方水月。(其三)法传人代,塔闭山原。杉松日暗,寺塔犹存。蔼蔼学徒,无非及门。唯能觉照,是报师恩。(其四)①

据此可知,已建构出慧能—怀让—马祖三代传法谱系。其以百丈怀海得马祖密传,为桑门上首,继承正统,是为第九代。其传法谱系为达摩—慧可—僧璨—道信—弘忍—慧能—怀让—道一—怀海。

白居易《西京兴善寺传法堂碑铭并序》,成于元和十四年(819)。其云:

> 有问师之传授,曰:释迦如来欲涅槃时,以正法密印付摩诃迦叶,传至马鸣,又十二叶传至师子比邱及,二十四叶传至佛驮先那,先那传圆觉达摩,达摩传大宏可,可传镜智璨,璨传大医信,信传圆(一作大)满忍,忍传大鉴能,是为六祖。能传南岳让,让传洪州道一,一谥曰大寂,寂即师之师。贯而次之,其传授可知矣。
>
> 有问师之道属,曰:由四祖以降,虽嗣正法有冢嫡,而支派者犹大宗小宗焉。以世族譬之,即师与西堂藏、甘

---

① (清)董诰等编:《全唐文》卷四百四十六,中华书局1983年影印本,第4548页上—4549页下。

泉贤、勒潭海、百岩晖俱父事大寂，若兄弟然，章敬澄若从父兄弟，径山钦若从祖兄弟，鹤林素、华严寂若伯叔然，当山忠、东京会若伯叔祖，嵩山秀、牛头融若曾祖伯叔，推而序之，其道属可知矣。……铭曰：佛以一印付迦叶，至师五十有九叶。故名师堂为传法。①

西土有五十祖，中土达摩至马祖道一有八代祖师，以惟宽为五十九代传人、马祖嫡子，其他为旁出。据此，已建构出慧能—怀让—马祖三代传法谱系。可知其传法谱系为达摩—慧可—僧璨—道信—弘忍—慧能—怀让—道一—惟宽。虽然其用宗法制比附达摩系禅门派系，但不清楚世系。

韦处厚《兴福寺内道场供奉大德大义禅师碑铭》，据《宝刻类编》卷五，立于长庆二年（822）七月十一日。其云：

应身无数，天竺降其一；禅祖有六，圣唐得其三。在高祖时，有道信叶昌运；在太宗时，有宏忍示元珠；在高宗时，有惠能筌月指。自此脉散丝分，或遁秦，或居洛，或之吴，或在楚。秦者曰秀，以方便显，普寂其允也。洛者曰会，得总持之印，独曜莹珠，习徒迷真，橘枳变体，竟成《檀经》传宗，优劣详矣。吴者曰融，以牛头闻，径山其裔也。楚者曰道一，以大乘摄，大师其党也。三祖之德之（疑）也，则无一心可摄，无一境可遣。不摄不遣，冥于大顺之言也，则称器投物，量机应命，皆持权以明实，用实而照权。自时厥后，迷方滞迹，是非迭兴，物我不泯。正南而邪北，有北而空南，而不知南之心生，自同北矣；

---

① （清）董诰等编：《全唐文》卷六百七十八，中华书局1983年影印本，第6928页上—6929页上。

北之见灭，乃亢南矣。①

据此，已建构出慧能—怀让—马祖三代传法谱系。可知慧能为六祖，是为达摩系正统，神秀、普寂、神会、法融、法钦是旁出支脉。北宗邪，南宗正，北宗见灭，是因抗南。其传法谱系为达摩—慧可—僧璨—道信—弘忍—慧能—怀让—道一—大义。

朴升英《有唐新罗国故国师谥真镜大师宝月凌空之塔碑铭并序》，立于龙德四年（924），实为同光二年。其云：

> 咸通九年，先大师寝疾，乃召大师云："此法本自西天，东来中国，一花启发六叶敷荣，历代相承，不令断绝。我曩游中土，曾事百岩，百岩承词于江西，继明于南岳。南岳则曹溪之冢子，是嵩岭之元孙，虽信衣不传，而心印相授，远嗣如来之教，长开迦叶之宗。汝传以心灯，吾付为法信。"寂然无语，自□洹□。大师目语悲深，心丧愁切，尤积亡师之恸，实增绝学之忧。十有九，受具足戒。既而草系兴怀，□飘托迹，何劳跋涉，即事巡游，访名山而仰止高山，探□□而终寻绝境。或问曰："大师虽备游此土，遍谒元关，而巡历他方，须参硕彦。"大师答曰："自达摩付法，惠可传心，禅宗所以□者，何由西去，贫道已□□目，方接芳尘。"岂料舍筏之心，犹轸乘桴之志。②

据此可知，以南岳怀让为慧能的"冢子"，即嫡长子。其传

---

① （清）董诰等编：《全唐文》卷七百十五，中华书局1983年影印本，第7352页下—7354页下。
② （清）陆心源辑：《唐文拾遗》卷六十八，中华书局1983年影印本，第11128页上—11130页下。

法谱系为达摩—慧可—僧璨—道信—弘忍—慧能—怀让—马祖道———怀晖—玄昱—审希。

欧阳熙《洪州云盖山龙寿院光化大师宝录碑铭》，立于五代吴大和六年（934）或其后。其云：

> 即曹溪六祖付法让大师，让大师授马祖，马祖传百丈，百丈分黄檗，黄檗之林际。得林际密旨者，惟灌溪焉。入灌溪室，续焰挑灯者谁？即云盖大师矣。①

林际，即临济义玄。据此，可知怀溢以禅宗正统自居，其传法谱系为达摩—慧可—僧璨—道信—弘忍—慧能—怀让—马祖—百丈—黄檗—临济—灌溪—怀溢。此碑以黄檗为百丈嗣法弟子，与存奖表彰黄檗为西堂嗣法弟子不同。早出认祖西堂，晚出认祖百丈。

崔彦㧑《有晋高丽中原府故开天山净土寺教谥法镜大师慈镫之塔碑铭并序》，天福六年（941）十一月立碑。其云：

> 爰有应真菩萨，同觉大师，惠□中□非人不授，至唐承袭者，窃惟六人：摩传可，可传璨，璨传信，信传忍，忍传能。能其后分而为二，其一曰让；其一曰思，其下昭昭，此则何述焉。……所以永遂离尘，寻山陟岭，东西获投灵觉山寺，谒深光大师，倾盖如新，忻然自得，追念东山之法，实谓得人，倍切欢娱，宁知昏旭，阐扬吾道，不在他人。所以仰惟祖宗，仍是崇严之子，犹认先系，亦为麻谷之孙也。足见圣道所传，曹溪为祖，代代相契，至于大师，所以来自江西，流于海左，海隅圣住，天下无

---

① （清）董诰等编：《全唐文》卷八百六十九，中华书局1983年影印本，第9101页下—9103页上。

双。……乾宁五年,受具于伽邪山寺。……路出东阳,经过彭泽,遂至九峰山下,虔谒道乾大师。①

此碑承认慧能—怀让—马祖的传法谱系。无染系韩国圣住山开山祖师。碑文中的深光禅师,自称"麻谷之孙",出自马祖系。崇(嵩)严,即指嵩严山圣住寺无染。其传法谱系为达摩—慧可—僧璨—道信—弘忍—慧能—怀让—马祖道一—麻谷宝彻—无染—深光—元晖。无染之事迹,可见《祖堂集》卷十七和崔致远《有唐新罗国故两朝国师教谥大朗慧和尚白月葆光之塔碑铭并序》②。

据碑文,可知元晖于天祐三年(906)入华,参学多处,其系九峰山道虔的嗣法弟子。其已以怀让、行思分宗,又隐而不言,综合分析,其可能考虑到同时兼承洪州宗和石头宗,未敢赘述。故从道虔的石头宗立场看来,其传法谱系为达摩—慧可—僧璨—道信—弘忍—慧能—青原行思—石头希迁—药山惟俨—道吾宗智—石霜庆诸—道虔—元晖。考梵日参盐官齐安,后参药山惟俨,其门下弟子丽严、迥微、庆猷、云住与利严入华求学于云居道膺,法派门户之见似乎并不森严。

李梦游《高丽国尚州曦阳山凤岩寺王师赠谥静真大师圆悟之塔碑铭并序》,乾德三年(965)立。其云:

> 由是大迦叶以所得法眼,付嘱阿难,自此传承未尝断绝,中则马鸣龙树,末惟鹤勒鸠摩,相付已来,二十七代后有达摩大师,是谓应真菩萨,南天辞国,东夏传风,护心印以无刓,授信衣而不坠,东山之法,渐获南行,至于

---

① (清)陆心源辑:《唐文拾遗》卷六十九,中华书局1983年影印本,第11141页下—11145页下。

② (清)陆心源辑:《唐文拾遗》,卷四十四,中华书局1983年影印本,第10867页下—10873页下。

曹溪，又六代矣。自尒继明重迹，嫡嗣联绵，曹溪传南岳让，让传江西一，一传沧州鉴，鉴犹东顾，传于海东，谁其继者，即南岳双溪慧明禅师焉。明复传贤溪王师道宪，宪传康州伯严杨孚禅师。孚即我大师严师也。①

据此可知，其承认慧能—怀让—马祖的传法谱系，以祖师代代"嫡嗣联绵"。其谱系为达摩—慧可—僧璨—道信—弘忍—慧能—怀让—马祖—神鉴—慧明（昭）—道宪—杨孚—兢让—迥超。韩国曦阳山的开山始祖一说为道宪；一说为兢让，兢让追认谱系为洪州宗，而道宪追认谱系为道信门下弟子法朗。慧明（昭）自认曹溪玄孙，建六祖影堂。崔致远《有唐新罗国故知异山双溪寺教谥真鉴禅师碑铭并序》云：

始用玉泉为榜，屈指法胤，则禅师乃曹溪之玄孙，是用建六祖影堂，彩饰粉墉，广资诱经，所谓悦众生故绮错绘众像者也。②

崔彦撝《有唐新罗国师［子］山□□□□□教谥澄晓大师宝印之塔碑铭并序》，龙德四年（924）撰，天福九年（944）立。其云：

（道允）和尚曩昔中国，先谒南泉，以此南泉承嗣于江西，江西继明于南岳，南岳即曹溪之冢子也。其高曾可知矣。所以大师从此服膺，不离左右，得嗣东山之法。③

---

① ［韩］李智冠校勘译注：《韩国佛教金石文校勘译注》卷二，《校勘译注历代高僧碑文》（高丽篇1），伽山佛教文化研究院出版1994年版，第440—461页。

② （清）陆心源辑：《唐文拾遗》卷四十四，中华书局1983年影印本，第10864页下—10867页下。

③ ［韩］李智冠校勘译注：《韩国佛教金石文校勘译注》卷二，《校勘译注历代高僧碑文》（高丽篇1），伽山佛教文化研究院出版1994年版，第276—285页。

据此可知，其承认慧能—怀让—马祖的传法谱系，其以南岳怀让为慧能的"冢子"。其谱系为达摩—慧可—僧璨—道信—弘忍—慧能—怀让—马祖—南泉—道允—折中。

《禅苑集英·感诚传》载无言通谓弟子感诚云：

> 昔世尊为一大事因缘出现于世，化缘周毕，示入涅槃，如此妙心，名正法眼藏，实相无相，三昧法门，亲付弟子摩诃迦叶尊者为初祖，世世相传，至达摩大师，自西而来，跋涉险危，为传此法，递至六祖曹溪，得于五祖所。于达摩初至，人未知信，故以传衣以明得法，今信已熟，衣乃争端，正于汝身，不复传也。于是以心传心，不授衣钵。时南岳让首得其传，让授马祖。马祖授百丈海，吾于百丈，得其心法，九响北方，慕大乘者众，是以南来，求善知识。今与汝遇，善宿缘也。听吾偈曰：诸方浩浩，妄自喧传。谓吾始祖，亲自西来。传法眼藏，日谓之禅。一花五叶，种子绵绵。潜符密语，千万有缘。咸谓心宗，清净本然。西方此土，此土西方。古今日月，古今山川。触涂成滞，佛祖成冤。差之毫厘，失之百千。汝善观察，莫赚儿孙。直饶问我，我本无言。①

无言通（？—826），曾住广州和安寺，《袁州仰山慧寂禅师语录》《景德传灯录》《五灯会元》作"通禅师""不语通"，开交州无言通禅派。其于唐元和十五年（820）自广州至交州，在北宁仙游山建初寺弘法。据此可知，无言通系百丈怀海嗣法弟子。其承认慧能—怀让—马祖的传法谱系，其传法谱系为达摩—慧可—僧璨—道信—弘忍—慧能—怀让—马祖—百丈怀

---

① [越] 释如智辑：《禅苑集英·感诚传》。转引自释清决《越南禅宗史论》，中国社会科学院研究生院博士学位论文，2001年，第49页。

海—无言通—感诚。

三 荷泽宗的承认

宗奉慧能—神会为嫡传正统者，在洪州宗崛起后，承认其慧能—怀让—马祖的传法谱系，但视为旁出支派。

贾𫠜《扬州华林寺大悲禅师碑铭并序》碑，此碑传主灵坦，系神会弟子，承认怀让与神会是曹溪门下分化出来的二宗。贾𫠜《扬州华林寺大悲禅师碑铭并序》，或立于宝历元年（825），或立于太和二年（828）之后。其云：

> 自大迦叶亲承心印，二十九世传菩提达摩，始来中土，代袭为祖，派别为宗。故第六祖曹溪惠能，始与荆州神秀分南北之号。曹溪既没，其嗣法者神会、怀让又析为二宗。初师子比邱以遭罹大难，恐异端之学起，故传袈裟以为信，迨曹溪凡十世。而其间增上慢者，徇名迷实，至决性命以图之。故每授受之际，如避仇敌。及曹溪将老，神会曰："衣所以传信也，信苟在法，衣何有焉？"他日请秘于师之塔庙，以熄心竞。传衣繇是遂绝。师嗣法于神会大师者也，上距大迦叶三十六代。①

据此，荷泽宗承认洪州宗的崛起，不过自认嫡传正统，洪州宗为旁出支派。洪州宗追尊怀让为六祖嗣法弟子，下传洪州马祖道一。自大迦叶至达摩，为二十八代，至神会、怀让，为第三十五代。荷泽宗传法谱系为达摩—慧可—僧璨—道信—弘忍—慧能—神会。据碑文，宝历元年（825），全证"驻锡于毗

---

① （清）董诰等编：《全唐文》卷七百三十一，中华书局1983年影印本，第7546页上—7547页下。

陵,持其教宗与师之行事,愿得文而建诸塔庙","余因采其昭昭可述者载于碑","时丞相太原公总戎淮南之三年也"。据《旧唐书·王播传》,丞相太原公即王播,于太和二年(828)进封太原公、太清宫使。其于长庆二年(822)出任淮南节度使、检校右仆射,于宝历元年(825),可算作三年。碑文中"太原公"为太和二年进封,王播不至于在宝历元年被人称作"太原公"。可是,碑文又称在"余因采其昭昭可述者载于碑,时丞相太原公总戎淮南之三年也",似为宝历元年撰文。故两相矛盾,或为后来篡改,或为太和二年之后成文,或为先于宝历元年草稿而后太和二年之后修订以成定稿。

宗密《中华传心地禅门师资承袭图》,大约成于太和元年(827)至太和四年(830)。其云:

> 洪州宗者,先即六祖下傍出。谓有禅师,姓马,名道一。先是剑南金和尚弟子也(金之宗源即智诜也。亦非南北),高节至道,游方头陀,随处坐禅。乃至南岳,遇让禅师,论量宗教,理不及让。方知传衣付法曹溪为嫡,乃回心遵禀,便住处州、洪州。或山或郭,广开供养,接引道流。后于洪州开元寺弘传让之言旨,故时人号为洪州宗也。让即曹溪门下傍出之派徒(曹溪此类数可千余),是荷泽之同学,但自率身修行。本不开法,因马和尚大扬其教,故成一宗之源。①

宗密承认慧能—怀让—马祖的传法谱系,但以慧能—神会为正统嫡传,怀让只是慧能门下旁出弟子,此类弟子数可千余。而怀让本不开法,或者说不具有开法资格,因马祖大扬其教,

---

① (唐)宗密:《中华传心地禅门师资承袭图》,《卍续藏》第63册,第31页。

成为洪州宗的源头。

裴休《唐故圭峰定慧师传法碑并序》，立于大中九年（855），现存陕西省户县草堂寺内。其云：

> 圭峰禅师，号宗密，姓何氏，果州西充县人，释迦如来三十九代法孙也。……自迦叶至达摩，凡二十八世。达摩传可，可传璨，璨传信，信传忍为五祖，又传融为牛头宗。忍传能为六祖，又传秀为北宗。能传会为荷泽宗，荷泽于宗为七祖；又传让，让传马，马于其法为江西宗。荷泽传磁州如，如传荆南张，张传遂州圆，又传东京照。圆传大师。大师于荷泽为五世，于达摩为十一世，于迦叶为三十八世，其法宗之系也如此。①

据此，在以慧能—神会为中心的谱系表述中，尊神会为七祖，是慧能门下正统，江西宗即洪州宗，怀让为慧能门下旁出。其余，牛头宗为道信门下旁出，北宗神秀为弘忍门下旁出，东京神照系荆南惟忠（张）门下旁出。

四　石头宗的承认

青原行思、石头希迁一系所谓"石头宗"的崛起在洪州宗之后，当发轫于唐末五代时期。如果文献可靠，宗密时代已有石头宗派，只是作为一种小分支，未能与荷泽宗、洪州宗等争雄。如宗密《禅源诸诠集都序》云："今集所述殆且百家，宗义别者犹将十室。谓江西、荷泽、北秀、南侁、牛头、石头、保唐、宣什及稠那、天台等。"②宗密将石头、牛头下至径山归类

---

①　（清）董诰等编：《全唐文》卷七百四十三，中华书局1983年影印本，第7691页下—7694页上。

②　（唐）宗密：《禅源诸诠集都序》，《大正藏》第48册，第400页。

于"泯绝无寄宗"①。裴休《唐故圭峰定慧师传法碑并序》立于大中九年（855），仅述及慧能门下分洪州宗、荷泽宗，尚未提及石头宗。可见，石头宗的崛起要晚于此时。怀让、石头时代，曹溪系、牛头宗门下尚无严格的门户之见，弟子们相互参学。石头希迁曾求学于怀让，被认为石头希迁门下的几位弟子如丹霞天然、药山惟俨、天皇道悟，都曾求学于马祖道一，并且天皇道悟、丹霞天然又都曾求学于牛头宗法钦。而权德舆《唐故洪州开元寺石门道一禅师塔铭并序》列入马祖门下的弟子有"道悟"，归登《南岳怀让禅师碑》中也有再传弟子"道悟"之名。龙潭崇信并非天皇道悟门下弟子，而是天王道悟的弟子。龙潭崇信其下开云门、法眼二宗，实为马祖道一的法脉。以药山惟俨和天皇道悟归于石头希迁门下，并将龙潭崇信归于天皇道悟门下，当发轫于唐末时期。贾晋华依分析《宋高僧传》《祖堂集》之记载，认为可能是洞山良价、德山宣鉴、石霜庆诸、投子大同等人较早地先后归宗石头。② 不过，仍然缺乏唐代史料证据，晚出史料不足以证明前面的历史，因此不能确证无疑，有待于新史料的发现。

崔彦㧑《有唐高丽国海州须弥山广照寺故教谥真澈禅师宝月乘空之塔碑铭》，清泰四年（实为后晋天福二年，937）十月二十日立。其云：

> 昔者肉身菩萨惠可禅师，每闻老生谈天竺吾师夫子达摩大师，乃总持之林苑，不二之川泽也。于是远赍祖法□梁，而又游化魏朝，往寻嵩岳，非人不授。始遇大宏，因物表心，付衣为信，犹亦优昙一现，洎于五叶相承，其道弥尊，不令断绝，格于天鉴，元学咸宗，殊见所生，信衣

---

① （唐）宗密：《禅源诸诠集都序》，《大正藏》第48册，第402页。
② 贾晋华：《古典禅研究：中唐至五代禅宗发展新探》，上海人民出版社2013年版，第232—236页。

斯止。是故曹溪为祖，法水长流，波□滔天浩浩，犹鲁公之政，先奉文王、康叔之风，以尊周室。则知当仁秀出者唯二，曰让曰思，实繁有徒，蕃衍无极。承其让者大寂，嗣其思者石头，石头传于药山，药山传于云岩，云岩传于洞山，洞山传于云居，云居传于大师，传法继明，焕乎本藉。①

利严系韩国须弥山开山祖师，开法于广照寺。据此，利严系云居道膺弟子，遵青原行思系为第七代。其承认慧能—怀让—马祖的传法谱系。

崔彦撝《高丽国弥智山菩提寺故教谥大镜大师元机之塔碑铭并序》，此碑立于天福四年（939）岁次己未四月十五日。其云：

释氏之宗，其来久矣。伽谭日甚，圣道天开，然则八万度门，重光三昧，庄严佛土，成就众生，最后涅槃之时，付嘱之故，独以法眼，授于饮光迦叶，奉以周旋，别行于世。至于鞠多，偏能守护，弥阐斯宗，目击道存，不劳口舌，不可以多闻识，不可以博达知。爰有达摩，从此来仪，本求付法惠可，倾诚雪立，熨以传心，其后法水东流，慈云普覆。由是曹溪之下，首出门者，曰让曰思。思之嗣迁，迁之嗣彻，彻之嗣晟，晟之嗣价，价之嗣膺，膺之嗣大师。故其补处相悬，见诸本藉，人能□道，此之谓欤！②

丽严与同学于云居道膺的迴微、庆猷、利严并称东海四大无畏大士。据此，丽严系云居道膺弟子，遵青原行思系为第七

---

① （清）陆心源辑：《唐文拾遗》卷六十九，中华书局1983年影印本，第11139页上—11141页下。

② 同上书，第11145页下—11147页下。

代。其承认慧能—怀让—马祖的传法谱系。

五 七祖怀让

怀让被尊为七祖，时间应当在唐末洪州宗崛起之后。马祖道一系视荷泽宗为慧能旁出，自视为正宗嫡传，势必不认可神会为七祖，而推尊怀让为七祖。

归登《南岳怀让大师塔铭》，相传大历二年（826）年立。其云：

> 怀让姓杜氏，金州人，即七祖也。①

原碑已不存，此文不载经传，疑为伪托。

北宋临济宗僧人汾阳善昭（947—1024）所作《汾阳无德禅师语录》卷下《唐六祖后门人立让大师为七祖》颂"七让大师"云：

> 已得观音号，犹谈让子名。有危持梦救，无苦不辞轻。受谶应先圣，传灯付后经。随根兴普泽，蒙润即芽生。②

作为以慧能—怀让—马祖道一为中心的谱系内部，确实不会尊所谓旁出的神会为七祖。

---

① 刘智明：《南岳禅宗七祖塔碑文简论》，《衡阳师专学报》（社会科学版）1994年第3期。

② （宋）汾阳善昭撰，（宋）石霜楚圆编：《汾阳无德禅师语录》，《大正藏》第47册，第625页中。

藉教悟宗:慧思与菩提达摩

——共同开创了隋唐佛学与宋明理学的先河

李尚全

（扬州大学佛学研究所所长）

摘　要：东晋梅赜《古文尚书》对中国学术做出的重大贡献，是发明了《大禹谟》的"十六字心传"。北魏的慧思禅师和菩提达摩禅师，分别把姚秦鸠摩罗什翻译的《法华经》和刘宋求那跋陀罗翻译的《楞伽经》进行了中国化的诠释，他们开创的"藉教悟宗"的中国佛学理论，与《大禹谟》萌动的"十六字心传"儒学理论完全合辙，开创了隋唐佛学与宋明理学的先河。

关键词：《古文尚书》　藉教悟宗　慧思禅师　菩提达摩禅师

自孔子开始，中国人就形成了"唯经"的思维方式，并且一直延续到今天。佛教自两汉之际传入中国，理所当然地受到这种思维方式的深刻影响，变成中国佛学。这种转变，是在北魏实现的，关键人物是中国本土的慧思和南印度的菩提达摩。他们把印度的如来禅发展成中国的祖师禅，开拓了中国佛学的新境界。

一 中国人的唯经思维方式考述

孔子整理六经之前,是中国古典经学时代。孔子整理六经,开创了儒家经学时代。西汉董仲舒开创了国家经学时代。这是中国经学发展的基本脉络,也是中国学术演进的基本脉络。

1. 古典经学滥觞于伏羲时代

广义的文字学者认为:"人们用来传递信息的、表示一定意义的图画和符号,都可以称为文字。"① 就考古学而言,在北京周口店第1地点的洞穴遗址里,堆积了13个文化层,发现了6个北京人头盖骨,时代从距今50万年直到20万年,他们不但会用砸击石头法来制作工具刮削器、尖状器、石锥、雕刻器等,还学会了用火,堆积的色彩鲜艳的灰烬,厚度达4—6米。大约在距今5—1万年的漫长岁月里,中国历史上传说的燧人氏,开始"钻木取火"和砸燧石取火,以及搓绳技术,开始走出山洞,到平原地带生活。我国古代历史上的燧明国(今河南商丘),很有可能就是由传说中的燧人氏族后裔建立的部落联盟延续而来。传说伏羲和女娲就是燧人氏的一对儿女。甘肃大地湾遗址发现了8000多年前的彩陶,很有可能就是伏羲和女娲部落联盟应用人工取火技术,烧制泥土制成祭祀天(太阳)和地(太阴)活动的神器,成为中国学术史上最早的"彩陶符号式的图画文字",表达阴阳内涵,后来由伏羲发展成"搓绳符号式的八卦"(八个日常生活中常用的字:天、地、雷、风、火、水、泽、山),成为符号式的文字,加上口耳相传的内容和技术,发展成

---

① 裘锡圭:《文字学概论》,商务印书馆1988年版,第1页。

与农业生产相关的"十二消息卦",成为最早的经典——《三坟》《五典》,随着《河图》《洛书》的出现,又增添了五行、天干、地支等方位、功能、数字符号,组成《连山》《归藏》《周易》等经典,训练部落联盟首领和"二帝三王"。这就是古典的三皇、五帝、三王时代的古典经学。到了周朝,周公旦制礼作乐,成为西周培养文官的"君子之学"。

2. 孔子编纂六经

生活在春秋时代的孔子,面对"礼崩乐坏"的新时代,为了规范社会秩序,为国家培养新型文官,开始整理、编纂古典经学,作为培养学生的教材,后世称之为《易经》《书经》《礼经》《乐经》《诗经》《春秋经》,并撰写《易传》和《孝经》。之后,追随孔子的弟子和再传弟子,发展成战国儒家学派。

3. 董仲舒开创的国家经学

生活在汉武帝时代的董仲舒,把战国阴阳家的学说与孔孟之道融合在一起,把自然灾变人格化,达到遏制皇权过分膨胀、独裁的目的,使孔子编纂的五经成为国家经学,从而使孔孟之道成为一个开放的儒学体系。汉武帝和昭帝设五经博士,即《易》《书》《礼》《春秋》各一人,《诗》三人。从此以后,读儒家经典可以做官,所以,"汉武帝以后的西汉历朝皇帝,对博士制度所作的或严或宽的限制,目的很清楚,即为了保证儒家经学这一统治思想的正常传播和运用,以维护、发展、强化封建主义的政治"[①],逐渐积淀成中国人的"唯经"思维方式,千百年来凝固不变。佛教就是在这样的思维定式下传入中国的。

---

① 承载:《西汉五经博士经说分家问题刍议——兼与罗义俊先生商榷》,《史林》1991年第2期,第9页。

4. 梅赜发明的儒家"十六字心传"

在两汉形成的今古文经学，经西晋永嘉之乱，大都毁于战火，今古文《尚书》散亡殆尽。据陆德明《经典释文·叙录》和《隋书·经籍志》记载，豫章内史（太守）梅赜（或作"颐"）向东晋元帝献出一部自称是孔安国作《传》的《古文尚书》，其传承情况，范文澜考述如下：

> 王肃传贾、马以来之《古文尚书》；复伪造二十五篇经传，合为五十八篇，魏末晋初，其书已行，《正义》所谓至晋世王肃注书，始似窃见《孔传》者是也。《尚书正义序》云："晋世皇甫谧独得其书，载于帝纪，其后传授乃可详焉。"《正义》又引《晋书皇甫谧传》云："姑子外弟梁柳边得古文《尚书》，故作帝王世纪，往往再《孔传》五十八篇之书。"《晋书》又云："晋太保公郑冲以古文授扶风人苏愉，愉字休预，预授天水梁柳字洪季，即谧之外弟也。季授城阳臧曹字彦始，始授郡守子汝阳梅赜，字仲真，又为豫章内史，遂于前晋奏上其书，而施行焉。"①

这就是南宋和清儒考证出的伪古文《尚书》的来龙去脉。但在当时，东晋元帝却信以为真，立于学官，② 成为南北朝学术的主流：南朝重视《孔传》，北朝重视《郑注》。这种学术风气

---

① 范文澜：《群经概论》，朴社民国二十二年十月初版，第109页。
② 范文澜说："梅赜所献，除二十五篇伪造外，其余确与孔传无大殊异，故能取信于当时。"（范文澜：《群经概论》，朴社民国二十二年十月初版，第94页。）

的张扬,终于在萧梁时期,把清谈玄学送进了"学术坟墓"。①这则是梅赜对中国学术做出的重大贡献。

其实,梅赜所献孔安国所传《古文尚书》,不全是伪书,其中的25篇是伪书,其余33篇皆真。就是25篇伪书,也不能全盘否定其学术价值。沈彤《果堂集》卷八《书〈古文尚书冤词〉后二》说:

> 毛氏此书,自谓"惧《古文尚书》将见废而为之",然吾知其必不废也。《古文尚书》非独聚敛传记,所采语,其中间亦必有真古文之残编滕简,如《隋志》所载"《尚书·逸篇》"之类者,故其尤善者,皆各有精言,以立一篇之干,若不得其真古文之要领,以深悉其伪,则其学弥粹,

---

① 南宋大儒真德秀说:"清谈之弊,起于曹魏,而终于萧梁。其始盖宗老、庄氏,其末则有欲为老、庄氏之役而不可得者。彼徒见老氏谓'有生于无'也,故何晏、王弼之徒设为玄虚之论,视事物之有形者,皆为刍狗,是非成坏,一不足介意,于是臣不必忠,子不必孝,礼法不必事,威仪不必修。惟空旷无心,不为事物染着者,乃为知道。固非先王之教之所许,而于老氏本指亦莫之究焉。盖老氏谓天下之物生于有,而有生于无,是始无而今有也。何晏辈乃悉归之于无,是岂老氏本指邪?自吾儒言之,形而上者,理也;形而下者,物也。有是理,故有是物;有是物,则具是理;二者未尝相离也。方其未有物也,若可谓无矣,而理已具焉,其得谓之无邪!老氏之论既失之,而为清谈者又失之尤者也。若吾儒之道则不然。天之生物,无一非实;理之在人,亦无一非实。故立心以实意为主,修身以实践为贵,讲学以实见为是,行事以实用为功。此尧、舜、周、孔相传之正法也。自何晏、戎、衍以至殷浩,虽皆高谈空妙,然于世之名宠权利未尝不深留其情。晏图台鼎,戎执牙筹,衍营三窟,浩达空函,卑猥贪吝,更甚庸俗,不知晏辈其以名宠权利为有邪?为无邪?夫既酷嗜而深求之,是必以为有矣。夫何世间万有一切皆无,独此乃真有邪?其视老氏之无为无欲,超然万物之表;庄生于千金之聘,三公之位,若浼焉者果何如邪?此所谓欲为老、庄氏之役,而不可得者也。其始以之自利其身,其终以之贻害于国。故桓温以为神州陆沉,百年丘墟,王夷甫诸人不得不任其责。而陶弘景之诗有曰:'平叔任散诞,夷甫坐谈空。不悟昭阳殿,化作单于宫。'而何敬容亦有江南为戎之叹。盖自晋及梁,其乱亡如出一辙,皆学老、庄氏而失之罪。推原其本,是亦老、庄之罪也。然则有天下者,惩魏、晋、萧、梁之祸,其可不以尧、舜、周、孔之道为师哉?"[(宋)真德秀著,李尚全校点:《大学衍义》,《儒藏》精华编第183册,北京大学出版社2014年版,第203—205页。]

其信弥笃。李文贞，近世之大儒，其言曰："《禹谟》《伊训》《说命》，传道之书也；《太甲》《旅獒》《周官》诸篇，亦非董仲舒、刘向辈所能言。"夫大儒而信之如此，则不信之罕矣。其书自东晋列国学、置博士，历今千余年，无贵贱贤愚不之学习，安得有议其废者！即其议之，而其势固不行也。《传》曰："与其过而废之也，宁过而立之。"果欲议废，则亦乖于理矣。《禹谟》三篇，虽非亲授受之文，而圣人之道存焉；《太甲》诸篇，有大醇而无小疵，以为非董、刘言固也。夫董、刘之言，有志于修身行政，尚孳孳取为师法，况高出董、刘者乎。①

由此可知，梅赜的《古文尚书》里保存了秦火以后，流传在民间的"真古文之残编賸简"，《大禹谟》所说的"人心惟危，道心惟微，惟精惟一，允执厥中"，就是舜传给大禹的真古文"十六字心传"。退一步说，舜传给大禹的"十六字心传"既是梅赜伪造的，也在东晋元帝的推动下，弄假成真，成为南北朝的学术主流，早期天台宗和禅宗的出现，就是最好的例证。

二 藉教悟宗：儒家唯经思维方式的佛教中国化诠释

在梅赜《古文尚书》出现的同时，从西域来到长安的龟兹（今新疆库车）高僧鸠摩罗什，在后秦皇帝姚兴的支持下，在长安（今陕西西安市）逍遥园西明阁翻译出了《中论》《百论》《十二门论》《大智度论》和《法华经》等佛教经典。而在刘宋元嘉十二年（435），中印度的求那跋陀罗经狮子国（今斯里兰

---

① （清）沈彤：《果堂集》卷八，清文渊阁四库全书本，第222—224页。

卡）来到广州，宋文帝遣使将他迎入建康（今南京市）祇洹寺，翻译出《胜鬘经》《楞伽经》等如来藏经典。这两位从"一带一路"上来到中国的佛教译经大师，他们翻译出的《法华经》和《楞伽经》，对《大禹谟》的"十六字心传"的发扬光大，起了推波助澜的重大作用。

1. 慧思禅师："观一切众生皆如佛想"

慧思禅师，把《法华经》作为修禅观的根本依据，他说：

> 《法华经》者，大乘顿觉，无师自悟，疾成佛道，一切世间，难信法门。凡是一切新学菩萨，欲求大乘，超过一切诸菩萨，疾成佛道，须持戒、忍辱、精进、勤修禅定，专心勤学法华三昧，观一切众生，皆如佛想，合掌礼拜，如敬世尊。亦观一切众生，皆如大菩萨、善知识想。①

慧思禅师在上引文里所说的"观想"，就是《大禹谟》所说的"道心"，用佛教的话说，就是"大乘顿觉"："观一切众生皆如佛想"，"观一切众生皆如大菩萨善知识想"。这是因为：

> 一切众生，具足法身藏，与佛一无异，如《佛藏经》中说：三十二相，八十种好，湛然清净；众生但以，乱心惑障，六情暗浊，法身不现，如镜尘垢面，像不现。是故行人勤修禅定，净惑障垢，法身显现。②

上文所说的众生的"乱心惑障""六情暗浊"，就是《大禹谟》所说的"人心"，也就是"凡种"。所谓的凡种，是指：

---

① （陈）慧思：《法华经安乐行义》，《大正藏》第46册，第697页下。
② 同上书，第698页上。

> 凡种者，不能觉了。因眼见色，生贪爱心。爱者，即是无明为爱，造业名之为行。随业受报，天人诸趣，遍行六道，故称行也。相续不绝，名之为种，是名凡种。①

而"大乘顿觉"的"道心"，也叫"圣种"。所谓的圣种，是指：

> 圣种者，因善知识，善能觉了。眼见色时，作是思惟：今见色者，谁能见耶？眼根见耶、眼识见耶、空明见耶，为色自见意识对耶。若意识对，盲应见色。若色自见，亦复如是。若空明见，空明无心，亦无觉触，不能见色。若眼识能见，识无自体，假托众缘，众缘性空，无有合散。一一谛观，求眼不得，亦无眼名字。若眼能见，青盲之人，亦应见色。何以故？根不坏故。如是观时，无眼无色，亦无见者。复无不见，男女等身，本从一念无明不了妄念心，生此妄念之心，犹如虚空身、如梦如影、如焰如化、亦如空华，求不可得。无断无常，眼对色时，则无贪爱。何以故？虚空不能贪爱，虚空不断，无明不生于明。是时，烦恼即是菩提。无明缘行，即是涅槃，乃至老死，亦复如是。法若无生，即无老死。不着诸法，故称圣种。②

正因为人心是由凡种和圣种混合而成，所以才要根据《法华经·安乐行品》"勤修禅定"，达到《大禹谟》所说的"惟精惟一"的功夫，正如慧思禅师所说：

> 凡种圣种，无一无二。明与无明，亦复如是。故明为

---

① （陈）慧思：《法华经安乐行义》，《大正藏》第 46 册，第 698 页下—699 页上。
② 同上书，第 699 页上。

眼种相妙，耳鼻舌身意，亦复如是。六自在王性清净者：一者眼王，因眼见色，生贪爱心。爱者，即是无明。一切烦恼，皆属贪爱。是爱无明，无能制者。自在如王，性清净者，如上观眼义中说。用金刚慧，觉了爱心，即是无无明、无老死。是金刚慧，其力最大，名为首楞严定。譬如健将，能伏怨敌，能令四方世界清净，是金刚智慧，亦复如是。能观贪爱无明诸行，即是菩提涅槃圣行，无明贪爱即是菩提金刚智慧。眼自在王性，本常净无能污者，是故佛言：父母所生清净，常眼，耳鼻舌身意，亦复如是。是故《般若经》说六自在王，性清净。故龙树菩萨言：当知人身，六种相妙。人身者，即是众生身，众生身，即是如来身。众生之身，同一法身，不变易故。是故《华严经·欢喜地》中言：其性从本来，寂然无生灭。从本已来空，永无诸烦恼，觉了诸法尔，超胜成佛道。凡夫之人，若能觉此，诸阴实法，如涅槃中。迦叶问佛：所言字者，其义云何？佛告迦叶：有十四音名为字义，所言字者，名为菩提，常故不流，若不流者，即是无尽。夫无尽者，即是如来金刚之身。①

由上文可知，慧思禅师把《大禹谟》所说的"惟精惟一"，又训诂为"金刚智慧"。所谓的金刚智慧，"能观贪爱无明诸行即是菩提涅槃圣行"。②

慧思禅师所说的"菩提涅槃圣行"，又叫"四安乐行"，就是《大禹谟》所说的"允执厥中"，不过表述得更加详细具体。慧思禅师说：

一切法中，心不动，故曰安。于一切法中，无受阴，

---

① （陈）慧思：《法华经安乐行义》，《大正藏》第46册，第699页上—中。
② 同上书，第699页上。

故曰乐。自利、利他，故曰行。复次四种安乐行：第一名为正慧离着安乐行；第二名为无轻赞毁安乐行，亦名转诸声闻令得佛智安乐行；第三名为无恼平等安乐行，亦名敬善知识安乐行；第四名为慈悲接引安乐行，亦名梦中具足成就神通智慧佛道涅槃安乐行。①

这四种安乐行，又叫"无相行"，实际上是禅和子的修禅定功夫，或者是禅师达到的深浅不同的精神境界，慧思禅师具体说明如下：

> 无相行者，即是安乐行，一切诸法中，心相寂灭，毕竟不生，故名为无相行也。常在一切深妙禅定，行住坐卧，饮食语言，一切威仪，心常定故。……不依止欲界，不住色、无色。行如是禅定，是菩萨遍行，毕竟无心想，故名无相行。②

而慧思禅师所说的"有相行"，实际上是要求禅和子把心思停留在禅诵《法华经》上的一种磨炼心志的禅修方法。慧思禅师指出：

> 有相行，此是《普贤劝发品》中，诵《法华经》散心精进，知是等人，不修禅定，不入三昧，若坐若立若行，一心专念《法华》文字，精进不卧，如救头然，是名文字有相行。③

因此，慧思禅师借用儒家的唯经思维方式，对十六国鸠摩

---

① （陈）慧思：《法华经安乐行义》，《大正藏》第46册，第700页上。
② 同上。
③ 同上书，第700页上一中。

罗什翻译的《法华经》，进行了中国化的诠释，成为智者大师在隋朝开创天台宗的尝试。

2. 菩提达摩禅师："诸佛心第一"

就在梅赜《古文尚书》在东晋流行开来，《大禹谟》的"十六字心传"开始萌动的时候，中印度高僧求那跋陀罗（394—468），经狮子国（今斯里兰卡），于"元嘉十二年（435）至广州，刺史车朗表闻。宋太祖遣信迎接。既至京都，敕名僧慧严、慧观于新亭郊劳。……初住祇洹寺。……顷之，众僧共请出经于祇洹寺，集义学诸僧，译出《杂阿含经》；东安寺出《法鼓经》；后于丹阳郡译出《胜鬘》《楞伽经》。徒众七百余人。宝云传译。慧观执笔"①。尤其是《楞伽经》的译出，"诸佛心第一"的禅学理论，在刘宋的大社会环境里，并不适用，正如求那跋陀罗所说：

> 此土：地居东边，修道无法。以无法故，或坠小乘、二乘法，或堕九十五种外道法，或堕神鬼，观见一切物，知他人家好恶事。苦哉！大祸大祸，自陷陷他。我愍此辈，长劫落神鬼道，久受生死，不得解脱。或堕禁术法，役使鬼神，看他人家好恶事。谁言我坐禅，观见凡夫，盲迷不解，谓登圣道，皆悉降伏，不知是鬼神耶魅法也。②

这是社会大环境造成的不利"诸佛心第一"理论付诸实践的条件。

再就当时人们的心理素养而言，求那跋陀罗把《大禹谟》

---

① （梁）僧祐：《高僧传》卷三，《大正藏》第50册，第334页上—中。
② 李尚全：《敦煌师〈楞伽师资纪〉残卷斠补》，载秋爽主编《寒山寺佛学》第八辑，甘肃人民出版社2013年版，第176页。

所说的"人心"细化为:

> 时时见有一作业人,未契于道,或在名闻,成为利养,人我心行,嫉妒心造。云何嫉妒?见他人修道,达理达行,多有人归依、供养,即生嫉妒心;生憎嫌心;自恃聪明,不用胜己。是名嫉妒。以此惠解,若昼若夜,勤修诸行,虽断烦恼,除其拥碍,道障交竟,不得安静,但名修道,不名安心。若尔,纵行六波罗蜜、讲经、坐二禅三禅、精进苦行,但名为善,不名法行。①

而把"道心",具体规定为六波罗蜜:

> 证则有照,缘起大用,圆通无碍,名大修道,自他无二,一切行一时行,亦无前后,亦无中间,名为大乘。内外无着,大舍毕竟,名为檀波罗蜜;善恶平等,俱不可得,即是尸波罗蜜;心境无违,怨害永尽,即是忍波罗蜜;大寂不动,而万行自然,即是精进波罗蜜;繁与妙寂,即是禅波罗蜜;妙寂开明,即是般若波罗蜜。如此之人,胜上广大,圆摄无碍,得用繁与,是为大乘。②

而把"惟精惟一",诠释成"安心法门":

> 今言安心者,……谓非理外理,非心外心,理即是心。心能平等,名之为理。理照能明,名之为心。心理平等,名之为佛心。会实性者,不见生死涅槃有别,凡圣为异,境智无二,理事俱融,真俗齐观,染净一如,佛与众生,

---

① 李尚全:《敦煌本〈楞伽师资纪〉残卷斠补》,载秋爽主编《寒山寺佛学》第八辑,甘肃人民出版社2013年版,第176页。
② 同上书,第176—177页。

本来平等一际。①

而把"允执厥中",说成是"诸佛心第一":

> 我中国(引者按:"中国"指佛教盛行的地方,即南印度)有正法,秘不传,简有缘根熟者,路逢良贤,途中授与;若不逢良贤,父子不传。《楞伽经》云:"诸佛心第一。"教授法时,心不起处是也。此法超度三乘,越过十地,究竟佛果处,只可默心自知,无心养神,无念安身,闲居净(静)坐,守本归真。我法秘默,不为凡愚浅识所传,要是福德厚人,乃能受行,若不解处,六有七八;若解处,八无六七。②

可见,求那跋陀罗在刘宋传播"诸佛心第一"的禅法,虽然早在东晋这里就有《大禹谟》的"十六字心传"的学术风气,但毕竟没有占上风,人们对"诸佛心第一"的禅法,乃至《大禹谟》的"十六字心传","若不解处,六有七八;若解处,八无六七"。据印顺法师研究,菩提达摩正是在这样的社会背景下,在刘宋末年,从南印度,经东南亚半岛,抵达广州,然后来到江南,"是有晤见跋陀,并承受《楞伽》法门之可能的"③。但由于受玄学残余学风的影响,"诸佛心第一"的禅法没有被梁武帝接受,就"一苇渡江",到北魏嵩山少林寺附近的山洞,面壁参禅多年,然后在洛阳—邺城(今河北邯郸临漳县西与河南安阳市北郊)一带,用《楞伽经》教授学徒道育、慧可等人。

菩提达摩把"诸佛心第一"的禅法,称为"藉教悟宗"。

---

① 李尚全:《敦煌本〈楞伽师资纪〉残卷斟补》,载秋爽主编《寒山寺佛学》第八辑,甘肃人民出版社 2013 年版,第 176 页。
② 同上。
③ 印顺:《中国禅宗史》,上海书店 1992 年版,第 17 页。

他说：

> 理入者，谓藉教悟宗：深信含生，凡圣同一真性，但为客尘妄覆，不能显了，若也舍妄归真，凝住辟（壁）观，无自他，凡圣等一，坚住不移，更不随于言教，此即与真理冥状，无有分别，寂然无名，名之理入。①

由此可见，菩提达摩把"藉教悟宗"，又称之为"理入"，如果用《大禹谟》的"十六字心传"来解读，就是"允执厥中"。在这里，"中"＝"宗"＝"佛心"＝"理"。具体来说，理要有四连环的实践，才能证得"惟精惟一"的参禅效果，菩提达摩称之为"四行"。他说：

> 一者报怨：修道行人，若受苦时，当自念言：我从往昔，无数劫中，弃本逐末，流浪诸有，多起怨憎，违害无限；今虽无犯，是我宿殃，恶业果熟，非天非人，所能见与，甘心忍受，都无怨诉。《经》云："逢苦不忧。"何以故？识达故。此心生时，与理相应，体怨进道，是故说言报怨行。
>
> 二者随缘行：众生无我，缘业所转，苦乐齐受，皆从缘生。若得胜报荣誉等事，是我过去宿因所感，今方得之，缘尽还无，何喜之有？得失从缘，心无增减，喜风不动，冥顺于道。是故说言随缘行。
>
> 三者无所求行：世人长迷，处处贪着，名之为求。智者悟真，理将俗及，安心无为，形随运转，万有斯空，无所愿乐，功德黑暗，常相随逐，三界久居，犹如火宅，有

---

① 李尚全：《敦煌本〈楞伽师资纪〉残卷斠补》，载秋爽主编《寒山寺佛学》第八辑，甘肃人民出版社2013年版，第177页。

身皆苦,谁得而安?了达此处,故于诸有息,息想无求。《经》云:"有求皆苦,无求皆乐。"判如无求,真为道行。

四称法行:性净之理,因之为法,此理众相斯空,无染无着,无此无彼。《经》云:"法无众生,离众生垢故。法无有我,离我垢故。"智若能信解此理,应当称法而行。法体无悭于身命,则行檀舍施,心无吝惜,达解三空,不倚不着,但为去垢,摄化众生,而不取相,此为自利,复能利他,亦能庄严菩提之道。檀度既尔,余五亦然。为除妄想,修行六度,而无所行,是为称法行。①

基于上述,慧思与菩提达摩开创的藉教悟宗的禅法,凸显出"修道"就是"修心",这与《大禹谟》所萌动、宋明理学家所传的"十六字心传"完全吻合。

三 结　语

慧思禅师和菩提达摩禅师,是佛教中国化的伟大推手,在他们两位伟大禅师的努力下,开启了隋唐佛学的新篇章。如果我们略知天台宗和禅宗发展史的话,并对宋明理学稍微有一点常识,就会惊奇地发现,宋明理学的发展轨迹,完全步慧思禅师和菩提达摩禅师的后尘,在相同的空间,与时俱进地开拓出不同时代的学术天地。所以,从中国学术发展史的视角来评价慧思禅师和菩提达摩对中国学术的贡献,可以毫不夸张地说,他们共同开创了隋唐佛学和宋明理学的先河。

---

① 李尚全:《敦煌本〈楞伽师资纪〉残卷斠补》,载秋爽主编《寒山寺佛学》第八辑,甘肃人民出版社2013年版,第177—178页。

慧思造金字《般若经》的经典依据研究

马宗洁

（国家博物馆藏品保管一部研究员）

摘　要：慧思造金字《般若经》的行为有经典依据，其依据的经典是后秦鸠摩罗什译《小品般若波罗蜜经》十卷本（在当时名为《摩诃般若波罗蜜经》）。《小品般若波罗蜜经》中的昙无竭菩萨在黄金牒上书写《摩诃般若波罗蜜经》并盛放于七宝箧中的内容是慧思造金字《般若经》的经典依据，反映慧思使《般若经》的教义得以实现。因此，慧思不但是般若经义的理论家，更是般若经义的实践者，其以实际行动告诉人们：《般若经》的教义并非高不可攀，而是可能在人间实现的。慧思造金字《般若经》的经典依据对于慧思造金字《般若经》的版本研究具有极其重要的意义。

关键词：慧思　金字　般若经　经典依据　南岳

南陈慧思大师被尊为"天台三祖"，其造金字《般若经》并藏于南岳的事迹是中国佛教史上的一段佳话。国内外学术界论及慧思造金字《般若经》的文章不少，但是罕有论及慧思造金字《般若经》的经典依据。笔者通过对《南岳思大禅师立誓愿文》、相关汉译般若类经典以及佛教经录的研究，分析慧思造金字《般若经》的经典依据，以期为相关研究提供参考。

一 与造金字《般若经》相关的汉译般若类经典

慧思造金字《般若经》以前,有相关内容的现存汉译般若类经典主要有四部。

1. 东汉支娄迦谶译《道行般若经》十卷

东汉支娄迦谶译《道行般若经》卷九:

> 佛语须菩提:"疾欲得佛者,索《般若波罗蜜》,当如萨陀波伦菩萨,于今在上方过六百三十亿佛国,佛名揵陀罗耶,其国名尼遮揵陀波勿,萨陀波伦菩萨于彼间止。"
>
> 须菩提白佛言:"萨陀波伦菩萨本何因缘索《般若波罗蜜》?"
>
> 佛语须菩提:"乃往久远世有菩萨名萨陀波伦,为前世施行功德所追,逮本愿所成,世世作功德所致,前世以供养数千万亿佛。时菩萨卧出,天人于梦中语言:'汝当求索大法。'觉起即行,求索了不得,其意惆怅不乐,欲得见佛,欲得闻经,索之了不能得,亦无有菩萨所行法则,用是故,甚大愁忧,啼哭而行。譬如人有过于大王所,其财产悉没入县官,父母及身皆闭在牢狱,其人啼哭愁,忧不可言。萨陀波伦菩萨愁忧啼哭如是。时忉利天人来下,在虚空中观见菩萨日日啼哭,天人见菩萨至心啼哭,天人即于菩萨父母、兄弟、亲属、交友中,字菩萨为萨陀波伦。是时世有佛,名昙无竭阿祝竭罗佛,般泥洹以来甚久,亦不闻经,亦不见比丘僧……是时化佛语萨陀波伦菩萨:'受我所教法,悉当念持之……从是东行索《般若波罗蜜》,去是间二万里,国名揵陀越王治处……其国中有菩萨名昙无竭,在众菩萨中最高尊……'……"

"其人报萨陀波伦菩萨言:'贤者不知耶?是中有菩萨名昙无竭,诸人中最高尊,无不供养作礼者,是菩萨用《般若波罗蜜》故,作是台,其中有七宝之函,以紫磨黄金为素书《般若波罗蜜》在其中,匣中有若干百种杂名香,昙无竭菩萨日日供养,持杂华、名香、然灯、悬幢幡、华盖、杂宝、若干百种音乐持用供养《般若波罗蜜》。"①

根据上文,现在上方距此世界经过六百三十亿佛国的揵陀罗耶佛所在的尼遮揵陀波勿国中,有位萨陀波伦菩萨,其过去久远宿世处于昙无竭阿祝竭罗佛般泥洹很久之时,不闻经,不见比丘僧,化佛指点其前往东方揵陀越王所治国听昙无竭菩萨讲《般若波罗蜜经》。昙无竭菩萨以紫磨黄金为素书写《般若波罗蜜经》,盛放在七宝之函内加以供养。

2. 西晋无罗叉译《放光般若经》二十卷

《放光般若经》卷二十:

佛告须菩提:"菩萨摩诃萨欲求《般若波罗蜜》者,当如萨陀波伦菩萨,今现在在雷音如来、无所著、等正觉佛所,常修梵清净之行。"

须菩提白佛言:"世尊,萨陀波伦菩萨云何求《般若波罗蜜》?"

佛报言:"萨陀波伦菩萨求《般若波罗蜜》时,不惜身命……尔时萨陀波伦一无复余念,但念《般若波罗蜜》亦复如是。作是哭时,于前便有如来之像,三十二相、八十种好,其佛叹言:'善哉!善哉!善男子,过去诸如来、无

---

① (东汉)支娄迦谶译:《道行般若经》卷九,《大正藏》第8册,台北新文丰出版公司1987年版,第470页下—473页中。

所著、等正觉行菩萨时，索《般若波罗蜜》亦如是，持是勇进之意，从是东行，去是二万里，国名香氏……彼有菩萨名法上，在其国中央有宫殿舍……'其化佛言：'善男子，是法上菩萨与其眷属共相娱乐，以三时说法，香氏城中众人为法上菩萨施设法座于城中央，金、银、水精、琉璃为座……法上菩萨坐其座上，以《般若波罗蜜》为众生说法。……

"于是东行，稍稍引道，遥见香氏城郭，七宝玄黄，珍琦众妙，未曾所有，如上所说。复遥见其城中央法上菩萨与诸大众数百千万围绕说法，遥见是已，甚大欢喜，其身安隐譬如比丘得第四禅，又自念言：'我今不可于车上载，当下步耳。'即与长者女及五百女人围绕而前，入城门里，见七宝台以赤旃檀而校饰之，真珠交露，其台四角有四宝罂盛摩尼珠，昼夜常明，有宝香炉常烧名香，昼夜常香，当台中央有七宝塔，又以四色之宝作函，以紫磨金薄为素，书《般若波罗蜜》作经在其函中，又以七宝为织成幡互相参校，其色上妙，随风缤纷。"①

根据上文，现在雷音如来所在世界修梵清净行的萨陀波伦菩萨，其宿世受化佛指点，前往东方香氏城听法上菩萨讲《般若波罗蜜经》，看见以紫磨金薄为素书写的《般若波罗蜜经》盛放在四色宝函中。

3. 后秦鸠摩罗什译《摩诃般若波罗蜜经》卷二十七

后秦鸠摩罗什译《摩诃般若波罗蜜经》卷二十七：

佛告须菩提："菩萨摩诃萨求《般若波罗蜜》，应如萨

---

① （西晋）无罗叉译：《放光般若经》卷二十，《大正藏》第8册，新文丰出版公司1987年版，第141页中—144页中。

陀波仑菩萨摩诃萨,是菩萨今在大雷音佛所行菩萨道。"

须菩提白佛言:"世尊,萨陀波仑菩萨摩诃萨云何求《般若波罗蜜》?"

佛言:"萨陀波仑菩萨摩诃萨本求《般若波罗蜜》时,不惜身命、不求名利……萨陀波仑菩萨如是愁念时,空中有佛语萨陀波仑菩萨言:'善哉!善哉!善男子,过去诸佛行菩萨道时,求《般若波罗蜜》,亦如汝今日。善男子,汝以是勤精进、爱乐法故,从是东行,去此五百由旬,有城名众香……是众香城中有大高台,昙无竭菩萨摩诃萨宫舍在上……'……

"尔时昙无竭菩萨摩诃萨有七宝台,赤牛头旃檀以为庄严,真珠罗网以覆台上,四角皆悬摩尼珠宝以为灯明,及四宝香炉常烧名香,为供养《般若波罗蜜》故。其台中有七宝大床,四宝小床重敷其上,以黄金牒书《般若波罗蜜》,置小床上,种种幡盖庄严垂覆其上……

"释提桓因言:'善男子,是台中有七宝大床,四宝小床重敷其上,以黄金牒书《般若波罗蜜》,置小床上,昙无竭菩萨以七宝印印之,我等不能得开以示汝。'"①

根据上文,现在大雷音佛所在世界行菩萨道的萨陀波仑菩萨,其宿世受化佛指点,前往东方众香城听昙无竭菩萨讲《摩诃般若波罗蜜经》,看见昙无竭菩萨在黄金牒上书写的《摩诃般若波罗蜜经》放置于七宝大床之上的四宝小床上。

4. 后秦鸠摩罗什译《小品般若波罗蜜经》卷十

后秦鸠摩罗什译《小品般若波罗蜜经》卷十:

---

① (后秦)鸠摩罗什译:《摩诃般若波罗蜜经》卷二十七,《大正藏》第8册,新文丰出版公司1987年版,第416页上—421页上。

佛告须菩提："若菩萨欲求《般若波罗蜜》，当如萨陀波仑菩萨，今在雷音威王佛所行菩萨道。"

须菩提白佛言："世尊，萨陀波仑菩萨云何求《般若波罗蜜》？"

佛告须菩提："萨陀波仑菩萨本求《般若波罗蜜》时，不依世事……萨陀波仑菩萨如是忧愁啼哭时，佛像在前立，赞言：'善哉！善哉！善男子，过去诸佛本行菩萨道时，求《般若波罗蜜》，亦如汝今，是故，善男子，汝以是勤行精进爱乐法故，从是东行，去此五百由旬，有城名众香……众香城中有大高台，昙无竭菩萨宫舍在上……'……

"昙无竭菩萨所有七宝台，牛头旃檀而以校饰，真珠罗网，宝铃间错，四角各悬明珠，以为光明，有四白银香炉，烧黑沈水，供养《般若波罗蜜》。其宝台中有七宝大床，床上有四宝函，以真金牒书《般若波罗蜜》，置是函中……

"萨陀波仑言：'憍尸迦，《摩诃般若波罗蜜》是诸菩萨母，为在何处？我今欲见。'

"善男子，在此七宝箧中，黄金牒上，昙无竭菩萨七处印之，我不得示汝。"[1]

根据上文，现在雷音威王佛所在世界行菩萨道的萨陀波仑菩萨受化现的佛像指点，前往东方众香城听昙无竭菩萨讲《摩诃般若波罗蜜经》，看见昙无竭菩萨在黄金牒上书写的《摩诃般若波罗蜜经》盛放在七宝箧中。

由此可见，在现存的汉译佛典中，东汉支娄迦谶译《道行般若经》、西晋无罗叉译《放光般若经》、后秦鸠摩罗什译《摩诃般若波罗蜜经》和《小品般若波罗蜜经》中均有在黄金材质

---

[1] （后秦）鸠摩罗什译：《小品般若波罗蜜经》卷十，《大正藏》第8册，新文丰出版公司1987年版，第580页上—583页下。

上书写《般若经》的故事。

二 慧思造金字《般若经》依据的经典

慧思撰《南岳思大禅师立誓愿文》：

> 我为是等及一切众生誓造金字《摩诃衍般若波罗蜜》一部，以净瑠璃七宝作函奉盛经卷，众宝高座、七宝帐盖、珠交露幔、华、香、璎珞、种种供具供养《般若波罗蜜》，然后我当十方六道普现无量色身，不计劫数至成菩提，当为十方一切众生讲说《般若波罗蜜经》，于是中间若作法师，如昙无竭；若作求法弟子，如萨陀波仑……从正月十五日教化，至十一月十一日，于南光州光城都光城县齐光寺方得就手报先心愿，奉造金字《摩诃般若波罗蜜经》一部并造瑠璃宝函盛之，即于尔时发大誓愿："愿此金字《摩诃般若波罗蜜经》及七宝函以大愿故，一切众魔、诸恶、灾难不能沮坏。"①

潘良桢认为慧思"南隐衡岳，是他避法难之一法，而弘扬释教，保存佛法，则是在讲经说法之外，更以金字精抄佛经以期不朽"②。李中认为慧思"554年在光州诸寺讲《大品般若经》，信众甚广，因此发愿写造金字《般若经》"③。王雷泉认为："慧思的活动时间，正处于北魏太武帝和北周武帝两次灭佛运动之间。慧思为应对统治者灭佛，造金字《大品般若经》和

---

① （南陈）慧思：《南岳思大禅师立誓愿文》，《大正藏》第46册，新文丰出版公司1987年版，第787页下。
② 潘良桢：《北朝摩崖刻经与灭佛》，《复旦学报》（社会科学版）1991年第3期，第94—95页。
③ 李中：《汉魏两晋南北朝时佛教在中原的传播与发展》，《开封教育学院学报》1996年第4期。

《法华经》，时当558年……慧思在光州期间，受北魏太武帝灭佛事件之刺激，曾造金字《大品般若经》和《法华经》各一部。"① 上述观点不无道理，不排除慧思造金字《般若经》有弘扬释教、保存佛法、应对灭佛运动的动机，但《南岳思大禅师立誓愿文》中，慧思自述其造金字《般若经》之始末，自称以昙无竭和萨陀波仑为榜样，其造金字《摩诃般若波罗蜜经》并以七宝函盛放的事迹与《般若经》中昙无竭在黄金牒上书写《摩诃般若波罗蜜经》的内容有极大的相关性，因此慧思造金字《般若经》的行为应是仿效《般若经》中的相关教义内容。在黄金牒上书写《摩诃般若波罗蜜经》的造价很高，也许受财力所限，慧思采用将"黄金牒"改为"金字"的变通做法，仅保证《摩诃般若波罗蜜经》的文字呈现金色。

如前所述，从现存的汉译佛典来看，东汉支娄迦谶译《道行般若经》、西晋无罗叉译《放光般若经》、后秦鸠摩罗什译《摩诃般若波罗蜜经》和《小品般若波罗蜜经》中均有在黄金材质上书写《般若波罗蜜经》的故事。那么，哪一部经是慧思造金字《般若经》仿效的对象呢？

从东汉支娄迦谶译《道行般若经》中的"萨陀波伦""《般若波罗蜜》"不同于《南岳思大禅师立誓愿文》中的"萨陀波仑""《摩诃般若波罗蜜经》"来看，慧思造金字《般若经》应非仿效《道行般若经》中的相关内容。

从西晋无罗叉译《放光般若经》中的"萨陀波伦""法上""《般若波罗蜜》""四色之宝作函"不同于《南岳思大禅师立誓愿文》中的"萨陀波仑""昙无竭""《摩诃般若波罗蜜经》""净瑠璃七宝作函"来看，慧思造金字《般若经》应非仿效《放光般若经》中的相关内容。

从后秦鸠摩罗什译《摩诃般若波罗蜜经》中的"七宝大床

---

① 王雷泉：《"如来使"精神与慧思的新法华学》，《法音》2012年第1期。

上的四宝小床"不同于《南岳思大禅师立誓愿文》中的"七宝函"来看，慧思造金字《般若经》应非仿效后秦鸠摩罗什译《摩诃般若波罗蜜经》中的相关内容。

从《南岳思大禅师立誓愿文》中的"萨陀波仑""昙无竭""《摩诃般若波罗蜜经》""七宝函"均可在后秦鸠摩罗什译《小品般若波罗蜜经》中找到相同的内容来看，慧思造金字《般若经》应是仿效后秦鸠摩罗什译《小品般若波罗蜜经》中的相关内容。

综上所述，慧思造金字《般若经》并以七宝函盛放的事迹与后秦鸠摩罗什译《小品般若波罗蜜经》中的昙无竭菩萨在黄金牒上书写《摩诃般若波罗蜜经》并盛放于七宝箧中的内容最为接近，而与东汉支娄迦谶译《道行般若经》、西晋无罗叉译《放光般若经》、后秦鸠摩罗什译《摩诃般若波罗蜜经》中的相关内容差异较多，说明慧思造金字《般若经》应是仿效后秦鸠摩罗什译《小品般若波罗蜜经》中的相关内容。

三　鸠摩罗什译《小品般若波罗蜜经》原名《摩诃般若波罗蜜经》

南梁僧祐撰《出三藏记集》卷二：

《放光经》二十卷（晋元康元年五月十五日出，有九十品，一名"旧小品"。阙），右一部，凡二十卷，魏高贵公时，沙门朱士行以甘露五年到于阗国写得此经正品梵书胡本十九章。到晋武帝元康初，于陈留仓恒水南寺译出……新《小品经》七卷（弘始十年二月六日译出，至四月二十日讫）……《般若经》（支谶出《般若道行品经》十卷，……朱士行出《放光经》二十卷，一名"旧《小品》"。竺法护更出《小品经》七卷……鸠摩罗什出新《大品》二十四卷,《小品》七卷)……《小品》(竺法护、鸠摩罗什),右一经,二人异出。①

根据上文,朱士行出《放光经》二十卷有"旧《小品》"之称,后秦弘始十年译出"新《小品经》十卷"。后秦弘始年间的译经家主要是鸠摩罗什,因此,后秦鸠摩罗什译有新《小品经》七卷,该经还有竺法护的译本。

唐代智昇撰《开元释教录》:"《小品般若波罗蜜经》十卷(题云:'《摩诃般若波罗蜜》。'无"小品"字。祐云:'新《小品经》。'与《道行》、《明度》等同本,第七译,或七卷,弘始十年二月六日出,至四月三十日讫,见《二秦录》及僧祐录)。"②"《小品般若波罗蜜经》十卷(题云:'《摩诃般若波罗蜜经》。'无'小品'字,一帙),一百五十纸。"③"《小品般若波罗蜜经》十卷(一帙,题云:'《摩诃般若波罗蜜》。'无'小品'字,僧祐录云:'新《小品经》。'或八卷,或七卷,一百五十纸),姚秦三藏鸠摩罗什译。"④上文称《小品般若波罗蜜经》十卷的经题是"《摩诃般若波罗蜜》",认为其是僧祐《出三藏记集》所论的新《小品经》七卷。这说明在慧思造金字《般若经》以前,《小品般若波罗蜜经》的题名是《摩诃般若波罗蜜》,但有人称其为《小品经》。

唐代圆照撰《贞元新定释教目录》:"《小品般若波罗蜜经》十卷(题云:'《摩诃般若波罗蜜》。'无'小品'字。祐云:

---

① (南梁)僧祐:《出三藏记集》卷二,《大正藏》第55册,新文丰出版公司1987年版,第7页中、10页下、14页上、15页上。
② (唐)智昇:《开元释教录》卷四,《大正藏》第55册,新文丰出版公司1987年版,第512页中。
③ (唐)智昇:《开元释教录》卷十九,《大正藏》第55册,新文丰出版公司1987年版,第680页中。
④ (唐)智昇:《开元释教录》卷二十,《大正藏》第55册,新文丰出版公司1987年版,第701页上。

'新《小品经》。'与《道行》、《明度》等同本,第七译,或七卷,或八卷,弘始十年二月六日出,至四月三日讫。叡序,见《二秦录》及僧祐)。"① "《小品般若波罗蜜经》十卷(一帙,题云:'《摩诃般若波罗蜜》。'或无'小品'字。僧祐录云:'新《小品经》。'或八卷)。"② 上文基本沿袭《开元释教录》卷第二十之说。

现存《大正新修大藏经》中的《小品般若波罗蜜经》十卷的经题是:"《摩诃般若波罗蜜经》卷第一(丹本'摩诃'上有'小品'二字)",页下脚注称"摩诃=小品【宋】【元】【明】【宫】。"③ 由此可见,宋、元、明代的《摩诃般若波罗蜜经》十卷的题名改为"《小品般若波罗蜜经》",丹本(辽国的《契丹大藏经》)的题名中也有"小品"二字。既然《小品般若波罗蜜经》见于经题始于宋辽时期,那么,现在所称的《小品般若波罗蜜经》十卷在慧思造金字《般若经》时的题名为《摩诃般若波罗蜜》。因此,慧思造金字《般若经》仿效后秦鸠摩罗什译《小品般若波罗蜜经》(当时名为"《摩诃般若波罗蜜经》")中的相关内容不足为奇。慧思造金字《般若经》的版本有可能是《小品般若波罗蜜经》,此问题笔者将另撰专文予以阐述。

综上所述,慧思造金字《般若经》的行为有经典依据,其依据的经典是后秦鸠摩罗什译《小品般若波罗蜜经》十卷(在当时名为《摩诃般若波罗蜜经》)。《小品般若波罗蜜经》中的昙无竭菩萨在黄金牒上书写《摩诃般若波罗蜜经》并盛放于七宝箧中的内容是慧思造金字《般若经》的经典依据,反映慧思

---

① (唐)圆照:《贞元新定释教目录》卷六,《大正藏》第55册,新文丰出版公司1987年版,第809页上。

② (唐)圆照:《贞元新定释教目录》卷二十九,《大正藏》第55册,新文丰出版公司1987年版,第1024页中。

③ (后秦)鸠摩罗什译:《小品般若波罗蜜经》,《大正藏》第8册,新文丰出版公司1987年版,第537页。

使《般若经》的教义得以实现。因此，慧思不但是般若经义的理论家，更是般若经义的实践者，其以实际行动告诉人们：《般若经》的教义并非高不可攀，而是可能在人间实现的。慧思造金字《般若经》的经典依据对于慧思造金字《般若经》的版本研究具有极其重要的意义。

智诜与净众保唐禅派对慧思禅法的继承发展

秦彦士

（四川师范大学文学院教授）

摘　要：中国早期禅法修习者既对印度禅修有所继承，同时又依据本土文化做了重大的创新与发展。著名禅师慧思大师在这方面作出了重要贡献，并对后世禅宗产生了明显的影响。过去研究禅宗历史的论者多着眼于初祖到五祖，但对慧思大师的作用注意不够。本文依据历史文献以及时贤的研究成果，对慧思禅法特点以及智诜与净众保唐禅派对慧思禅法的继承发展作初步的探讨，以期引起学界同人的进一步研究。

关键词：智诜　慧思　禅法　净众　保唐

一　慧思与禅宗初祖的关系

中国禅宗史一般都将菩提达摩作为初祖，其后则是慧可、僧璨、道信、弘忍至慧能，而其他禅宗史上的人物却少有进入论者的视野。其实，除了上述著名禅师以外，还有另外一些重要的人物和禅派同样值得我们注意，南岳慧思大师就是其中非常重要的一位。慧思禅师不仅对中国初期禅宗的建立起到了十分重要的作用，而且对后世产生了深远的影响。但长期以来治宗教史的学者却并未认识到他的重要性，佛教界甚至也对他的历史价值未能引起应有的关注。自从2011年以来，湖南佛教协会和南岳佛教协会通过全国性的学术研讨会开始改变这种局面，这是非常可喜的一件大事。本文作者通过研究唐代巴蜀的净众——保唐禅派，发现这一重要禅派对慧思大师的禅法有明显的继承关系，本文就是作者对此问题进行的一个初步探讨。

这里首先要对达摩与慧思的关系做一个简单的梳理。

学术界从胡适开始，就曾对菩提达摩的行传提出质疑。后来的学者继续进行了更为深入的考证，比如杜继文、魏道儒、徐文明等人就从不同角度进行了论证：首先从时间上来说，慧思与传说中的达摩比较接近。据杜继文、魏道儒二先生《中国禅宗通史》的研究，达摩在华活动时间的最大跨度为421—537年，即116年，最短为478—534年，即56年。但当时的僧史，如北朝魏收所著《释老志》，历数北魏的知名僧人，也无菩提达摩其人。作者对此问题考察的结论是：或者他可能只是一个后人穿凿的人物，或者可能虽有影响于底层民众，却始终未被明显承认。无论如何，菩提达摩名义的禅法，是在隋唐间才开始声名高涨的。

而据徐文明先生的考证，所谓禅宗初祖菩提达摩实际上是依据慧思的行事与禅法糅合的结果。徐先生认为：达摩之所以被认为是禅宗初祖，极有可能运用的是一种假借的方法，将另外一位佛门中的高僧与叫作达摩的外来民间僧人事迹和传闻混合在一起，从而塑造了禅宗初祖达摩的形象，这位高僧笔者认为就是慧思。

他还谈到关于达摩与慧思的交往：依据唐代日僧定光所传述的《一心戒文》的记载，慧思在南岳期间，曾会见过达摩，达摩还劝勉慧思去化导日本，以至于以后有种种传说，所谓慧思转生日本云云。传说虽然难免具有附会的成分，但也绝非空穴来风，其说明慧思与达摩既然是具有交往的同时代人，那么将慧思的事迹编排到达摩身上就极有可能。而慧思所传的佛法显然对后世禅宗影响深远,所以在宋僧道元撰著的《景德传灯录》中,把慧思作为禅门达人加以记载,同样是承认慧思在禅宗中的地位。

这就是说,从初祖以来的禅法在很大程度上实际上是慧思所开创的禅法!所以道宣的《续高僧传》才说慧思禅法是"南北禅宗,罕不承绪"。

这正是智诜所创立的净众保唐禅派接受慧思禅法的历史背景。以下我们仅就一些重要问题进行简要的剖析。

二 慧思生平与禅法

慧思的生平和禅法中,有几个非常突出的特征,而这些方面在后世的净众保唐禅派那里都有或多或少的体现。

1. 历尽艰辛,神通护佑

依据道安《续高僧传》以及慧思所著《立誓愿文》《法华经安乐行义》《诸法无诤三昧法门》等文献记载,慧思的悟道是从消除病魔业障开始的。他曾经自观察:我今病者,皆从业生,业由心起,本无外境。反见心源,业非可得,身如云影,相有体空。于是如是观已,颠倒想灭,心性清净,所苦消除。又发空定,心境廓然。据相关史料记载,慧思初期"定慧等持",后来因读《妙胜定经》叹禅功德,便发心修寻定友,发心修禅,于是一生所有慧观悟境与安处横逆,应有得力于早年修学禅定有成。

慧思大师作为中土早期的禅师,在传播其禅法的过程中备受排斥,甚至多次受到投毒等生命的威胁:

乃以大小乘中定慧等法,敷扬引喻用摄自他,众杂精粗是非由起。怨嫉鸩毒,毒所不伤。异道兴谋,谋不为害。乃顾徒属曰:大圣在世不免流言,况吾无德岂逃此责?责是宿作,时至须受。①

致有异道怀嫉密告陈主,诬思北僧受齐国募掘破南岳。敕使至山,见两虎咆愤,惊骇而退。数日更进,乃有小蜂来螫思额,寻有大蜂吃杀小者,衔首思前飞扬而去。陈主具闻,不以诚意,不久谋罔一人暴死,二人为猘狗啮死,蜂相所征。于是验矣,敕承灵应。②

在这个过程中,他经历了非常艰难的磨炼。据《续高僧传》记载,慧思由于修行往往传事验如合契,其类非一。自陈世心学莫不归宗。敕承灵应,乃迎下都止栖玄寺。尝往瓦官,遇雨不湿履泥不污。僧正慧皓与诸学徒,相逢于路,认为他是神异人。他的种种曲折经历、所悟禅法乃至各种神通,在后来的净众保唐禅派那里都有反映。

慧思悟禅得益于《法华经》,他精修法华,体悟禅法的精要在其所著《法华经安乐行义》中有特别的说明。

欲求大乘超过一切诸菩萨疾成佛道,须持戒忍辱精进勤修禅定,专心勤学法华三昧。观一切众生皆如佛想,合掌礼拜如敬世尊。亦观一切众生皆如大菩萨善知识想。勇猛精进求佛道者,如药王菩萨难行苦行,于过去日月净明德佛法中,名为一切众生喜见菩萨,闻《法华经》精进求佛,于一生中得佛神通。亦如过去妙庄严王,舍国王位以付其弟,王及群臣夫人太子内外眷属,于云雷音王佛法中出家,诵《法华经》专求佛道。③

---

① 士衡:《天台九祖传》,《大正藏》第51册,第99页上。
② 道宣:《续高僧传·慧思传》,《大正藏》第50册,第563页下。
③ 慧思:《法华经安乐行义》,《大正藏》第46册,第697页下。

纵观慧思禅师一生，对于法华三昧的传授可以说是不遗余力，即使在临圆寂之际，仍然念念不忘传授法华三昧，据《续高僧传》记载：

> 临将终时，从山顶下半山道场，大集门学，连日说法，苦切呵责，闻者寒心。告众人曰：若有十人，不惜身命，常修法华、般舟、念佛三昧，方等忏悔，常坐苦行者，随有所须，吾自供给，必相利益。如无此人，吾当远去。苦行事难，竟无答者，因屏众敛念，泯然命终。①

2. 博取众长，自成一体

慧思禅法有自觉的创新，《法华经安乐行义》说：

> 欲求无上道，修学法华经。
> 身心证甘露，清净妙法门。
> 持戒行忍辱，修习诸禅定。
> 得诸佛三昧，六根性清净。
> 菩萨学法华，具足二种行。
> 一者无相行，二者有相行。
> 无相四安乐，甚深妙禅定。
> 观察六情根，诸法本来净。
> 众生性无垢，无本亦无净。
> 不修对治行，自然超众圣。
> 无师自然觉，不由次第行。②

---

① 道宣：《续高僧传》，《大正藏》第 50 册，第 563 页下。
② 慧思：《法华经安乐行义》，《大正藏》第 46 册，第 698 页上。

正是这种"不由次第行"的创新精神使他在中国佛教史上作出了伟大的贡献,从而影响到后来的无数禅宗大师。在这个历史性的贡献中,他一方面对经典进行创造性的阐释;另一方面则直接提出一些开创性的启示语录。

道宣的《续高僧传》中较为详细地记载了慧思的这一经历:

> (慧思)性乐苦节,营僧为业。冬夏供养,不惮劳苦。昼夜摄心,理事筹度。讫此两时,未有所证。又于来夏,束身长坐,系念在前,始三七日,发少静观,见一生来善恶业相。因此惊嗟,倍复勇猛,遂动八触,发本初禅。自此禅障忽起,四肢缓弱,不胜行步,身不随心,即自观察:我今病者,皆从业生,业由心起,本无外境。反见心源,业非可得,身如云影,相有体空。如是观已,颠倒想灭,心性清净,所苦消除。又发空定,心境廓然。夏竟受岁,慨无所获。自伤昏沈,生为空过,深怀惭愧。放身倚壁,背未至间,霍尔开悟:法华三昧、大乘法门,一念明达,十六特胜,背舍除入,便自通彻,不由他悟。①

从这段记载中,我们可以明显看出:慧思的悟禅过程中《法华经》起到了至关重要的作用。而在净众保唐禅派中,对《法华经》的强调同样贯彻了从智诜到无住的全部禅法。

慧思还区别"无相行"与"有相行",并提出超越经典的悟禅方式。在《法华经安乐行义》中,慧思提出:

> 何故名为无相行?无相行者,即是安乐行,一切诸法中,心相寂灭毕竟不生,故名为无相行也。常在一切深妙禅定,行住坐卧饮食语言,一切威仪心常定故。……

---

① 道宣:《续高僧传》,《大正藏》第 50 册,第 562 页下—563 页上。

复次有相行,此是《普贤劝发品》中,诵《法华经》散心精进,知是等人不修禅定不入三昧。若坐若立若行,一心专念法华文字,精进不卧如救头然,是名文字有相行。[①]

"有相行"是从佛经的文字念诵中体悟佛道的方式,"诵《法华经》散心精进,知是等人不修禅定不入三昧"。另一种修行方法"无相行"则是从"行住坐卧饮食语言"中去体悟"深妙禅定"。这种超越经典的悟禅方式正是慧思作为中国禅宗史早期禅师的创造性贡献。由慧思开创的这一崭新的方式直接启发了后世越来越多的中土禅师,并引发了一场"不离文字,见性成佛"的佛教史上的重大革命。这种佛教史上的重大变革一经慧思提出,便由于它与中国传统文化的契合而形成一股历史的潮流,经由慧可、道信、僧璨、弘忍、慧能等大师的弘扬,禅宗成为佛教中国化的代表性宗派。净众保唐禅派也正是沿着慧思开创的这一路径成为蜀中名震一时的著名禅派。

三 净众保唐禅派禅法的多样性

1. 从《历代法宝记》看该禅派思想来源的复杂性

在所有的禅派僧传中,《历代法宝记》显得非常的特别:它一开始不仅列出《法华经》《楞伽经》《维摩经》等25部佛教经典,而且列出《尹喜内转》《列子》《道教西升经》等众多外教典籍。这明显说明它的思想来源十分复杂,同时也正是在这个基础上,它通过自己禅派的独特方式,再加上他特殊的地域文化影响,才成为当时禅宗南北两宗之外的又一独特禅派。

唐代著名禅宗史学家宗密曾将净众保唐禅派归结为禅宗三

[①] 慧思:《法华经安乐行义》,《大正藏》第46册,第700页上一中。

派的"息妄修心宗",并在《禅源诸诠集都序》中对这一禅派的禅法精要总结为:

> 背境观心,息灭妄念。①

初息妄修心宗者。说众生虽本有佛性,而无始无明覆之不见故轮回生死。诸佛已断妄想故见性了了,出离生死神通自在。当知凡圣功用不同,外境内心各有分限,故须依师言教,背境观心,息灭妄念,念尽即觉悟,无所不知。如镜昏尘,须勤勤拂拭,尘尽明现即无所不照。又须明解趣入禅境方便,远离愦闹住闲静处,调身调息跏趺宴默,舌拄上腭心注一境,南侁北秀保唐宣什等门下,皆此类也。

对比净众保唐禅派的上述禅法以及慧思禅法的特征,我们可以明显看出前者对后者的继承性,甚至在他们的一些经历上(遇毒、神通)也有相似之处。《续高僧传》多次记载论师毒害慧思大师,而《历代法宝记》中同样有这样的记录:慧思食物中几次有毒,《历代法宝记》则说:时魏有菩提流支三藏、光统律师(即慧光)于食中着毒饷大师。

据徐文明先生考证,慧思遇毒的记载有多次,而这恰好在后世的五祖门下有相同的故事。《旧唐书·神秀传》则说:达摩遇毒而卒,其年魏使宋云于葱岭回,见之。门徒发其墓,但有只履而已。此为后起的神话。《洛阳伽蓝记》记宋云事甚详,也不说他有遇达摩的事。8世纪晚期,保唐寺无住一派作《历代法宝记》,始有六次遇毒,因毒而终的神话。此亦可见故事的演变。通过这一记载,我们也可以明显看出净众保唐禅派与慧思的特殊关系。

此外,慧思大师身上发生过的神通之事在智诜师徒那里也曾

---

① 宗密:《禅源诸诠集都序》,《大正藏》第48册,第402页中。

发生,《历代法宝记》就曾记载过智诜与三藏婆罗门斗法的故事:

> 邪通婆罗门云:"彼与此何殊?禅师何得思乡?"智诜答:"三藏何以知之?"答云:"禅师但试举意看无有不知者。"诜有云:"去也。"看相身着俗人衣裳于西市曹门看望。其三藏云:"大德僧人何得着俗衣市中而看。"诜又云:"好看去也。"相身往禅定寺佛图相轮上立。三藏又云:"僧人何得登高而立。"诜云:"赭回好好更看去也。"即当处依法想念不生。其三藏于三界内寻看竟不可得。三藏婆罗门遂生敬仰。顶礼诜足。[①]

当然,相隔一百多年的两个不同时代,智诜净众禅派是在继承前代众多禅师禅法的基础上形成自己禅法的。但在这一过程中,慧思禅法确实多少对他们有所影响,尤其是其中贡献和影响最大的无相与无住那里,这一点表现得更为突出。

从《历代法宝记》记述的重点部分来看,在净众保唐禅派中,最具独创性的是无相与无住大师。正是他们二人通过继承慧思等许多前辈的禅法精要,从而作出了自己独特的贡献。(当然,这并不是否认他们开创的禅派与创始人智诜的直接关系。)

2. 从智诜到保唐禅派

净众保唐禅派作为影响蜀中僧俗两界乃至藏传佛教的著名禅派,从开创者智诜开始,就形成了自己的显著特征。

据《历代法宝记》的记载,智诜出家后初事玄奘法师学经论,后闻双峰山忍大师,便辞去玄奘法师,舍经论,与凭茂山投忍大师。可见他既有经论的训练,又对禅法有独到修为。正是这种博取众长的经历,使智诜禅派作出了自己的创造性贡献。

[①] 见《历代法宝记》,《大正藏》第51册,第184页上—中。

对于智诜之禅法，后来宗密在他著名的禅宗史著作《禅源诸诠集都序》中有简要的概况："说众生虽本有佛性，而无明覆之不见。"① 故需"依师言教，背境观心，息灭妄念。念尽即觉悟，无所不知"②。他由此发展出一种"远离愦闹，住闲静处。调身调息，跏趺宴默。舌抵上颚，心注一境"③ 的修行方法。而这种"息妄修心"的方法与慧思"众生性无垢，无本亦无净。不修对治行，自然超众圣。无师自然觉，不由次第行"④ 都是注重内心的关注，而不是对经典的研习。正是这一方向使得智诜禅派既沿着慧思"无相法"的内观禅法，同时又将南北两宗的"顿""渐"相结合，从而创立出自己独特的禅法。

正是在这个过程中，后来净众保唐禅派的师弟子对慧思等老祖宗的禅法作了进一步明显的继承和发展。到了著名弟子无相、无住那里，这种创造性更为突出。

3. 无相、无住禅法及其禅派特征

无相净众禅派修行继承智诜修行方法并加以发展从而形成了其显著特征，那就是口念——据《历代法宝记》的记载，无相高座说法，先教引声念佛尽一气念，绝声停念讫云，无忆无念莫妄，无忆是戒，无念是定，莫妄是惠。此三句语即是总持门。这种"念诵"的方法慧思就曾使用：慧思据《法华经·普贤劝发品》中所说内容，提出持诵经文的"文字有相"之修行方法不是摄念专一、修习禅定以得三昧，而是以心口忆持念诵经文为修行的方法。前者对后者的承袭是非常明显的。

无相对自己禅法的独创性有明确的表述，他说他的"无忆、无念、莫妄"三句"总持门"并不是从本门派的师傅那里来的：

---

① 宗密：《禅源诸诠集都序》，《大正藏》第48册，第402页中。
② 同上。
③ 同上。
④ 慧思：《法华经安乐行义》，《大正藏》第46册，第698页上。

此三句不是（智）诜和尚、唐和尚（处寂）说，缘诜和尚、唐和尚说不了教，许弟子有胜师之义。金和上所以不引诜唐二和上说处，每常座下教戒真言，我达摩祖师所传，此三句语是总持门，念不起是戒门，念不起是定门，念不起慧门，无念即是戒定慧具足。

而他这种禅法是继承了"达摩祖师本传教法"。就达摩禅法而言，讲究"行入"与"理入"，反对只从呼吸调吸等方面下功夫，而是要求"契悟真性，无念无住，随缘适分"。实际上，无相的主张与智诜的"熄灭妄念"有关，但他"于相而离相"的主张确实与达摩禅法相通，更准确地说应该是与慧思一致。

性广法师曾对慧思大师的禅法有很深入的论述。他认为，慧思禅法的核心就是观心为本的思想。慧思曾明确说："欲坐禅时，应先观身本。身本者，如来藏也，亦名自性清净心。是名真实心，不在内，不在外，不在中间，不断不常，亦非中道，无名无字，无相貌，无自无他，无生无灭，无来无去，无住处，无愚无智，无缚无解，生死涅槃无一二，无前无后无中间，从昔以来无名字，如是观察真身竟。"[①]——即认为心为身本，心性清净，心之外无一切造作之境。慧思在《大乘止观法门》中也说：

> 一切诸法，依此心有，以心为体。望于诸法，法悉虚妄，有即非有。对此虚伪法故，目之为真。又复诸法虽实非有，但以虚妄因缘，而有生灭之相。然彼虚法生时，此心不生；诸法灭时，此心不灭。不生，故不增；不灭，故不减。以不生不灭，不增不减，故名之为真。三世诸佛，及以众生，同以此一净心为体。凡圣诸法，自有差别异相；而此真心，无异无相，故名之为如。……

[①] 慧思：《诸法无诤三昧法门》，《大正藏》第46册，第628页上。

是故《起信论》言:"一切诸法,从本已来,离言说相,离名字相,离心缘相。毕竟平等,无有变异,不可破坏。唯是一心,故名真如。"以此义故,自性清净心,复名真如也。①

由此看来,慧思的观心为本的思想,其实质就是强调反观神妙真如的佛性,即认为心性本来就是觉悟的,——启发固有的本心觉悟,就能成佛,从而找到了人皆能成佛的内在根据。这显然和印度佛教认为有的人能成佛有的人不能成佛的观点,已经有了很大的不同。

另外,在道信、弘忍以及神秀、慧能等人的禅法中也同样有慧思禅法的影响,由于这些著名禅宗大师直接影响到净众保唐禅派,也就是说慧思禅法通过历史长河的隐现渠道对后者产生了影响。

从道信、弘忍的东山宗到慧能、神秀的南北二宗,正如道宣所说他们对慧思的思想确实是"罕不承绪"。净众保唐禅派亦复如此:《历代法宝记》本来就对南北两宗都有承继,同时又有自己特点。这是佛教史论者共同的认识。

禅定在经论中即止观。止是寂示、专注一境,其体即定;观为观察,是思维修,其体即意。定慧、寂照、明静等,都是止观的同义语。止与观如果缺一,便不能达到止观变运的圆满成就。正因为"止"能令妄念不流,则"观"即能照见心性缘起。反之,如不以心性缘起,亦不能止息妄念。智诜净众保唐禅派之被称为"息妄修心"宗,它特别强调"无忆、无念、莫妄",这些都可以明显看到与慧思禅法的内在联系。

净众保唐禅派的"三句真言"发展到后来日益走向极端,尤其是在无住那里表现得更加明显。《历代法宝记》记载:

---

① 慧思:《大乘止观法门》,《大正藏》第46册,第642页上—中。

（无住）和上又说：一切众生本来圆满，上至诸佛，下至一切含识，共同清净性。为众生一念妄心，即染三界。为众生有念，假说无念。有念若无，无念不自，无念即无生，无念即无灭，无念即无爱，无念即无取，无念即无舍，无念即无高，无念即无下，无念即无男，无念即无女，无念即无是，无念即无非，正无念之时，无念不自，心生即种种法生，心灭即种种法灭。如其心然，罪垢亦然，诸法亦然。正无念之时，一切法皆是佛法，无有一法离菩提者。①

又问论师以何为宗？论师不语。和上云：摧邪显正为宗。论云：离言说相，离名字相，离名缘相，离念相者，等虚空遍法界无所不遍。如今论师，只解口谈药方，不识主客，以流注生灭心解经论。大错。论云：离言说即著言说，离名字即著名字。②

无住还说：

律是调伏之义，戒是非青黄赤白，非色非心是戒体。戒是众生本，众生本来圆满，本来清净。妄念生时，即背觉合尘，即是戒律不满足。念不生时，即是决定毗尼；念不生时，即是究竟毗尼。念不生时，即是破坏一切心识。若见持戒，即大破戒。戒非戒二是一相，能知此者，即是大道师。③

无住这种"教行不拘"甚至达到了否定一切戒律的地步。《圆觉经大疏释义钞》甚至说他：

---

① 《历代法宝记》，《大正藏》第51册，第189页下。
② 同上书，第194页下。
③ 同上书，第194页中。

释门事相，一切不行。……礼忏、转读、画佛、写经，一切毁之，皆是妄想。所住之院，不置佛事。①

无住的这种思想和行为一方面对慧思以来的禅宗传统进行了极大的发展；但另一方面这种极端的发展却造成了严重的后果，甚至破坏了禅宗得以生存的环境，而这正是当时名震一时的蜀中禅派很快失传的重要原因。

4. 净众保唐禅派的地方文化特色

巴蜀大地产生的这一著名禅派除了对历史上前辈的继承以外，他们在禅宗史上的贡献还与地方文化有直接的关系，这主要表现在极具巴蜀地方语言这方面。他们从创教者开始就体现了传播语言的通俗化，这在《历代法宝记》中有大量的体现：

> 计合利根乃是尿床婆罗门耳。②
> 比如有人醉酒而卧，其母来唤。欲令还家。其子为醉迷乱。恶骂其母。一切众生无明酒醉。不信自身见性成佛。③
> 无住与诸阇梨说一缘起。有聚落。于晨朝时。有孩子啼叫。声邻人闻就看，见母嗔打。邻人问："何为打？"母答："为尿床。"邻人叱母："此子幼稚。何为打之？"又闻一啼哭声。邻人闻就问。见一丈夫，年登三十，其母以杖鞭之。邻人问："缘何鞭？"母答："尿床。"邻人闻说言："老汉多应故尿，直须打。"④

---

① 《圆觉经大疏释义钞》，《卍续藏》第9册，第534页上。
② 《历代法宝记》，《大正藏》第51册，第185页下。
③ 同上书，第185页上。
④ 同上书，第191页上。

综上所述,智诜净众保唐禅派正是继承了达摩、慧思等"五祖"以来前辈的精神遗产,同时经过自己创造性的发展,才产生出唐代这一著名禅派。同时,这个禅派也具有地方文化的特色。有关问题还值得我们进一步研究。

中国南岳第三届千年佛教论坛

慧思大师诞辰 1500 周年纪念活动综述

一　道

1500 年前的陈朝光大二年，慧思法师携徒众四十余人，由光州至南岳衡山，用生命中最后十年的世缘，奉献于此。慧思在南岳建大小般若寺，造金字《般若经》，传佛明灯，倡演正法，教化众生，成为南岳佛教的开山祖师，中国天台宗三祖，天台宗理论的实际奠基人。

"南岳尚存知己在，天台应有故人来"，1500 年后，为纪念慧思的 1500 周年诞辰，2015 年 11 月 8 日至 10 日，中国南岳第三届千年佛教论坛暨纪念慧思诞辰 1500 周年学术研讨会在南岳隆重举行。

活动由湖南省佛教协会、湖南省宗教文化交流促进会主办，南岳佛教协会承办。来自全国各地及日本、韩国、东南亚等 20 多个国家和地区的数百名高僧大德、专家学者济济一堂，共襄盛会。

本次活动由开幕式、祭拜大典、学术研讨会等三大板块组成。另央视 4 台拍摄播放《南岳行》电视专题片一部，南岳佛教协会编辑《慧思大师研究》文集上下两册。

11 月 9 日上午，活动开幕式在南岳磨镜台隆重举行。湖南省委常委、统战部长黄兰香，国家宗教事务局《中国宗教》杂志社主编胡绍皆，衡阳市委领导，及诸山长老，高僧大德，专家学者，南岳区各部门、单位及全山僧众代表约五百余人参加。

开幕式上，湖南省民族宗教事务委员会徐克勤主任，中国佛教协会副会长、湖南佛教协会会长圣辉大和尚，湖南省佛教协会秘书长、南岳佛教协会会长怀辉法师作为主办和承办方分别致辞；著名佛教研究学者南京大学赖永海教授发表讲话；衡阳市委常委、组织部长、统战部长何录春到会发言；中国佛教协会副会长演觉法师宣读了中国佛教协会发来的贺电，并代表中国佛教协会向南岳佛教协会赠送贺礼。

开幕式结束后，诸位长老，高僧大德及学者嘉宾等一起前往瑞应峰新扩建的慧思祖师三生塔园，参加了庄严肃穆的祭拜大典。

11月9日下午慧思大师学术研讨会主论坛在共和酒店举行。主论坛由中国佛教协会副会长、湖南省佛教协会会长、长沙麓山寺方丈圣辉大和尚主持，东南大学董群教授，南京大学杨维中教授，山东大学陈坚教授，天童禅寺方丈诚信法师，台湾南华大学尤惠贞教授五位专家代表，分别就慧思大师的历史地位，慧思的佛法思想，慧思与天台宗的创立，慧思的禅法主张，慧思对现代生命教育的启示等问题作重点论述。

11月10日上午，研讨会三场分论坛分别在共和酒店同时进行。与会专家学者分别就慧思的思想、慧思与南岳、天台宗与南岳佛教等方面进行了交流讨论。另应本次活动组委会的礼请，《大公报》大公网在魔镜台开幕式现场举办《千年对话 悲智愿行》大型图片展；又请圣辉大和尚于11月9日晚，举行《中国传统文化三大支柱——儒释道三家鼎力的格局是如何形成的》专题演讲。

此次活动开幕式地点选择在大山之中，在古刹之侧，在森林腹地无遮进行，特色明显；开幕式上《知是故人来》《愿作如来使》等精心制作的原创歌舞节目穿插期间，大气磅礴，形式新颖，一改此类活动的传统模式。使各位领导、嘉宾感受到了浓郁而真挚的佛教情怀，感受到祖师高洁的精神品质和虔诚的佛教信仰，此为活动亮点之一。论坛结束后，中南大学国学研究中心主任刘立夫教授，对本次学术研讨会做总结发言。刘教授认为本次论坛不仅传承了南岳作为千古名山不断探索理论的优良传统，而且规格高，论题广，规模大，代表了当前慧思和南岳佛教文化研究的最新水平。此为活动亮点之二。微信微博助力，宣传推广多样化。从传统纸媒到新闻网站，到视频直播，到新媒体终端；从微信微博发起的线上线下的互动，到人民网、中新网、大公网、新浪直播、凤凰佛教、佛教在线、菩萨在线等著名媒体的全程关注，对传播、挖掘、弘扬宗教文化的正能量起到了积极的作用，此为亮点之三。此次活动和论坛得到湖南省道教协会和南岳道教协会积极支持，除参加各项活动之外，还参与撰写论文，这种共存共荣的境界继续促进了南岳宗教和谐，此为亮点之四。为了本次活动顺利举行，南岳区政府对弘扬传统文化高度重视，区长亲自挂帅活动领导小组，相关部门通力合作，迁走慧思三塔前十余座私坟，改造铺设通往三生塔园的高等级沥青路面，并特事特办在三生塔前扩建广场，新建慧思故事碑墙，打造出一个新的宗教人文景观，为助推南岳的旅游经济发展起到积极作用，此为亮点之五。

为期三天的活动圆满结束，皆大欢喜。慧思法师不朽的佛教精神，南岳厚重的历史文化更加深厚地滋养着千古名山，并继续走出国门，面向世界，为人类文明发展做出贡献。

中国南岳第三届千年佛教论坛

慧思大师诞辰 1500 周年学术研讨会综述

杨 杰

为深入挖掘慧思大师的佛学思想，打造南岳佛教祖庭文化品牌，促进名山建设，由湖南省佛教协会、湖南省宗教文化交流促进会主办，南岳佛教协会承办的"中国南岳第三届千年佛教论坛暨慧思大师诞辰 1500 周年学术研讨会"于 2015 年 11 月 9 日至 11 日在南岳隆重举行。来自海内外的诸山长老、高僧大德和专家学者 300 余人济济一堂，共襄盛举。本次论坛由开幕式、追思法会、学术研讨三大板块组成。

在开幕式上，圣辉大和尚从中国佛教历史遗产的角度论述了慧思大师的贡献。他指出，慧思大师为佛教界留下了三大精神遗产。其一，开创了"止观并重"的天台宗风；其二，始终保持强烈的"忧患意识"，即佛教的"末法意识"，对佛教怀有深切的危机感；其三，坚定不移的持戒作风。赖永海教授作了《南岳慧思与天台教观》的学术讲话，强调慧思大师对于天台宗的奠基之功。他指出，从思想渊源说，智者大师自认龙树为"高祖"，从"一心三观"和"三谛圆融"的理论说，智𫖮确实是遥承龙树的中观学。但是，如果就智者创立和完善的天台教观而言，实际上多源于作为天台三祖的南岳慧思。怀辉法师在讲话中指出，当今佛教界要继承慧思大师纯良高洁的品格、勇猛精进的韧性以及高深恢宏的思想，共倡末法时期的佛门新气象，展现新时期佛教文化的自信自觉。

根据会议议程，本次学术研讨会分一个主论坛和三个分论坛。主论坛于9日下午举行，由圣辉大和尚主持，5位专家发表论文，5位专家分别点评。专家们从禅门中的慧思禅师形象、南岳慧思大师思想探析、慧思及智𫖮与天台宗的创立、《诸法无诤三昧法门》研究、"四安乐行"之生命教育等角度发表了精彩演讲，与会人员积极提问、踊跃发言，在互动中不时碰撞出思想"火花"。分论坛于次日上午举行，相关专家学者依次发表自己的论文，并就其研究心得展开深入交流与讨论。

本次学术论坛得到了海内外僧俗二界的积极响应，会务组共收到来自中国大陆地区、中国台湾地区、中国澳门地区以及韩国等地学者的论文120余篇，后经专家遴选审定，精选出80篇。论文主题涉及慧思大师佛学思想、慧思大师与南岳佛教、天台宗与南岳佛教等三大相关主题，在论文集行将出版之际，又将后面两大主题合二为一，合称慧思大师与南岳佛教文化综论，分上下两册，结集出版。应该说，本次论坛对慧思大师与南岳佛教的研究作了诸多推进。

1. 慧思大师佛学思想研究

弘扬祖师佛法，目的就在于续佛慧命，济世度人。慧思大师的佛学思想，在当代社会仍然是一笔珍贵的文化遗产。本主题共收到相关论文50余篇，集中从慧思大师生平著作、慧思大师法华思想以及慧思大师末法思想等方面探讨其佛学义理意趣。

山东大学陈坚从慧思大师《诸法无诤三昧法门》的研究视域入手，他认为，所谓"无诤"与"三昧"本来就是一个事情的两个方面，此两者互为因果并互相显明对方的含义从而构成一个相互依存的整体。在具体所指的问题上，他又援引了《法华经》中"诸法实相"的概念，即一切诸法都是通向成佛的方便，正是在与佛相通的意义上，诸法皆是"实相"，由此观之，既是"实相"，也就"诸法无诤"了，区别在于，前者主要是一种佛学理论，而后者则主要体现为实践问题，即"诸法无诤"应机施教的佛教修行观。

四川大学黄德昌则以《大乘止观法门》为蓝本，对慧思大师佛性思想展开论述，他认为，慧思大师的佛性思想，秉承了佛教心性理论的性净之说，并且旁及佛性与如来藏、真如等范畴与概念的关系；此外，对于慧思大师所建构的性具净染的理论，他亦从佛性的角度疏解了如何呈现出净与染互含互摄的关系。

台湾南华大学尤惠贞从生命教育与佛教修证的角度对慧思大师《法华经安乐行义》进行了现代诠释，她认为，佛教可以藉由其对于现实生命的具体观解探讨生命的本质、推动生命的终极关怀。而慧思大师有关菩萨四安乐行的理论脉络中就蕴含了对于具体存在之生命关怀的教育意涵，同时亦提供了真实生命得以解脱自在的教育方法与实践之道。

东南大学董群则以文献考究的研究方法窥探了禅门中的慧思禅师形象，他认为，在历来的禅宗史编纂中，似乎都不关注天台禅的资料；而在天台宗研究中，都有意无意地忽略了禅门中的天台思想。基于此，董群教授征引了包括《景德传灯录》《联灯会要》《五灯会元》等一系列佛门古籍，以证天台三祖与禅宗的密切关系。

中南大学刘立夫则从禅宗的传承以及思想比较的角度论述了慧思禅与慧能禅的重要区别。在论文中，他详细介绍了佛门禅宗中的五类禅法，并以此作为辨别慧思禅与慧能禅的参照物。在修行方法上，慧能禅突破了传统佛教所讲的"四禅八定"，主张"行住坐卧皆是禅"；而慧思禅则大致沿着传统的思路，先讲"四禅八定"，后讲"四念处"，然后方是种种"神通"。其次，在成佛路径上，"顿悟成佛"是慧能禅最大的特色；而慧思则在其著作中分别了"次第行"与"不次第行"的成佛方法，这与南宗禅的"顿教"显然是有区别的。最后，他指出，即便天台宗与禅宗在思想内涵的某些方面有其共通性，其基本宗旨毕竟不同。

2. 慧思大师与南岳研究

南岳之所以能成为享誉四海的佛教名山，与慧思大师千余年前的开山奠基之功密不可分。因此，不论是深度发掘南岳的历史文化和宗教意义，还是增强南岳佛教文化的自信自觉，慧思大师与南岳研究都具有难以忽视的现实意义。与本主题相关的与会论文共收到20余篇，所叙之内容主要集中在慧思大师在南岳的事迹考录、慧思大师对南岳民间信仰的融汇与借鉴等方面。

广东佛学院的段基亮从区域佛教研究的角度阐述了慧思大师对于南岳佛教的奠基性作用。他认为，南岳佛教之所以能够彰显于中国佛教史，首先应该回溯到慧思大师的奠基之功。慧思大师在南岳建寺立院、融合佛道，并使南岳成为中国佛教中的禅宗先声、天台源流，最终让佛教在南岳得以立足，从而流传千古、远播四方。

山东大学郝金广则注意到了天台宗和禅宗与南岳的深厚渊源，从宗派比较的角度对二宗祖师即南岳慧思及南岳怀让的坐禅观进行了讨论。他指出，慧思大师从佛语"若不坐禅，平地颠坠"出发，从而偏赞坐禅；反观南岳怀让禅师，则以"磨砖成镜"开导马祖禅师而呵坐非禅。并从时代因缘、法门特点、教化方式以及摄受根机等方面论述了"坐与不坐"的原因何在。

就慧思大师年谱、南岳事迹的考证问题，湖南科技学院张京华认为《慧思大师文集》附录《慧思大师年谱》中的记载或付之阙如，揆诸史传，或有遗缺。基于此，张京华在《慧思大师年谱南岳事迹补考》一文中，广览史书古籍，志于谨慎求证。

从慧思居止南岳,向岳神求地,到慧思调和佛道之争,赴金陵传法,最后十年期满,于南岳衡山泊然而逝均进行了详细的考证,并多方援引史实传记,以证真伪。

中国传媒大学杜寒风从地方文化的角度论述了慧思大师与南岳民间信仰之间的联系。他选取了南岳民间传说故事"岳神搬家"作为切入点,分析了民间文学中塑造的慧思大师形象,其中尤其是慧思大师在与岳神对弈的过程中所表现出来的恢弘气度以及谦让包容,不仅集中突出了慧思大师的个人魅力,更使得佛法在慧思大师的弘扬下彰显了超越地域限制的永恒价值。

南岳本土学者田艳则注意到了慧思大师相关文化遗址的界定问题,并着重考察了慧思"三生塔"的基本情况。他首先对慧思大师三生塔的由来及其历史演变做了辨别分析,借助于多重史料的交叉研究,他认为,三生塔应为第三生即大师今生圆寂后所立之灵骨塔,三生藏为守护三生塔的塔院。

3. 天台宗与南岳佛教等相关主题研究

慧思大师居止南岳、弘法十年,开创天台法门,后经智者大师正式建立天台宗,南岳也因此奠定了在中国佛教发展史上的特殊地位。无论是从历史传承还是谱系源流的维度来看,天台宗与南岳佛教的研究都值得大书特书。本次论坛收到与此相关论文大约50篇,主要内容涉及天台宗的谱系传承以及南岳佛教的奠基之功,天台与禅宗的思想比较以及南岳佛教文化的现代价值等方面,其中不乏视域开阔、论述独到之佳作。

南京大学杨维中注意到以佛教宗派来评判隋唐佛教的研究方法在近年来受到学界广泛的质疑,并且大有摇摇欲坠之虞,因此,他企图以天台宗的创立对这一问题作出回应。他认为,慧文及慧思是天台宗毋庸置疑的奠基者,而智顗在慧思门下学法有成之后，奉慧思之命前往金陵弘法，后入天台山九年实修，终使天台法统卓然而立。值得一提的是，杨维中还提出智𫖮创立宗派的一个重要途径就是判教，即提出"五时八教"的判教体系。天台法系不仅是中国佛教的重要构成部分，更是远播海外，促进中外佛教的交流。

韩国东国大学韩相吉从大觉国师义天入宋、寻善求法、创立天台的弘法活动中论述了高丽天台宗的创立以及中韩佛教交流，他认为，佛教自传入中国以来，韩国佛教就紧随中国的发展，尤其是高丽中期高僧义天求得善法之后创立天台宗堪称韩国佛教历史上的大事件，并特别指出，义天入宋求法对于他批判当时作为高丽国教的佛教具有重要意义。

中国佛教的各个宗派从根源而言都来自佛陀的教法，撇开宗派的局限不难发现它们之间的相似性与共通性，杭州师范大学的黄公元就注意到了禅门法眼宗的著名禅师永明延寿与法华宗天台教的殊胜因缘。在这篇文章中，他旁征博引，借助于丰富的史料对永明延寿禅师在其丰硕著述中对《法华经》以及天台宗祖师的大量引录和广泛运用，并指出，这些论证不仅彰显了智觉延寿禅师与法华天台的不解之缘，而且是其圆融会通禅宗与天台宗思想的有力证据。

就中国传统文化大格局而言，儒、佛、道三家可谓各具特色，但又浑然一体，这一文化特征在南岳也以其特有的方式得以呈现。华东师范大学叶宪允以慧思大师与南岳、王夫之与方广寺为观察点探讨儒佛文化的兴盛，并大体描绘了历代延续传承的文化香火。他认为，慧思大师开佛教中国化的先声，并且奠定了天台宗的绪谱，正是在慧思大师之后，南岳儒佛道文化得以欣荣之势发扬光大。除此之外，明清大儒王夫之与方广寺的殊胜因缘也更加增添了南岳的文化底蕴。慧思大师和王夫之等高僧大儒在南岳以及方广寺的修道护法活动，极大地丰富了南岳的儒释文化。

论坛结束后,中南大学刘立夫教授对此次佛教学术研讨会作了简要的总结发言,他认为这次佛教论坛规格高、论题广、规模大,代表了当前慧思大师和南岳佛教文化研究的最新水平。